外国公司在美国并购实务指南

CCH
a Wolters Kluwer business

[美]埃利特·费德门　主编
(Elliot J. Feldman)
美国贝克豪思律师事务所　编著
(Baker & Hostetler LLP)
Baker Hostetler
北京世泽律师事务所　译
张利宾　总审校
世泽律师事务所
BROAD & BRIGHT

Mergers & Acquisitions in the United States: A Practical Guide for Non-U.S. Buyers

中国财政经济出版社

图书在版编目（CIP）数据

外国公司在美国并购实务指南/（美）费德门（Feldman，E. J.）著；北京世泽律师事务所译. —北京：中国财政经济出版社，2011. 8

书名原文：Mergers & Acquisitions in the United States：A Practical Guide for Non-U. S. Buyers

ISBN 978 -7 -5095 -3070 -2

Ⅰ. ①外…　Ⅱ. ①费…　②北…　Ⅲ. ①企业兼并：跨国兼并—公司法—美国—指南　Ⅳ. ①D971. 222. 9 -62

中国版本图书馆 CIP 数据核字（2011）第 171655 号

著作权合同登记号：图字 01 -2011 -5049 号

责任编辑：刘占彬　　封面设计：华乐功
版式设计：孙志云　　责任校对：孙志敏

Elliot J. Feldman
Mergers & Acquisitions in the United States：A Practical Guide for Non-U. S. Buyers
ISBN 978 -0 -7355 -9412 -8

中国财政经济出版社出版
URL：http：//www. cfeph. cn
E-mail：win@ ewinbook. com

社址：北京海淀区阜成路甲 28 号　邮政编码：100142
发行电话：010 -88190406
三河市祥达印装厂印刷　各地新华书店经销
787 ×1092 毫米　16 开　51. 5 印张　876 千字
2011 年 10 月第 1 版　2011 年 10 月北京第 1 次印刷
定价：680. 00 元
ISBN 978 -7 -5095 -3070 -2/F · 2603
（图书出现印装问题，本社负责调换）

关于 Wolters Kluwer Law & Business

Wolters Kluwer Law & Business 是针对重要专业领域里的研究信息和工作流程解决方案的领先供应商，Wolters Kluwer Law & Business 联合旗下的知名品牌 Aspen Publishers、CCH、Kluwer Law International 以及 Loislaw，共同面向法律、职业及教育市场提供综合而深入的解决方案以及由专家撰写的文章。

CCH 成立于 1913 年，为超过四代的商务专业人士及客户提供服务。Wolters Kluwer Law & Business 集团下的 CCH 的产品主要是向法律、证券、反垄断和贸易规制、政府合同、银行、养老金、工资、雇佣和劳动、医疗补助及合规专业人员提供的电子和印制资源，深受广大用户的赞誉。

Aspen Publishers 主要向律师、商务专业人士和法学院学生提供信息。Aspen 的产品由知名专家执笔，在广阔的专业实践领域（从证券法、知识产权领域到并购、养老金 / 福利）提供分析性的实用信息。Aspen 的法律教育资源深受信赖，为教师和学生提供了高质量的最新、有效的资源，协助其在各个法律领域的教学指导与学习。

Kluwer Law International 为全球商业领域提供综合性的英文国际法律信息。全球的法律执业人员、公司顾问及商业总裁都信赖 Kluwer Law International 的期刊、活页出版物、书籍和电子产品所提供的国际法律实践多个领域中的专业信息。

Loislaw 是各种专业的小型律师事务所执业人员的数字化法律信息首要提供商。Loislaw 通过提供重要的法律规定以及各州的法律、记录、表格和专著，从而帮助律师能够随时随地快速而有效地查找其所需的法律信息。

Wolters Kluwer Law & Business 是威科集团（Wolters Kluwer）的业务板块之一，总部设在纽约和伊利诺伊州里弗伍兹。Wolters Kluwer 是领先的跨国出版和信息服务公司。

献给

Lee Ellis，一位给人以灵感的忠实同事及朋友

关于本书编辑与特约作者

关于本书编辑

Elliot J. Feldman，Baker & Hostetler 律师事务所国际贸易实务部门的全国负责人，也是华盛顿哥伦比亚特区办公室的合伙人。其国际法执业领域包括代表外国政府和国际组织的条约解释和公法问题，代表全球私营企业客户在贸易救济（反补贴税、反倾销、保障措施、市场开放）方面的咨询与诉讼。过去 20 年来，他在一些重大的国际贸易纠纷（包括加拿大软木争端案中的众多关键环节）中担任首席律师。Feldman 博士曾经是大学教授，著述及合著达 7 本，另有多篇专业和通俗文章，是无线电广播和电视节目的长期专家评论员，也是加拿大下议院的国际贸易专家证人，还是 Baker & Hostetler 律师事务所有关中国贸易的博客（www.chinaaustradelawblog.com）的创办者和定期撰稿人。Feldman 博士毕业于芝加哥大学并获得一般及特别荣誉（General and Special Honors），以优异成绩获得了麻省理工大学的博士学位，以优等成绩（*cum laude*）获得了哈佛法学院的法学博士学位。

关于本书的特约作者

Marc A. Antonetti，Baker & Hostetler 律师事务所华盛顿哥伦比亚特区办公室的合伙人，就劳动法的各个方面及与员工、工会和包括全国劳资关系委员会、国家调解委员会、美国劳工部、美国平等就业机会委员会、各州机构等在内的政府机构之间的劳动关系为雇主提供咨询。他在劳动关系领域著述颇丰，是美国律师协会行政法部门的劳动与就业委员会的联合主席。Antonetti 先生是圣母大学的优秀毕业生，并获得了纽约大学法学院的法学学位。

John J. Burke，Baker & Hostetler 律师事务所华盛顿哥伦比亚特区办公室国际贸易实务部门的合伙人，是出口管制、反抵制法规、外国财产管制及有关《海外反腐败法》实务的首席律师。他曾在美国法院、《北美自由贸易协定》第 19 章规定的双边专家组及美国、加拿大和墨西哥机构中代理过加拿大、墨西哥、中国台湾、中国大陆、韩国、澳大利亚以及其他国家的客户，涉及软木、纸产品、活猪、猪肉、镁、硫酸锰、各种乳制品和消费品、其他农产品、钢铁和化学品。他从美国商务部工业安全局、美国国务院国防贸易管制办公室获得过商品分类函、商品管辖确定以及硬件、技术和软件出口许可证。他是本律所中美贸易法博客的执行编辑，毕业于西北大学，是美国大学优等生荣誉学会（Phi Beta Kappa）的会员，是宾夕法尼亚大学法学院的优等成绩（*cum laude*）毕业生，在法学院期间，他曾担任《宾夕法尼亚大学法律评论》的副主编。

Terry Connerton，Baker & Hostetler 律师事务所华盛顿哥伦比亚特区办公室的高级顾问律师，其执业范围包括员工福利和高管薪酬的各个方面。她精通《雇员退休收入保障法》（ERISA）以及相关立法，并协助客户——主要是雇主和行业协会，还有免税机构及其董事会——遵守所有的联邦薪酬法律。她在美国的国税局、劳动部、养老金保障公司代理过许多客户。Connerton 女士曾是劳工部 ERISA 程序诉讼律师，她经常举办讲座，是《员工福利法》（BNA，第二版）的高级编辑，也是 Aspen 出版的《ERISA 诚信义务问答》的特约作者之一。Connerton 女士毕业于俄亥俄州立大学，在首都大学法学院以优异成绩获得法学学位，另外还获得了乔治城大学法学中心的税务法学硕士。

James V. Etscorn，Baker & Hostetler 律师事务所佛罗里达州奥兰多办公室的管理合伙人，同时也是本所产品责任与有毒物质侵权全国业务部门的主席。作为诉讼律师，他在联邦法院和州法院代理过复杂的商业诉讼、产品责任诉讼（涉及汽车、建筑、游泳池和消费品）、复杂的医疗保健方面的诉讼、不动产诉讼、集团诉讼、知识产权诉讼，他在美国各地代理过合同纠纷、产品缺陷、化学爆炸、医疗问题、商业侵权等案件。Etscorn 先生是佛罗里达州立大学的优秀毕业生，在佛罗里达大学法学院获得法学学位。

Stephen S. Fabry，注册专利律师，是 Baker & Hostetler 律师事务所华盛顿哥伦比亚特区办公室的合伙人。他主要专注于专利文件准备与申请，尤其是在机械和电气工艺（包括工业混合设备的动力系统、实验室离心机和冷冻设备、建筑车辆、工业冷却设备等）领域。他参与谈判合并、收购和资产剥离协议，参与所有涉及知识产权的交易的尽职调查。Fabry 先生获得了密歇根州立大学微生物学理学士，在美国天主教大学获得了法学学位。

David A. Grant，Baker & Hostetler 律师事务所华盛顿哥伦比亚特区办公室的合伙人，主要在有关《公平劳动标准法》的纠纷，以及在涉及美国劳工部工资与工时部门的有关问题中代理公司管理层。同时，他还在美国法院和美国行政机关就《全国劳动关系法案》、《1964 年民权法案》第 7 章、《反就业年龄歧视法案》、《美国残疾人法案》、《铁路劳动法案》以及其他反歧视法律规定的有关问题代理劳动诉讼案件。Grant 先生以最优等成绩（*summa cum laude*）毕业于鲍登学院，在乔治城大学法学中心获得了法学学位，是美国劳工部法律办公室公平劳动标准部门的前专职律师。

Dawn Kennedy，Baker & Hostetler 律师事务所洛杉矶办公室的律师，与 Margaret Rosenthal 律师一起在雇佣与劳动法领域执业，其执业范围包括在工资与工时、不正当竞争、骚扰、歧视、劳工赔偿歧视、美国职业安全与健康管理局（OSHA）索赔等领域的索赔中代理雇主进行诉讼。Kennedy 女士的执业范围还包括合同起草、调查申诉、参与替代性纠纷解决程序，并在各类人事问题上为雇主提供咨询，包括员工手册的制定。Kennedy 女士以优异成绩毕业于圣母大学，拥有佩斯大学的硕士学位，并在南加利福尼亚大学法学院取得了法学学位。

Christoph Lange，Baker & Hostetler 律师事务所纽约办公室的合伙人，其主要执业领域是为外国客户的业务管理及在美国的业务关系提供咨询，包括战略伙伴关系与联合的建立、合资企业、各种类型的并购。他的客户既有公共部门的也有私营部门的，既有国内的也有国外的，还有跨国的，所涉产业领域十分广阔，从书刊的出版到机器设备制造、工程、化学 / 医药 / 生物技术、汽车、家具、分销和贸易、物流、一般硬件和工业用品、电子设备和配件。Lange 博士拥有汉堡大学的法学和哲学博士学位、纽约大学的比较法学硕士学位，同时拥有德国和纽约州的律师执业资格。

John R. Lehrer II，Baker & Hostetler 律师事务所华盛顿哥伦比亚特区办公室的律师，为客户就联邦所得税有关的技术和法律问题提供咨询。他还在美国的国税局就有关私人信件裁决和纠纷解决的各个环节代理客户。在加入 Baker & Hostetler 律师事务所的税务组之前，Lehrer 先生在一家国际会计师事务所的并购部门工作，此前担任一家国际能源管理与咨询公司的常务法律顾问和副总裁，负责与德国和巴西的当事方谈判协议。Lehrer 先生是《税务顾问》（*The Tax Adviser*）编委会的成员，《税务顾问》是美国注册会计师协会发行的月刊。他拥有弗吉尼亚理工大学的两个学士学位，分别为管理学和金融学，并以优异成绩获得了乔治城大学法学中心的税务法学硕士。

Phong D. Nguyen，注册专利律师，Baker & Hostetler 律师事务所华盛顿哥伦比亚特区办公室的合伙人，主要代理半导体、医疗设施、油田设施、聚合物、汽车、机械、化学、制药和生物技术发明的专利申请。同时，他还处理专利侵权、专利申请上诉、可专利性意见和搜索、专利有效性和律师专利排查意见（clearance opinions）、尽职调查和专利诉讼。但是，Nguyen 律师的知识产权业务范围不限于专利，他还处理与商标有关的知识产权问题。Nguyen 先生是圣安东尼奥市的前助理地方检察官，是美国律师协会网络空间法委员会的“商法大使”。他获得了得克萨斯大学生物学学士和硕士学位，并在圣玛丽大学法学院获得了法学学位。

Michael W. Nydegger，Baker & Hostetler 律师事务所华盛顿哥伦比亚特区办公室税务组的律师，其执业领域主要是国际、个人、公司以及合伙的税务规划，包括在美国的国税局代理客户。他曾任一家地区性承包公司的审计师，还是一家全国性总承包公司的前地区财务经理。他获得了华盛顿大学的会计学学士学位，以优等成绩（*cum laude*）获得了西雅图大学法学院的法学学位，以优异成绩获得了乔治城大学法学中心的税务法学硕士。

Michael G. Oxley，《萨班斯—奥克斯利法案》的起草者之一，在商界享有盛名。正是该法案要求在美国资本市场上市的公司加强透明度和财务监管。作为 Baker & Hostetler 律师事务所华盛顿哥伦比亚特区办公室的高级顾问（及纳斯达克 OMX 集团公司董事会的资深顾问），Oxley 先生是前国会众议员，并曾任众议院金融服务委员会的主席。他代表俄亥俄第四国会选区达 25 年之久。尽管 Oxley 先生经常应邀就各种商法议题在全球进行演讲，但在执业过程中，他主要协助私营公司和公众公司建立公司治理政策和合规计划，并就电讯和能源问题提供咨询（他曾是众议院能源与商务委员会委员以及商务、贸易和危险物质小组委员会主席）。Oxley 先生毕业于迈阿密大学，在俄亥俄州立大学蒙瑞兹法学院获得了法学学位。

Jeffrey H. Paravano，Baker & Hostetler 律师事务所税务组的本律所前主席，该业务组是美国最大的税务业务组之一（律师人数达 80 多人），他是本律所华盛顿哥伦比亚特区办公室的管理合伙人。

在2003年回到本所之前，他曾为美国财政部税务政策部门的助理部长担任资深顾问。在财政部工作期间，Paravano先生就一系列的税收政策和技术问题提供建议，包括税收立法、公司、合伙、不动产投资信托（REIT）和金融部门税务指导。他曾是合法避税法规最终稿的主要起草者之一，是《税务管理组合》中《合法避税》一文的作者。Paravano先生的税务执业范围广泛，包括税务诉讼、交易结构设计、与联邦政策制定者和执行官员的交流、跨境税务规划。他在乔治城大学法学中心教授税务课程，著述颇丰，还曾是《税务律师》的主编。他以优等成绩（*cum laude*）毕业于约翰卡罗尔大学会计学专业，以优异成绩（*magna cum laude*）毕业于乔治城大学法学中心，并且获得了该中心的税务法学硕士学位。

Peggy A. Peterson，Baker & Hostetler律师事务所华盛顿哥伦比亚特区办公室的资深顾问，主要协助前国会众议员Michael G. Oxley的法律执业。Peterson女士曾在国会与Oxley一起工作，担任代理幕僚长和众议院金融服务委员会的公共关系主管。在此期间，她积累了有关金融服务政策的专业经验。在后“9·11”时代以及公司丑闻导致《萨班斯—奥克斯利法案》的起草和通过的时代，她曾是主席和该委员会的主要发言人。她还参与了形成《恐怖主义风险保障法》、反洗钱的《美国爱国者法案》及《公平和准确信用交易法》（FACT Act）的有关政策的制定过程（根据《公平和准确信用交易法》的规定，所有的美国公众都能获取免费的年度信用报告）。Peterson女士毕业于宾夕法尼亚的威斯敏斯特学院。

Margaret Rosenthal，Baker & Hostetler律师事务所洛杉矶办公室的合伙人，专长于劳工法，为雇主提供法律咨询和诉讼代理服务，包括集团诉讼，涉及雇佣纠纷的所有领域，例如不当解除雇佣关系、性骚扰、歧视、OSHA、工资和工时问题等。她还为上述法律问题为公司进行培训，制定员工手册和政策，在涉及有关雇员和就业等公司问题的并购中进行尽职调查。Rosenthal女士以优异成绩毕业于纽约市立大学皇后学院，还以优异成绩获得了伊利诺伊理工大学芝加哥—肯特法学院的学位。

Paul M. Schmidt，Baker & Hostetler律师事务所华盛顿哥伦比亚特区办公室的合伙人，接替Jefferey Paravano担任本所税务组的主席。他是本所国际税务实务团队的负责人，是美国国会联合税务委员会的前立法顾问。在加入Baker & Hostetler律师事务所之前，Schmidt先生是毕马威会计事务所的华盛顿国家税务办公室合伙人。他的国际税务业务在美国极具影响力，涵盖了跨境税务的所有问题，其客户包括工业、能源和商品业务领域的世界500强公司，以及金融机构。他常为《税务管理国际期刊》和《国际税务评论》撰稿。作为一名注册会计师和乔治城大学的兼职教授，Schmidt先生以最优等成绩（*summa cum laude*）获得了迈阿密大学的会计学理学士，以优异成绩（*magna cum laude*）获得了乔治城大学法学中心法学学位，并以优异成绩获得了乔治城大学税务法学硕士。

A. Neal Seth，Baker & Hostetler律师事务所华盛顿哥伦比亚特区办公室的合伙人，是一名专利诉讼律师，拥有在联邦地区法院、联邦上诉法院和国际贸易委员会的丰富的诉讼经验，范围涉及制药、化学、电气和机械纠纷等领域。他还为客户就各种专利问题提供咨询意见，包括专利许可和尽职调查。他在康奈尔大学获得了化学工程理学士学位，并在乔治华盛顿大学法学院获得了法学学位。

Kenneth J. Sheehan，注册专利律师，Baker & Hostetler律师事务所华盛顿哥伦比亚特区办公室的合伙人。其执业领域主要是知识产权收购与保护，包括收购、诉讼以及专利、商标、版权和商业秘密评估，还包括在联邦和州法院以及美国专利商标局进行的知识产权实施与保护。Sheehan 先生的执业范围涉及电讯、密码学、半导体设计、数据压缩与存储技术、软件、经营方法和计算机内存扩展系统。他曾在乔治梅森大学管理学院授课，并曾在苏黎世理工学院教授高级外国专利权课程。他在纽约州立大学石溪分校获得了电气工程专业的理学学士，以优等成绩（*cum laude*）在圣约翰大学法学院获得了法学学位。

Lee H. Simowitz，Baker & Hostetler 律师事务所华盛顿哥伦比亚特区办公室的合伙人。此前他是联邦贸易委员会消费者保护局局长的专职律师和助理，他同时还担任该机构主席的法律顾问。Simowitz 律师是美国反垄断法领域的权威专家，过去 30 年取得了骄人的诉讼成果。其在反垄断、贸易规制、消费者保护法领域的业务范围涵盖《谢尔曼法》、《罗宾逊—派特曼法》、《克莱顿法》、《联邦贸易委员会法》、《哈特—斯科特—罗迪诺法》、《报纸保护法》、《消费产品安全法》和《兰哈姆法》。其诉讼经验包括农业、专业和业余体育、汽车部件、汽车玻璃、航空和交通、高等教育、不动产、报纸和新闻深度报道、软饮料、露天采矿、造纸和包装等领域的反垄断纠纷。Simowitz 先生参与编写 W. Fugate 的《外国商务与反垄断法》(Aspen) 的年度增补内容。Simowitz 先生毕业于哈佛法学院，在耶鲁大学获得了法学学位。

Michael S. Snarr，Baker & Hostetler 律师事务所华盛顿哥伦比亚特区办公室国际贸易实务部门的法律顾问，提供国际贸易和投资纠纷的诉讼服务。除了在美国国际贸易法院和《北美自由贸易协定》第 19 章所规定的双边专家组的贸易救济案（反倾销、反补贴税）中代理客户之外，Snarr 先生也在《北美自由贸易协定》第 11 章所规定的投资者与国家间仲裁中代理客户，还在国际商会私人商业仲裁中代理客户。Snarr 先生为外国政府和国际组织在条约解释和国际公法问题上提供咨询意见，为私人客户就海关问题、保障措施、《海外反腐败法》、美国外国投资委员会、进出口银行贸易融资问题等提供咨询意见。作为哥伦比亚特区律师协会下的国际投资与融资委员会主席，Snarr 先生在犹他大学获得了学士学位，在乔治城大学获得了外交硕士学位，在乔治城大学法学中心获得了法学学位。

Trevor M. Stanley，Baker & Hostetler 律师事务所华盛顿哥伦比亚特区办公室的诉讼律师，他是美国一位参议员办公室的前业务主任，是联邦通信委员会有线竞争局局长的前法律助理。Stanley 先生毕业于戴维森学院，在乔治城大学法学中心获得了法学学位。

Ronald A. Stepanovic，Baker & Hostetler 律师事务所克利夫兰办公室合伙人，是本所全国并购团队的联合主席以及本所私募实务部门的负责人。其最擅长的领域是中端市场制造企业的收购和处置，但他也经常代理私募基金进行高杠杆管理层收购、投资组合公司的处置及其资本结构调整，并为住宅和购物中心行业的公有不动产投资信托（REITs）提供法律意见。Stepanovic 先生在有限合伙和有限责任公司领域经验十分丰富，包括其应用、设立和运营。他毕业于凯斯西储大学会计专业和法学院 [成绩优异（*magna cum laude*），并获得了全美优秀法学院毕业生协会荣誉]。

Marcela S. Stras，Baker & Hostetler 律师事务所华盛顿哥伦比亚特区办公室的前合伙人，专长于移民法，尤其是为本所的公司客户服务。Stras 女士毕业于威斯康星大学，在迈阿密大学法学院获得了法学学位[1]。

Mark H. Tidman，Baker & Hostetler 律师事务所华盛顿哥伦比亚特区办公室的合伙人和本所知识产权、技术和媒体组的协调员。他专长于商标、不正当竞争、商业外观和域名，尤其是国内和世界范围的战略性组合管理。他提供商标的通关、咨询、申请和注册、许可和其他交易、监督和政策制定以及在联邦法院和商标评审及上诉委员会的知识产权实施等服务。Tidman 先生毕业于马里兰大学，在美利坚大学华盛顿法学院获得了法学学位。

Monica S. Verma，Baker & Hostetler 律师事务所克利夫兰办公室合伙人，就知识产权问题（包括起草和谈判涉及知识产权的开发、许可、转让和共享的协议）、信息技术和外包问题为客户提供服务，同时为客户就在印度从商提供日常顾问服务。在加入 Baker & Hostetler 律师事务所之前，Verma 女士是协助印度政府首席高级顾问工作的律师。作为勒克瑙大学（印度）的优秀毕业生，Verma 女士以最优等成绩（*summa cum laude*）获得了勒克瑙大学的法学学位，在凯斯西储大学以优异成绩获得了法学硕士学位。她拥有俄亥俄州和印度北方邦的法律执业资格。

Robert A. Weible，Baker & Hostetler 律师事务所克利夫兰办公室合伙人，本所证券和公司治理实务组的负责人。他主要在并购交易中代理公众公司和私营公司，从基本的合同和公司治理问题到复杂的融资交易问题，业务范围广阔。他为董事会、董事委员会和管理人员提供有关公司治理、证券合规和日常商业问题的顾问服务。Weible 先生在首次公开发行、其他证券和债券发行中担任过承销商顾问和公司顾问。他以最优等成绩（*summa cum laude*）毕业于威登堡大学，并以最优等成绩毕业于俄亥俄州立大学蒙瑞兹法学院。

[1] Baker & Hostetler 律师事务所的移民法业务从属于并由 Feldman 博士负责的、哥伦布办公室合伙人 Matthew J. Hoyt 及本所休斯敦办公室法律顾问 Pamela D. Nieto 协助的国际贸易实务部门。

主要译者简介（按姓名字母顺序）

冯瑶律师，先后获得吉林大学法学院学士学位和美国哥伦比亚大学法学硕士学位。拥有美国纽约州律师执业资格，曾担任中华人民共和国商务部条法司政府顾问及商务部反倾销办公室主管，曾就职于 Covington & Burling 律师事务所美国华盛顿特区分所，2004 年加入世泽律师事务所担任合伙人。主要从事国际贸易、外商投资及反垄断领域的法律事务。

何予平律师，拥有中国政法大学的法学学士学位和硕士学位，并从美国德州南卫理士大学国际法和美国法学院培训项目结业。拥有中国律师职业资格，曾就职于 Fulbright & Jaworski 国际律师事务所和中国石油天然气集团公司法律部，现任世泽律师事务所合伙人。主要从事能源、收购和兼并、国际交易及公司法等方面的法律事务。

黄晓军律师，先后获得中国复旦大学法学学士学位、日本一桥大学法学研究科法学硕士学位和美国哥伦比亚大学法学硕士学位。拥有中国及美国纽约州律师执业资格，曾就职于美国高特律师事务所（Coudert Brothers LLP）和美国奥睿律师事务所（Orrick, Herrington & Sutcliffe LLP），现任世泽律师事务所合伙人。擅长企业并购与重组、风险/私募投资、公募上市等法律事务。

刘洪川律师，北京大学法律系法学学士，哈佛大学法学院法学硕士，拥有中国及美国纽约州律师执业资格。曾在中信律师事务所、怡文律师事务所和美国世达律师事务所（Skadden, Arps）工作，在高伟绅律师所（Clifford Chance）做过访问律师，2004 年参与创立世泽律师事务所。主要从事外商投资和并购、海外投资、私募、国际资本市场和国际仲裁等方面的法律事务。曾被 ALB 评为“中国十大并购律师”。

王东律师，获得中国政法大学法学学士及美国哥伦比亚大学硕士学位。拥有中国及美国纽约州律师执业资格，曾在美国高特兄弟律师事务所（Coudert Brothers LLP）和美国路博律师事务所（LeBoeuf, Lamb, Greene & MacRae LLP）工作，现任世泽律师事务所合伙人。主要从事外商直接投资、公司收购与兼并及资本市场的法律事务。

熊涛律师，先后获得中国人民大学法学硕士和美国纽约大学法学硕士及法律博士学位（J.D.）。拥有中国及美国纽约州、宾夕法尼亚州律师执业资格，分别在 Baker & Mckenzie、K&L Gates LLP 和 O’Melveny & Myers LLP 等美国律师事务所工作过，2009 年成为世泽律师事务所合伙人。主要致力于私募股权投资、风险投资和证券事务。

袁长春律师，中国社会科学院的法学硕士，美国斯坦福大学法学院的法学博士（J.S.D.）。拥有中国及美国纽约州律师执业资格，曾工作于法国基德律师事务所（Gide Loyrette Nouel），是世泽律师事务所的创始合伙人之一。主要从事国际投资与国际商务、公司、知识产权及高度监管行业的事务。

张利宾律师，对外经济贸易大学经济学学士，美国得克萨斯州大学奥斯汀法学院法律博士(J.D.)，拥有中国及美国纽约州律师执业资格，曾任美国贝克博茨律师事务所（Baker Botts L.L.P.）合伙人，现任世泽律师事务所合伙人，清华大学法学院特聘教授，并担任中国国际经济贸易仲裁委员会仲裁员。主要从事外商投资、并购以及中国企业海外投资能源项目的业务。

张欣律师，拥有吉林大学法学院法学学士和法学硕士学位及美国哥伦比亚大学法学院博士学位(J.D.)。拥有中国及美国纽约州律师执业资格，曾工作于最高人民法院研究室、英国高伟绅（Clifford Chance）律师事务所及美国美富（Morrison & Foerster）律师事务所，现任世泽律师事务所合伙人。主要擅长境外上市、外商投资和并购、私募股权投资和风险投资及基金组建等方面的法律事务。

目　录

另请参见各章首页详细目录。

第二部分 确定交易结构：税收与协定

第三部分 尽职调查和评估交易

译者序

经过世泽律师事务所 20 多位律师几个月的辛勤工作，《外国公司在美国并购实务指南》一书的翻译工作终于在 2011 年 7 月底顺利完成，我将最终的译稿交到威科中国和中国财政经济出版社编辑的手里。在如释重负的同时，如参与本书翻译工作的每个成员一样，我深深感到这本书的分量及其将给中国读者带来的价值。威科中国的编辑建议我不仅作为译者，也从一名在中国多年从事跨国并购的律师的视角为本书做个简短的译者序，以便向广大国内读者介绍本书内容。对于这个要求，我欣然从命。

一、这是一本什么样的书?

在我所接触到的此类主题的书籍范围内，这是一本我看到的内容最新、涉及范围最广、最具有专业深度、由具备丰富并购经验的美国律师所撰写的介绍在美国进行并购所需考虑和注意的各个领域和层面的专著。在我最初看到这本书的时候，我便深深地被本书的内容所吸引。在审校译稿的过程中，这种感觉有增无减。整个翻译过程虽然辛苦，但参与翻译工作的全体团队成员都把它当成一个享受和学习的过程，该书不仅让我们在专业知识上受益匪浅，也为我们正在代理的中国企业海外投资的工作提供了很多指导。

本书由美国著名的贝克豪思（Baker & Hostetler）律师事务所来自美国不同地区五个办公室的律师们集体创作完成。本书英文原文为 900 多页，共 19 章，内容涵盖在美国进行并购所涉及的美国主要法律领域，如并购法、合同法、公司法、美国国内税法、国际税法、反托拉斯法、外国投资的国家安全审查、《萨班斯—奥克斯利法案》、海外反腐败法、劳动法、知识产权法、产品责任法、贸易管制、移民法、海关法、替代性争议解决等诸多内容，可以说是一本关于美国并购法律的"小百科全书"。在介绍美国法律的同时，本书作者和编辑尤其谈到了后"9•11"时代背景下美国立法者和执法者对于外国收购交易的态度，这一点对于中国企业去美国进行收购时了解目标公司所处的法律环境和政治环境有着非常重要的意义。

本书的作者是美国一批优秀的精英律师，其中一位重要人物是《萨班斯—奥克斯利法案》的起草者之一 Michael G. Oxley 先生。Oxley 先生是前国会众议员，曾任众议院金融服务委员会的主席，还曾担任众议院能源与商务委员会委员以及商务、贸易和危险物质小组委员会主席。他向美国国会亲自提议的上述法案要求在美国资本市场上市的公司加强透明度和财务监管，并且获得了通过。Oxley 先生目前是贝克豪思（Baker & Hostetler）律师事务所华盛顿哥伦比亚特区办公室的高级顾问，同时也担任纳斯达克 OMX 集团公司董事会的资深顾问。

本书的作者兼编辑 Elliot J. Feldman 律师是本书的一位灵魂人物。Feldman 律师是贝克豪思（Baker & Hostetler）律师事务所国际贸易业务部门的负责人，也是该所华盛顿哥伦比亚特区办公室的合伙人。他早年以优等成绩（*cum laude*）毕业于哈佛法学院，获得法学博士学位。他也曾是一位大学教授，拥有著述及合著达 7 本之多。Feldman 律师不久前曾访问北京，并参加了美国商会组织的一个活动。遗憾的是，我因出差没能和他见面，后来只是和他通过电子邮件有过沟通。可以说，没有他的推动和努力，这本书是难以完成和出版的。令我钦佩的是，Feldman 律师和他的合伙人及律师同事们在紧张的执业之余能够将这么多宝贵的知识和丰富的实战经验毫无保留地记录下来，分享给业界同行，分享给有兴趣的读者，使我从中感受到他们对事业理想的追求和真诚的敬业精神。

二、这本书对哪些读者会有很大的帮助?

对于计划去美国投资的中国企业的高管和内部法律顾问以及从事跨国并购的律师来说，这是一本难得的“实务指南”。虽然我们都或多或少地知道一些关于美国并购方面的法律，但是，我们的了解还不够全面和深入。可以预见，这本书中文版的出版能够让我们第一次对美国关于并购的法律有一种系统的了解。此外，由于本书作者均是长于实务的律师，因此，他们对法律的介绍和分析绝非仅仅停留在理论上，也不是学究式的解读。本书的一个重要特点就是系统的基础性和实务性。我记得，曾经有中国客户为了让美国律师介绍最为基本的美国法律概要而不得不支付昂贵的律师费。而有了这本书，我们就可以通过阅读对美国并购方面的法律有一个全面的了解，增进我们对并购项目全局和重要问题及风险的把握，同时基于这种对美国并购法律的基础认识，我们也能针对具体的投资项目，提出更加具体、相关和关键的问题。

我相信这本书还将成为一本法律学术界人士研究美国并购法必不可少的“工具书”。在过去参加一些关于中国国际经济法的学术会议时，我发现，有些中国学者所提交的有关美国法律的论文中，由于缺乏对美国法律实务及最新发展的了解，因此对美国法律的分析和批判往往流于肤浅，总有隔靴搔痒之嫌。这本书不但内容新颖，而且在介绍美国法律条文的同时，还讨论了美国法律对企业的影响，并提出了应注意的问题和采用的做法。本书在很大程度上弥补了学者对美国法律理解上的限制，同时也指明了我们今后应该研究的美国法律的重点。所谓“他山之石可以攻玉”，在很多领域中，美国的法律实践是值得中国的法律学者和立法者认真研究的，因为这对于中国建立和完善自己的市场经济法律体系具有很好的借鉴作用。

对于那些有志于从事跨国并购涉外法律服务的法学院学生和初进律师事务所的年轻律师来说，这本书是一本很好的“教科书”。本书凝结着贝克豪思（Baker & Hostetler）律师事务所里从事美国并购业务的一批美国精英律师多年来积累的宝贵经验。这些经验是我们无法从书本上或课堂或律所的“师傅”那里短时间能学到的。目前，中国经济正处于工业化进程中，经济的市场化和企业的国际化是一种必然的趋势，海外并购在未来15年甚至20年仍然会大量出现，而中国目前最缺少的是懂外语、懂外国法律、经验丰富的能与国际接轨的法律人才。我相信本书在中国的出版必定有助于中国国际化法律人才的培养。

三、鸣谢

本书的翻译和出版是一个很大的工程，是和所有参与这个项目的人员的辛勤工作和贡献分不开的。因此，我要在下面这段文字中逐一表达我对他们的感谢。没有他们的努力与配合，这本书的翻译和出版是难以想象的。

首先，我要感谢威科中国出版总监齐东祥先生。东祥毕业于美国耶鲁大学法学院，我们多次合作过，也保持了多年的友谊。当东祥把这本书的翻译工作交给我和世泽律师事务所时，我意识到这样的委托充满着东祥对我们的信任。我同样感谢威科中国的赵佳女士。赵女士在法律出版社工作时我们就认识，她在这本书的翻译过程中多次与我沟通，我们还讨论了有关本书的市场和销售问题。我要特别感谢威科中国和中国财政经济出版社的编辑们，在这本书的后期审校过程中，我有幸与他们多次接触并一起工作。可以说，正是他们的敬业精神和认真工作才使得本书的质量有了进一步的保证。我尤其要感谢彭小蕙女士，她是一位出色的法律书籍编辑，有着坚实的法律功底，工作起来非常认真，具有很高的敬业精神和专业水准。她能够及时、细心地发现译文中的不当之处，并提出更好的建议。例如，对于“plea agreement”一词，我们最初的翻译是“辩诉协议”，这种译法原本也没有什么问题。但是，她却向我们介绍了近来被采纳的最新译法，即“认罪协议”。这种精益求精的工作态度令我肃然起敬。

我最要感谢的是世泽律师事务所参与翻译的九位合伙人和十几位律师。根据工作安排，本书的各章先由律师和法律翻译译成中文，然后再由负责各章的合伙人仔细审阅，最后由我重新统一审校、定稿。参与最初翻译工作的有：李沣桦（翻译第1章），刘卓识（翻译第2章、第12章和第13章，后来又帮我审阅了第1章的翻译），许春元（翻译第3章和第4章），施蕾（翻译第5章、附件9-A和第19章），许燕宁（翻译第6章），黄丽娜和杨宁（翻译第7章和第10章），郑莹（翻译第8章和第9章），李新梅（翻译附件8-A），李博、孙兆秋和潘凌（翻译第11章和第18章），喻松（翻译第14章和第15章），林沁（翻译第16章和第17章），张梦希和王娜（负责翻译附件18-A到E）。在这里特别值得感谢的是我的助手刘卓识律师，在这本书的翻译过程中，他的工作量是最大的，翻译质量也是最好的。

在上述翻译工作初步完成后，世泽律师事务所有九位合伙人对翻译初稿进行了审核。我们的分工是这样的：我本人负责第1章至第4章，刘洪川律师负责第6章和第7章，何予平律师负责第5章、附件 9-A 和第 19 章，黄晓军律师负责第 8 章和第 9 章，张欣律师负责第 10 章和附件 18-A 到 E，冯瑶律师负责第 11 章和第 18 章，王东律师负责附件 8-A、第 12 章和第 13 章，熊涛律师负责第 14 章和第 15 章，袁长春律师负责第 16 章和第 17 章。上面提到的世泽律师事务所的各位合伙人均毕业于美国名牌法学院，并在国际知名的英美大所做过律师。我为能有这样的合伙人感到自豪，我衷心地感谢我的各位合伙人为本书的翻译所做出的贡献和努力，尤其是世泽律师事务所的管理合伙人刘洪川律师对此项目所给予的参与和大力支持。这个项目之所以得以进行和完成与洪川的大力支持是分不开的。

我要特别感谢在本项目中友情客串的几位朋友，他们为本书也做出了非常大的贡献。第一位是普华会计师事务所合伙人钱立强先生。钱先生和我曾在 2009 年的一个海外能源收购项目中合作过。这次，我曾就一些税法方面的术语向他请教。我要感谢的第二位朋友是西门子中国公司知识产权部的缪海波先生。缪先生非常认真地对第 10 章（知识产权）的译文进行审校，对许多关于知识产权的术语做了仔细的修改，大大提高了这一章的译文水平。我要感谢的第三位朋友是美国张哲瑞律师事务所纽约办公室的周健律师。周律师是我的好友。2010 年初我们匆匆在纽约见过一面。周律师精通美国移民法，对第 16 章（移民法）的译文进行了审校，提出了宝贵的修改建议，并对其中一些移民法的问题进行了注释。

我还要感谢我的助手张梦希律师和我的秘书李玲小姐为本书翻译在组织和沟通方面所做的大量工作。本书在最后阶段时的审校工作非常艰苦，占用了我许多业余时间。在 5 月、6 月和 7 月的一段日子里，我常常工作到很晚，对每一章的内容对照原文仔细核对。最后，我还要感谢我的妻子刘彧女士。在此书的翻译过程中，我经常“骚扰”她。妻子作为对外经济贸易大学英美文学专业的硕士生，接受过欧盟的同声传译训练，具备多年英语教学和法律翻译的丰富经验，同时又在海外生活多年，因此，她理所当然地成为我请教的对象。在这本书中，也倾注着她多年来对我事业的支持和理解，对此我已无法用语言表达我的感激之情。

最后我想说的是，由于我们的水平有限，且完成翻译工作的时限非常短，我们的翻译难免有误，对此我们诚挚地希望读者能在发现错误后和我们联系，以便在本书再版时做出及时的更正和改进。

张利宾

2011 年 8 月 8 日于北京

中文版序言

中国是世界上最大的外汇储备国，其对外投资也逐步增加，2008年，中国是第12大投资国，2010年其排名迅速上升到第5位。

撇开中国特色的社会主义市场经济不谈，中国仍是政府占经济主导地位的社会主义国家。和冷战时期苏联受意识形态及现实政治思想影响的投资不同，中国投资的首选目标是自然资源，以满足其长期的国内需求。中国对亚洲地区的投资最引人注目，占其海外直接投资的72%；对拉美地区的投资紧随其后。中国对非洲投资和对美投资不相上下，相当于其在欧洲投资的1/2，同时低于中国对澳大利亚的投资。现在，日趋成熟的中国企业家不再把投资目标局限于自然资源，开始转向资本家通常感兴趣的目标：并购他国盈利企业以实现投资价值。

中国商务部于2010年8月宣布中国海外投资已从一年以前的478亿美元跃升至565.3亿美元。商务部预计中国对外直接投资在未来几年内将以更快的速度增长，将在2013年达到1000亿美元。虽然中国对美投资暂时还不太引人注目，但是在2009年中期，其年增长率达到了107.2%。

中国对自然资源的浓厚兴趣使澳大利亚及其他一些国家感到不安，这些国家开始讨论是否应当限制中国投资。因为中国对澳大利亚投资的企业均属国有企业，所以澳大利亚外资审查委员会逐一审查这些投资。在美国，中国投资已经开始面临国家安全这一阻碍，其他国家也仿效美国加强对外资的审核。西方国家普遍担心主权财富基金以及外国政府作为投资者可能施加的影响。而且中国国有企业是中国对外投资的主体，所以其所到之处几乎都会引发这一担忧。

虽然出于保护自然资源以及限制中国政府影响的考虑，抵制中国投资的势力可能略有增强，但是外国对中国资本的需求以及中国对外投资的渴望也不断提高。中国对外投资（尤其是对美投资）迟疑不前可能更多地受到心理因素而非实际因素的影响。

据报道，中国认为美国排华情绪强烈，这一看法并非空穴来风。随着双边贸易赤字不断扩大，美国国会抱怨中国不公平贸易导致美国就业机会流向太平洋彼岸的声音也更加响亮。中国企业多次试图投资美国，但这些商业行为吸引了太多的关注，最后都被迫放弃。许多中国人相信美国会寻找种种理由拒绝中国投资，因此不必自找麻烦、自取欺辱，这就造成了更重要的需求——中国需要投资，美国希望吸引中国投资——呈僵持状态。

中国对美投资的失败案例使得许多中国人认为国家安全是“9·11事件”后美国限制中国在美国经济中发挥作用的借口。但是，投资分析专家并不赞成这一观点，因为早在2001年前，国家安全考虑就已经深受重视，同时，在一些备受争议的投资案例中，中国的军事利益也直接牵涉其中，如1989年中航技进出口有限责任公司试图收购Mamco制造公司。美国总统否决了这一商业计划，因为中航技进出口有限责任公司是中国军队的收购分支，而Mamco生产机密航天设备。香港和记黄埔有限公司也被认为与中国军方有着千丝万缕的联系，2003年当它看到国会反对意见似乎将触发美国外国投资委员会的审查时，立即撤销了并购为美国国防部提供至关重要的电信服务的Global Crossing公司的计划。如果和记黄埔坚持不懈，对并购条款稍加妥协以满足国家安全考虑，它的并购计划可能会获得美国外国投资委员会的批准。展望未来，任何国外军事力量可能介入商业并购都将面临强烈的抵制，这种抵制不仅仅针对中国。

最引人注目的以失败告终的中国投资案例应数2005年中国海洋石油有限公司（中海油）试图收购Unocal。公众反对是导致中海油取消并购的重要因素，但是包括美国外国投资委员会在内的任何一个美国政府机构都未表示反对。当时美国国会的确准备对国会及美国公众认为十分关键的经济领域的外资收购进行更严格的审查，但是这一流产的收购计划并不是政府行为的受害者，可能永远都不是。虽然从随后迪拜环球港务集团公司备受争议的收购案可大致推测出中海油并购的最终结局，但是中海油主动撤销收购计划使人们永远无法确定最后的结局。迪拜环球港务集团收购受挫同样是由于公众的反对，但是和中海油不同，迪拜接受了美国外国投资委员会的审查并通过了这一审查。2005年，美国对阿拉伯国家的抵触情绪一定远远超过对华抵触情绪。同样引人注目的是，中国公众普遍认为，2009年美国外国投资委员会否决中国企业购买内华达州金矿是歧视中国的决定，但他们忽略了这一金矿紧邻美国最机密的军事基地这一事实。如果这一金矿的地理位置不同，中国企业的商业计划也不会引发任何担忧。

本书旨在阐明认为美国排斥外国投资尤其是中国投资这一看法的不实之处，同时希望通过实际案例、对每一步骤详尽的解释来帮助投资者掌控并购全过程。正如本书“导论”所言，本书的主旨是：美国仍然对来自包括中国在内的各国商业活动敞开大门。

美国希望确保透明、充满竞争力这些基本的市场特征（无论是通过反托拉斯法还是《萨班斯—奥克斯利法案》），同时也希望保护投资者（例如通过双边投资协定）和员工（医疗、退休金和工会保护等）。美国既努力保障国家安全，同时也欢迎外国公民在法定时间在美国工作和生活。这些平衡举措虽非永远公平，但不带歧视。排华绝不存在。

一个多世纪以来，美国一直是世界上最开放的市场。美国复杂的法律法规始终为投资者和员工、美国公民以及外籍人士提供平衡的保护。中国公民及企业投资美国是毫无问题的，但是或许应当比其他国家的企业或个人更敏感、更严格地遵守法律，同时注重美国公众的意见。本书证明，争议是可以克服的，投资是可以实现的。在大多数案件中，虽然困难重重，但与对美投资相比，付出这些代价是值得的。本书中文版的发行旨在强调美国希望让中国的投资者知道如何对美进行投资。

埃利特·费德门
2011年3月

英文版前言

本专著起源于有关《外国投资与国家安全法》（FINSA）中“安全港”条款的一份长约 4 页的简短内部商业客户提示。Baker & Hostetler 律师事务所之外的某位人士读了这份提示之后，请我们将其扩展为一篇短文（共 7 页）作为一份新闻简报。Wolters Kluwer 的 Eric Cooper 先生读完该文后致电我们，询问能否为后“9・11”时代来美国投资的外商提供更多的信息。他希望我们写成一部专著，最后我们便写成了这部大约 800 页内容的专著。我们希望我们确实从一个小小的橡树籽种出了一棵大橡树。

John Burke 和我两人共同撰写了那份商业警示和之后的短文。

而本书是 Baker & Hostetler 在美国 5 个不同地区的 5 个不同办公室的合伙人和律师团队合作的成果，他们分享自己的知识，在书中着重突出了各自的专业领域，这些都对可能来美国投资的外商有重要影响。本书覆盖了法学的多个领域，便于读者根据自己的兴趣或者主题进行阅读，但是我们主要还是按照书的结构来编排，从前到后，有始有终。本书首先讨论交易决策，随后在中间部分阐述尽职调查和克服法律障碍，最后论及本书的灵感之源，即如何认识美国后“9・11”时代背景下的交易。

尽管我们进行了精心的编排，但是读者也并不一定要从头读到尾，更不用按照本书既有的顺序来阅读。读者可以从诸多的副标题下选择一个主题，阅读当时对自己最重要的章节。但是，对于不了解美国投资环境的读者，或者不熟悉并购业务的读者，或者对二者都不了解的读者而言，如能整章整节地阅读可能更加有用。例如，关于国内和国际税收的第 6 章和第 7 章是作为两个相对应的章节撰写的。安排交易结构所需的最重要的信息都在第 7 章（国际税收），但如果没有第 6 章（国内税收）作为基础，多数读者在理解美国交易中国际税收制度的适用时都会存在一定的困难。

还有其他的章节是将两章作为一对或作为一组来安排的，我们建议您将其放在一起阅读。对并购业务不了解的读者应该阅读第 2 章、第 3 章和第 4 章，这 3 章是关于如何确定和安排交易结构的。对美国外国投资委员会（CFIUS）和《外国投资与国家安全法》感兴趣的读者应该将第 14 章和第 15 章放在一起阅读，这两章分别是关于法律审批程序及政治程序的。

每一章都有自己的概述，所有这些单个的概述合到一起就是对整本书的一个不错的总结。将其与其他相关章节放到一起也是非常有用的。这样，这些概述不仅为参考各章内容更为参考全书内容提供了便利。

本书通篇有很多交叉援引。这些援引有助于保持主题的一致性，可以帮助读者认识跨各个法律领域的美国法律原则。这些援引既反映了这些原则的一致性，又表现了撰写本书过程中团队的合作与努力。使用这些交叉援引可以帮助读者理解美国的法律体系及商业交易的背景。尽管读者从头到尾阅读本书好处良多，但是如果读者带着特定的问题或者关注点来阅读本书的话，大可不必按照本书的结构顺序而可以随意浏览各个章节以寻找答案。

法律是在不断演变和前进的。在本书被送往出版社之时，美国国务院正准备通过一部庞大的金融服务改革法案。该法案对本书的影响非常小（虽然其会导致《萨班斯—奥克斯利法案》第404条发生些许变化），但是该法案很可能会影响并购交易的融资。这个问题正是我们准备在将来的增补和修订中进行阐述的问题。届时，我们可能不仅会说明该法案是如何变化的，同时也会分析该变化在实践中所产生的影响。

幸运的是，虽然法律条文发生了变化，但是法律原则还是经久不变的。自由市场与监管之间的振荡决定了这种钟摆式的波动只会是相对小幅度的。本书提供了大量的细节内容，这些内容都可能在未来发生变化，但是本书更强调法律原则。对于美国之外的读者而言，本书所能提供的最有价值的内容就是对法律原则的理解和领会。

致　谢

如果没有贝克豪思律师事务所（Baker & Hostetler）慷慨的时间和资源投入，这本专著是不可能出版的。事务所的管理合伙人 Steve Kestner 自项目伊始就给予了支持、鼓励和资金投入。

在最终定稿之前，作者团队在华盛顿哥伦比亚特区举行了一次两天的会议来分享对彼此写作内容的见解、整合各个章节，并听取一些杰出的外部读者提出的意见。这些读者包括私人执业律师或为政府工作的律师、法律学者和客户。为了尊重政府律师，我们没有将他们所阅读并为我们提出意见的章节及其姓名联系起来，但我们对所有这些律师均深感谢意。他们使我们避免了很多错误，且改进了内容的呈现形式。按照字母顺序，我们的这些读者包括 Donna Alexander、Ian Band、Maryann D'Angelo、Brian Harvey、Welby Leaman、Robert Loesch、Mary Pat Michel、Ted Moran 教授、Fred Murray 教授、Alan Ribakoff、Daniel Sokol 教授、Doug Spaulding、Randy Stayin、Betsy Taylor 以及 Stephen F. Vogel。国际投资组织（Organization for International Investment）的 Nancy McLernon 在初期就我们应该针对哪些读者对象以及如何更好地满足他们的需要提供了指导意见。

一些参与这个项目工作的律师未能坚持到最后，但我们对他们付出的努力同样表示感谢，特别是 Bill Conti、Ron Wick 和 Kavita Mohan。还有一些律师已经在为接下来的内容更新做准备工作了。

Wolters Kluwer Law & Business 下属的 Aspen Publishers 的编辑，特别是 Eric Cooper ——他参加了项目会议并为本书的结构和内容提供了指导，以及 Triona Crilly ——她确保文字适当，表达清楚，他们是这个宏大项目非常负责任的指导者。这本书最初是 Eric 的想法，而 Aspen 在帮助我们实现这个想法的过程中始终是很好的合作伙伴。

我的助手 Elda Eckles 负责管理书稿的不同版本及草稿、作者之间及作者与读者之间的文件和信息传递以及我们的会议。她还将各章格式调整到符合 Aspen 的要求。没有她的帮助，我们可能永远无法完成此书。

每位作者和编辑都向其配偶致谢。我代表所有为本书做出贡献的人向他们的配偶表示感谢，当然，我也要感谢我自己的妻子——Lily Gardner Feldman 博士。

第 1 章

导论：美国仍对来自海外的投资敞开大门

Elliot J. Feldman

§1.01　"9·11事件"后的世界

如果有外国企业在2001年9月11日（9·11事件）之后担忧美国是否会继续对外国投资者开放，那么它们绝不应当因此受到指责。没有什么能比外国恐怖分子在纽约和华盛顿精心策划并发动毁灭性袭击更能满足Richard Hofstadter在1964年定义的"美国政治被害妄想症"了[1]。正如Hofstadter所说，某些"妄想症代言人""认为绝对正义与绝对邪恶之间的斗争迫在眉睫"，而这些"妄想症代言人"可能会怀疑一切外国投资者并对其横加阻挠。没有哪个投资者希望自己仅仅因为进行投资就被认为是绝对邪恶的。许多投资者可能已经考虑干脆远离美国。

如果外国投资者选择不再进行美国投资，那么他们肯定是对美国有所误解，而他们的这种选择也是不明智的。美国仍然对外国投资高度开放，并且仍然是世界范围内最佳投资目的地之一。

尽管如此，至少在大众心理中，美国的某些立法还是表明最好不要在美国投资。美国新颁布的两部法律共同对企业提出了新的要求。在这两部法律中，一部碰巧赶上"9·11事件"，而另一部又受到了"9·11事件"的深刻影响。第一部法律根据其参众两院主要立法者的姓名被命名为《萨班斯—奥克斯利法案》（*Sarbanes-Oxley Act*，简称《萨班斯法案》），并在世界范围内声名远扬。这部法律在"9·11事件"之前就开始制定，但直到2002年中期才正式成为法律[2]。《萨班斯法案》源于在2001年被揭露的大公司金融欺诈与丑闻事件，而与"9·11事件"并无关联。参议员萨班斯与众议员奥克斯利认识到，公众公司内部根深蒂固的腐败行为正在侵蚀着股东们的投资并破坏着美国股票市场的信誉。他们认为，与袒护某些产业领袖的挥霍行为相比，保护广大股东并树立资本市场的信誉更为重要。

《萨班斯法案》深刻地改变了在美国从事经营的方式。一些人认为该法案是美国清教主义的表现。他们预测，与纽约证券交易所相比，投资者们将会更加青睐伦敦证券交易所。但实际情况是，在吸引投资方面与美国进行竞争的其他国家纷纷将《萨班斯法案》的原则吸收到本国法律之中。

---

[1]　参见 Richard Hofstadter. The Paranoid Style in American Politics，Harper's Magazine，Nov. 1964，at 77–86.

[2]　参见 Pub.L.No.107–204，116 Stat. 745（2002）（codified as amended in the scattered sections of 11，15，18，28，and 29 U.S.C.）.

改变在美国经营方式的新千年第二部主要立法直接针对"9·11事件"后的外国人，该法直到2007年才被国会通过。《外国投资与国家安全法》(FINSA)[3]指出，美国将就外国投资对美国国家安全可能产生的影响进行更加严格的审查。该法的制定过程始终伴随着妄想症一般的仇外氛围，而这种氛围又因为关于移民问题的恶毒公共讨论而引人注目。考虑到这一点，我们就不难理解为什么很多外国投资者都认为，在《萨班斯法案》和《外国投资与国家安全法》通过之后，在很多方面，在美国进行投资已经不如从前那样富有吸引力了。

正如安然、世通、环球电讯、安达信以及其他公司丑闻刺激了国会并导致了《萨班斯法案》的出台，另一个具体事件直接导致了《外国投资与国家安全法》的颁布。这一事件就是迪拜环球港务集团（DPW）试图投资美国港口管理行业。实际上，迪拜环球港务集团的投资条款将更有可能加强而不是威胁美国的国家安全。但是，因为该项目的投资者来自阿拉伯世界，所以这一项目被普遍认为是富有威胁性、危险且不可接受的。导致迪拜环球港务集团投资项目流产的争议看上去传递出了一个信号——美国已经不再欢迎外国企业。人们并没有正确理解《外国投资与国家安全法》的内容，而该法的通过又加强了以上的信号。

另外还存在着其他负面信号，这些信号在海关、移民与机场安保方面最为明显。美国法律与实践表现出对外国人的怀疑：办理去美国留学或工作的签证变得越来越困难；而那些为出席公司会议、科学研讨会或是记者采访而办理的临时签证似乎常常无法获得。于是，企业开始将会议地点转移至境外，外国学生选择就读其他国家的学校，科学家们放弃联合研究项目，非法移民们则藏匿于黑暗中并对突击检查与驱逐出境提心吊胆。随着美国对大多数外国事物感到恐惧，机场对乘客和货物的检查也更加富有侵犯性。

这些变化充满了官僚主义色彩。美国移民和归化局与美国国土安全部下辖的海关部门合并，并且被命名为"美国移民和海关执法局"(ICE)。这一命名上的变化表明了其职能上的变化：这两个部门的职能既不再是为旅客与移民进入美国国境提供便利，也不再是为促进货物的流动提供配套服务，而是像新机构名称的缩写所暗示的一样，它们的职能被共同限定在"海关与国界保护"的范围之内，并被设定为冻结一切外国事物进入美国。我们很难避免这样的观点，即美国正在堆砌将外国人和外国货物排斥在外的壁垒，而这将颠覆美国的历史。而正是在美国，自由女神像一直欢迎着外国人民和货物来到美国的纽约港。

---

[3] 参见 Pub. L. No. 100-49，121 Stat. 246 (2007).

于是，尽管这两部立法的目的在于增强美国市场的透明度和提振对美国市场的信心，纠正财务丑闻及拒绝合理的外国投资项目所暴露出的问题与错误，但实际上这些法律至少在外国投资者身上导致了相反的效果。在新千年的最初几年中，一系列的被害妄想症、引人注目的官僚机构重组与执法力度的加大，都使得目前的市场变得比以前更加谨慎，并且要求目前比过去更加精熟地掌握美国法律、政治、经济与会计体制。然而，尽管存在这些变化和表面上的信号，但美国不仅对外国投资者保持着开放，而且仍然是世界范围内对投资者最有吸引力的市场之一。在“9·11事件”之后，《萨班斯法案》与《外国投资与国家安全法》导致的谨慎可能会使在美国进行投资变得更加困难，但也会让外国投资者和股东们就其投资的保值增值获得更多的保证。

本书将向潜在的外国投资者解释如何应对在安然事件、迪拜环球港务集团事件与“9·11事件”发生之后的美国法律、政治与经济新环境。最重要的是，投资的安全性取决于法治，取决于那些增强透明性并促进公平交易的法律规则的存在与执行。不论美国经济监管体系有多么不完善，它仍然优于绝大多数其他国家，美国拥有着世界上最充满活力、最富适应力且利润最丰厚的市场。

§1.02　读者注意

尽管本书的每一章均由美国 Baker & Hostetler 律师事务所专门从事相关业务的合伙人所撰写，但每位作者仍然希望向读者强调某些注意事项。与其在每一章中单独加以强调，不如我们在此一并指出这些注意事项：任何一章本身都不应被视为是全面的。每一章都可能涉及了相关领域的核心问题。因此，本书各章虽包含数量可观的细节，但其本身的性质仍是概述。本书各章可能会引发读者提出问题，而各位作者也欢迎这些问题，以便在本书的后续增补与再版工作中加以改进。任何一章都不应被视为对任何特定主题的最终完整结论。

本书各章均有时效性。通过立法机关的起草、行政机关的实施与司法机关的解释，法律在不断变化。目前的议案可能变为法律，行政机构可能起草新的法规，而现在的未决案件可能会得到判决，这些都会导致法律的变化。这种变化甚至在本书付梓之前就会发生。因此，各位作者所关注的是法律原则与基本规则。他们时常指出各种例外情况。在本书的草稿阶段，某些章节的几乎每句话都含有“一般而言”、“典型情况下”或“通常”等限定性用语。虽然这些“一般而言”以及类似用语在本书中大多都被删除了，但在阅读本书时，读者应当推定这些修饰语仍然散布在这些章节的每一页中：本书所提供的信息针对一般、典型与通常的情况，而不是针对所有的情况，而实际情况有可能会改变。

所有作者都希望向读者传递一种必要性，即有必要聘请知识渊博的法律顾问。但是我们认为，这种观点在律师所写的著作中是不应当被明确指出的。作者们也希望强调，随着法律实践（特别是在美国）的各个领域已经变得高度专业化，每位律师的法律执业经验各有不同，而本书有多个作者这一事实本身就表明了这一点。同时，作者们建议聘请律师团队。本书中的交叉援引表明，美国 Baker & Hostetler 律师事务所的律师们在就跨法律领域的问题进行合作时是多么自如与频繁。

频繁的交叉援引是贯穿本书始终的特点之一。本书的另一特点有时被称为“全书假设场景”，这种场景指的是在多个章节中出现的共同事实场景。这种共同场景首先出现在第 2 章中[4]，用于阐明管辖权、联邦法律及其他问题。很多作者采用了同样的假设场景，并根据具体情况添加适当的事实与条件，从而为读者提供一条贯穿本书的、共同一致的线索。

为了使读者获得对法律原则的基本理解，作者们在进行某些论述时选择进行过度的简化。本书每章都以某种形式阐述了关于某些事项的“路线图”，这些事项既包括如何寻找收购对象，也包括如何寻找设立公司的法域，既包括如何避税，也包括如何减轻产品责任。依照这些原则，每一章都旨在提供切实可行的建议。然而，我们需要在此提出警示的是：如果我们为强调原则而进行了过多的简化，那么作者们所建议的步骤就有可能看上去过于简单，这可能会使初学者在缺少称职法律顾问协助的情况下贸然前进。在就本书所论述的事项展开工作时，个人或企业不应仅凭一己之力。

§1.03　本书的结构

除引言部分之外，本书分为 5 部分。第一部分共有 4 章，其内容是企业并购实践。该部分按时间顺序编写，我们首先论述关于是否进行并购以及并购对象的决策，而后论述如何为并购交易准备文件资料，然后论述如何处理因并购交易而发生的争议，我们在最后将对那些涉及外国公司的交易与不涉及外国公司的“惯

[4]　参见下文 2.02。

常”交易进行比较。

[A] 第一部分：开展并购交易

在第 2 章中，Ron Stepanovic 首先论述了在美国进行收购的三种形式——资产收购、股权收购以及合并。他阐释并说明了进行上述每一种收购的后果及程序，同时指出并详述了各当事方（尤其是包括投资银行在内的顾问）的角色。他就保密安排和并购流程管理提出了建议，并强调了很多（但并非全部）最重要的考虑因素，这些因素包括环境保护义务、人事责任以及保险。他就如何以最有利的条款完成并购交易提供了建议，而这其中很多战略性的建议都是主要为买方当然也包括卖方准备提供的。此外，他也对本书后续各章的内容进行了概述。这些内容尤其包括有关税务的问题和交易结构设计，也包括尽职调查等其他主题。他还介绍了全书的假设场景。

关于并购的下一章集中论述交易所需要的文件。在 Stepanovic 论述了交易流程之后，Rob Weible 解释了如何制作有关文件。交易的价值取决于文件在多大程度上反映了交易各方的意向与目标。谈判并不因达成了出售和购买协议而结束。对某些交易而言，因为所有的条款都必须在交易文件中得到体现，所以此时谈判才刚刚开始。Weible 在第 3 章中警告读者，文件中的错误会导致重大的诉讼风险。准备交易文件的目的是完成交易，并使得买方和卖方可以独立地继续推进其各自公司业务。Weible 就如何在交易中取得友好且最终的结果提出了建议。

在第 4 章中，Margaret Rosenthal 和 Dawn Kennedy 建议：当交易已基本达成且大部分交易文件已经准备完毕时，并购协议中的“替代性纠纷解决程序”（ADR）条款并不是格式化条款，而替代性纠纷解决程序也并不一定比到新公司设立地的当地法院进行诉讼更为有利。虽然替代纠纷解决程序时常被认为是理想的纠纷解决方案，但因为纠纷解决条款往往是在当令人精疲力竭、谈判临近结束时才加上去的，而这种条款往往缺少细节规定，所以通常的结果是没有做出理智的选择。

Rosenthal 和 Kennedy 认为，如果替代性纠纷解决程序被选定为并购协议的争议解决方案，那么这种程序其实可以通过多种方式实施，而在选择适当的形式与确立有关条款时应非常谨慎。这两位律师不仅就应如何做出有关选择（尤其是如何在调解和仲裁之间做出选择）提出了指导意见，还列出了有关考虑因素的清单，并阐明了所有关键因素的重要性。他们列出了合同条款必须回答的问题。这些问题包括：替代性纠纷解决程序是强制性的还是任意性的，该程序可由当事人一方启动还是需要各方达成一致方可启动，如何选任仲裁员或调解员，以及裁决结果如何执行。

有人认为，涉及外国公司的收购与只涉及美国境内公司的收购并无多少差别。在本书第 5 章（也就是本书第一部分的最后一章）中，Chris Lange 论证了上述观点在两个重要方面都存在着错误。首先，外国投资者可能会在美国遇到很多陌生的问题；其次，更重要的是，美国法律对外国企业与本土企业的适用状况并非完全相同。两类企业不仅在税务方面存在明显的差异（我们将在下一章详细说明），在司法管辖权与对诉讼的敏感性方面也可能大不相同。这后一方面的差异取决于新公司设立的地点与方式，以及外国投资者与美国国内公司的最终法律关系。

Lange 总结了在并购交易中所有可能对外国企业或个人有特殊意义的考虑因素。表面看来，这样做有些重复，因为他论及的领域与前文中 Stepanovic 和 Weible 论及的某些领域重叠。然而，由于 Lange 强调涉外交易与国内交易的区别以及在美国与在其他国家进行交易的区别，所以在论及每个问题时，几位律师的论述均有独到之处。

[B] 第二部分：交易结构设计：税收与条约

我们将在接下来的 3 章里论述如何设计交易结构，以及如何从国际协定中获益。对国际交易的构架来说，没有比税收更重要的因素了。税收因素可以决定交易是否具有经济效益，并决定交易最终采用 Stepanovic 所指出的几种形式中的哪一种。

Jeff Paravano 和 John Lehrer 在本书中阐述了美国税法的某些原则，而 Paul Schmidt 和 Mike Nydegger 也在本书中阐述了国际税收体系中的某些原则。虽然确实存在着某些税法原则，但《美国税法典》（《税法典》）并不总是遵循逻辑原则。一项交易的经济逻辑可能被《税法典》的特别规定或例外规定推翻，也可能被外国投资者对某种组织结构的偏好打乱，而这种偏好可能是外国投资者在意识到某种组织结构安排在税收上的后果之后产生的。交易形式与所适用税收待遇的关系会决定交易价值的很大一部分。

美国对世界范围内的收入征税，并区分境内所得税（以外国人通过其在美国境内的活动而取得的收入为征税对象）与境外所得税（以美国居民通过在美国境外的活动而取得的收入为征税对象），而且并非每一项在常识上构成收入的款项都属于税法意义上的收入。计算收入有不同的会计方法，而这些方法又影响着应纳税款的数额。《美国税法典》对个人和企业分别适用不同的规则和税率。不论是收购或投资交易的结构，还是个人或公司收购者或投资者的最终居民身份，都决定着企业是有利可图还是将被美国的税收榨干利润。

联邦《美国税法典》只是美国税收制度的一部分。并不是所有的州都课征所得税，而且各州对企业课征的税率也不同。在第 6 章中，Paravano 和 Lehrer 论述了税收制度的设计及其各组成部分之间的关系。他们阐述了谁必须进行税收申报，以及为了使得税收负担最小化而在何时、以何种策略申报并在申报时考虑哪些因素。他们就如何取得对《美国税法典》的权威解释提供了意见，并就如何回应美国国家税务局对纳税申报表的质询提供了意见，这些意见涉及提交审查申请的地点、方式以及受理税务纠纷的法院。

在第 7 章中，Paul Schmidt 和 Mike Nydegger 阐述了：无论是作为美国居民从境外获取收入，还是居住在海外并从美国境内的经济活动中取得收入，个人或企业都可能应当以某种形式缴纳税款。他们描述了几种可能的企业形式及其税收影响，强调了税收筹划的重要性，特别是对外国人的重要性。

对美国和外国的个人与企业而言，一项关键的差别是美国与其他国家签署的双边税收协定是否适用。Schmidt 和 Nydegger 对那些在美国从事经营的外国居民如何从美国与第三国的税收协定中获益提出了建议。他们强调，在计算净税负时应当把所有潜在的税收管辖区都考虑在内。他们详细说明了税收协定是如何发生作用的，以及如何利用税收协定获取最大的优惠。没有人希望就同一项收入两次缴纳税款，而适用税收协定往往是避免该等重复征税的唯一方法。

Schmidt 和 Nydegger 将其撰写章节的大部分篇幅专门用于讨论那些与在美国进行经营的外国人有关的税收问题。以取得收入的确切地点与形式（如现金、股息、利息、股票或其他形式）为基础，外国人与其收入之间的法律关系十分复杂。而根据其申报方式与税务机关授予的待遇，这些法律关系将导致不同的税收结果。不论是通过预提所得税还是通过年度纳税申报的方式，缴纳税款的方式也很重要。

双边税收协定是本书仅有的涉及国际法的两个部分之一。本书另一涉及国际法的部分关注的是美国与其他国家签署的国际协定。尽管一项双边投资条约（BITs）不会成为是否进行交易的决定性因素（而双边税收协定则可能会成为这样的决定性因素），但这种协定可能会对选择交易地点和交易结构提供某些指导。

在第 8 章中，Mike Snarr 指出，双边投资协定或自由贸易协定的受惠者必须是与美国签订协定的国家的居民或公民。因此，一家跨国公司可能会从某个被双边投资协定所惠及的地点向美国进行投资。Snarr 描述了这类协定的特点、实施方式、对投资者提供支持的时间，以及投资者何时、通过何种方式可以从中获益。双边投资协定就像保险单一样，可以增加交易的价值。

[C] 第三部分：尽职调查与交易估值

在决定启动一项国际并购交易和完成该等交易时所进行的尽职调查，必须关注此项交易的成本和价值。当评估交易价值时，收购方和卖方经常考虑砖块、水泥、不动产与库存，然而，交易最大的成本与价值通常是无形的，并体现在人力资源与知识产权方面。在一项交易中，最大的单项成本几乎总是人力资源成本，而最大的单项价值一般都体现在知识产权方面。

在本书第 9 章中，美国 Baker & Hostetler 律师事务所的三位合伙人 Marc Antonetti、David Grant 和 Terry Connerton 考察了劳动力与就业、养老金与福利等将会影响美国境外投资者在美国进行投资交易的问题。尽管美国劳动力市场遵循自由市场原则，并以"意思自治"原则为最主要的前提条件，但是，在性别歧视、年龄歧视、对兵役的承认、工资及工作时间限制等方面，美国的工会仍然建立了许多劳工保护措施，而美国法律制度也就这些方面施加了大量限制。收购方不但受到国内法制度的制约，同时还受到目标公司与其雇员和管理层所达成的具体合同条款的制约。

各州适用的劳动法律与联邦劳动法的规定差异可能很大。在多个州进行并购的外国公司可能会发现，自己在不同的州依不同的规则要负担不同的义务。公司也许在某个州需要开设员工餐厅，而在另一个州则并不需要。另外，公司在不同的州对加班时间可能要遵守不同的规定。因此像税法一样，劳动法对于外国企业在美国选择设立和经营的地点具有重要影响。

在本书第 9 章中，针对美国不同地区劳动法的不同特点，Marc Antonetti、David Grant 和 Terry Connerton 提出了应当考虑的相关因素和建议。最艰巨的挑战也许正是在目标公司被收购后员工有权或无权享有的福利待遇。比如，大多数美国人依赖其雇主获得医疗保险，而这与在其他大多数国家的做法不同。在员工已经离职或被辞退之后，雇主可能仍然要继续对员工的医疗保险负有责任。在收购之前所进行的尽职调查需要具体确定：在卖方对其员工和管理层的义务与责任中将有多少被转让给收购方，员工和管理层享有何等权利，以及收购方是否将负担与这些权利相对应的责任。

和劳动与就业相反，在外国投资者就并购所进行的尽职调查决策过程中，知识产权通常蕴含着最大的价值，而不是最大的负担。在本书第 10 章中，由 Ken Sheehan 和 Mark Tidman 领导的 Baker & Hostetler 律师事务所国际知识产权专家团队，在 Steve Fabry、Phong Nguyen、Neal Seth 和 Monica Verma 的帮助下，说明了如何识别知识产权并评估其价值、如何确保其所有权得到转让，以及如何保持其所有权与价值。该项分析对于确定目标公司价值及公平分配交易成本有重要作用。因此，对知识产权的评估可以决定进行交易的整体思路。

作为无形资产，知识产权有四种法定形式——专利权、商标权、版权与商业秘密。就其所有权的设立与续延，每种知识产权都受到不同法律法规的约束。大型公司可能拥有好几种形式（如果不是全部种类）的知识产权，这些公司可能已经稳妥地拥有所有权，也可能根本就不拥有所有权。尽职调查的目的在于为目标公司估值并最终确定交易条款。因此，尽职调查不仅要确定知识产权的所有权，而且应该确定该等所有权的法律状况，其是否存在争议，以及目标公司是否签订了可能减损收购方索赔要求的协议。围绕知识产权所有权产生的纠纷，会不可避免地在交易中降低资产的价值。

确认无形资产的价值并没有固定的方式。Sheehan 和 Tidman 提供了确定资产价值所使用的典型方法，并说明了为何这些方法之间没有绝对的优劣之分，以及为何所有方法在本质上都是不可靠的。尽管如此，交易中的所有知识产权都必须被确认、估值并且受到交易条款的约束，该等条款将确保收购方获取的价值。Sheehan 和 Tidman 描述了在发生问题时如何转移责任。

如果外国收购方能了解到那些它们更为熟悉的、在母国的事务，它们就可以更好地了解在美国进行交易的特殊性。Sheehan 和 Tidman 对比了数个其他国家的情况，以此作为对知识产权有关论述的总结。

[D] 第四部分：在美国进行交易的某些障碍

在本书的第四部分，我们介绍了三种经常被认为是对在美国进行交易构成障碍的问题。作为第一大问题，反垄断可能使得交易彻底破裂，而且反垄断程序是由政府控制而非交易各方控制。Lee Simowitz 在本书第 11 章中说明，如果司法部与联邦贸易委员会认为一项交易会对消费者产生不利的市场影响，它们就有权否决该项已经由交易各方达成一致的交易；司法部与联邦贸易委员会以及州政府可以要求对该项交易的结构进行彻底改变，这种改变包括为保护公共利益的目的而强制出售关联公司。

Simowitz 认为，外国收购者根据反垄断法承担有关法律义务，并且需要采取某些措施以确保其交易不会被政府机关否决。他对政府机关可能进行的反垄断审查进行了说明，并且就如何应对该等审查提出了指导意见。关于在政府做出对交易产生不利影响的决定时提出申诉的权利和方式，Simowitz 也提出了建议作为总结。

影响在美国进行交易可行性的第二个问题是《萨班斯—奥克斯利法案》(SOX)

所规定的公司透明度与会计要求。在本书第 12 章中，这部法律的起草者——前美国众议员 Mike Oxley 和 Peggy Peterson 一起描述了该法案通过的历史背景，并且就如何应对该法案的要求提供了准备事项清单。他们强调，与其说该法案为交易方制造了障碍，倒不如说它是股东权益的保证，而正是该法案在一系列重大破产事件之后重振了各界对美国市场的信心。但他们也承认，世界上很多人都认为该法案对外国企业与投资而言并不友好。因此，就外国企业如何在实现交易目标的同时又满足法案的各方面要求，两位作者提供了必要的指导意见。

《萨班斯法案》不仅是企业会计与行为的基准，同时也是保护投资者的黄金准则。尽管有人警告称该法案会把外国投资者驱逐出美国，但是该法案仍然给投资者赋予了更多信心，也导致在吸引外资方面与美国竞争的其他国家纷纷效仿《萨班斯法案》的原则。

Oxley 和 Peterson 解释说，由于持续的演化，《萨班斯法案》已不可避免地成为某种政治妥协。在安然、世通、环球电讯及安达信纷纷垮台之后，国会确信必须要针对公司诈骗，特别是通过复杂的会计手段实施的公司诈骗，采取措施。大家争论的焦点是采取多少措施，以及通过什么形式采取措施。在很大程度上，这一争论其实是围绕着政府管制与监管、围绕着明确的规则与自由裁量权，以及针对覆盖范围的广度而展开的。

《萨班斯法案》只适用于公众公司，但其原则的效力范围更为广泛。非营利组织虽然不适用该法案，但也趋向于自愿遵守该法案，而且所有公司的可信度可能最终取决于其是否遵守《萨班斯法案》所规定的原则。处于美国证券交易委员会（SEC）管辖范围内的私人企业也可能会受到《萨班斯法案》的规制。

第三个问题似乎会令外国投资者从内心深处感到恐惧，这就是著名的美国产品责任体系。毫无疑问，这个领域充斥着荒唐的诉讼和由陪审团判定的、夸张的赔偿金额。但同样毫无疑问的是，这一体系也规范着那些将其产品输入到商业流程中的产品生产者。

James Etscorn 和 Trevor Stanley 在本书第 13 章中阐释了产品责任体系和制度设计，指导外国收购者绕过其中的陷阱，并且就如何规避或至少把不利影响降到最低限度提出了建议。他们对司法管辖权在美国联邦体制下如何运作、陪审团的职责、费用的分担以及损害赔偿的认定进行了说明。他们描述了各种可能导致巨额赔偿的责任及其防范方式。Etscorn 和 Stanley 再次向外国收购方保证美国的产品责任体系并非在根本上是不公平的，而且这些制度尽管对毫无警觉者固然危险，但其目的并非是干涉市场或惩罚生产性企业。

[E] 第五部分："9·11 事件"之后的世界与新的条件

本书的第五部分以《外国投资与国家安全法》作为开端，关注那些与在 21 世纪有兴趣到美国投资的外国投资者有关的新情况。这一部分考察了数个不同法律领域的主要发展——海关、移民、出口管制、制裁、反腐败法律规范以及贸易救济。本书特别指出了一些出乎意料的问题，特别是在民族主义情绪明显高涨的情况下，法院却变得更容易受到外国因素的影响。

《外国投资与国家安全法》是对外国投资者在美国的投资产生巨大冲击的关键立法，该法可追溯到"9·11 事件"。在本书第 14 章中，为回应那些围绕因涉及中东地区投资者而遭遇失败的迪拜环球港务集团项目所展开的争论，John Burke 解释了《外国投资与国家安全法》所展现出的"9·11 事件"的影响与国家安全体制的膨胀。与因受到丑闻、逮捕、审判与监禁刺激而迅速出炉的《萨班斯法案》不同，《外国投资与国家安全法》正式成为法律花费了很长时间。

《萨班斯法案》(在"9·11 事件"之后正式通过，但该法案起源于先前的事件和立法工作）与《外国投资与国家安全法》这两部法案的立法过程，揭示了美国政治和立法的基本特征：这些关键性法律的制定与通过是为了应对危机，而不是未雨绸缪。这些法律针对个案事实，并需要进一步实践从而得以完善，而只有在特定的语境中这些法律的原则才能得以彰显。在某种程度上，我们可以了解到美国的主要法律通常只有在一些富有挑战性或威胁性的事情发生后才会得以通过。外国投资者不应担心这些重要立法会突然改变游戏规则。在美国，制度的变化，特别是法律制度的变化，比起绝大多数其他国家来说更加缓慢与艰难，而且需要更多的民主决策过程。《萨班斯法案》和《外国投资与国家安全法》的立法过程，是美国政治的绝佳例证，并且可以打消那些寻求稳定投资环境的外国投资者的疑虑。

《外国投资与国家安全法》最初源于 1975 年设立的美国外国投资委员会（CFIUS）以及美国总统在 1988 年授权该委员会依照《国防制品法》的《埃克森—弗洛里奥修正案》行使调查权。《外国投资与国家安全法》在 2007 年的通过，标志着以审查外国投资者投资行为对美国国家安全的影响为手段、确保国家安全的进程迈出了最新的一步。

Burke 对这项法案进行了文本分析，并且举出大量例子说明有关法条的含义及其在实际情形中如何应用。他也为可能因《外国投资与国家安全法》而受到影响的外国投资者列出了准备事项清单。他说明了谁应当留意《外国投资与国家安全法》及其原因，并且阐明了如何在美国外国投资委员会的审查程序中使用该法案，从而使该法案成为投资者参与美国市场的保障而非障碍。

在 Burke 从法律角度将《外国投资与国家安全法》的立法过程与迪拜环球港务集团的争论相联系之后，Mike Oxley（再次与 Peggy Peterson 合作）从政治角度讲述了该法案的来龙去脉。在本书第 15 章中，他们就如何在政治层面促成美国政府对收购公众公司的批准，向潜在的外国投资者提出了实用的建议，并且接下来解释了《外国投资与国家安全法》这部新法案在政治方面如何应用。

Oxley 和 Peterson 认为，如果准备进行的交易可能产生争议，那么仅仅遵循有关法律程序是不够的。此外，迪拜环球港务集团的教训警示后来者，深思熟虑的公司高管和专业人士可能预料不到该等争议，即使事后看来他们当初应该预料到这些争议。因此他们建议，不论是否预计到会发生争议，在进行每一项重大收购时都应制定相应的政治策略，他们也介绍了如何实施该策略。他们从政治过程内部提出的建议，既是关于美国政治与民主的一堂课，也是关于完成交易的实用指导。

自“9·11 事件”以来发生变化的其他法律也对外国投资者有所影响，它们决定了外国投资者能否在美国生活、能否依据海关规则将产品进口到美国境内、是否会受到制裁，以及外国所有权是否会影响其参与国际贸易的能力。

在本书第 16 章中，在 Kavita Mohan 的帮助下，Marcy Stras 针对外国投资者在个人层面最为关心的问题展开分析。她考察了外国投资者在考虑和执行一项并购交易，以及当交易完成后意图在美国开展经营时，他们如果要在美国旅行、工作和居住，都需要做哪些事情。

美国移民与签证法律需要彻底的改造。目前这些法律还不能充分地平衡那些根本上相互对立的政治立场。这两个极端中间有多种多样的灰色地带，而且这些灰色地带叠加起来经常以一种令人疯狂的黑白分明的面目出现——是否禁止外国人入境，而不管停留时间多么短暂；是否允许他们在美国停留；是否必须要求他们即使不在美国工作也可以维持生活；或者他们必须从事有收入的工作才能留在美国。移民与签证法律体现了这些矛盾与悖论，以及某些极端的观念和政策。如此种种组成了一个混杂的大拼盘。

对不同签证类型的讨论是追踪着交易本身的顺序展开的，包括从交易方偶尔赴美旅行到确立临时乃至长期的美国境内外国雇员身份以经营新设立的公司。不同的交易阶段，不同的目的，适用不同类型的签证。

Stras 对外国投资者如何运用移民与签证法律为其自身利益服务进行了说明。她首先从下述假设推导开始：外国投资者需要到美国旅行，并且需要或希望在美国生活。她对如何操作这些事项进行了说明，并辅以具体的事例以说明法律在不同情况下如何适用，不论法律自身是多么复杂和难以理解。

接下来，本书以进口在海外生产的制成品或为了在美国生产产品而从海外进口零部件开始，把关注点从相关人员转移到了他们可能制造或出售的货物。在本书第17章中，Mike Snarr介绍了美国海关法规及其运作方式，并就《北美自由贸易协定》对进口商的帮助进行了特别说明。此外，Snarr也就美国加入的其他可适用的自由贸易协定对海关货物进口规则的影响进行了综述。

“9·11事件”之后，美国为了将潜在的威胁挡在境外并为增强对所有进口物品的检查而采取了大量措施。美国海关程序将货物检查的初始责任从美国入境港转移到了外国装船港。这既是为安全考虑，也是为转移成本——美国海关缺少进行该等检查的资金。

Snarr对新的海关程序进行了阐述，并且列出了应对该等程序所需要完成事项的清单（该程序并非强制性的，它的目的是让进口商支付有关费用以使其货物更容易通关）。他列出了该程序的各种变化形式，并且特别说明了这些程序在涉外并购时如何运作。

在Snarr介绍了意在保护美国免遭潜在危险外来货品威胁的新程序之后，John Burke介绍了有关货物出口的管理体制，特别是针对那些可能被美国的敌人所利用的物品的管理体制。也许令人惊讶的是，“9·11事件”对出口管制体制并未造成巨大影响。有关监管规则确实发生了一些适中的变动，但制定法本身并没有发生多少改变。

出口管制包括国际军火交易管制规则（该规则涉及对有关国防用品的严格控制）和基本涵盖一切其他事项的《出口管理条例》。在本书第18章中，Burke对有关法律进行了分类，并就分类过程及希望其产品能够自由买卖的制造商所关心的事情列出了清单和详细事例。Burke向双重国籍人士与外国投资者提供了指导意见，这样一来，他们就能在其想获取的技术被列入“国防产品”的定义范围之内或被纳入其他出口管制时，理解他们所应掌握的程序。Burke还对法律适用于不同国家国民时的差异进行了说明，提供了数量可观的案例，并且强调了违反关于出口管制的法律将导致的民事责任和刑事责任。他分别指出并分析了美国与盟国（如澳大利亚和加拿大）和敌对国家（如伊朗和缅甸）的关系。

此外，Burke也对如何遵守《反海外腐败法》（FCPA）及反经济抵制法提供了指导，提醒美国市场的新成员注意其遭到制裁的可能性。在美国设立企业的外国收购者应该遵守这些法律，而这些法律的管辖范围比大多数企业所理解的要大得多。

在安然事件与“9·11事件”之后，跨境货物流动不可避免地涉及国家安全与贸易保护主义问题。Elliot Feldman 在本书第 19 章中论述了包括反倾销、反补贴、保障措施、专利与商标侵权法律制度在内的贸易救济法律制度对外国投资企业所产生的影响。在专门论述与外国投资者有关的事宜之前，他初步介绍了有关法律及其实施方式。他认为，出于贸易保护主义的目的，人们可能会援引国家安全作为理由，但他也认为美国有关实践对法律的严格遵循应当能鼓励自由贸易。

Feldman 也对贸易法如何影响一项收购决策提出了看法。贸易法是从有利于国内生产者的角度制定的。Feldman 举例说明了外国投资者如何利用其在美国的制造基地促进其第三国产品进入美国市场。

§1.04　本书主题

本书囊括了数个主题，也涉及众多的问题和论题。这些问题和论题在不同情况下、在交易的不同阶段产生，并涉及不同的法律领域。这些主题、问题和论题使各章节连为一体。

一些行为可能使投资者最终被判入狱。如果同时存在民事责任和刑事责任，作者都将做出说明。违反海关条例可能导致监禁的后果，而违反反垄断法、出口管制法规与《反海外腐败法》也可能导致相似的结果。聘用和窝藏非法移民可能会受到刑事处罚。投资者因为税务诈骗而被判入狱的事情亦不少见。明知是缺陷产品而仍然予以销售也可能导致刑事处罚。

本书行文主要是围绕美国中央政府而展开，而着眼于各州之间区别的笔墨则非常有限。尽管如此，因为州与州之间的制度差异可能非常明显，美国的联邦体制导致本书所涉及的几乎每项内容都比较复杂。联邦体制的核心问题在本书第 13 章中有大量的细节论述，但它在很多其他地方也有体现。Ron Stepanovic 在本书第 2 章中介绍了关于在不同法域内可能具有不同结果的假设场景。在本书每一章论及法域差异对外国投资者造成的影响时，这一假设都会重复出现。

美国法律时常具有域外效力。美国反垄断法适用于美国境外的经营者集中。美国知识产权法的效力延伸到美国境外，发生在美国境外的知识产权侵权行为也可以在美国境内得到追诉。美国对全球范围内的收入课税，并且可起诉针对国外收入的逃税行为。对于发生在境外的违反《反海外腐败法》、反经济抵制、制裁与出口管制法规的行为，美国法律具有域外效力。当本书作者所描述的法律具有域外效力时，作者都会对其加以适当提示。

在如出口管制、签证、海关、税收、视同出口、知识产权的取得与产品责任等方面，与原产地国相关的法律制度也非常重要。并购专家的第一反应也许是，全世界并购交易的共同点多于不同点。但在阅读完本书（特别是就这一方面从最实用的第5章开始）之后，这个假设就需要修正了。在国际范围内，外来身份会使一切都不一样。

对于律师的不信任是十分普遍的现象。人们通常只在遇到麻烦的时候才向律师求助。与医生不同的是，法律专业人士并不一定能使一切都好转起来。但外国人可能会低估美国律师的信义义务与伦理责任。最重要的是，美国律师忠于其客户，并担当着客户心腹和顾问的角色。

我们仅在此说明一次，本书所传达的一项核心信息是：客户需要信任其律师。法律规则是严厉的，因此客户也没有更好的选择。这一问题已经多次产生。客户必须向律师披露有关交易与其自身计划的所有信息，并且相信他们的律师会提供明智的建议。

客户需要信赖其律师的情况有很多，以下便是其中的几种情况：

- 请不要在未告知律师的情况下计划去美国居住或者工作。你必须获得相关的签证，否则将对你的整个项目产生不良影响。请参见本书第16章。
- 请不要隐瞒并购项目可能涉及的、最广义的国家安全问题，并且不要鼓励你的律师向美国政府隐瞒该信息。早日通过美国外国投资委员会的审查远胜于日后出现国家安全问题。请参见本书第14章和第15章。
- 若你计划在收购完成后关闭在美国的设施，请不要将该计划对你的律师保密。你可能因违反《劳动者调整与再培训通知法案》而面临巨大的责任。请参见本书第9章。
- 请不要在未告知你的律师的情况下就试图在收购完成后降低产量。你可能因此而违反反垄断法律的规定。请参见本书第11章。
- 请不要在未告知律师的情况下就准备出口产品或技术。你可能会因此违反关于出口管制的法律。另外，如果你拥有任何关于产品的非公开技术信息，请不要在未咨询你的律师之前将其透露给任何不具备美国公民资格的员工。这种行为可被视为“视同出口”而违反出口管制法律。请参见本书第18章。

§1.05　美国需要你的投资，即使看上去并不总是如此

与自由贸易相伴而来的应当是投资自由。无论有何种障碍，就所有有关人士而言，

本书都应当使得关于是否投资的决定更加明智，使得关于如何投资的选择能基于更优良的信息，并使得投资决定带来更丰厚的回报。

国家安全在冷战时期一直是美国人所担忧的，而在如今又一次成为一个重大顾虑。尽管如此，美国仍然是一个经济开放的社会，并仍然对商业保持很大的开放度。本书各章将会帮助读者应对美国复杂的法律、经济与政治体系，从而使得在美国进行的投资更加安全并取得更好的效益。

第一部分
达成协议

第 2 章

收购与合并的种类：程序和参与者

Ronald A. Stepanovic

§2.01　概述

本章涉及通常被称为“兼并与收购”（下称“并购”）的法律领域，并特别涉及以下问题：（i）在美国境内使用的收购结构的种类；（ii）在典型的收购交易中所采取的步骤；以及（iii）参与收购程序的有关人员。

在进行并购交易前，收购方和卖方需要明确以下三个要点：

- 鉴于要考虑多种因素（例如税收效率和就债务采取保护措施），在设计并购交易结构时有多种方案可供选择。为了节省时间、精力和开支，尽早选定交易结构是十分重要的。
- 能以最有效率的方式进行交易对于取得成功的结果而言至关重要。唯一比糟糕的交易更为不利的是未能完成的交易，这种未能完成的交易将带来不可回收的成本和与此有关的、因不能成为“交易完成者”而承担的不良声誉。
- 能在较早的阶段就了解并聘用能协助取得交易来源并完成交易的有关人员和组织，并让他们参与进来，这是至关重要的筹划步骤。参与并购的人员都应当获得使他们能执行有关任务并提供有效建议所必不可少的一切资料。

§2.02　并购的结构

像在大多数其他法域中一样，在美国进行的并购是通过以下三种方式中的一种完成的。

(a) 通过一般被称为资产转让交易的过程，购买某一实体的资产；或

(b) 通过一般被称为股权转让交易的过程，直接从某一公司的所有者手中购买该实体的所有者权益（例如股权、合伙人权益或有限责任公司权益）；或

(c) 通过一般被称为法定合并或者被简称为合并的过程，使两家企业联合为一家存续的企业。

为了便于说明，其资产或股权将被出售的实体或个人，以及其业务将通过合并被其他方获得的实体或个人，被称为“卖方”或者“目标公司”。购买卖方或者目标公

司的资产、股权或者业务的企业被称为“收购方”。

任何形式的收购（例如资产转让、股权转让或者合并）都是可以采用的，既不论收购方将支付何种对价，也不论目标公司的法律结构如何。例如，收购方可以通过资产转让来购买一家有限合伙企业或者一家有限责任公司的资产，也可以用股权来就该等资产支付购买价格。换而言之，收购方可以通过股权转让来购买私人公司或者公众公司的股权，也可以使用现金或者出具票据来就该等股权支付购买价格。然而，需要提及的是，鉴于美国在联邦和州层面的所得税体制，那些就美国联邦所得税目的属于第 C 节所述公司（或具有经选择的企业所得税地位的收入传递实体）的卖方更可能倾向于采用股权转让而非资产转让。请参见本书第 6 章。

不论收购结构的形式如何，收购程序和收购协议不一定在实质层面有所不同。前述内容的一个主要例外发生在涉及公众公司的交易中。鉴于公众公司交易通常比私人公司交易规模更大，也更经常需要进行有关监管申报［例如《1976 年哈特—斯科特—罗迪诺反托拉斯促进法案》（下称“HSR 法”）所要求进行的申报］[1]，公众公司交易一般需要更长的时间和更繁冗的程序才能完成。此外，公众公司一般拥有为数众多的股东，而就交易获得股东批准需要进行委托文件申报并召开对交易进行投票表决的特别股东大会。这两项要求在收购私人公司时都可以得到避免。

像在第 1 章提到的一样，美国联邦体系导致了本书所讨论的主题在几乎所有方面都具有复杂性。各州在法律方面的差异可能影响交易结构的设计或者公司开展经营的地点。为了强调有关于管辖权问题的某些差异，本书的很多作者们都使用了以下假定场景（下称“假定场景”）。

假定场景

日本投资公司（下称“日本投资”）是一家总部位于日本的跨国公司，该公司在日本、泰国和中国设有三家不同的业务机构。这些业务机构处于以下行业中：风电、航空发动机和电器。所有这些业务机构都通过全资子公司经营。

日本投资的董事们决定将业务扩展到美国。董事们选定了一家名为美国航空风力公司的美国公司（下称“美国航风”）作为目标公司，美国航风在位于加利福尼亚州洛杉矶的工厂生产航空发动机，并在位于纽约州布法罗的工厂生产玻璃纤维风电机组叶片。美国航风是一家加利福尼亚公司，该公司通过名为加利福尼亚航空发动机公司（下称“加州航发”）的全资子公司开展航空发动机业务。加

[1] 参见 15 U.S.C. § § 18(a) 及其以下规定。请参见本书第 11 章的有关内容。

州航发是一家加利福尼亚公司，并在其位于洛杉矶的工厂聘有400名员工，该等员工都参加了集体劳动合同。美国航风通过名为布法罗叶片公司（下称“布法罗叶片”）的全资子公司经营其玻璃纤维叶片业务。布法罗叶片是一家聘有150名员工的特拉华州公司，而该等员工都没有参加集体劳动合同。美国航风也生产用于汽车的轴承产品。美国航风通过其业务分支经营该等轴承业务。日本投资对于收购该等轴承业务没有兴趣。

[A] 资产并购交易

最为基本的收购交易形式是资产转让交易，这种形式可以简化到仅由收购方购买某一资产（比如某一设备）就可以完成，或者也可以广泛到包括由收购方通过购买全部或几乎全部的卖方资产从而购买其全部业务。

如果卖方在同一法律实体内经营不同业务，而不是通过各个单独的子公司经营不同业务，那么资产转让交易就最为实用。在上述假定场景中，假设日本投资仅仅有兴趣购买美国航风的轴承业务，并仅愿意承担美国航风就经营轴承业务而发生的债务。在该等情形下，进行股权转让交易或与美国航风合并都不切实际。在股权转让交易或公司合并中，所有与美国航风资产及债务有关的开销和负担，而不仅仅是那些与轴承业务有关的开销和负担，都将由日本投资来承担。与此相对应的是，资产转让交易将使得美国航风可以仅仅把与轴承业务有关的资产和债务转让给日本投资，从而使得美国航风就资产和债务保持平衡。美国航风可以继续经营其航空发动机业务和风力发电设备业务。

这种挑选资产和债务的灵活性是资产转让交易最为显著、最为有利的特色。这也是收购方相对于其他收购方式更倾向于采用资产转让交易的主要原因之一。然而，与这种额外的灵活性相伴而来的是下述责任，即确保所有收购方认为交易完成后在有关业务经营中所使用或所必需的资产都在交易文件中得到体现。交易文件应当能体现仅就那些收购方愿意承担的债务以及与被出售的资产有关的债务所达成的协议。

在交易完成后，资产转让交易中的卖方将作为独立的法律实体继续存在，并将继续就包括交易完成前发生的债务在内的所有债务承担法律责任。卖方摆脱与其既存债务有关的经济负担的唯一方法是通过约定，使收购方通过合同的形式同意在资产转让协议中接受有关债务。即使收购方根据合同有义务为卖方清偿该等被承担的债务，卖方仍然不能摆脱该等债务，除非卖方得到了债权人的豁免，而这种豁免并不常见。除了在为数不多的例外情况下，资产转让交易的收购方不对卖方承担的债务负责，除非收购方根据合同约定承担该等债务，或者除非法院将该资产收购作为事实上的合并

(de facto merger) 来对待并且就卖方的债务作为责任施加于收购方来承担。认真起草有关交易文件并规划交易能够克服资产转让交易被当成事实上的合并的风险。

典型资产转让交易结构如下图所示：

资产转让交易

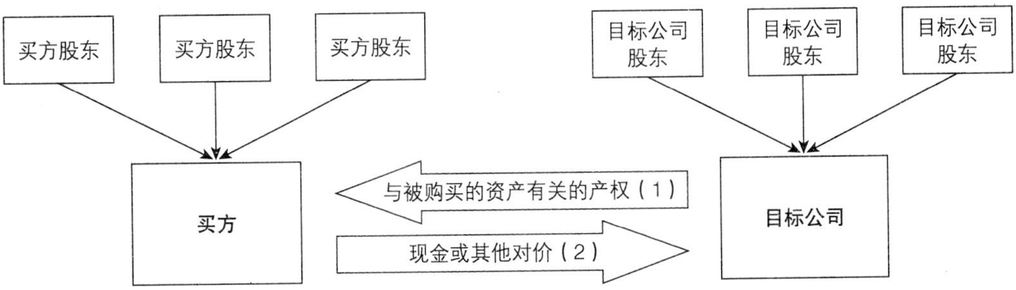

(1) 产权文件要包括不动产上设立的担保物权文件、有形动产的销售文件、就无形个人财产进行出让或者承继的文件（比如有关合同），以及车辆注册登记证书。
(2) 其他对价包括股票、票据或者其他财产（其中既包括不动产和动产，也包括有形财产和无形财产）。

[B] 股权转让交易

在股权转让交易中，收购方直接从目标公司的所有者手中购买目标公司的股权或者其他权益。股权转让交易可以被用来购买公司制企业中的股权、合伙企业中的合伙权益或者有限责任公司中的有限责任公司成员权益，但是为了便于在本章以下部分进行援引，上述所有形式的交易将被称为股权交易和股权转让。

股权交易可以被用于购买目标公司全部或部分已发行股份。股权交易允许收购方与所有股东签订一份协议，或者与目标公司的每一个股东就单独的转让协议进行谈判。每一个股东都可以决定是否出售其股份，每一份股权转让协议都可以基于股东和收购方都可以接收的条款，即使不同股东签署的股权转让协议彼此有所差别（在实践中，这种情形不经常发生）。

在股权转让交易完成后，目标公司继续存在，与股权转让交易之前相比拥有同样的资产、承担同样的债务。唯一重要的变化在于公司拥有了新的股东。与资产转让交易不同，由目标公司所拥有的既存资产的所有权并没有归属收购方。在股权转让交易中唯一转让给收购方的权利是对目标公司已发行股份的所有权。

这种收购交易形式经常在涉及私人所有的目标公司的交易中采用，而该等目标公司有一定数量的股东。在这种情况下，股权转让交易较法定合并而言更好，这是因为股权转让交易并不要求获得目标公司董事会的批准，而且法定的异议股东股份回购请求权也不适用。因为公众公司一般拥有众多股东，所以对公众公司而言，股权转让交易一般来说并非切合实际的方案。与此相反，收购公众公司经常通过法定合并来完成。

典型的股权转让交易如下图所示：

股权转让交易

收购交易（收购方直接从目标公司股东手中以现金或者其他对价购买目标公司的既有股份）：

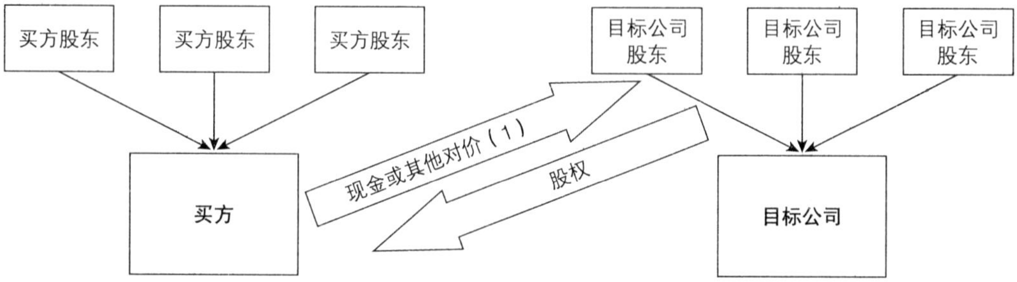

收购交易的结果（目标公司是收购方的全资子公司）：

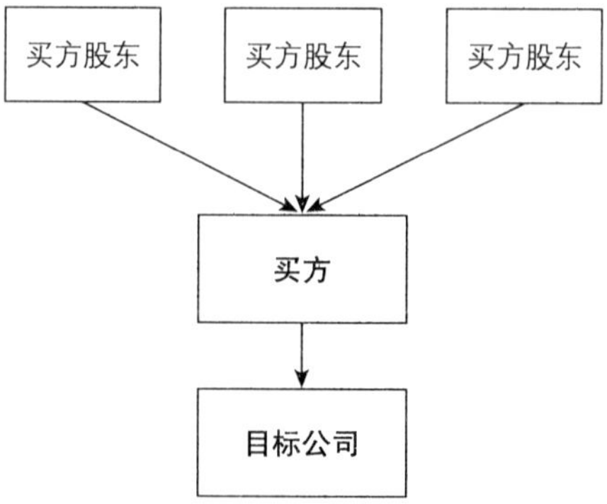

（1）其他对价包括股票、票据或者其他财产（其中既包括不动产和动产，也包括有形财产和无形财产）。

［C］法定合并

收购方和卖方可以通过将两个实体进行合并，从而将两个实体的资产和债务合并，而不购买卖方的资产或者目标公司的股权。合并是完成业务合并所采取的法定手段。因此，关于合并生效的规定在不同的法域内各不相同。

在不存在专门针对合并的立法的情况下，收购方将不得不或者通过购买资产或者购买股权来完成对卖方的收购。各州法律规定了合并的机制和效果，因此也一方面规定了完成合并所需要的程序，一方面规定了对董事会和股东会批准的要求。例如，在本书的假定场景中，如果日本投资想要为通过合并手段收购加州航发而在特拉华州设立一家独资子公司，特拉华州和加利福尼亚州关于公司合并的法规将适用于这一交易。

根据特拉华州关于公司合并的立法[2]，日本投资和加州航发将被要求签订合并协议。该协议应当规定以下事项：

(1) 合并的条款和条件。
(2) 使得合并生效的模式。
(3) 使得参加合并的各公司的股份转为合并后将存续的公司的股份或其他证券的方式，或者是注销部分或全部该等股份的方式；如果任何参与合并的公司的任何股份将在合并后不再存续，则需要考虑如何才能使该等股份被转为存续公司的股份或其他证券，或者如何才能使该等股份被注销；在交出能证明其持股的证书的同时，为交换或转换他们所持有的股份，股东可以接受现金、财产、权利或者任何其他公司或者实体的证券，股东也可以在其股份被转为存续公司的股份时，接受现金、财产、权利或者任何其他公司或者实体的证券；该等现金、财产、权利或者证券可以作为存续公司的股份或者其他证券的补充，或者替代存续公司的股份或者其他证券。
(4) 其他需要规定的细节问题或者条款，其中包括规定用支付现金替代由存续公司发行或确认一定比例的股份的条款，或者规定用支付现金替代其他公司（该公司的证券将在合并中被用来支付对价）发行或确认一定比例的股份的条款。以及
(5) 如果在有关协议中选定了存续公司位于某个州，需要规定根据该州法律（准据法）应在公司设立证书中规定的条款或者事实[3]。

合并协议必须经过日本投资和加州航发的董事会批准并经持有多数附表决权股份的股东批准。在得到批准后，合并协议应当被申报给特拉华州州务卿。与向特拉华州州务卿申报合并协议具有相同效果的是，存续公司可以申报合并证书（a certificate of merger），该证书应当规定以下内容：

(1) 参与合并的各公司的设立地所在的州或者法域；
(2) 合并协议已经被参与合并的各公司批准、采纳、认证、签署和确认；
(3) 存续公司的名称；
(4) 对存续公司设立证书所做出的、被约定于合并完成时生效的任何修改或修订，

[2] 8 Del. C. § 251，*et seq.*
[3] 参见 8 Del. C. § 251(b).

或者如果没有约定该等修改或修订，则需要做出关于存续公司的原始设立证书即为合并存续公司设立证书的声明；

(5) 经签署的合并协议已经在存续公司的办公室保留存档，并需要提供该办公室的地址；

(6) 存续公司将把一份合并协议在被要求这样做时免费提供给任何一家参与合并的公司的任何股东；以及

(7) 如果存续的公司是一家特拉华州公司，需提供参与合并的公司中所有并非特拉华州公司的公司授权资本股份[4]。

为了让日本投资和加州航发根据加利福尼亚州关于企业合并的制定法完成合并[5]，每家参与合并的公司的董事会必须批准合并协议，该协议必须规定以下内容：

(a) 合并的条款和条件。

(b) 以合并完成为生效条件的、对于存续公司的章程的任何修改（如有）。

(c) 每一家参与合并的公司的名称和地址，并且标明其中哪一家公司是存续公司。

(d) 使得参加合并的各公司的股份转为合并后存续公司的股份或其他证券的方式；如果任何参与合并的公司的任何股份将在合并后不再完全转为合并后存续公司的股份或其他证券，则需要考虑该等股份的持有人将为交换股份而接受的现金、权利、证券或其他财产（该等现金、权利、证券或其他财产可以在存续公司的股份或其他证券之外额外交付或代为存续公司的股份或其他证券的替代物交付），或是将该等股份在不给予对价的情况下予以注销。

(e) 其他需要规定的细节问题或者条款（如果有的话），其中包括用支付现金替代由存续公司发行的一定比例的股份，或者就此，用支付现金替代其他安排[6]。

在合并经过董事会批准并经持有多数附表决权股份的股东批准后，存续公司必须将合并协议申报给加利福尼亚州州务卿，该协议应当附有参与合并的各公司的一份高管人员证明函。该等证明函应当注明每一类有权就合并投票的股权总数，注明证明函所附协议的主要条款已经被公司批准，该批准经过等于或高于所需投票比例的各类股份的投票，并且标明有权投票的各类股份以及每类股份所需要达到的投票比例[7]。

---

[4] 参见 8 Del. C. § 251(c).

[5] Cal. Corp. Code § 1100，及该款的后续规定。

[6] 参见 Cal. Corp. Code § 1101.

[7] 参见 Cal. Corp. Code § 1107.

［1］直接合并

在只涉及双方的基本的直接并购中，目标公司与收购方合并后由收购方作为存续公司。结果是，目标公司不再作为独立的实体存在，存续公司继承目标公司的所有资产和债务。没有行使异议股东股份回购请求权的目标公司股东持有的股权将被转为收取合并对价的权利，该等对价可能为现金、证券或者其他财产。在某些情况下，根据有关制定法的规定，没有投票支持公司合并的目标公司股东可以行使所谓的“异议股东股份回购请求权”，我们将对该等权利在下文中进行更详细的讨论。然而，需要注意的是，由于所涉及的时间和成本，也由于行使这种权利的后果具有不确定性，实际行使异议股东股份回购请求权的情形并不常见。

典型的直接合并交易如下图所示：

直接合并

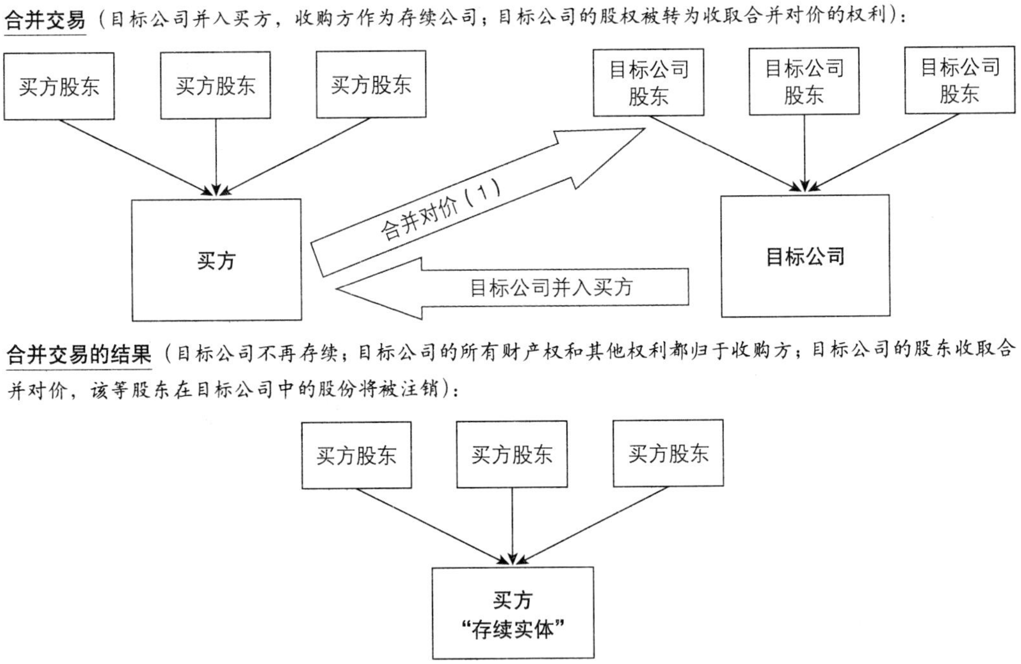

［2］间接合并或者子公司合并

间接合并或子公司合并是由三方参与的合并，在这种合并交易中，收购方（或其母公司）设立子公司并使该等子公司与目标公司合并。以本书的假定场景为例，日本投资先在美国设立一家子公司，然后使该等子公司并入加州航发或者使加州航发并入该等子公司。取决于想要实现的交易税务后果或者非税收因素的考虑（例如获得第三方同意），这些子公司层面的合并可以被设计为正向或者反向合并。请参见本书第6章。三方合并可以使收购方母公司的股权或其他资产被用作合并中的对价。不论交易结构被设计为反向子公司合并或者正向子公司合并，对价都可以用现金、母公司股权或母公司提供的其他财产权来支付。

收购方使用子公司合并（不论是正向子公司合并还是反向子公司合并）的主要原因之一在于这样可以把目标公司的债务限制在子公司内，而不用收购方自身吸收这些债务。通过这种方式设计交易结构，在合并完成之后收购方母公司的资产就不能被用于向目标公司的债权人清偿债务。

［3］正向子公司合并和反向子公司合并

正向子公司合并是这样一种交易：目标公司并入收购方或者收购方参与合并的子公司，收购方或者收购方参与合并的子公司在交易完成后存续。在正向合并中，收购方或者收购方参与合并的子公司继承目标公司的所有资产和债务，在合并前由目标公司股东持有的目标公司股权将转为合并对价。

典型的正向子公司合并交易如下图所示：

正向子公司合并

正向合并交易（由收购方设立参与合并的子公司；目标公司并入收购方参与并购的子公司，收购方子公司是存续实体；目标公司的股权被转为收取合并对价的权利）：

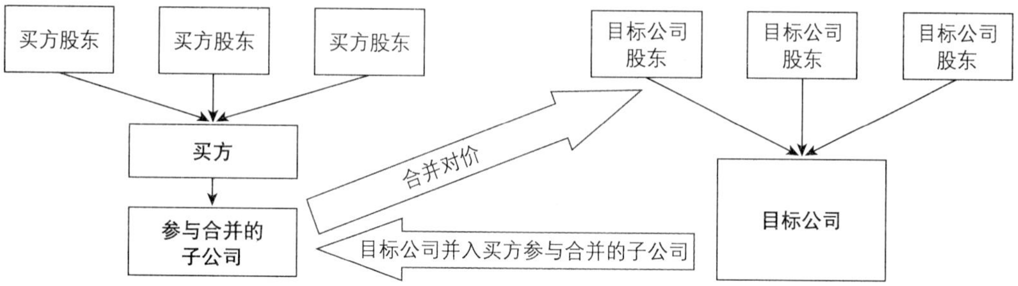

正向合并交易的结果（目标公司不再存续；目标公司的所有财产权和其他权利都归于参与合并的收购方子公司；目标公司股东收取合并对价，该等股东持有的目标公司股份将被注销）：

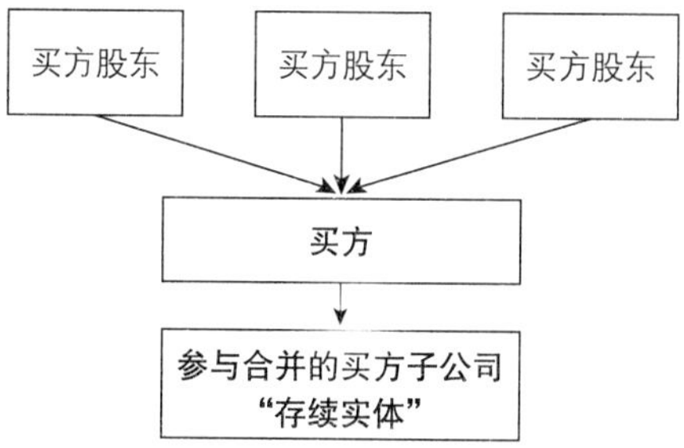

反向子公司合并是这样一种交易：收购方或者参与合并的收购方子公司并入目标公司，目标公司是存续实体。在反向合并中，目标公司继承收购方或者参与合并的收购方子公司（在子公司合并中，由收购方子公司参与交易通常是名义上的，这是因为大多数收购方都会专门为完成并购之目的设立壳公司）的所有资产和债务，参与合并的收购方子公司的股份将转为目标公司的股份，而在合并前由目标公司股东持有的目标公司股份将转为合并对价。在这一方面，反向子公司合并与股权转让交易相似：收购方购买目标公司的所有股份，而目标公司成为收购方的全资子公司。

反向子公司合并往往会在下述情形中采用，即目标公司是若干关键合同的一方，且该等合同禁止在未获得合同其他方同意的情况下转让该等合同。例如，一起最近发生的交易就牵涉到一家被锁定在长期供货合同优惠条款中的目标公司。鉴于该等合同项下优惠的经济条款，收购方相信该等合同对于有关业务的成功开展至关重要，但是该合同下的权利义务只有在取得供应商同意的条件下才能被转让给第三方。目标公司担心，如果收购方就转让和并购有关的合同与供货商沟通，购货商将拒绝同意目标公司将合同转让给收购方或者试图就供货合同重新展开谈判。结果是，收购方和目标公司认定最好将收购方的并购子公司并入目标公司，并由目标公司作为存续实体；这样一来，供货合同中的转让条款就不会得到触发，并购交易也就不需要获得供货商的同意。

我们不确定在正向合并交易中是否仍然会有上述结果。除了可适用的关于合并的州级立法规定存续实体继承目标公司所有资产外，某些法院可能因认为存续实体并非目标公司而将正向合并视为对既存合同的转让。

典型的反向子公司合并如下页图所示。

[4] 应纳税的合并与不应纳税的合并

关于如何设计合并结果的选择通常从税务角度确定[8]。例如，如果合并被认定为“重组”，目标公司及其作为合并交易各方的股东并不需要缴纳美国联邦所得税。美国联邦所得税法下的重组地位是根据有关规则认定的，只有严格符合有关规定才能得到认定。即使是最小的失误也可能导致不能获得重组资格，并导致较高的成本。

为了使合并被认定为重组并享受有关的税收优惠，目标公司股东必须收取特定的对价，该等对价达到认定重组地位所需的数额[9]，该等对价通常为收购方的股权或者其

[8] 关于对不同并购交易结构下税务考虑的更详细讨论，请参见本书第6章和第7章。

[9] U.S.C. § 368.

反向子公司合并

反向合并交易（收购方设立将参与合并的子公司；该等子公司与目标公司合并后，由目标公司作为存续实体；目标公司股权被转为收取并购对价的权利）：

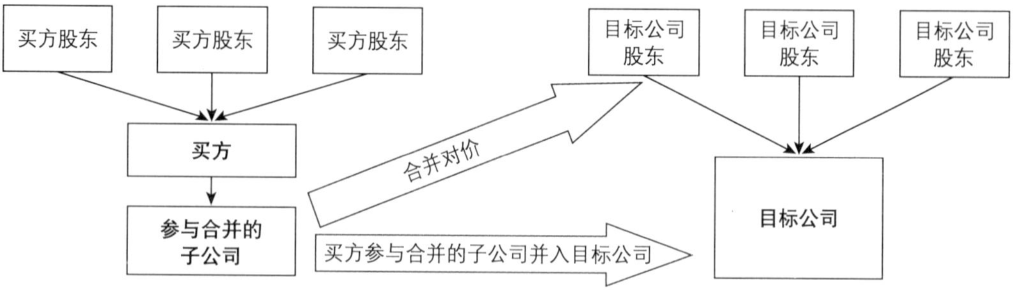

反向合并交易的结果（参与合并的子公司不再存续；参与合并的子公司的所有财产和其他权利都由目标公司所拥有；由收购方拥有的参与合并的子公司的股份被转为目标公司的股份，在合并前由目标公司股东持有的股份被转为收取并购对价的权利）：

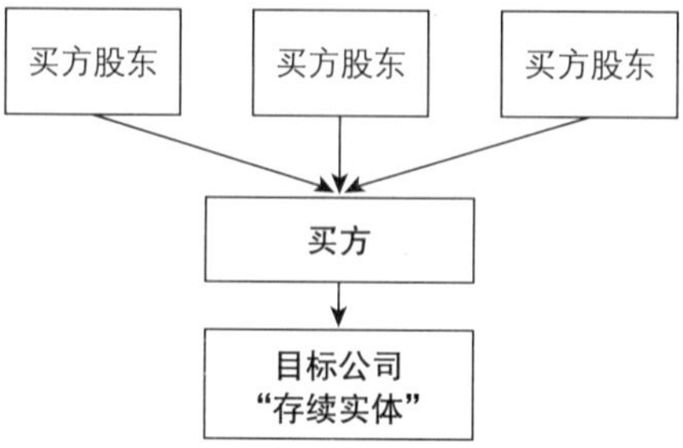

他证券。例如，为了获得重组地位，在反向子公司合并中，至少80%的目标公司股权必须被交换为或者转为参与并购的母公司的有投票权股份[10]。如果目标公司的股东所收到的对价并不能使合并被认为是公司重组，他们应当在收到对价时确认应纳税所得额。

对价的种类和数量并非认定重组地位的唯一标准。目标公司的股东必须通过在存续公司中拥有某些股权来满足某些关于“利益连续性”的要求，存续实体必须通过继续经营目标公司的历史业务来满足关于“企业营业连续性”的要求[11]。

§2.03　影响选择交易结构的若干考虑因素

本节将指出某些影响选择交易结构的主要考虑因素：股东数量、所得税和转让税、

[10] 26 U.S.C. §368(a)(2)(E).

[11] Treas. Reg. §1.368-1(b),(d)(1),(e)(1)(i).

遗留债务、关于董事会和股东批准的要求、第三方同意和异议股东股份回购请求权[12]。

[A] 股东数量、涉及公众公司的交易与涉及私人公司的交易

当目标公司像大多数公众公司一样拥有多个股东时，就不大可能进行股权转让交易，这是因为让所有股东都签署股权转让协议将很困难而且效率低下。公众公司股东的数量本身使得通过股权收购来购买公众公司实际上变得不可能。对于公众公司交易而言，真正的选择是通过购买资产或者通过法定合并来进行收购。然而，鉴于资产转让交易给目标公司及其股东带来的税务影响，采用合并作为交易结构更为普遍。

与公众公司交易相关的其他考虑因素不会影响对交易结构的选择，这些因素包括：与监管合规有关的要求（参见本书第 14 章和第 15 章）、完成交易所需付出的成本、完成交易所需花费的时间、交易条款的公开披露、交易得到公开宣布后其他竞买人可能采取的措施。然而，在公众公司交易中，收购方也具有某些优势。公开披露规则会使得收购方接触到存在于交易先例中的众多信息，这些信息在很多时候涉及目标公司本身。此外，尽管不能代替卖方自己对目标公司会计记录进行的尽职调查，但很多收购方对公众公司财务账目通常由“四大”审计事务所审计以及该等账目受制于《萨班斯—奥克斯利法案》并受到证券交易委员会（下称“美国证交会”）监管而感到宽慰。请参见本书第 12 章。

在目标公司只涉及数量相对有限的股东（就像典型的私人公司那样）的情形下，收购方可能或者使用资产转让交易模式或者使用股权转让交易模式。鉴于税收影响，大多数卖方更倾向于采用股权转让的交易结构。促使目标公司的所有股东签署股权转让协议而不是通过合并方式完成并购，对收购方有利。如果在股权转让交易中，目标公司的所有股东都签署股权转让协议并同意出售股权，那么不大可能导致交割前的诉讼，也不会导致大多数私人公司合并交易中发生的异议股东股份回购请求权的行使。如果不愿意出售股权的股东所持有的目标公司已发售股份不足以控制公司，则更有可能采用合并的方式。

如果私人公司的股东数量是可控的，则收购该等公司所花费的时间常常会比收购具有众多股东的上市公司更短。在典型的私人公司交易中，收购方和目标公司（或者目标公司的股东）就转让协议条款进行谈判，收购方安排融资（如果有必要的话），

---

[12] 在设计并购交易结构时一般会考虑的额外问题包括：美国和外国税收（分别参见本书第 6 章和第 7 章）；劳动和聘用，包括 ERISA 和退休金（本书第 9 章）；知识产权（本书第 10 章）；反垄断（本书第 11 章）；产品责任（本书第 13 章）；国家安全，包括 FINSA（本书第 14 章）和国际贸易（本书第 19 章）。

各方完成交易。购买价格和任何收购文件都不会被公开，也不需要收购方（假设收购方并非公众公司）或者目标公司向美国证交会进行申报。

[B] 与所得税有关的考虑因素

尽管交易结构的限制是很重要的，但收购方和卖方所得到的税收待遇通常是交易结构设计过程中最为重要的考虑因素。其他很多影响交易结构选择的考虑因素都是程序性的，它们可以使完成交易变得更加简单或者更为困难，但是它们都不具有税收待遇的经济效果。对交易结构的选择可能使目标公司或者其股东延缓支付所得税。对于收购方而言，对交易结构的选择可以削减收购完成后（在资产转让交易中）施加于目标公司或者收购方的所得税负担。请参见本书第 6 章。

[C] 遗留责任

也许在收购中对收购方而言最重要的考虑因素是要避免对卖方既存的或者“遗留”的债务承担责任。收购方避免就卖方的既存债务承担责任的最有效方法就是在资产转让交易中购买卖方的资产，并且不同意承担卖方的任何既存债务。除非是在法院对收购方施加继任者义务（法院有权这样做）的有限情形下，否则资产收购方并不依据法律承继卖方的债务。与此相对，资产并购中的收购方仅就收购方明确同意承担的债务承担责任。

从卖方的角度出发，即使收购方同意承继卖方的债务，为了使卖方免除债务，卖方也必须从第三方那里取得对该等债务的具体豁免。这种豁免是很少能得到的。在没有从债权人那里得到豁免的前提下，如果收购方不能清偿已经承担的债务而债权人起诉卖方承担债务，那么卖方必须求助于收购方。

资产转让的这种结果与股权转让和合并交易形成了鲜明对比。在股权转让中，目标公司并不转让任何资产或债务，而公司的存续不受股权转让影响。因此，目标公司仍对股权并购前就已存在的债务承担责任。股权并购中的所有权变更并不能让目标公司免除其既存债务。

如果目标公司在合并完成后不再存续，目标公司将不再作为独立的法律实体存在。即使如此，根据有关法律规定，合并后存续的公司将继承目标公司所有的资产和债务。当收购方不能说服目标公司采用资产转让的交易结构，而又想回避可能威胁收购方资产的目标公司债务，收购方可以设立一家子公司并利用其来进行合并。尽管目标公司的既存债务将由收购方的子公司承担，但收购方的其他资产都不会被用来满足目标公司债权人的主张。这是因为，在没有发生穿透公司面纱的情形下，母公司不对子公司的债务承担责任。两个最经常发生遗留债务的法律领域是劳动聘用和产品责任。关于前者请参见本书第9章，关于后者请参见本书第13章。

[D] 关于董事会和股东批准的要求

几乎所有的合并交易都需要卖方董事会和目标公司董事会的批准。资产转让交易需要买卖双方董事会的批准。与此相对，股权转让交易需要收购方董事会批准，但是并不需要目标公司董事会批准，除非收购方要求目标公司成为股权转让协议的一方。

收购交易的各方倾向于采用不需要获得股东批准的交易方法。对于资产转让不需要得到收购方股东批准这一规则仅存在一个例外：收购方发行自身股份作为资产转让交易的对价，而收购方在交易中发行的股份占其股份总数比例大于收购方有表决权股份的某一法定比例[13]。

除非股东另有约定，股权转让交易不需要股东批准。每个股东均自行确定是否以及根据何种条款来出售其股权。任何股东都不受其他股东决定的约束，除非股东同意接受“拖带售股权”条款，而该等条款在股东协议中并不罕见。即使目标公司是股权转让协议的一方，目标公司的股东也不被要求批准该等交易（但是如前所述，这种情况需要董事会批准），除非股东是要求该等批准的股东协议的一方。尽管有这项一般性规则，股权转让交易的收购方应当知晓所谓的“控制性股权”收购法规，该等法规适用于购买上市公司的股份并且在超出法规规定份额的股权转让中有效。在大多数法域中，控制性股权收购法规并不禁止收购方购买股权，但在持有特定比例的、交易所不涉及的目标公司股份的股东未批准交易的情况下，该等法规限制收购方行使其购得的股份上的表决权（依据控制性股权收购法规，这一比例的份额通常为多数股权）[14]。

与资产转让和股权转让交易不同，作为一项一般性规定，直接合并以及正向或反向子公司合并要求合并双方的股东予以批准（批准交易的股东所持股份的比例经常是在多数有表决权股份和2/3有表决权股份之间，尽管可能有更高的批准要求适用于牵涉股东或其关联公司利益的交易）[15]。然而，在正向或反向子公司合并中，不需要母公司股东的批准，除非母公司在交易中发行股份，并且所发行股份在股份总数中的比例

[13] 参见，例如，Cal. Corp. Code §§1200(c)，1201(a)，(b)；Ohio Rev. Code Ann. §§1701.01(Q)，1701.83(A).

[14] 参见，例如，Ohio Rev. Code Ann. §1701.831.

[15] 参见，例如，8 Del. Code §251(c)；Cal. Corp. Code §1201(a)；Ohio Rev. Code Ann. §1701.78(D).

超过了法定要求。与此相似，在母公司和子公司合并的简易合并交易中，如果母公司拥有的子公司股份比例达到了法定标准而母公司董事会批准了交易，那么交易并不需要股东批准[16]。如果收购方不发行与合并有关的股份，而收购方的设立证书或者公司章程并不因合并而修改，也有某些法域豁免了关于收购方要取得股东批准的要求。各州的合并法律彼此不同，因此俄亥俄州关于批准的要求可能与加利福尼亚州或者纽约州关于批准的要求有所不同。

[E] 第三方同意

股东和董事会可能并不是有权对合并或者收购表示同意的唯一实体。根据其与卖方的合同关系，某些第三方有权对收购交易或者将其合同转给收购方表示同意。根据同意权的范围，可以对交易结构做出某些安排从而不需要获得第三方的同意。

卖方的资产可能包括待履行的合同以及通常是交易中最为宝贵资产的无形资产（例如知识产权）。请参见本书第 10 章。收购方想要确保自己能从这些资产中获得完全的收益。通常，合同的一方在合同中加入一个条款来禁止当时的合同相对方未经该方同意就将合同转让或授予给其他方。毕竟，与一方签署了合同的企业可能并不希望与该企业所不了解的其他方继续履行合同。如果与该方签订合同的另一方发生改变，则该方会希望有权选择继续履行、修订或者解除合同。鉴于合同的重要性，这一合乎逻辑的条款可能会对卖方在交易中处置公司的能力产生令人不寒而栗的影响。

在资产转让交易中，最常遇到获得第三方同意的问题。在股权转让交易和反向合并中，因为卖方的资产并没有被卖方转让，所以禁止转让条款不会被触发。

因根据法律规定使目标公司资产成为收购方的资产，那么在正向合并中将呈现出一个更为微妙的问题，即，如果合同仅仅禁止转让合同而没有提到是否禁止“依照法律规定构成的转让”，就会发生关于“根据法律规定构成的”转让是否触发第三方同意的问题。

得克萨斯州通过制定法处理这个问题，该州法律规定基于合并不发生转让[17]。俄亥俄州的判例法做出了类似的规定，但在相关案件中，合同并不包含禁止根据法律进行的转让的条款；我们不完全清楚，如果合同条款明确禁止“根据法律进行的转让”，那么判决的结果是否会有不同[18]。

[16] 参见，例如，8 Del. Code §253；Cal. Corp. Code §1110(a)；Ohio Rev. Code Ann. §1701.80.

[17] 参见 Tex. Bus. Corp. Act Ann.，Art. 5.06(A).

[18] 参见 Middendorf v. Fuqua Indus.，Inc.，623 F.2d 13 (6th Cir. 1980).

如果合同包含禁止转让条款（或者规定禁止“依据法律规定转让”的条款）和禁止控制权变更的条款，目标公司可能需要获得该等合同另外一方的同意。如果目标公司将因交易发生控制权变更或者根据法律规定在正向合并中发生合同转让，这一要求也可能适用于股权转让交易与合并。

[F] 异议股东股份回购请求权

异议股东股份回购请求权是一种在合并中给予股东的法定救济[19]。股份回购请求权允许不对合并投赞成票的股东获得其股权的公平价值而非合并对价。

大多数关于股份回购请求权的成文法规定公平价值要由法院来确定，并且不涉及在全国性交易所内交易的股票。该等排除是基于下述理论，即：公开交易的股权的公平价值是由市场力量确立的，如果股东对经谈判确定的合并对价不满意，股东可以于合并前在全国性交易所内出售其股权。

合并交易中的大多数收购方都在合并协议中加入一个条款，根据该条款，当行使股份回购请求权所涉及的股份在所有已发行股份中的比例超过某一标准时，收购方有权终止交易。行使股份回购请求权的股东占较大比例将导致最终购买价格存在不确定性，这对于很多收购方而言是不可承受的风险。

特拉华州法律并不在资产并购交易中规定股东享有股份回购请求权，而俄亥俄州法律却规定股东在这种交易中享有股份回购请求权[20]。如果在资产转让交易中交易的对价没有在交易完成后一年内分配给卖方股东，包括纽约州和佛罗里达州在内的其他各州规定股东享有股份回购请求权[21]。仅在收购方股份作为交易的一部分而发售时，收购方股东才可能享有股份回购请求权。

[G] 转让税

很多州级和地方政府都对转让或销售资产征税。转让税通常根据被转让资产的公平市场价值来计算。因此，转让税与资产转让交易最直接相关。转让税适用于转让动产和不动产，但在某些法域内转让无形资产也要征税。

某些法域对包括出售目标公司所有资产或几乎所有资产在内的大宗、偶发、单独

---

[19] 参见，例如，8 Del. C. § 262，Cal. Corp. Code § 1300 *et seq.*；Ohio Rev. Code Ann. § § 1701.84，1701.85.

[20] 参见，例如，Ohio Rev. Code Ann. § § 1701.76(C)，1701.84.

[21] 参见，例如，N. Y. Bus Corp. L. § § 910(a)(1)(B)；Fla. Stat. Ann. § 607.1302(1)(c).

或互不相关的资产销售免予征收转让税[22]。即使大多数税法将缴纳转让税的负担加在卖方或其股东身上，在不同地区关于谁应当支付转让税的惯例也各不相同。大多数收购协议包含将缴纳转让税的责任分配给收购方或卖方（或其股东）的条款。股权转让与合并等交易不包括目标公司资产的转让，通常不涉及征收转让税的问题。

转让税最引人注意之处在于通常由县级政府就转让不动产征收的税项。特别是当存在众多地上物的时候（不论是因为卖方拥有众多经营设施，或其本身就是不动产经营公司），已经得到开发的不动产可以代表购买价格中的显著部分。就出售不动产来讲存在非常少的免税措施，即使对不动产的出售构成对卖方几乎全部资产的出售。但在某些法域内，如果目标公司在无对价的情况下将其不动产转让给新成立的、由卖方全资拥有的子公司，然后出售该全资子公司的股份，那么就有可能免予就不动产缴纳转让税。某些法域为了抑制这种明显的避税会做出规定，出售在拥有不动产的实体内的控制性权益将构成征收转让税意义上的转让不动产[23]。

§2.04　收购程序

本节涉及从交易启动到交割后阶段的收购程序中的主要问题。

[A] 程序启动：保密协议和初步意向函

收购程序既可以由收购方启动也可以由卖方启动。当收购程序由卖方启动时，由卖方自己或者由卖方和其投资银行、财务顾问或其他代表一起，确定潜在收购方，收集有关财务数据，准备将与潜在收购方分享的招标文件集。在分发任何财务数据或其他保密信息之前，卖方的法律顾问将准备一份保密协议供每一个有意向的投标方签署。保密协议将禁止接受信息的一方披露卖方的保密信息，或者就除评估交易可能性之外的任何目的使用任何卖方的保密信息。附件 2–A 提供了一份保密协议样本。

当投标人有兴趣进行交易并签署保密协议时，卖方或其代表将向投标人提供某些基本财务信息和招标资料集。招标资料集中包含一封涉及卖方在选择收购方过程中准备采取的步骤，与卖方、卖方产品和卖方市场有关的信息，以及卖方未来业绩预测的

---

[22] 参见，例如，61 Pa. Code §32.4(a)(2)；Ohio Rev. Code Ann. §5739.02(A)(8).

[23] 参见，例如，ILCS 200/3110.

信函。在这一阶段，潜在收购方也可以接触卖方的保密信息，这种接触往往通过由卖方控制的电子或可视数据库实现。这种站点允许卖方来控制谁可以接触有关资料，并监控谁在浏览有关资料，以及浏览哪些资料。这些都有助于卖方预测收购方提出的问题，也有助于卖方了解哪些事项对投标人而言最为重要。

在浏览卖方的财务和其他方面数据之后，投标人会被要求表示初步意向，这种初步意向通常通过不具拘束力的信函表达，投标人在信函中表示自己有兴趣进行交易并提出自己愿意据其进行交易的转让价格范围。初步意向函列出了进行交易必须获得满足的其他条件，比如确认进行尽职调查、董事会批准和融资安排。卖方一旦从投标人处收到初步意向函，卖方及其顾问就缩小范围并向剩余的投标人提供补充资料和转让协议初稿。投标人将被要求提交对购买协议的“修改”意见和包含有转让价格及交割前置条件的意向函。

当收购方启动收购程序时，收购方和其代表确定潜在收购对象并联系每个目标公司来确定交易是否可行。当一家目标公司表示愿意接受收购建议后，收购方就签署保密协议并被授权接触目标公司的某些保密信息，以便自己能开始准备编写要约。因为担心可能泄密，扰乱其营业，对员工士气产生不利影响，以及存在其他竞争方面的考虑，目标公司会对向未经邀请的要约人提供过多资料表示迟疑。为了减轻目标公司的某些忧虑，收购方可以向目标公司提供不具拘束力的意向函，以便收购方能进行进一步的尽职调查。

[B] 意向函

意向函是一方就其进行收购的意向做出的书面表示。附件 2-B 中提供了一份意向函样本。

大多数意向函都通过明示条款表明其不具有拘束力，但是没有任何因素阻止收购方和卖方签署有拘束力的意向函。即使意向函不具约束力，某些法域仍对买卖双方施加了善意谈判的义务。因此，对善意谈判义务有所顾虑的意向函任何一方都应当明确对该等义务加以否认。此外，各方可能希望规定意向函中的某些条款具有拘束力，即使任何一方都没有法律义务继续进行交易。例如，很多收购方在意向函中包括了有拘束力的排他性条款，而该等条款可以针对卖方加以强制执行。

排他性条款是在收购方进行尽职调查期间使目标公司“处于市场之外”的一条途径。该条款规定目标公司或其股东、代理人或代表在一段规定的时间内不能试图从收购方以外的任何一方获得要约、向该等任何一方提供资料，或与该等任何一方进行谈判。收购方可以主张，在收购方进行尽职调查期间，目标公司四处寻觅收购方投标是不公平的。

尽职调查可能非常昂贵而且耗费大量时间。如果目标公司能够在尽职调查期间内向收购方以外的其他方出售目标公司，那将是不公平的。因此有些收购方在排他性条款中包含了关于分手费的规定，试图赋予收购方以威慑力并使得潜在的竞标人难以胜过收购方。

除了将双方之间的谅解以书面形式记录下来和为法律顾问准备最终协议提供指引外，对于卖方而言，签署不具约束力的意向函（特别是包含排他性条款的意向函）没有多大用处。出于这一原因，很多卖方选择直接进行最终协议谈判，而不就不具拘束力的意向函条款花费时间和金钱进行谈判。通过不签署意向函或者单独的排他性协议，卖方可以就完成尽职调查并就最终协议进行谈判对收购方持续施加压力，如果卖方最终选择不出售给收购方的话，这样做还能避免潜在诉讼或对收购方承担责任。

当交易的时间安排是重要的考虑因素并且交易需要进行 HSR 申报时，双方可能希望签署意向函。请参见本书第 11 章。即使意向函不具拘束力，双方仍可以基于已经签署的意向函来申报其 HSR 报告，以启动为期 30 天的 HSR 等待期。

对于公众公司而言，根据美国联邦或各州的证券法签署意向函可能触发披露义务。因此公众公司收购的各方倾向于不签署意向函，从而把公开披露推迟到签署最终协议之时。然而，如果初步谈判达到了有关的实质性标准，即使没有签署意向函，那么也会导致披露义务的产生。

[C] 尽职调查

对收购方而言，收购交易最重要的方面可能就是尽职调查。通过尽职调查，收购方对卖方进行商业和法律调查。全面而详细的尽职调查可以防止交割后的某些突发事件。不论卖方做出多少陈述与保证，或者收购方能够就多么宽泛的补偿范围进行谈判，收购方针对交割后责任或者业务损失的最佳防御措施就是在签署最终协议前对卖方和其业务进行彻底的调查。

尽职调查在收购方和卖方签署意向函时正式开始。收购方将向卖方交付尽职调查请求清单，该清单包含了公司设立和组织文件、公司会议纪要和股东记录、税务申报资料、重大合同、员工、法律、环境、退休金和福利问题、财务报告、客户和供应商清单等项目。附件 2–C 中提供了一份法律尽职调查请求清单样本。

卖方或其法律顾问将建立数据库或将被要求提供的文件拷贝件交给收购方的法律

顾问。更有可能的是，卖方或其代表将建立电子或可视数据库，并向一组经选择的收购方代表提供密码以通过电子手段接触有关资料。可视数据库正在变得更为流行，因为这可以提高效率。收购方节约了时间和金钱，因为它不需要派一组专家亲自去对方的真实数据库；卖方也节约了时间和金钱，因为它不再需要派行政人员或专业人员接待多个潜在买家的访问或为同一文件复印多个拷贝件。

卖方应当知道，收购方可能把尽职调查作为就对其更有利的交易重新展开谈判的工具。初步转让价格通常是在收购方有机会完成对卖方和其业务的尽职调查之前设定的（特别是对拍卖而言）。收购方的尽职调查可能会发现重大的问题，如果这些问题一开始就被发现，那么将导致较低的转让价格。因此，收购方将寻求并有权降低价格。

不择手段的收购方把尽职调查视为在排他期内重新就转让价格进行谈判的工具。这些类型的收购方夸大尽职调查中发现的问题，并且有时背离此前为获得排他性而采取的、开出虚高价格的战略。精明的卖方为了应对这种做法，会在排他性条款中加入条文规定：当收购方试图重新就转让价格进行谈判时，卖方可以终止排他性。这种战术虽然并非完美，但却能让收购方在仅凭尽职调查中发现的不足一提的问题就建议降低转让价格前三思。

[D] 签署最终协议

在进行尽职调查的同时，收购方和卖方就最终转让协议条款和条件进行谈判。如果有必要的话，在最终协议条款和条件定稿或即将定稿之时，双方将就交易和协议的签署寻求各自股东会的批准。如果目标公司要求就交易获得财务顾问的公平性意见，公平性意见将在目标公司董事会采取任何措施之前交给董事会。

在某些交易中，在获得董事会或股东批准之前，双方就已经谈判并签署了最终协议。如果采取这种做法，那么在收购协议中包括允许需要获得董事会或股东批准的一方在未获得该等批准时终止交易的条件就变得至关重要。一旦签署最终协议，如果证券方面的法律法规有所要求，一方或双方就会公开宣布交易。

关于合并与收购交易文件准备工作的更为详细的讨论，请参见本书第 3 章。

[E] 交割前时期

如果双方并不准备在签署最终协议的同时进行交易的交割，那么在最终协议签署日和交易完成日之间就会出现时间间隔，这一时间间隔通常被称为“交割前”时期。卖方继续在最终协议规定的范围内从事营业，双方将采取合理努力来满足交易完成所需的各项条件。比如，在资产转让交易中，卖方可能必须获得土地所有权人的同意才能将其承租权转给收购方。与此类似，如果融资是交割的前置条件，收购方必须在交割前时期内安排融资。如果交易受制于 HSR 法，而双方尚未基于已经签署的意向函申报其 HSR 报告，收购方和卖方应申报其 HSR 报告并在 30 天法定等待期截止时完成交割（假设双方并未从政府监管机关收到关于提供补充信息的要求，而其他的交易前置条件已经得到满足）。如果政府监管机关要求提供补充信息，那么双方就不能在从双方达成“实质满足”政府监管机关的第二次要求起 20 天内完成交割。除了 HSR 法外，如果外国投资者对美国企业的收购交易可能影响国家安全，那么交易可能会被要求通过由美国外国投资委员会进行的审查。请参见本书第 14 章。

决定交割前时期长度的另一个主要因素是：任何一方是否被要求根据联邦证券法提交有关文件。如果收购方必须向美国证交会注册其股份，或者卖方被要求向美国证券交易委员会提交代理声明并将其邮寄给股东，交割前时期可能被延长。准备注册声明和代理材料、向证券交易委员会申报有关文件并通过证券交易委员会的审核可能要花费 90 ～ 120 天。

最终协议将包含关于在交割前时期内开展经营的章节。收购方希望就如何在交割前时期内开展经营获得发言权，特别是当经营是为了收购方利益而进行时，这种情况发生在转让价格不因发生于协议签署和交割之间的情势变化而得到调整时。收购方希望获得保护性条款，该条款规定在交割前时期内，公司经营将根据与过去做法一致的正常方式运行，卖方将采取合理的努力保持与员工、供应商和客户的良好关系。收购方也希望对卖方准备在交割前时期内进行的重大交易有决定权。例如，如果卖方考虑在某一处设施于交割前时期内签署集体劳动协议，或者出售具有重大价值的资产，或者采购重大的新设备，那么收购方希望审查与交易有关的建议并有权将其否决。

[F] 交割

双方将交割的时间安排在所有条件得到满足之后，这些条件包括 HSR 法规定的等待期（如果必要的话）期满和得到所有必要的政府、董事会、股东或第三方批准。在交割时，资产或股份被转让给收购方（分别在资产转让交易和股权转让交易中），合并证书将申报给有关州政府（在合并交易中）。转让价格或者合并对价被支付给卖方或者卖方股东。关于转让资产或卖方股权的文件将以标准文件的形式做出，其中包括公司官员的证明函[24]、法律意见书、关于第三方做出同意的证据。当交易涉及公众公司时，作为一项标准程序将召开媒体发布会并在会上宣布交易完成。

[G] 交割后时期

在收购协议中包括转让价格调整机制是普遍的做法，这种机制可用来补偿在签署最终协议日和交割日之间发生的经营状况变化。收购方或卖方在交割日向对方提交描述在某一时间点上（通常是交割日营业时间开始之时）卖方净资产或净运营资本（或其他指标）的资产负债表或者运营资本表。接收资料的一方将得到一段时间来审阅并提出反对意见。如果不能解决分歧，双方将把最终价格提交中立的公断人（通常是收购协议中规定的会计师事务所）做出最终裁断。最终交割日价值将与收购协议中的目标价值或起点价值相比较，购买价格将根据比较结果做出增加或减少的调整。

§2.05 并购实务建议

本节将为收购方和卖方就并购交易提供简要的实务建议。

[A] 对收购方的实务建议

1. 主动：在可能的情况下，在其他投标人之前提交投标函从而排除其他投标人的竞争；向卖方提供自己有能力完成交割的证据（如财务承诺、成功进行收购交易的优良历史记录、富有进取心的交割时间表）。
2. 积极：卖方不希望听到你指出其业务的消极方面；卖方希望出售给对其业务有信心并对其未来态度积极的收购方。
3. 专注：指出重点问题并针对它们展开攻关；不要在小问题上耗费精力，准备好在某些问题上做出放弃。

---

[24] 由一位或者多位目标公司管理人员签署（或者在股份转让交易中由卖方签署）的证明函向买方声明，目标公司（或者出售股份的股东）在最终协议中的陈述与保证在做出时是真实和准确的，并在交割时仍然保持真实和准确。证书指出了陈述或保证不再真实或准确的所有例外情况。证明函也可以证明所有交割条件已经得到满足，目标公司的设立证明和公司规章并未被修改，并且仍旧完全有效。

4. 耐心：理解卖方不仅试图出售其业务，也试图经营这些业务。
5. 勤勉：进行尽职调查时，切记一盎司的事前预防胜过一磅的事后补救；如果你公司内部不具有进行适当尽职调查的资源，请付费聘请有关专家来协助。
6. 遵守游戏规则：在卖方设立的限度内工作；只与卖方授权的人员联系，在得到卖方授权之前请不要与卖方的客户或供应商联系。
7. 聘请有声望的顾问来建立威信；监督这些顾问的行为，以确保他们以公平和平衡的方式来代表你的利益。

[B] 对卖方的实务建议

1. 勤勉：了解收购方，回避那些具有不良记录或者你怀疑其不能完成交割的收购方；出售程序昂贵而耗费时间；失败的交易可能向市场传递关于你公司经营状况的错误信号。
2. 配合：收购方需要获得有关信息；及时对收购方就信息提出的要求做出回应将使交易程序更为有效。
3. 透明：对卖方声誉最为有害的因素莫过于收购方在尽职调查中发现了卖方此前没有披露的重大事项。
4. 准备充分：预计到有关你公司经营和未来前景的、有难度的问题，并准备好回答这些问题。
5. 合理：不要期望收购方为你过去的错误付款；不要准备一边倒的收购协议。
6. 主动：时间是你的敌人；收购过程持续越久，负面的因素就越可能发生（不论这种因素影响你的公司、你公司的主要客户或供应商，或者收购方或一般性的市场），并且危害交易或导致购买价格的降低。

§2.06　在美国获得交易机会：并购中介机构

成功的收购项目取决于稳定的交易来源。有经验的收购方和那些刚开始从事收购行为的收购方都能通过与专业中介机构建立关系而有所收获，专业中介机构的作用在于将潜在的买家介绍给卖方。因为大量的卖方依赖并购中介机构来推广自己的公司，即使拥有强大的公司内部并购部门的收购方也能从与中介机构的关系中有所收获。未能建立这种关系将导致非常有限的收购机会。

[A] 投资银行公司

大型全国性和国际性投资银行的并购部门是最为活跃的中介机构。这些部门倾向于关注大型公司客户，并且是为转让价格在7500万美元以上交易进行安排并提供股权和债权融资的最为活跃的机构。

位于全国性和国际性投资银行下一档的是地区性投资银行。这些投资银行倾向于关注由不在全国性和国际性投资银行关注范围之内的公司参与的中端市场交易。地区性投资银行通常与中端市场中的私募股权基金公司有密切联系，并经常被这些基金公司聘用而参与涉及基金公司参股企业的拍卖交易。对就中端市场收购交易感兴趣的收购方而言，由当地投资银行组成的网络是至关重要的。

[B] 商业银行及其关联公司

很多商业银行都建立了并购部门或者设立了作为并购中介机构的关联公司，但是商业银行通常并不对大型企业客户提供关于重大并购交易的意见。商业银行在中端市场内运行，为了获得交易来源，它们可以依靠并利用其巨大的商业银行客户群基础。商业银行通常能依靠贷款关系为并购部门或者从事并购业务的关联公司取得交易来源，商业银行的这种地位令人羡慕。与此类似，收购方把与商业银行的关系作为并购交易的来源。

[C] 专业化经纪商或独立中介机构

因为数量庞大，在特定行业中已经具有立足之地的专业化经纪商和独立经纪商可能代表了收购方在寻找私人所有的中端市场公司和低端市场公司时可以利用的、最为显著的资源。专业化经纪商和独立经纪商是所有并购中介机构中最有可能为收购方利益工作的，这些经纪商接受收购方聘用并为收购方寻找合适的收购目标。大多数更大规模的投资银行通常被卖方聘用，并站在卖方立场参与交易。

§2.07 并购顾问和他们在收购程序中的角色

并购顾问包括投资银行家、会计师、律师、环境专家、员工福利顾问和保险顾问等群体。他们的首要目标是消除或控制收购方可能在转让完成后遇到的突发情况，并在谈判和转让协议签署阶段促成交易的平稳进行，其目标也包括将业务融入收购方在收购完成后的业务结构中。

[A] 投资银行家和并购中介机构

投资银行家和其他并购中介机构根据其行业知识和行业数据库，为收购方指出潜在的收购机会，并为卖方指出潜在的收购方。投资银行家协助为业务确定合理的价格，并撰写描述卖方、即将出售的业务和卖方在行业内特色的市场推广资料或者“手册”。

投资银行家指出潜在的买家并开始与其联系。如果潜在的买家希望查看手册，投资银行家首先要求潜在买家与卖方或与（代表着卖方的）投资银行家签署保密协议。一旦潜在买家签署了保密协议，投资银行家将向潜在买家提供手册并时常提供转让合同的建议文本，该合同由卖方律师起草并包含了投资银行家和卖方的意见。投资银行家将安排买家的现场访问并协助卖方为访问做好准备。

一旦收到投标书，投资银行家就协助卖方及其律师分析投标文件。投资银行家经常鼓动各位投标人互相竞争，从而为卖方争取最大化的价值。

投资银行家和卖方律师一起协助卖方就意向函进行谈判，就合同条款的种类提供专业知识，并提供市场中的收购方和卖方都能接受的经济安排。投资银行家也倾向于和融资来源建立关系，并协助潜在买家确定潜在的贷款人。

在交易的整个程序中，投资银行家试图通过更新时间表来保持交易的动力，确保卖方对尽职调查请求做出回应，并促使卖方和收购方专注于尚未解决的问题。

投资银行家可以提供“公平性意见”，该意见是就投资银行就合并、收购、回购、分拆和下市交易的条款从财务角度观察是否公平而向卖方或其股东提出的专业评估意见。董事会把公平性意见作为展示给卖方股东的证据，该证据证明董事会批准的条款已经被卖方和卖方董事会之外的实体确定为是公平的。

投资银行家一般会在交易完成时，根据转让价格的比例收到一笔交易成功费。这笔费用常常由收购方直接支付，该笔费用出自卖方在交割时本来要收到的价款。投资银行家也可能请求支付聘用费或者就聘用期请求支付月度费用。

投资银行家要求就出具公平性意见单独支付一笔费用。因为由投资银行家既提供公平性意见又对交易提供建议就会发生内在的利益冲突，所以很多董事会要求由一家独立的投资银行提供公平性意见。这是一种降低股东因为董事会未尽到受信义务而可能对董事会采取行动的较好做法。

[B] 尽职调查专业人士

为确保对并购交易至关重要的尽职调查的透彻性，通常会聘用多种专业人士和专家。

[1] 会计师

会计师为了收购方利益分析卖方的财务报告和财务预测，也可能为了税收效益的目的协助设计交易结构。会计师可以准备一份《收入质量报告》，并在其中分析卖方在解释其会计报告时所选择的会计处理方法。如果卖方的会计选择使得其财务表现和财务状况比采用其他更为激进的选择时看起来要差，则卖方会被认为具有“高质量收入”潜力。此外，会计师要审阅卖方的纳税申报表以确保卖方已经在所有有关的法域内进行了申报，并确定卖方是否已经采取了可能导致其不能通过审计或导致其受到税务机关调查的做法。

[2] 环境和工程专业人士

在交易涉及不动产时，收购方经常聘用环境和工程专业人士。工程专业人士具有建筑结构方面（包括建筑基础、墙壁和屋顶）的专长，他们检查现有建筑中的结构问题。环境专业人士评估不动产的环境现状，审查不动产所有人置备的合规报告或为满足监管要求而提交的申报材料。

第一阶段环境报告指出潜在的或现存的环境污染责任，并涉及土地和就土地上物理状况所做的改良。为了准备第一阶段环境报告，环境专业人士检查现场，但他们并不进行包括收集物理样本或者进行化学分析在内的侵扰性检测。他们检测潜在的土壤污染、地下水水质和地表水水质，确定建筑结构内的化学品残留，指出可能包含石棉的建筑材料、现场储存或使用的危害性物质，评估霉菌状况，并评估室内空气质量指标。

如果第一阶段环境报告指出了任何污染或潜在污染，收购方可能聘用环境专业人士实施第二阶段环境现场评估，并编制第二阶段环境报告。第二阶段环境现场评估是收集土壤、地下水和建材原始样本，并就多种污染物进行量化分析的调查活动。

当环境问题被指出后，收购方或卖方（根据实际情况）通常要聘用编制第一阶段和第二阶段环境报告的环境专业人士来协助收购方或卖方（根据实际情况）处理已经发现的环境问题。

［3］保险专家

保险范围和索赔可能暴露卖方及其业务的风险和债务。收购方将聘用保险专家审阅卖方现有的保险范围和卖方的索赔历史。保险专家建议收购方在交易完成后所应具有的保险范围的种类，并可以协助收购方继续享有卖方的现有保险范围。

［4］人事专家和福利专家

收购方可能因卖方的现有员工福利方案而承担责任和债务。请参见本书第9章。员工福利专家评估当有关方案不符合适用的法律时所潜在的责任，并建议收购方如何保护自己。

员工福利专家就现有计划是否应当被修改或终止而提供建议。当有必要修改或终止时，这些专家将建议如何修改或终止这些方案。如果编制新的员工福利方案或把卖方方案与收购方方案合并将对收购方有利，员工福利专家将协助收购方。

［5］市场研究专家

市场研究专家向收购方提供关于卖方行业的信息，并能确定卖方与其竞争者相比所处的位置。他们可以联系目标公司的顾客以确定这些顾客是否愿意在交割后与收购方保持业务关系。

［C］财产保险人

如果涉及不动产，收购方通常从不动产保险人那里取得不动产权属报告，这份报告显示谁对不动产享有权利并指出这一不动产上存在的权利限制。当收购方购买不动产时，它应当获得所有权人的财产保险单，该保险单将确保不动产的所有权在交割后属于收购方，还将确保收购方可以在第三方主张权属报告中没有提及的、对收购方不利的权利时得到保险。

［D］律师

并购律师是从保密协议阶段到交割阶段见证整个交易的“四分卫”。他们起草并商谈交易文件，通过审阅卖方合同、公司组织和治理文件来协助进行尽职调查，并根据需要与其他专家律师磋商。交易越是复杂，需要越多不同种类的专长。

关于卖方的人事事务，需要两名法律专家。劳动法律师确认有关聘用和解聘员工的法律已经得到遵守。请参见本书第9章。ERISA律师提供很多与员工福利专家所提供服务相同的服务。如果需要对员工福利方案进行修改、修正或终止，ERISA律师将起草所需要的文件。他们也审阅交易文件中的条款，比如与员工福利方案有关的陈述和保证条款，从而确认那些陈述和保证是准确的，或者确认收购方能够得到它所需要的保护。请参见本书第3章。

环境法律师审阅环境专业人士准备的、卖方为满足监管要求而提交的文件和环境报告。他们就因取得不动产所有权而承担的法律风险提供意见。环境法律师也审阅交易文件中的条款，比如与环境问题有关的陈述与保证条款，从而确认那些陈述和保证是准确的，并确认收购方能得到为应对环境报告或监管申报文件中体现的任何潜在问题所需要的保护。

知识产权律师审阅申报文件以确定知识产权资产是否像卖方陈述的那样得到了登记。他们可以研究申报文件来确定卖方是否侵犯了其他方的知识产权。当收购方在资产并购中购买经过注册的知识产权资产时，知识产权律师将准备并记录必要的申报文件以便将收购方体现为该等资产的持有人。请参见本书第10章。

融资律师就有关协议进行谈判和起草工作，收购方根据这些协议取得完成交易所需要的融资。当并购律师就收购方和卖方之间的协议进行工作时，融资律师正就收购方和贷款人之间的协议进行工作。通常，这些律师必须一起工作来确保融资文件允许收购方采取其根据收购协议应当采取的行动。此外，融资律师必须与卖方、卖方管理层和卖方律师共同工作，以获得关于卖方业务（交割后将成为收购方业务）的信息。

房地产法律师在尽职调查中审查卖方对将转让的不动产的所有权。他们确定是否存在所有权问题，并与卖方、卖方律师和享有不动产所有权的公司一道解决这些问题。在不动产上设置抵押权来担保收购方贷款的贷款人将审查尽职调查报告中关于不动产的部分，并与收购方的房地产律师一起处理有关问题。

税法律师在尽职调查中审查卖方对税法的遵守情况，并以税收效益为目的协助设计交易结构。

[E] 贷款人

如果没有贷款人向收购方提供资金，很多交易都是不可能实现的。贷款人根据借款人的业务、资产或业务与资产的某种结合体所产生的现金流来发放贷款。

通常，收购方将同时承担优先级债务和次级债务。优先级贷款人经常在借款人的资产上享有担保利益。优先级贷款人承担最小的风险，因为他们的债权优先于任何次级贷款人的债权。因此，优先级贷款人的利率经常低于次级贷款人的利率。

次级贷款人承担更多的风险，但收取更多的回报。他们同意将其债权列在优先级债权之下。在清算中，优先级债在次级贷款人收取任何付款之前得到完全清偿，但次级贷款人就其贷款设置更高的利率。通常，次级贷款人也收取保证书以补偿次级贷款人所承担的较大风险，根据该等保证书，贷款人可以取得借款人的股份。

附件 2–A

保密协议范本

日期：__________

[潜在收购方名称]

____

____

收件人：________________

尊敬的____________：

就贵公司正在准备进行的、涉及贵公司或贵公司关联企业，以及____________或其证券持有人或其关联企业的交易（下称“**交易**”），贵公司要求提供有关________________及其子公司（以下统称为“**公司**”）的信息。作为向贵公司提供上述信息的前提条件，贵公司应同意根据本信函中的条款来对待公司或他人代表公司提供给贵公司的（无论是由公司、公司的顾问或公司的任何其他人员以任何形式准备）任何有关公司的信息（统称“**评估材料**”），并且根据上述条款采取或不得采取某些其他措施。“评估材料”不包括下列信息：(i) 已经被贵公司掌握的信息，只要贵公司不知道或没有理由相信：该等信息受到与公司签订的保密协议约束，或其他对公司的保密义务约束；或 (ii) 并非因为贵公司董事、高级管理人员、员工、代理商或顾问的披露而进入公共领域的信息；或 (iii) 在不负担保密义务的情况下，从公司或其顾问之外的来源获得的信息，只要贵公司不知道或没有理由相信：该等信息受到与公司签订的保密协议约束，或其他对公司的保密义务约束。

贵公司在此同意，评估材料将仅用于评估潜在交易，并且贵公司及贵公司代表（其定义见下文）将对该等资料（包括但不限于评估材料已被提供给贵公司这一事实）予以保密，而贵公司及贵公司代表不得以任何方式向任何人披露该等资料，除非该等披露的对象是那些基于评估任何潜在交易的目的，而需要知晓上述信息的贵公司董事、高级管理人员、员工与贵公司顾问的代表（以下统称为“贵公司代表”）。上述例外成立的前提是：贵公司须告知上述贵公司代表该等资料为保密资料，并要求其对该等资料进行保密；此外，贵公司还同意：(i) 对贵公司任何代表披露的信息，应以该代表就履行其职责而需合理获得的信息为限；且 (ii) 贵公司应就上述接受保密信息的人员，保留充分的姓名记录，而该等记录应按公司要求供其审阅。在任何情况下，贵公司均应对贵公司代表任何违反本协议的行为负责，并且贵公司同意：自负费用采取适当措施（包括但不限于司法程序），以制止贵公司代表在被禁止或未经授权的情况下，披露或使用评估材料。

贵公司同意：如果贵公司、贵公司关联企业或贵公司代表被要求（不论该等要求是否以口头询问、质询、关于提供信息或文件的要求、传票、民事调查要求或其他类似程序的形式）披露任何评估材料，或任何包含或反映评估材料所含信息的其他材料，那么贵公司应在切实可行的范围内，及时将上述要求告知公司，从而使公司能够申请适当的保护令和/或解除贵公司在本协议项下的保密义务。在申请保护令失败或未收到上述关于解除保密义务的通知时，根据贵公司或贵公司代表的法律顾问的意见，如果贵公司、贵公司关联企业或贵公司顾问可能触犯藐视法庭罪或遭受其他处罚，并因此有义务披露评估材料，贵公司可以在为避免上述处罚的必要范围内，披露该等信息，并不对披露信息的行为承担赔偿责任。

除非一项交易已经完成，否则在以本信函签署日为起点、以贵公司将评估材料交还公司后的两年期满日为终点的期限内，贵公司同意：只要下述员工仍然被公司聘用，那么除非获得公司明确的书面许可，否则贵公司不得直接或间接地试图聘用某些公司员工。该等员工包括：在贵公司对公司进行调查期间，贵公司曾经与之联系的公司任何员工或公司向贵公司指出的公司任何员工。除非公司另外同意，否则，(i) 所有关于潜在交易的沟通联络，(ii) 所有对其他信息的要求，(iii) 所有与程序问题有关的讨论或问题，都应被全部提交或转给__________（以下称为“代理人”）进行处理。

尽管公司尽力在评估材料中提供公司获知的、其认为与贵公司调查相关的信息，但贵公司应当了解，无论是公司还是其任何代表或顾问，均未对评估材料的准确性或完整性做出任何陈述或保证。贵公司同意，无论是公司还是其代表或顾问，均不对贵公司或任何贵公司代表使用评估材料的后果负任何责任。

如果贵公司决定不再继续进行交易，那么贵公司应及时将该项决定通知代理人。在这种情况下，或在公司或代理人所要求的任何时候，贵公司应及时将所有书面形式的评估材料、包含或反映评估材料所含信息的其他材料（无论这些材料是公司、公司顾问还是其他人准备的）交还给公司，并且不得就全部或部分的上述书面材料保留任何复印件、摘要或其他形式的复制品（无论是纸质还是电子形式的）。一切由贵公司或贵公司顾问以评估材料中的信息为基础制作的文件、备忘录、笔记和其他书面材料均应予以销毁，该等销毁事宜应由经授权监督销毁上述材料的管理人员向公司书面确认。贵公司在此确认并同意：所有的评估材料在目前和今后都是公司的财产。

贵公司同意，在那些双方明确同意的事项之外，除非有关交易的最终协议已经得到签署和履行，并且直到该等协议已经得到签署和履行，否则公司与贵公司根据本协议不承担与交易相关的任何法律义务。贵公司进一步确认并同意，公司有权自行决定是否拒绝由贵公司或任何贵公司代表做出的关于公司与贵公司的交易的任何提议，公司有权在任何时间终止与贵公司的讨论与谈判。

贵公司理解并同意：如果公司未能行使或迟延行使任何有关权利、权力或特权，那么该等行为均不应被视为对有关权利、权力或特权的放弃；对上述权利、权力或特权的单独或部分行使，也不构成对进一步行使或行使任何其他权利、权力或特权的排除。

贵公司进一步理解并同意：对于贵公司或贵公司任何代表违反本协议的行为，金钱补偿并非充分的违约救济措施，公司应有权获取任何公平的救济措施，这些救济措施包括为救济上述违约行为而做出的禁制令和实际履行。上述救济措施不应被视为公司就贵公司违反本协议的行为所能获得的全部救济，而应被理解为公司在根据普通法或衡平法所获得的所有其他救济以外可以获得的额外救济。在发生与本协议书有关的诉讼时，如果具有管辖权的法院判决一方违反本协议，且该判决为终局的、不可上诉的判决，那么该方应向守约方支付守约方在诉讼中支出的、合理的法律费用，这些费用应包括就有关上诉程序支付的费用。

本协议书受__________州法律管辖，并依照该州法律进行解释。

请贵公司通过签署本函，就同意本协议内容进行确认，并将本协议书的一份副本送还下述签字人，本协议将随之在贵公司与公司之间产生拘束力。

此致

签字：______________

职务：______________

确认并同意文首所述日期：

____

签字：__________________

姓名：_______________

职务：_______________

附件 2-B

意向函范本——以股权收购为例

提要：

1. 意向函一般会包含交易条款的概要，而各方正是希望依照该等条款继续就最终交易进行谈判。与涉及公众公司的交易相比，非公开交易更普遍地采用意向函。公众公司往往不愿意签署意向函，因为签署意向函可能导致其承担信息披露义务。

2. 签署意向函有其优点和缺点。一般来说，收购方青睐意向函而卖方则不是这样，这是因为收购方可以借意向函中的排他性条款约束卖方，并有效地制止其他潜在买家在并购市场中接触卖方。

3. 大多数情况下，意向函不具有约束力。签订意向函最显著的不利之处也许就是意向函可能被解释为有约束力的协议，并因此产生风险。决定意向函是否有约束力是一项事实问题，而且取决于：交易各方是否希望受意向函约束，或交易一方是否向另一方明确表示不愿受意向函约束。

4. 签订意向函的优点之一在于，交易方可以根据《哈特—斯科特—罗迪诺反托拉斯改进法》的要求提出申请，因此可以在交易方提供最终交易文件之前就开始计算等待期。因此，如果在交易中存在时间问题，意向函是一种可以加速交易进程的方法。

5. 一些法院将签订意向函解释为向交易方施加了与对方善意谈判的默示义务。如果对此解释有所担忧，那么意向函中应当明确声明排除该等义务。

6. 一份优秀的意向函一般会涉及下列内容：

(a) 对各方计划采纳的交易类型（如股权并购或资产并购）的说明，包括对拟收购资产及所承担（或排除）的责任的概括说明；

(b) 完成相关阶段的大致时间表，如关于尽职调查与交易结束的时间安排；

(c) 购买价格，包括任何购买价格调整条款或获利支付条款（earn-out provisions），以及购买价格中是否包含被留做用于支付索赔金额的托管金；

(d) 对将要做出的陈述与保证所做的说明；

(e) 就最终协议中将包含的赔偿条款所做的说明；

(f) 就任何必须在交易完成前得到满足的条件所做的说明，特别是那些针对在交易完成前须获取的任何许可与同意所做的说明；

(g) 就双方不希望意向函具有约束力所做的声明（或就双方希望某些条款具有约束力所做的声明）；

(h) 如果双方希望或被要求承担善意谈判义务，那么意向函应包含就交易方善意谈判义务所做的声明；

(i) 关于禁止卖方在指定期间内为公司选择其他买家的声明；

(j) 关于解释意向函以及交易各方根据意向函承担责任所适用法律的声明；

(k) 关于各方均自担费用的声明；

(l) 关于本意向函、意向函内容以及交易方之间讨论应保密的声明；以及

(m) 关于意向函终止时间的声明。

日期：______________

____

____

____

收件人：____________________

尊敬的____________：

我方很高兴就收购______________（下称“公司”）的所有已发行股本事宜，将此不具约束力的意向函递交给贵公司，以供贵公司考虑。

[在起草本意向函时，我方依赖__________提供给我方的财务信息、经营预期和对经营与资产状况的说明（包括日期为__________的公司“保密备忘录”中的管理报告及信息），并且假定所有上述信息在所有重大方面均为正确。]【**起草建议**：虽然本条

款并不构成卖方对信息正确性的陈述或保证，但如果上述信息不正确，那么本条款确实可以为收购方就意向函中提出的价格要求重新进行谈判提供充分依据。】

[我方希望完成余下的尽职调查、有关的融资工作与法律文件准备工作，以便在________之前完成收购，但前提条件是所有必需的政府和第三方许可（包括但不限于《哈特—斯科特—罗迪诺反托拉斯改进法》项下要求的许可）均于该日期之前获得。]【**起草建议**：请谨慎使用上述语句。虽然该等语句不具有约束力，但会引发卖方的期待。一些收购方愿意使用上述语句，以便向卖方表明收购方能够尽快完成交易。】

我方愿提议的关键条款和条件如下，该条款和条件将作为就最终交易文件进行谈判并签署该等文件的基础：

1. 交易结构。____________，或其指派的人员（统称“收购方”），将从公司现有股东手中收购公司所有股权（“收购”）。

2. 收购对价。为购买公司所有股权所支付的价格应为________美元，该价格在下述情况下可以进行调整（下称为“收购价格”）。[收购价格适用的前提是：(a) 公司在交割时没有未清偿的债务；且 (b) 公司或任何公司股东就交易所应支付的费用（包括但不限于为交易目的而支付给投资银行和法律顾问的报酬和费用）将在交割前由公司支付，或者由拟出售股权的股东直接支付。]

3. 根据流动资本状况所做的调整。收购价格将根据公司的净流动资本量超出或少于双方同意的、并在最终交易文件中经过谈判而规定的起点金额的金额，以一美元对一美元的基础进行调整。

4. 陈述与保证；赔偿条款。最终的股权收购协议将包含陈述与保证条款、承诺条款以及赔偿条款，该等条款应使各方满意、合乎惯例并且适合于本交易的类型。陈述与保证条款涉及的内容包括但不限于：与组织结构、企业良好存续状态、授权、资本化、财务报表、资产与股份所有权、税收、《1974 年雇员退休收入保障法》(ERISA)、环境保护、库存与应收账款相关的事项。最终的股权收购协议包括赔偿条款。根据该条款，拟出售股权的股东将为违反陈述与保证条款和承诺条款的行为承担连带责任。就违反陈述与保证条款所做赔偿的最高限额为收购价格的 [_____%]（下称“最高限额”），引发赔偿责任的最低金额为收购价格的 [_____%]（下称“引发金额”）；但上述最高限额与引发金额不适用于违反税收、所有权、资本化与授权事项的陈述或违反承诺的行为。陈述与保证条款所针对事项的一般存续期间为 [____] 个月，有关所有权、资本化与授权的陈述存续期间为无限期，有关税收与《1974 年雇员退休收入保障法》事项的陈述存续期限为相应的法定时限届满后 30 天，与环境保护事项有关的陈述存续期限为相应的法定时效期满后［5］年。

5. 交割前提条件。本意向函所描述交易的交割依赖于最终股权购买协议与其他法律文件的签署，该等法律文件都必须在形式和实质上满足收购方与卖方的要求。交割也取决于公司获取并向收购方提供收购所要求的任何政府或第三方批准、许可和 / 或同意。【**起草建议**：其他可以考虑加入的条件包括：收购方融资；收购方股东 / 董事会批准；能满足收购方要求的、针对关键员工的聘用安排，以及不得对公司进行重大不利改变。】

6. 排他性。从本意向函签署日期开始至__________（并且与最终股权购买协议的规定一致）为止，公司以及公司董事、管理人员、员工、股东、代理商或代表均不得：(a）请求、发起或鼓动任何关于购买公司资产或股权的提议；(b）就任何上述提议签订任何协议；(c）参与任何可以被合理认定为可能导致任何上述提议的讨论或谈判；或（d）向任何促使完成上述提议的人提供任何信息（在任何情况下，该等人士不包括收购方）。

7. 本函不具有约束力；终止。除本意向函第 6 条、第 9 条、第 10 条、第 11 条、第 12 条和第 13 条以外，本意向函不构成收购方、公司或卖方之间有约束力的协议。

8. 提议有效期。本函中规定的提议在美国东部标准时间______年____月____日下午 5 点之前有效。如果贵公司希望在本意向函规定的基础上继续进行谈判，请于上述日期与时间之前（包括当日与当时）签署本意向函，并且将签名盖章的副本送至本函末尾的署名人。在以下情形下，本意向函将自动终止，本意向函终止时间以下述较早发生的情形发生的时间为准：(i）收购方、卖方与公司之间签署最终的收购计划；(ii）收购方与卖方达成一致协议；以及（iii）至______年____月____日期满。尽管有前述规定，本意向函第 9 条、第 11 条、第 12 条和第 13 条在本意向函效力终止后仍然有效，且本意向函效力的终止并不影响任何一方针对另一方在本意向函效力终止前违反本意向函条款的行为所享有的权利。

9. 适用法律。无论根据有关冲突法或法律选择原则是否存在其他适用法律，本意向函以及各方权利义务应适用美国 _____ 州实体法律，并按该州法律解释。

10. 信息获取。就与收购相关的公司某些财产、业务人员以及财务、法律、税务及其他方面的数据和信息，公司应根据收购方、收购方代表或代理人的要求，允许收购方、收购方代表和代理商在得到合理事先通知的情况下接触该等财产、人员、数据和信息，并促使其相应的关联企业、管理人员与代理商允许上述收购方、收购方代表和代理商以同样方式接触上述信息。

11. 费用。根据上述第 8 条规定的“排他性协议”的规定，就本意向函及收购，各方应自行承担各自有关的成本与费用。

12. 保密。公司、卖方、收购方或其相关管理人员、董事、关联企业、代表或顾问，均不得未经另一方事先书面同意，就本意向函或本意向函所述交易发布公告，或向任何第三方披露本意向函条款和本意向函存在的事实（除非接收有关信息的一方是其各自的顾问、代表或代理商，对其披露的信息也仅仅是该等人员就评估有关交易、就有关交易进行谈判和根据法律要求所必须获得的信息；在进行该等披露之前，收购方和卖方应在合理可行的前提下与对方协商）。

13. 无第三方受益人。除非在此处做出特别说明，本意向函条款无意也不应被理解为赋予各当事方、当事方继承人或权利受让人以外的任何自然人或实体任何基于本意向函的权利或救济。

14. 副本。本意向函可有若干副本，每一副本均应被视为原件，并共同构成一份完整协议。

如果贵公司希望在本意向函规定的基础上就此交易继续进行谈判，请签署本意向函，并将签名盖章的本意向函副本送至下述签字人。

[收购方]
姓名：________________
职位：________________

[公司]
姓名：________________
职位：________________

[卖方]

____

____

____

附件 2–C

法律尽职调查文件清单范本

A. 公司概况

1. 公司章程与规章制度（或类似的组织机构文件）。

2. 公司记录、股权记录与股东出资证明。

3. 作为美国本国公司、外国公司或其他法律实体，公司有资格或经授权在其范围内开展经营的司法管辖区清单。

4. 表明公司与包括其子公司在内的所有关联企业之间关系的组织结构图。

5. 现任董事会成员与高级管理人员名单。

B. 财务报表与内部报告

1. 过去 5 个会计年度内，包括审计报告在内的公司每年合并财务报表。

2. 过去 5 个会计年度内，每年由审计师向公司出具的管理报告函以及所有相关信函（包括管理层的有关复函）。

3. 过去 5 个会计年度内，每年关于公司或子公司业务、经营和产品等各个方面的外部顾问报告、工程师报告、管理报告和市场研究分析报告。

4. 过去 5 个会计年度内，每年向管理层提交的内部会计预算或报告，以及任何相关的预算资料。

5. 关于现有储备金（包括税收准备金）的清单与分析。

C. 公司或其子公司目前就其负有义务的合同、协议与承诺

1. 与客户、供应商及分销商的合同。

2. 公司或其子公司作为其中一方或受其影响的所有贷款文件，其中包括：公司或其子公司根据合同就有关债务成为债务人或保证人的所有文件，以及所有与贷款或融资租赁相关的保证协议和融资文件。

3. 咨询服务、竞业禁止与保密协议。

4. 所有的不动产与动产租赁协议（不论是作为出租人还是承租人）。

5. 与处分资产有关的合同。

6. 与代理人或其他代表签订的合同。

7. 在任何地理区域内，就任何业务范围或就任何特定人士限制自由竞争的合同。

8. 任何合资、合伙、经营或管理协议。

9. 任何转让、许可、转许可或特许权使用费协议。

10. 其效力取决于任何实体或个人是否与有关公司保持关联关系的合同。

11. 就购买公司拥有或使用的任何资产，向任何实体授予任何优先权或选择权的合同，该等权利包括但不限于优先谈判权、最终谈判权、优先要约权、最高价要约权、优先购买权和最终价格购买权。

12. 自________时开始，有关收购任何其他实体业务或股权的合同。

13. 自________时开始，有关与任何其他实体合并的文件资料。

14. 自1997年始，关于涉及公司、子公司或其各自的关联企业的任何重组或重整的文件资料。

15. 各方目前正在起草的合同或正在就其进行谈判的合同草案，包括但不限于条款清单与意向函。

16. 公司与其子公司之间的合同。

17. 公司或其子公司作为一方或受其影响的保险单以及其他服务协议（包括有关劳工赔偿范围与失业补偿范围的资料）。

18. 以公司或其关联企业为合同一方当事人，每年由该公司或关联企业支付或收取的款项超过10万美元或尚未履行的合同期限超过12个月的合同，无论这些合同是否与正常营业过程有关。

19. 所有目前有效的授权委托书和其他任何授权文件。

D. 税务

1. 就最近已结清税款的年度与所有未结清税款的年度，提供联邦、州、县、地方级别或任何外国的所得税纳税申报表。

2. 就最近已结清税款的年度与所有未结清税款的年度，提供在所有地点提交的销售税与使用税纳税申报表。

3. 就最近已结清税款的年度与所有未结清税款的年度，提供特许权使用税纳税申报表。

4. 就最近已结清税款的年度与所有未结清税款的年度，提供联邦、州与地方级别的员工工资单及其他与人员聘用有关的税项说明（940 表、941 表等）。

5. 所有已签字且目前有效的关于放弃（联邦、州和地方三级）纳税申报表递交期限或关于允许延期提交纳税申报表的声明。

6. 美国国税局或美国州、地方或外国类似行政机关的结算凭证、完税协议和信函、其他材料、所有相关的往来通信。

7. 请就以公司或其子公司或其任何相应的高级管理人员、董事或任何相应产品为对象，由内部审计师、其他公司管理人员或政府机构曾经进行、未完成或可能进行的审计、调查或检查提供清单与文件记录，该等清单与文件记录包括：审计与税务代理机构就政府机关相关税种（如所得税、特许权使用税、销售与使用税、失业税等）进行税务审计而出具的报告，以及所有相关的往来通信。

E. 员工问题

1. 包含所有员工与独立销售代表的名单；如果存在该等名单的话，请说明上述人员工作类型、报酬及服务时间。

2. 对任何员工有影响的集体劳动合同和与工会签订的协议（无论目前是否有效）。关于最近 5 年内工会活动的资料。

3. 员工手册。

4. 关于所有未决劳动申诉或仲裁程序（包括美国劳工部联邦合同合规项目办公室根据均等就业机会审查提出的任何问题）的清单与说明。

5. 请就有关养老金、利润分享机制、股票红利、股票期权、奖金、激励措施、储蓄金、延递报酬、住院费用、医疗保险、解聘补偿或其他对员工有影响的员工福利计划、方案、政策、合同或安排，提供有关清单和文件；该等清单和文件应包括：所有最近 5 年内关于 5500 表的报告（带附件）、保险精算报告、最近的计划摘要、信托协议与保险合同，以及关于非书面计划的介绍。

6. 请就依据股票期权计划授予员工或董事的股票期权提供有关清单，并在该等清单中指出授予日期、授予价格、每一授予日期授予的期权总数、既定期权（指在适用股票期权计划中的控制权变更条款之前就已授予员工或董事的期权）、行权日期与行权计划。请说明在每一种情况下，期权是非限制性股票期权（NQO）还是激励股票期权（ISO）。请提供所有员工与董事股票期权计划的文本。

7. 最近 5 个会计年度内针对有关计划所做的审计报告。

8. 请就所有计划，提供关于所有"可报告事件"、"对合规要求的免除"与"对合规要求的部分免除"的清单。

9. 请就有关计划，提供所有向政府机关提交的申报文件或与政府机关之间的通信往来，包括关于 11-K 表格的报告与决定书。

10. 与所有高管、关键员工与销售代表签署的聘用协议（包括对该等协议的任何修改），所提供的协议应包括那些效力已终止但公司仍有义务根据其向已离职员工付款的协议。

11. 关键管理人员名单，请在名单中指出所列人员在上一会计年度及目前的职位、服务时间、年度报酬水平（若有奖金需单独列出）。

12. 所有人寿保险的保险范围列表，请就每一份保险单，提供下列信息：保险人和被保险人的姓名、风险类别、保险日期、保险期限以及保险费。

13. 请说明公司曾经对员工做出的赔偿和失业补偿，请针对下列方面进行说明：信用等级、最近 5 年内的索赔情况、正在进行或可能发生的索赔。

F. 诉讼

1. 请以清单形式列举所有正在或可能进行的诉讼、司法程序、行政程序或监管程序，请在清单中包含下列信息：有关程序的启动日期、所寻求的救济、受理机构以及有关事件目前所处状态。

2. 请以清单形式列举最近 5 年内所有已经或可能进行的诉讼、司法程序、行政程序或监管程序，请在清单中包含下列信息：有关程序的启动日期、所寻求的救济以及受理机构。

3. 法院、政府机构或仲裁庭的命令、裁定或判决。

4. 最近 5 年内有关聘用、工作环境或劳资关系的索赔记录。

5. 与环境保护索赔有关的文件记录。

6. 最近 5 年内发给审计师的律师函。

7. 最近 5 年内针对保险单的索赔记录。

8. 请以清单形式列举最近 5 年内签订的所有和解协议，并请以清单形式列举所有包含持续性义务的和解协议，无论该等协议是否在最近 5 年内签订。

G. 不动产

1. 请以清单形式列举通过拥有所有权、租赁（无论是出租还是承租）、转租或以其他方式获得使用权的不动产（以下称为“不动产”），请在清单中就每项不动产指出所在地点与简要描述。

2. 请就每项具有所有权的不动产提供有关契据。

3. 请就每项不动产，提供勘察文件、所有权文件、担保文件与占有情况文件。

4. 请以清单形式列举那些在所有权文件、担保文件或占有情况文件中未能得到反映的权利负担。

5. 请就每项不动产，提供环境影响评价报告（包括第一阶段与第二阶段审核报告以及石棉含量检测结果）、工程技术与地质报告以及其他与环境问题有关的报告或调研资料。

H. 有形与无形动产

1. 请以清单形式列举所有有形动产，请在清单中包括位于每处场所的设备、机器、运输工具与家具。

2. 请以清单形式列举位于每处场所的存货以及运输途中的物资。

3. 请就包括专利、商标、版权、商号、商业秘密、发明、专营权、计算机软件、服务标识、标志、特许权在内的，公司所拥有或使用（无论是否依据许可协议或其他方式使用）的知识产权，提供有关文件记录；该等文件记录包括所有的许可文件、转许可文件或协议以及所有向联邦、州、地方或外国政府机构提交的申报文件、由该等机构签发的文件或做出的注册登记。

4. 请就所有由第三方提出或针对第三方提出的侵权损害赔偿主张，提供文件资料，不论该等主张是针对明确的侵权行为还是仅针对潜在的侵权行为。

I. 其他

1. 请就遵守联邦、州与地方层面的监管要求，提供所有许可、执照、政府命令、批准、档案、报告、往来通信以及其他文件记录，上述监管要求包括但不限于美国职业安全与健康管理局的相关规定（或与其效力相当的法规）、与环境保护有关的法规以及关于处理危险废料的法规。

2. 最近 5 年内任何有关不动产或动产的评估报告。

3. 最近 5 年内发布的新闻公告。

4. 请就最近 5 年内的产品质量保证、定价政策、产品索赔与召回记录，提供有关说明。

5. 请就任何对当前供应商或客户有影响的破产程序，提供所有往来通信及其他文件记录。

6. 请对下列事项进行说明：最近 5 年内业务的任何重大变化；未依照通常业务流程进行的交易；与关联企业进行的交易或关联企业之间进行的交易。

7. 请以清单形式列举：在以________为终点的 3 年时间之内，公司 20 个最大客户，请在清单中描述在上述期限内来源于所列客户的销售额。如果任何上述客户意图终止或实质性减少其与公司和 / 或任何子公司之间的业务往来，请提供有关信息。

8. 请以清单形式列举：在以________为终点的 3 年时间之内，公司 20 个最大供应商，请在清单中描述公司在上述期限内支付给所列供应商的款项。如果任何上述供应商意图终止或实质性减少其与公司和 / 或任何子公司之间的业务往来，请提供有关信息。

9. 包含所有银行账户、银行名称与地址、银行账号、授权签字与任何存托凭证（CDs）或其他投资项目的清单。

第 3 章

收购：文件、批准和诉讼风险

Robert A. Weible

§3.01　概述

本章讨论收购美国公司使用的典型文件，包括：(i) 各项文件拟达成的目的，这些文件的总体形式及其主要特点；(ii) 交易双方的批准及完成收购的其他必要条件；以及 (iii) 美国收购导致的双方之间的诉讼风险和股东诉讼风险。

各种不同收购项目的收购文件有许多共同的特征，但每一项交易又都有其独特性。当务之急是每一方应当了解自己的目标和关注要点，重点结合这些明确的目标和关注要点进行尽职调查，并确保收购文件能够根据尽职调查的结果对每一项目标和关注要点给予适当的交代。

§3.02　文件——文件目的和拟定

美国收购文件的拟定应达成三个主要目标：

1. 明确收购之前与之后买方与卖方之间相互的权利和责任；
2. 在买方与卖方之间分配与即将收购的业务有关的各种风险；以及
3. 尽量减少任何一方发生与拟定的收购相关的不愉快意外的可能性。

实现这些目标可能导致大量谈判和冗长而详尽的文件，但美国法律从业人员普遍认为把尽可能多的问题搞明白的好处超过那些不利之处。

除了在时间允许范围内进行大量的尽职调查以外，收购方在准备和起草收购文件的过程中将从其采取的以下步骤中受益：

1. 制作一个清单，列出即将收购的业务中将取得价值的来源以及拟避免或尽量减少的风险的来源。
2. 对你的律师、会计师、财务顾问和你可能已委托向你提供协助的其他专家开诚布公，并与他们密切合作。
3. 取得（直接或通过律师）其他人在类似交易中使用过的范例文件，以帮助你弄清楚目前应当怎样做，以及启发你找到解决困难问题的方法，但要记住，你的文件必须如实反映自己的交易。

4. 相信你的经验——如果某件事情太过完美，似乎并不真实，或者总觉得它在某些地方有问题，那就要好好研究这件事情，直到你满意并确认这件事情在文件中得到恰当处理为止。

§ 3.03 文件形式和业务结构

美国收购使用的主要文件是收购协议：

- 明确即将收购什么样的业务；
- 确定为收购该业务应支付的金额；
- 规定收购方与卖方关于收购和相关行动的义务；以及
- 明确与收购有关的可能要求的任何附属文件。[1]

收购协议的形式依将被收购业务的结构及下列其他考虑而有所不同。美国企业进行业务活动的典型（虽然并非唯一）载体是公司，公司是独立于其所有者的法律实体，公司的所有者因其拥有所有者权益而被称为股东，按照其所在州的适用法律规定，股东持有公司的股份。股东并不直接经营公司的业务，而是由股东选举产生的公司的董事会负责这项任务。另一方面，由董事会来任命高管人员，由高管人员负责管理和指导公司业务的日常经营。

对于不属公司的企业，比如有限责任公司和有限合伙企业，其运作功能与此非常相似。有限责任公司或合伙公司是一个与其所有者相分离的法律实体，由其高管人员或所有者直接或间接委任的经理人员负责治理和经营。为精简本章其余部分的讨论，我们假设将被收购的美国公司是 BBI 公司，即第 2 章的假设场景所述的特拉华州公司。

一家美国公司可以是一个“公开上市”的公司，这意味着其股份在美国证券和交易委员会（下称“证券交易委员会”）注册以及至少被 300 个不同的所有者所持有。一家美国公司也可以是“私人”公司，这意味着其股份未经注册，且由一名所有者或相对较小（虽然仍可能数目众多）的一组所有者所持有。一家公开上市公司有时也被称为“公开持有”、“公开上市交易”、“交易”或“注册”公司。一家私人公司有时也

[1] 参见下文 § 3.05. 据以商谈有时用来表示双方在谈判和签订收购协议之前的意愿的文件。

被称为是“封闭持股”公司或简单地称为“非公开”公司。

美国企业的收购协议一般采取以下三种形式之一：合并协议、股权收购协议，或资产收购协议。**合并协议**在买方（经常是买方子公司或其他关联公司）与被收购公司之间订立，结果造成被收购公司连同其现有的资产与负债原封不动地与买方或由买方控制的另一公司合并，从而使该出售的公司成为买方的一部分或成为买方拥有的生存下来的公司的全部或其一部分。**股权收购协议**在买方与被收购公司的股东之间订立，结果造成由买方收购公司的全部股份（所有者权益），从而收购该公司本身，包括连同原封不动地收购其现有的全部资产与负债。**资产收购协议**在买方与被收购公司之间订立，该协议规定：(i）买方购买出售公司全部资产或其中指定的部分，以及由出售公司拥有的权利；(ii）买方承担出售公司全部负债或其中指定的部分（有关每种交易形式更详细的资料，请参见本书第2章）。

选择什么样的收购形式，以及采用什么形式的收购协议，受下列因素影响：

1. 双方希望实现的税务待遇（见本书第6章和第7章）；
2. 从交易中排除特定资产或负债（在资产收购协议中最易成就此点）（参见本书第2章）的相对可取性；以及
3. 有无必要设立一个针对出售公司的股东（不知位于何处的股东或可能不愿签署直接出售其股份协议的股东）的约束机制（通过做出合并或资产购买安排，凭借非一致通过的法定投票制来约束所有股东批准合并或资产出售的能力来实现此目的）（参见本书第2章）。

除了规定购买价格付款和交易交割机制的条款以外，合并协议、股权收购协议和资产收购协议通常包括相同的基本特征，我们将在下文回顾这些基本特征。

收购协议是在美国进行收购活动所需要的主要文件，但各种附属协议同样重要。例如，常常在讨论伊始就签署一项保密协议以保护卖方（有时是买方）将在讨论中分享的保密信息。雇佣协议、留聘激励协议和股权授予协议可用于取得或聘请卖方高管人员在收购交割前后提供服务。投票协议可用于确保收购案提交股东批准时卖方的（或在某些情况下买方的）董事和高管人员对收购投赞成票。代管协议可用来将部分购买价格单独列出，将其付款与随后发生的事件挂钩，或者作为针对卖方违反其陈述、保证或承诺所造成损害的保护。

并非每项收购都涉及导致签署收购协议的谈判。也可通过由买方向卖方股东直接发出收购要约进行收购，卖方股东可在这个过程的任何时点不经签署任何收购协议向买方发售股份。在要约收购情况下，经常是在“敌对”状态下，买方绕过卖方的管理层和董事会通过发出收购要约进行收购[2]。

§3.04 收购协议的特征和要点

美国收购协议的内容几乎完全取决于对买方和卖方来说十分重要的商业考虑，而不是法律因素。这一说法的主要例外是，当交易以合并形式进行时，买方和卖方所在州的法律将要求合并协议规定（除各方所期望的其他项目以外）：(i) 每个合并参与者根据其法律得以存续的州是哪一州；(ii) 合并后将存续的实体；(iii) 合并的财务条款，这些条款将如何执行，原公司的股份转换为存续公司或另一公司股份的基础、现金或其他财产；以及 (iv) 存续公司的公司设立证书（即主要的公司内部治理文书）。各个州要求合并协议应具备的具体规定项目各不相同，所以要求 BBI 公司（假设场景中的特拉华州公司）合并协议必备的具体规定项目可能会与 USAW（在该种情况下为加利福尼亚州公司）的不同[3]。收购律师必须仔细查询该州法律，因为如果协议中缺少任何一项适用法律要求的规定，可能会延误甚至破坏收购的完成。

美国收购协议的标准格式，不论其为合并协议、股份收购协议，或资产收购协议，往往是由常规而不是由任何明确的法律规定形成的。协议一般由通常称为“条款”的各个主题部分组成，各条又分为若干“款”，这些条款规定了双方对每一主题范围内重要事项的理解。

收购协议条款的典型顺序可能是：前言；第一条——定义；第二条——合并（或股份购买，或资产购买）；第三条——卖方的陈述和保证；第四条——买方的陈述和保证；第五条——某些承诺；第六条——交割条件；第七条——终止；第八条——赔偿（或补救）；及第九条——附则。

[A] 前言

美国收购协议的前言，一般不是作为一个单独的条款标出，典型的前言行文中列出该协议的日期，确认合同双方（买方、卖方，以及任何在该协议项下拥有权利或义

---

[2] 收购要约是一个值得单独讨论的课题，但本章并未讨论这一课题。

[3] 参见上文 §2.02 中的假设场景。

务的其他个人、公司或其他实体），美国收购协议的前言还会列明双方有意为购买交易签署一项协议。前言还可能述及双方为完成交易目的先前或现时采取或将采取的行动。简而言之，前言搭建了展示协议下一部分实质条款的舞台。

[B] 定义

美国的收购协议在使用定义术语方面是较为自由的，这主要是为了最大限度地增强引言的精确度，尽可能减少对同一概念多次引用以便使得意思的模糊不清降低到最低限度，并尽量减少重复引用较长的概念，其定义词语被用作缩略语，来代表这些概念。

在许多收购协议中，每个定义词语在协议正文中首次使用时均会对其定义。然而，一个已经相当普遍的做法是，在协议中方便的地方单独设定一个协议条款，明确协议中所有的定义词语。定义条款一般出现在协议的开头或协议的结尾。有时协议中的每个定义项（一般通过首字母大写，如"'Board'是指公司的董事会"，或者以黑体字表示该词语是定义词语）在定义条款中全文定义。有时定义词语按字母顺序排列，每个定义词语加上指明其定义所在的协议部分的引语。有时是将上述这些做法组合起来使用。

收购参与者不可低估定义条款的重要性。对交易定价可能是至关重要的词语［如"EBITDA"（未计利息、税项、折旧及摊销前的利润）、"净值"或"流动资金"］，或对风险分配具有重大意义的词语（如"重大不利变更"），以及在签署收购协议至完成交易（如"重大合同"或"正常业务路线"）期间有关双方灵活性的有效限制规定，均将在定义条款中一一规定。至关重要的是，每个交易的参与者均应了解每个定义词语在协议正文中使用之处的上下文涵义，以及确保在这种涵义中该定义不致发生对参与者不利的曲解。

[C] 合并（或购买股份，或购买资产）

本条一般规定：

1. 交易的性质和结构（合并、出售股份或出售资产）；
2. 为被收购业务支付购买价格的付款金额和方法；
3. 交易的"交割"（即完成）即将发生的时间和地点；以及

4. 当交易是合并时，该交易和合并后仍存在的实体的内部治理文件（公司设立证书和规章）的法律效力。

当交易是合并时，这一条款将明确规定合并参与者都包括哪一方，哪一实体（或若干实体）将合并入其他实体。例如，买方可能成立一个全资子公司，再将其合并到卖方公司（一种所谓的“反向三角合并”），从而使卖方作为买方的一个全资子公司得以存续。本条款还将规定应向出售公司的股东支付的合并对价，这一对价可能包含现金、买方的股份，或两者兼有，或某些其他形式的对价。这一条款还将规定卖方公司的股东和买方为达成股东交换代表其合并对价的相应股份的股份证书必须采取的步骤。

当交易是出售股份时，本条款将规定买方向正被收购公司的股东直接支付的对价，这可能包含现金、买方股份，或两者兼有，或某些其他形式的对价，以及为该对价而交换卖方股份的步骤，这些也是合并协议中常见的条款。

当交易是出售资产时，本条款将确定出售公司拟被收购或不被收购的资产，而且将明确买方将承担或不承担的卖方的责任和承诺。本条款还将确定拟购买资产须支付的对价，该对价一般应包含直接支付给出售公司的现金。

与合并或股份出售不同，在资产出售交易中，常常会用到购买价格调整机制。调整一般基于卖方的财务业绩或财务状况的历史指标与其在交割时实际测量值之间的差值，而这些对买方的交易定价至关重要的指标项目包括扣除利息、税项、折旧及摊销之前的收入（EBITDA），流动资金或净值。购买价格的调整一般在交割后且完成差值测量（一般需 90 天）后立即进行，但也可以采取一个“盈利支付”机制的形式，先为拟出售公司设定一个相对较低的基础价格，然后再基于交割后一特定期间（通常为数年）内企业的财务或经营业绩达到某个指定水平时“赚取”增量付款。

当使用购买价格调整机制后，常常会在交易交割时支付估计购买价格之相对较大的比例，而估计价格的其余部分或是付给代管（escrow）或是由买方“暂扣”（held back），以待最终确定调整幅度。在几乎所有使用购买价格调整机制的交易中，双方都将商定并在收购协议中规定一个双方关于即将做出的调整的争议解决程序。这些典型的程序包括将争议提交会计师或财经业界其他与买方和卖方均无利害关系的独立第三方处理。参见本书第 2 章关于购买价格调整的进一步讨论。

除上文所述实质性问题以外，有关合并（或股份购买或资产购买）的条款将规定收购交割的地点和时间。交割，或购买交易的完成，一般包含向卖方（或若干卖方）交付购买价格，以及同时交付各种文件或提交政府备案，以证明所有交割条件均已满足（或豁免），而关于出售公司（或其资产）的所有权已转移至买方。由于目前这些交付行为均可实现电子化，许多法律从业人员已不大重视选择交割地点，交割地点一般选在买方或卖方的交易律师的办公室。

交割时机的选择远比地点重要。一般而言，交易参与者更乐意缩短从签署收购协议直至购买交易交割之间的时间，无论从买方还是卖方的角度来看，时间延误的不利之处包括：

1. 有可能使第三方看上去可能是卖方董事会愿意接待的更好的交易对象；
2. 在买方可以实施控制之前，卖方的业务可能恶化（不管是否因为在员工、供应商和顾客或其他方心目中的不确定性所致）；
3. 在签署和交割之间的空当时间，买方的支付能力或筹集收购资金的能力可能恶化；
4. 买方或卖方可能以其他方式针对待收购公司采取的重要举措往往必须推迟到交易结束；以及
5. 公司或资本市场可能发生灾难性事件，这将导致某项交割条件不能满足。

买方和卖方之间有关延误问题想法的主要区别是：卖方担忧更高的第三方报价，所以更关注因第三方闯入而造成的额外费用、延误和扰乱，从而使卖方十分担忧最终将不能达成交易的风险。因此，一旦原交易被放弃，卖方将被视为“受损货物”。

偶尔在某些情况下，买方或卖方可能更乐意让签署和交割之间的时间延长一些，例如，在延误期间定价机制和卖方的经营业绩可能将促成提高购买价格（有利于卖方）或降低购买价格（有利于买方）。其他赞成延误的想法包括买方希望有更多的时间去完成尽职调查或者为将收购业务融入买方的经营做准备，或者买方需要更多时间来完成其购买价格融资安排。如果出现压低购买价格的突发状况，如针对卖方的待决诉讼，卖方可能更希望出现交易延误，他更乐意在延误期间把诉讼解决掉，从而使卖方在一个延误的交割中取得对卖方有利的购买价格。

美国收购最终文件的签署与收购交割同时进行，这种情况相对比较罕见，但并非闻所未闻。然而典型的情况是，完成一项收购需要取得某些第三方的批准，或者与某些第三方达成不同的安排，这些第三方包括股东、政府机构（如哈特—斯科特—罗迪诺反托拉斯事先批准，参见第11章）、资金来源、商业合同的交易对方和员工。交易双方通常在他们之间的协议有了眉目之前都不愿意跟第三方谈论有关的交易，但是为取得必要的批准和安排，又需要这样的讨论。这类讨论必然具有破坏性，并导致与大张旗鼓地宣传一项交易相关联的风险，即这项交易可能根本就无法达成。

这些风险，再加上进行交割前进行讨论的必要性，全都不利于签署和交割同时进行。此外，如卖方是公开上市公司，征求所需要的卖方股东批准要求将代理投票材料在证券交易委员会备案，取得批准邮寄这些材料，以及召开股东大会对收购进行投票表决。每个步骤都以之前已存在最终收购协议为前提。

交割时间一般定在最后一个待满足（或豁免）的交割条件得到满足（或豁免）之日后的第二个或第三个营业日。需要花费时间和努力予以满足的典型的交割条件（下文将对此进行详细讨论）包括取得任何必要的政府批准及第三方同意，以及取得任何必要的股东批准。不太寻常的、具有时间敏感性的交割条件的范例包括取得美国国家税务局（IRS）给予交易的税务待遇或有关某些具有财务含义的税务事项的裁定，或取得证券交易委员会签发的无异议函（即证券交易委员会人员将不会就证券登记事项采取强制执行行动的安慰函）。

如果购买交易的买方或卖方是公开上市公司，则要求该项交易必须取得买方或卖方股东的批准，仅仅是准备提交在证券交易委员会备案所需的投票征求材料（需 2 ~ 4 周），获取和回复证券交易委员会工作人员的意见，并取得散发这些材料的批准（需 4 ~ 8 周），以及给予股东足够的时间来消化这些材料并就交易投票（需 3 ~ 6 周），我们完全可以预期签署与交割之间的时间可能延误 2 ~ 5 个月。不要求公众股东投票表决的交易一般可更快完成，但仍会受到要求履行其他耗时费力任务的交割条件引起的延误的制约。

[D] 卖方的陈述和保证

卖方的陈述和保证（通常称为“陈述”，或专业俚语称为“卖方的 reps”）构成卖方向买方发出的关于拟收购企业的营业状况以及该企业与业主、员工、客户、供应商和其他第三方之间关系的确认。卖方的陈述和保证还将风险在买方和卖方之间进行分配，因为通过谈判，卖方可就其无法确定其真实性的情况做出陈述，并承诺如果陈述失实，由卖方承担风险，买方可以拒绝交割或卖方可能不得不支付损害赔偿，或尽管发现陈述失实，如果买方选择继续交易，卖方就要降价出售。

卖方的陈述一般由两个部分组成：在收购协议正文中的陈述以及一个相伴随的附件。该附件列明了陈述中以其他方式规定的绝对陈述的例外情况。例如，一个典型陈述语句可能这样行文：“除附件 3.12 条规定的以外，卖方不受由有管辖权的法院发出的阻止卖方在……州就其产品报价或出售其产品的任何命令、判令或裁决的制约……”

附件 3.12 条则一一列明可阻止卖方在指定市场就其产品报价或出售其产品的任何命令、判令或裁决。

卖方的陈述具有高度可谈判性。买方则希望卖方的陈述尽可能包罗万象，附件中规定的例外情况越少越好，从而向买方保证其正在购买的公司是“干净的”，把公司经营状况不良或与第三方的关系出现问题的风险留给卖方。当买方撰写出收购协议初稿后，其中关于卖方的陈述部分通常范围广泛，从而让卖方负责，并且作为谈判中“讨价还价”事项的筹码。

与之相比，卖方则希望做出的陈述越少越好，这样一来，所出现的不足之处就不会给予买方拒绝对交易进行交割或谈判降低购买价格的理由，或者促使买方起诉卖方要求就其虚假陈述收取损害赔偿的基础。因此，当卖方撰写出合并协议初稿时，其关于卖方的陈述的文字可能相当简略，试图诱使买方，将其对陈述的要求限制在买方为收购继续进行而必须提出的范围内。

尽管撰写出收购协议初稿有战术上的好处，但当双方都需要尽快达成协议时，买方和卖方往往更愿意妥协。交付协议初稿的一方很可能采取不偏不倚的态度，可能更愿意提交一个一方面对己方立场有利，另一方面也相对适合对方胃口的初稿。

就一个典型的交易而言，在收购协议谈判之前及其过程中，买方和卖方均会对卖方的业务进行广泛的尽职调查（参见本书第 2 章）。尽职调查取得的资料会影响到卖方的陈述语言和相关披露附件的内容，在双方关于收购协议的两个、三个或更多文本的谈判和交流过程中，上述这两个方面都会有所发展。尽管卖方陈述的核心议题均有共通性，并且在阐述这些议题时使用的语言存在某些公式化倾向，但涵盖的议题范围和语言的细微差别将反映双方各自的特定需要和关注点，以及他们在谈判中的相对优势。

除了由双方特别优先事项驱动产生的差异外，在典型的公开上市交易卖方的陈述和典型的私人交易卖方的陈述之间存在着某些普遍的差异。公开上市交易卖方的陈述往往不仅仅通过引证附随的披露附件，同时也通过引证卖方根据《1934 年证券交易法》（以下简称《1934 年法案》）公开提交的年度、季度和不定期报告来予以修正。与私人交易卖方的陈述相比，公开上市交易卖方的陈述的范围也普遍不具扩张性，并仅仅比较自由地通过述及定性为“重大”的情况或事件来予以修正。产生这一明显不同的部分原因在于这一认识，即关于公开交易卖方最重要的信息均已包含在已经提供的《1934 年法案》报告中，而且理论上基于该信息的卖方普通股交易价格可作为确定卖方业务价值的良好参照物。

当购买交易通过合并或资产出售的形式进行时，对公司业务的陈述通常都由卖方公司做出，在某些不常发生的涉及合并或资产出售的情况下，公司的股东可以参与做出这些陈述。当交易以出售股份的形式进行时，对公司业务的陈述一般由公司股东做出，或由控制其业务经营的控股股东做出。

不管是谁做出陈述，典型的陈述范围将大得足以触及具有法律含义的范围广泛的问题，如有关公司和税法、就业和员工福利法、环境法、房地产法和知识产权法，及存在于其他领域里的范围广泛的事项。当务之急是对收购发挥“后腰”支持作用的公司高管人员和法律团队应从尽职调查阶段直至谈判完成阶段，大力招揽各相关领域的专业人才，以确保陈述和保证以及收购协议其他相关部分（如承诺和交割条件）能够针对上述每一项具有这类法律含义的问题做好充分准备。

卖方关于其公司业务一般都会做出下列陈述：

资格和组织。确认卖方（及其每一子公司）有效存续，有权以其组织形式和在其他地方从事业务活动，且其遵守了公司组织文件（即公司设立证书和公司规章）。

股份资本。确认卖方已发行股份（股权）的种类和金额及其有效发行，卖方股东或者其他人可能拥有的收购卖方股份、其他权益或投票权的任何权利，以及卖方与任何股东之间或在各股东之间关于就卖方的股份进行投票或做出任何处置的协议。

公司授权、无违法。确认卖方有能力取得内部授权和履行内部程序，以及取得可能要求的任何政府授权或第三方同意来签署和完成收购协议。

报告和财务报表。确认卖方的定期报告遵守了《1934年法案》及证券交易委员会的要求（当卖方是公开上市公司时），以及确认卖方的财务报表符合美国会计准则。

内部控制和程序。确认内部控制和程序的存在以及确认卖方在使用和推行这些控制和程序，这些内部控制和程序是为了确保准确、及时收集和报告《1934年法案》要求（公开上市交易卖方）提供的全部重大财务资料及其他商业信息。

不得有尚未披露的负债。确认除卖方的财务报表披露的那些负债以外，卖方不存在其他的重大负债，一般会规定在正常业务过程中发生的某些其他负债的例外情况。

法律合规、许可。确认卖方已遵守适用其业务的一般法律规定，以及卖方已取得卖方拥有其财产和进行业务活动所必需的所有许可和其他政府授权。

环境法律法规。确认卖方已遵守保护环境的适用的法律，虽然这一陈述主要关注重工业的业务经营或可能产生污染或危险废物的其他活动，但由于处理环境违法行为带来的高昂费用，实际上每一个收购协议都包含某些有关环境的陈述。

员工福利计划。说明卖方所有的薪酬及向卖方的员工提供福利的其他计划和安排，并确认该等计划和安排遵守《1974年雇员退休收入保障法》（ERISA）及其他适用的法律。像关于环境法的陈述一样，由于管辖员工薪酬和福利的复杂法律的关系、不遵守这些法律带来的高昂费用，以及与员工薪酬和福利有关的大量费用，这一陈述显得格外重要。

不存在某些变更或事件。确认卖方的业务经营与卖方最后经审计的财务报表涵盖期间的业务经营方式相比没有重大变更，而且一直没有已经或可合理预期到的将对卖方的业务经营或财务业绩产生重大不利影响的重大事件或发展 [有时称为“MAC（重大不利变更）”条款或“MAE（重大不利影响）”条款]。

调查、诉讼。确认不存在关于卖方的业务或活动的政府调查，不存在针对卖方提起的诉讼 [其产品可以很容易对消费者或从事其产品生产的其他人员造成伤害的企业（如假设场景中提及的 USAW 或 BBI 公司），可包括一个关于其产品责任方面的类似的但独立的陈述。参见本书第 13 章]。

代理声明、其他信息。确认代理声明和卖方为征求股东批准（当卖方是公开上市公司时）将使用的相关材料不包含虚假或误导信息或遗漏，并且遵守《1934 年法案》和证券交易委员会适用的要求；由于本陈述涉及卖方签订收购协议后将要采取的行动，因此有时其作为卖方的承诺（covenants）（将在下文讨论）之一提出，而不是作为一项陈述来提出。

税项。确认卖方已提交所有必要的纳税申报表并已支付其应缴纳的所有税款，而且其已遵守所有适用的税务法律规定，并列明可能影响卖方企业的价值或对买方或卖方继续进行购买交易造成后果的有关任何税收分享协议或其他税务事项的资料。

雇员关系事项。说明是否卖方的任何雇员由工会作为其代表，确认卖方遵守与劳动安全、薪酬、童工、移民、雇用歧视以及类似事项有关的适用法律，还可包括卖方与其雇员之间关系性质的一般说明。

知识产权。确认卖方关于专利、商标、版权、商业秘密及对卖方的企业价值至关重要的其他知识产权权利的所有权或使用权以及不存在第三方侵犯这些权利的情况，也不存在卖方侵犯第三方知识产权权利的情况，并披露可能因完成拟定购买卖方的业务而对知识产权产生影响的有关事项。

房地产。确认卖方关于卖方业务经营中使用的土地和建筑物的所有权或使用卖方业务经营中使用的土地和建筑物的其他权利的情况、卖方设施的现状，以及卖方以业主或承租方身份作为其中一方的租约的状况。

财务顾问的意见。确认卖方收到合格的财务顾问关于在交易中向卖方股东支付对价会造成哪些影响的意见，并从财务角度确认所支付的对价是公平的。

所要求的股东投票。确认为完成交易必须对交易投赞成票的卖方股东的投票权比例。

收购法规。确认不存在任何阻止完成该交易的法定或合同措施，或确认卖方已采取任何使该等措施无效的必要行动（本陈述重点强调了律师需十分注意的一个方面，即各州法律的不同要求。例如，一家特拉华州公司，如假设场景中所述的BBI公司，不会受到关于要求买方交互确认其股份所有权水平的某些法规的制约，但如果该BBI公司是一家俄亥俄州公司就必须遵守这些规定）。

重大合同。说明与对卖方的业务具有重要性的第三方之间的关系，并确认（或说明）卖方或该等协议的其他任何一方均不存在针对该等协议的重大违约。

保险。说明卖方为其业务经营和财产所购买的保险的覆盖范围，并确认该保险覆盖范围对于业务和财产已经足够。

关联交易。说明卖方与其任何关联公司，诸如其董事或高管人员或其任何家庭成员或由该等人士控制的任何公司之间的任何交易。

掮客或经纪。说明由有权就交易取得任何付款的卖方聘请的任何掮客、经纪人或财务顾问。

在大多数出售交易中，一般均要求做出上述范围的陈述和保证。但是，当买方对于卖方业务的某些具体特点有疑虑时，或近期出现重大的立法发展或世界上发生重大事件时，一般要求做出附加陈述和保证，专门处理那些受到特别关注的方面或应对近期发展对卖方业务的影响。以行业或公司为例，特定陈述和保证的举例可能包括确认遵守移民法规、产品和保证承诺（上文曾间接提到）、遵守有关工厂交割及雇员终止的法律、遵守海关和出口管制法律法规、遵守美国或外国适用的反托拉斯法律，及遵守《反海外腐败法》等陈述和保证。

当交易以出售股份的形式进行时，业务待售公司的股东将单独做出一系列陈述和保证，确认其股权比例、不存在针对其股份提起的任何索赔，也不存在股份出售方面的任何障碍；确认其拥有进行销售交易的授权，以及确认其股份出售协议的可执行性。

[E] 买方的陈述和保证

买方的陈述和保证的功能与结构，以及其最终定稿的过程，均与卖方的陈述和保证的功能、结构和过程相同。但是，基于应向卖方股东或向卖方支付的对价的付款方式和时间的不同，买方的陈述和保证的范围以及为查核这些陈述和保证而进行的尽职调查与谈判所花费的力量方面存在很大差别。

当应向卖方股东或卖方支付的对价由买方的股份组成时，由于卖方股东或卖方将会购买买方的股权，买方的陈述和保证一般要与卖方的陈述和保证同样全面。在这种情况下，卖方的法律顾问会坚持买方的陈述和保证的每个条款必须与卖方的陈述和保证的每个条款一一对应（在相应附件中出现的详细具体业务资料除外），除非有允许双方的陈述和保证存在任何区别的正当理由。

当应向卖方股东或卖方支付的对价由交割时全额现金支付时，且可预期交割将在协议签署后数周或数月内发生，买方的陈述和保证一般将只限于那些确认买方有合法授权和财务能力来完成交易而没有重大障碍的基本条款，即那些做出下列确认的陈述和保证：

1. 买方有效存续和拥有以其目前正在进行的方式开展业务活动的授权；
2. 买方有完成购买的授权；
3. 完成购买将不会违反买方须遵守的任何合同或法律义务；
4. 买方的财务状况和财务能力足以完成购买；以及
5. 不存在对买方完成购买的能力具有重大不利影响的任何诉讼或不利状况。

如果应向卖方股东或卖方支付的对价包含现金，而该现金对价其中一部分将暂扣不付留待盈利支付机制运作后再付，或留待买方可因交易提出索赔的索赔期（一般为一年或更长）届满后再付，或由于任何其他原因，交割被延误期间超过几个月时间，卖方将期待，在买方的陈述和保证中包含关于买方的业务状况和经营的足够的广度，向卖方提供某些安慰，相信买方将能够在到期时支付购买价格的其余部分。在这些情况下，买方的陈述和保证可以采取与购买对价包括买方的股份情况下买方的陈述和保证的同样形式，或可能采取比前述形式稍微缩减，但比买方的陈述和保证“全现金交割”版本包罗范围更广的形式。

谈判优势，即双方相对的讨价还价实力，可能会以重要的方式改变最后的谈判条款。上述讨论突出强调了有关标的领域以及卖方的陈述和保证与买方的陈述和保证之间的关系等人们期望设定的一般性条款，但没有将谈判优势考虑在内。影响谈判优势的因素是：

1. 双方的相对财务实力；
2. 双方各自业务的当前发展趋势；
3. 全行业范围内每一项积极的或不利的发展对每一方的短期和长期影响；

4. 一方是否比另一方更加愿意或者需要交易实现；以及
5. 双方各自的管理团队和顾问表现出的技能和自信。

事实上，谈判优势影响到美国公司收购协议的所有条款，包括双方彼此做出的承诺。我们接下来将讨论承诺这一课题。

[F] 承诺

买方就被收购业务付款的承诺和卖方为换取该付款向买方转让该业务的承诺并不是双方就交易做出的唯一承诺。还有许多与下列事项相关的其他承诺：

1. 在签署协议直至交割的期间双方继续进行业务经营；
2. 雇用事项；
3. 实施交易及其后果；
4. 在卖方为上市公司的情况下，公开披露和股东投票征集函；以及
5. 由卖方高管人员及其他人持有的股权奖励待遇的情况。

如果任何一方的陈述和保证在范围上必须扩展，该方关于同一标的的承诺做出平行扩展的情况并非罕见。

[1] 正常业务承诺

卖方一般会同意在签署协议直至交割的期间，正常进行其业务经营，并尽其商业上合理的努力，保持其与员工、客户和供应商之间的关系。

除这一总体承诺以外，卖方往往会同意使其在签署协议直至交割的期间可能采取的一系列其他行动受到特定限制（在许多情况下，设定适当的例外），如：

- 宣布特别股息或做出关于现金或财产的其他分配；
- 改变其资本结构；
- 增加薪酬或其他雇员福利；
- 改变会计政策或程序；
- 改变公司治理规定；
- 增发股份或其他股本权益；

- 购买卖方已发行股份或其他股本权益；
- 发生或偿还债务；
- 处置重大的财产或资产；
- 签署、变更或终止重大合同；
- 收购重大资产或另一业务；
- 做出预算外资本开支；
- 开设或交割大量的业务经营；
- 给予贷款；
- 签署、变更或终止与卖方的关联公司的交易；
- 放弃或未能保护重要知识产权；
- 采取走向资产重组或解散的步骤；
- 放弃针对第三方提起的法律主张或解决诉讼；
- 除遵照已披露的安排行事以外向财务顾问支付款项；或者
- 同意或宣布有意做被该等限制禁止的任何事情。

如上述所列收购协议的承诺常常还包括一项补充约定，即买方承认，在待交割期间，卖方在受到上述承诺限制的前提下仍对卖方的业务保持唯一的控制权，以及买方放弃对卖方的业务决策和运营的控制权。

出于同样的原因，当对价由买方的股份组成时，双方的陈述和保证将保持并行一一对应。如对价是买方股份，买方关于在签署协议直至交割期间的承诺与卖方关于同一期间的承诺将保持并行一一对应。但是，如果对价包含现金，而且交割没有明显延误，买方关于这一期间的承诺将可能是有限的或根本不存在。但是，如果现金对价的一部分须以交割后业务的业绩状况或未来其他突发事件为前提方能付款，买方关于这一期间的承诺将接近卖方关于这一期间的承诺的范围。此外，在这些情况下，可能要求买方做出有关交割后期间的某些承诺，以保证卖方有公平的能力来接收延迟的对价。

[2] 关于雇用事项的承诺

卖方在出售其业务时常常留意其员工的利益。在许多情况下，卖方将与买方讨价还价，要求买方做出有关交易交割后卖方前员工的待遇的承诺。因为大多数美国的司法管辖区仍遵守“随意雇用”原则（“employment at will” doctrine），然而，买方同意在交割后任何指定期间维持雇用任何特定的员工或员工人群的情况十分罕见。

雇用承诺如果存在，一般与下列各个方面有关：

[a] 交割后第一年或第二年应支付给雇员的薪金及其他现金薪酬；

[b] 在此期间雇员享受医疗保健和其他福利的资格，包括将雇员在卖方服务的年资计入雇员享有现有医疗条件的资格和范围；

[c] 享受退休计划各项福利的资格和可计入年资的服务年限，与过去由卖方提供的相比将提供的福利水平，以及类似的事项。

有理由怀疑买方做出的关于薪酬和福利的承诺具有严格的可执行性，因为员工们很少是收购协议的当事方，而且买方普遍不愿意使员工成为买方执行上述承诺的第三方受益人。尽管如此，一旦双方谈判并商定这些承诺，买方一般会履行这些承诺。

美国有关雇用事项的法律错综复杂，如果违反这些法律，处罚将十分严厉。无论是买方或卖方，如果没有聘请经验丰富的员工关系和员工福利顾问就贸然进入谈判将是非常不谨慎的。

[3] 交易实施承诺

美国收购协议的双方一般会同意商定一方或另一方或双方为完成购买交易或为应对某些交割后的情况应采取的步骤。例如，每一方将同意使用“商业上合理”的努力，或“最佳”的努力，或“合理最佳”的努力，取得为完成交易所必需的任何政府或第三方批准。如果交易需要除收购协议以外的其他文件，如雇用或咨询协议、代管协议、法律意见，或其他文书，每一方将同意交付其应负责提供的文件。一般每一方还将同意做出普遍承诺尽其商业上合理的努力（或上述某个不同说法之一），采取一切为完成交易所必需的其他行动。

常见的做法是每一方都承认其不依赖收购协议没有明确规定的任何关于另一方业务的陈述、保证或承诺。不太普遍但相对比较常见的做法是，每一方也可承认对方可以为遵守交割条件或提起交割后损害赔偿索赔的目的而依赖上述一方的陈述和保证，甚至依赖方知道或有理由相信这些陈述和保证可能失实，或者换一种另外的做法，也可以在协议中包括具有相反效果的条款——一个所谓的“反沙袋”条款（“anti-sandbagging” clause）。

卖方将同意允许买方继续其有关卖方业务的尽职调查，包括审核卖方的账簿、记录和审查其实体设施，而买方应同意这样做，而且不得无故干预卖方业务的持续进行。当需向卖方股东或卖方支付的对价由买方的股份组成时，双方将就买方的业务做出并行约定。卖方可做出关于卖方偿付债务、税项、解决未决诉讼的承诺或对那些对卖方的业务或对交易具有的特定意义的事项予以承诺，及做出有关避免国家收购法规或以其他方式干扰交易交割的合同安排之影响的承诺。如果购买对价包含买方的股份，买方将做出相应的并行承诺。

在除卖方股东向买方直接出售其股份以外的购买交易中，现已成为比较常见的做法是，买方禁止卖方及其顾问寻求与第三方进行可取代与买方的交易的类似交易［所谓的“非售”条款（“no shop” clause）］，再就是卖方针对这一禁止性条款谈判权的一项所谓的“信义义务例外”（fiduciary out）条款。买方当然想保住其讨价还价得来的成果。但是，在美国各个司法管辖区（其中最重要的是特拉华州，该州拥有美国最发达的公司法律体系）都有规定，即使是已与买方签署收购协议，直至卖方股东已经批准交易为止，卖方董事对卖方股东的信托职责在许多情况下包括为卖方股东创造可以赚取超卓价值前景的义务。因此，如果一项向卖方股东承诺超卓价值的交易要插进来，卖方的董事可享有一项关于完成与买方的交易义务的“信义义务例外”的权利。但是，行使这一“信义义务例外”的权利是有条件的，即卖方须向买方支付一笔金额可观的“分手费”以后卖方董事才能行使这一权利。在买方（无论是以买方或卖方的身份）参与另一收购的情况下，这样做会损害其完成手头交易的能力，买方将会同意接受与卖方同意的那些条款平行或类似的“非售”条款和“信义义务例外”条款。

关于详尽的、常常错综复杂且不断演化的条款、条件以及根据“非售条款”、“观望待购”和“信义义务例外”提起的诉讼之后果的讨论超出了本章范围。美国公司未来的收购者在谈判任何此类条款时必须听取经验丰富的律师的咨询意见。

至于处理购买交易交割后后果的有关事项，在卖方的坚持下，买方一般均会同意，继续保持对卖方前高管人员和董事的保护，使之免受因其履行职务行为而对他们提起的索赔的伤害，使他们享有的保护与他们交割之前享有的保护处在同一水平和范围。这些协议通常包含卖方在交割前直接提供的费用报销规定和赔偿范围，以及卖方在交割前为其“董事和高管人员”（所谓的“D&O”）购买的保险在交割后维持不变。当购买对价的全部或部分包含买方的股份时，因而使得卖方的前股东获得在买方的股权或对价的某些部分的支付可能会大大推迟，买方也会同意做出关于交割后某个期间其董事会组成、进行其业务的地点或方式，或类似事项的承诺。

［4］公众公司承诺

无论买方或卖方是公开上市交易的公司，双方一般都会同意，除法律要求的以外，未经另一方批准或未与另一方协商（或至少向该方发出通知），任何一方不得发布与交易有关的任何公告。当公开上市交易的一方对有关交易必须征求其股东的投票时，该方一般会同意确保其征求材料完整、准确且无误导，遵守所有联邦证券法律及其他适用于征求投票的法律，随时向另一方通报其与证券交易委员会和其他有关主管机关之间的所有有关征求材料的通讯，以及尽其合理的努力在切实可行的范围内尽快最终完成并寄出其征求投票的材料。

当卖方的高管人员、其他雇员或董事持有尚未兑现的股权奖励（如股份期权、限制性股份、股份增值权，或类似的文书），而卖方的股票将不会在交易完成后公开交易时，收购协议应包含一种将股权奖励转换成现金付款或在交割后尚存续的实体拥有股权的机制。双方的顾问一定要仔细注意这些奖励计划据以做出的条款，确保所选择的机制不致违反股东的权利，不致引起针对卖方、其董事或高管人员或买方的重大索赔。

[G] 交割条件

美国收购协议确立了在交割时必须发生或存在的称为"条件"的某些事件或情况，从而使任何一方或双方负有义务必须完成交易。通常把这些条款归类为关于每一方的交割义务的条件、关于卖方的（但不是买方的）交割义务的条件，以及关于买方的（但不是卖方的）交割义务的条件。

关于每一方的交割义务的条件一般包括：

1. 收到卖方股东和买方股东关于交易的任何必要的批准；
2. 不存在禁止完成交易的任何法律或任何判决、命令或法令；
3.《1976 年哈特—斯科特—罗迪诺反托拉斯促进法》规定的任何等待期期满（参见本书第 11 章）；
4. 收到双方已认为是必要的任何其他政府或第三方对交易的批准；以及
5. 交易完成后如果购买对价包含任何将公开交易的证券，涵盖这些证券的发行及其在股票交易所或将要进行交易的场所上市交易的证券登记声明的有效性。

卖方的（但不是买方的）交割义务条件一般包括：

1. 买方在收购协议中做出的陈述和保证继续准确无误；
2. 在有关承诺须在交割时履行的范围内，买方履行其在收购协议中做出的承诺的情况；

3. 卖方收到买方出具的确认关于买方的陈述、保证和承诺的条件均已得到满足的证明；
4. 应向卖方股东或向卖方支付的对价已经支付（或立即可以得到）；以及
5. 卖方收到买方与完成交易有关的应交付的任何附属协议、法律意见书或其他文书。

买方的（但不是卖方的）交割义务条件一般包括：

1. 卖方（或卖方股东，或两者兼有）在收购协议中做出的陈述和保证继续准确无误；
2. 在有关承诺须在交割时履行的范围内，卖方（或卖方股东）履行其在收购协议中做出的承诺的情况；
3. 买方收到卖方（或卖方股东）出具的确认关于卖方（或卖方股东）的陈述、保证和承诺的条件均已得到满足的证明；
4. 买方收到卖方（或卖方股东）与完成交易有关的应交付的任何附属协议、法律意见书、股份证书或其他文书；以及
5. 低于卖方已发行股份的某一特定百分比的持有异议的股东已经行使其权利（异议股东的权利是不同意进行交易的股东要求将其股份价值进行司法估价，并且以司法估价而不是收购协议确定的价值得到支付的权利，由于存在司法估价可能会高于商定价值的风险，买方一般会将异议股东权利的行使范围限制在卖方已发行股份5%～15%的范围内）。

买方特别重视在签署收购协议直至交割期间卖方的业务没有重大不利变更这一条件，尽管在某些司法管辖区（尤其是特拉华州），很难确定是否曾经发生重大不利变更。这一条件可嵌入这样的条件中，即卖方的陈述（其中一种形式是不存在任何重大不利变更）在交割时仍准确无误，这一条件也可以规定为一个单独的、独立的条件。

[H] 终止

美国收购协议的双方经常规定可以不完成购买即终止协议的情况，并相应规定在此种情况下终止对每一方的后果。典型的触发终止的因素可能包括：

(i) 双方相互同意终止协议；

(ii) 当双方规定的交割最后期限已到时一项或多项交割条件未能满足，只要这样做不违反其任何义务，则可以由任何一方终止协议；

(iii) 未能收到卖方或买方股东的必要批准，则可以由任何一方终止协议；

(iv) 另一方违反协议，也没有纠正该违约，只要这样做不违反其任何义务，则可以由任何一方终止协议；

(v) 如果卖方已签署将其业务出售予第三方的协议，则由卖方终止协议，但条件是，卖方股东尚未投票通过协议，卖方没有违反任何“非售”义务，而且卖方已向买方支付任何所要求的分手费；以及

(vi) 如果对方董事会已撤回或未能确认其赞成此项交易的建议，或者没有召开股东大会，并尽其最大努力争取赞成票，则可以由任何一方终止协议。

终止对每一方的后果部分取决于双方相对的讨价还价能力。典型的终止后果可能包括：

(a) 在上文第(i)款或第(ii)款所述终止的情况下，每一方将支付其本方的费用，并且不对另一方负有进一步的义务；

(b) 在上文第(iii)款所述终止的情况下，其股东未能批准该交易的一方将支付另一方与交易有关的费用，或该等费用加上一笔金额有限的收费；

(c) 在上文第(iv)款所述终止的情况下，违约方将支付另一方与交易有关的费用，或者如果违约属明知或蓄意违约，违约方应向终止方支付损害赔偿或终止方可以证明金额的损害赔偿；

(d) 在上文第(v)款所述终止的情况下，卖方将支付规定的分手费，或该分手费加上买方全部或指定部分与交易有关的费用；以及

(e) 在上文第(vi)款所述终止的情况下，非终止方将支付终止方与交易有关的费用，或该等费用加上分手费或更多有限费用。

[I] 赔偿

在美国公司收购协议中，赔偿本质上意味着交割后一方保护另一方的一种承诺，使之不受承诺方违反其在收购协议中做出的陈述、保证或约定而产生的损害。

在赔偿方和受保护方双方在交割后均继续存在，能够直接或通过代表处理损害索赔的情况下，赔偿安排相对比较普遍。在资产出售交易中，出售公司通常向买方提供赔偿保护。在合并或股票出售交易中，被出售公司的股东，或许只有主要股东，将是买方的预期赔款保障来源。然而，在卖方作为公开交易公司的合并中，通常没有提供赔偿，因为卖方将作为一个独立的实体消失，这时将实际上不可能确定和迫使卖方股东对卖方的违约行为负起责任。

当收购协议不包含任何赔偿规定时，基本的合同法律将向遭受另一方违反其陈述、保证或约定损害的一方提供一项补救措施。赔偿条款的认知价值在于这些条款让双方取代可能在几个重要方面以其他方式管辖其双方之间索赔的合同法规则。

首先，赔偿通常不仅涵盖了违约造成的损害，而且还包括赔偿受害方的法律及其他费用，例如与针对第三方索赔做出抗辩有关的调查费用以及从赔偿方获得赔款的费用。

其次，赔偿条款一般规定，该等赔偿条款是受保护方就任何购买交易产生的索赔的唯一补救，确定一个提出赔偿索赔的期限（一般为交割后两年或不足两年的期间），并禁止就未在该期间内提出的任何索赔要求做出赔偿。这些安排大幅缩短了提出收购协议项下的违约索赔的最后期限，而这些违约索赔要求如果根据适用的限制法规提出将会取得胜诉结果。

再次，赔偿规定通常对受损方可获的赔款金额施加限制。赔偿额最低限制条款（“Baskets”）规定只有索赔累计金额达到指定的门槛金额（通常是购买价格较小的百分比或该价格的一个较小的百分数）时才予以赔偿。“封顶金额”条款（“Caps”）排除了获得超过某一规定最高限额的损害赔偿（金额等于购买价格的10%或15%成为一个越来越普遍的限额）。可获赔偿的金额有时会受到诸如减去受损方保险覆盖面的报销金额等进一步限制，或减去受损方因损害赔偿事宜的存在而实现的相应的税务利益金额。

赔偿条款通常包括一个针对因赔偿方违反陈述、保证或约定或与之有关的致使第三方向保护方提出的索赔的防御机制。这些条款一般要求赔偿方承担抗辩费用，允许赔偿方使用自己的律师（受限于受损方合理的批准权）进行抗辩，并要求赔偿方支付法院就该索赔判令出缴的或为解决该索赔而需支付的损害赔偿。

[J] 附则

收购协议中的“附则”条款包含常常被称为“格式化合同条款”的段落，内容是：

1. 在双方之间分配承担各种费用的责任；
2. 使协议合法有效的机制；
3. 关于协议的解释和争议解决的管辖法律，以及规定在何处提起诉讼来执行协议；
4. 是否有陪审团审判协议项下产生的诉讼；
5. 发出有关协议项下产生事项的通知的办法；
6. 限制双方转让其各自在协议项下的权利和责任的能力；
7. 协议被认定为不合法或以其他方式不可执行的任何部分的可分割性；
8. 不存在协议未曾规定的双方之间的任何谅解；
9. 不存在协议第三方受益人；
10. 更改协议以及一方放弃其在协议项下各项权利的机制；以及
11. 协议的标题对协议解释的效果。

这些项目被称为“格式化合同条款”（boiler plate），因为在几乎每一个收购协议中这些条款多以标准形式出现，而且往往不被视为重要到值得为之进行重大谈判。尽管许多此类条款确实不值得双方在谈判过程中给予关注，但当问题出现时，其中某些条款就显得非常重要了。

例如，双方常常会重视协议的管辖法律，尤其是当某一州的法律被认为更有利于买方或卖方，或某一州的法律被认为比其他州的法律解释得更好或制定得更加完备，从而可以增强对双方期望的确定性时。同样，双方都希望享有被认为存在“主场”优势——双方同意一方或另一方所在州的法院对可能产生的任何争议拥有专属管辖权。关于这些问题更详细的讨论请参见本书第 5 章。

如果双方都认为，法官通常比陪审团在业务上更加精明，因此法官将可能会做出更加恰当的判决，这种情况下放弃陪审团审判权利的协议就比较常见。但是，自认比另一方更弱的一方，或相信争议审判所在地的公众会对其表示同情的一方，会抵制将放弃陪审团审判权利包括在内。另一种做法是，双方可能同意将争议提交仲裁或寻求其他形式的争议解决而不是诉诸法庭。有关选择解决争议方式的讨论请参见本书第 4 章。

§3.05　附属协议

收购协议是收购美国公司时使用的篇幅最长而且一般来说是最重要的协议，但其他各种协议在交易中也很重要。一些常见的协议组合包括：

- 保密协议；
- 投票协议；
- 雇用、股权授予和人才保留激励协议；以及
- 代管协议。

[A] 保密协议

保密协议的谈判和签署一般发生在准备关于收购一家公开上市交易公司的收购协议之前，就私营公司而言这种情况也是屡见不鲜。保密协议源于卖方的顾虑，并且也常常包括买方的顾虑，他们担心关于拟进行的收购的消息可能在卖方的员工、客户、供应商和（如属公开交易的实体的情况）投资者中产生不确定感，或者扰乱卖方与卖方的员工、客户、供应商和（如属公开交易的实体的情况）投资者之间的关系。买方及卖家因而有理由对谈判的事实及其商业秘密严格保密。

保密协议一般要求买方及其代理对非公开的（通常是商业机密）卖方信息和正在商谈中的交易信息保密，除对拟定的交易进行评估目的以外，禁止为任何其他目的使用任何此类卖方信息（禁止用途包括与卖方或卖方的证券交易相竞争）。特别是在涉及公开上市卖方的交易中，保密协议还将规定一项“停滞”（standstill）要求，禁止买方从卖方购买额外的股票以试图收购卖方，除非卖方董事会已经明确表示欢迎该企图，或采取措施试图影响卖方的控制权或管理层。保密协议往往规定，如果最终没有完成交易，则禁止买方在某一特定时间内雇用卖方的任何员工。

关于保密协议的谈判可以变得十分深入而持久。争论的焦点往往集中在保密和停滞义务的持续时间（两者基本为一至两年），以及停滞义务的提前解除的激发条件，如卖方与第三方签署最终收购协议，或一个无关的第三方向卖方股东提交关于收购卖方全部股票的善意收购要约。

[B] 投票协议

在签署收购协议时，美国公司的买方经常寻求与持有卖方极大股权比例的任何卖方股东签署一项投票协议。签署这一协议的卖方股东通常都会同意就该股东当时持有或以后收购的所有卖方股份对销售交易投赞成票，并且在股东投票发生前不出售其任

何股票（或要求任何该等股份的买方签署一项对交易投赞成票的协议）。该股东也可同意签订与保密协议中规定的类似的其他停滞条款，如果卖方根据收购协议行使“信义义务例外”权利（fiduciary out），也可从买方获取不按照约定投票的权利（如上文所述）。

[C] 雇用、股权授予和人才保留激励协议

将在交割后在买方任职的卖方的高管人员，一般希望其新的雇用条款安全稳定，他们希望在交割之前知道自己将有什么样的责任和授权，以及他们的薪酬、雇用期限和在各种情况下随后的任何自愿或非自愿雇用终止的财务及其他后果。

当买方是公开交易公司时，这些协议通常包括或者伴随着涵盖了另行签订的有关高管人员薪酬的有关股票内容的协议，这些协议可能包含授予买方的股票或期权或收购该等股票的其他权利，或参照买方股票的价值估值的权利。当有一个以上潜在的买方争相购买卖方的业务时，卖方的高管人员可能受到诱惑更多地关心他们自己的利益，而不是仅仅关注卖方的最佳利益。在这种情况下，卖方董事会应采取谨慎态度，禁止未来的买方在收购协议签署之前与卖方的高管人员讨论雇用条款和授予股权事宜，以防止高管人员为其自己的个人利益在投标过程中偏袒某一竞争的投标人。

卖方业务的持续经营能力和交易的成功取决于卖方人员的连续性。在卖方的高管人员或较低级别的管理层对自己在交易完成后能否在买方任职没有把握的情况下，卖方可能会签署“人才保留激励”协议，规定为受影响的员工继续增加薪酬或其他利益，以换取其承诺在交易完成之日后继续为卖方服务。

[D] 代管协议

在交割后基于获利支付模式（earn-out formula）或某些其他交割后决定因素需支付部分购买价格时，或因卖方潜在违反收购协议造成的任何损害赔偿已经确定后，可以使用代管协议。使用代管协议通常意味着买方和卖方均希望确保当前的对价全都备妥待付，而在对该等对价的最终权利尚未明确之际，任何一方都不愿意让另一方对该等对价拥有完全的控制权。

在一个典型的代管协议中，银行或其他金融机构将就当前的对价达成一项协议，该协议规定为该对价的发放必须采取的具体步骤。通常，这些步骤将包括由一方向另一方和托管代理出具的声称有权获得发放对价的意向通知书，给予对方就发放该对价提出异议的机会，以及如果提起任何该等异议时解决争议的程序。托管代理将保留不

发放该代管对价的权利，除非其收到律师出具的支付发放该对价的可以接受的意见，并发出免责声明，免除其任何行为或不作为须承担的任何法律责任，除非其做出故意不当行为或重大过失行为。

由托管代理收取的费用一般都不太高，但谨慎的买方及卖方将设法取得多个代管服务的报价，因为基于其政策以及双方和交易的情况，不同的托管代理机构费用报价可以差别很大。

§3.06　交易批准

完成美国公司的收购通常要求取得公司批准，如卖方的董事会和股东的批准，以及可能要求的各项政府批准。

[A] 公司批准

美国公司的董事会对公司及其股东负有谨慎和忠诚的根本义务。在履行其谨慎义务时，董事必须拥有关于其拟采取的任何行动的充分的知识。在履行其忠诚义务时，董事必须始终按照公司股东的最佳利益行事，而不让其个人利益构成干扰。

在出售公司情况下履行谨慎和忠诚的义务需要（除其他以外）确定拟定的交易是否能够使公司的股东得以实现价值最大化。即使初始收购建议书有吸引力，如果交易将导致公司控制权的出售或公司的解体，卖方的董事可以通过个别邀请买家竞拍的方式或公开拍卖的方式来拍卖公司，从而在选定买方和签订协议之前吸引到最高投标出价。另外一种做法是：董事可与初始潜在的买家签署一项收购协议，但仍坚持该协议应包括一项明确的授权（所谓的“询价”条款），在协议签署后指定期间为公司寻求更高的投标出价。作为代替上述各种机制的其他做法，董事可以选择一些其他的机制来履行“市场搜寻”（market check），以确保他们可以为卖方股东取得最大价值。不管董事会选择什么样的策略来最大限度地提升交易价值，美国公司的收购方将面对不得不与其他投标人在收购卖方过程中竞争的前景，并且还要面对一个为期数周或数月不知道其是否将成为最终买家的不确定性。

一名或多名卖方的董事可能与潜在的交易有关保有与卖方股东的普遍利益不同的利益。例如，卖方的首席执行官（此人常常会担任卖方的一名董事）可能在保住其行政职位上保有利益，或在加入未来买方收购公司方面保有利益，或一名或多名董事可能获得未来买方委任的职务，或以其他方式与未来买方保持关联关系，在这些情况下，卖方的董事会常常会任命一个董事会特别委员会，这一委员会由不牵涉这些冲突的利害关系的成员所组成，并委托这一特别委员会对拟定的交易进行分析和与买方打交道，以确保董事会仅仅根据股东的最佳利益采取行动。使用这样一个特别委员会可能给这一过程造成更多延误，但使用特别委员会这一措施带来的好处和价值要大于这些延误带来的不利因素，因为这一措施可以使卖方和买方都能理直气壮地宣布，双方通过确保对卖方股东公平的过程而达成最终交易，而且已经采取一切必要步骤，以最大限度地提升股东价值。

当收购以卖方的资产合并或出售的形式进行时，一般要求取得卖方股东的批准（然而，当收购以直接从卖方股东收购卖方的股份的形式进行时，不论是通过谈判还是发出关于该股票的收购要约，卖方的董事或其股东作为一个整体，将不要求他们在完成交易之前批准该交易）。当应向卖方股东支付的对价包含买方的股份时，如果买方将发行的股票数量将代表买方在发行前已发行股票数量的 20% 或更高比例，一般也要求买方股东给予批准。各个州的股东批准要求和对出售公司的董事会适用的信托职责标准都不相同，买方的和卖方的律师必须谨慎从事，确保遵守所要求的董事会程序和取得所要求的股东批准。

当要求股东批准时，美国公司的董事会通常会通过一份被称为“代理声明”（proxy statement）的书面文件征求股东对交易投赞成票，在代理声明中董事会要求每个股东的“代理”授权董事会就股东的股份对交易投赞成票。美国证券交易委员会对征求公开上市交易公司股东投票时使用的代理声明的形式和内容实施广泛的监管。这些代理声明必须在向美国证券交易委员会申报并获得批准后，才能邮寄给股东，代理声明的草拟、备案和获得批准的过程所需时间从 6 个星期到三四个月不等。私有公司的代理声明不受美国证券交易委员会关于形式和内容的监管，也不必履行在证券交易委员会备案或报批程序，因此私有公司的代理声明的草拟和使用可以更加快捷。

任何选择使用代理声明的实体必须确保代理声明包含对股东做出如何就交易进行投票的决定非常重要的所有信息，代理声明应在所有重大方面正确无误，既要保证投票的公平，也要对与交易有关发生诉讼的可能性做好准备（见下文的讨论）。董事会其他受托义务将产生无法避免的延误，除此之外，代理过程固有的延误又使之雪上加霜，使收购面临着随时遭受虎视眈眈地瞄准卖方的第三方干预的风险[4]。

---

[4] 双方对与各种董事会和股东的批准以及上文讨论的其他事项有关的各自的权利和义务的理解，将反映在收购协议中规定的各项约定和条件中。

[B] 政府批准

达到指定规模门槛的交易将受限于《哈特—斯科特—罗迪诺反托拉斯法》事先批准程序（参见本书第 11 章），某些交易将要求取得美国外国投资委员会批准（参见本书第 14 章）。除了这些批准以外，某些受监管行业公司的收购或控制权变更可能要求取得各种州一级的以及其他联邦政府批准。其收购可能要求取得上述额外批准的企业包括：

- 能源公用事业；
- 银行及其他金融机构；
- 航空公司及其他航空服务提供商；
- 保险公司；
- 广播电台、电视及其他电信公司；
- 运输提供商（如航运和卡车运输公司）；
- 医院及其他保健服务提供商；以及
- 向美国国防部提供货物或服务的企业。

这些行业的监管规则繁复而神秘莫测，顺利应对和满足各种审批要求，既是科学，更是艺术。在任何涉及属于受州或联邦政府规管行业的企业收购项目中，买方和卖方均应取得有应对适用法规经验和善于跟执行这些法规的机构打交道的律师的协助。这位律师不仅可以协助取得必要的批准，还能帮助拟定适当的收购协议约定和条件，以确保双方在收购进程每一阶段的目标均得以实现。

除了取得为完成收购所必需的批准外，买方必须提前准备好办理收购完成后为企业继续经营所必需的各种政府批准，如从海关、出口管制和移民的法律领域所产生的各种政府批准手续。参见本书第 16 章、第 17 章和第 18 章。

§ 3.07　诉讼风险

美国公司的任何收购都会带来发生诉讼的可能性，包括买方与卖方之间的诉讼，或者卖方股东向卖方、买方或向卖方和买方双方提起的诉讼。

[A] 双方之间的诉讼

如果买方或卖方认为另一方在交割日期之前严重违反其在收购协议下的义务，而且受害方相信该违约无法通过双方之间的协议得到解决，从而使交割可以继续进行，受害方可以起诉违约方，要求发出责令违约方纠正其违约的命令，或要求支付损害赔偿。但是，这类诉讼仍比较罕见，这主要是因为收购协议的双方都愿意主动去寻找实现交割交易的方法，而不是在发生违约时收取损害赔偿。

但是，说这种诉讼罕见并不意味着它不会发生。可能会出现一方或另一方认定交割交易不再可取（如收购协议签订后卖方的业务出现大幅下滑）的情况，也可能会发生一方或另一方不能履行其交割义务（例如，当买方用于收购的融资变得过分昂贵或者根本无法得到）的情况。在涉及卖方业务出现下滑的情况时，买方可能会试图认定，卖方已经发生了“重大不利变化”或遭受“重大不利影响”，从而造成其不能满足某项条件，使买方可以合理合法地拒绝交割。在买方融资成本大增或得不到融资的情况下，买方将试图行使其“边收购边融资的权利”，尤其是当协议中包含一项融资条件时，而卖方可能寻求法院裁决判令买方完成交割或在其未能完成交割时要求其支付大量损害赔偿。

不可能在与诉讼可能性完全绝缘的情况下完成美国购买交易。如果交易已交割，但任何一方仍然认为另一方在交割之前或之后违反其义务，受害方可以根据收购协议中任何适用的赔偿条款提起诉讼追讨损害赔偿（如上文所述），或在没有规定赔偿条款时，可根据其法律对交易有管辖权的州的合同法提起诉讼追讨损害赔偿。

收购协议双方之间的诉讼从来都是不可取的。即便是诉讼“赢家”，也将在一定程度上得不到其开始想要得到的一切，而且还会花费大量的金钱和行政资源来处理诉讼事务。这一现实凸显了尽可能仔细和精确地谈判并起草收购协议、努力预见可能发生的问题，以及尽量消除可能引发争议的模棱两可之处的重要性。

[B] 股东提起的诉讼

针对卖方及其董事会提起的股东诉讼在涉及公开交易卖方的美国收购项目中已属司空见惯，尤其是当卖方的高管人员或董事与交易有关保有实际的或可能发生的利益冲突时。尽管这些诉讼经常在原告拥有任何手段可以知道诉状中的指控是真实抑或虚假之前已被提起，但这些诉讼中的原告会众口一词地指控卖方的董事会违反其受托职责，未能为与交易有关的卖方的股东谋取其本来可以得到的最大价值。原告可能还指称，在征求股东批准交易时使用的代理声明中做出的披露虚假或不充分。

这些诉讼其中有些具有可取之处，其结果会导致发出法庭令，责令禁止给卖方股东更高对价的交易谈判的交割、要求在股东就交易进行最终投票之前的变更做出披露，或向受损害的原告支付损害赔偿。然而，在很多情况下，诉讼已经很少或没有任何可取之处，并且在收购交易交割时或在临近收购交易交割时得到解决，常常为了换取在收购协议中对各项非资金条款做出一些变动，或在代理声明的披露中做出相对微不足道的变更，而且最终可向卖方股东支付的对价也常常是变化很少或没有变化。股东将提起诉讼的可能性，以及卖方的董事会在诉讼中要求繁琐而昂贵的补救措施的威胁，全都强调了在卖方向买方进行出售的过程中，以及卖方与买方进行谈判时，买方和卖方采取尽可能严格认真的态度的重要性。

除了股东诉讼以外，如果卖方股东认为收购协议规定应付的对价低得显失公平，许多州会向这样的卖方股东提供“异议股东权利”或“评估权”等准诉讼补救措施。这些权利通常在合并场合提供，有时也在进行其他形式的收购时提供。但是争取这些权利的过程是一个漫长的司法或准司法过程，而且行使这些权利一般还要求股东遵守若干苛刻的条件。基于这些原因，很少有行使异议股东权利或评估权的情况出现。但是由于存在裁决判定大笔赔款的风险，买方通常会谈判交割条件，如果就超出卖方已发行流通股份中相对较小的股权比例（一般为 5% ～ 15%）行使异议股东权利或评估权，则允许买方不进行收购交割。

众所周知，美国是个动辄兴讼的国家。诉讼的风险永远都不会消除，但以一种谨慎的、深思熟虑的和彻底的勤勉态度来拟定及执行收购协议和相关交易文件，小心翼翼地维护所有相关各方的法律的和公平的权利，就可以降低被迫卷入诉讼的威胁，并降低原告方取得胜诉的可能性。

第 4 章

替代纠纷解决条款不是格式化合同条款

Margaret Rosenthal 和 Dawn Kennedy

[2] 限制

[a] 证据开示和动议程序可能受到限制

[b] 可能更加昂贵

[c] 仲裁裁决很难上诉

[d] 仲裁员的妥协裁决

[e] 有限救济

§4.04 **替代纠纷解决合同条款**

[A] 替代纠纷解决应当是强制性的还是可选择性的?

[B] 是否要求在仲裁之前进行调解?

[C] 替代纠纷解决条款本身将解决哪些条款?

[D] 如何选择中立人士?

[E] 在哪里进行仲裁?

[F] 仲裁程序应采用何种语言进行?

[G] 应适用何种仲裁规则?

[H] 替代纠纷解决条款在多大程度上满足证据开示要求?

[I] 仲裁中动议程序的范围有多大?

[J] 仲裁有哪些时限?

[K] 仲裁费用怎样分担?

[L] 如何执行仲裁裁决?

§4.05 **结论**

§4.01　概述

双方在一项交易交割过程中，不希望在未来再因交易协议产生争议，正是由于这种原因，双方常常将这类替代纠纷解决条款作为协议中的格式化合同条款。然而，也不能低估采用有利于本方利益的替代纠纷解决条款的重要性。双方必须了解如何起草各项替代纠纷解决条款的重要性，这是因为当交易发生争议时，该条款将决定争议以何种方式在何处解决，以何种法律管辖争议解决，都有哪些证人可以出庭，在此程序中可以交换哪些信息，以及将由哪一方承担仲裁费用。

每个争议解决程序都有其优点和局限性，不存在一种适用于所有情况的机制。选择一种机制并确定其形式，需要对协议条款以及你预期的问题和争议将在哪里发生进行深入的审视和考虑。双方都应当明白，替代纠纷解决并不能保证双方可以取得比法庭诉讼花费更少或更有利的结果。例如，调解可能根本不能解决问题，双方将别无选择，只能走向仲裁或诉讼。在仲裁中，仲裁员可能不会采取“折中”方式，你可能不得不面对明显对你不利的裁决，并且很难进行上诉。因为一般情况下，只有在出现明显无视法律、贪腐或欺诈情形时，才可对仲裁裁决提出质疑。依据上述理由及本章中始终讨论的各项理由，当事人应仔细周密考虑在协议中纳入替代纠纷解决条款，并应该对其内容进行仔细推敲，而不是做事后诸葛亮。

§4.02　概况

每个协议都有可能引起后续的具有争议性的解释和分歧。因此每个协议都包含一个专门针对在履行协议时可能产生争议的条款。

通常，与常规诉讼相比，双方更愿意采用替代纠纷解决方式。然而，在购买协议及其他收购文件中，替代纠纷解决条款并不是格式化合同条款[1]。在解决未来可能出现的争议时，低估有利于其中一方客户的替代纠纷解决条款的重要性是不明智的。

---

[1]　参见本书第3章“收购：文件、批准和诉讼风险”中关于可能被忽视或作为格式化合同条款对待的其他交易条款的讨论。

替代纠纷解决条款的语言和条款将确定采用什么样的争议解决机制，包括仲裁费用的多少、仲裁时间的长短、在何处开始仲裁以及由谁来决定结果。在起草替代纠纷解决条款时，弄清楚本方在交易中的角色至关重要——由谁做出承诺及陈述；谁有可能强制对方履行义务。有利的替代纠纷解决条款取决于你是根据协议提出索赔的一方，抑或是进行抗辩的一方。

在起草收购协议和其他交易协议时，应当考虑这些问题，并可将它们视为如同婚前协议一样的文件。你仍在恋爱中（此处指交易），但是你现实地知道你的交易伙伴会让你失望。此时，你要拟定的程序对于在突发情况发生时使你立于不败之地至关重要。

§4.03　选择一个替代纠纷解决程序

替代纠纷解决并不能适用于所有情况。最常用的两个替代纠纷解决的方法是仲裁和调解[2]。一般情况下（下文将更全面讨论），调解是一种由中立第三方主持的无约束力的解决程序，而仲裁一般是指由一名或多名仲裁员做出的有约束力的裁决，该裁决以对一方有利和对另一方不利的方式解决争议。

由于越来越受到欢迎并越来越有用，替代纠纷解决吸引了资深的调解员和仲裁员，他们大多是具有争议相关领域专门知识的退休法官或律师[3]。许多世界领先的替代纠纷解决机构都只聘请至少拥有 10 ~ 15 年从业经验的中立人士。

某一特定方法或程序的优点或缺点取决于该争议的背景、双方的身份、收购合同的特征，以及可能发生的潜在争议的性质。在一种情况下可能是不利的程序有可能在另一种情况下会取得有利的结果。当你在选择一个替代纠纷解决方法时，十分重要的是你要确定你打算在该替代纠纷解决程序中实现什么或避免什么，以及确定你制定本方的争议补救规定对你是否非常重要。

最后，一方可同时选择两种程序——调解和仲裁——要求双方首先采取调解方法尝试协商解决所发生的某些或全部争议。当调解不成功时，接下来可以采用有约束力的仲裁方式。当确定何种程序更为适合时，请考虑以下内容。

---

[2]　在美国可用的替代纠纷解决程序可能与在世界其他地方使用的有所不同。参见本书第 5 章“当收购者来自国外时有何区别？”关于美国收购与其他国家的收购之间差异的讨论。

[3]　参见本书第 13 章“美国司法体系和产品责任法”关于替代纠纷解决程序在产品责任案件中作为一个有别于法院的裁判机制之重要性的讨论。

[A] 调解

调解的最大价值在于这一程序使双方可以拿出他们自己的争议解决办法，而避免诉讼（提交法院或仲裁）的高额费用。调解员无权对一方立场是否有理做出有约束力的裁决，也无权下达任何具体的解决方案。调解员的职责是将双方召集在一起，并协助他们找到不一定是任何一方所需但为了解决争议双方同意商定的解决条款。调解员通常都将争议的焦点从谁对谁错的争论转移到明确双方都有哪些共同目标上来。

调解员们说，当双方都有些不快的时候，他们知道他们就要有一个好的解决方案了。就调解员而言，这个论点意味着为了达成解决方案，每一方都必须有所让步，在解决其自身争议的过程中努力实现所谓的“共赢”的结果。

为了实现和解，调解员的角色往往是设法排除争议中的感情用事及愤怒情绪。对于那些由拥有关于争议标的专业知识的退休法官和律师充当的调解员来说，他们的价值在于可以帮助双方现实地意识到本方立场的优势和劣势。调解员经常把双方的立场曝光于最严厉的检视之下，从而鼓励双方乐意达成妥协。

在选择调解员时，应考虑以下事项列表：

1. 争议的解决是否需要关于标的的专业知识，拟定的调解员是否掌握该专业知识？
2. 拟定的调解员是否拥有足够的调解经验，以及拥有较高的调解成功率？
3. 本次调解是否需要聘请退休法官或律师，或者另一领域的专家（如会计师）来充当调解员？
4. 该调解员的声望如何？拟定的调解员的推荐函是否给予该调解员很高的评价，并表明他们将再次毫不犹豫地使用该调解员？对于该调解员的评语是否与你参与的争议有关联关系？
5. 调解方式和调解员风格是否符合你的需要？调解员是否受到双方的尊重？拟定的调解员的背景是否不包含可能显示出对你方立场持有偏见的过往经验？
6. 在调解开始前，双方都应向调解员提交一份书面陈述或简报。双方必须确定哪些信息与另一方分享，哪些信息只与调解员分享，以及哪些信息直至产生披露需要之前暂不公开。有时，双方可能愿意在给调解员的信函中与另一方分享对于该案件最有利的陈述，但却保留更为关键的信息以及潜在的风险点。

调解通常以双方面对面与调解员召开联席会议开始。调解员提醒双方该过程应保密，双方要签订保密协议。双方也有机会向调解员以及相互表明其各自立场。依问题的复杂性以及争议涉及的金额而定，双方可以只表明各自的争论点和目标，或者做出主要的陈述。这一联席会议可能有利于取得最终的解决，也有可能进一步激化双方的矛盾。

在联席会议结束时，调解员通常要辩明双方在哪些方面存在主要冲突以及需要解决哪些事项。此后，依调解员的风格或者调解规则而定，调解员将与双方分别或共同或以某种组合方式召开会议。在分别召开的会议中，双方可以提交他们希望调解员与另一方分享的信息。有时，如果有利于调解员管理调解进程，双方将向调解员提交冠以“保密”的信息。调解员辗转于双方反复举行会议，讨论有关事项，提出提议或反提议，来来往往，完全可与“穿梭外交”相提并论。

当谈判陷入僵局时，调解员可拟订和提交“调解员提议”以达成解决。该调解员提议通常基于调解员自己关于案件的客观分析以及调解员了解到的每一方关于解决的需求和目标而拟定。除非调解员有绝对的把握或十分确信或从双方取得暗示他们将会接受该提议，否则调解员一般不提交此调解员提议。

就一项调解员提议而言，任何一方都不必首先“退让”以实现拟定的妥协。当调解员陈述提议后，双方一般都有一段特定的时间考虑是否接受或拒绝该提议，只有当双方都接受该提议后，调解员才透露双方的决定。

[1] 优点

调解有很多优于仲裁或法庭诉讼的特点，包括以下几种：

[a] 调解是一种对公司企业友好且具有成本效益的方式

调解程序常常使双方可以避免诉讼造成的时间和金钱上的损失。调解提供了一种方法，它使得双方可以进行信息交换，从而避免了旷日持久的书面证据开示以及提交证言证词、审判前动议程序，以及仲裁或法庭审理程序等涉及的费用[4]。而调解费用的分担安排也对企业十分友好，通常由双方同意各自承担一半费用，调解费用一般包括以每小时或每日费率计收的调解员服务费、雇用费以及象征性的案件管理费。

调解可以促进更快捷地取得结果。由于调解没有约束力，而是倾向于引起更少的争端，因而与传统的仲裁和诉讼相比较，调解可以使双方更快捷地达成解决方案。当或者如果调解员宣布陷入僵局时，还能由双方来控制调解应持续多长时间。

---

[4] “证据开示”（discovery）是关于信息交换的法律用语。正式的证据开示一般包括接受证言证词、交换关于受理和文件的请求，以及对书面质询的回复。

［b］调解迫使双方突出表明其各自立场的重点

调解迫使双方在其从资金上和感情上投入争议和诉讼之前，进行尽职调查并且评估其立场的强项和弱项，以及潜在的义务和风险。鉴于调解有可能为双方带来提出各自解决方案的最佳机会，调解鼓励客户管理层采用“和盘托出”的案件分析方式。此外，第三方中立调解员的存在，使得双方能够瞄准关键问题，使之可以对其各自的强项和弱项做出客观的评估。

［c］选择调解员

双方可以根据调解员的经验和专业知识选择调解员，或者适当的时候可根据其风度和人品（比如一名退休法官）进行选择。双方并不局限于选择法官和律师作为调解员，如果更为合适，也可选择税务会计或注册会计师担任调解员。在某些争议中，其中一方的态度可能更为顽固，那么最好选择一名能够与该方有效地打交道的调解员。

［d］保密

其中一方如果保有不得对外公开的敏感信息，可以从通过调解达成的争议解决中受益。此外，调解程序的保密性质促使双方更为坦诚、更为大胆地承担披露信息的风险。它有可能透露另一方先前未披露的策略和案由，这可促进双方确信达成解决方案是必需的。然而，如果争议未能解决，调解可能给予另一方一种调解后的优势。

［e］允许提出更具创新性的解决方案

司法程序达成的补救措施受到法律的限制。仲裁可做出有约束力的裁决，而仲裁员常被指责为选择“双方各打五十大板”，这使得任何一方的要求都得不到满足。在调解中，由双方来选择结果，并由双方来创造解决方案。例如，在一桩公司业务出售交易中转让的存货有缺陷的争议调解案件中，双方达成解决方案，向感到不满的买方提供优先信贷，供买方从卖方及其关联公司购买其他货物。法庭和仲裁员绝不会制定出此种解决方案。在调解中，创造性解决方案的选择仅仅受到对方能够在多大程度上接受该方案的限制。

［2］限制

任何程序都具有优点和缺点，调解的不利之处包括以下内容。

[a] 调解之前信息有限交换

当购买协议或其他收购相关协议规定以调解作为程序的第一步时[5]，双方可能并不具备拟订合理的解决方案的足够信息。这个程序有可能要求提起仲裁或诉讼以取得某些书面证据或证词，或者双方可能同意以信息共享作为调解程序的一部分。如果提起索赔不是在调解前，而且双方也没有进入传统的证据开示，争议中较少获悉相关信息的一方将处于劣势。相反，如果获悉信息较少的一方在解决该案中没有诚信利益，它可以利用调解作为非正式收集信息的载体以针对索赔进行抗辩。例如，当一方指出其拥有“多名证人”可以就某一特定事件作证或支持某一特定立场时，如果调解有可能无果而终，另一方可能寻求罢黜该等证人，或者提出书面证据开示，以确定证人所谓的对信息了解的程度。

[b] 调解并非解决所有争议的最佳途径

不是所有的争议都可以通过调解达成最佳解决方案。当面临两个选择，而任何一方都不肯妥协时，也许问题就在于评估的方法。诉讼或有约束力的仲裁也许是达成解决方案最直接以及最具成本效率的途径。同样，当公司惧怕就同一事项提起多项索赔时，最好就此事项提起诉讼，以阻遏其他的索赔（当然，这一选择要求在仲裁或诉讼中胜诉）。

[c] 双方可在任何时候退出调解程序

虽然调解的自愿性质有其优点，但是它也有一项缺点，就是双方可以随时退出，结果造成一种花了钱却只是将争议拖延下去而迟迟无法解决的局面。

[B] 仲裁

仲裁与调解一样采用中立的第三方，但不同于调解的是，仲裁拥有做出有约束力的裁决的授权。仲裁员可以是在争议标的所在法律领域具有经验或专门知识的退休法官或律师，或者就是仲裁标的相关领域的专家。依所需处理事项的复杂性、争议金额以及仲裁裁决对双方的意义，可以设立单一仲裁员或若干名仲裁员（通常为 3 名）组成的仲裁小组。

在选择仲裁员时，需考虑很多因素：

---

[5] 虽然本章讨论在仲裁或诉讼前规定进行调解的合同条款，但也可在仲裁或诉讼之后或同时使用调解程序，以解决一项争议的所有或某些特定方面的问题。

1. 仲裁是否要求具有关于该标的的专业知识？
2. 拟定的仲裁员是否具有适当的训练、专业知识或经验？
3. 适用的法律是否要求具有关于特定的法律体系的专门知识？
4. 拟定的仲裁员的背景和经验是否显示出对你方可能的立场持有接纳态度或者持有偏见？
5. 此仲裁是否要求聘请退休的法官或律师，或者其他领域的专家，如会计师？
6. 拟定的仲裁员的推荐函是否给予该仲裁员很高的评价，说明该仲裁员做事稳重，不存偏见，并表明他们将再次毫不犹豫地使用该调解员？
7. 该争议的性质和范围是否使之适合由单一仲裁员处理该争议，还是更适合由一个仲裁庭来处理该争议？

仲裁就像一个“小型审判”。仲裁员将审查案件的书面陈述、听取证词、审查证据，并就责任和损害赔偿提交有约束力的意见。双方通过同意仲裁而放弃了要求陪审团审判的权利。这样说来，仲裁与诉讼相似，但选择仲裁的期望值是希望它更快捷，更具成本效益（不过如下文所述，结局不一定总是期望的那样），仲裁还能给双方提供正式诉讼无法达到的隐秘性。

在国际合同中，重要的是要知道有管辖权的法院是否将强制执行仲裁条款。许多国家的法律已经越来越趋向于仲裁，但最近的趋势是在朝着另一个方向发展，特别是在投资者—国家争议领域。

仲裁员的裁决通常是终局的，仅在非常有限的情况下法院可对仲裁裁决进行审查。在许多国家，仲裁裁决不得上诉。在美国，仲裁裁决的上诉仅限于腐败、欺诈或不正当手段、仲裁员行为不当、仲裁员腐败或存在偏见，或因仲裁员越权而造成其裁决不能在不影响其有理部分的前提下得到纠正等情况。

仲裁可采取多种形式。在传统仲裁中，各方陈述案情，包括损害赔偿，仲裁员基于其对案情曲直的认定做出仲裁裁决。“棒球仲裁”、“黑夜棒球仲裁”和“高低仲裁”是各种仲裁形式的特例，在这些仲裁特例中，双方提出本方提议的裁决，或提议一个仲裁员的裁决范围。这些替代性仲裁形式的意义在于双方会希望加快解决以及避免那种“双方各打五十大板”的认定方式，这些替代性仲裁形式迫使双方确保他们提出的首次提议就是他们“最佳和最终的”提议。

棒球仲裁（baseball arbitration）。双方各自选择一个解决金额数，然后仲裁员评估每一方立场的理由，并选定所提议的其中一个解决金额数。

黑夜棒球仲裁（night baseball arbitration）。双方各自选择一个解决金额数，但未将该金额数透露给仲裁员。然后仲裁员评估每一方立场的理由，并自主选定一个解决金额数。一方提出的最接近仲裁员自主选定的解决金额数的数字就是“获胜”的解决金额。

高低仲裁（high-low arbitration）。双方商定包含解决金额数在内的解决金额范围。当仲裁员的裁决金额数在此范围内时，双方将同意接受仲裁员的数字。当仲裁员的裁决金额数低于解决金额范围内的最低数字时，被告将支付该商定的最低金额数。当仲裁员的裁决金额数高于解决金额范围内的最高数字时，被告将支付该商定的最高金额数。双方可以选择对仲裁员隐藏或显示其提议的解决金额范围。

有若干个专门处理因收购而产生的商业争议的广受尊重的仲裁机构，包括：

国际商会国际仲裁院（ICC）。位于法国巴黎，它负责管理世界各地的仲裁程序。国际商会国际仲裁院有自己的仲裁规则，其仲裁费用基于争议金额按比例确定。国际商会国际仲裁院将提供行政监督并审查最终仲裁裁决，以确保可执行性。但是，由于这些增加的服务，国际商会国际仲裁院的仲裁费用可能超过替代纠纷解决方案的费用。

美国仲裁协会（AAA）。在纽约市设有一个争议解决国际中心（ICDR）。美国仲裁协会有自己的仲裁规则，并且在世界各地进行仲裁[6]。

伦敦国际仲裁院（LCIA）。与国际商会国际仲裁院相同，伦敦国际仲裁院管理在世界各地的仲裁，并根据各种法律制度及其自己的仲裁规则进行仲裁。伦敦国际仲裁院是最古老的替代纠纷解决机构，而且一般认为，选择在伦敦国际仲裁院进行仲裁，要比在美国仲裁协会或国际商会国际仲裁院更容易安排[7]。

国际投资争端解决中心（ICSID）。国际投资争端解决中心是世界银行下属专门机构，根据国际投资争端解决中心的调解和仲裁组织程序规则审理外国投资者与国家之间的争议。

联合国国际贸易法委员会（UNCITRAL）。联合国国际贸易法委员会提供了关于临时仲裁（*ad hoc* arbitration）的仲裁规则，这种临时仲裁是由双方在未经有组织的仲裁机构协助的前提下组织进行的。

---

[6] 参见 http：//www.adr.org/sp.asp?id=28819（最后访问日期为 2010 年 6 月 3 日）。

[7] 参见 Richard M. Asbill & Steven M. Goldman，eds.，Fundamentals of International Franchising（ABA 2001）.

[1] 优点

由于其范围较为有限，仲裁可以更快捷，而且比诉讼更具有成本效益，但不具备通过国内诉讼法院可以获得的多种执行手段。就国际争议而言，因为有了由117个国家批准的规定了执行规则和程序的《纽约公约》，仲裁裁决比国内判决更容易执行。

[a] 在选择仲裁员方面具有控制权

与调解相同，在仲裁中，双方选择第三方中立人士作为仲裁员，或者至少组成一个仲裁庭，再由该仲裁庭选择仲裁员。仲裁规则可以因仲裁员选择方式的不同有非常大的差异，除非双方已在拟定仲裁条款时就这一重要事项达成协议。由于仲裁员的角色不是促成一项解决方案，而是要实际上制定一个解决方案，因此选择一个没有各种偏见的仲裁员十分重要。举例来说，如果一方是一个正在受到劳资争议困扰的大型公司雇主，那么对于这样的公司来说，一个曾终其全部职业生涯代表员工利益的原告律师可能就不是一个理想的仲裁员人选。

[b] 保密

仲裁程序不公开。如果一家公司希望避免公众注意或媒体曝光，那么因仲裁能提供隐秘性，所以成为比其他替代方式更理想的选择。

[c] 仲裁员应具有在了解情况前提下做出适当决定的专业知识

仲裁员的裁决比陪审团裁决可能更加是在了解情况的前提下做出的决定，而且更少感情用事。双方可自由选择仲裁员或仲裁庭，从而可以对仲裁员应具备什么样的专业知识和经验水平进行控制，以产生更加可以预见的结果。

[d] 仲裁可能比诉讼更快捷而且花钱较少

鉴于在仲裁中通常可以实施更加灵活的证据和程序规则，这使得仲裁可以比法院诉讼成本更低，速度更快捷。此外，仲裁过程不存在浩如烟海的法院案卷，可比司法程序更加快捷地做出仲裁裁决。法院也倾向于给其法院案卷减负从而可以顺利执行仲裁条款。

[2] 限制

在仲裁程序中，司法程序中某些程序机制受到更多限制或无法提供。

[a] 证据开示和动议程序可能受到限制

仲裁程序中的证据开示往往比正式诉讼受限更多，这对较少获得信息的一方是个劣势。不经审判做出简易裁决和出示证据的可能性可能会更有限，因为仲裁员可能更不愿在不了解全部案情线索的情况下批准一项动议。结果就是，不大可能做出简易裁决的前景使这一程序比法庭诉讼更加冗长、费用更高。

[b] 可能更加昂贵

仲裁可能比诉讼更加昂贵。仲裁初始备案费金额一般都高于法院备案费。双方不向法官付费，但他们肯定要向仲裁员付费，而且如果双方不是选择单一仲裁员而是选择仲裁庭时，费用会成倍增加。尽管提倡仲裁员的“自我规管”，但对于他们投入争议解决的时间，以及他们可能发生的费用和提出的索赔都没有限制规定。当有听证会时，他们可能需出差前往现场并过夜，或连续在那里停留几晚，由此产生的费用都要双方承担。关于最后期限，仲裁员往往不像法官那样坚持既定的最后期限，通常也没有“快车道”仲裁规则[8]。

[c] 仲裁裁决很难上诉

一般来说，只有在发生明显无视法律、贪污或欺诈的情况下，才有可能对仲裁裁决提出质疑，这使仲裁裁决比司法裁决更加难以上诉。

[d] 仲裁员的妥协裁决

仲裁员常常依赖仲裁作为其谋生手段。因此，有些经常使用某一特定仲裁服务的当事方可能会享有一种不可言传的优势。国际投资争端解决中心的仲裁员名单来自政府，这使私人当事方在国家与投资者争议中处于固有的劣势地位。

仲裁员可能不愿显得过于苛刻，希望双方可以再次选择该仲裁员。因此，仲裁员更有可能拿出一个妥协裁决，而不是一个客观的决定或者按照案情是非曲直做出的裁决。仲裁员也更可能基于一般的公平原则而不是根据证据或司法程序中的适用法律规则做出裁决[9]。

[e] 有限救济

仲裁员没有多大权力来迫使双方履行行动或命令他们不去做某事。仲裁员不像法官，一般来说没有权力发出禁制令，除非仲裁协议中有明确规定。另一方面，很多国际仲裁机构（如ICDR）最近出台了紧急临时救济规则。即使赋予仲裁员发出禁制令救济的权力，与经由法庭诉讼途径相比，仲裁在可利用的执行机制方面

---

[8] 参见 California Practice Guide：Alternative Dispute Resolution，5：3（Rutter Group，2008）.

[9] California Practice Guide：Alternative Dispute Resolution，supra.

也面临着更多的限制。

§4.04　替代纠纷解决合同条款

无论协议有关争议解决的条款是指定通过调解或仲裁，或调解和仲裁两者兼备，来解决争议，起草合同条款或协议时都涉及许多考虑和挑战。下列问题（其中一些问题将在下文一些章节里进行详细讨论）举例说明了必须考虑的问题类型：

1. 替代纠纷解决是替代性的还是强制性的？
2. 是否允许一方提出替代纠纷解决程序建议，或是要求只有双方同意才能选定一项替代纠纷解决程序？
3. 是否要求在仲裁之前进行调解？
4. 是否所有争议均可通过替代纠纷解决程序解决，还是某些事项需保留经法院解决？
5. 仲裁员是否拥有准许动议和发出禁制令的授权？
6. 怎样选择仲裁员 / 调解员？
7. 替代纠纷解决程序在哪里进行？
8. 将使用什么样的调解规则或仲裁规则来管辖争议解决程序？
9. 将使用哪一州或国家的法律来管辖争议解决程序？
10. 将适用何种时限？
11. 程序的费用如何支付或分摊？
12. 关于事实发现和法律结论是否出具书面的裁决？
13. 裁决结果怎样执行？
14. 仲裁将使用何种语言？

[A] 替代纠纷解决应当是强制性的还是可选择性的？

做出使用哪一个替代纠纷解决程序的决定，或者做出替代纠纷解决应当是强制性的还是可选择性的决定，取决于预期将发生什么样的争议，以及每一方在此过程中的具体作用。在草拟有关条款时，应当权衡上述调解和仲裁的优点与缺点，并且确定哪一种方式可能是最有利的（假设其一定会是有利的那种）。在做出这一决定时，有必要确定司法程序的程序性保障是否是可取的措施。

例如，如果需要进行全面的证据开示，则替代纠纷解决应最好是可选择性的。调解通常不容许证据开示，通过仲裁可用的证据开示机会更加有限。相比之下，如果你预期自己是索赔和证据开示要求的接收方，则最好是要求采用强制的替代纠纷解决程序。当预期索赔的性质使得在传统的法院诉讼程序中更有可能采用简易判决时，应当避免旷日持久的替代纠纷解决程序带来的额外费用。同样，如果不可能预测一个不可预见的争议是否可以通过同情的陪审团达成最佳解决方案，在这种情况下，最好不要采纳强制的替代纠纷解决条款。替代纠纷解决使双方能够在更大程度上控制程序，并可能向一方提供获取更多相关信息的便利，这是选择强制的替代纠纷解决条款的优势所在，但做出选择并不是简单的事情。

当争议未获解决时，双方可能希望指定应当从这一过程中“排除”哪些东西。例如，一项调解条款可能规定，如果争议未获解决，双方将附带一个条款清单而结束调解。

[B] 是否要求在仲裁之前进行调解?

除非时间被认为是关键要素，否则在仲裁之前进行调解应当是有益的。在调解中，由双方而不是中立人士负责构思自己的解决方案。为提高效率，如果证明有必要进行仲裁，规定通过调解确定一项仲裁条款将可能是明智的。

然而，仲裁前调解也可能有缺点。例如，一个没有解决问题诚意的当事方，可能会同意将仲裁前调解作为一种拖延时间的手段。避免这种伎俩的一个办法可以是就仲裁前调解的持续时间设定时限。

[C] 替代纠纷解决条款本身将解决哪些条款?

双方可能希望在替代纠纷解决条款中就替代纠纷解决程序的所有重大要件做出决定。另一方面，当无法预见可能的争议的轮廓时，这项条款应该明确规定，只有在冲突发生后才能决定替代纠纷解决的重大要件。在发生冲突前对替代纠纷解决程序的基本条款做出承诺，其优点是使双方处在一个较少对抗的态势，以及更有可能达成一致。时限、待解决问题的范围、允许的证据开示范围，以及费用将如何分担等，一般来说是替代纠纷解决条款需处理的主要问题。

[D] 如何选择中立人士?

双方可能希望决定第三方中立人士将选自一个特定的仲裁或调解协会，而且使该协会的规则作为管辖整个仲裁过程的仲裁规则。替代纠纷解决条款可以规定该中立人士是否将是一个退休法官或律师，中立人士将具备什么样的专门知识，以及将有一名中立人士或是一个小组充当仲裁员（在仲裁的情况下）。甚至在协议中确定理想的中立人士也是适当的。当双方选择在稍后日期商定仲裁员时，双方可能希望规定有关仲裁员选择发生冲突时的解决办法。

[E] 在哪里进行仲裁?

当选择仲裁庭时，双方必须考虑许多因素，一旦选择就会随之确定将适用何种程序规则，哪些法院可审查或强制执行仲裁裁决，以及是否有规定可以迫使出示第三方证人或文件。其他应考虑的因素包括与仲裁庭的熟悉程度，以及仲裁庭召集潜在友好的证人的方便程度和费用。还可指定在替代纠纷解决机构的办公室或当事人双方之一或其律师的办公地点。

仲裁地点可用于取得战略优势。仲裁地点决定了将在仲裁中适用的程序规则，比如是否可以迫使出示第三方证人和文件。此外，一方可以通过谈判确定一个使对方不得不承担费用或使对方证人难以出庭的仲裁地点。我们曾有过这样的经验，一名特许商的办公室在纽约，其加盟商遍布世界各地，他在特许权协议中却坚持选择在伦敦进行仲裁。

[F] 仲裁程序应采用何种语言进行?

一般来说，诉讼发生的地点就决定了诉讼程序使用的语言。替代纠纷解决不属这种情况，不管位于何处，双方都可自由指定将在仲裁程序中使用的一种或多种语言。

[G] 应适用何种仲裁规则?

替代纠纷解决条款（特别是仲裁条款）一般会规定一个将适用于特定的替代纠纷解决机构的规则。除非另有说明，这一规定通常作为一个默示的协议，允许该指定机构管理仲裁程序，以及根据其规则选择中立人士。

[H] 替代纠纷解决条款在多大程度上满足证据开示要求?

替代纠纷解决过程中证据开示程序的范围多大应取决于争议的性质以及双方希望达到的目标。这也取决于哪一方拥有信息，以及哪一方在寻求信息。由于仲裁可提供一个不那么正式以及不太昂贵的程序，证据开示应更加主题集中和范围有限。但在谈判一项协议时，重要的是要保持头脑清醒，弄清楚你是保护信息的一方，还是寻求信息的一方。

在以后可能发生的争议的性质和问题已知的范围内，应在替代纠纷解决条款中规定证据开示的范围。但是，当起草替代纠纷解决条款时，争议可能完全不可预见，所以不妨同意将以选定的替代纠纷解决机构的规则管辖有关程序。

在国际仲裁中，国际律师协会（IBA）规定了一整套关于在国际仲裁中采集证据的规则。这些规则包含在美国比较广泛的民事程序规则与大多数其他国家更为有限的信息披露规则之间妥协以后整合而成的信息披露规则。

[I] 仲裁中动议程序的范围有多大?

许多替代纠纷解决机构适用全面的仲裁规则，允许仲裁员就决定性的动议进行听证和做出决定。通常最好是遵循选定的仲裁协会的规则，除非有理由相信该等仲裁协会的规则将在发生争议时不再有利。

[J] 仲裁有哪些时限?

资源和足够的耐心这两大要素可以决定如何确定在进入诉讼之前替代纠纷解决的时间期限。

[K] 仲裁费用怎样分担?

替代纠纷解决条款应当规定与替代纠纷解决方法有关的谁将发生什么样的费用。如果法律允许，双方可能希望平均分摊费用，或可能希望按照提出争议一方的意见来分配费用，或允许胜诉方获得所有费用和支出的赔偿。

[L] 如何执行仲裁裁决?

在美国，州和联邦法律规定了合同仲裁和调解的执行机制。根据调解达成的和解协议也受传统的合同原则管辖（通常由协议条款确定适用何种法律）。

仲裁裁决的执行可能会更为复杂。依照涉及州际或国际贸易或海上交易的书面合同做出的仲裁裁决，其执行受《联邦仲裁法》（FAA）管辖。各州可能比照《联邦仲裁法》的规定颁布本州的立法，但是如果州法律与《联邦仲裁法》发生冲突，应以《联邦仲裁法》为准。由于“涉及州际……贸易”这一用语可被任意自由解释，使得《联邦仲裁法》的管辖范围十分广泛。

美国《联邦仲裁法》执行《承认及执行外国仲裁裁决公约》（下称“公约”），美国和其他许多国家都是该公约的缔约国。公约向美国联邦法院提供了关于公约项下提起诉讼的主题事项管辖权（subject matter jurisdiction）。在个人管辖权（personal jurisdiction）存在情况下，公约要求执行不同国家的公民或实体之间的仲裁协议和外国仲裁程序的裁决，无论争议金额多寡，除非协议“无效、不能实行或不能履行”。公约还赋予联邦法院确认外国仲裁裁决的权力。公约假定仲裁裁决是待确认的，并且规定由质疑仲裁裁决的一方承担举证责任。

§4.05　结论

与诉讼相关的延误、费用、风险和公开曝光可能使调解和仲裁成为有吸引力的替代解决方案。然而，重要的是要记住，各种替代纠纷解决选择方案的优点和缺点取决于争议的性质以及你是否乐意开始争议解决或就一项起诉做出答辩，还取决于你是否是能接触到文件和信息的一方，或者是寻求取得该等文件和信息的一方。精心拟定的替代纠纷解决条款可以带来利益，而草率拟就的替代纠纷解决条款则与风险并存。而且尽管精益求精、慎之又慎，拟出的替代纠纷解决条款却可能对双方并不合适。在选择过程中，替代纠纷解决条款绝不应想当然地写入合同，或者在没有对所有选项方案已经认真考虑的情况下写入合同，因为在实践中，替代纠纷解决条款绝不是格式化合同条款。

第 5 章

当收购方来自国外时有何区别?

Christoph Lange

§5.01　概述

虽然无论收购方是来自美国还是外国，其在收购美国实体中的法律和实践问题几乎相同，但本章旨在提醒外国收购方在美国收购的不同之处。外国收购方可能会对交易中收购价格确定和谈判的方式感到诧异，而且尽职调查过程中也存在其很可能不熟悉的某些重要方面。在讨论收购协议本身的具体方面，尤其是法律的选择、法院的选择以及仲裁条款的起草之前，本章将重点说明并购交易中意向函和保密协议的某些特点。

本章从外国收购方的角度说明可能不为其所熟悉的美国收购协议的典型构成部分，以交易的交割以及交割后期间的美国特有特征（特别是只有当收购方为外国人时才会触发的某些备案要求）结束。

§5.02　结构、程序和执行

收购价格的确定、尽职调查以及某些协议存在一些美国独有的情况。

[A] 收购价格的确定

无论交易性质是股权收购还是资产收购，收购价格永远都是卖方和买方谈判的结果。由于一方希望价格更高而另一方希望价格更低，对目标企业价值的可靠评估就显得尤其重要。评估确定了卖方和买方都可能同意的价格范围，从而可以协助双方确定其在谈判中的地位，并为会计和税务目的提供可供参考的价值。

非美国交易方应注意以下几点：

1. 支付费用对标的企业进行专业评估的一方期望获得对其有利的结果。很少出现各方同意进行联合评估的情况。因此，外国交易方永远都应考虑自行获得评估结果。
2. 与在大多数其他法域相比，交易双方在美国采取更具有进攻性的谈判方法。在美国，通常不能依据最初的谈判立场确定最终可能达成的一致“妥协”。

3. 在美国，所有文件的起草必须非常准确，特别是关于交割后对收购价格进行调整的条款，需要明确确定价格调整[1]时使用的标准（如净资产、运营资本）和会计方法（如库存评估，应收账款准备金，为意外事件例如产品责任、与雇用相关的问题或福利事项、环境、诉讼而建立的应急损失准备金）以及争议解决机制[2]。
4. 虽然交割后价格调整保护的是买方，但在私下谈判的现金交易中已经很常见的"获利支付条款"提供给卖方一个机会，通过参与目标公司的持续成功经营而提高收购价格。由于"获利支付条款"鼓励并使卖方在交易后继续作为管理者，它甚至还可以起到促成交易的作用。由于卖方和买方目标不同，分别寻求各自的利益，因此获利支付条款可能会很复杂。卖方希望其管理者地位具有实际权利以及赚取利益的机会；买方希望限制管理者的地位同时不损害其最终控制权。因此，收购方希望确保对会计方法有明确的定义，尤其是哪些费用会减少收入（如资本投资、公司管理费用、公司/集团间收费、一般折旧、收购价款的分期支付、研发成本、雇员补偿），并且确保买方在所有的企业决策中享有控制地位。买方同时希望将获利支付作为对由于卖方违反陈述与保证而可能产生的赔偿请求（可能还有其他请求）的担保，这可以通过允许用获利支付金额抵消此种赔偿或其他请求的方式来实现。附件5–A是一个相对较短的收购后获利支付条款示例。

[B] 尽职调查

"尽职调查"在本书其他章节（见上文 §2.04 [C]）中有详细的论述。即使是在大陆法系，"尽职调查"也已成为一个专门术语，因此对于其关于交易的一般营业情况、财务、法律——合同、诉讼（参见本书第13章），合规性（参见本书第18章），知识产权（参见本书第10章），交易的税务相关情况（参见本书第6章和第7章），以及其他相关实务方面（如实际或虚拟资料室的使用）的含义，外国交易方会比较熟悉。然而，美式尽职调查的某些方面却是独一无二的：

1. 在美国的交易中，人力资源占有特别重要的地位，因为劳动力成本是交易价值的重要组成部分。此类成本远不止工资和薪水，最大的成本在于福利以及在

[1] 参见上文 §3.04[C]。
[2] 参见上文 §4.03。

某些并购情况下可能保护员工的合同条款。与劳动力相关的责任和风险在现在的交易中往往是低估最严重、预计最不充分以及最难以量化的。外国收购方需要福利顾问、精算师和法律顾问来处理估价、对收购价格的调整以及陈述和保证问题。须特别注意“资金不足”(underfunding)的问题,即明确的福利计划项下当前的资产不足以覆盖该计划项下应承担的总的福利义务。“撤回责任”(withdrawal liability)是涉及“多雇主计划”(如由工会发起的福利计划)的收购的典型后果。在多雇主计划中,不同的雇主均代表其雇员交费,但所有的雇主对计划项下所有义务承担连带责任。外国收购方同时应特别注意目标企业对退休人员医疗福利和人寿保险的义务及其范围,因为此类义务可能要求持续不间断地付费,从而无法在目标公司的财务数据中明显体现。另一个让外国收购者感到诧异的问题可能是“控制集团”责任(“controlled group” liability)的概念:当某个确定的福利计划的雇主是一个“控制集团”的成员时,每个集团成员均对该计划的资金承担连带责任。因此,外国收购方可能需要直接承继重大的责任而无法对这些责任进行限制。尽职调查过程中必然会考虑收购后期间的计划。外国收购方希望能决定是否能变更或终止某些福利计划,以及做出此类调整的可能时间安排(交割前或交割后)。若收购后期间的计划涉及总人数的减少,则外国收购方将需要关注《劳动者调整与再培训通知法案》(“WARN” Act)中的规定,该法要求达到特定最低人数的雇主在大量解雇或关停工厂前提前60天发出通知。上述问题在本书第9章中均有更详细的论述。

2. 若与一个或多个工会(按美国人的说法,公司此时即为“工会”)存在集体协商协议,公司所有者可能有特殊的义务,例如,不仅要与雇员善意协商,还要与工会本身善意协商。对公司的收购可能触发协商的义务。参见本书第9章。
3. 环境责任是决定收购价格、调整以及潜在的长期成本的最重要因素之一。根据公开记录对财产进行的“第一阶段”分析(“Phase I” analysis)(在本书第2章中讨论)是必不可少的,一份第二阶段报告(“Phase II” Report)也可能是必要的。美国体制下环境法律可能会重叠,公司收购方必须同时遵守联邦和州的法律法规要求。新的所有者面临“所有者/经营者”概念(一种“揭开公司面纱”分析,据此,母公司可被认定对子公司的环境问题承担责任)项下的责任风险。很重要的一点是明确现有结构安排是否可以或是否可设计某种结构来减轻潜在的“所有者/经营者”责任。收购方可能还希望调查是否有保险来覆盖某些类型的环境损失和/或环境索赔。
4. 在美国不存在欧洲大陆式的“不动产登记”来就不动产的所有权、抵押权、地役权以及其他产权负担给出具有法律效力的明示。在美国的情况是，通过购买“产权保险”获得保障，即保险公司为财产的法律状况提供保险，若最终法律状况与保单中规定的不同，则对该瑕疵至少可以获得某种程度的赔偿。产权保险人在签发产权保险前会要求对财产进行调查，通过调查发现存在例如未记录在案的产权负担或对相邻财产的侵权等问题的情况并不少见。根据美国法律，即使产权显示清晰，所有者也有责任了解所有的产权法律负担，例如对于跨境的财产产生的地役权或使用限制。外国收购方应坚持任何财产限制问题都应由卖方在交割前解决，并应确定提出所有必要的问题。

5. 卖方可能对拟出售的资产不享有清晰的、无产权负担的产权。收购方应通过“留置权调查”(lien searches) 发现目标公司的资产上是否为第三方设定了担保物权，以及是否存在不利于目标公司或其财产的任何“司法留置权”(judicial lien，即由于金钱判决而产生的留置权) 或“税务留置权”(tax lien，即联邦、州或地方税务当局就未付税款而设定的留置权)。

6. 卖方可能对知识产权不享有清晰的产权，而知识产权可能是交易最有价值的部分。在美国，知识产权的设定与大多数其他国家不同。外国收购方需要明确其收购的对象及其价值，这就要求在美国进行一种不同类型的尽职调查。参见本书第 10 章。

7. 在美国进行尽职调查时比较突出的其他问题还包括：美国目标公司遭产品责任索赔的风险有多大？参见本书第 13 章。目标公司的产品以及收购行为本身是否会引起国家安全方面的担心从而引发特别部门的审查？见之后的 §5.04 以及本书第 14 章、第 15 章。目标公司的产品是否受制于具体法规 [例如具有军事用途或“双用途”(dual use) 产品应该予以登记和受到出口控制的要求，或者安全审查的要求，该些要求可能伴以使用或控制上的限制]？参见本书第 18 章。目标公司在市场上是否很活跃从而可能引发合规问题，特别是在《反海外腐败法》中的“热点”领域？参见本书第 18 章。目标公司的外方所有权是否会对美国对外国收购方希望继续从美国出口的产品及零部件的贸易限制措施产生影响？参见本书第 18 章。

上述所有步骤——环境研究、留置权调查、知识产权调查、产权调查及产权保险、人力资源 / 诉讼 / 国家安全 / 法规审查——从成本和时间上来说均不可避免，这些都是为了尽职调查及完成交易所必须进行的步骤。任何一个问题均不会必然导致交易失败，但任何一个问题都可能影响到交易价格、收购后期间的计划以及将目标公司整合到外国收购方现有业务中的方式。

[C] 协议(收购协议除外)

本部分对并购交易中可能用到的某些文件和协议进行讨论。

[1] 意向函、谅解备忘录以及条款清单

"意向函"、"谅解备忘录"以及"条款清单"很有用,尤其是对于外国收购方来说。因为这些文件提供了一个直截了当地讨论交易核心商务问题的机会,例如范围(股权或资产)、收购价格和支付条件(代管、收购后获利支付)、要求留任的主要管理人员、卖方和买方在交割后的商务安排(合作、供应合同)。尤其是在存在语言或其他理解障碍的情况下,这些文件能起到澄清的作用。对意向函的进一步解释,请参见本书第2章。

虽然具有相似性,但不同名称所指文件不同。"意向函"(Letters of Intent)是指一方致另一方并要求另一方回签的一封信函。"谅解备忘录"(Memoranda of Understanding)是对某些关键要点的协议描述。"条款清单"(Term Sheets)通常非常简要地列明了交易的关键要素。根据交易及实际情况的不同,适合的文件形式也不同。例如,若收购对象为在某个美国证券交易所上市的公司,意向函或条款清单的签订可能触发披露义务。因此,在此情况下,通常更倾向于选择使用未经签署的条款清单。

外国收购方往往忽视这样一个事实,即使选择的文件形式不具有法律上的约束力,其仍然构成"交易"。在随后的谈判中,双方不可避免地会回头参考第一份文件来提醒双方最初达成的交易,这是双方应遵守的"路线图"。因此,初始的文件中应仅包含最关键的问题。其他问题则可在最终协议的谈判过程中进行讨论。

初始文件中的约定越详细,承诺越明确,则在无法达成最终协议的情况下发生诉讼(由于违约或未能善意谈判或类似的诉由)的风险越高。因此,在准备意向函、谅解备忘录或条款清单时应有所保留。若双方不希望被约束,可写明如下条款:

> 仅最终协议具有约束力。本意向函/谅解备忘录/条款清单仅对可能构成最终收购协议的某些内容做出规定。因此,双方理解,[除了第____条的约定],本意向函/谅解备忘录/条款清单中的规定并非基于双方的一致同意,在各方授权人员依类似交易中的通常做法签署令各方顾问满意的最终收购协议之前,各方不受任何约束。该最终收购协议应包含令人满意的陈述、保证、承诺和[目标公司

名称或所有者名称] 赔偿条款。

上述条款后可加上一些关键语句。例如，上面最后一句可加上：

以及不进行竞争的承诺和覆盖某些将在最终收购协议中定义的意外事件（如股东股权减少或赔偿请求）的代管资金安排。

建议可通过加上如下条款对买方和卖方的预期进行管理，降低由于违反善意谈判义务而产生索赔的风险。

谈判的终止。各方理解，任何一方均可以在任何时候终止谈判，并不承担任何继续谈判的义务，双方应各自承担其与最终收购协议的谈判和签署相关的费用以及任何专家费用。

尽管需要通过强调文件条款的非约束性来对在谈判失败的情况下可能产生诉讼的预期进行管理，但交易方可能希望某些条款具有约束性。此“规则的例外”可能对跨境交易的意向函尤其重要，在跨境交易中排他性条款（也称为“非售条款”）已变得十分常见：卖方承诺在意向函的买方进行尽职调查及各方谈判最终协议的期间（通常为 30 ～ 90 天的期间）内不寻求其他买方。一个非常基本的条款示例如下：

非售条款。考虑到买方为本次收购投入了大量的资源，在本协议签署之日至________期间，目标公司或其代理人不得直接或间接通过任何其成员、管理人员、董事、雇员或代理或其他方式招揽、鼓励、参与任何与任何收购报价（定义见下文）相关的谈判或讨论，或签署任何协议或与任何人就此合作（包括但不限于提供任何相关的非公开信息，或提供接触目标企业经营、财产或资产的途径）。“收购报价”（Acquisition Proposal）是指任何关于以下事项的报价（买方的报价除外）：（1）对目标企业全部或大部分股权或资产进行收购；或（2）任何其他人可以据此获得目标企业或目标企业的实质权益的任何合并、兼并或其他形式的企业合并；或（3）通过一个单独的交易或一系列相关交易，直接或间接地，以任何形式（包括与资产销售具有实质相同经济效果的任何安排）进行的，对目标企业资产实质部分的收购、租赁、交换、抵押、质押、处置或其他转让（参见本书第 3 章中对非售条款、信义义务例外条款、分手费条款的讨论）。

这些类型的条款应根据每个交易的具体情况来确定。其范围和效果取决于适用的法律。

极少有对等的条款要求买方不得寻求其他目标，这可能是因为通常来说善意尽职调查所耗费的资源远远高于卖方在一段有限的期间内离开市场的成本。意向函中通常也不会包含“分手费”条款，此条款意味着过高的预期。

［2］保密协议

国内和跨境交易在保密协议的运用上没有实质区别。在本书第 3 章、第 9 章和第 10 章中对此有一些详细说明。然而，外国收购方需要特别警惕的是，在保密协议中应排除买方可以很容易地从其他来源获得的信息，并且在收购未能完成的情况下不应不合理地限制其聘用雇员的行为。

另外，虽然对大陆法系交易方来说可能不常见，但并非一定要反对保密协议中允许衡平救济（具体履行和禁制令）的条款本身。此类条款试图通过合同的方式约定大陆法系中程序法规定的内容，即有可能禁止对方违反所承担的保密义务。

§ 5.03　收购协议具体情况

潜在的美国企业外国收购方应特别注意收购协议中的某些重要的约定，包括关于法律的选择和法院的选择的约定。

［A］适用法律；法律的选择

收购协议中最常被忽略的条款之一便是“适用法律”。尽管在起草收购协议时尽力做了周全的考虑，但还是无法避免遗漏或忽略某些方面。这时如何确定被遗漏或忽略的问题就变得很重要，因为不同的法律体系对诸如协议的结构、设计和效力、相互义务和承诺的范围、违约和不履行行为的后果以及是否存在救济及救济的范围都有不同的规定。需要注意的是，适用不同州的法律会产生重大的区别。例如，“善意”（good faith）的概念可能会有非常不同的含义，州与州之间对违反“善意”义务的救济也会存在重大区别。因此，各方需要对管辖其关系的法律做出明确的、毫不含糊的选择，不应忽视这一问题或等到出现违约的情况再来处理。

[1] 收购协议

各方通常会试图选择适用其母国法律，即其经营场所所在地法律。双方若不能对此达成一致，则通常会做出“妥协”，选择适用与交易不存在任何联系的“中立”第三方司法管辖地的法律。

虽然特拉华州的法律通常会被作为事实上的美国“国家”公司法而适用，但适用的法律和交易本身应存在合理的联系。在资产交易中，适用法律应为资产所在地法；在股权交易中，适用法律应为目标公司营业场所所在地法律。只有在各方或其顾问对适用的法律非常熟悉的情况下才可选择适用第三方或“中立”的法律。例如，只有在下述情况下，选择适用第三方司法管辖地法律才是合理的：当一个欧洲的收购方希望收购一个位于明尼苏达州的非上市目标公司的时候，买方和卖方均在纽约聘用顾问，双方选择适用纽约法律作为该交易的管辖法[3]。

若卖方在不同的管辖法域均有分支或经营机构，则资产交易管辖法律的选择可能更困难。选择适用多个管辖法虽然在法律上是可能的，但却会不必要地增加交易的复杂程度。交易各方应关注多数资产之所在地。

对于股权交易来说，即使目标公司有子公司，也应该选择目标母公司所在地法律。然而，若外国收购方购买的是子公司（“姐妹”公司）的股权，而子公司经营场所位于不同的法域，则适用法律的选择就会更复杂。若目标公司的总部及其主要经营活动位于不同的地点，外国收购方应考虑选择最便利的管辖法律。重要的是选择一个确定的适用法律，允许适用多个法律虽然合法但却是很糟糕的选择。各方应选择适用价值最高或最重要的公司的总部所在地的法律。

某些司法管辖地的法律是可以选择的，有些司法管辖地的法律则是需要避免的。若交易各方同意避免适用某管辖地法律，须在法律选择条款中明确。由于冲突法原则的适用——与法律选择不同——可能导致各方应适用其希望避免的法律，所以，应排除所选择适用法律的冲突法规则。同样，在资产交易中，交易各方应特别排除《联合国国际货物买卖合同公约》的适用，因为该公约同时规定了普通法系和大陆法系的救济，从而可能导致各方不希望看到的后果。

法律的选择条款示例如下：

---

[3] 在交易与管辖地不存在其他联系的情况下，某些管辖地（例如纽约）要求只有达到特定最低合同金额的交易才能受该管辖地法律管辖。例如，见《纽约一般责任法》第5–1401条，该条规定了法律的选择，并要求250,000美元的最低金额。大部分跨境交易都很可能超过了该门槛。

“本______协议由纽约州适用于协议的法律管辖，并依该等法律理解和执行，本______将完全在纽约州履行，冲突法原则对本______协议不适用。[在此明示排除《联合国国际货物买卖合同公约》的适用。]”

[2] 交易的完成

交易各方可选择协议的管辖法的法域，但无法选择管辖协议完成过程的法律的法域。无论是资产交易还是股权交易皆如此。

适用于资产转让的法律取决于资产本身。例如，不动产和有形资产的适用法律是其所在地法。无形资产的转让所适用的法律则是该无形资产本来受制于的法律（如就商标权的转让向美国专利和商标局登记。参见本书第10章）。

证券转让所适用的则是发行人的管辖地的法律，通常为目标公司设立地的法律。当收购涉及不同公司（如“姐妹公司”）的股权时，则每个转让均应适用其各自公司设立的所在管辖地法律。

为了避免麻烦和迟延，外国收购方需要在完成交易前了解所适用的整套法律中的每个法律项下所产生的要求。对外国收购方来说比较陌生的可能是美国法律体系中联邦法律和各州法律之间的区别与相互重叠。

[B] 法院的选择；仲裁

交易各方应谨慎选择争议解决法院和争议解决方法。

[1] 法院选择条款

除了选择交易适用的法律外，交易各方还应就争议解决地点和争议解决机构达成一致。可能最实际和有效的是选择各方所确定的适用法律所在法域的法院，以避免由于需要向一个法院介绍另一个法域的法律而产生的专家时间和费用[4]。

国外买方可能对美国法律体系不熟悉，从而可能对最合理的地点感觉担忧，因为该地与目标公司经营地点距离太近。无论是由于该原因或其他原因使得各方同意其他的地点或法域，外国买方必须确保选择的法院将适用另一个法域的法律，并且随后的判决在另一个法域能得到执行。举例来说，任何潜在的由于违反陈述和保证而对国内

[4]　若法院不存在其他依据的管辖权，某些州（例如纽约）要求只有达到特定最低合同金额的交易才能受该地法院管辖。例如，参见《纽约一般责任法》第5-1402条，该条对法院的选择做出了规定，并要求1,000,000美元的最低金额。大部分跨境交易都很可能超过了该门槛。

卖方提起的赔偿诉讼将要求相应的赔偿判决能在资产所在地得到执行。在美国联邦体系下，根据美国宪法的“完全诚意和信用”条款（“full faith and credit” clause），各州将执行其他州的判决，但是对于被要求适用外国法律的国内法院或被要求适用国内法律的外国法院来说，可执行性可能是一个很严重的问题。在这种情况下，卖方可能想要一个“可执行性之法律意见书”[5]。

各方可能一致同意由某一个具体的法院来决定所有的争议，但美国法院不会自动认为被选择的法院是“排他性”的。除非协议中的法院条款明确说明被选择的法院将享有排他性的管辖权，否则争议最终仍然可能被提交至其他法院。双方一致约定排他性法院的条款示例如下：

> 由于本协议或任何其他交易文件或本协议项下交易而产生或与本协议或任何其他交易文件或本协议项下交易相关的任何及所有争议、诉讼、程序、索赔、反诉均应由并且各方同意由位于纽约市的纽约州法院或联邦法院排他性管辖，各方在此放弃反对诉讼地以及任何诉讼法庭不便的抗辩，并同意此法院在诉讼或程序中做出的最终裁决具有终局性，可以通过对该判决提起诉讼或其他法律规定的方式执行。

法院条款可以不仅约定地点，还对争议由谁解决做出约定——是法官还是陪审团。与在许多国家不同的是，在美国，陪审员同时可以判决民事案件和刑事案件。因此，外国买方可能希望设定一个条款放弃陪审团审判，这不仅是出于成本的考虑，还是为了规避当地陪审团中可能存在的对于外国人的偏见，尤其是在当地就业机会可能受到威胁的案件中。

卖方可能希望送达程序尽量简化，以克服潜在的向外方送达的困难。外国买方不应该轻易就此做出让步。没有此条款，则1965年11月15日《关于向国外送达民事或商事司法文书和司法外文书公约》可以适用，该公约的适用可以放慢国内卖方所采取的诉讼程序。

陪审团和送达程序条款示例如下：

> **放弃陪审团审判**。在一方对另一方提起的任何起诉、程序或其他任何类型的诉讼中，无论是合同诉讼、侵权诉讼还是其他诉讼，各方均放弃由陪审团就由于

[5] 参见上文 §5.04。

本协议或任何其他交易文件或本协议项下交易而产生或与本协议或任何其他交易文件或本协议项下交易相关的任何索赔、反诉、诉讼或诉因进行审判的权利。

送达程序。各方在此放弃就任何及所有文书对其直接送达，并同意所有文书应通过挂号信的方式（要求回执）按第____中规定的地址直接邮寄送达给受送达一方。依此进行的送达应在交付美国邮政局5日后被视为完成。

[2] 仲裁

第4章的作者对约定通过可选择性的争议解决方式（特别是仲裁）来解决商务争议的限制和可能存在的陷阱提出了警示。虽然如此，对于外国买方来说，仲裁可能是最好的选择。国内卖方不希望在国外法院解决争议，外国买方也可能不愿意在美国法院解决争议。无论是否经过审慎考虑或了解（并且作者怀疑此决定是否经过深思熟虑），提交仲裁都是一个常见的选择，尤其是对于跨境交易的争议解决。

关于跨境争议出现了几个争议解决机构，包括巴黎国际商会、维也纳商会和苏黎世商会、斯德哥尔摩仲裁院、伦敦国际仲裁院以及香港国际仲裁中心，这些争议解决机构有其自己的规则和程序。当卖方是美国方或资产位于美国时，也有某些美国仲裁机构有其自己的规则，例如美国仲裁协会商事仲裁规则、司法仲裁和调解服务公司（Judicial Arbitration and Mediation Services，JAMS）之国际仲裁规则，以及冲突预防和解决国际研究所（CPR）之国际争议非行政仲裁规则。

外国收购方对机构和仲裁员的选择会有一些国内交易各方不会遇到的特别考虑。例如，除了成本和费用的分担、证据和程序规则以及由独任仲裁员还是仲裁庭审理等问题外，可能会对仲裁员的国籍、语言技能、仲裁所使用的语言等产生不同意见。在美国，仲裁通常以英语进行，这就要求仲裁员和律师能讲英文。若各方考虑在程序中使用任何其他语言，则需要在协议中说明。同时还要具体说明是否要求仲裁员必须具有某国国籍、是由独任仲裁员审理还是仲裁庭审理、成本和费用如何分担，以及拟采用的证据和程序规则[6]。因此，仲裁条款可能比仲裁机构所建议的要复杂得多。仲裁协议的复杂性可见于下述示例（括号中是可选择的方案，需要根据具体情况审阅是否适用）：

a. 由于本协议任何条款的解释、有效性或履行而产生的，或由本协议产生或与本协议相关的，或由于本协议的谈判或对本协议的违反而产生的任何争议、分

[6] 起草仲裁条款时应考虑的更多问题，请参见上文§4.04。

歧或索赔要求，各方无法协商一致解决的，将排他性地提交［插入仲裁机构］根据［插入仲裁规则］解决。若产生任何争议、分歧或索赔要求，任何一方均可向另一方提出书面要求，将争议、分歧或索赔要求提交按照下述规定选择的仲裁员仲裁。仲裁地点为［插入地点］，或各方同意的其他地点。仲裁应以［插入选择的仲裁语言］进行。

b. 上述书面要求发出后10日内，提出要求的一方应书面通知另一方其指定的仲裁员。另一方在收到指定通知后的10日内书面通知提出要求的一方其指定的仲裁员。被指定的两名仲裁员共同选定第三名仲裁员（首席仲裁员）。如果指定的两名仲裁员不能在5日内就首席仲裁员的选择达成一致，或者另一方不能在提出要求的一方指定仲裁员后10日内指定仲裁员，则提出要求的一方可申请［指定法院的主管法官，或选择的仲裁机构或［________］商会的主席］指定第二名和/或首席仲裁员。每个仲裁员均须能流利地使用［语言］进行阅读和讲话。首席仲裁员必须是［国籍］公民［并且是法官或者具有成为法官的资质］。［或选择单一仲裁员：应提交各方均一致同意的单一仲裁员仲裁，或如果不能达成一致，则提交由……选择的仲裁员。］

c. 仲裁将依______州的法律和民事程序规则进行，包括该州的证据开示规则。［或：依选择的仲裁机构的程序规则。］［或：各方应有获得合理证据开示的权利；仲裁员应有权在任何一方申请的情况下，发出所有合理的文件开示、对质询和调取证词做出回应的命令，各方在此特别同意仲裁员的此项权力。］［或：本协议各方在此明示，对仲裁程序设定有限和快捷的证据开示程序。为此目的，所有证据开示应限于与案件问题直接相关的信息。证据开示安排应由仲裁员与各方共同做出。每一方应满足另一方5个明确的文件要求、8次质询、2个主要证人陈述（包含与案件问题相关的事实及他们的观点），以及2个回应性证人陈述（就另一方主要证人陈述中的观点做出回应）。任何提交证人证言的当事人应被允许提请证人出庭作证，时间限于4小时。］

d. 仲裁员应对事实和法律给出详细的书面说明，以支持其决定或报告，决定和报告应以书面形式进行，并且应说明其所依据的理由。仲裁成本［包括各方合理的律师费用］将根据案件结果按照仲裁员的裁决由一方或双方承担。［此外，败诉方应补偿胜诉方的律师费用以及胜诉方成功寻求任何诉前衡平救济或司法强制执行任何仲裁裁决而产生的费用或法庭成本。］

e. 各方同意受仲裁员决定或报告的最终约束。本协议任何条款均不得被解释为任何仲裁员的决定应受制于司法复审或上诉，并且各方在此放弃以任何理由提起司法复审或上诉的任何权利。

f. 在任何国家的任何法院均可以凭仲裁员的裁决为依据做出判决，或者一方可依据该国具体法律的要求或允许，向法院申请对裁决的司法接受和执行。

g. 本部分的任何规定均不得被理解为排除任何一方申请预先禁制令或其他衡平法救济以保护或强制履行其权利的权利，或理解为禁止任何法庭在仲裁裁决前进行与授予或驳回此类预先禁制令或其他衡平救济相关的初步事实调查，或禁止任何一方在仲裁员做出裁决后根据该裁决寻求永久性禁制令或其他衡平救济。

更为基础的条款（不包括上述各点）可以是：

各方均同意，由于本协议而产生的或与本协议相关的任何争议或分歧或对本协议的违约将在______由［插入选择仲裁机构及其程序规则］仲裁解决。如果各方不能共同选定一名独任仲裁员进行仲裁，则每一方将分别选定一名仲裁员（或者，如果一方未能选定，则由［插入选择的仲裁机构］代表该方选定），依此选定的两名仲裁员将选定第三名仲裁员（或者，如果未能依此做出选择，由［插入选择的仲裁机构］选定）。各方选定独任仲裁员的决定，或者，在三名仲裁员进行仲裁的情况下，其中任何两名仲裁员的决定，将是终局性的，对各方均具有约束力，具有管辖权的法域内的法院可依此做出判决。［在普通法或成文法下，仲裁员应仅有做出损害赔偿裁决的权利，而不具有做出惩罚性赔偿或3倍赔偿的权力。］仲裁员应依其决定的数额裁决补偿胜诉方的仲裁成本和费用，包括合理的律师费用、垫付费用、仲裁费用、仲裁员费用以及［插入选择的仲裁机构］的行政费用［也可约定各方分别自行承担其相关成本和费用］。

［C］收购协议的其他组成部分

大陆法系国家一般已采用了英美人起草和制备并购协议的方式。因此，外国收购方应该对收购协议文件关键要素的详细情况比较熟悉，包括约定以下内容的条款[7]：

1. 对目标或资产、排除在外的资产以及承担的债务和排除在外的债务的描述。
2. 收购价格及其调整、净权益/流动资金担保、对会计原则和估值方法（资产评

[7] 参见上文 §3.04。

估，尤其是设备、应收账款及库存）达成的一致、应收账款的收款保证、获利支付，以及与收购价格相关争议的解决机制。

3. 陈述和保证，尤其是关于财务、环境事项、法律合规性（具体来说即《反海外腐败法》）、税务合规性、产品责任、员工福利。还包括各方互相保证据其所知无违约情况存在、“10b–5”条款[8]、对错误的改正、给予充分的尽职调查机会的保证。
4. 赔偿条款：程序、限额/起赔点、补偿、关于合同赔偿终局性的约定。关于这一点，很重要的一个问题是具体约定与陈述和保证相关的赔偿义务在协议终止后继续有效，否则，该赔偿义务根据美国法的概念将在交易交割后终止。
5. 从协议签署至交割的期间的承诺，如获得政府审批或第三方同意、经营运行、公开披露、排他性条款、纳税申报、进一步尽职调查。
6. 交割条件（尤其是“重大不利变化条款”[9]及其限制）、分手费以及交割时交付的文件。
7.“格式化合同条款”语言：通知规定、不弃权、可分割性、双方协商、协议完整性。

这些条款在本书第3章中有更详细的讨论，尤其是§3.04中。

§5.04 交易的交割以及交割后事项

交易中“交割”的概念对外国买方来说比较熟悉，因为很多大陆法系法域也对收购协议中双方义务的确立与义务的完成做同样区分。因此，第3章中讨论的交易完成的细节对外国收购方来说应该也是比较熟悉的。然而，还是可能存在一些让人感觉诧异的事项。

---

[8] 指旨在保护披露过程完整性的条款，例如“本协议（包括其附件）或任何其他收购文件均不包含对卖方或企业任何实质信息的不实陈述或对使陈述不至于产生误导性所必需的实质信息的遗漏。卖方不了解任何已导致或合理期待在未来会导致重大不利影响但在本协议中未陈述的信息”。

[9] 在交割条件中，“重大不利变化条款”允许买方拒绝交割。一个典型的条款中会这样表述：“‘重大不利变化’是指非由于买方的行为或疏漏而导致或产生的、使被收购企业价值严重减少的或已经或合理认为可能对下述方面产生重大不利影响的事件：（a）被收购企业及其经营、资产、负债、前景或先决条件（财务或其他），通常会对经济或被收购企业所在行业产生影响的事件除外；或（b）卖方履行其在任何收购文件中的义务的能力，或任何收购文件的有效性和可执行性，或买方根据收购文件应享有的权利和救济。”虽然这些类型的条款在收购协议中曾或多或少作为惯常条款被接受，但由于卖方试图通过增加对构成“重大不利变化”的例外来降低这些条款的影响，这些条款近来更多地成为交易方谈判的对象。

由于大多数国家已颁布反垄断和并购控制的法律，大家对于美国有关并购合法性的基本法律不应感觉诧异。《克莱顿法案》第 7 条禁止那些会减少竞争或导致垄断的交易。然而，根据《1976 年哈特—斯科特—罗迪诺反托拉斯促进法》（HSR 法）对潜在反竞争的交易的监控以及对反垄断法的执行被授权给两家联邦机构，即美国司法部的反垄断部门和联邦贸易委员会的竞争局。这两个机构均有对拟进行的收购展开调查的法定授权，并可要求法院阻止收购的完成，或命令撤销已交割的交易。虽然收购公司的国籍对反垄断审查程序没有影响，但由于该程序的复杂性，外国收购方会希望在交易中尽早确定该程序的实质问题、程序和时间要求。本书第 11 章中对交易中反垄断问题有更深入的讨论，特别是 §11.05 中讨论了适用于非美国收购方的并购前通知程序。

最重要（也可能影响最大）的让人觉得诧异的方面可能源于 2007 年《外国投资与国家安全法》（FINSA）。该法对《国防制品法》所谓的《艾克森—弗洛里奥（Exon-Florio）修正案》做出了修订。同《艾克森—弗洛里奥修正案》一样，FINSA 允许美国政府在“国家安全”可能受到影响时对在美国的外国投资进行审查。然而，FINSA 实质上扩展了总统的权力，允许其就外国买方对美国企业的收购做出撤出投资的命令，其中特别规定了涉及“重大基础设施”和“重大技术”的收购。本书第 14 章和第 15 章对 FINSA 进行了详细探讨。

可能让外国买方感觉“诧异”的相对普通的事项包括：

1. 美国法域中不存在公司登记簿。因此，交易各方无法依赖公开记录来确定交割时各方拥有签署和递交交易文件的必要公司授权。因此，交割时各方需要交换由高管签署的确认在事实上已获得必要公司授权的证明。
2. 由于不存在公司登记簿，交易各方无法通过显而易见的方法获知个人在其各自公司中的职位。公司的任职证明的交换可确认并明确公司代表的职位和职务，并可证明其签名。
3. 欧洲的交易方习惯于“不动产登记簿”以及经合法培训的公证员，而在美国都没有与此相应的安排。因此，在美国的交易中，产权保险公司通常会扮演中介的角色，来安排转让文件的同步交换、产权文件的记录以及收购价款的支付。
4. 买方和卖方的律师通常会在交割时交换法律意见书——不包含法律推理的结论性意见——确认收购协议“合法、有效并且其条款具有约束力和可执行”，并且收购协议的签署“已获得合法授权”。此法律意见的交换是相互的：卖方须获得买方律师出具的此意见；买方须获得卖方律师出具的此意见。通过这样的安排，各自的陈述得到了法律意见的支持。然而，跨境交易的各方需要确定法律意见书中是否还应涵盖其他未决法律问题；关于法律意见的范围的谈判导致发现问题及意见保留继而最终导致交易结构的调整甚至交易放弃的情况并不少见。尽管越来越多的律师拒绝出具此类法律意见，在交易中还是需要特别注意律所持保留意见的方面，尤其是对于卖方律师对进行交易所持的保留意见。

5. 即使是通过国内电汇，及时完成支付有时也可能存在问题。对来自外国的电汇，尤其是位于国际日期变更线不同侧的外国的电汇，需要特别注意。

6. 在交割时、交割前不久或交割后不久，可能某些税和费用就会到期。这些经常被忽视，特别是在涉及不同的管辖地时。这些例子包括股票转让的印花税（如当股权转让交易的交割发生在纽约时）以及大宗销售税（如当与资产交易交割相关的资产转让发生并且这些资产位于征收大宗销售税的州，且不适用任何例外情形的情况）。一些州要求先支付转让税才得进行交易的交割，这可能很具有挑战性，因为此时资产价值可能无法或非常难以确定。若未合理申报并交纳这些税金，可能会导致罚金、延期罚款和罚款的适用。

7. 交割会触发各种对政府的申报手续，包括一个特别适用于具有外国所有权的公司的手续，这一点经常被忽视。从 2009 年开始，凡是外国收购方进行的收购，须向美国商务部经济分析局报告并提交 605 表格。在交易发生的那个季度内的任何时候，外国实体直接或间接享有 10% 或以上的投票权股票的权益（或者在企业形式为非公司时相当的权益）的美国企业均被要求提交该表格。该报告须在每个日历或财务季度结束后 30 天提交，即交割所在日历季度结束后及之后的每个日历季度结束后（若总资产、收入和净收入未超过某些特定数额，可免于提交）。未提交或未按时提交此报告可能会被商务部处以罚金。

附件 5-A

获利支付条款示例

（假设本交易为资产交易，目标企业被买方收购后将作为买方的部门 / 分支存续，“目标企业”）

对价；收购价格

1.1 作为针对被收购资产以及第 XI 条中包含的卖方做出不竞争和不拉拢雇员的承诺的总对价（收购价格）是（i）______美元（$____），将根据第____条进行调整（基本金额），加上（ii）根据 1.2 条中规定的条款和条件应向卖方支付的额外付款，如果有的话（收购后获利支付）。

1.2 对于本 1.2 条下面规定的期间，作为收购价格的一部分，买方应向卖方支付获利支付，该获利支付以 EBIT 为依据确定。EBIT 是指在任何期间内，目标企业产生的总收入（根据买方通常适用的通用会计准则确定，并根据附件 A 进行调整）减去目标企业产生的通常营业费用（包括但不限于卖方承担的、目标企业经营相关的所有直接第三方费用，可能包括例如法律费用、工资单处理费用以及与退休计划管理相关的费用）以及目标企业现有固定资产折旧（允许费用），并包括（i）因买方信息技术而收取的每年不超过______美元的年收费，和（ii）自 20____年 1 月 1 日开始，实际向目标企业员工提供的额外员工福利，最多不超过每年______美元（不满一年的期间依比例按月计算），但不包括所有其他公司管理费用、地区和总公司费用、其他任何由买方的关联公司分摊至目标企业的费用或金额或非由目标企业直接承担的费用，包括与一般和管理费用分摊或与会计、人力资源、法律和合规、信息技术相关的费用。任何买方的关联公司不得向目标企业提供任何服务，除非该服务以不低于目标企业可能从第三方获得的优惠价格获得。

(a) 不迟于20____年［交割之后那一年］12月1日（或其后30天内），买方应就目标企业自20____年［交割年，假定交割在10月1日前发生］10月1日起至20____年［交割发生后那一年］9月30日的12个月期间（此12个月期间被称为“首期”）的EBIT向卖方支付获利支付（首期金额），按如下方法计算：

FPA=$（目标获利金额）×EBIT/$（首期的目标EBIT）

其中：

FPA = 首期金额

EBIT = 第一期的EBIT

任何情况下，买方应支付的获利支付FPA不得超过______美元。

(b) 不迟于20____年［交割后第二年］12月1日，买方应就目标企业在20____年［交割后的第二年］9月30日之前的12个月期间（此12个月期间被称为“第二期”）的EBIT向卖方支付获利支付（第二期金额），按如下方法计算：

SPA=$（目标获利金额）×EBIT/$（第二期的目标EBIT）

其中：

SPA = 第二期金额

EBIT = 第二期的EBIT

任何情况下，买方应支付的获利支付SPA不得超过______美元。

(c) 即使本1.2 (i) 条存在相反规定，在首期金额超过______美元［最大获利金额］的情况下，超过的部分（首期结转金额）应加到根据第1.2 (b) 确定的第二期金额中，但任何情况下不得超过______美元。

(d) 买方应在获利支付到期日时向卖方提交获利报告（获利报告），合理、具体地说明买方确定目标企业EBIT的基础，包括但不限于每月的收入以及**允许的费用**。买方应向卖方提交卖方为核实获利报告中的首期金额、第二期金额或EBIT的确定的准确性而合理要求的、获利报告中未说明的任何额外支持信息。除了获利报告以外，在每个日历季度结束后45天内，买方应向卖方提供目标企业该季度的季度EBIT报告。

(e) 买方将根据卖方在收到每份获利报告后90日内提出的要求，准备好与目标企业相关的买方账目供卖方审查，以便卖方能核实获利报告中EBIT确定的准确性。卖方可通过在上述90日内发出通知要求由卖方选择的独立注册会计师对获利报告中的结论进行审计，应根据审计师的要求向其提供接触目标企业相关账目的途径。审计师应在其被指定后90日内做出决定，前提是买方在审计师提出要求时向其提供及时获得接触目标企业相关账目的途径，审计师的决定对各方均具有约束力并且其决定不可上诉。买方应在审计师做出决定后14日内向卖方支付对任何此前获利支付的调整付款，以及相应的从获利支付原始到期日之日起的利息，利率为［LIBOR］［加1个百分点］。卖方应承担审计的全部成本，买方根据审计师的决定做出的调整付款金额超过异议标的金额5%的情况除外，此时，买方应支付审计的全部成本。

(f) 自交割日期至第二期结束，目标企业将像一个单独、独立的实体一样运营，不应与任何其他企业、经营或债务混同，除非卖方书面同意，而卖方不应不合理地拒绝或延迟此同意。买方应按照本协议日期前正常业务经营过程中的要求提供目标企业经营所需的合理全部资金。目标企业业务应依本协议日期前正常业务经营的方式经营，仅能做出本协议中的约定和卖方书面同意的变更（仅包括额外费用），卖方不应不合理地拒绝或延迟此同意。未经卖方事先书面同意，在第二期结束前不应终止任何目标企业雇员与买方的合同，卖方不应不合理地拒绝或延迟此同意；但是，本句对雇佣终止的限制不适用于由于表现不佳而终止雇佣的情况。

(g) 卖方对部分获利支付享有的权利（若存在）将不会以证书或其他文书来体现，也不应代表对买方或目标企业享有所有者权益，卖方不因此享有买方股票持有人通常享有的权利。

(h) 本协议中的任何约定均不导致买方就获利支付对卖方承担任何信义义务(fiduciary duty)。

第二部分

确定交易结构：税收与协定

第 6 章

美国税法问题

Jeffrey Paravano 和 John R. Lehrer II

[B] 法律实体的选择——税收影响

[1] 公司

[2] 合伙企业

[3] 有限责任公司

[4] 一人公司

[5] 实体规范分类选择——美国国税局 8832 表

§6.03 **公司存续期限——关键的纳税规定**

[A] 设立——应税 / 免税

[B] 收购资产

[1] 应纳税资产销售

[2] 免税重组

[3] 为税收的目的视为资产交易的股权交易

[C] 股权收购

[1] 应纳税的股票销售

[2] 免税重组和股票分红

[3] 第 304 条（由关联公司进行的公司股票收购）

[4] 有关采用净营业亏损、超额外国税款和其他用于抵消应税所得项目的限额

[a] 第 383 条（有关使用资本损失和其他税收项目的限额）

[b] 第 384 条（有关使用损失抵消某些资产出售所得的限制）

[D] 分派

[1] 收益和利润

[2] 所得红利扣除

[E] 回购

[F] 清算

§6.04 **合伙企业存续周期——关键纳税条款**

[A] 设立

[1] 合伙企业隐形销售

[2] 计税基数和持有时间

[B] 合伙企业权益收购 / 转让

[1] 合伙权益销售或交换时损益的计算

[2] 第 708 条——合伙企业技术性终止

[C] 合伙企业分派

[D] 合伙权益的清算

[E] 第 754 条（选择性基数调整）

§ 6.05　**其他关键纳税规定 / 关注点**

[A] 实质重于形式

[1] 分步交易规则

[2] 现金流循环

[B] 债权与股权

[1] 债务 / 股权：判例法

[2] 债务 / 股权：美国国税局公告

[C] 债务免除的影响

[D] 无形资产摊销

[E] 无价值股票和坏账扣除

[1] 无价值股票扣除

[2] 坏账扣除

附件 6–A　税务尽职调查清单

§6.01　概述

美国联邦所得税制度十分复杂、繁琐。这可能（但不应该）成为外国公司和个人在美国进行投资的障碍。如果有耐心且得到一个能干的税务顾问的帮助，外国公司和个人将会发现美国联邦所得税制度是可操作的，甚至在有些时候是有益的。本章是对州及联邦（指美国）所得税问题的概述，而不是关于在美国进行一项投资所必须了解的所有税务影响的完整介绍。这些税务影响不仅关注可能影响在美国首次投资的规定，而且也关注投资者在美国投资期间持续的纳税义务。

本章概述包括了以下基本概念：政府权力的来源；申报要求和截止日期；美国国家税务局（美国国税局）审核程序；税务事项的争议；避税；罚款和刑事处罚。本章也审视了美国联邦所得税在一个公司和合伙企业的生命周期内的各个环节［包括设立、购置资产、收购股份（或者取得合伙权益，也包括转让）、财产分配、赎回和清算］所分别造成的结果。除此之外，本章还讨论了其他美国联邦所得税的关键问题，包括："实质优于形式"的原则；作为债权或股权的票据的特征；负债收入的免除；无价值股票和坏账的扣除；无形资产的摊销。最后，本章在附件6–A中提供了一份供资产或股权的收购者使用的税务尽职调查清单。

本章没有涉及如下内容：当交易的当事人中至少一方成立于或者位于某州或某地时，导致该交易需要征收该州或该地的所得税；与某一个特定州或地方有关联的交易；国际层面的美国联邦所得税；适用于用工和独立承包商的美国联邦所得税法。有关国际税收方面的美国联邦所得税制度将在下一章中讨论，本章可以作为第7章的基础部分。适用于用工和独立承包商的美国联邦所得税法将在本书第9章中讨论。

§6.02　美国所得税制度概览

在美国进行的商业活动有三个不同的所得税征税主体：联邦、州和地方。美国国会（国会）颁布联邦所得税法；联邦税务条例由美国财政部（财政部）和美国国税局起草，随后由财政部和税务局联合发布。美国的联邦所得税法适用于所有美国公民、居民和商业实体的全球收入，以及非美国人在美国境内进行交易或商业活动所取得的收入。

各州的立法机关负责制定州所得税法，各州的所得税法有很大的不同。某一个州的所得税法通常只适用于该州的居民或者在该州进行的商业活动。许多州授权州内的地方当局来执行地方所得税法。

[A] 联邦所得税法管辖权的法律渊源

《美国税法典》(*Internal Revenue Code*) 奠定了联邦所得税收制度的基础。国会曾于1873年首次颁布税收法律，而现行的《美国税法典》则可追溯到1913年。从那时起，该法典几经重大修订，最后一次是在1986年。从1986年至今，该法典又通过几次修正案[1]，最终成为美国现行的联邦所得税收制度的法律渊源。

《美国税法典》并不是纳税义务人缴纳联邦所得税法律管辖权的唯一法律渊源。纳税义务人还必须遵守财政部条例和司法判决，参考美国国税局有关特定案例的书面裁定，包括依其条款适用于所有纳税义务人的“税法解释规则”和“税收程序”。此外，美国国税局还提供了具体的书面指引，该指引“以技术指引备忘录”、“现场服务指引”和“具体税收裁定解释”等形式发布。

[1] 全球范围所得收入的税收制度

美国对“美国人”源自全球范围的所得收入征收所得税。此处的“美国人”是指：

(a) 任何美国公民或为美国联邦税收的目的被视为美国居民的自然人；
(b) 依美国法律或任何一州（包括哥伦比亚特区）的法律设立或组织的合伙企业，该合伙企业既可以是一个企业联合组织、集团公司、集合基金、合资经营企业，也可以是其他从事经营、财务运营或风险投资的非公司实体；
(c) 注册公司或其他被视为注册公司的经济实体，该经济实体是依照美国法律或任何一州（包括哥伦比亚特区）的法律而设立和组建的；以及
(d) 某些资产管理机构和信托。

美国也对一些非美国的自然人、合伙企业、公司、资产管理机构和信托就其与美国贸易或生产经营有“实质性关联”的所得收入课征所得税。本书第7章将详细讨论这一问题。

[2] 年度税制 / 公历纳税年度和会计纳税年度

美国联邦所得税制度是建立在“纳税年度”基础上的。在某些情况下，纳税义务

---

[1] 《美国法典》第26章，26 U.S.C. §1，*et seq.*

人可以选择自己的“纳税年度”而不采用公历年。譬如，除非因生产经营需要适用不同的纳税年度，S 类公司（S Corporation）通常必须采用以 12 月 31 日为终止日的公历年作为纳税年度，而 C 类公司（C Corporation）则可以采用它自己的纳税年度[2]。如果一家合伙企业中的 50% 以上的合伙人都采用同一纳税年度，除非因生产经营活动的需要必须选择不同的纳税年度，并为此获得财政部的批准，否则这家合伙企业就必须选择该纳税年度作为自己的纳税年度。

[3] 会计方法——概述

纳税人必须使用一种或者多种会计方法来计算其纳税年度中因交易产生的可实现的应纳税收入或损失，并向美国国税局报告。税务上的“会计方法”是指为确定收入和支出项目何时实现而形成的任何规范化的惯例和程序。纳税人必须使用该纳税人在账簿上通常使用的计算收入的会计方法来计算自己的应纳税收入。但是，如果纳税人没有一贯使用的会计方法，或者纳税人使用的会计方法无法清晰地反映其收入，应按美国财政部部长（或者其授权代表）认为可以清晰反映其真实收入的会计方法来计算纳税人的应纳税收入。

有四种允许的计算应纳税收入的方法：(1) 即时现金收入支出（现金法）；(2) 权责发生制；(3)《美国税法典》第一章规定的其他方法；以及 (4) 财政条例中允许的由以上三种方法组合而成的其他方法。现金法和权责发生制是最经常使用的方法，但是有些纳税人的实际情况决定了可能还需要使用其他会计方法。

按现金法，在实际收到或推定收到收入的当年，认定为收入实现。费用应该在实际支付当年被扣除。为计税的目的，收入或支出实现的年度并不是由收入获取和费用产生的年度来决定的。

满足以下三种情况之一的纳税人不能使用现金法：(1) 平均每年度的毛收入超过 500 万美元的 C 类公司；(2) 其中一个合伙人是 C 类公司（从事个人服务的合格公司除外）的合伙企业（从事农业方面业务的除外），并且平均年毛收入超过 500 万美元；以及 (3) 涉及采取避税安排的纳税人。

在以下情况中，按照权责发生制方法可认定为当年收入实现：(1) 能够确定纳税人有权利取得收入的所有事项已经发生；以及 (2) 收入的总数可以比较精确地计算出来。用来确定纳税人可获得收入的事项，不要求发生在同一年度。如果相关事项分别发生在不同年度（两年及以上），则将最后事项发生的年度，确定为纳税人获得该项预期收入的年度。在以下情况中，按照权责发生制，费用可以从本年度扣除：(1) 能

[2] C 类公司与 S 类公司之间的差别将在下文 6.02[B][1] 中解释。

够确定债务存在的所有事项已经发生；(2) 债务的总数可以比较精确地计算出来；以及 (3) 在经济上债务已经发生。与计算收入项目一样，所有证明债务存在和经济上发生的事项，也可以发生在不同的年度。但是，只有以上三个条件均已经满足的第一个年度，才可以将费用从应纳税收入中扣除。

如果纳税人从事一项或多项行业或业务时，他可以针对不同的行业或业务采用不同的会计方法，但是他只能沿用相同的会计方法来计算他的应纳税收入，除非他向财政部提交了美国国税局 3115 表格（《更改会计方法的申请表格》）并获得批准。即使原先的会计方法是不被允许的方法，但如果一个纳税人未经允许而改变其会计方法，则美国国税局可以要求该纳税人回复到他原先采用的会计方法。

[4] 申报要求 / 截止日期

本节讨论与年税申报截止日期、避税安排、纳税义务人信息披露相关的申报要求。

[a] 年度税务申报 /K-1s

每一个国内经济实体都必须将其每年的联邦所得税申报和信息反馈情况备案存档。申报时间依该经济实体的纳税年度是公历年度还是会计年度而定，也参考税收类别和申报类别等因素。

以公历年度为纳税年度的公司必须于每一纳税年度终止后的 3 月 15 日之前或当日，办理其联邦所得税申报，国内公司须填写美国国税局 1120 表格（美国公司所得税申报），或美国国税局 1120–F 表（外国公司美国所得税申报）。以会计年度为纳税年度的公司必须于每一纳税年度终止后的第三个月的 15 日之前或当日办理其联邦所得税申报。例如，以 3 月 31 日为会计年度终结日的某一公司必须于该年 6 月 15 日前或当日办理其前一纳税年度的美国联邦所得税申报。只要在首次申报截止日期之前或当日提出，公司有权填报美国国税局的 7004 表（申请将生产经营所得税、信息及其他申报的申报期限自动延长），请求将该公司的首次申报到期日自动延长6个月。然而，该延期请求并不能免除公司纳税义务人在联邦所得税申报首次截止日期之前或当日缴纳所有到期美国联邦所得税的义务。

国内合伙企业必须在每一纳税年度就联邦所得税申报填写美国国税局 1065 表（美国合伙所得申报），除非该企业在该年度内没有所得收入、折扣额或抵免等。合伙企业的申报必须在该企业纳税年度终结后的第四个月的 15 日前或当日申报。以公历年为纳税年度的合伙企业，每年的 4 月 15 日为该企业前一纳税年度的申报截止日期。只要在首次申报截止日期之前或当日提出，合伙企业有权填报美国国税局的 7004 表（申请将生产经营所得税、信息及其他材料的申报期限自动延长），请求将该企业的首次申报到期日自动延长 5 个月。只要及时呈交申报有效的 7004 表，所延长的截止日期为 9 月 15 日。合伙企业也将于合伙申报截止日期前或当日，向其所有合伙人派发信息陈述（即 K-1s 一览表）。这些 K-1s 一览表为每一位合伙人在其纳税年度内分享合伙所得收入、折扣额及抵免份额提供了依据。

[b] 避税安排

凡参与被称为“应呈报交易”的纳税义务人须在美国国税局 8886 表（应呈报交易披露声明）中披露其参与情况，该表作为纳税义务人及时申报的纳税年度联邦所得税申报表附件一起申报。为此目的，一项应呈报交易包括：(1) 登记在册交易：该类交易已经由美国国税局确定为避税交易，并被通知、规则或其他公开出版的指南确认为登记在册交易；(2) 保密交易：该类交易使纳税义务人承担保密义务，并且为此纳税义务人已经支付给其顾问如律师或会计师一笔最低费用[3]；(3) 可退费交易：即如果某一交易未能完全或部分达到所预期的纳税结果时，纳税义务人或其关联方有权向其顾问索回全部或部分已付顾问费用；(4) 在一个纳税年度内纳税义务人声称其损失总额超过 1,000 万美元，或若干个纳税年度内总计损失额超过 2,000 万美元的交易；以及 (5) 与任何一种经美国国税局以通知、规定或其他公开出版的指南形式确认的权益交易相同的或与其实质上类似的那些交易。纳税义务人如果未能在其定期呈交的纳税申报中包括上述披露陈述，将受到处罚；在某些情况下，所应受的处罚是不能撤销或减免的。

[c] 信息陈述

凡从事包括置换、配股和公司重组等活动的纳税义务人，须做信息陈述，并作为其在事件发生当年美国联邦所得纳税申报的附件，一并呈报。通常情况下，这些活动包括：(1) 符合《美国税法典》第 332 条要求的公司免税清算；(2) 符合《美国税法典》第 351 条要求的以财产置换股权的交易；(3) 符合《美国税法典》第 355 条的免税配股；以及 (4) 符合《美国税法典》第 368 条要求的免税重组安排。未能呈报上述信息陈述的纳税义务人可能被处以罚款。

[5] 美国国税局意见声明

“只要有益于有效地行使税收管理权”，美国国税局都会回复个人或组织提出的问

---

[3] 并不是所有纳税义务人支付其律师或会计师一笔最低计费的交易都要求纳税人履行呈报义务。只有当其顾问要求纳税义务人限定披露时，才产生呈报义务。当公司顾问为达到保守其纳税策略秘密目的时，要求纳税义务人限定披露该交易的纳税处理和纳税安排，就发生报告义务。若公司顾问以如此限定披露作为接受聘请的条件，则须谨慎小心，因为很有可能该交易的税务处理和安排不是相关美国联邦所得税法所鼓励的活动。

题，这些问题与他们活动或交易的税收结果，或在美国联邦税收环节中他们的法律地位有关。所有复函都以税署的税法适用解释（revenue rulings）或私人信函裁定（private letter rulings）形式发布，二者均表达了美国国税局就美国联邦所得税法如何适用于某一类纳税行为的结论性意见。税法适用解释包含一系列一般性的行为，基于该行为美国国税局形成结论性意见，而私人信函裁定则专门针对特定纳税义务人的具体行为。凡与税法使用解释所列行为相符的纳税义务人都可以根据税法适用解释而行事，而私人信函裁定则只对申请该裁定的特定纳税义务人有效。

美国国税局也向纳税义务人提供有关特殊联邦税收项目或实践的其他意见陈述，大多以下列形式发布：(1) 税收程序；(2) 技术咨询备忘录；(3) 裁决性复函；(4) 首席律师意见；(5) 默许声明；(6) 国内税收通告；(7) 国内税收手册；(8) 信息回函；(9) 信息发布和其他发行出版物；以及（10）口头表述。有些陈述，诸如税收程序，能被纳税义务人作为先例采用或引证，而其他的则不能。即使不能作为先例而采用或引证的陈述，美国国税局对特定问题的分析仍具有指导意义。

税收程序（revenue procedure）为纳税义务人取得信函裁定、信息回函或向美国国税局提出其他请求所必须遵循的程序提供指引。**技术咨询备忘录**（technical advice memorandum）是美国国税局对地方局就技术性或程序性问题以备忘录的形式所做的回应，这些问题是在对有关税法、税收条约、条例、税法适用解释规则、通知或其他先例如何适用于“某类具体行为”的解释和运用的程序中产生的。美国国税局地方局长签发**裁决性复函**（determination letters），以答复纳税义务人就如何运用美国国税局对特定行为已发布的原则和先例一事所提出的书面咨询。**首席律师意见**（chief counsel advice）是针对美国国税局地方官员要求对纳税义务人具体的问题提供法律指引而做出的指引。**默许或非默许声明**（statement of acquiescence or nonacquiescence）是有关美国国税局是否遵循某一特定案例的法院裁决的公开声明[4]。美国国税局在**国内税收通告**（Internal Revenue Bulletin）上发布官方的美国国税局裁决、程序和财政部决定、行政命令、税收协定、立法、法院判决和其他一般的税务事项。**国内税收手册**（The Internal Revenue Manual）汇集管理美国国税局的组织和运作的政策、程序、指令和准则。**信息回函**（information letter）是美国国税局的声明，提醒关注美国国税局确信的

---

[4] 由于联邦最高法院包括税务法院的不利判决，美国国税局有义务修改其政策。美国国税局需随时表明是否要默许或拒绝默许（即“非默许”）来自下级联邦法院做出的不利判决。当美国国税局默许一项不利判决时，其就是采纳该项判决作为美国国税局的一般政策。当美国国税局发布一则非默许不利判决声明时，只要该判决能被任何一个法院所采用或援引，美国国税局就须遵守该判决；反之，若其他法院未采用或援引，美国国税局就不必遵守该判决。

一些已为广泛接受的美国联邦所得税法的解释或原则。但是，此声明不适用于一些特定行为。美国国税局通过发布信息回函提供一般性信息，为个人或组织提出的书面请求提供帮助。

［a］美国国税局私人信函裁定程序

在向美国国税局呈交税务申报或报告表之前，包括呈交与交易有关为法律所要求提供的信息之前，纳税义务人可就一项特定交易的联邦所得税待遇问题，征询美国国税局的看法。典型的做法是：纳税义务人请求美国国税局就某些具体行为提供私人信函裁定以确定美国国税局和本人就源于后者特定交易的税收后果已达成共识。纳税义务人在向美国国税局申请裁定性复函同时，也可以申请有关程序方面的其他形式的咨询，诸如税务结案书、信息回函和口头咨询等。虽然美国国税局处理上述申请要分别收取 275 美元到 14,000 美元不等的费用，但是纳税义务人还是经常提出此类申请。除此之外，纳税义务人还要支付律师费和会计师费，他们为纳税义务人准备上述申请，并在呈报之后根据需要提供补充材料。因为存在上述潜在的高额成本，应事先慎重考虑提出此类请求的收益或减少损失的潜在价值。在某些情况下，纳税义务人可能认为实际咨询成本已经超过预期收益。

每年美国国税局都要发布许多税收程序的规定。通常头两期发布的规定解释取得私人信函裁定或其他形式咨询的要求。如果未能遵守这些要求，将延误美国国税局对申请的处理，或者在某些情况下，导致美国国税局要求纳税义务人重启申请程序。

在第三期发布的税收程序规定中，美国国税局会列出一份实质性的税收领域目录，美国国税局不会为纳税义务人就这些领域提供咨询。美国国税局也把其不予咨询的其他情况列入目录中，包括：(1) 当同样的问题已经由一间美国国税局地方局审查，或者美国国税局行政复议庭审议，或者属于在一起卷入同一或相关联邦纳税义务人的诉讼案例中未决问题时；(2) 当纳税义务人要求咨询的税务领域与即将公布的积极规定或其他公开指引涉及的领域相同，且在其公布之前提出咨询要求时；(3) 当申请美国国税局认为是“琐碎的”问题时；以及 (4) 当申请裁定的交易尚未完成时。

申请咨询的类型和美国国税局的工作量决定了处理咨询时间的长短，一般为纳税义务人首次提起之后一个月至一年。美国国税局特别期望纳税义务人继续提交更多信息，或就其申请与纳税义务人面谈。美国国税局在国内税务通告上公布所申请的咨询，但不披露纳税义务人的具体信息（即姓名、地址、身份证号码）。在特殊的情况下，即使私人信函裁定已经发布，美国国税局仍然能修改或废止该裁定。

美国国税局地方分局必须按照纳税义务人从美国国税局获得的私人信函裁定行

事，该裁定已就所裁决的特定事实决定了该纳税义务人在确认具体事实和法律之后应承担的联邦所得税纳税义务。按照私人信函裁定征税之前，地方税务局要做出下述决定：（1）纳税义务人是否恰当地将该裁定运用于其具体事实；（2）纳税义务人为获得该裁定而做的陈述是否正确并为后续事件所支持；（3）是否该交易实质上是按该裁定所述方式完成的；以及（4）在该交易或一系列持续性交易完成期间，有关适用的法律是否有任何变化。

［6］230号通告

许多纳税义务人都聘用税务专业人士，尤其是律师和会计师，代表他们与美国国税局打交道。财政部以财政部230号通告（230号通告）形式发布管理该类人士的身份确认和行为的规定，该通告旨在鼓励现行最佳实践和恢复公众对税务专业人士的信心。当准备美国联邦所得纳税申报和提供书面税收咨询时，一般会涉及“230号通告”的内容。

［7］美国国税局审计程序

美国国税局通常选择性地对联邦纳税申报实行审计，尤其是那些大型公司纳税义务人提交的申报。但大多数纳税义务人从来未被审计过。唯有那些没有超过审查和评估时效［通常为自截止日期或申报呈报日（以两者之间时间在后者为准）起三年计算］的纳税申报才可能被审计。一旦选定对某纳税义务人的申报进行审计，就会委派一名美国国税局税务代理。美国国税局将通知该纳税义务人，而且该税务代理会与纳税义务人联系并约定审查日期。如果是公司申报，会与公司财务总监或对该申报编制直接负责的公司管理人员联系。如果是合伙企业申报，由负责税收事务的合伙人负责联系。美国国税局期望纳税义务人的会计师或律师能经常主动约请税务代理商定审查日期。一旦税务代理确信美国国税局2848表（授权委托书和代理声明）已呈报存档，他就可以联系该纳税义务人的代理并开始按计划进行审计。该审计既可以在美国国税局办公地点进行，也可以在纳税义务人的营业所在地（对公司或合伙企业而言）进行。

在审查之前或之后，税务代理都可以要求纳税义务人提供“可能”相关的或重要的资料。纳税义务人可选择不向美国国税局提供所要求的资料，但税务代理有权向纳税义务人发送传票，该传票指令该纳税义务人或其资料保管人提交所要求的资料。纳税义务人通常都会遵循美国国税局关于提供附加的、非特殊性质的资料的要求，而不是等待传票。

审查结束后，税务代理会出具一份报告，该报告通常确认那些美国国税局认可的纳税义务人申报的税目无误（即“无变化税目”），以及那些美国国税局不认可的纳税义务人申报的税目。在第二种情况下，该税务代理会对纳税义务人的申报做出具体的调整，在某些情况下，除作为该调整结果而应付的额外税收，他还可以处以应向美国国税局支付的罚款和已到期利息。如果不服税务代理的调整，纳税义务人必须直接向美国国税局申请复议或提出诉讼。复议或诉讼提起的截止日期有很大不同，不过，如果未能及时提出复议申请或诉讼，美国国税局可向纳税义务人征收已到期的额外税收和欠款。

[a] 1982 年税收平等和财政责任法

合伙企业是纳税申报而非纳税的法律实体。1982 年，国会在《美国税法典》上增加了所谓的“TEFRA”规则[5]，该规则规定某些合伙企业的税务处理，诸如所得、亏损扣除和抵免，要在单一的、统一的合伙层面上确定，而不是在每一合伙人独立的程序中确定。由于合伙企业的复杂性，依据“TEFRA”规则审计合伙企业需要一名好的顾问。

[8] 民事（罚款）和刑事处罚

未能遵守美国国内税收法律和法规的行为将导致民事（即罚款）或刑事处罚，或民事刑事合并处罚。当美国国税局就未缴付税款纳税义务人施加任一类型罚款时，该纳税义务人极有可能将欠下美国国税局一笔未缴付税额按每月不同的利率所产生的利息。

对很多违法行为均可施加刑事处罚。故意逃税或偷税被认为是重罪并会导致 10 万美元以下（如果是公司则为 50 万美元）的罚金和 / 或就每一违法事实处以 5 年以下监禁。对公司的刑事处罚可能意味着那些公司的管理人员、董事、雇员甚至股东受到监禁处罚，如果他们促使公司卷入逃税、参与避税的虚假安排或未呈交纳税申报。与纳税有关的最著名的案例是 A1 Capone 案，以其所有犯罪行为，按逃漏所得税罪而被判入狱。

故意不进行纳税申报或拒付已评定的税额被认为是轻罪并会导致 2.5 万美元以下（如果是公司则为 10 万美元）的罚金和 / 或就每一违法事实处以 1 年以下监禁。明知所涉重大事宜是虚假的，纳税义务人却依然呈交欺诈性的美国联邦所得纳税申报、陈述或其他文件，该纳税义务人可被处以最多 1 万美元（如果是公司则为 5 万美元）的罚金和 / 或就每一违法事实处以 1 年以下的监禁。刑事犯罪的诉讼时效从犯罪行为发

[5]　TEFRA 是美国《1982 年税收平等和财政责任法》英文词首字母缩略词。

生之日起算一般为 3 ～ 6 年。

美国国税局仅能施加罚款作为处罚，而不能追究刑事责任。到截止日期止，未呈交联邦所得纳税申报的，美国国税局可征收所有到期税额每月 0.5%（最高为 25%）的罚款。如果故意不呈交申报，则可合并给予刑事处罚。

不准确的纳税申报可导致相当于少报税额 20% 的罚款。如果纳税义务人少报的税额与避税安排有关，而该避税安排未在其纳税申报中确切披露，罚款将提高到 30%。

[9] 争议 / 诉讼

如果美国国税局决定某纳税义务人须缴纳额外税收时，其会向该义务人发送一份说明支持理由的通知。该义务人即可与美国国税局复议庭经行政协商和调解来解决异议，也可对政府提起诉讼。合适的受理部门可能是作为联邦地区法院的美国税务法院或美国联邦索赔法院。不同的法院，其规则和程序是不同的，使得诉讼法院的选择变得非常重要。

[a] 美国国税局复议庭

为降低政府和纳税义务人所承担的时间和金钱上的开销，美国国税局鼓励采用协商和调解方式解决纠纷，而不采用诉讼方式。美国国税局复议庭（IRS Appeals Office）每年都受理成千上万个案件，大约 85% ～ 90% 的案件是以和解协议结束的。

美国国税局复议庭是美国国税局的独立部门，不受美国国税局税务代理审查结束后所做决定的约束。复议庭对众多的案件有管辖权，包括：(1) 征收前案件，其涉及所得、遗产、赠与和其他杂项的特许税（无论在税收征收短缺差额通知发出之前还是之后），还有劳动和某些特许税责任等；(2) 征收后处罚；(3) 首次或连续免税或基础分类；(4) 没收、征税和联邦所得税留置备案通知；(5) 紧急征税；(6) 请求退税和退税诉讼的和解；(7) 美国国税局和解提议和分期付款协议；以及 (8) 行政成本和利息减免。

即使一起案件符合上述所列条目中的一种或数种案件的特征，如未得到另一方同意，美国国税局复议庭仍然没有管辖权。复议庭对下述案件没有管辖权：(1) 已由一法院立案待审的案件；(2) 有关欺诈处罚案件；(3) 刑事案件；(4) 涉及未经议会税务联合委员会批准的超过 200 万美元的退税或抵免的案件；(5) 纳税义务人对同样的税目或交易持不同态度的相互关联的案件；(6) 破产案件；以及 (7) 含有有关宪法或宗教争议的案件。

许多时候，在美国国税局向纳税义务人寄送法定短缺税额通知书之前，该特定案件就已经由美国国税局地方局转交给美国国税局复议庭了。一旦一个案件被转交给复议庭，一名美国国税局复议仲裁员将会被委任并开始审核程序。在对所持观点利弊做出独立评估判断之前，复议仲裁员要收集和审核来自美国国税局审查组和纳税义务人的文件。然后，复议仲裁员需至少一次亲自会见寻求和解的纳税义务人。和解了结的案件须与美国国税局签订有法律约束力的书面合同。如果复议庭不能达成和解，它就会向该纳税义务人发送法定短缺税额通知书。在收到通知书后，纳税义务人必须决定是否起诉美国国税局，支付所征收的税额和寻求退税，或允许美国国税局对到期税额进行征收。民事税务争议的纳税义务人能在三个不同的法院中选择起诉法院。

[b] 美国税务法院

议会设立了美国税务法院（U.S. Tax Court），总部设在华盛顿，该法院对与所得、赠与、遗产税和一些针对私人基金和基金经理的特许税，而非如劳动等其他税目有关的“短缺差额”事宜的审理享有有限管辖权。“短缺差额”是一个法律术语。此外，在某些情况下，税务法院对多付税款有管辖权。与美国地区法院和美国联邦索赔法院的法官不同，税务法院的法官可以到美国本土不同地区听审案件。税务法院不同于其他法院。

税务法院有19名由总统任命、任期为15年的法官。税务法院首席法官任命专门的审理法官，审理法官的管辖权限于：(1) 权利确认诉讼；(2) 争议数额一般不超过5万美元的小额案件的诉讼；(3) 依小型案件法律界定的短缺差额诉讼中，短缺差额没有争议，或者超额付款不超过5万美元的诉讼；以及 (4) 首席法官指定的其他争议。

自收到短缺差额的通知起，纳税义务人一般须在90天内向税务法院呈交起诉书，与《1982年税收平等和财政责任法》界定的合伙企业有关的合伙人的诉讼，则须在150天内呈交。税务法院不是通常所说的“退税法院”。与美国地区法院或美国联邦索赔法院所受理的税务纠纷不同，纳税义务人不必为取得税务法院的管辖而向美国国税局支付短缺差额。税务法院不允许陪审团审判并有不同于联邦民事诉讼程序法的自己的诉讼程序和规则。例如，税务法院要求诉讼当事人约定案件的事实。在裁定某一特定事宜时，税务法院遵循自己的司法判例，不受美国地区法院或美国联邦索赔法院判决的约束。不过，税务法院在针对特定纠纷解释和适用有关税法时，必须与纳税人居住地的上诉法院相一致，尽管该上诉法院以往司法判例与税务法院的司法判例不一致[6]。该上诉法院对税务法院的判决享有专属复审权，与复审无陪审团参与的该地区法院民事诉讼判决时所采取的方式和涉及的范围没有差别。

---

[6] 税务法院审判地与税务法院判决上诉地没有关联。

[c] 美国地区法院

美国有94个联邦地区法院，其中每州、哥伦比亚特区和波多黎各至少一个。此外，维尔京群岛、关岛和北马里亚纳群岛地区也设有联邦地区法院。由总统任命的地区法院终身法官超过650人。在特定的地域内，地区法院对几乎所有类型的联邦案件都享有管辖权，包括民事和刑事案件。

美国税务法院审理因美国国税局所指控的纳税义务人付税不足而尚未和解的短缺差额纠纷，而美国地区法院则受理纳税义务人提起的退税诉讼。与税务法院不同，在地区法院，纳税义务人首先必须付清美国国税局所主张的全部到期税款，然后才能请求退还美国国税局将会不同意退还或置之不理达6个月之久的税款。联邦民事诉讼程序法为审理该类案件的程序法。纳税义务人需提交一份起诉书，像地区法院受理所有其他案件一样，也要经过证据出示和庭审阶段，包括可能的陪审团审判。税务法院受理案件时，代表政府的律师由美国国税局首席律师办公室委派，而地区法院受理案件时，司法部税务局委派代表政府的律师。

[d] 美国联邦索赔法院

由国会设立、总部位于华盛顿特区的美国联邦索赔法院（U.S. Court of Federal Claims）仅对依下述法律提起要求赔偿金钱损失的案件有裁定权：美国宪法；联邦法律；行政法规；或与美国政府明示的或事实推定的合同。与税务法院类似，美国联邦索赔法院法官也可以到本土其他地方听审案件。

美国联邦索赔法院共有24名总统任命的法官，任期为15年。针对某些疫苗伤害案件，法院会任命特别助理。

在向美国联邦索赔法院提出诉讼之前，纳税义务人需考虑下述可直接影响案件后果的要点。第一，不同于税务法院的是，为取得美国联邦索赔法院对某一事项的管辖权，纳税义务人须支付所欠美国国税局的到期税款。向美国联邦索赔法院提出退税诉讼、付清全部争议税款并提交了美国国税局已拒绝或置之不理达6个月之久的退税请求后，纳税义务人通常即可取得法院对退税方式的司法审查。第二，提交起诉书之后，退税诉讼开始，像其他联邦诉讼程序一样，退税诉讼也要以同样方式进行案件的证据出示和庭审阶段。第三，联邦民事诉讼程序法是美国联邦索赔法院审理案件所适用的程序法。第四，美国联邦索赔法院不允许陪审团审判。第五，美国联邦索赔法院审理案件时，美国司法部税务局委派的律师代表政府。最后，有时也是最重要的，可以援引税务法院或地区法院的先前司法判例。

[B] 法律实体的选择——税收影响

组织形式的不同，即公司、合伙企业、有限责任公司和一人公司（合并与收购章节的主题），对税收影响有着重大差别。

[1] 公司

为美国联邦所得税征税之目的所确定的两个最普通类型的公司是C类公司和S类公司。C类公司是独立纳税实体，无论其所有权如何（即使所有人自己就是一家免税组织），它都需要就其经营收益缴纳公司所得税。S类公司则是非纳税实体，它的股东在他们的美国联邦个人所得纳税申报中报告他们所分摊的公司收益、支出、所得、亏损和纳税抵免部分。由于有严格的资格要求，并非所有的公司都能符合S类公司标准。

[2] 合伙企业

像S类公司一样，合伙企业被称为“传递型”实体，而它自己则不纳税。合伙人需通过美国联邦所得税申报报告每一纳税年度他们所分摊的合伙收益、支出、所得、亏损和纳税抵免部分。合伙企业包括州法律承认的法律合伙企业，也包括企业联营组织、集团公司、联合机构、合资经营企业，或其他可从事生产、财务经营或风险投资的未注册组织。

[3] 有限责任公司

从美国联邦税角度来看，美国的国内有限责任公司（LLC）是一种混合实体。当该种国内LLC为一人所有时［即单人LLC（a single-member LLC)］，它就被视为所谓的“不被考虑实体”（a disregarded entity)，从联邦所得税的角度不予考虑。单个所有人的LLC的资产和债务被视为该所有人的资产和债务。当LLC为一名以上人所有时，它或者被视为未正式设立的合伙企业，或者被视为如公司那样纳税的组织。

[4] 一人公司

一人公司（a sole proprietorship）不是独立纳税实体。因其所有人通过个人的美国联邦所得纳税申报报告该企业的收益、支出、所得、亏损和抵免，它被视为所谓的“传递型”实体（“pass-through” entity)。

[5] 实体规范分类选择——美国国税局 8832 表

国内 LLC 连同一些外国实体可以通过呈交美国国税局 8832 表（实体规范分类）选择或改变它的联邦所得税纳税类型。这一实体类型选择为策划商业交易，尤其是在国际层面上的交易，提供了相当的弹性。这样，纳税义务人既能享有所属州法律（或外国法律）所认可的法律实体地位，又可免缴美国联邦所得税。每个实体每 60 个月内仅能改变一次。实体规范分类选择可溯及既往日期或延迟有效日期，但溯及既往日期不能超过美国国税局 8832 表呈交前 75 天，延迟有效日期不能晚于该表呈交后 12 个月。

为符合《美国税法典》各种条款的要求，纳税义务人选择改变联邦所得纳税实体类型以实现其税务或商业目的。多数情况下（但并非总是如此），实体类型的改变能将一家像公司一样缴纳美国联邦所得税的纳税实体转换成一家不纳税实体，从而可以消除那些美国联邦所得税制度下适用于公司的双重征税。

§6.03 公司存续期限——关键的纳税规定

在公司存续期间的每一阶段，从设立到清算，纳税义务人都需考虑其是否想当期缴纳美国联邦所得税，还是尽可能地寻找机会避免或延迟缴纳联邦所得税。这一决定对公司从设立到清算所发生的全部活动都具有重要的影响。无论是按当期计税基数纳税还是延迟纳税，都可能会有利弊存在。

[A] 设立——应税 / 免税

公司设立和与其相关的用现金和其他财产与股权进行交换都是“应税业务活动”，除《美国税法典》另有其他规定外，会产生收益或损失。因此，公司设立时立即产生税收影响。

《美国税法典》第 351 条规定，“由一人或数人转入财产仅为购买公司股份继而取得该公司控股权 [定义见第 368 条 (c) 款] 不会产生损益”。结果，只要符合下述要求，就无需计算损益：(i) 必须有资产转入公司[7]；(ii) 该转入仅为购股；以及 (iii) 继购

---

[7] 虽然《美国税法典》第 351 条未规定为本款所涉及被视为财产的财产种类目录，但是它却规定了那些不被认定为财产的种类目录。

股财产转入后受让公司的控股权由转让人或共同转让人拥有。除非股东所承担的债务数额超过全部转让资产调整后的计税基数，其债务可由公司承担以避免该转让交易产生收益（因此也就不产生纳税义务）。如果产生债务余额，则被视为源于上述财产转让或出售所得，须缴纳美国联邦所得税。

第 351 条不需计算损益的规定不适用于将财产向被视为“投资公司”的公司转让，尽管该转让符合其他不需计算损益要求的规定。该款所指的“投资公司”包括：(1)受监管的投资公司；(2)房地产信托投资公司；(3)80% 以上的资产（不包括现金和不可转换债券）被用于投资的公司，并且该资产由可流通股票或证券组成，或由受监管公司或房地产公司的收益组成。

当符合上述要求时，股东所持公司股票调整后的计税基数等于股东转入公司的所有资产调整后的计税基数。当该转让资产构成股东所控制的资本资产时，股东持有公司股票时间应包括其拥有转让给公司的资产的时间。公司从股东获得的财产的计税基数一般与股东对该财产享有的计税基数是相同的，该金额随股东所实现的收益增加而提高。公司拥有由股东转入的资产期限包括股东拥有该资产的期限。

例 1

USAW 设立一家新公司，命名为 NewCo，并以经调整的计税基数 1,000 美元和公允价格 9,000 美元向 NewCo 转入资产以换取 NewCo 的全部股份。

这一交易符合第 351 条的要求，对 USAW 或 NewCo 而言，都不是应税交易。USAW 持有价值 9,000 美元 NewCo 股份，其计税基数为 1,000 美元。NewCo 获得由 USAW 向其投入资产形成的 1,000 美元计税基数。

[B] 收购资产

除非《美国税法典》另有规定，需计算收益和亏损的公司资产并购是“应纳税业务活动”。当某一公司被以现金出售或与其他资产交换时，需计算收益或亏损。然而，公司为实现美国联邦所得税务安排，将其资产通过兼并、合并或向其他公司以“重组”形式进行转让时，可不计算收益或亏损。

一个应纳税资产交易与免税资产“重组”的重要区别是：受让人在应纳税交易中购置资产的纳税计税基数被调整为相当于该交易中购置资产的付款总额；相反，受让人通过免税资产重组并购资产的纳税计税基数不需调整成为该资产换股的公允市场价格。由可纳税交易和免税重组导致的并购人计税基数差异应在并购时予以考虑，因为这一差异会影响并购人的折旧扣除额和并购资产后续交易所产生的损益计算。无论怎样，股权的并购通常不被视为资产并购（进而也不是目标公司的应纳税业务活动），但是，下述二种目标公司股份并购从税务的角度被视为资产并购，导致比照公允市均价格调整资产计税基数。

［1］应纳税资产销售

假设《美国税法典》没有其他规定，一个公司所出售资产的计税基数小于资产出售所得额时，该公司需确认这宗资产销售所获得的应纳税收益。相反，一公司已出售资产的计税基数大于该交易所得额时，该公司则要确认该交易所蒙受的应纳税亏损。

例 2

NewCo 向第三方以 12,000 美元的价格出售例 1 所得资产。

NewCo 实现 11,000 美元应纳税收益，具体如下：

实际收入	12,000 美元
减去：计税基数	− 1,000 美元
实现收益	11,000 美元

例 3

NewCo 向第三方以 800 美元的价格出售源于例 1 所得资产。

NewCo 实现 200 美元亏损，具体如下：

实际收入	800 美元
减去：计税基数	− 1,000 美元
实现的亏损	200 美元

［2］免税重组

税务意义下的“重组”（reorganization）完全不同于业务重组。为税务的目的，“重组”既可适用于股票重组，也可适用于资产重组，包括公司资产的兼并、合并、收购、公司股票的收购、资本重整和公司组织形式及营业地的变更。如果某一交易符合免税重组的要求，该交易就可获得免税。

某一特定交易是否符合免税重组的要求是买方和卖方需谈判解决的问题，因为免税重组的卖方可延期缴纳股票或资产增值税，但买方则要先支付公允市场价格以获得股票或资产，并且调整所购股票或资产的计税基数到与卖方重组前计税基数相同的水平。因此，买方所购股票或资产原始增值而应偿付的税收责任便由卖方转移给收购方了。这就是买方和卖方需就是否将该交易规划成免税交易而进行谈判的原因。

每一类型重组都有其具体的要求，包括以资产换取的股票是否有表决权，以及必须取得的转让公司原始运营资产的数量。除依资产重组类型不同会有区别外，下述是对所有重组均适用的必备要件：

(a) 重组需按重组计划进行，该计划通常（但并不总是如此）为一份书面文件，确定如何实施某一交易的每一步骤，但并不仅限于此；
(b) 为进行该交易的除税收以外的公司业务原因；
(c) 拟从事转让资产的公司原来业务的意图；以及
(d) 转让资产的公司的原始股东继续持有收购公司的股权。

一项交易可能符合一种类型以上重组的所有要求，在多数情况下，这些重组都有所适用的指令，指引纳税义务人怎样为美国联邦所得税的目的将特定的交易归类。此种归类可能会对重组各方的所有税负结果产生影响，包括计税基数的计算。

可能出现一项交易无法满足每一个类型免税重组的一项或多项要求的情况，在此种情况下，资产转让公司实现的所有收益和亏损都需纳税。凡是想缴税的纳税义务人需确保其所进行的交易至少与所有类型免税重组的一项必备要件不符。当某一个交易不具备免税重组条件时，任何所购股票或资产的原始增值应付税款便都成为卖方的责任，而非买方的责任。

[3] 为税收的目的视为资产交易的股权交易

有时，对一家公司股票的收购或处置的交易可引起比照公允市场价格调整该公司计税基数，但必须符合《美国税法典》第 336 条（e）款或第 338 条的规定且适当的纳税义务人做出肯定性的选择。这样做只是出于税务的考虑，因为如果按其他法律要求，该交易不会重新定性为资产收购或处置，而是会作为股权收购或处置。

这些有关股权收购或处置条款尤其适用于至少 80% 公司有表决权的股权和 80% 公司股权总值在任何 12 个月内被收购或处置的情形。对《美国税法典》第 336 条（e）款和第 338 条项下的特定交易可能还有附加的要求。

[C] 股权收购

公司股权收购是一项除《美国税法典》另有规定外均需实现收益或亏损的“应纳税业务活动”。然而，当一家公司股权为税务的目的“重组”转让给另一家公司时，就不需要计算所得收益或亏损了。应纳税和免税股权交易的区别与应纳税和免税资产交易的区别是完全相同的[8]。

虽然向股东分派股票是需纳税的，但是纳税义务人可以被允许将一家从事一项以上具体业务的公司分割成数家从事一项或多项（但不是全部）业务的公司。某些或全部具体交易可以免税，但必须符合以下所讨论的复杂要求。

[1] 应纳税的股票销售

假设《美国税法典》无其他规定，当股票持有人已售股票的计税基数低于其从该交易中所得金额时，该股票持有人便产生了源于该交易所得的应纳税收益。相反，当股票持有人已售股票的计税基数高于从该交易中所得金额时，股票持有人便产生了应纳税亏损。

例 4

USAW 拥有 NewCo 股票的计税基数为 1,000 美元。USAW 以 12,000 美元售价将其所持的 NewCo 股票全部卖给第三方。USAW 计算得出 11,000 美元应纳税收益如下：

实际收入：	12,000 美元
减去：计税基数	− 1,000 美元
实现收益	11,000 美元

例 5

USAW 拥有 NewCo 股票的计税基数为 1,000 美元。USAW 以 800 美元售价将其所持的 NewCo 股票全部卖给第三方。USAW 计算得出 200 美元应纳税亏损如下：

实际收入：	800 美元
减去：计税基数	− 1,000 美元
实现亏损	−200 美元

[8] 参见上文 §6.3[B]。

[2] 免税重组和股票分红

上文 §6.03 [B] [2] 部分讨论了一家公司从另一家公司收购资产或股权时所涉及的资产和股权免税重组问题。除这些被称为“收购性”的分派外，还有被称为“分割性”的重组，这种重组就是将公司股票以免税方式分别派发给股票持有人和派发的公司。为合理的公司业务原因，股票“分割性”派发可将一家公司分割为两家或两家以上经营某类业务的公司。获得免税“分割性”分派的要求是非常复杂的。

[3] 第 304 条（由关联公司进行的公司股票收购）

一家公司的股票被另一家公司收购是应纳税交易，被视为资本资产的购买和出售。然而，当一个或数个人或公司“控股”[9] 两家不同公司并以资产购买其股票时，该资产就被看成是为赎回购并公司的股票而进行的分派。这种不被视为股票收购的分派，部分作为交易人一般收入征税。为税务的目的，当此类股权收购被看成是为赎回而进行的分派时，计算应缴税款时卖方所售股票的计税基数可能不予考虑。

[4] 有关采用净营业亏损、超额外国税款和其他用于抵消应税所得项目的限额

一家国内公司股票的卖方可以要求将下列支出包含在出售价格内：公司营业净损失、资本损失结转、《美国税法典》第 904 条（c）款项下的超额外国税额结转、《美国税法典》第 39 条项下的一般商业信贷结转，以及《美国税法典》第 53 条项下的最低税负信用结转。当一家“亏损公司”发生“所有权变更”时，《美国税法典》第 382 条、第 383 条及第 384 条限制利用“亏损公司”变更前亏损抵消变更后收入所得。“亏损公司”泛指蒙受下述损失的公司：净营业亏损、资本损失结转、《美国税法典》第 904 条（c）款项下的超额外国税款结转、《美国税法典》第 39 条项下的一般商业信贷结转、《美国税法典》第 53 条项下的最低税负信用结转，以及累计公允市价低于累计计税基数的资产。

依《美国税法典》第 382 条的规定，亏损公司可以用所有权变更前蒙受的亏损抵消变更后的年应税收入数额是不能超过“382 条年度限额”的。当公司新股东或现有股东在连续三年期间内提高其所拥有的公司股票达 50% 或 50% 以上时（以资产价值计），即发生了“所有权变更”。判断所有权变更是否已经发生是一个技术性很强的问题。“382 条年度限额”就是以发生亏损的公司的股权价值（该价值可能下调）乘以美国国税局规定的长期免税率计算而得的。

---

[9] “控股”指拥有至少含有 50% 公司资产价值或表决权的股票。

例 6

NewCo，一家以公历年为纳税年度的纳税义务人，是于 2009 年 1 月 1 日设立的公司。该公司 2009 纳税年度期间蒙受 100 万美元应税亏损（即净营业亏损）。2010 年 1 月 1 日，NewCo 进行了 382 条所有权变更。作为所有权变更结果所算出的 382 条年度限额为 3 万美元。NewCo 获得 2010 年纳税年度应税收入 15 万美元。

NewCo 从 2009 纳税年度的 100 万美元营业净亏损中提取 3 万美元以抵消 2010 年的 15 万美元应税收入。结果，NewCo 仅为 2010 年 15 万美元应税收入中的 12 万美元缴纳税款。NewCo 还剩 97 万美元净营业亏损有待将来进行抵消。如果 382 条所有权变更没有发生，NewCo 就可以用其 100 万美元净营业亏损中的 15 万美元去抵消 2010 年应税所得，剩下 85 万美元亏损有待将来进行抵消。

[a] 第 383 条（有关使用资本损失和其他税收项目的限额）

与《美国税法典》第 382 条相似，383 条限制“亏损公司”对下述方法的使用：资本损失结转、《美国税法典》第 904 条（c）款项下的超额外国税款结转、第 39 条项下的一般商业信贷结转，以及第 53 条项下的最低税额信用结转。在每一纳税年度内为美国联邦所得税的目的，亏损公司所采用的这些税收项目不能超过亏损公司“382 条年度限额”。

[b] 第 384 条（有关使用损失抵消某些资产出售所得的限制）

《美国税法典》第 384 条适用于一家亏损公司与一家拥有固有收益的资产公司（即盈利公司）合并的交易。所谓固有收益资产系指公允市价总额超过调整后计税基数总额的资产。如果一家或数家盈利公司固有收益资产在亏损公司和盈利公司合并后 5 年之内出售，就可能引发适用《美国税法典》第 384 款有关使用已有应税亏损抵消固有收益资产出售所得收益的限制。

[D] 分派

在税法以外的领域，非税务专业人士在使用“分派”和“分红”两个概念时不加区分。然而，在税法上，分派会产生不同于分红的税收后果。公司（不论国内公司还是外国公司）向股东分派财产依《美国税法典》第 301 条分三步处理：

(a) 首先，若公司有充足的收益和利润，分派被作为“分红”划入领取者的毛收入；
(b) 其次，未按分红处理的分派部分，被用来降低用于分派给股东的每一公司股票的经调整的计税基数[10]；以及
(c) 最后，未按分红处理也未用于降低股票计税基数的分派部分，则作为财产出售或交换的所得处理。

分派数额就是所得货币数额加上所接收财产在分派日的公允市场价格。除按第301条的规定不作为财产处理的分派公司的股票（或认股权）之外，该条项下的“财产”系指证券和其他财产。公司自己的票据也可作为第301条项下的“财产”。

分派公司针对其股票（或认股权）的现金分派（非全盘清算）不产生收益和亏损。然而，当它向一名或数名股东分派增值财产时则产生收益和亏损[11]。

例7

USAW持有5股NewCo股票，经调整的计税基数为每股200美元。NewCo决定向其股东分派每股100美元。在与分派有关的所有期间，NewCo有300美元收益和利润。

假设USAW不符合所得—分红扣除（定义如下）要求，USAW在分派中所得500美元中的300美元被视为分红，USAW按普通税率（不是资本所得税率）缴纳美国联邦所得税。剩余的200美元使USAW所持NewCo股票的调整后的计税基数每股减少了40美元（即领取分派后，USAW所持NewCo股票的调整后的计税基数为每股160美元）。

[1] 收益和利润

公司收益和利润被当成是衡量可向股东派发红利的公司经济效益的指标。《美国税法典》没有给“收益和利润”（earnings and profits）下定义；判例法和美国国税局的裁定为如何计算应税收益和利润提供了指引。

有关收益和利润的规则对收入和支出项目的处理与美国联邦所得税法的要求往往有所不同。结果是，一项收入或支出项目与为美国联邦所得税的目的相比会在不同时

---

[10] 外国公司领取不被视为“分红”的国内公司“特别分红”，会导致该股息所欠的美国联邦所得税数额增加。“特别分红”意指当每股分红数额等于或超过公司股票调整后计税基数的法定最低百分比时，每一股票所得股息。优先股的最低百分比为5%，其他股份为10%。

[11] 对于分派公司不产生收益和亏损这一常规的例外，分派公司的债务被明确从该例外中排除。

间、按不同金额或以不同方法计算收益和利润。

[2] 所得红利扣除

当派发公司有足够收益和利润分发红利时，分发总额被计入红利领取者的毛收入中。不过，视领取公司所有权情况而定，领取公司所收红利数额的 70% ～ 100% 部分可能有资格从该公司毛收入中扣除。

[E] 回购

现金富裕的公司可以随时从其股东手中购回（即回购）本公司股票，而不是向股东分发现金。如果股份回购既没有导致股东的公司股票全部售回公司，也没有产生该股东在公司所有权百分比的显著减少，该股东需比照分红缴纳回购所得税。但是，当股票回购导致某一股东的公司股票全部卖回给公司，或大幅减少该股东在公司的股权比例，则该回购就被视为股东的股票交易，并且导致资本收益或损失。

在美国发生的资本收益不按一般收入同等税率征税。股东从回购中所得应税收入额，等于其所收货币数额，加上股东售回公司股份所换取的其他财产的公允市场价值。

[F] 清算

无论对清算公司股东而言，还是对清算公司本身而言，公司清算时将资产转让给股东都是应税业务活动。股东实现的损益为所得清算资产的公允市场价值与所持清算公司股份调整后计税基数之间的差额。清算公司实现的损益则是转让给股东的清算资产的公允市场价值与该资产调整后计税基数之间的差额。

如果符合下述条件，就有可能使公司（非自然人）股东与清算公司之间的公司清算成为免税清算：(1) 股东持有代表清算公司 80% 表决权和 80% 价值的股票；(2) 清算公司破产清理分派是所有股份的全面注销或赎回；(3) 所有清算公司财产的转让都在同一纳税年度内发生；以及 (4) 清算公司资产公允市场价值超出其债务数额，以便使其股东放弃股权后能从与公司交换中获得正的收益。如果一家公司因财务状况不佳而希望清算（这是在经济萧条时期常见的现象），上述最后一条要求就变得非常重要了。

§ 6.04　合伙企业存续周期——关键纳税条款

这一节讨论合伙企业从设立到清算存续周期的纳税要点。

[A] 设立

向美国合伙企业投资的外国收购者可以从一个合伙人处购得现有合伙权益，或可以以资产换取新设立合伙或现有合伙的权益。如果选择后一种方法，须适用《美国税法典》第721条（a）款规定："在以财产出资换取合伙权益的交易中，合伙企业或合伙人不应确认收益或亏损。"相应地，法律规定概括了避免以财产向合伙企业出资换取权益产生可确认的损益的基本要求：（i）向合伙企业出资是"财产"；（ii）以转让财产换取合伙企业的权益。

依第一项基本要求，合伙人必须出资"财产"。美国国税局承认《美国税法典》第721条（a）款中的"出资"、"财产"和"换取"这些词没有一成不变的确切定义。不过，因《美国税法典》第351条涉及财产转让给公司以换取股份，美国国税局曾裁定第351条与第721条类似。正如721条一样，351条也未界定"财产"一词。然而，那些著名的"包括"和"除外"的判例权威性地揭示出这一专门术语包含任何可被转让的东西。

依第二项基本要求，出资的财产必须转让以换取合伙权益。这一规定对设立过程中发生的出资，或合伙企业已经设立并开始运营中发生的出资均适用。尽管可能符合721条（a）款的其他要求，但是向如果该合伙注册成为公司将被视为"投资公司"的合伙企业转让财产不适用该条（a）款"无损益产生"的规定。上述所指"投资公司"与351条所指投资公司的定义相同，包括：（1）受管制的投资公司；（2）房地产信托投资公司；（3）80%以上资产（不包括现金和不可转换债券）用于投资的公司，并且这些资产由可变现的股票或证券构成，或由持有的受管制的投资公司或房地产信托投资公司的权益构成。

[1] 合伙企业隐形销售

当一新合伙人投资入股一合伙企业时，该新合伙人和合伙企业都不产生应税收益或亏损。然而，这一规则存在例外。"隐形销售规则"（disguised sale rule）规定：当接受资产的合伙企业以现金或其他资产将入股资产返回入股合伙人时，该交易被认定为销售：该合伙企业在支付入股资产的对价。

这种形式的销售同任何其他形式的销售一样，自该合伙企业成为入股资产的所有人之日起，被视为应纳税业务活动。基于对所有事实和情况的综合分析，“如果不是为了”向合伙企业将财产入股，就不会有合伙企业向合伙人的现金或其他对价（直接的或间接的）的分派，并且现金或其他对价的分派或者与资产出资同时进行，或者独立于合伙企业经营的企业风险之外，则财产出资（除现金或现金缴纳义务）都被视为销售。

如果财产出资与分派同时进行，就不存在分派将无法兑现的企业风险，“如果不是为了”测试一般都能够满足。所以，实际上，所有同时进行的交易都属于隐形销售规则调整范畴，属应税业务活动。

向以财产入股合伙企业的合伙人转让财产或现金可以是销售交易，是应纳税业务活动，尽管该分派与财产转让未同时进行，也可能被认为是销售。销售是否发生有下述两种可推翻的假定：（1）为期两年之内的转让被推定为相当于销售，除非事实和情况确凿地证明无销售发生；以及（2）两年以上的转让被推定为不构成销售，除非事实和情况确凿证明相反。下面是首次关联转让发生日存在的10项“事实和情况”一览表，该表有助于证实隐形销售已经发生。所有这些事实和情况涉及对一个新合伙人进行补偿的正式的义务：

(a) 用首次转让时合理的确定因素决定后续转让的时间安排和数额；

(b) 转让人对后续转让有合法的可执行的权利；

(c) 合伙人取得现金和其他对价分派的权利在保证期内是有保证的；

(d) 某人已出资或有义务出资以使该合伙企业能向一个合伙人分派；

(e) 某人已放贷或有义务向合伙企业放贷（考虑到任何不确定性）以使该合伙企业能向一个合伙人分派；

(f) 合伙企业已承担或有义务承担债务以便向一个合伙人分派，并且考虑到该合伙企业实际上承担该债务的可能性；

(g) 合伙企业持有超过业务经营所需、预计用于分派的流动资产；

(h) 合伙企业分派、合伙企业分摊、合伙企业经营管理反映出拥有投入资产所带来的利益和负担的交换；

(i) 向合伙人分派的数额与其占合伙企业利润总和中一般和连续的份额明显不成比例；以及

(j) 合伙人无义务向合伙企业退还分派资产，或即使有此义务，该资产现值相对也很低。

还没有一个可以类比的事实清单用以反驳两年期内的转让是销售这一假定。不过，纳税义务人还是能够从缺乏这些要素的角度去证实销售没有发生。

隐形销售规定存在例外。担保偿还资本、优先回报和经营现金流分红都被假定不属于隐形销售，即使是在投资两年之内发生的。对于合格的合伙企业设立前费用支出的补偿不被视为销售的一部分。

[2] 计税基数和持有时间

合伙企业隐形销售规定可能更改持有其权益的合伙人计税基数和持有时间要求的规则，但除此以外，适用下述一般性原则：合伙人的合伙企业原始权益在合伙企业成立时的初始计税基数等于其转让给合伙企业的财产合计调整后的计税基数，该基数应扣减转移给合伙企业的债务。如果合伙人转让给合伙企业的财产在其本人控制时构成资本资产，该合伙人持有合伙企业原始权益的时间应包括其持有转让财产的时间。

合伙企业受让财产计税基数应与该财产转让人的基数一样，并随转让人收益的实现而提高，随转移给合伙企业的债务而调整。合伙企业受让原始资产的持有时间包括转让人对该资产的持有时间。

例 8

USAW 设立一新合伙——“合伙企业”，并以 1,000 美元调整后基数和 9,000 美元公允市价，向“合伙企业”转让资产换取该组织 50% 股份。

上述交易符合 721 条要求，故无论 USAW 还是合伙企业都无需纳税。USAW 取得以 1,000 美元为计税基数、价值 9,000 美元的合伙权益。合伙企业取得从 USAW 转让的以 1,000 美元为基数的受让资产。

[B] 合伙企业权益收购 / 转让

这一节讨论包括《美国税法典》第 708 条项下合伙企业“技术性终止”在内的合伙权益收购或转让的税务后果。

[1] 合伙权益销售或交换时损益的计算

合伙人须就向另一方出售或交换该合伙人合伙权益所得现金或其他资产计算收益

或亏损。如果所得资产公允市价大于售方所持合伙权益的计税基数，实现的收益为售方所得现金和资产的公允市价减去其计税基数。如果售方计税基数超过合伙权益交换所得现金和资产的公允市价，售方将从该合伙权益出售或交换中蒙受亏损。收购方所购的合伙权益初始计税基数等于为换股而付的现金和资产的公允市价之和。除下述情况外，即合伙企业进行了 754 条规定的选择（稍后讨论），或继销售或交换之后，合伙企业蒙受重大内在亏损（即合伙资产总公允市场价值显著低于该资产的总计税基数），合伙企业的资产计税基数不受合伙人向另一方出售或交换合伙权益交易的影响。

[2] 第 708 条——合伙企业技术性终止

从美国联邦税收角度来看，合伙企业一直存续直到终止，终止原因仅有两个，其中任何一个都可导致终止。第一，即合伙企业的经营不再继续进行，且其生产、财务经营或投资不再由任何合伙人继续经营时，该合伙企业终止。第二，在 12 个月期间内，发生了合伙资本和利润的 50% 以上（包括 50%）的出售或交换，从税收的角度来看，合伙企业终止［即“技术性终止”（technical termination）］。

合伙企业技术性终止不产生收益和亏损。被终止的合伙企业被视同向新设合伙企业投入其所有资产和债务，以换取新设合伙的权益。继而，原合伙企业则被视为清算（仅为税务的目的），向其合伙人派发新设合伙权益。

技术性终止规则的适用是主观的。首先，并非所有交易都属于合伙权益和资本的“销售或交换”范畴。正如我们所见，除非有某种投资补偿保证存在，向合伙企业投入资产并不构成销售或交易。隐形销售规则是例外情况。其次，技术性终止规则的适用是机械式的。只要符合规则的字面含义，就不会引发技术性终结。所以，合伙企业能够规划出一项避免技术性终结的交易。

[C] 合伙企业分派

合伙人从合伙企业处分获得清算以外的现金和合伙资产一般不产生应税收益或亏损。不过，该规则有例外存在。要求合伙人计算收益的两个常见的例外是：(1) 分派给合伙人的现金数额超过合伙人计税基数；(2) 合伙企业分派给某一合伙人的财产是另一合伙人投入合伙企业的不超过 7 年的内在升值的资产（即该资产的公允市价高于其投入时的计税基数）。合伙人合伙权益的计税基数因其被分派的现金金额或被分派的合伙资产调整后的基数数额而降低（但不能是负数）。如果合伙企业非清算性质地向合伙人分派除现金外的资产，该合伙人分得资产的基数应与合伙企业分派资产的基数相等。

例 9

USAW 是合伙企业合伙人，计税基数为 1,000 美元。20×× 年 1 月 15 日，合伙企业向 USAW 分派非清算性质的现金 1,200 美元。

USAW 分得 1,200 美元后其计税基数降为零。USAW 同时获得合伙分派款额所产生的 200 美元（1,200 美元减去 1,000 美元）应税收入。

[D] 合伙权益的清算

如果只是合伙人的合伙权益（不是整体合伙企业本身）终止，计算分派所产生的收益或亏损的规则和最经常适用的例外与适用于清算分派的规则和例外是相同的。不过，除非合伙权益清算中的分派仅由现金、未实现的应收账款和合伙库存组成，该合伙人在收到清算资产时是不会产生清算分派亏损的。

合伙人产生的亏损额可以是有限度的。全盘清算中，合伙企业分派给合伙人的财产基数是与此次分派前该合伙人合伙权益基数相等的。该基数因合伙人分得的现金数额而减少。如果一项以上财产被分派给合伙人，《美国税法典》规定了一套用全盘清算中分得的资产调整合伙人合伙权益基数的复杂公式。

[E] 第 754 条（选择性基数调整）

合伙企业常见的一个不可撤销的选择是“754 条选择”，该条选择一旦做出，就对选择当期纳税年度发生的所有合伙权益和资产向合伙人的转让与分派都适用，并且，对所有后继纳税年度内发生的转让与分派也适用。754 条选择一经生效，该合伙企业的资产基数就能随特定合伙人收购其所持的合伙权益进行上下调整，以便消除可分摊给某合伙人的资产的合伙人基数与合伙企业基数之间的差异。取消此种差异可以消除在合伙企业层面上人为地增加或减少收益（或亏损）。

大多数（但不是全部）合伙企业都采用 754 条选择。该选择获利的可能性远大于可能的弊端。不过，有两个不采用 754 条选择的主要理由：第一，采用该选择需要合伙企业加强对所有合伙人每一项资产基数活动的记录管理。合伙企业拥有的资产越多，会计成本就越高。第二，合伙企业采用该选择对每个合伙人的好处并不一致：该选择可导致一些合伙人（但并非全部合伙人）合伙权益的基数下调。

§ 6.05 其他关键纳税规定 / 关注点

美国业务实体的收购者应该了解其他重要的纳税规定和关注点。

[A] 实质重于形式

依照美国联邦所得税法，纳税义务人有权设计一项能减少其必须缴纳的美国联邦所得税额的交易，但该交易须依法运作，并且，所选择的交易形式须能反映交易实质。否则，美国国税局可以责令对交易重新定性，根据该交易实质进行处理，结果导致更高的税负。

[1] 分步交易规则

一种实质重于形式原则的具体体现是“分步交易规则”（step transaction doctrine），即将一项完整交易的各个步骤作为单一交易进行税务合并和处理。法院曾采用三种测验，来决定是否适用分步交易规则审理特定案情：“最终结果测验”（end-result test）、“相互依赖测验”（mutual interdependence test）和“有约束力的承诺测验”（binding commitment test）。符合其中一种测验，就可以将完整交易的各个分步交易进行税务合并和处理。

最终结果测验。如果各个预先安排的分步交易从一开始就是一个单一交易的组成部分，意在取得某种最终结果，适用最终结果测验。需要证明各方之间存在取得最终结果的协议或谅解，即使采取一种主观意图的形式。无论如何，政府都不能编造从未发生过的事件以便能适用分步交易规则。

相互依赖测验。这是“最终结果测验”的变异。因为，所有阶段交易都需要完成才行，所以，不合并分步交易，完整交易的各个分步交易就毫无意义了。如果法院认定一项交易的某些部分被用作隐藏或隐匿分步交易的相互依赖关系，就可能适用分步交易规则。反之，如果分步交易明显地毫无关联而各自独立，考虑到分步交易自身的完整性，就不适用分步交易规则。

有约束力的承诺测验。如果纳税义务人有义务完成连续的分步交易，这些分步交易又并非彼此独立，该些分步交易须作为单一交易进行税务合并和处理。

[2] 现金流循环

法院和美国国税局通常引用“现金流循环原则”(circular flow of cash doctrine)来审理案件，因为该原则实际上是分步交易原则三种测试的引申。法院和美国国税局经常在跨国重组中援引现金流循环原则。在这些重组中现金购买和销售是为了避免美国以外的税务影响，或满足税法以外的要求。

依据现金流循环原则，按事先约定最终将返还转让人的现金或流动资产的转让，将不予考虑。联邦所得税的处理办法将根据交易实质确定，而忽略不计现金或其他流动资产的循环。

“现金流循环原则”的重要法律依据是美国国税局 83-142,1983-2 C.B. 68 (1983) 案裁定，该裁定是针对涉及外国子公司的一宗交易做出的。在该案件中，纳税义务人拥有一家外国子公司(FY)，FY 也拥有一家外国子公司(FZ)。纳税义务人打算收购 FZ，但是外国法律禁止 FY 分派 FZ 的股份。于是，纳税义务人用现金从 FY 处购买 FZ 股份；FY 将超出其取得 FZ 股份所付现金的多余数额重新分派给纳税义务人。一部分用于返还纳税义务人购买 FZ 股份所支付的现金数额，剩余部分等于向外国政府缴纳的预提税数额。

尽管依据相关的外国法律，FY 购买 FZ 股份这一事实显然被视为独立阶段交易，但美国国税局还是裁定，当确定该交易联邦所得税上的归类时，不应承认购买 FZ 股份的现金转让(而不是 FY 向纳税义务人返还已缴纳预提税的现金分派)。从美国国税局的裁定可以看出(在此没有具体陈述)，它所关注的是整体交易中各个阶段交易的发生是否都有一个真实的、税务之外的商业理由。进而，美国国税局确定，FY 向纳税义务人返还已缴预提税款的现金分派存在上述理由，这是唯一一项 FY 实际上用自有资金支付的分派(与返还纳税义务人自有资金相反)。于是，美国国税局裁定，分析该交易联邦所得税归属时，不承认上述二笔现金交易，即纳税义务人向 FY 支付的和随后返还的等额现金。

[B] 债权与股权

投资者向经营实体投资有两种方式：放贷和收购。投资方式不同，税赋负担也不同。譬如，公司可将债务利息所得作为一般和必要营业支出从税赋中扣除。但是，公司向股东分配不会减少公司的应税所得。由于现今存在许多混合证券，增加了准确区分债权与股权的难度。如果美国国税局有相关事实支持其联邦所得税的归类，法院和美国国税局就能自行改变投资人或经营实体混合证券的税务归类与处理。

虽然法律授权财政部长制定有关债务和股权的规则，但是，还是没有权威性的“债务”法定定义，也没有判断公司或合伙企业的权益或合伙权益是被当成股权还是债务的规则。《美国税法典》第385条为上述问题立法提供了一些需要考虑的要点：(a) 是否有作为支付固定利息适当对价的请求即付，或在既定日期支付约定金额这一书面的、无条件的承诺；(b) 是否从属于或优先于公司的债务；(c) 公司债务与股权比率；(d) 是否有可转换公司债券；以及 (e) 持有公司股份和持有上述权益的关系。每一判决都要经个案审理，并在法院和美国国税局的自由裁量范围内做出。

[1] 债务/股权：判例法

法院运用“事实和情形”综合测验（overall “facts and circumstances” test）来分辨债务和股权。从判例法中形成的要点如下：

(a) 证明债务的文件名称；
(b) 是否有到期日；
(c) 付款来源；
(d) 强制支付本金和利息的权利；
(e) 参与管理；
(f) 地位（即从属程度）等同于或次于非关联公司的债权人；
(g) 当事人的意图；
(h) 资本的“不足”或充足（即少许或没有股权）；
(i) 债权人和股东的权益是否相同；
(j) 仅用红利付息（而不是用营业利润）；
(k) 借款人获得外部贷款机构贷款的能力；以及
(l) 债务人使用预付款购买资本资产的程度。

这些同等重要的因素只用来指导法院决定下述基本问题：当事人是否善意地打算建立一种与经济实质相符的债务人与债权人关系；在这种关系中债权人能否合理地期望得到偿付。

[2] 债务/股权：美国国税局公告

在94-47，1994-1 C.B. 357通知中，美国国税局主要依据判例法宣布它对混合金融证券形式持有的观点，即在税务上按负债处理的债务，财务会计上可按股权处理。通知指出美国国税局审理过程中要同等考虑下述因素：(1) 证券发行人是否无条件承诺请求即付确定的金额，或在既定的到期日支付约定金额；(2) 证券持有人是否有权强制执行还本付息；(3) 证券持有人的权利是否次于普通债权人的权利；(4) 证券是否赋予持有人参与发行人管理的权利；(5) 发行人是否债务过高；(6) 证券持有人和发行人股权持有者是否是同一主体；(7) 当事方置于票据上的标签；以及 (8) 如果向税务以外的管理或评估部门呈报，或编制财务会计报表，当事人打算将证券按负债处理，还是按股权处理。

[C] 债务免除的影响

债务免除一般认定为应纳税收入。不过，纳税义务人能够按照《美国税法典》第108条规定的有限情况下，从毛收入中扣除债务免除收入。两种例外情况分别是：《美国税法典》第11章（11章情形）所涉及的纳税人破产事件中的债务免除，以及纳税人资不抵债（但尚未达到破产临界点）事件中的债务免除[12]。如果某项债务的清偿会导致扣除额增加，则该债务的免除是不能作为收入的。

如果发生11章情形或资不抵债情形，从应纳税收入中扣除“债务免除收入”（即免除债务所得）后，纳税义务人须依下列顺序减少下述应税项目：营业净损、一般商业信贷、最低税负信用、资本损失结转、纳税义务人持有的资产基数、非生产经营活动损失和信用结转及外国税负信用结转。不过，《美国税法典》也为纳税义务人提供了优先减少可折旧资产计税基数的选择权。

纳税义务人能依据《美国税法典》第108条的其他规定，最低限度地减少或抵消从事特定交易取得的债务免除收入数额，尤其是针对债务向债权人偿付有价值的财产时。譬如，若股东向其公司放贷之后，该股东未要求公司偿还贷款，而是将贷款作为公司的资本，就适用《美国税法典》第108条第（e）款第（6）项的规定。在该交易中，公司并未向投入资本的股东发放相应的新股份。此案中，公司视为已偿还等于放贷股东调整后计税基数数额的贷款数额（并且未进行债务免除）。不过，即使适用《美国税法典》第108条（e）款（6）项，取决于调整后计税基数和贷款数额，公司仍有可能取得债务免除收入。

负债的公司或合伙企业可向债权人转让股份，也可转让资本权益或利润，以此偿还

[12] 在此，“资不抵债”意指清偿前夕，纳税义务人的资产公允市场价值低于所负债务。

贷款。然后，该贷款被视为已用上述股份或权益的公允市价等值的金额偿还了。如果上述股权或权益的公允市价低于所贷款额，该差额为公司或合伙企业取得的债务免除收入。

债务人可发行低于原始贷款金额的有价债券，但却旨在偿付原始贷款。如果新债券的发行价低于原始贷款额，公司或合伙企业就实现了债务免除收入。

[D] 无形资产摊销

几乎每一实体收购事件都会有无形资产收购发生。《美国税法典》第10章第197条专门规范了无形资产，包括：商誉、持续经营价值、不竞争承诺、特许权、商标、商号、专利、版权、配方、程序、设计、模式、专有技术及格式。在某些情况下，纳税义务人有权将无形资产调整后基数自被收购当月起15年的期间内予以摊销。鉴于纳税义务人的无形资产调整后基数的摊销会减少该计税基数，而该基数又是计算该无形资产未来销售所得收益或亏损的基数，摊销的效果就是减少了纳税义务人相当于摊销数额的应税收入。《美国税法典》其他部分也涉及用于折旧或摊销的无形资产，但是，只要它们符合第197条定义，就适用第197条规定。

[E] 无价值股票和坏账扣除

这一段阐述有关对“无价值”股票和“坏”账产生亏损进行扣除的规定。

[1] 无价值股票扣除

纳税义务人有权扣除纳税年度内所蒙受的、尚未得到保险赔偿或其他方式补偿的所有亏损，例如无价值股票的扣除。与债务不同，证券不可能部分无价值，要么无价值，要么有价值。

“证券”包括下述形式：公司股份、取得公司股份的权利，以及公司发行的支付固定或可确定金额的、附息或记名的债券、票据或其他债务凭证。用于扣除的金额，不能超过计算资产销售或其他处置产生亏损的调整后基数。亏损扣除须在亏损发生当年完成。

无价值股票税务处理存在一些不同之处。在纳税年度内，凡作为资本资产[13]的证券因变得无价值而蒙受的损失，均被视为该资本资产销售或交换的损失。因此，纳税

[13] 股权和债务票据始终是投资者的“资本资产”。征收从资本资产实现的应税收益或损失所得税时，其联邦所得税率比从非资本资产实现的应税收益或损失的税率要低。

义务人产生资本损失。然而，如果一家公司被认定为附属于一家作为国内公司的纳税义务人，对该公司持有的所有证券就不会被视为资本资产。相反，纳税年度内发生的上述非资本资产的证券因变为无价值而带来的损失，只能作为一般损失（而不是资本损失）扣除。

凡申请证券无价值认定的纳税义务人均负有举证责任，即证明该证券既没有清算价值，也没有潜在价值。检验方法是：一个谨慎的商人是否同意纳税年度内可作亏损扣除的附属公司的证券全部无价值。

如果公司债务（包括或有债务）超过资产（不考虑税收因素）的公允市场价值，该公司应被认定为无清算价值。如果经可确认事件确定，当公司未来无望变得有价值时，该公司就不存在潜在价值了。所谓“可确认事件”必须是下述事件：“对一个正常人而言，该事件明确证明，在该事件后无论是以销售、清算或其他方法，都无法使其投资所得的证券实现任何价值。”然后，必须有足以证明公司已不再有价值的显而易见的一个或一系列事件存在。可确认事件包括资产销售。

虽然，可作亏损扣除的无价值股份的出售可能与“无价值股票”概念相矛盾，但是，如果将无价值看成是在特定时点上的事实判断，这一概念就与该出售可以调和。无价值判断须以正常人对特定时间内发生的事实的合理解释为基础，不能依据“后见”之明。因此，以名义价格投资某一股票不能自动排除先前的无价值判断。

[2] 坏账扣除

与证券不同，如果仅部分债务可以得到偿付，那么，某一纳税年度的债务有可能部分无价值。用以扣除的亏损数额不能超过债权人债务调整后的基数，该基数需减去前一纳税年度坏账扣除后的基数减少的部分。债务无价值确定和坏账扣除时间的规则是基于相关的事实和情节做出的，与确定无价值股票的扣除方式相同。

成为无价值债务后能被扣除的债务必须是债务人和债权人之间真正的债务，这种债权人和债务人之间真正的债务是以偿付固定的或可确定数额的现金这一有约束力和可强制执行的义务为基础的。税务归类上不把馈赠和捐款认定为坏账。不过，如果基本事实可以证明一部分或全部债务永远不会被偿付，扣除时即使尚未到期的债务也不会成为纳税义务人扣除坏账的障碍。

附件 6–A

税务尽职调查清单

A. 税赋

定义：

“政府部门”指国内的、外国的或联合体的、州属、省属、地区的、自治的或当地的政府或行政机构，包括法院、裁判庭、代理机构、行政局、委员会、董事会、管理部门、行政机关、委员会或由前述部门组建或任命的执行机构。

“人”指自然人、公司、合伙企业、有限责任公司、社团、行业集团公司或其他实体或组织，包括政府部门。

“税赋”指：(i) 收入所得、总收入、资本收益、执照、占用、工资薪金、雇工、专营权、自然资源开采、印花、占有、保险费、意外利润、天然景观（包括 59 款 A 条项下的税赋）、关税、股本、特许权、未注册企业所得、利润、预提款、信息、社会保险（或与其类似的保障）、失业救济、病残救济、工伤赔偿、不动产、私人财产、无主财产、不合理价格、销售、使用、转让、登记注册、增值、交替或合并最低限额、累计所得、私人控股公司所得、应税估算或政府部门征收的任何种类预算或评估的其他税赋，包括不管是否存在争执的利息、罚金、应税款额或其滋生的其他收益；以及 (ii) 与上述 (i) 所罗列税赋有关的契约或协议债务。

“纳税申报”指与税赋有关的申报、公布、呈报、请求退还、信息反馈或声明，包括所有明细表及其附件，也包括对其的修订说明。

税务尽职调查要求清单：

1. 提交所有截止【　】或继【　】之后应税期间已呈报的纳税申报复印件，和其他没有期限限制的纳税申报复印件。提交所有审计报告和与此相关的通信凭证，或注明未曾发生过审计或通信。

2. 确认外在股票的基数与内在资产的基数相等。
3. 提交所有与企业开发区有关的文件，或有关【 】类似的免税、减税或退税方案的复印件。描述所有迄今为止已取得的现行契约权益及【 】的潜在债务（是扣除、既往或未来权益损失，还是其他形式的减少）。描述是否资产或股份的转让或推定转让可导致延续权益的损失或改变，及描述证明保留上述权益的所有承诺、凭单或程序。
4. 提交一份【 】应付的所有税赋和管辖部门（包括短缺税额赔偿）的综合清单。
5. 描述有关【 】的当期税赋审计争点（联邦的、州的、地区的、财产或外国的），并提交近 5 年内所取得的收益、特许权、销售和使用、财产和工资薪金的税赋审计报告复印件，或注明一无所得。
6. 提交详细描述热议税赋争执的解决方案，并附带提交估税通知、税务调整报告、通信等复印件，或注明未有任何争执。上述税赋争执涉及联邦、州、外国、地方等部门有关【 】的宽限期或税目的悬而未决的重复税赋手续。
7. 提交近 5 年内收到的有关【 】税务结案书或类似的报告（联邦、州、地方或外国的）复印件，或注明未收到此类文件。
8. 提交公司章程、细则，及任何其他解释【 】已发行股票的表决权和经济权利文件的复印件。
9. 提供所有有关【 】的期权、限制性股票、迟延股票、认股权证或其他股票激励协议的复印件，如果有股票增值权或账面股份协议计划，也需附带提交复印件。提供所有税前付酬计划、安排或协议的复印件。
10. 提供所有有关【 】的权益关联的买卖协议、封闭公司协议、表决信托协议，或其他类似类型的协议复印件，或注明无前述类型协议。
11. 提供所有【 】为当事一方的股东债务凭证复印件，或注明无此凭证。
12. 提供可转换为【 】股份的证明外部准债权人债权的债务凭证复印件，或注明无此债务。
13. 提供所有以没有被票据或票据以外形式证明的对股东的【 】债务计划安排表，或注明未有前述计划安排。
14. 提供一份【 】所有现任股东名单，附录依据 6043 条或 6043A 条呈报应税股份交易所需的全部信息和报表清单。提供既往 24 个月内向股东分配红利情况摘要，或注明未曾分配红利。描述自【 】起曾向股东支付红利以外的款项。
15. 提供所有有关【 】为当事一方的公司兼并、股票购买，或资产购买交易文件，或注明未曾发生前述交易。

16. 提供自【 】起【 】股权变更及与382条限制有关的股权变更细目。提交所有联邦和州属NOLs、结转抵税及类似的税赋属性项目的明细清单，并说明预期交易完结后，【 】是否可采用上述会计处理办法。
17. 提交既往5年内【 】已付或应付税款的管辖部门（外国的或国内的）名单。
18. 提交为【 】各州按比例摊派资料和要素的文件复印件。
19. 描述除联邦统一所得税申报外，【 】呈报的按综合、混合或统一起征点计税的所有纳税申报，并附录前述申报所涉及交易的经营实体名单。
20. 描述即使【 】未呈交纳税申报，【 】是否依然对哪个辖区负有何等纳税义务，及是否存在【 】应向或可向其纳税的辖区政府机构已经提起或能合理提起的诉讼。
21. 提交包括到截止结算日仍不能全部清偿的【 】债务在内的当期纳税起征点调整平衡表。提供所有无形资产和知识产权清单并对其估值。描述是何时及如何取得无形资产和知识产权的。
22. 提交由【 】呈报的已选择税赋选项的，或注明无可选择的文件复印件。
23. 提交所有由【 】或代【 】呈报的，最近5个纳税年内有关会计方法变化的美国国税局3115表，或注明该期间会计方法一如既往。
24. 提交所有致税务主管部门有关【 】的裁定或信函裁定请求函复印件，或注明未曾提出过类似请求。
25. 提交所有【 】收到的税务主管部门发来的裁定或裁决书复印件，或注明未曾收到过类似文件。
26. 提交【 】的欠税说明，或注明已完税。
27. 提交与【 】相关的所有税赋备忘录、意见和其他有关税务研究提要复印件，或注明无此类文书。
28. 概述【 】的泄露税目或征收范围，或注明无一泄露。
29. 描述所有由【 】或代【 】呈报的纳税申报及/或报告不属实、不确切和不全面的理由。
30. 描述所有【 】欠缴的结算日前应付但未付的税款。
31. 描述所有【 】须于结算日后第90日，或90日内呈报的纳税申报。
32. 提交证明【 】欠缴税款低于账面税款准备金的详尽材料（与反映账面和实缴税款时差的延付税款准备金不同）。
33. 描述税务机关就【 】资产收支表上税款准备金不足一事所做的查询，提供资料要求、查账、审计、欠税追征、核定或责成核定、提议或主张（暂时的或确定的）。

34. 描述核定【 】税务有待解决的取消期限请求。
35. 描述对【 】财产或资产、不动产或动产、有形或无形资产的税赋留置安排（除纳税期限还未到期的财产税留置安排之外）。
36. 描述【 】是否负有偿付另一方代缴税款的合同、协议、主导合约或其他协定的义务。描述税款分缴或类似的安排，及目前或在最近4年内，【 】是否是下述规定的合同、协议、主导合约或其他协定的签约方或受约方（不管书面与否，及包括法律规定或允许的任何安排）：(i) 偿付或代另一方纳税；(ii) 负担另一方源于下列税目抵减免所得收益，即：营业净损、资本净损、投资税收抵免、外国税收抵免、慈善募捐税收减免，及任何其他形式的税收抵免或抵税潜值项目（包括从低计税税目税收减免和抵免）；(iii) 必须或允许向【 】转让或分派所得、岁入、收入或收益。
37. 注意【 】已经是为纳税目的任何附属的、其报表被合并的、合并或统一的集团公司成员时的时间阶段。描述每一阶段集团公司的情况。描述【 】是否负有财政条例1.1502-6款项下担保他人税赋的义务或潜在义务。
38. 提交详细的公司间往来账目清单（包括应收账户、应付账户、无形资产账户、特许或许可协议账户、租赁账户、佣金收付账户、管理服务账户），并标明上述账目所使用的货币。
39. 描述含【 】在内的公司之间内部合同协议。
40. 描述所有源于【 】是当事一方的公司间交易而获的所得、收益、扣除、亏损或类似项目，是实现项目还是发生项目。标示延期债权债务项目及其所列入的单项账户。
41. 描述所有按分期纳税计算方法已报告收益的销售，和【 】从或继结算日起须实现应税收益的销售，及其他在结算日前由【 】达成的可导致结算日后【 】欠税的交易。
42. 描述财务报表中列入【 】混合资产负债表上的“延期纳税”或类似迟延支付项目中的税赋准备金情况。分别标示或逐项列明每项款额。
43. 描述【 】独立合同方关系并提交美国国税局1099表格复印件。
44. 描述依公认会计原则已经发生（或任何其他为【 】采用的会计方法），但还未实现应税结果的任何超过10,000美元的所得。
45. 描述【 】或其股东是否曾参加或配合实施第999条界定的国际联合抵制行动，或是否因某一交易或草拟交易的需要而参与。

46. 描述所有交易当事方所期待到期的销售或转让税。描述【　】股东取得与该交易有关的股票转让所需的销售税证明或其他政府批文的方法。
47. 提交自【　】起【　】呈报的无主财产报告复印件，或注明无此类报告。
48. 提交证明【　】所有销售、失业、社会保险、特许权和其他税赋的完税文件。
49. 提交所有自【　】起【　】缴纳的不动产税赋记录复印件。
50. 描述能否取得免税单。
51. 描述所有截止或继【　】起期间内【　】纳税申报中重大资本或非资本亏损的复议请求。
52. 标示编报【　】纳税申报、营业许可及年终报告的责任人。
53. 提交包括基准期在内的自1997年起关于诉求研究的抵免计算的所有资料。提供任何其他税收抵免的详情 [投资税收抵免、外国（州）税收抵免、开发税收抵免，或其他抵免结转数额]。预期交易会导致丧失研究抵免机会或改变基准期研究经费吗?
54. 提交所有【　】投资经商的国家名单，不管是否负有纳税义务，包括寄售盘存的国家和盘存数量。
    a. 向美国以外客户销售的，须提交咨询、磋商及完成销售的梗概，是否该销售由【　】雇佣的推销人员来完成，及是否该推销人员需亲临境外。
    b. 描述【　】在美国境外是否有办公地点或固定的营业场所。
55. 描述包括详细解释转移定价的计算在内的【　】转移定价政策。
    a. 提供与转移定价并存的相关责任的概述。
    b. 提供曾与税务机关书面沟通的转移定价争议概述及现状或解决这些争议的概述。
    c. 提供所有公司间转移定价协议（包括公司间服务协议）或其他文件。
    d. 提供所有关于知识产权开发的附条件成本分担协议及知识产权许可证复印件。
56. 相关关税（进口 / 出口）：
    a. 提供【　】关税政策和程序的梗概。
    b. 提供截至或自【　】起所有应税期间已缴 / 征关税分类概述。
    c. 提供所有涉及关税的既往或现行的纠纷或估税概述。
57. 提交截至或自【　】起所有应税期间由【　】向各个税务机关呈报的全部增值税申报材料。
    a. 描述是否有税务机关对【　】所缴纳的增值税存有异议。
    b. 提供外国财务报表（即法定账目）与定期增值税申报上反映买卖数额的调

节账户。

58. 提交截至或自【 】起所有应税期间的，由【 】呈报或与【 】相关的美国国税局1118、5471、5472、5713、8865表，及TD F 90–22.1表。

a. 提供所有证实上述报表的书面材料。

b. 提示【 】外国税收抵免的核算份额。

c. 提示【 】类似FSC/ETI出口销售优惠措施属减免的核算份额。

59. 提交截至或自【 】起由【 】呈报或与【 】相关的所有应税期间预提税申报材料和报表，包括美国国税局1099、1096、1042、1042S及W–8表。

60. 提供依第367条呈报的涉及【 】的实现收益协议。

61. 确认所有【 】管理人员和雇员都是美国居民。

62. 描述【 】是否以非货币功能代金券结算交易。若是如此，提供设置现存资产起征点的代金券交易日期。

a. 描述外币风险对冲程序。

b. 罗列涉及【 】非美元标价的贷款或公司间赊欠项目。

63. 描述【 】是否已诉求所得税收协定权益（包括有关永久住所的协定申报身份事宜）。

a. 描述相关协定和协定申报身份。

b. 描述诉求相关协定权益的实体是如何具备享有该协定权益的条件的。

c. 提供所有居住证件。

64. 提交所有已由【 】或代其请求或接收的外国税务裁定（例如免税期、特定调拨定价协议）的复印件。

65. 描述所有使【 】收益的特定外国的或其他税收优惠措施。

66. 提供截止或自【 】起应税期间所有外国税收审核情况梗概（不管是现行的、已决的，或尚未解决的），提交已收到的有关该审核的税务机关报告复印件、所有结审信复印件，及放弃延长法定诉讼时效权利声明的复印件。若无正式行文，提供所有潜在争议核心的概述和可能卷入的分歧和数量的概述。

67. 提示经或代【 】估出的外国税务安排选择方案（例如，提高位于某一外国管辖区内的应税资产账面价值）。

68. 提示第199条项下【 】核算部分（国内生产活动）。

第7章

美国的国际税收制度

Paul M. Schmidt 和 Michael W. Nydegger

§7.01　概述

税收对于一个成功的企业来说可能是一项重大的支出。在美国，联邦公司税率是35%，将联邦和地方税收结合起来，公司税实际税率可达约40%，是全世界公司税率最高的国家之一。对一个国外的收购者来说，由于在母国对重叠部分的收入存在着征税的潜在可能性，如此高的税率可能还会加剧。双重征税会对公司运营的底线——即投资的税后回报——产生灾难性的后果。不幸的是，由于在投资被证明成功之前，进行税收筹划没有明显的必要，所以收购者经常会拖延税收筹划和税收结构设计。

对税收筹划持“观望”态度的问题是可能会造成拖延，使得今后实施税务筹划要么太晚，要么代价太高。长期的税收筹划和税收结构设计应当在收购的时候就进行。

对设在美国的公司或者公司集团进行海外收购可能会导致有意义的税收协同效应。例如，除了很高的公司税税率外，美国与很多国家的管辖权不同，还对全球收入进行征税。总的来说，以国外为基地的跨国公司比以美国为基地的跨国公司有一个更低的全球实际税率。当一个以美国为基地的跨国公司变成一个以国外为基地的跨国公司时（依据一个反向并购交易或者外资收购），通常会产生减少作为一个以美国为基地的公司的税收负担的协同效应。因为存在对外国母公司或分公司的可扣除的支付，所以即使以外国为基地的跨国公司的美国业务仍需支付美国的税收，这种协同效应依然存在（在收入接受者有资格享有与美国的收入税收协定好处的范围内，代扣所得税在某些情况下可能减少）。

随着时间的推移，外国的业务运营可能会从美国税务管辖范围挪到国外管辖，将享有低于35%的美国联邦税率。公司也可能向美国以外拓展业务，当业务扩展到外国管辖范围内，或者公司总部所在地属于国外管辖，该新业务机会将按比较低的税率收税。因此，即使是在可能禁止的场合下，不管是因为成本或者其他的原因，将现有的外国业务挪到美国以外，那么在美国以外的发展机会将几乎肯定会构架于一家外国母公司旗下，以便可以获得较低的、非美国税率的好处。

正如下表所示，相比于反向并购之前的实际税率，前者设在美国的跨国公司从协同效应中受益，至少减少了30%的实际税率[1]：

---

[1]　这个缩减量符合财政部提交国会的2007年11月的《利润削减、转移定价和美国收入税协定》，其中表明反向并购公司的全球实际税率减少了1/3。

反向并购公司	反向并购的年份	反向并购前实际税率[2]（%）	当前实际税率[3]（%）	变化百分比（%）
福斯特惠勒公司（Foster Wheeler AG）	2001 年	29.5	15.6	(47.1)
库柏工业有限公司（Cooper Industry,Ltd.）	2002 年	34.5	23.7	(31.3)
英格索兰公共有限公司（Ingersoll-Rand Plc）	2001 年	34.1	19	(44.2)
泰科国际有限公司（Tyco International Ltd）	1997 年	34.2	23.4	(31.5)

美国的税收规定可以分为两大类：具体针对国际业务和外国人在美国进行商业活动（境内税收）[4]；美国纳税人在国外进行商业活动（离岸税收）[5]。两者对外国人收购美国公司都是非常重要的，因为境内税收规定是针对外国人收税，而离岸税收规定是针对任何已经存在的美国公司的国际业务。另外，某些基本原则是适用于美国的国际税收规定的基础，其中包括居住权、企业分类和所得税条约的适用。本章将首先讨论这些原则，然后讨论适用于境内税收和离岸税收的基本规则。

在本章第一部分中讲到的四类外国并购之后，本章 §7.06 部分将具体讨论不同方式的国外收购的税务影响。为了更好地理解 §7.06 部分，一些必要的术语和概念在本章前四部分中进行了定义和解释，而那些对基础税收概念比较了解并将重点放在收购筹划的税收影响上的读者，可以直接阅读 §7.06 部分。

§7.02 美国的国际税收制度：总则

通常，国家行使征收所得税的权利有两个基础：一个是居住权（residency）；另一

[2] 反向并购前实际税率分别是指表格中的公司在下述期间的实际税率：（1）福斯特惠勒公司——2000 会计年度；（2）库柏工业有限公司——2001 年；（3）英格索兰公共有限公司——2000 年；（4）泰科国际有限公司——到 1997 年 9 月 30 日为止的 12 个月期间。

[3] 当前实际税率分别是指表格中的公司在下述期间的实际税率：（1）福斯特惠勒公司——2008 年；（2）库柏工业有限公司——2008 年；（3）英格索兰公共有限公司——2009 年第二季度；（4）泰科国际有限公司——2008 年。

[4] 目前美国联邦收入税系统是基于 1986 年的《美国税法典》的修正案（《美国税法典》），《美国法规》第 26 章。大多数“境内”国际税收规则规定集中在《美国法典》第 26 章第 861 条至第 898 条。

[5] “离岸”国际税收规则规定集中在《美国法典》第 26 章第 901 条至第 999 条。

个是收入来源（income source）。

[A] 居住权

美国的税收是基于美国居民个人和企业的居住权及所有其他纳税人的来源（例如非居民的外国个人或公司的纳税人）。美国对所有“美国人”的全球收入征税，而不管收入在哪里发生[6]。美国人包括美国公民、有居留权的外国人、按照美国法律或者州的法律设立的企业[7]。

相反，非居民仅对其来自美国的收入纳税。因此，一个美国业务的非居民所有人可以仅对其来自美国的业务收入纳税，不管是以红利、利息的形式，还是以业务直接带来的收入的形式。然而，这一原则有很多例外。

[B] 个人

公司和个人的税收规定是不同的，而税收协定主要是针对公司的。但是，在美国的收购过程会影响必须要长期居住在美国的管理人员和其他员工的税收状况。

个人通过获得“绿卡”或者通过“实质居留”（substantial presence ）检验的方式成为美国的居民[8]。“实质居留”检验必须满足以下两个条件之一：在一个纳税年度在美国至少居住 183 天，或者当年在美国至少居住 31 天并且在当年结束的最近三年期间在美国居留“相当的时间”[9]。一系列其他的规则为美国联邦税收的目的对美国的“居民”进行了进一步的定义，包括更为具体的情况下确立税务居民身份的规则。

例1

阿哈默德是沙特阿拉伯居民，沙特阿拉伯和美国没有签署有效的所得税协定。阿哈默德被沙特钢铁公司雇用，该公司尝试收购一家美国的炼铁企业。阿哈默德开始在美国长期居住以进行交易的谈判，在 2009 年居住了 190 天。这段实质居

---

[6]　美国并不是唯一采取这种方式征税的国家。其他对其居民的全球收入征税的国家是：澳大利亚、巴西、加拿大、中国、印度、乌干达、英国和俄罗斯。

[7]　美国是唯一对所有公民征税的国家，即使该公民永久居住在国外。

[8]　税收上的美国居留权与移民上的居留权有很大的区别，并且门槛明显较低。持有美国工作许可或者“绿卡”的个人，将自动成为美国征税的对象。详见本书第 16 章关于移民问题的更为详尽的讨论。

[9]　为此目的的“实质居留”期间是指以下三者天数总和达到 183 天：(1) 第一年在美国居留天数的 1/6；(2) 第二年在美国居留天数的 1/3；(3) 当年在美国居留的天数。

留使他在2009年成为一个美国居民，因而他的全球收入都须缴纳美国所得税。

例2

布鲁诺是巴西居民，巴西和美国没有签署有效的所得税协定。布鲁诺为巴西咖啡公司工作，该公司和美国的咖啡经销商谈判签订一个新的销售协议，于是布鲁诺2009年在美国居住了240天，2010年居住了165天，2011年居住了90天。布鲁诺2011年在美国居住超过31天，并且2009年1/6的天数（40）、2010年1/3的天数（55）、2011年的天数的总和是185天。这段实质居留使他在2011年成为美国居民，因而他的全球收入都须缴纳美国所得税。

[C] 企业实体

跟个人一样，企业可以分为美国居民和非美国居民。企业居住权仅基于公司的注册地而确定。因此，任何依据美国某一州的法律设立的企业都是美国国内企业。任何依据外国法设立的企业都是国外的公司[10]。和世界上其他国家的管辖不同，美国并不把焦点集中于一个企业的管理和控制来确定居住权。

[1] 企业实体的分类

不管居住权如何，出于美国联邦税收的目的，所有企业可以按以下方式划分：公司、合伙、不视为与所有人相脱离的非独立实体（一个“非独立实体”有时也被称为一个“分支机构”）。公司可能会有一个或多个所有人。仅当企业只有一个所有人时，它才可能会被认为是非独立实体。合伙则要求有多个所有人。出于联邦收入税的目的，州法律会影响一个企业是被作为公司、合伙还是非独立实体。

仅有公司的收入才可以征税。合伙和非独立实体（被称为“传递型”或者“透明”实体）所得的收入由所有人享有，之后对其所有人的收入进行征税[11]。另外，公司给股东的红利对股东来说也是可以征税的，或者也可能作为代扣美国所得税。因此，公司

[10] 这一原则有以下两个例外：(1) 在下文 §7.06[C][3] 讨论的反向收购的情形下；(2) 某些合股企业（外国股票和一家美国公司的股票“合订”在一起，“合股”指的是由两家互相不能分离的公司的股票组成）。

[11] 有一种特殊形式的公司叫做“S章”公司或者“S类公司”，这一形式的公司是为小企业享受传递型实体待遇而设计的。关于S类企业的规定数量很多并且很复杂，对美国的目标公司进行尽职调查的时候，调查该目标现在或曾经是否被分类为S类企业是很重要的。一个S类企业没有资格进行公开交易。正如下面将讨论的另一类形式的公司——“有限责任公司”，为了美国税收的目的也可能被提供传递型实体待遇。尽管合伙通常是传递型实体，但某些合伙可以进行公开交易，在这种情形下，合伙可以像一个公司一样在企业层面进行征税。

的收入在两个层面上进行征税：一是公司层面；二是股东层面。然而，合伙或者非独立实体的收入只在一个层面上征税，即所有人。

[a] **默认的分类**

在美国，依据州法律设立的企业被分类为公司（corporations）。依据与美国各州有关公司的法律相同的国外法律设立的实体被分类为公司（corporation）并且也是“本质上的”公司（“*per se*” corporation）。比如，普通的本质上的公司包括欧洲股份责任公司（European Societés Anonymes）及类似的公司。其他类型的实体可以选择分类，将在 §7.02 [C] [1] [b] 中进行讨论。

[b] **可选分类**

不符合“本质上”的公司的企业可以通过所谓的“划勾选择”（check-the-box）机制选择分类[12]。这些“划勾选择”的企业在受到某些限制的前提下可以选择使其被视为一个公司、合伙（当有一个以上的所有人时）或者非独立实体（当只有一个所有人时）。一个美国有限责任公司（LLC）可以在划勾选择的机制之下选择自己的分类，大多数国外的企业也可以做出这样的选择。

出于美国联邦税收的目的，所有企业都有自己默认的分类。一个美国的合伙或者 LLC 默认为有传递型企业资格。所有人享有有限责任的外国企业默认分类为公司，但经常是可以“划勾选择”以重新确定其企业资格。所有“划勾选择”的企业可以通过填写美国国税局的 8832 表格来更改自己的分类，但是频率不能超过五年一次。

[c] **企业分类的影响**

企业的分类影响收购前后的税收待遇。一个国外所有人在美国企业是传递型企业时，被视为直接参与企业，当该美国企业是公司时，则成为第二层面上的税收对象。

由于企业分类和税收待遇之间的关系，在某些情况下通过使用外国控股公司（例如与美国有收入税协定的国家管辖的公司）来收购美国企业可能更为理想。当一个控股公司兼具美国企业的外国所有人和美国企业自身的特点时，该控股公司就有资格基于税收目的选择自己的分类，可以作为一个公司或者一个传递型实体，尽管在国外法律之下它可能属于不同的分类。

企业在美国因与国外目的不同而受到不同的对待，这类企业称为“混合”企业（在美国法律之下作为传递型企业，但在国外法律之下作为公司）或者“反向混合”企业

---

[12] “划勾选择”政策是美国独有的，并且是对通常注重实质超过形式的政策的实质背离。“划勾选择”政策被很多美国立法者所诟病，并且近年来有提案限制其实用，但是没有一个被慎重考虑过。

(在美国法律之下作为公司，但在国外法律之下作为传递型企业)。这些所谓的“混合”和“反向混合”企业在收购或者设立美国企业的税收筹划上有很多用处。

例 3

德国公司在德国设立，又在卢森堡设立了有限责任公司作为其全资子公司(卢森堡公司)。卢森堡公司收购一家美国目标公司。它为了美国税收的目的申请划勾选择方式成为非独立实体。卢森堡公司在德国和卢森堡是作为公司的，但是为了美国的税收目的却是作为非独立实体的。这就是一个混合企业。

混合和反向混合企业在一国税法之下可以用来省去某些公司之间的交易，但是相同的交易在另一个国家的税法之下却不能省略。

例 4

美国公司成立了一家英国子公司，是英国的私人有限公司。英国子公司为了美国税收的目的申请划勾选择方式成为非独立实体。美国公司借款给英国子公司。利息偿付在英国是可以扣除的，但是为了美国税收的目的却是被忽略的。

根据不同的情况，混合和反向混合企业可以以多种方式被使用，特别是对美国目标公司的非美国子公司特别有利。例如，混合和反向混合企业可以为了外国税收抵免筹划而将多个企业的收入和利润予以合并（下文将进行讨论)。

[D] 与美国的双边税收协定

美国收入税收协定在外国个人或企业收购一项美国业务时适用。美国已经签署了将近 60 个双边税收协定，这些协定通常禁止美国对签署协定的国家的居民的商业利润征税，除非该个人在美国拥有常设机构（PE)。协定也经常包含源自对美国或外国的红利、利息和特许权使用费税款代缴代扣的降低的税率。

当个人或商业企业是签约国的居民时，他或它就可以从这些税收协定中获益，通常的情形是个人或者商业企业从国内法的角度来说属于一个居民。当个人或者商业企业是协定签约国双方的居民时，适用的协定通常有“打破僵局”的规定来解决居住权问题。

美国税收协定通常包含一个“限制优惠”条款（“Limitation on Benefits”clause)，以此对“滥用税收协定”（treaty shopping）通过壁垒进行限制，“滥用税收协定”是指没有实质内容而只为获得税收协定的优惠的做法。这些壁垒限制将会拒绝给予某些优惠，例如一个非协定国的外国收购者仅仅为了获得协定优惠而在一个协定国设立控股公司。如果一个国外投资者希望获得税收协定的优惠，他必须确保在收购协议或者债务文件中加入以下陈述和保证：另一方当事人既是符合适用税收协定规定的“居民”，同时又符合限制优惠条款下取得协议优惠的要求。

[1] 美国税收法律和税收协定的关系

在美国法下，美国税收法规和税收协定之间并没有层级关系。当两者发生冲突时，新法优于旧法。然而，美国法院通常试图平衡两者。近年来，美国国会、法院和美国国税局发现纳税人滥用税收协定规定，导致美国国税局经常执行某些法规，以拒绝某些不合理的宣称适用协定优惠的主张。

[2] 税收协定的程序问题

当适用税收协定时，某些程序问题必须予以考虑。

[a] 基于协定的申报主张

当一个纳税人主张适用协定而非税收法规时，他必须在作为申报附件的报表（8833 表格）中进行披露。这一规定要求纳税人在下列情形下披露退税主张：(1) 一个协定免除一个外国公司分支机构的利润税（下文将进行讨论)；(2) 一个外国人的收入与美国的贸易和商业有“实际关联”（下文将进行讨论)，但是并非来自常设机构；(3) 一个协定允许一项美国税收法律将不会允许的外国税收抵免；或者 (4) 居住权是参照一个协定而确定，而并非按照上述通常的美国税收居住规定。

[b] 相互协商程序

几乎所有的税收协定都提供相互协商的程序，任何一国的税收机关（通常称为“主管部门”）或者纳税人可以要求两国的主管部门允许对特定交易采用一致的征税方式。该程序可避免双重征税，但通常耗费时间，并且过程可能对获得该项条约救济产生抑制作用。

[c] 信息交换

几乎所有的美国税收协定都要求税收当局分享和交换税收信息。这个信息交换可能是关于某个特定交易或者在通常的税务管理过程中的一般性交流。这些程序允许美国国税局或者另一签约国的税收部门检查在两个签约国的同一纳税人的交易和经营并且分享信息。

§7.03 外国投资者的美国国际税收

两项税收原则对外国投资者适用：(1) 与美国贸易或商业“实际相关”(effectively connected) 的收入征税；(2) 对消极收入 (passive income) 征税，消极收入指在美国的“固定的、可确定的、年度和周期性的”收入。对这两项主要原则有一些变异和例外，包括协定修改和针对美国不动产外国所有人的特殊征税系统。

[A] 实际相关的收入

参与美国贸易或商业 (USTB) 的外国人对其与贸易或商业“实际相关”的收入是可征税的，不管是直接来自其活动，还是间接来自成为为了美国税收目的而称为“合伙”的企业中的一员而在美国进行商业活动，或者通过在美国进行商业活动的代理取得的收入。实际相关收入 (effectively connected income，ECI) 按照净额基准 (如费用可从毛收入中扣除)[13] 进行征税。税率与对居民进行征税的税率相同，目前的最高税率是 35%。非居民必须参与到美国贸易或商业中才能被认为有实际相关收入。

[1] 美国贸易或商业 (USTB) 标准

“USTB”(美国贸易或商业) 一词在成文法中没有定义，其定义来自判例法。源自位于美国的可观的、连续的、经常的商业活动会构成“美国贸易或商业”。如果一个非居民在美国的活动是不定时的、孤立的，则不算参与美国贸易或商业。从远离美国的地方对在美国投资进行管理并不被认为是参与美国贸易或商业。例如，一个非居民仅仅是从一个美国公司取得红利，这并不被认为是参与到美国贸易或商业中[14]。

---

[13] 一个企业必须提交纳税申报单才能维持对费用的扣除。如果没有进行纳税申报，实际相关收入可能会在毛收入的基础上进行征税。正如下面将讨论的，一个非居民可以通过提交“保护性纳税申报”来获得好处，该纳税申报只是为了维持对费用的扣除。

[14] 最高法院的案例 Higgins 诉 Commissioner of the Internal Revenue Service，312 U.S. 212 (1941)，是一个对未来发展有巨大影响的案例。它经常被引用来支持这样的立场：仅仅从投资中取得收入并不是贸易或商业，但是该情形允许贸易或商业费用扣除。在 Continental Trading，Inc. 诉 Commissioner of the Internal Revenue Service，265 F.2d 40 (9th Cir. 1959) 案中，第九巡回上诉法院认为，适用于最高法院 Higgins 案例的“贸易或商业”的定义，也适用非居民外国人在美国投资。从这个案例开始，其他巡回法院和美国国税局开始采用第九巡回法院的观点。

一个非居民经常性地来到美国出售或进行资产买卖很可能是参与到美国贸易或商业中。其他非居民被认为是参与到美国贸易或商业中的例子包括直接管理位于美国的不动产投资，或者通过投资基金的美国办事处管理美国的投资。

一个非居民外国人或外国公司，当其作为参与美国贸易或商业的合伙组织的成员之一时，则被视为参与到美国贸易或商业中。由此，一个非居民收购美国一家作为合伙对待的有限责任公司时，很可能会对其实际相关的收入进行征税，因此对那些其他不相关联的、本不必交税的源自美国的收入，潜在地产生了税收风险。

一个非居民可能会被认为通过位于美国的代理参与到美国贸易或商业中，即使没有正式的代理协议。例如，美国税收法庭认定，在一个外国厂商通过美国经销商销售产品并且厂商和经销商之间的协议表明经销商没有任何损失的风险，不过是一个寄售代理商的情况下，两者之间存在代理协议。

在当事人有关联关系，或者一个美国经营者的所有业务均依赖于其外国所有人的情况下，法庭很容易通过代理原则认定非居民参与到美国贸易或商业中。例如，一家外国公司收购一家美国公司，外国收购者为了外国母公司的利益而指导美国子公司进行某项活动。外国母公司可以被认为是通过美国子公司参与到美国贸易或商业中，使得某些外国母公司的收入成为美国的征税对象。对于作为参与到美国贸易或商业中而对税收影响敏感的外国收购者应当仔细建构和美国子公司的协议关系，以尽量避免代理地位，而这不能通过合同中的“非代理”条款来实现。为了避免代理地位，美国子公司不能以外国母公司的名义进行谈判或者签约。

[2] 某些投资收入的例外

出于自己的目的而交易美国股票或证券的非居民，即使是通过位于美国的代理，也不被认为是参与到美国贸易或商业中。类似地，假如代理是独立的，那么一个非居民作为证券经纪人在美国通过代理进行股票或者证券交易也不被认为是参与到美国贸易或商业中。

在美国，法院判定“投资”并不是贸易或者商业（并且，由此，一个外国投资者不能在美国进行贸易或商业）但是证券“交易”属于贸易或商业之后，这项股票交易例外（也被称为“交易安全港”）被加入到《美国税法典》中。上述法院判决的结果是当非居民在美国仅仅充分地参与主动交易时，就可以被认为是参与到美国贸易或商业中，即使这些交易全是为了他自己。美国国会因此修订了法律，建立了股票或证券交易的例外。正如在 § 7.03 [B] [5] 中讨论的一样，这个例外对外国投资者是极其有利的，因为假如非居民没有参与到美国贸易或商业中，则美国对资本收入并不征税。

交易安全港不能适用于非居民充分参与到被认为是美国贸易或商业的对美国的一项投资。例如，当一个外国投资基金在美国主动地征集投资者、管理在美国的基金资产（由美国公司的股权组成）、实施重要商业判断和决策时，该外国投资基金可能被认为是参与到美国贸易或商业中。一旦被认定是参与到美国贸易或商业中，本应是免税的美国股权的买卖，将会作为实际相关收入成为征税对象。

[3] 协定修改和常设机构

税收协定规定，对一个非居民由常设机构产生的商业利润是可征税的。常设机构是指一个固定的商业场所，通过该场所可以开展业务，例如办公室、工厂、矿山或者管理场所，但是常设机构在没有供使用或必要的物业而仅有某些归企业支配的经营空间时也可能存在。来自税收协定缔约国的居民在美国进行的商业经营可能构成美国贸易或商业，但却不是一个常设机构（常设机构的“活动”门槛更高）。这导致的结果是，企业的商业利润不被征税[15]。

常设机构的税收标准和美国贸易或商业的标准类似。一个独立的代理，例如经纪人、佣金代理人或者其他在一般商业过程中的代理都不会被视为一个常设机构。但是当代理是不独立的，惯常地在外国委托人的授权下订立有约束力的合同，则这些从美国赚得的商业利润将会被征税。

在美国进行的“后台”（back office）或支持性活动，例如仅为广告、提供信息、科研目的的固定商业活动的维持并不会被认定为常设机构。其他对企业具有预备或辅助性质的活动，根据特殊适用的协定的规定也不会被作为常设机构。

[4] 分公司利润税和分公司层面的利息税

在美国的公司收入在两个层面上进行征税：公司和股东。为了在通过收购美国公司参与美国商业活动和直接在美国参与商业活动的两个选项中实现公平，一个非居民公司参与到美国贸易或商业中将会在第二个层面上作为“分公司利润税”进行征税。

分公司利润税是为了防止一个外国公司作为分公司仅支付公司而不是股东层面的税收，该税种本应适用于美国子公司。分公司利润税率是对所谓的“分红等值额”征30%，这是通过美国净资产（美国分公司资产减去负债）的增加或减少分别降低或增加实际相关的收入和利润（外国公司的美国分公司的实际相关收入）。因此分公司利

---

[15] 如前面讨论的，为了保证协定优惠是保留的，一个纳税人必须填写 8833 表格向国内税务总署披露基于协定的退税主张。

润税计算从美国赚取的收入或提走的现金，如同它从美国分公司获得的分红。

分公司层面的利息税将外国公司从美国分公司得到的利息像作为源自美国的收入一样扣缴税款。这个安排是为了将美国分公司的利息支出尽量与美国子公司支付的利息一样对待。然而，税务征收可能因为税收协定、利息扣除时间和其他事项而变得很复杂。

[5] 纳税申报要求及审计的影响

非居民个人和企业取得实际相关收入或者可归属于常设机构的商业利润，要求每年填写美国国税局 1040-NR 表格（美国非居民外国人退税）或者 1120F 表格（外国公司美国所得税申报）进行收入纳税申报。外国合伙通过可归属于常设机构的商业利润而取得实际相关收入或通过美国贸易或商业取得实际相关收入，要求每年填写 1065 表格（美国合伙所得申报）进行申报。

当非居民认为因为他们没有参与到美国贸易或商业中或者没有常设机构而没有实际相关收入或者商业利润时，他们总是可以进行一个保护性的“0”申报（a protective “0” return）。如果美国税务局最终确定有实际相关收入或可归属于常设机构的收入，则这个保护性的申报使得申报人保留了能够主张在美国享有减免税款待遇的资格。对于任何潜在违反美国税法并可能导致处罚的行为来说，申报也使得诉讼时效开始起算。

美国国税局主张对报告违法的处罚的时效从纳税申报之日起计算。在某些情况下，美国国税局可以在 3 年内主张处罚，但是对于毛收入的不充分陈述，美国国税局可以在不超过 6 年的时间内主张处罚。在没有纳税申报的情况下，美国国税局可以在任何时候进行征税和处罚，而无时效限制。尽管纳税申报可能增加美国国税局的审计风险（美国国税局已经增加对外国纳税申报执法的力度和审计），但是不进行申报可能导致税收和处罚的永久风险。

任何被收购的美国目标公司都有重要的税收和申报要求。不遵守这些要求可能对目标公司的价值有不利的影响，并会导致外国收购者支付大量的罚款和未缴纳的税款。因此，在任何收购或类似协议中加入陈述和保证美国目标公司已经遵守所有要适用的税法并已经支付了所有的税款是十分重要的。订立单独的税务分担协议来分配未来与收购相关的税务有时也是很有必要的。

[B] 固定的、可确认的、年度的和周期性的收入

针对非居民取得的非实际相关收入中的某些类型的消极收入征收单一的 30% 代

扣所得税。这种收入被描述为“固定的、可确认的、年度的和周期性的盈余、利润、收入”，或称“FDAP”，包括了红利和利息，是在毛收入的基础上征税，而实际相关收入则是在净收入的基础上征税的。例如，这个代扣所得税适用于美国目标公司给外国收购者的红利、美国商业组织对欠付外国收购者的债务支付的利息，或者美国目标公司为在美国使用无形资产支付的使用权费。国际协定的规定通常低于代扣税率，可能会对 FDAP 收入的征税有显著的影响。

［1］概要

FDAP 收入包括源自美国的以下收入：(i) 利息和利息等价物；(ii) 红利和其他公司分配；(iii) 特许权使用费；(iv) 租金；(v) 年金；以及 (vi) 其他类似的付款。然而，源自美国的资本所得是除外的。美国支付人被要求从给非居民的汇款中扣除税金，并代表他们直接支付给美国国税局。如果纳税义务是通过扣缴税款的形式得到履行，并且假如没有实际相关收入，那么纳税人就无需进行纳税申报。要求返还多扣缴的税款时需要进行纳税申报。

“以毛收入为基础”是指既没有扣除也没有其他在取得收入的过程中允许的费用。间接收入，比如美国合伙中的外国合伙人的 FDAP 收入，就是按这种形式以合伙作为扣缴义务人征税的。外国信托和遗产同样对其源于美国的 FDAP 收入代缴代扣税款。

［2］利息

FDAP 收入不仅包括利息，也包括利息等价物，比如原始发行折价（original issue discount，OID）。然而，对利息征税并不经常适用 30% 的所得税率，因为存在基于美国税法典和基于协定的很多例外。

“原始发行折价”指的是债券的面额超过其原始发行时的价格。债券在其有效期内滋生利息，持有人被要求逐年确认每年滋生的利息收入。然而，因为没有支付利息，所以无法进行代扣。代扣所得税是仅当存在现金支付时才进行征税的征收机制。因此，当一个外国持有人得到原始发行折价证券的利息或本金的支付，但是仅当该证券在之后被卖出或交易之后，代扣所得税才对所有累计的原始发行折价征税。

组合贷款利息包括非银行的纳税人从不相关的许多借款人处得到的利息是免税的。组合贷款利息免税并不适用于纳税人拥有支付公司 10% 或者以上投票权股权的非居民所得。因此，投资利息免税并不适用于非居民大量购买一家美国公司股权的情形。它同样也不适用于“或有”利息（利息由收据、买卖、债务人所有财产的价值变更、红利、合伙分配或者类似的债务人或相关人员的支付来确定，有时也被称为“准权益股票”)。外国投资者对一个美国公司进行债权性投资应当确保债券符合组合贷款的利息要求：债券的可转让性受到限制。代扣所得税并不适用于银行存款的利息，此政策鼓励非居民在美国的银行进行存款。

协定经常对外国人的利息代扣所得税有例外。当资本投资或银行存款的例外不适用时，外国收购者应当查询所有潜在的可能适用的所得税协定。

[3] 红利

红利，适用于30%的代扣所得税（但是有例外，包括在协定适用时），是公司现有或累积的净收入和利润的分配。它们包括“替代”支付，比如那些作为证券借贷交易结果的所得。例如，如果非居民把一家美国公司的股票借给美国银行，银行有义务向非居民支付股票红利，这些“替代性”红利支付也是代扣的对象。

当本年度之前三年期间至少80%的支付人毛收入是从外国或者美国占领地的积极商业活动中取得的，红利的部分或全部的代扣所得税是可以免除的。

[4] 租金

租金源自对位于美国的不动产或动产的使用，理论上应付所得税，但是事实上却很少缴纳，因为：(i) 不动产的管理活动不论是由所有人还是所有人的代理人实施，都属于美国贸易或商业，因此，租金属于实际相关收入；或者 (ii) 非居民财产所有人可以做出选择（将在下文 § 7.03 [C] [3] 中讨论）将租金作为像实际相关收入一样的非居民的优惠。

[5] 资本利得和亏损

作为参与美国贸易或商业的纳税人通常的例外，非居民资本的盈余和亏损并不作为FDAP收入对待，可以从代扣税款中扣除。因为美国并不将资本盈余作为FDAP收入进行征税，没有参与到美国贸易或商业中的外国投资者可以买入和卖出美国公司的股权并且不会对此征税。然而，有一个较小的例外：当非居民在某一纳税年度内实际上在美国居留至少183天时，超额的源于美国的资本利得将会被征收30%的所得税。

[6] 协定的影响

适用协定的规定降低了与美国有双边税收协定国家居民的代扣所得税税率。对于利息、红利、特许权使用费和其他支付，根据协定的不同，所适用的代扣税率也会有很大的不同，但是仍然可以进行一些概括。

通常，美国的税收协定对利息并无代扣的规定。红利代扣税率会按照所适用的协定而有明显的区别，但是很多协定规定了最高15%的代扣税率。当支付给持有10%以上支付公司股权的股东红利时，分红代扣税率可以进一步降低。税收协定对特许权使用费税没有任何关于代扣税款的规定。然而，协定基本上没有涉及租金的代扣问题。

[a] 财政透明实体的税收协定优惠

很多美国税收协定有处理“财政透明实体”（fiscally transparent entities）的规定，包括合伙和享有传递型税收待遇的其他实体（例如，商业实体的收入是向实体所有人征税，但是对实体本身不征税）。按照一般美国税收协定的规定，只有当实体所得的收入是协定缔约方的居民的所得时，财政透明实体所得的收入才被认为是协定缔约方的居民的所得。例如，如果一个在非协定国的外国公司要去有协定管辖权的地区成立一个合伙，而有协定管辖权的地区在合伙层面并不征税，那么这个外国公司通过合伙取得的收入就不享有协定优惠。

尽管可能有协定中的有关规定，但是美国国内法律和法规拒绝对于下述“通过一个实体获得的”任何税项降低代扣所得税（但是在美国税法下，当符合下列条件时，该实体将会作为财政透明实体对待）：

1. 按照税收协定国的法律，该税项不被认为是要求取得协定优惠的外国个人的收入；
2. 协定不包含协定适用于通过财政透明实体获得收入情形的规定；以及
3. 协定国对该实体给接受者的利润分配不征税。

国内法的这一规定是为了拒绝混合企业（对于混合企业的解释，参见 § 7.02 [C] [1] [c]）取得协定优惠。

例5

德国公司成立了一个瑞士有限责任公司（Sarl）作为美国目标公司的控股公司，瑞士有限责任公司选择成为非独立实体。德国法律认为瑞士有限责任公司是一个公司，但是美国法律则认为它是一个传递型企业。瑞士有限责任公司因此是一个混合企业。美国子公司对瑞士有限责任公司的股权支付可能会被认为是向德国公司的直接支付，在美国税收目的之下是可减免的。瑞士有限责任公司向德国公司支付的红利在德国和瑞士是免税的。因此，唯一的税收是适用美德税收协定之下的 10% 的税收减免。然而，在 894（c）部分中，协定优惠将会因为使用混合形式而被拒绝，因而利息和红利将会在美国被征以 30% 的代扣所得税。

[b] 税收协定优惠的限制

美国的税收协定经常包含所谓的"优惠限制"（limitation on benefits）条款[16]，该条款又因为协定管辖的不同而有所区别并且可能相当复杂。设计这些条款是为了在某些客观上表现为"滥用协定"（treaty shopping）的情形发生时拒绝对其适用协定优惠。滥用协定指的是在与美国有税收协定的国家成立实体仅仅是为了获得税收优惠，除此之外与该协定国再无其他联系。优惠限制规定通常有客观的所有权检验，要求给予机构的优惠利益归协定国的居民实质所有。另外，他们通常还有一个"税基溶蚀检验"，要求接受者的一定百分比的收入不得以可减免的付款形式支付给非协定国的人（这样做会溶蚀或降低课税基础的价值）。

[C] 取得美国不动产

美国不动产包括所有的土地、与土地未分离的自然产物（例如农作物、木材和矿藏）、建筑物、天然的永久性构筑物，以及建筑物或构筑物的结构组件。不动产也包括与不动产使用相关的动产，包括例如可移动的墙和装饰、采矿设备、农业机械、绝大多数用于改善不动产的设备、住宿设施的所有人或经营者所有的并在经营设施时使用的床和其他家具、出租人为承租人使用办公场所而提供的办公家具和设施。

《外国投资房地产税法案》（FIRPTA）对直接和间接地拥有美国不动产同样对待：非居民处置一项美国不动产产权的盈余或亏损被视为是与美国的贸易或商业实际相关，即使当财产投资是完全被动的[17]。盈余或亏损与在该纳税年度纳税人在美国实际进行的商业活动的收入、盈利或者损失结合起来，并且（如果纳税人愿意如此选择）和其他美国不动产的收入结合起来。

仅仅是作为不动产债权人的权益可能不是美国的不动产产权。然而，一项权益可能包括任何直接或间接的权利来分享来自不动产价值或毛收入、净收入或毛利润、净利润的增值。因此，非居民针对美国不动产的某些收入的合同上的权利，根据《外国

[16]　优惠限制条款是美国税收协定的例外，其规定极少被其他国家使用。然而，其他国家对滥用协定比过去越来越严重。例如，现在中国对利用双边税收协定以避免中国税收设置了许多障碍。

[17]　《外国投资房地产税法案》是受到 20 世纪 80 年代对美国地标性的建筑被大量收购所引发的地方贸易保护主义影响而出台的。最近，因为全国房地产危机，人们开始对降低《外国投资房地产税法案》的影响产生兴趣。

投资房地产税法案》可以构成一项美国不动产产权。《外国投资房地产税法案》并没有明显地被协定所修改，因为多数协定保留了不动产所在国对不动产征税的权利。

［1］通过合伙、信托、遗产持有产权

美国的不动产产权包括通过取得合伙、信托或遗产的实际所有权取得不动产的产权。通过合伙、信托或者遗产持有美国不动产是《外国投资房地产税法案》税收的对象。因此，例如，非居民因持有一家美国合伙的权益而拥有美国不动产，将会根据基于美国不动产占合伙资产的比例适用《外国投资房地产税法案》。

［2］通过公司持有产权

如果一家美国公司在纳税人处置其持有的该美国公司的权益前5年的任何时间是一家“美国不动产控股公司”[18]，其持有的美国公司的股权，包括不是以公司股票形式存在的股权，将被视为一项美国不动产产权。美国不动产控股公司是指该美国公司对美国不动产的产权等于或超过公司资产公允市场价值总和的50%。有价证券在适用50%检查时并不计算在内。

如果一个公司拥有50%或以上公允市场价值的另一公司（子公司）的所有类型的股票，母公司将会被认为是对该子公司按该比例持有每项资产。

例6

外国公司在对收购美国A公司（一家美国控股公司）进行评估。A公司没有任何美国不动产。A公司80%的资产由50%的B公司股票组成。B公司资产公允市场价值的70%是由美国不动产组成。A公司被认识是一家美国不动产控股公司，因为其56%（80%乘以70%）的资产是不动产。结果，根据卖方的情况，外国收购者可能对收购A公司有代扣所得税的义务。外国收购者也可能因其出售A公司而被征税，尽管这个交易可能符合非居民出售资本利得财产的例外。

考虑到一个美国目标公司是否可能被视为美国不动产控股公司这样的问题，对其所有的资产进行评估是十分必要的。另外，需要认真考虑在收购协议中对是否会被当成美国不动产公司对待进行陈述和保证。

---

[18] “5年”规则在进行尽职调查时十分重要，因为如果在5年内的任何时间点美国公司是一家美国不动产控股的公司，那么美国公司的股东就是《外国投资房地产税法案》的征税对象，即使该公司不是在5年的整个过程中都是美国不动产控股公司。

[3] 选择将收入作为“实际相关”

正如上文 § 7.03 [B] [4] 中讨论的，租金是非居民非主动参与管理财产的FDAP收入（即参与到美国贸易或商业中）。允许非居民外国个人或外国公司选择将所有来自美国不动产（或者对不动产的权益）的收入作为与美国贸易或商业实际相关的收入。

这一选择对非居民是很有吸引力的，因为他之后可以获得减免而抵消收入。当租金收入与参与美国贸易或商业无实际相关时，非居民要对毛租金收入支付30%的税并且没有减免，例如利息或折旧减免，因为租金将被视为FDAP收入。相反，当收入作为实际相关收入时，租金收入可以减免折旧和利息，实现抵消。因此，选择将不动产收入作为实际相关收入可能使租金收入免税，而无须再按30%的毛税率缴税。

对个人来说，这一选择仅适用于持有产生收入的不动产带来的收入。非居民通过在及时的美国所得税申报中加入一项声明和以下材料做出选择：

(a) 一份完整的清单，包括位于美国所有的不动产，或该非居民是实际所有人的其他不动产产权，并要列明各个财产的具体位置；

(b) 一份包括每一个纳税人直接或实际拥有所有权的不动产，或拥有不动产的权益；

(c) 一份包括每个财产的任何实质改善的描述；以及

(d) 说明任何和所有税收年度对于来自不动产收入所做的任何选择。

[D] 代扣代缴

任何控制、接受、监管收入，或者处置、支付属于FDAP税收对象的收入的个人都必须向美国国税局代扣代缴税款。负有扣缴义务的个人被称为“扣缴义务人”。扣缴义务人必须履行相应的支付和申报要求，否则本人要对扣缴税款承担责任。接受扣缴的纳税人也必须接受申报要求，特别是为了获得减税（例如税收协定规定的）或者为了申请退还扣缴税额。

[1] 需要源泉扣缴的支付

当需要扣缴的项目支付时就必须进行扣缴。然而当它依据现金法[19]成为实际所有

[19]　参见本书第6章国内税收事项中对为会计目的的现金法的讨论。

人的毛收入时，即使真正的现金转移还没有发生，该数额也视为已支付。

扣缴的数额是没有因为任何减免而减少的毛收入额。在某种情况下，扣缴数额可能超过非居民需要缴税的毛收入。例如，利息支付可能视为是对一个持有债务票据的特定非居民持有人的资本返还。不管持有人的税收身份如何，整个支付都作为扣缴的对象。

当扣缴义务人确定一项对外国人的支付需要扣缴的税款时，义务人有责任确定收款人是否有资格成为扣缴的例外或者享有降低后的税率。不考虑收款人（或支付的实际所有人）的情况，下列几项是排除在扣缴之外的：

(a) 非美国来源的收入；
(b) 银行、保险公司和某些其他金融机构的存款利息；
(c) 发行的为期 183 天或以下的证券利息或原始发行折价；
(d) 至少 80% 的毛收入来自美国以外的商贸活动的美国公司的利息和红利（在红利的情况下，以红利是来自于从美国以外贸易或商业所得的毛收入为限）；
(e) 当公司需要缴纳上述 § 7.03 [A] [4] 所描述的分公司利润税时，该年度外国公司从所得和利润中付出的红利；以及
(f) 因掉期交易（swaps）或名义本金合同（notional principal contracts）的支付。

然而，除非能够满足一定的文件要求，特别是对非居民到扣缴义务人的要求，否则这些除外的支付仍然需要进行扣缴[20]。

[2] 对不动产处置的扣缴

在没有文件材料的情况下，义务人通常必须扣缴至少 10% 的处置不动产所得的毛收入，除非他通过提交非居民可获得的美国国税局 8288-B 表格从美国国税局处收到一份扣缴凭证。通常，尽管名义上要扣缴 10%，但是实际对不动产处置的税率要更低[21]。

[3] 获得税收协定优惠

美国和付款人（或实际受益人）居民所在国之间的所得税协定可以降低或免除扣

[20] 例如，股权证券是代扣所得税的例外。为了获得扣缴的例外，外国股权证券的接受者必须向代缴义务人提供完整的 W-8BEN 表格。

[21] 对不动产的扣缴适用于毛销售额。征税只能针对买卖的所得（如净收益）。获得扣缴凭证仅减少针对可征税的净收益的扣缴。

缴。扣缴义务人需要提供如下材料：

(a) 能充分确定外国人资格的收款人的扣缴凭证或其他文件，包括实际受益人的税务账号和关于满足税收协定适用实际受益人的条款；以及

(b) 确认收款人的要求不是虚假的，以及支付与美国国税局的凭证是一致的并且是可信的。

该文件材料要求已经统合在美国国税局的 W-8BEN 表格中，但是特殊的情形可能要求不同的申请，例如涉及混合企业和合伙的支付。如果不向扣缴义务人提交这些表格，所有 FDAP 收入的支付将会按 30% 的税率征收。作为机构的扣缴义务人，比如银行或者其他金融机构，对非居民账户持有人的扣缴要求给予更多的关注，而且经常具体要求提供确认凭证。

[4] 扣除、税收协定优惠及收益剥离

许多类型 FDAP 收入的一个重要特征是某些支付可以扣除，当它与税收协定优惠结合在一起时，对外国收购者来说就是一个明显的潜在税收协同效应。例如，因符合税收协定优惠的要求而可以获得利息征税豁免的外国收购者或者外国收购者的子公司，能够从美国公司的利息支付可以扣除的美国税收规定中获益。由此，对美国目标公司的债务票据的利息支付可以进行扣除而导致最终没有产生美国扣缴所得税，因为利息支付只在外国接受人的国内进行征税。尽管如此，关联方之间的利息支付必须依照转移定价原则和其他可能适用的限制进行公平交易[22]。

尽管有意义的节省美国税负可以通过在税收框架中加入可扣除的支付款项来实现，比如对关联方债务的利息支付，但是这样的安排并不是没有限制的。《美国税法典》的 163（j）部分提供了所谓的“收益剥离”规定（earning stripping rules）来限制当美国借款人资本比例过低（通常债务与资本之间比率大于 1.5 ∶ 1），以及由关联方手中获得的利息亦不征税时（例如由于适用税收协定）的利息扣除优惠。当公司利息净支出超过调整后的可征税收入的 50% 时，进一步扣除将会被拒绝。为此条款目的，调整后的可征税收入的方式是为了复制现金流，以表明现金流偿债能力比率为 2 ∶ 1。但是，即便有此限制，通过导入按公平市场条件的、关联方之间的债务依然可以使可

[22] 在美国开发的知识产权因为在美国转移定价制度下适用于知识产权的“与收入相当”标准，可能极难转移和实现使用税协同效应。然而，外国开发的知识产权在美国使用的使用税是可扣除的，因此这是另一个潜在税收协同效应。

征税收入得到公平和稳健的扣除。

[5]《刺激雇佣恢复就业法案》和《外国账户纳税法案》

《刺激雇佣恢复就业法案》(HIRE)[23]于2010年3月18日被国会通过并且由总统签署生效。它不仅包括了基于工资单和其他刺激就业的税收抵免和扣除，还包括了通常被称为《外国账户纳税法案》(FATCA)[24]的规定，该法案通过使用离岸银行账户和结构性交易、增加多方的披露和扣缴义务来寻求打击偷税漏税。由于离岸规定，外国金融机构（包括离岸投资基金）有理由对《外国账户纳税法案》特别关注，在该法案之下，任何向外国金融机构做出的不符合新的法定要求的支付都要扣缴30%的税款。

为了避免按照《外国账户纳税法案》进行扣缴，外国金融机构必须与美国订立协议，从账户持有人处获得信息，并授权美国确定该账户是否由美国个人或者10%以上由美国控股的企业掌握。另外，外国金融机构必须遵守核查和尽职调查程序，填写含每个美国账户所有人的名称、地址及身份证号码的年报。

为了避免支付美国所得税,FDAP支付的实际受益人必须满足《外国账户纳税法案》新的认证要求。美国国税局目前正根据《外国账户纳税法案》的新要求修改披露表格。

§7.04 收购拥有外国子公司的美国公司（离岸税收）

为了税收的目的，外国公司对拥有外国子公司的美国公司的收购［被称为“三明治结构”(sandwich structure)（外国—美国—外国）］很少是最理想的。

[A] 全球税收系统

作为美国居民，美国公司对其全球收入都应纳税，包括从外国所得的收入。对来自外国子公司的主动外国公司收入进行征税要延期至当它们实际汇回时。奥巴马政府在其2011年预算中建议对延期制度进行再审议，尽管再审已在2011年之前不大可能发生。目前还不清楚延期制度会有什么改变。

因为美国税法可能发生的变化，外国公司在收购协议中强烈要求扩大税收补偿，

---

[23] Pub. L. No. 111−147, 124 Stat. 71.

[24] Subtitle A of Title V of Pub. L. No. 111−147.

特别是要求覆盖涉及任何法律上可能出现的变化。美国卖方则反对这种税收补偿，这一点成为在外国收购中需要进行艰苦谈判的新领域。

尽管对外国子公司的主动收入目前是延期的，但美国对《美国税法典》F 部分制度下的某些被动的便于转移的收入是限制延期的。另外，当美国公司对外国公司只拥有少数股权时，可能会适用一项对少数股权的反延期规定和被动外国投资公司（passive foreign investment company，PFIC）的规定。

拥有外国公司的美国公司可能会被二次征税，分别在美国和国外。为了防止对同样的收入进行重复征税，美国实行外国税收减免制度，对源自外国的收入在外国已经支付的税收，允许美国公司在美国享受税收抵免。

[B] F 部分概要

受控制的外国公司（controlled foreign corporations，CFCs）的美国股东（定义见下文）目前对“F 部分”收入（Subpart F income）进行征税，包括外国公司所得的某些类别的收入，例如：(i) 外国私人控股公司收入（FPHCI）；(ii) 总部在外国的公司销售收入（FBCSI）；(iii) 总部在外国的公司服务收入（FBCSVI）；以及 (iv) 保险收入、贿赂款和抵制性收入[25]。

[1] 受控制的外国公司

“美国股东”是持有外国公司至少 10% 股份的美国人。“美国人”包括美国公司和美国合伙企业。当外国公司超过 50% 投票权和价值的股份被美国股东（仅将至少持有 10% 股份的美国人考虑在内）持有时，该外国公司是受控制的外国公司。

例 7

外国公司 100% 的股份由 11 个无关联的美国公司所有，每个公司仅持有该外国公司 9.1% 的股份。该外国公司不是受控制的外国公司。

例 8

外国公司 51% 股份由一个美国公司持有，49% 由无关联的外国企业持有。

---

[25] 保险收入、贿赂款和抵制性收入很少被提及，本文也不会在此进行讨论。然而，我们要注意，违反《反海外腐败法》（FCPA）（参见本书第 18 章）的贿赂款会导致 F 部分收入。

该外国公司是受控制的外国公司。

例 9

外国公司 X 完全收购了美国公司 Y。Y 完全拥有外国公司 Z。尽管所有的 Z 间接归 X 所有（外国公司 X 拥有外国公司 Z），因而 Z 最终的所有权是完全属于外国的，但是因为 Y 是一个美国公司（尽管归外国公司 X 所有），所以 Z 是一个受控制的外国公司。

为此，美国公司和美国合伙的外国所有者会受到美国反延期规定的明显影响，因为美国公司或美国合伙的子公司的境外收入在美国仍是可征税的。

事实上，间接所有权和推定所有权在确定 10% 和超过 50% 的门槛时已经被考虑在内。收购期权相当于推定所有。因此，收购外国公司 51% 股份期权的美国公司推定为拥有该外国公司，该外国公司就是一个受控制的外国公司。然而，在确定股东在 F 部分收入的股份比例时，不考虑推定所有权。

［2］外国个人控股公司收入

F 部分收入包括从受控制的外国公司所得的外国个人控股公司收入（FPHCI）（红利、利息、相当于利息的收入、租金和使用费，以及年金）。但是，当受控制的外国公司从一个关联方公司得到收入，该关联方公司是根据与受控制的外国公司同一国的法律成立的，并将其资产的主要部分用于其设立国家的贸易或商业时，红利或股权收入可能可以从外国私人控股公司收入中排除。

针对 FPHCI 更为慷慨的例外是根据暂时性规定第 954 条（c）（6）的“穿透”规则（“look-through” rules）[26] 适用于自 2010 年 1 月前开始的税收年度。对于相关的“受控制的外国公司”的穿透规则认为，从“受控制的外国公司”得到或产生的红利、利息、租金和特许权使用费不是“外国个人控股公司收入”，但条件是其可以划归为相关的“受控制的外国公司”的 F 部分收入（实际相关收入）。

例 10

美国公司 A 拥有一个位于卢森堡的外国公司 B。外国公司 B 拥有位于德国的外国公司 C。公司 B 和公司 C 都是外国公司并且都位于外国，由于最终是美国所

[26] “穿透”规则曾经被延期过一次，将来可能进一步扩大或者作为永久性规定。

有，因此被认为是受控制的外国公司。C在2008年的收入是100万欧元，是主动制造（非F部分）收入。C支付给B金额为50万欧元的红利。在穿透规则之下，红利作为受控制的外国公司B的收入并不构成F部分收入。

如果不适用相同国家红利的例外或穿透规则的例外，一家受控制的外国公司向另一家相关联的受控制的外国公司支付的红利、利息、租金和使用费就属于外国个人控股公司收入。

［3］总部在外国的公司销售收入

［a］动产销售

受控制的外国公司销售动产（非不动产的任何有形资产）获得的总部在外国的公司销售收入（foreign base company sales income，FBCSI）被认为是F部分收入。许多国家有对例如外国个人控股公司收入的被动收入部分征税的全球税收系统，但是美国是特殊的对离岸动产销售征税的国家。

总部在外国的公司销售收入是通过从关联方购买动产并出售给其他人、代表关联方销售动产、从他人处购得动产并将其出售给关联方或者代表关联方从其他人处购买动产获得的收入。而动产的地点有以下要求：

1. 购买的动产（或者为了关联方销售的动产、出售的动产）是在该受控制的外国公司设立或成立所依据的法律所在国之外制造、生产、生长或提取的；以及
2. 动产为了在该外国之外使用、消费或者处置而出售的，或者在代表关联方购买时，是为了在该外国之外使用、消费或者处置而购买的。

这里的“关联方”指的是控制受控制的外国公司或为其所控制的个人、公司、合伙、信托或遗产，或者是与受控制的外国公司受同样人控制的个人、公司、合伙、信托或遗产管理机构。

基于这些定义，如果购买和销售不是代表关联方，那么受控制的外国公司从非关联方购买并销售给非关联方的动产销售收入并不是总部在外国的公司销售收入。另外，总部在外国的公司销售收入并不包括为了在该受控制的外国公司的设立或成立的国家使用、消费或者处置而购买或销售动产所产生的收入。

[b] 某些“动产”的例外

受控制的外国公司制造它们销售的动产有一个例外。构成“总部在外国的公司销售收入”（FBCSI）的收入不包括“受控制的外国公司”（CFC）所制造、生产或建造的动产的销售收入，而且其中部分或全部是购买而得的动产。“受控制的外国公司”只有当其出售的动产与其购买的动产“不相同”时，才被认为是制造了动产。出售的动产只有在以下情况下才能被认定为与购买的动产不相同：(i) 出售之前经过实质改造（substantially transformed）；或（ii）满足了“购买的零件”条件（“purchased components” test）。

当购买的动产在出售之前经过“实质改造”时，该动产才被认为是经过销售公司的制造、生产、设计后的出售。实质改造的例子有：将纸浆制造成纸；将钢条制成螺丝；将金枪鱼制成金枪鱼罐头。

如果销售者的经营是“实质改造”和“总体上认为是由动产的制造、生产或设计构成”，那么动产的销售才被认为是销售制造的产品而不是销售零件（“购买的零件”条件）。只有当销售者的直接劳动力和工厂成本占销售物品总成本的20%或以上时，才满足该条件要求。

2008年12月通过的法规有效地承认了现代商业惯例，规定受控制的外国公司只要在制造过程有足够的贡献，就能够将其认为是最终产品的制造者，从而符合制造的例外，即便公司是将其物理制造活动外包给他人。

[4] 总部在外国的公司服务收入

总部在外国的公司服务收入（FBCSVI）也是一类F部分收入，包括从技术、管理、工程、建筑、科学、技能、工业、商业或类似服务的提供中所得的收入，这些服务都是在受控制的外国公司成立或组织所依据的法律所在国以外的国家，代表关联方或为其利益提供的。它不包括在受控制的外国公司设立所在国内提供的服务，不管是否是为任何关联方提供服务。在受控制的外国公司在其设立所在国以外为了关联方提供服务的收入通常被认为是总部在外国的公司服务收入。

[5] “划勾选择”筹划

正如在上文 §7.02 [C] [1] 中讨论的，一些企业为了美国税收的目的有资格选择被作为“非独立实体”。这个“划勾选择”筹划对于F部分的收入十分有用。通过一个控股公司并对其子公司进行划勾选择，公司间的支付可以被豁免，这就使得F部分的收入有明显的减少。

美国跨国公司的常用策略是采用“超级控股”结构（“super holdco” structure）。美国母公司在低税收或无税收的管辖地内成立一个子公司（“控股公司”），之后将所有外国经营通过该子公司来进行。所有或者绝大多数控股公司的经营选择被作为“忽略不计”（disregarded）对待。因此，分配给控股公司的红利是忽略不计的，并且不会作为外国个人控股公司收入而成为美国征税对象，现金将被允许重新调动进行外国投资而不会产生美国税收，税负在控股公司的所在国最小化或者不再纳税。这个通常的结构提供了获得税收优惠的机会，但前提是收购可以被如此设计，使得“控股公司”最终从美国的所有权中分离出来。

[C] 外国税收抵免

在美国，从外国得到的收入既要在外国征税，也要在美国征税，而美国抵免制度缓和了双重征税的后果[27]。美国纳税人可以申请对已经支付的源自外国收入的外国税收进行抵免，从而降低可能按照美国全球税收系统适用的美国税收[28]。美国商业的外国收购者同样可以从外国税收抵免制度中获得优惠，因为美国商业在外国也是征税的，这样可以防止对他们进行双重征税。

[1] 可抵免与不可抵免的外国税收

为了得到对外国政府支付的税收的抵免，该支付必须是：(i) 税收；(ii) 向外国支付或在外国产生；以及 (iii) 收入税、战时利得税、超额利润税（或者必须是税收的替代物）。为了抵免之目的的“税收”是为遵守外国当局的强制性要求支付的。外国所得税和代扣所得税在符合这些要求时将会得到抵免。

罚金、罚款、利息和关税并不是税收。增值税也不是可抵免税收。为了得到特殊经济利益而向外国政府所做的支付（例如自然资源开采特许权费用）不是税收。如果支付同时包含了可抵免和不可抵免部分，那么抵免仅对已支付的可征税部分有效。

对于被认为是强制性的支付，纳税人必须使外国税收责任最小化，这要求纳税人

[27] 外国税收抵免是可选择的。减免是代替税收抵免的另一方式。根据纳税人的特定情况，税收抵免（从美国税收中 1 美元抵消 1 美元）通常是但又不总是比减免优惠的方式。

[28] “间接”外国税收抵免允许对美国公司的外国子公司的外国税收支付进行抵免。当红利从外国子公司向美国母公司支付时，该间接外国税收抵免才可以进行。

穷尽所有的手段来获得所有可能的退税和以其他方式使外国税收责任最小化。

例 11

美国公司拥有外国公司（受控制的外国公司），该外国公司获得100 美元收入，但是对此收入进行了错误的申报并支付了 30 美元的税收，而本应该只要支付 20 美元的税收。只有这 20 美元是可抵免的，并且该受控制的外国公司必须从外国政府那里要求返还 10 美元超额的税收。对于多支付的 10 美元是没有抵免的，即便受控制的外国公司不要求退税。

［**2**］**限制规则**

有一个复杂的限制规则对外国税收抵免进行约束。抵免有一个总限额。所获得的抵免不能超过申请抵免的税额乘以（1）纳税人源自国外的税收收入，除以（2）纳税人的全球收入。这个基本的限制保证了外国税收抵免不能被用来抵免对源自美国的收入所征收的美国税收。另外，在实行比美国更高税率的外国，抵免限制可以防止将美国税负降到负值来补贴外国。

另外，还有其他限制。两个外国税收抵免“篮子”能使交叉抵免和对外国税收及税收抵免的可能操纵降到最低限度。“主动”篮子涵盖了大多数主动商业经营，而“被动”篮子涵盖了被动收入，例如红利、利息、租金和特许权使用费（被动篮子包括了所有形式的 F 部分的外国私人控股公司收入）。基于外国税收责任的限制分别适用于各个篮子的收入。任何情况下都不可能发生税收抵免超过实际外国对收入征税的情况。

例 12

美国公司 X 总收入 200 美元。其中 100 美元是来自外国的收入。X 公司对此收入要支付 40 美元的外国税收。X 公司还获得了 200 美元的被动收入，其中 100 美元来自国外。X 公司对被动收入向外国缴纳了 15 美元的税收。X 公司的可征税收入是 400 美元（200 美元主动收入加 200 美元被动收入），其中有义务缴纳 140 美元的美国税收（400 美元乘以 35%）。X 公司的总限额是 70 美元（140 美元乘以 200 美元除以 400 美元）。另外，X 公司被动收入限制是 35 美元（70 美元乘以 100 美元除以 200 美元），主动收入限制是 35 美元（70 美元乘以 100 美元除以 200 美元）。因此，X 公司可以对其被动收入使用 15 美元的外国税收抵免，对其主动收入使用 35 美元的外国税收抵免，总共可以使用的税收抵免是 50 美元，尽管 X 公司的外国税收支付了 55 美元。

外国税收抵免的限制体系还有很多其他的复杂情形，它们超出了本书所论述的范围。因为抵免规定的不完善，它经常导致某种程度的双重征税，但是通过税收筹划，有很多其他的方法来减轻税收责任。

§7.05　美国转移定价制度

在任何必要的时候，美国国税局有权为了防止逃税而重新分配外国企业和它的美国子公司［或者任何两个被“共同控制”（common control）下的公司，其中一个在美国］之间所有形式的收入——包括收入、获利、扣除、亏损、抵免和其他折让。它有时限制在关联企业之间的公司内部的转移定价，即通过向低税收的地区转移利润而获得税收优惠。美国国税局意图防止纳税人人为地转移利润和进行虚拟销售，但它并不阻止纳税人通过构架其运营结构从而使得其在低税收管辖地产生的收入具有经济上的实质性。

“共同控制”在美国法律项下有很广的含义。它包括寻求一致财务目标的任何两个企业，并不需要是母公司和子公司的关系。这样的结果会导致两个商业企业仅为了美国转移定价制度的目的而被认为是“受控制的”，即使它们并不是在共同的所有人控制之下。

美国转移定价制度应对逃税的深层意图是通过确定被控制的纳税人的“真实的可征税收入”，而对被控制的和未被控制的纳税人同等对待。美国国税局进行这些调整的权力不仅限于虚假交易，同时也可以对因疏忽造成的价格扭曲进行调整。“真实的可征税收入”（true taxable income）通过使用“公平交易标准”（arm’s length standard）来确定，即将被控制的纳税人与两个公平交易的未被控制的纳税人同等对待。除美国之外的经济合作与发展组织（OECD）以及许多国家都适用这一标准[29]。

尽管“共同控制”有很宽泛的定义，但是美国国税局大多将其调整转移定价的权力用于调整美国公司和其外国分支机构的事项上[30]。当美国公司的外国所有人打算将其收入从美国公司转移出去时，需要调整的情况就出现了。为了确定公司内部交易的定价和费

[29]　适用公平交易标准的国家包括中国、英国、爱尔兰、德国、日本、澳大利亚和印度。

[30]　重新分配两个美国公司之间的收入事项通常并不会导致任何附加的税收。结果是，美国国税局很少在涉及两个国内公司的场合使用其权限。然而，美国各州经常通过这样的重新分配获益，并且更可能在美国附属公司之间利用它们自己的权限来重新分配收入。

率是否公平，公司必须对受控制的交易适用严格以书面形式文件记录的交易定价方法。

例 13

一个外国制造商在一个比美国有更低税率的地区经营，收购了一个美国分销商以便在美国市场销售产品。在收购分销商之后，外国制造商以抬高的价格向美国分销商销售产品，始终亏损经营着美国分销商。这样的安排通过将利润转移到比美国税率低的地区而逃避了美国税收。美国国税局有权通过降低对美国分销商的产品售价来重新分配美国收入，最终，降低了美国分销商的扣除并且增加了它的税收收入。因此，美国国税局适用“公平交易标准”是假设在公平的交易中，外国制造商不会对美国分销商抬高价格进行销售，导致分销商从制造商处购买商品并造成亏损。不对外国管辖区进行相应的调整，美国国税局的调整可能导致双重征税。

美国国税局重新分配的收入是在美国和外国同时征税的，并且是在调整之前对收入征税的。当美国和外国税收机关产生冲突时，纳税人常常可以借助两国“主管当局”之间达成的协议。然而，双边达成协议的过程通常需要相当长的时间。最好的办法是避免出现这一情形，适用符合两国转移定价制度的转移定价方式并且准备好转移定价的材料。

[A] 美国与经济合作与发展组织转移定价制度比较

经济合作与发展组织和它的成员国以及许多经济合作与发展组织之外的国家都已经采用了公平交易标准，但也有一些国家抵制这一标准，认为它适用起来很困难，因为它依赖于太多具体的事实和情形。一些国家主张基于公式的方法来分配收入，但是其方法与公平交易标准几乎没有什么区别。

美国同经济合作与发展组织的转移定价制度只是在细节和重点上存在区别。例如，美国严格适用“最佳方式”（best method approach）来转移定价，其要求基于具体的事实和情形，并且要求严格的材料文件来证明使用了最佳方式，有时这被解读为要求证明所有其他传统的方式不成立[31]。经济合作与发展组织则偏好用某些传统的方式，但是

[31] “最佳方式”是能最可靠地得到公平交易结果的方式，该方式考虑到了例如被控制和未被控制的交易的可比性，以及数据和假设的质量。

允许纳税人证明某些替代的方式可以达到合理的结果，而无须证明其他每一种方式的使用是不成立的。

美国和经济合作与发展组织在对待无形资产的范围上有所不同。美国建立了“与收入相对应”（commensurate with income）标准，该标准要求纳税人从无形资产取得的收入要与无形资产产生的收入“相对应”。这要求纳税人为了确定公平交易价，要预测无形资产的收入额，尽管实际和预计的收益能力可能会有明显的区别。在这一标准之下，当无形资产产生的收益大大高于或低于预计的收益，因而使得无形资产产生的实际收益与纳税人从无形资产应取得的收益不相对应时，美国国税局可以重新分配收入。全球还没有其他国家对无形资产适用与收入相对应的标准。

[B] 公平交易标准的适用

广泛适用的公平交易标准应该服务于使纳税人免受双重征税，但是在适用公平交易标准时的差别和非完美性可能导致某些税收风险。标准的存在影响了交易的每个相关方，包括：(i) 从被控制方收购公司；(ii) 从被控制方购买证券或向其出售证券；(iii) 在合伙人之间进行合伙分配；(iv) 向被控制方收取利息或向其支付利息；(v) 与被控制方签署名义上的合同或换股；(vi) 在被控制方之间为无形资产收取特许权使用费或成本分摊；(vii) 建立公司内部的公司服务费用；以及 (viii) 被控制方之间买卖产品。这一清单并没有穷尽，还有许多其他交易可能被要求对转移定价方法和价格提供完整的说明。

[1] 购买或出售美国公司的股权

美国转移定价制度的影响是从公司收购开始的。公司的股权往往出售给通常有途径可以使税收最小化的关联方或者非关联方，正是因为这一点，确保该股权出售交易是由各方按照公平交易的原则进行就显得极为重要。一旦目标公司被收购，通过被控制企业的公司内部的买卖交易这一通常途径实现利润的转移就有很多的机会。美国国税局对此非常敏感，同时也不会容许明显是为了使税收最小化的扭曲的交易发生。

[2] 利息

向被控制方收取利息必须要按照公平交易的利率，也就是说银行也会以此利率进行交易。需要提交非关联银行的同期利息利率的文件。美国有一个利息避风港，其范围为适用的联邦税率（applicable federal rate，AFR）的 70% ～ 120%，它每月会刊登于美国国税局的税务规则上。这些避风港利率在美国公司的高负债比例的收购中很有用。

［3］无形资产

顾名思义，无形资产通常是看不到的，并且经常是植入产品内的，例如药品、电子产品、机械装置、化工产品和其他艺术复制品（如 CD、DVD 和美术印刷品）。生产无形资产的一方可以从销售产品得到无形资产可分配的收入。使用他人创造的无形资产的制造商通常需要支付特许权使用费。

当两个或多个当事人共同开发了一项无形资产并为共同开发无形资产而签订了成本分摊协议（a cost-sharing agreement）时，分配将会变得更加复杂。

例 14

外国电子产品制造商收购一家美国软件开发商。在收购之后，两个公司开始合作开发新的手持设备，硬件由制造商开发，软件则由软件公司开发。双方可以签订一个成本分摊协议，提前分担开发费用。

美国国税局最近颁布了新的管理滥用成本分摊协议的法规。该法规要求签订成本分摊协定的当事人在签订协议时要计算任何所贡献技术的价值［“平台贡献”（platform contribution）］，并要求贡献者得到适当的补偿。

开发知识产权的成本分摊协议代表着一个明显的税收机会。当美国目标公司的知识产权被外国收购者进一步开发时，双方可以签订成本分摊协议来共同开发知识产权。所分担的费用是可以进行税收扣除的，分担协议可以设计成使在较低税率地区的外国收购者（或者一个在知识产权控股公司最流行的地区之一建立的外国收购者控股的知识产权公司）从合作开发知识产权的利用中赚取最大限度的使用费。合作开发知识产权产生的收益将会按低于美国的税率缴纳税收。

［4］服务

关联纳税人经常忽视公司内部的服务，这种服务有许多形式，比如会计、信息技术（包括例如服务器和广域网络的维护）、公司业务、法律服务和后勤服务。最近颁布的法律规定，某些低成本的服务（如基本记账或后勤服务）可以按成本收费，但是大多数服务，特别是当它们构成当事人一方的主要支出时，要求公司内部的收费要有合理的利润。

[C] 文件材料的要求和罚金

转移定价的文件材料必须包括：

1. 纳税人业务概述；
2. 影响纳税人财产或服务定价的经济和法律因素的分析；
3. 纳税人组织架构的描述和图表，要涵盖所有参与交易的潜在关联方；
4. 转移定价法规明确要求的材料；
5. 所选择的转移定价方式的描述，并解释选择该方式的理由；
6. 描述考虑过的替代方式，并解释不适用该方式的理由；
7. 描述被控制的交易（包括销售条款）和分析这些交易的内部数据；
8. 描述用来评估被控制的交易的可比较的交易，评估有多大的相似性，并且做出了何种调整；
9. 说明所使用的经济分析和预测；
10. 描述纳税人在税收年度结束后但在纳税申报之前得到的相关数据，确立纳税人是否用合理的方式选择并适用了指定的方法；以及
11. 资产和背景材料的一般索引，包括对使用的记录系统的描述。

转移定价的文件材料必须与纳税申报同时进行，尽管准备转移定价的文件材料要耗费很长的时间，并且需要经济学家的协助。只要同时准备的转移定价文件材料中包含了最佳方式的合理适用，则该文件材料将是判处罚金时的抗辩。

尽管纳税人尽了最大的努力，但是美国国税局总是预设文件材料并没有包含最佳方式的合理适用，以便判处罚金，并可能试图调整交易和重新分配收入。无论纳税人在技术上满足要求方面做得多么好，美国国税局仍然可以成功地调整收入。

不恰当的文件材料可能会导致相当数额的处罚。当出现下列情况时，将会处以少纳税额 20% 的罚金：(i) 价格是正确价格的 200% 或更高，或者低于正确交易价格的 25% 或更低；或者 (ii) 总的净调整额低于 500 万美元或者总收入的 10%。当出现下列情况时，将会处以少纳税额 40% 的罚金：(i) 价格是正确价格的 400% 或更高，或者低于正确交易价格的 25% 或更低；或者 (ii) 总的净调整额低于 2000 万美元或者总收入的 20%。避免处罚的唯一方法是：定价必须是在公平交易的基础上，而且文件材

料必须十分详尽[32]。

§7.06 收购时考虑的因素

筹划一项收购需要考虑适应正在经营的业务，计算在不确定的未来继续美国的业务或者处置在美国的整个业务的税收影响。

[A] 收购计划

尽管因为美国法规禁止将美国业务资产转移出境（包括第367条规定的反反向收购和重组），要将任何一部分业务转移到美国境外是非常困难的，但是外国人经常认为通过美国以外的控股公司来处理美国的业务更利于组织管理，也有税收优势。控股公司可以利用税收协定提供的优惠，强化所有权，或者处理因美国业务的税收地位（合伙、非独立实体或公司）所引起的复杂情况。

[1] 成立控股公司的影响

如果外国买方都在与美国签有税收协定的同一个国家，那么控股公司就没有什么特殊的优势。如果买方在不同的国家，控股公司就能显示出明显的优势。

当成立控股公司时，成立一个可以选择美国税收待遇的企业比较有利。所有人承担有限责任的美国有限责任公司（U.S. LLC）是比较灵活的。在美国法下，它本身不是公司，因此它可以选择作为一个公司或者作为一个传递型企业（a pass-through entity）。成立的控股公司可以拥有美国有限责任公司，容纳多名外国投资者。多名居住在不同国家的外国人可以通过在与美国签有税收协定的国家成立控股公司来强化在美国业务的所有权，因此新公司可以获得税收协定所能提供的所有有利条件。外国有限公司也可以选择美国税收分类，但是在它们设立的国家往往作为公司被征税。因此，外国有限公司选择作为传递型企业可能导致成为混合企业[33]。无论何时使用混合企业，都有必要查询任何适用于财政透明实体的税收协定规定。

---

[32] 恰当的文件资料通常要求有资质的经济师的协助。当美国国税局打算进行处罚时，纳税人的异议最终将在法庭上以诉讼方式解决，法庭的判决取决于对转移定价的更好的经济学解释。

[33] 参见 §7.02[C][1][c]。

[2] 在税收协定管辖区成立控股公司

在税收协定管辖区（treaty jurisdiction）成立企业可以允许在非协定管辖区的外国投资者对红利和股权享有协定优惠税率，通常包括对从美国汇往外国所有人的红利降低扣缴税款。一般来说，在协定管辖区内，向外国债权人支付的利息是不扣税的[34]。

在协定管辖区成立控股公司要求取得居留权，这通常要求控股公司在协定管辖区内有一些实质内容。通常来说，为获得居留权，协定要求公司在其设立组织所在的国家“被管理和控制”。例如，外国投资者是巴西居民，巴西与美国没有税收协定，该外国投资者想投资美国的业务，就要在与美国有税收协定的国家比如塞浦路斯成立一个控股公司。在塞浦路斯法律之下，该控股公司必须是塞浦路斯公民，即要求控股公司在塞浦路斯“被管理和控制”。不幸的是，“被管理和控制”标准在不同的国家有不同的适用，外国投资者必须明智地选择其居留的国家以获得税收协定给予的有利条件。

在协定管辖区内设立控股公司和确立居留权并非是确保获得税收优惠的唯一步骤。收入穿透协定管辖区只有在成功地适用“优惠条款的限制”后才有权享受协定给予的优惠。如上文 §7.03 [B] [6] [b] 所讨论的，美国税收协定含有对优惠条款的限制条款，经常排除税收协定的适用。例如，不管控股公司的居留权如何，如果所有外国投资者都居住在与美国没有税收协定的管辖区，优惠条款的限制通常排除控股公司适用税收协定。

还存在很多变化。在多数外国投资者都在税收协定管辖内居住的情况下，对优惠条款的限制经常可以被克服。一些对优惠条款的限制条款与其他限制相比并不严厉，并且允许非协定管辖区居民拥有相当比例的所有权。

[3] 混合安排

混合安排允许成立一个企业使其按照外国法作为公司来纳税，而按照美国法则不被作为公司对待。它们通常被美国公司用来进行海外投资，这意味着只有一个所有者（即美国公司），使得混合企业成为外国公司的“分支”。这一架构允许美国公司的外国收购者避免适用 F 部分收入，但是它并不能使外国收购者获益，因为这使得美国子公司的所有分支收入都要征税。

---

[34] 然而，需要注意，当股权支付给外国投资者时，收益剥离规则限制了美国公司可以减免的股权数额，以防止外国投资者对美国的商业使用过高的负债比率来避免对股权支付收税。

反向收购的混合安排允许成立不在外国法律下征税的企业，但是要在美国法律之下作为公司来征税。这样成立的公司有时在税收协定之下符合协定优惠，但是并不在设立所在国的当地法律之下纳税。外国投资者可以利用协定优惠来避免在协定管辖区的控股公司在当地纳税。

一些美国税收协定通过否认混合企业（在现代协定中称为“财政透明实体”）的居留权或通过适用优惠条款的限制规定排除混合企业适用税收协定。《美国税法典》同样包含了对混合企业适用优惠的限制规定。当外国收购者在协定国家成立的混合企业是该协定国的居民时，它们符合协定优惠的条件。但是成立的反向收购的混合企业，它们不是该协定国的居民，也不符合税收协定给予优惠的条件。

[B] 收购合伙

正如本书第6章中所讨论的，在美国联邦税法下，合伙不是所得税的征税对象。近年来，在美国更为经常使用的企业形式是美国有限责任公司（a U.S. LLC）。然而，外国投资者收购美国有限责任公司或美国合伙仅被认为是购买资产，并且在只有一个外国收购者的场合中，有限责任公司是非独立实体。

当存在多名外国收购者时，法律把有限责任企业作为合伙对待。无论是哪一种方式，外国收购者都将在收购之后参与到美国贸易或商业（USTB）中来（至少在有限责任企业的范围内，存在美国商业活动）。为避免参与到美国贸易或商业中，外国投资者可以选择将有限责任公司作为公司对待，但是必须将合伙重组成公司或有限责任公司。尽管如此安排保护了外国投资者以避免直接税收，但是美国公司的收入仍然需要纳税。税收协定国家的居民投资了美国的一家传递型企业，可能被视为设立了常设机构。

[1] 美国贸易或商业复杂化

一旦参与到美国贸易或商业中，外国人就需要对美国传递型企业所得的收入［即实际相关收入（ECI）］纳税。例如，如果外国企业要收购参与到美国贸易或商业中的美国有限责任公司，那么外国公司也就参与到了美国贸易或商业中，要对其所有的实际相关收入征税。因此，有可能出现拥有美国资产的外国人虽然并没有参与到美国贸易或商业中，其所得收入（比如资本利得）本来可以不作为实际相关收入进行纳税，但是作为收购美国有限责任公司的后果，从这些资产中所得的收入就需要纳税了。

[2] 合伙的代扣和申报

美国的合伙，不管合伙是外国还是国内的，都必须对分配给外国合伙人的合伙实际相关收入代扣“适用比例”的税收。适用比例是适用于美国人的最高税率（目前是35%），并且必须对任何分配给外国合伙人的收入进行代扣。合伙将代扣税款缴纳给美国国税局，并且在 8804 表格中填写代扣数额并进行申报。

正如在前文 §7.03 [A] [5] 中所讨论的，一旦外国人参与到美国贸易或商业中，或者在美国设有常设机构，那么他就必须进行收入纳税申报。有外国合伙人的美国合伙必须填写 1065 表格进行申报，外国合伙人应当从合伙中得到 K–1 明细表，其中包括了他的税收申报，显示出其合伙收入可分配的份额。代扣的收入可以抵免外国合伙人实际的美国税收责任。

[C] 收购公司

公司所得在两个层面上需要纳税：一是美国公司层面；二是股东层面的红利分配。美国公司的活动并不从属于外国投资者，所以外国投资者并不因为仅仅收购美国公司而认为是参与到美国贸易或商业中。美国公司要对其现在的收入纳税，而外国股东仅对从公司获得的收入进行个人纳税，主要是对红利的收入。

只要外国收购者将美国公司所得的收入用于在美国的再投资，公司这一载体就很有吸引力，因为公司所得只要缴纳一种税。属于协定管辖区居民的外国投资者也同样可以对其红利享有降低了的协定税率的优惠。属于非协定国家居民的外国投资者可以通过在与美国有税收协定的国家设立企业来收购美国公司所有权的方式，达到享有税后协定优惠的目的。

[1] 红利的支付

正如前文 §7.03 [B] 中讨论的，美国公司向外国股东支付的红利要缴纳 30% 的代扣所得税，但是外国投资者可以通过向美国公司提供 W–9 表格上的免除或减少的正当理由来寻求代扣所得税的免除或减免。代扣所得税的减免并不能改变对红利进行纳税申报和缴纳的责任。通过备案 8306 表格获得美国国税局的居留凭证就可以享受税收协定的优惠。

[2] 利息的支付

支付给外国人的利息需要进行代扣所得税，通过税收协定通常可以减免到零税率，这要求代扣公司填写W-8BEN表格[35]。美国公司支付的利息可以抵消公司的纳税收入。因此，属于协定国居民的美国公司的外国所有人能够借钱给美国公司，并收取利息，将可以得到美国代扣所得税的免除，并可以被美国公司从收入中扣除，导致不需支付美国税收。

尽管通过取得协定的优惠可以使美国的税收最小化，但是美国公司的外国所有人必须当心收益剥离规则，该规则限制美国公司过量减免利息支出。当纳税年度结束时美国公司的债务和资产的比率超过 1.5 ∶ 1 时，外国所有的美国公司需要适用收益剥离规则。对美国公司过量的利息支出，有关当局可以拒绝给予减免，过量就是指基于美国公司纳税收入的超过一定比率的利息支出。

[3] 美国公司资产的反向收购和向外转移

将美国业务扩张到国外并不困难，但是将美国业务本身转移到美国国外却非常困难。《美国税法典》第 367 条规定：对将公司资产转移到美国国外的行为要征收“退出税”(exit tax)。《美国税法典》第 7874 条（反反向收购规定）防止了逃避适用退出税的情况发生。在一些场合，要对转移出美国的美国公司进行征税，就如同它依然是美国公司一样。

[a] 美国公司资产的向外转移

当美国公司的资产向外转移时，对于原本无需纳税的公司重组，税收部门就可能开始向外国投资者对所转移资产的公平市场价格和税基价格之差进行征税。然而，在某些情况下，美国公司可以签订“确定收入协议”，要求公司对一段时间内（现行的是 5 年）国外资产的销售所得进行确定。因此，在没有 5 年确定收入协定（当可以有协定）时，如果外国人收购美国公司，随后将资产转移到另一个国家，将要对其转移到他国的资产价值所得进行征税。

当外国公司的股票被用于支付购买美国公司的股票时，美国股东必须确认受益，除非美国公司在外国公司拥有有限股权，或者除非美国股东签订了确定收入协议。如果转移的资产是处于积极的外国商业活动中或者在涉及外国公司股权转让的其他个别

---

[35] 本章讨论的所要求提交的通常用于减缓代扣所得税的W-8BEN表格和其他类似的文件，应当纳入任何使用的债券和相关协议中。

情况下，也是可以避免收益确认。类似规则也适用于更为复杂的使用外国公司股票对美国公司进行合并和收购的情况。

重组过程中当美国人失去了对外国公司的控制时，美国公司被要求在不再受控制的外国公司之前未纳税的收入和利润的范围内，对“认定的红利”进行纳税。这一税收适用于以获得长期税收协同效应为目的，把外国经营从美国控制手中转移出去而设计的收购，但是该税收在一些情况下也可以被美国目标公司的净营业损失所抵消。在筹划收购步骤时，应考虑到类似美国净营业损失的潜在抵消因素，认定的红利所需要的税收成本要和从美国所有权下转移外国经营所得的长期税收协同效应相平衡。

[b] 向外转移企业和其外国母公司的待遇

2004年加入《美国税法典》的第7874条规定，“向外转移企业”（expatriated entity）（美国公司或合伙，其所有实质的资产都被外国公司或合伙收购，至少外国公司或合伙的60%归在新的外国管辖区内无实质商业活动的同样的股东或合伙人所有）的应纳税收入不能低于任何年度企业的“反向收购收益”。这样定义应纳税收入可以防止美国公司或合伙不缴纳“退出税”而在美国国外重新合并或重组。在支付退出税的情况下，公司或合伙资产所得是可以征税的。

当向外转移企业或合伙的至少80%为原来的股东或合伙人所有时，该企业或合伙将作为美国公司进行征税。因此，当美国公司或合伙的至少80%的所有权没有改变时，将美国公司或合伙转移到国外去并没有任何税收优惠。内部重组的情况除外。

在检查所有权重叠时，某些股票是不予考虑的，包括在企业集团内部持有的股票和公开发行时出售的股票。这一规则是为了在原始股份被新发行的股票稀释到所要求的界限之下的情况下，依然可以将企业纳入反向收购的规则。

反反向收购规定在设计交易时经常被忽视，而成为未预料到的问题。然而，存在可以避免适用这一规定来设计一个并购的可能性。例如，外国公司与美国公司签订免税重组协议，假设美国目标公司的原股东持有合并企业59%的股份，而公司成为外国公司时，合并的外国公司将：(i) 不会作为外国公司对待，因为并没有达到80%的界限；以及 (ii) 没有收益的最小额，也没有利用美国目标公司税收属性的限制。因此，虽然这一收购要根据之前所述的《美国税法典》第367条进行征税，但是第367条可以被美国目标公司的净营业损失所抵消。如此设计可以使转移美国公司到国外的在低税收管辖区的外国收购者得到实质的税收协同效应。

在大致同等企业之间的并购交易也可能避免造成反向收购的交易。

例 15

USAW 是在美国纽约证券交易所公开上市的美国国内公司。JIC 是在东京证券交易所公开上市的日本公司。按照 JIC 收购 USAW 的计划，JIC 在新加坡成立外国新公司 NewCo。NewCo 成立美国收购公司作为国内并购子公司，同时成立外国收购公司作为外国并购子公司。美国收购公司与 USAW 合并成为新的 USAW，原 USAW 股东用他们持有的 USAW 股份换得 NewCo 公司 50% 的股份。根据计划安排，外国收购公司与 JIC 合并成为新的 JIC，原 JIC 股东用他们持有的 JIC 股份换得 NewCo 公司 50% 的股份。在交易之后，原 USAW 股东和原 JIC 股东分别持有 NewCo 公司 50% 的股份，而 NewCo 公司完全拥有 USAW 和 JIC。该交易无需与美国反反向收购规定相冲突就可完成，并且这样的结构可以使得美国股东和美国目标公司最大限度地免税。

根据本书假定的场景[36]，以下的综合案例使用了本章所讨论的许多概念：

例 16

除了在加利福尼亚州和特拉华州有子公司外，USAW 在开曼群岛有一个负责国际经营的控股子公司（USAW 国际控股公司）。USAW 国际控股公司有多个子公司分别位于德国（USAW 德国）、新加坡（USAW 新加坡）和迪拜（USAW 迪拜）。从美国税收的目的来看，USAW 有大量的净营业亏损。

JIC 想要得到 USAW 美国和外国的业务经营。根据 JIC 收购 USAW 的计划，JIC 在瑞士成立外国新公司 NewCo。NewCo 分别成立美国收购公司作为国内并购子公司和外国收购公司作为外国并购子公司。美国收购公司与 USAW 合并成为新的 USAW，原 USAW 股东用他们持有的 USAW 股份换得 NewCo 公司 41% 的股份。根据计划安排，外国收购公司与 JIC 合并成为新的 JIC，原 JIC 股东用他们持有的 JIC 股份换得 NewCo 公司 59% 的股份。在交易之后，原 USAW 股东和原 JIC 股东分别持有 NewCo 公司 41% 和 59% 股份，而 NewCo 完全拥有 USAW 和 JIC。假设，NewCo 作为瑞士公司所得税的对象要按 14% 的税率纳税。

NewCo 拥有 USAW，而后者又拥有 USAW 国际控股公司，为了避免形成“三明治结构”，USAW 将 USAW 国际控股公司的股票分配给 NewCo，于是 NewCo 就直接拥有 USAW 国际控股公司。这次分配导致对 USAW 认定的红利分配。因

[36] 参见上文 § 2.02 本书假定的事实。

为，USAW 有大量的净营业损失，而且对使用其损失并没有限制（作为 USAW 的原股东合并拥有 NewCo 至少 40% 的股份），USAW 可以用净营业损失抵消认定的红利来最小化交易中的美国税负。假设 USAW 没有累积收入和利润，对 NewCo 的分配并不是红利，所以没有美国代扣所得税适用于这次分配。接下来，USAW 国际控股公司不再属于 F 部分。USAW 国际控股公司的 F 部分收入和红利曾经要征收 35% 的税收。开曼群岛并不对 USAW 国际控股公司征税。地方税收仍要适用于 USAW 国际控股公司的子公司，但是通过 USAW 国际控股公司支付给 NewCo 的红利并不需要征收开曼群岛或者新加坡的税收。如果 USAW 迪拜不需要向阿拉伯联合酋长国付税，也不用对 USAW 瑞士支付给 USAW 国际控股公司的红利代扣所得税，NewCo 将会对 USAW 迪拜的收入降低全体的实际税率，从之前属于 F 部分收入的 35% 降低为到 14%（瑞士母公司 NewCo 的税率）。

NewCo 将资金贷给 USAW。贷款数额大概是 NewCo 在 USAW 总股权的 40%。贷款的利息支付会从 USAW 的美国税收中减免，因为利息减免不会受第 163(j) 条收益剥离规则的限制。NewCo 与 USAW 的关系符合税收协定优惠条件，所以利息支付在美国和瑞士的税收协定项下是美国代扣所得税的例外。在适用瑞士税率之下，利息的税率是 14%。因此，通过债务融资，NewCo 降低了 USAW 所得的收入，即 USAW 对贷款支付的利息的实际税率，从 35% 降低到 14%，降低了 NewCo 收入的整体全球实际税率。

这个综合的案例虽然看上去很复杂，但已经是过分简单化了的为达到预定结果所必需的税务筹划，并且基于几个通常的假设。然而，这个案例论证了在新的并购结构下，JIC 和 USAW 如何寻找税收协同效应，降低适用于两公司合并后的全球收入整体实际税率，增加了合并后公司的价值，使之大于 JIC 和 USAW 各自的价值。

[D] 其他操作注意事项

其他与税收相关的收购筹划中的注意事项是无形资产的转移和外国货币的影响。

[1] 在美国税收制度下转移无形资产

将无形资产转移到美国以外是要征税的，因为该转移公司被认为收到了与无形资产所获得的收入相对应的收入。该收入被作为认定的使用费支出，在美国作为一般收入进行征税：外国投资者必须对包含在收购中的无形资产支付公平的使用费。如果知识产权在收购后被进一步的开发，那么节税的最好办法是外国收购者和美国目标公司订立成本分担协议。另外，转移知识产权的时候，必须注意知识产权的保护。详见本书第 10 章。

［2］外国货币的影响

为了税收，交易用纳税人的“功能性货币”（functional currency）记账。纳税人的每个独立业务部门都有自己的功能性货币。美国默认的功能性货币是美元，但是外国商业经常使用美元之外的功能性货币。因为美国税收责任是用美元确定的，外国货币必须兑换成美元，当纳税人用另外的货币标价时，功能性货币和该货币相对价值的改变会导致税收的损益。在某些情况下，业务部门可以使用不同于所在经营国正常货币的功能性货币。

例 17

在日本组织成立的外国公司 F 买了美国公司 A 的全部股票。A 公司拥有在开曼群岛成立的受控制的外国公司 B。受控制的外国公司 B 拥有英国有限公司 C，为了美国税收的目的，C 选择作为受控制的外国公司 B 的非独立实体。英国有限公司 C 在南非拥有一个制造工厂。美国税法认为该结构中只涉及 3 个商业企业：F 公司、C 公司和 B 公司。然而，事实上存在着 5 个业务部门，每一个都有其各自的功能性货币：F 公司是日元，A 公司和受控制的外国公司 B 是美元（尽管后者的“正常”货币是开曼岛元），英国有限公司是欧元或英镑，制造工厂是兰特。

有很复杂的法律管理着外国货币损益计算的方方面面，包括确定收入的时间、计算方法、损益的特征、损益的来源，以及使用的汇率。外汇的税务问题是与美国纳税人最相关的事项，但是经常与由外国经营的美国公司的外国所有人有关[37]。

［a］外国货币对债券和股票的影响

当美国公司用非功能性货币（除美元以外的其他货币）买卖债券时，外国货币的影响就会显现出来。利息支付和收入按照利息发生期间的平均汇率兑换成美元。利息

---

[37] 当美国公司有外国子公司时，为了对外国收入计算美国公司的税收责任，所有外国子公司的交易都必须兑换成美元。例如，外国人 F 拥有美国公司 A。A 拥有在瑞士设立的受控制的外国公司 B，并将瑞士法郎作为其功能性货币。受控制的外国公司 B 的交易属于 F 部分收入，必须将瑞士法郎兑换成美元来确定美国公司 A 对 F 部分收入的税收责任。如果 B 在之后以 F 部分收入的数额向 A 分配了红利，A 公司必须确定因为对收入征税时和分配红利时的汇率差别来确定外国货币的损益。

支付或收入的汇兑损益通过利息产生期间的兑换汇率和支付这一时点的汇率之差来计算利息的损益。本金偿还的兑换也使用偿还时的汇率，而偿还的数额乘以借贷本金和偿还本金时的汇率差就是外汇兑换损益。当债券涉及原始发行折价时，会有另外的影响出现。

用非功能性货币标价的股票购买时要使用购买日的汇率进行兑换，卖出时使用出售日的汇率进行兑换。所以，权益性证券并没有外汇兑换损益。

[b] 远期交易、期货、期权、套期保值和其他衍生品

远期交易、期货、期权、套期保值和其他衍生品通常用来投资外国货币或者最小化外汇兑换的风险。税收待遇取决于其类型和交易的目的。

当证券是用功能性货币以外的其他货币进行标价时，远期交易、期货、期权或类似衍生品会产生汇兑损益。远期交易、期货、期权合同的汇兑损益是纳税人根据合同所得数额减去支付来平仓远期外汇交易的数额所得的结果。

例 18

F和A都将美元作为其功能性货币，双方签订合约，约定90天后F向A以150美元出卖100欧元。如果A要用10美元解除合约，那么F就获得10美元的汇兑收益，而A则有10美元的汇兑损失。

名义本金合约（notional principal contracts）是常用的衍生品，在这种合同参照非功能性货币被加以确定时，它受到外币规则的管制。货币掉期是最常用的交易形式，它要求当事人定期进行不同货币的兑换，到期时置换本金。货币掉期的汇兑损益的计算是通过将收到的付款假设成以收到的货币作为债券的付款来对待。

特殊的规则整合了外汇套期保值和被套期的基础合同。套期保值必须符合严格的文件材料要求，以符合作为套期保值来纳税。因为套期保值的损益都被整合进入交易的正常损益中间，所以套期保值并没有汇兑损益。

例 19

外国公司F在日本成立，与美国公司A订立合同向其出售设备，约定交付日期一年内以1000日元的价格出售。出卖时，1美元可兑换100日元。为了对未生效的合同套期保值，美国公司A签订了一个远期交易合同，在一年内以10美元兑换1000日元，以固定美国公司A的设备价格。美国公司A对远期交易合同进行套期保值（hedge），以管控购买交易中的外汇风险。在年末，1 美元可兑换 90 日元。如果没有套期保值，美国公司 A 将需要支付 11.11 美元来兑换足额的日元购买设备。然而，美国公司 A 用 10 美元兑换了 1000 日元来支付设备的金额。如果合同并没有被认定为套期保值，美国公司将要对 1.11 美元的远期合同收益进行纳税，并且在该设备上取得的纳税基数是 11.11 美元；但由于有了套期保值，美国公司 A 并没有汇兑损益，而且在该设备上取得了 10 美元纳税基数。

外国货币交易可以产生很多影响。对其复杂性进行彻底的探讨已经超出了本书的范围，其他的事项可能包括汇兑损益的来源、受控制外国公司的汇兑损益是否属于 F 部分收入、计算用非功能性货币支付的外国税收的抵免。

附件 7–A

现行美国所得税率和预提税率

个人

现行美国个人所得税率			
超过（第 1 列）（美元）	未超过（美元）	第 1 列部分的税收（美元）	超过部分征收百分比（%）
0	8,025	–	10
8,025	32,550	802.50	15
32,550	78,850	4,481.25	25
78,850	164,550	16,056.25	28
164,550	357,700	40,052.25	33
357,700		103,791.75	35

补充注解

本表格仅仅提供了基本个人所得税率（和外国人所得的实际相关收入的税率）。在已婚纳税人和户主的情况下需要适用不同的税率。在某些场合，特别是纳税人有实质的逐项抵扣时，可能适用目前税率为 25% 的替代最低税（AMT）。

长期资本利得（资产持有期间超过 12 个月）和合格的红利收入（来自国内公司和在税收协定国的外国公司的红利）的税率目前是 15%。合格红利（qualified dividends）15% 的税率在 2010 年期满，届时，所有的红利都要按累进所得税率征税。奥巴马政府建议对合格的红利和资本利得征收 20% 的税率，但是目前是否会采用 20% 的税率尚不清楚。以上累进税率适用于短期资本所得（持有资产不超过 12 个月）。

资本利得税仅适用于：(i) 美国人；以及 (ii) 获得与美国贸易或商业（USTB）实际相关的资本收入的外国人（在此情况下总是适用以上累进所得税率）。

员工在美国被雇佣的情况下，所得税经常通过代扣机构进行支付。其他不适用经常性代扣的人，除一些例外情况以外，必须按季度支付相当于当年估算税额 1/4 的预缴税。

公司

美国公司税率（仅适用于美国公司）			
超过（第 1 列）（美元）	未超过（美元）	第 1 列部分的税收（美元）	超过部分征收百分比（%）
0	50,000	–	15
50,000	75,000	7,500	25
75,000	100,000	13,750	34
100,000	335,000	22,250	39
335,000	10,000,000	113,900	34
10,000,000	15,000,000	3,400,000	35
15,000,000	18,333,333	5,150,000	38
18,333,333			35

39% 的税率适用于税收收入在 100,000 美元到 335,000 美元之间的情况，不再适用 15% 和 25% 的优惠税率。38% 的税率适用于税收收入在 15,000,000 美元到 18,333,333 美元之间的情况，而不再适用 34% 的优惠税率。公司也被要求对估算的年度税收金额每季度分期预缴税款。

预提税

源自美国的红利、利息、租金、特许权使用费、工资、薪金、奖金、年金、赔偿金和其他固定的或可确定的年度的或周期性的收入，要按照 30% 的税率进行代扣。当收入与美国贸易或商业实际相关时，只要外国接受者提供完整的 W-8ECI 表格给支付人，就不再适用代扣。获得实际相关收入的外国接受者也必须进行税务申报。

除了美国不动产买卖之外，资本收入不是代扣的对象。不动产买卖要代扣毛销售价格 10% 的预提税，除非获得了数额减免的代扣凭证。

只要接受者提供 W–8BEN 表格给支付人，就会对不同税收协定管辖区内的接受者适用不同的税率。协定税率概括如下：

美国收入税协定代扣税率				
接受者	**美国一般债务人支付的利息（h）**	**美国公司支付（a,h）**	**适用直接红利率的红利（a,h）**	**使用费（h）**
澳大利亚	10（c）	15（c,l）	15（c,l,m）	5（c）/5（c）/5（c）
奥地利	0（j,c）	15（c,e）	5（e,c）	0（c）/10（c）/0（c）
巴巴多斯	5（c）	15（c,e）	5（b,c,e）	5（c）/5（c）/5（c）
比利时	0（j,c）	15（c,o,p）	5（c,m,o,p）	0（c）/0（c）/0（c）
加拿大	0（c,j,ii）	15（c,l）	5（l,c）	0（c）/10（c）/0（c）
中华人民共和国	10（c）	10（c）	10（c）	10（c）/10（c）/10（c）
独联体	0	30	30	0/0/0
塞浦路斯	10（c）	15（c）	5（c,b）	0（c）/0（c）/0（c）
捷克	0（c）	15（c,e）	5（b,c,e）	10（c）/0（c）/0（c）
丹麦	0（k,c）	15（c,o,p）	5（c,m,o,p）	0（c）/0（c）/0（c）
埃及	15（d）	15（d）	5（d,b）	0（d）/0（d）/15（c）
爱沙尼亚	10（k,c）	15（c,e）	5（b,c,e）	5（c,g）/10（c）/10（c）
芬兰	0（k,c）	15（c,o,p）	5（c,m,o,p）	5（c）/0（c）/0（c）
法国	0（c）	15（c,l）	5（b,c,l）	5（c）/0（c）/0（c）
德国	0（j,c）	15（c,o,p）	5（c,m,o,p）	0（c）/0（c）/0（c）
希腊	0（d）	30	30	0（d）/30/0（d）
匈牙利	0（c）	15（c）	5（c,b）	0（c）/0（c）/0（c）
冰岛（新协定）	0（k,c）	15（c,l,o）	5（c,l,o）	0（c）/5（c）/0（c）
冰岛（旧协定）	0（c）	15（c）	5（c,b）	0（c）/30/0（c）
印度	15（c,f）	25（c,e）	15（b,c,e）	10（c,g）/15（c）/15（c）
印度尼西亚	10（c）	15（c）	10（c,b）	10（c,g）/10（c）/10（c）
爱尔兰	0（c）	15（c,l）	15（l,c）	0（c）0（c）0（c）

续表

美国收入税协定代扣税率				
接受者	美国一般债务人支付的利息（h）	美国公司支付（a,h）	适用直接红利率的红利（a,h）	使用费（h）
以色列	171/2（f）	25（e）	121/2（b,e）	15（c）/10（c）/10（c）
意大利	15（c）	15（c）	5（c,b）	10（c）/8（c）/5（c）
牙买加	121/2（c）	15（c）	10（c,b）	10（c）/10（c）/10（c）
日本	10（c,n,o）	10（c,n,o,p）	5（b,c,n,o,p）	0（c,n）/0（c,n）/0（c,n）
韩国	12（c）	15（c）	10（c,b）	15（c）/10（c）/10（c）
哈萨克斯坦	10（c）	15（c,i）	5（b,c,i）	10（c）/10（c）/10（c）
拉脱维亚	10（k,c）	15（c,e）	5（b,c,e）	5（c,g）/10（c）/10（c）
立陶宛	10（k,c）	15（c,e）	5（b,c,e）	5（c,g）/10（c）/10（c）
卢森堡	0（c）	15（c,e）	5（b,c,e）	0（c）/0（c）/0（c）
墨西哥	15（c）	10（c,l）	5（c,l,m）	10（c）/10（c）/10（c）
摩洛哥	15（c）	15（c）	10（c,b）	10（d）/10（c）/10（c）
荷兰	0（c）	15（c）	5（b,c,m）	0（c）/0（c）/0（c）
新西兰	10（c）	15（c）	15（c）	10（c）/10（c）/10（c）
挪威	0（c）	15（c）	15（c）	0（c）/0（d）/0（c）
巴基斯坦	30	30	15（d,b）	0（d）/30/0（d）
菲律宾	15（c）	25（c）	20（c,b）	15（c）/15（c）/15（c）
波兰	0（c）	15（c）	5（c,b）	10（c）/10（c）/10（c）
葡萄牙	10（d）	15（d,e）	5（b,d,e）	10（d）/10（d）/10（d）
罗马尼亚	10（c）	10（c）	10（c）	15（c）/10（c）/10（c）
俄罗斯	0（c）	10（c,i）	5（b,c,i）	0（c）/0（c）/0（c）
斯洛伐克	0（c）	15（c,e）	5（b,c,e）	10（c）/0（c）/0（c）
斯洛文尼亚	5（c）	15（c,l）	5（b,c,l）	5（c）/5（c）/5（c）
南非	0（j,c）	15（c,e）	5（c,e）	0（c）/0（c）/0（c）
西班牙	10（c）	15（c,e）	10（b,c,e）	8（c）/8（c）/5（c）
瑞典	0（c）	15（c,o,p）	5（b,c,m,o,p）	0（c）/0（c）/0（c）
瑞士	0（c）	15（c,e）	5（e,c）	0（c）/0（c）/0（c）

续表

美国收入税协定代扣税率				
接受者	美国一般债务人支付的利息（h）	美国公司支付（a,h）	适用直接红利率的红利（a,h）	使用费（h）
泰国	15（f,c）	15（c,e）	10（e,c）	8（c,g）/5（c）/15（c）
特立尼达和多巴哥	30	30	30	15（c）/30/0（c）
突尼斯	15（c）	20（c,e）	14（b,c,e）	10（c,g）/15（c）/15（c）
土耳其	15（c,f）	20（c,e）	15（e,c）	5（c,g）/10（c）/10（c）
乌克兰	0（c）	15（c,i）	5（b,c,i）	10（c）/10（c）/10（c）
英国	0（c,k,n）	15（c,n）	5（c,m,n）	0（c,n）/0（c,n）/0（c,n）
委内瑞拉	10（c,k）	15（c,l）	5（b,c,l）	5（c,g）/10（c）/10（c）

注解

本表格包含了美国国税局第515号出版物（IRS Publication 515）所含的信息，其准确性还未得到验证。本表格只是一个概要，更详细的解释请查阅美国国税局第515号出版物。协定有很多例外和条件，每个协定都是不同的，没有完全相同的两个协定。在做出要求适用税收协定以获得优惠的重大收购决定之前，需要查询协定的原文。

（a）如果美国公司所得的至少80%的毛收入来自分红前三年主动外国商业的红利，则对红利不征税。

（b）降低的税率适用于子公司支付给达到要求持股比例的外国母公司的红利。在某些案子中，子公司的收入必须要符合一些要求（例如，总收入的一定比例必须由红利和利息之外的收入构成）。在意大利，如果外国公司拥有公司10%～50%的投票权（12个月的期间），该公司支付的红利可以享受的降低的税率是10%。在日本，当符合某些条件时，拥有超过50%股权的子公司支付的红利可以免税。

（c）当接受者在美国有常设机构，其收入与常设机构实际相关时，免税或减税并不适用。在某些协定之下，如果产生收入的资产与位于美国的固定场所实际相关，且接受者在该固定场所独立进行私人业务时，免税或减税也不适用。即使存在协定，当收入与接受者有美国的商贸不实际相关时，接受者会根据美国国税局第894（c）条被认为是在美国没有常设机构。

（d）当接受者通过美国的常设机构参与到美国贸易或商业中时，免税和减税不适用。然而，如果接受者的收入并不与美国贸易或商业实际相关，为了美国国税局第894条（b）规定的适用税收协定降低的税率，接受者会被认为是在美国没有常设机构。

（e）第二列的税率适用于由受管制的投资公司（RIC）或者不动产投资信托公司（REIT）支付的红利。然而，仅当红利的实际受益人拥有不动产投资信托公司不超过10%（葡萄牙、西班牙、泰国、突尼斯是25%）的股权时，该税率才适用。

（f）对银行或类似金融机构贷款利息的税率是10%。在泰国，10%的税率同样适用于设备、货物或服务公平交易的信用销售所支付的利息。

（g）该税率适用于工业、商业或科学设备的使用或使用权的使用费。信息行业、商业和科学专有技术的使用费适用于第四列的税率（“其他版税”），但是为了申报的目的，使用“工业使用费”税率。

（h）在某些协定中，代扣的降低的税率可能不适用于外国公司，除非所有人中美国或税收协定国的公民或居民达到最小的比例。

（i）第二列的税率适用于受管制的投资公司支付的红利。房地产投资信托公司支付的红利适用30%的税率。

（j）不属于组合投资权益的或有权益的税率是15%（德国是30%）。一般而言，该权益源自获得或销售资产、资产产生的收入或资产价值的变化。

（k）通过以下途径取得的利益的适用税率是15%：（a）取得、销售、收入、利润或债务人或关联方的其他现金流；（b）债务人或关联方的任何资产价值的变化；或（c）红利、合伙分配或类似由债务人或关联方的支付。

（l）第二列的税率适用于由受管制投资公司（RIC）或者不动产投资信托公司（REIT）支付的红利。然而，其受益人是下列情况时，该税率仅适用于由不动产投资信托公司支付的红利：（a）拥有不动产投资信托公司不超过10%的股权的个人；（b）拥有不动产投资信托公司不超过5%的任何种类的股票，并且支付红利的股票是公开交易的股票；或（c）拥有不超过不动产投资信托公司10%的股权，并且不动产投资信托公司的投资是分散的。

（m）当符合一些条件时，拥有80%股份的子公司支付的红利可以免税。

（n）当支付是基于或部分属于中转传递安排时，不适用免税或减税。

（o）基金向退休基金支付的分红，如果该收入不是直接或间接来自基金从事的商业活动，可以免税。仅当符合注解p的情况时，不动产投资信托公司的支付可以免税。对于瑞典来说，退休基金在取得给其带来红利的所有权之后2个月内不得出售或约定出售其所有权。

（p）第二列的税率适用于由受管制的投资公司或者不动产投资信托公司支付的红利。然而，当红利的实际受益人是下列情况时，该税率仅适用于由不动产投资信托公司支付的红利：(a）拥有不动产投资信托公司超过 10% 股权的个人或退休基金；(b）拥有不动产投资信托公司不超过 5% 的任何种类的股票，并且红利是基于公开交易的股票产生的；或（c）拥有不超过不动产投资信托公司 10% 的股权，并且不动产投资信托公司的投资是分散的。符合上述条件的受管制的投资公司或者不动产投资信托公司支付给退休基金的红利是免税的。

地方税收

很多州、地区和自治区除了适用上面讨论的联邦税收外，还另外征收所得税、营业税、土地房屋使用税或财产税。对州、地方和自治区的税收制度的完整讨论超出了本书的范围。这些税收中最重要的是州一级收入税。大概 45 个州征公司税或营业税。只有 4 个州（内华达州、得克萨斯州、华盛顿州和怀俄明州）不征收州一级的公司所得税，但是单独的营业税和土地房屋使用税或特许经营权税在这些州可能要征税。各州的所得税税率相差很大，但是大约都在 7% ～ 10% 之间（例如，加利福尼亚州和纽约州目前的公司收入税率分别是 8.84% 和 7.5%）。

第 8 章

对在美国的外国投资的国际协定保护

Michael S. Snarr

[2] 双边投资协定明文规定的政策性例外项下变相的不合法的经济保护主义

[B] 结论

附件 8–A 美国双边投资协定范本

§8.01 概述

与在一般情况下根据美国法律所获得的投资保护相比，那些与美国订立了双边投资协定的国家的外国投资者的投资享有免受政府干预的保证。这些协定承诺外国投资者将免于任意性与歧视性的待遇，并且在上述承诺没有兑现的情况下，协定规定了诉诸国际仲裁庭的法律救济方式。外国投资者应该认识到这些协定的好处，以及与那些未同美国签署上述协定国家的外国投资者相比所享有的潜在优势，特别是在外国投资因国家安全顾虑而受到日益严格的审查的时候。

§8.02 引言

外国投资者及其对美国的投资不仅可以依据美国法律，也可以依据美国与外国投资者母国所签署的双边投资协定（BIT）或自由贸易协定（FTA），而免受政府干预。双边投资协定和自由贸易协定阐述国际投资的相关章节[1]为保护外国投资者及其投资不受东道国政府的歧视、国有化或其他违反国际法的行为之干涉提供了法律标准。在过去20年中，这些协定为外国投资者对东道国政府因后者违反上述投资保护而提起的特别的投资者与国家之间的仲裁程序提供了越来越多的直接依据。在一些案件中，外国投资者已经在对东道国政府的和解协议或仲裁裁决中赢得了数百万美元。

在某种程度上，美国的国家利益是在既扩大又减少外国投资的不断的博弈中实现的。促进全球范围内国际投资的政治和经济政策推动了外国投资在美国的自由化。然而，上述政策是与日益增加的国家安全保护和恐怖主义威胁风险防范的担忧相平衡的。尽管美国最近与韩国、哥伦比亚和巴拿马商讨的自由贸易协定[2]中均包含了一个专门阐述扩大和保护外国投资的章节，但美国仍然通过立法规定美国外国投资委员会（CFIUS）负责审查、修订甚至根据美国政府的判断拒绝可能威胁国家安全利益的外

---

[1] 自由贸易协定涵盖了贸易、投资以及其他商业问题，每个问题自成一个章节。例如，《北美自由贸易协定》（NAFTA）包含了“国民待遇和货物的市场准入”、“政府采购”、“金融服务”、“竞争政策、垄断和国有企业”、“知识产权”和“投资”等章节。双边投资协定或自由贸易协定经常包含特别的关于移民的章节，将优惠扩展至取得商务签证的条约伙伴。例如，与澳大利亚的自由贸易协定为每年到美国的10,500名澳大利亚人创立了一个E-3快速商务签证。参见本书第16章。

[2] 美国与韩国、哥伦比亚和巴拿马签署的自由贸易协定在本章付印时尚未被美国国会批准。

国投资[3]。

保护国家安全的政府措施与歧视性的、经济性贸易保护主义措施的界限，在这些相竞争的政策利益交叉的时候可能不甚清晰[4]。美国外国投资委员会的措施是否阻碍或者改变了外国投资的条件的问题可能引起投资者与国家之间的仲裁，但是在协定中根本安全措施的例外尚未得到检验。

无论一个特定的投资是否会引起国家安全问题，外国投资者应该了解根据双边投资协定和自由贸易协定外国投资者及其投资所能得到的法律保护，以及他们所享有的在需要的时候寻求救济的权利。下文第 8.03 节讨论了美国作为缔约国的双边投资协定和自由贸易协定的章节所包含的最常见的投资者保护标准。这些标准是以美国双边投资协定范本（U. S. Model BIT）为基础的。美国双边投资协定范本是美国进行这些协定谈判的模版。理解美国双边投资协定范本的自由投资原则将帮助外国投资者识别其在美国投资可能受到的政府干预，以及可能享有的协定保护[5]。

第 8.04 节检验了双边投资协定的准则与美国外国投资委员会基于国家安全担忧进行审查之间的关系，并且思考了后者施加的投资限制或改变是否构成对双边投资协定的违反。

§ 8.03　美国双边投资协定和自由贸易协定保护在美国的外国投资

外国投资者应该了解其母国与美国之间缔结的双边投资协定和自由贸易协定，使得投资者免受不被允许的、损害外国投资的政府行为的干预。

[A] 缔结双边投资协定的原因和对象

双边投资协定是自美国成立以来，美国与其同盟国之间缔结的和平友好通商和航海协定的现代后继者。美国自上世纪 80 年代开始谈判双边投资协定，以求通过保护

---

[3]　参见本书第 14 章“外国并购的国家安全审查”以及第 15 章“管理对美国投资的审批和政治程序”以进一步了解美国法律所规定的外国投资在美国的待遇。

[4]　可能提到的类似题还包括：为了保护环境、劳工权利、公共健康或消费者安全所采取的措施是否是必需的、合法的政府监管，还是在特定案件中有时构成了变相的经济歧视。

[5]　外国投资者应该联系其母国驻美国使馆以查明是否与美国订立了双边投资协定或自由贸易协定以及目前的状态。

美国海外投资、鼓励市场主导型贸易和投资政策，以及进一步为美国国际商业关系拓展以规则为基础的体系，扩大其在上述早期协定中的利益。今天，由于这些协议是双边的，使得投资海外的美国投资者以及投资于美国的外国投资者均从中受益。

[1] 双边投资协定背后的美国政策

在上世纪90年代，美国的对外政策倾向于取消国际投资壁垒，具有代表性的是乔治·赫伯特·沃克·布什总统寻求在东欧推进改革、比尔·克林顿总统将全球化视为经济相依性以及共享民主价值理念之路。许多美国商业人士将对外投资看成通过向新兴市场销售扩大利润，或者通过获取更便宜的劳动力或原材料降低生产成本的机会。

1988年，美国与加拿大缔结了综合的自由贸易协定，该协定包括了一些保护对外投资的内容，不久之后即开始与墨西哥进行谈判以获得同样利益。美国业主对降低高成本的贸易与投资壁垒持欢迎态度，却不满足于依靠墨西哥司法体系保护美国的投资免受墨西哥政府的干涉，特别是考虑到历史上曾发生墨西哥对外国石油运营实行国有化的先例。因此，美国与墨西哥谈判时，坚持在《北美自由贸易协定》中包含一个保护美国的外国投资的章节[6]。《北美自由贸易协定》第11章规定了保护外国投资的基本原则，并且赋予外国投资者将东道国政府违反上述保护提交特别仲裁庭的权利。

一些美国人，特别是国会成员认为，美国作为世界领先的资本输出经济体，通过协定减少投资壁垒，将使得美国在经济方面比它的伙伴国家取得更多收益。没有明显理由否认与波兰达成的双边投资协定或者与墨西哥及加拿大达成的《北美自由贸易协定》有关投资章节所带来的互惠的外商投资收益。无论美国还是加拿大，在根据《北美自由贸易协定》鼓励并且保护其投资者在墨西哥的投资时，均没有预见到它们自己将受到大量的投资者与国家之间的仲裁要求的约束[7]。然而，实行《北美自由贸易协定》13年之后，在根据该协定第11章提起的投资者与国家之间仲裁中，美国和加拿大与墨西哥一样经常成为被诉国家[8]。

---

[6] U. S. Gen Accounting Office，North American Free Trade Agreement：Assessment of Major Issues，2 GAO/GGD–93–137 19–20（1993）.

[7] 参见 Daniel M. Price，Supplement：NAFTA Chapter 11 Investor-State Dispute Settlement：Frankenstein or Safety-Valve，26 Can. –U. S. L. J. 1，7（2001）（大多数双边投资协定的缔约国是在美国或加拿大很少投资的发展中国家）。

[8] 截止到2007年10月1日，根据《北美自由贸易协定》第11章对墨西哥提起仲裁11次，对加拿大提起仲裁18次，对美国提起仲裁14次。参见 Canadian Centre for Policy Alternatives，NAFTA Chapter 11 Investor-State Disputes 16（2008），http：//www.policyalternatives.ca/Reports/2008/01/ReportsStudies1814/.

投资者与国家之间仲裁的惊人数量并没有阻止美国签署其他协议。自 1993 年签署《北美自由贸易协定》以来，美国已经谈判并且签署了至少 11 个包括与双边投资协定类似保护章节的自由贸易协定[9]。截止到 2008 年，美国已经开始与中国、巴西和印度进行非正式对话，就双边投资协定进行谈判，美国已经与大约 40 个国家达成了双边投资协定[10]。

《2002 年两党贸易促进授权法案》[11]明确表示了国会进一步推动美国开展协议谈判以促进外国投资的原则立场：

> 美国关于外国投资的主要谈判目标是降低或者消除人为的或者扭曲贸易的外国投资壁垒，同时确保在美国的外国投资者在投资保护方面不享有比在美国的美国投资者更多的实质性权利，并且保证投资者享有根据美国法律原则和实践所能享有的重要权利……[12]

[2] 美国双边投资协定范本

美国国务院于 2004 年公布了一个美国双边投资协定范本草案，作为将来美国谈判的模板[13]。自那时起所签订的双边投资协定和自由贸易协定的投资章节都遵照该范本的核心准则。美国双边投资协定范本制定了保护外国投资的基本标准，该标准起源于《北美自由贸易协定》，并且增加了有关投资者与国家之间的仲裁裁决所体现的法律发展，以及国会在总统的贸易和投资谈判目标方面的要求[14]。

美国双边投资协定范本的序言表述了未来双边投资协定的目标：

- 促进与协定缔约国就“投资”进行“进一步经济合作”。
- “刺激私有资本流通以及缔约国经济发展”。

---

[9] 美国已经与哥伦比亚、巴拿马和韩国签署了自由贸易协定，目前正在等待国会批准。除了《北美自由贸易协定》，美国与以色列、约旦、智利、新加坡、澳大利亚、摩洛哥和巴林签署的自由贸易协定已经生效。美国与秘鲁和阿曼签署的自由贸易协定尚未实施。

[10] 参见 U.S. Trade Compliance Center，U.S. Department of Commerce，Bilateral Investment Treaties，双边投资协定 http：//tcc.export.gov/Trade_Agreements/Bilateral_Investment_Treaties/index.asp.

[11] 19 U.S.C. § § 3801 *et seq.*

[12] 19 U.S.C. § 3802(b)(3).

[13] 参见双边投资协定 U.S. State Department & U.S. Trade Representative（2004）http：//www.state.gov/e/eeb/rls/othr/38602.htm. 美国双边投资协定范本见附件 8–A。除非另行说明，如果引用时只提到“条款”，则指的是美国双边投资协定范本的条款。

[14] 美国双边投资协定范本遵循国会在《2002 年两党贸易促进授权法案》中阐述的谈判目标。

- “最大化地有效利用经济资源以及提高生活水平”。
- “提供根据国内法与国际仲裁主张和行使与投资相关的权利的有效方式”。
- “通过符合保护健康、安全与环境，并且促进国际认可的劳工权利的方式实现上述目标”。
- 鼓励“互惠的投资保护”[15]。

上述原则是美国在过去20年中应对所发布的投资者与国家之间仲裁裁决中形成的。

[3] 美国双边投资协定范本对外国投资者及其投资的适用

美国双边投资协定范本保护外国投资者及其投资，并且允许外国投资者就违反双边投资协定中保护外国投资的法律标准以对美国提起仲裁的方式主张权利[16]。双边投资协定的“缔约国”指美国及其他协定签署国。

“缔约国的投资者”被定义为“试图、正在或者已经在另一缔约国境内投资的缔约方的国民或者企业”[17]。双边投资协定的外国投资保护适用于一个缔约国（例如美国）所采取的措施，因为该措施与“另一缔约国的投资者”有关[18]。美国投资者不能在美国主张双边投资协定的利益，但是可以根据美国国内法要求适用于它们的类似的权利和保护[19]。

在某些方面，“投资”的定义非常广泛，它包括：

- 一个企业，例如“公司、信托、合伙、独资经营、合营、合作或类似的组织形式”[20]。

---

[15] 参见 U.S. Model BIT at 1. Compare with Congress's objectives in the Bipartisan Trade Promotion Authority Act of 2002 at 19 U.S.C. §3802(b)(3).

[16] 美国对政府所拥有的企业以及州和地方政府所发生的违反行为承担责任。参见第2条第（2）款。（“缔约国的责任适用于：（a）国有企业或行使缔约国授予的调整、管理或其他政府性权利的其他人；（b）缔约国的政治性分支机构。”）

[17] 根据第1条，外国政府及其国有企业也属于“缔约国的投资者”。

[18] 见第2条第（1）款。

[19] 例如，《美国宪法》第5次修正案的征收条款保护美国公司免于被美国联邦政府国有化，要求为了公共目的征收财产给予“补偿”。第14次修正案对州政府和地方政府适用同样的限制。美国宪法的同等保护条款对歧视待遇提供了额外的保护。对于双边投资协定是否在或者应该在政府干预外国投资时为外国投资者提供高于美国公司根据美国法律所享有的保护的问题一直存在争议。

[20] 见第1条“投资”和“企业”的定义。

- “股票、股份或以其他形式对一个企业的参股”。
- “票据、债券、其他债务证券和贷款”。
- “期货、期权和其他衍生产品”。
- “交钥匙、建筑、管理、生产、特许、利润共享或其他类似的合同”。
- “知识产权”。
- “许可、授权、许可证或其他根据国内法所授予的权利”。
- “其他有形的或者无形的不动产或动产，以及相关财产权利，例如租赁、抵押、留置和质押”。

在解释美国签署的双边投资协定时，仲裁庭有时对“投资”的含义做出比美国所希望的更宽泛的解释。美国在美国双边投资协定范本中增加批注以澄清其认可的投资范围。一些已定义的“投资”由于缺乏某些外国投资的传统特点，甚至不被美国认为受到双边投资协定的保护。为此目的，美国已经做出这样的文字规定，将投资限定为“具有对资本或者其他资源做出承诺，期望获得利润，或者承担风险等投资特点”的财产。

仲裁庭有时将先前的投资者与国家之间仲裁裁决视为一堆法律的集合，以协助理解类似的双边投资协定的术语含义。投资的具体范围将取决于美国及其协定缔约国之间的双边投资协定的最终谈判文本，以及临时仲裁庭对协定语言的适用。

[B] 双边投资协定项下美国政府对外国投资及投资者的义务

许多双边投资协定对外国投资者的保护已经在国际法上有很长的历史。一国给予不低于其给予本国国民的待遇（国民待遇）或者另一国国民的待遇（现在被称为“最惠国待遇”）的概念可以追溯到 19 世纪的《欧洲友好通商和航海协定》(FCN)，甚至更早[21]。上述《欧洲友好通商和航海协定》是缔约国为了缔约国国民在另一缔约国境内从事商业活动所建立的基本规则和权利的双边协定[22]。随着以公司实体形式从事商业活动日益盛行，《欧洲友好通商和航海协定》开始将个人所拥有的权利和待遇扩展到公司，“不是给予外国公司比本国公司更多的权利，而是保证外国公司在从事商业活动

---

[21] 参见 Restatement（Third）of Foreign Relations Law，§801，Reporter's Note 1（1987）.

[22] 参见 Herman Walker，Jr.，Modern Treaties of Friendship，Commerce and Navigation，42Minn. L. Rev.805，805–806（1958）.

时享有与本国公司平等的权利，而不因其外国实体的身份受到歧视待遇。”[23] 美国在第一次世界大战后签署的友好通商和航海协定开始反映这一变化[24]。

国际法的一些习惯性原则（例如国民待遇、最惠国待遇和国有化补偿）逐渐被编纂入协定。现代的双边投资协定和自由贸易协定有关投资的章节反映了上述国际法原则的最新发展。

［1］国民待遇

根据美国双边投资协定范本第 3 条，美国必须对外国投资者以及其投资提供“国民待遇”：

> 在一方境内设立、收购、扩张、管理、实施、运营和销售或者以其他方式处理投资方面，任何一方应该同意给予另一方的投资者不低于一方同意给予其自己的投资者在类似情况下的待遇[25]。

一个类似的条款适用于外国投资者在美国的投资：

> 一方应该同意在设立、收购、扩张、管理、实施、运营和销售或者其他处理投资方面，给予（外国投资者）不低于一方境内自己投资者的投资在类似情况下的待遇[26]。

上述条款禁止联邦、州和地方政府因为国籍而歧视外国投资者及其投资。

在 S. D. 迈尔诉加拿大案（S. D. Myers v. Canada）中[27]，一家美国废品管理公司因加拿大政府拒绝根据《北美自由贸易协定》第 1102 条的规定，给予公司国民待遇，而对加拿大政府提起仲裁。该公司在加拿大设立了一家公司，收集对环境有害的废物并且将废物转移到美国工厂销毁。为了使加拿大废品处理公司在与美国投资者的竞争

---

[23] 住友商事（美国）公司诉阿瓦利亚诺案（Sumitomo Shoji America，Inc. v. Avagliano），457 U. S. 176，186−188（1982）.

[24] 住友商事（美国）公司诉阿瓦利亚诺案（Sumitomo Shoji America，Inc. v. Avagliano），457 U. S. 176，186，n.17.

[25] 第 3 条第（1）款。

[26] 第 3 条第（2）款。

[27] 见 S. D. 迈尔诉加拿大案（S. D. Myers v. Canada），部分裁决，《北美自由贸易协定》[联合国国际贸易法委员会（UNCITRAL）]，2000 年 11 月 13 日，252 ~ 257。

中处于有利地位，加拿大实施禁止向美国出口废物的禁令。

根据《北美自由贸易协定》第 11 章，仲裁庭受理了仲裁并且做出了有利于投资者的裁决，其指出加拿大同意给予投资者的待遇低于其在类似情况下同意给予其境内投资者的待遇。

［2］最惠国待遇

美国双边投资协定范本第 4 条要求美国对外国投资者及其投资提供美国给予来自于尚未与美国签订双边投资协定的国家的投资及投资者同等的待遇：

1. 任何一方应该同意在设立、收购、扩张、管理、实施、运营和销售或者其他处分在其境内投资方面，给予另一方不低于其在类似情况下给予非签约方的投资者的待遇。
2. 任何一方应该同意在设立、收购、扩张、管理、实施、运营和销售或者其他处分投资方面，给予另一方的待遇应该涵盖不低于其在类似情况下，给予非签约方的投资者在其境内投资的待遇[28]。

最惠国待遇的运作与国民待遇的运作方式类似，但是，最惠国待遇的相比较对象是外国投资者所享有的待遇与另一国外国投资者所享有的待遇，而不是本国投资者所享有的待遇。

鉴于美国违反了《北美自由贸易协定》所规定的一些条款，例如有关《北美自由贸易协定》第 11 章“外国投资”和第 12 章“跨境服务的最惠国待遇义务”，墨西哥对美国提起仲裁。墨西哥诉称（并且美国也承认），墨西哥卡车公司被禁止在美国投资于国际运输公司以及提供跨境卡车运输服务，尽管加拿大公司已经被授予上述权利。仲裁庭同意美国的上述行为否认了墨西哥公司所应享有的最惠国待遇[29]。

［3］国际习惯法项下的最低标准待遇

美国承诺根据第 5 条对外国投资提供国际习惯法所规定的最低标准待遇：

---

[28] 第 4 条第（1）、（2）款。

[29] 参见跨境卡车运输服务事件，秘书卷，编号（In the Matter of Cross-Border Trucking Services，Secretariat File No.）USA-MEX-98-2008-01，¶¶295-298（仲裁庭 2001 年 2 月 6 日最后报告，Panel Final Report of February 6, 2001），可参见 http：//www.naftaclaims.com/disputes_us_trucking.htm.

1. 任何一方应该同意覆盖国际习惯法所规定的投资待遇，包括公平和平等待遇以及全面保护和安全。
2. 为进一步明确，第一段将适用于外国人的国际习惯法最低标准待遇描述为提供给所涉及的投资的最低标准待遇。“公平和平等待遇”(fair and equitable treatment) 以及“全面保护和安全”(full protection and security) 的含义不要求该标准所规定的待遇之外的额外待遇，或者创立额外的实质性权利。第一段所规定的义务如下：
   (a)“公平和平等待遇”是指根据世界法律体系原则体现的程序正当原则，在刑事、民事或者行政判决程序中，不否认公正的义务。
   (b)“全面保护和安全”要求任何一方提供国际习惯法所要求的警察保护水平[30]。

政府、仲裁员、律师和学者对该标准进行了广泛解释。美国未作为缔约方并且对上述义务的表述存在细微变更的双边投资协定的解释比美国自由贸易协定或者美国双边投资协定范本对于该义务的解释更加宽泛。有关国际法项下最低标准待遇范围的不同意见引起了美国和《北美自由贸易协定》缔约国的担忧，因此，美国、加拿大和墨西哥的高级贸易官员于2001年就他们在《北美自由贸易协定》项下的义务发表了一个正式的、共同的解释[31]：

国际法项下最低标准待遇

1. 第1105条第1款规定以国际习惯法下外国人的最低标准待遇作为提供给缔约国投资者的投资的最低标准待遇。
2. “公平和平等待遇”以及“全面保护和安全”的含义未要求国际习惯法下外国人最低标准待遇之外或者更高的待遇。
3. 违反了《北美自由贸易协定》其他条款或者违反了其他国际协议，不构成违反第1105条第1款。

此外，美国双边投资协定范本包含一个单独的附件以进一步澄清（尽管没有很大的启发）美国对于最低标准待遇范围的观点：

[30] 第5条第（1）、（2）款。

[31] 《北美自由贸易协定》自由贸易委员会对第11章某些条款的解释（2001年7月31日）。

> 缔约方确认他们共同理解一般规定于第5条［最低标准待遇］、具体规定于附件B［国有化］的“国际习惯法”起源于美国在履行法律义务过程中一般性的和前后一贯的做法。有关第5条［最低标准待遇］，国际习惯法下外国人的最低待遇标准是指保护外国人经济权利和利益的所有国际习惯法原则[32]。

上述规则的核心是：（1）在司法或行政程序中“否认公正”或者“滥用程序”将构成违反最低标准待遇；（2）一国政府违反其对外国投资者的陈述，而外国投资者依赖于该陈述，可能构成违反最低标准待遇；以及（3）一国政府违反其协定义务不必然被认为构成违反国际法项下的最低标准待遇：仅在其一国政府的行为违背了国际习惯法传统上给予该国境内的外国人（指外国国民）的权利的范围内，一国政府的行为可能违反国际法项下的最低标准待遇。

法庭继续为准确地适用该义务做出努力，以下判例可能具有代表性：在洛温诉美国（Loewen v. United States）案中，一家加拿大太平间公司与密西西比一家殡仪馆之间存在一起涉及6,000,000美元的合同争议。当该争议被提交密西西比州法庭时，本地殡仪馆的律师严重依赖于歧视性的、民族主义的辩解，说服陪审团对加拿大公司做出不利判决。陪审团判决这家本地殡仪馆获得74,000,000美元作为争议的精神损害赔偿，以及另外的400,000,000美元作为赔偿金，这是当时密西西比州历史上最大的陪审团裁决。该州随后要求支付裁决金额125%（即625,000,000美元）的保证金作为上诉的前提条件。加拿大公司基于美国违反国民待遇和国际法的最低标准待遇而对美国提起仲裁，诉称上述法庭审理中的国民歧视导致了对公正的否认。

仲裁庭认为州法院的裁判是“耻辱的”，并且其行为“违反了国际法的明确表述，是明显缺乏公正的误判”。仲裁庭进一步认为“整个审判和最终的裁决……不符合与国际法最低标准以及公平和平等待遇”[33]。

许多案例表明，如果投资者的外国投资被政府否认，投资者可以合理期待该否认

---

[32] 美国双边投资协定范本附件A

[33] 洛温集团公司和雷蒙德·洛温诉美利坚合众国案（Loewen Group, Inc. and Raymond L. Loewen v. United States），国际投资争端解决中心（ICSID）案件编号ARB（AF）/98/3，¶¶54、119、137（2003年6月26日裁决），注：由于以下两个技术性原因，该公司尚未在仲裁中获胜。第一，仲裁庭认为该公司尚未用尽国内法项下的救济——许多观察员批评上述结论，但这不是本章所讨论的主题。第二，公司已经破产重组转变为美国实体。不再是《北美自由贸易协定》（NAFTA）第11章所保护的外国投资者，这对于仲裁起到决定性影响。

行为构成违反最低标准待遇[34]。上述期待可以基于政府为吸引投资所做的特殊陈述，或者他们可以合理地期待有关投资的公平和透明的行政决定。

［4］征收和补偿

美国双边投资协定范本第6条禁止美国在没有经过合理补偿和法律正当程序的情况下对外国投资者的投资予以征收。

1. 任何一方不得直接或者间接地通过相当于征收或者国有化（expropriation）的措施对所涉及的投资进行征收或者国有化，除非：
   (a) 为了公共目的；
   (b) 采取非歧视方式；
   (c) 迅速、充分并且有效地支付补偿；以及
   (d) 符合法律正当程序以及第5条［最低标准待遇］第（1）至（3）款的规定。
2. 上述第1（c）点提到的补偿应该：
   (a) 无耽搁地支付；
   (b) 等于国有化发生（国有化之日）前被国有化的投资的公平市场价值；
   (c) 不反映如果拟进行的国有化已经更早地被获知所引起的价值变化；以及
   (d) 可以完全实现并且可以自由兑换。[35]

在梅泰尔克拉德诉墨西哥案（Metalclad v. Mexico）中，美国废物处理公司Metalclad诉称墨西哥错误地拒绝允许Metalclad开设并且运营其已经在La Pedrera, San Luis Potosi修建的一个有害废物工厂。该工厂已经由联邦官员批准，但是市政府拒绝颁发建筑许可和工厂运营许可。根据《北美自由贸易协定》第11章，Metalclad基于墨西哥违反《北美自由贸易协定》第1110条有关国有化以及违反第1105条有关最低标准待遇而提起仲裁。

仲裁庭认为墨西哥确实违反了最低标准待遇和国有化的义务。关于国有化，仲裁庭的解释是国有化不限于公开地并且故意地取得财产的行为，也包括影响财产的使用，

[34] 参见，例如，废物管理公司诉墨西哥案（Waste Management v. Mexico），国际投资争端解决中心（ICSID）案件编号ARB（AF）/00/3，¶98（2004年4月30日裁决）（“违反了仲裁提起人所合理依赖的陈述……”）；Técnicas Medioambientales Tecmed有限公司诉墨西哥案（Técnicas Medioambientales Tecmed S. A. v. Mexico），（2003年5月29日裁决）¶¶154，157（国内法项下的“基本”和“公平期待”适用于投资）。

[35] 第6条第（1）、（2）款。

从而达到剥夺所有权人对于该财产经济利益合理期待效果的行为[36]。

其他仲裁庭适用了一个更为严格的标准，认为影响外国投资的政府法规不构成国有化，只要该法规是非歧视性的，并且有关法规对于投资的适用不违反对外国投资者的特别陈述[37]。

[5] 转移（利润、股息等）

美国双边投资协定范本第7条要求美国允许自由、无耽搁地转移资金：

1. 任何一方应该允许自由并且无耽搁地进行与涉及的投资有关的一切将资金转移到境内或者境外的活动。上述转移包括：
   (a) 缴纳资本；
   (b) 通过出售或清算全部或部分所涉投资取得的利润、股息、资本所得以及收益；
   (c) 利息、特许权使用费、管理费以及技术协助和其他费用；
   (d) 根据合同的付款，包括借贷协议；
   (e) 根据第5条［最低标准待遇］第（4）款和第（5）款，以及第6条［国有化及补偿］的付款；以及
   (f) 因争议而产生的付款。
2. 任何一方应该允许所涉投资以一种可自由使用的货币，按照转移时适用的市场汇率转移。
3. 任何一方应该允许所涉投资以实物的方式返还，根据一方与所涉及投资或与另一方投资者之间的书面协议。
4. 尽管存在上述第1点至第3点，一方可以通过公平、非歧视、善意地适用与下列内容相关的法律而阻止转移：
   (a) 破产、清算或者保护债权人权利；
   (b) 发布、交易或者处理证券、期货、期权或者衍生产品；
   (c) 刑事犯罪；
   (d) 在有必要协助执法或者金融监管机构时，提供财务报告或转移记录；或者

---

[36] 参见梅泰尔克拉德诉墨西哥案（Metalclad v. Mexico），国际投资争端解决中心（ICSID）案件编号ARB（AF）/¶91/7，103（2000年8月30日裁决）。

[37] 参见，例如，梅瑟恩公司诉美利坚合众国案（Methanex Corp. v. United States）（2005年8月3日裁决）第4部分章节D¶7。

(e) 保证在司法或者行政诉讼中遵守法令或者判决。

转移条款很少成为现代投资者与国家之间仲裁的理由，但是在一个最近的案例中自由转移条款处于争议中，该案例涉及美国与阿根廷之间的双边投资协定[38]。在大陆灾害保险公司诉阿根廷共和国案（Continental Casualty Company v. The Argentine Republic）中，美国公司大陆灾害保险公司全额投资于一家设立于阿根廷的保险公司 CAN Aseguradora de Riesgos del Trabajo S.A.（CAN）。大陆灾害保险公司诉称阿根廷违反了美国与阿根廷之间的双边投资协定，因为阿根廷发布了一系列法令和决议，破坏了 CAN 所持有财产在法律上的安全，并且阻止了 CAN 包括向美国转移一些资金在内的某些行为。特别是，大陆灾害保险公司希望将 CAN 所持有的一些以美元形式存在的特定资产转移出阿根廷。

国际投资争端解决中心（ICSID）仲裁庭认为美国与阿根廷之间的双边投资协定第 5 条“转移条款”不保护本案所涉及的转移，因为本案的转移不是“与投资相关”的转移。仲裁庭认为被阻止的转移不是与进行、控制或者维护投资相关的、必不可少的或典型的转移，也不是“销售或者清算全部或者部分投资所得的收益”[39]。而且，仲裁庭认为转移与任何付款义务无关，也不涉及所涉资金的所有权转移。仲裁庭意识到，在阿根廷发布该法令之前，转移资金在商业角度是合法的，但是仲裁庭在一定程度上做出了结论性解释，即并非子公司的所有“跨境资金转移”都是“与投资相关联的”[40]。仲裁庭将 CAN 受阻止的转移定性为“短期向阿根廷境外转移财产”，这种转移“只是改变投资者部分现有投资的形式、地点和货币形式”，因此不属于第 5 条所保护的转移[41]。

[6] 履行要求

美国双边投资协定范本第 8 条禁止美国的下列行为：包括要求外国投资者购买东道国境内提供的商品或服务、出口一定比例的商品或服务、达到规定比例的国内含量，或者转让技术或专有知识等[42]。履行要求也禁止政府给获得优惠设置条件：生产产品达到规定比例的国内含量；购买生产于东道国的产品；将进口数量或价值与出口相关联，

[38] 参见大陆灾害保险公司诉阿根廷共和国案（Continental Casualty Co. v. The Argentine Republice），国际投资争端解决中心（ICSID）案件编号 ARB/03/9，(2008 年 9 月 15 日裁决)。

[39] 大陆灾害保险公司诉阿根廷共和国案，国际投资争端解决中心（ICSID）案件编号 ARB/03/9，第 108。

[40] 大陆灾害保险公司诉阿根廷共和国案，国际投资争端解决中心（ICSID）案件编号 ARB/03/9，第 108。

[41] 大陆灾害保险公司诉阿根廷共和国案，国际投资争端解决中心（ICSID）案件编号 ARB/03/9，第 109。

[42] 第 8 条第（1）款。

或者将进口数量和价值与外汇流入相关联；或者将产品或服务的销售与产品或服务的出口数量或价值相关联，或者将产品或服务的销售与外汇收入相关联，从而限制产品或服务的销售[43]。上述规定存在很多例外。

在阿彻丹尼尔斯米德兰公司和泰特利乐原料亚美利加公司诉墨西哥案（Archer-Daniels Midland & Tate and Lyle Ingredients America v. Mexico）[44]中，根据《北美自由贸易协定》(NAFTA）第11章而设立的仲裁庭认为，根据《北美自由贸易协定》第1106条，墨西哥违反了不得对美国投资者施加履行要求的义务。投资方仲裁申请人提出墨西哥存在对于一些使用糖而不使用软饮料中包含的高果糖浆的公司豁免征收其适用于高果糖浆的20%税收的规定。上述豁免的规定有效地造成了墨西哥投资者在其产品中使用墨西哥所生产的蔗糖，而不使用外国投资者所生产的高果糖浆。

[7] 高级管理人员及董事会

美国双边投资协定范本第9条禁止美国要求高级管理人员具有特定国籍：

1. 任何一方不得要求所涉投资的一方企业高级管理人员是具有特定国籍的自然人。
2. 任何一方可以要求所涉投资的一方企业董事会或者董事会下属委员会的大多数成员具有特定国籍或者在一方境内居住，只要上述要求不会严重影响投资者控制其投资的能力。

[C] 受到政府措施损害的外国投资者的追索权

在政府措施违反双边投资协定义务时，双边投资协定允许外国投资者通过协商、谈判，并且在必要时通过正式仲裁程序，就其外商投资遭受的损害获得赔偿。

[1] 协商与谈判

除了启动仲裁程序，外国投资者可以选择其他方式解决外国投资者与美国之间有关政府措施干预外国投资的争议。如果外国投资者的母国已经与美国签署了双边投资

---

[43] 第8条第（2）款。

[44] 见阿彻丹尼尔斯米德兰公司和泰特利乐原料亚美利加公司诉墨西哥案（Archer-Daniels Midland & Tate and Lyle Ingredients America v. Mexico），国际投资争端解决中心（ICSID）案件编号ARB（AF）/04/05（2007年11月21日裁决）。

协定，外国投资者可以请求其母国政府就侵犯其权利的美国政府措施获取信息并且开展讨论。美国双边投资协定范本第 11 条第（3）款进一步确认了美国的协定缔约国就相关措施寻求和获得澄清的权利。

3. 提供信息

（a）应另一缔约方的请求，缔约一方应该立即就那些全部已经实行的或拟进行的措施提供相关信息，并且回答相关问题，请求方认为上述措施可能实质地影响协定的实行，或者影响请求方在协定项下的利益。

（b）应该通过相关的联络方式向另一缔约国提供本段项下的任何请求或信息。

外国投资者不必完全依赖于本国政府对构成投资者保护威胁的措施提出疑虑。美国双边投资协定范本规定，那些将来可能因美国明显违反双边投资协定项下的义务而成为权利主张人的投资者，可以寻求与美国政府之间进行正式的协商与谈判：

第 23 条：协商与谈判

如果存在投资争议，权利主张人和应对人应该首先通过协商与谈判的方式解决争议，该协商和谈判可能包含使用无约束力的、第三方的程序。

一些人认为，如果外国投资者后来提出仲裁申请，上述协商将是强制性的。

在通过谈判解决投资者与国家之间争议方面存在一个判例。美国投资者 Ethyl Corp. 在赢得了《北美自由贸易协定》第 11 章仲裁庭对争议有司法管辖权的初步裁决之后，解决了其与加拿大之间 18,000,000 美元的争议。根据联合国贸易发展会议（UNCTAD）最近的报告，2007 年全球大约 27% 的投资者与国家之间的仲裁案以友好方式解决，13% 的争议未经公开就已经解决了[45]。

［2］将争议提交仲裁

2007 年裁决的投资者与国家之间的仲裁案件 60% 都进入仲裁的最后裁决阶段。有利的结果几乎平均分配于投资者仲裁申请人和国家应诉人之间[46]。

---

[45] UNCTAD，Latest Developments in Investor-State Dispute Settlement，IIA Monitor No.13（2008），http：//www.unctad.org/en/docs/iteiia20083_en.pdf

[46] UNCTAD，Latest Developments in Investor-State Dispute Settlement，IIA Monitor，No.13（2008），http：//www.unctad.org/en/docs/iteiia20083_en.pdf

美国双边投资协定范本第 24 条为外国投资者就对双边投资协定的投资保护规定的违反提交仲裁提供了法律依据。在美国违反第 3 条至第 10 条项下义务（国民待遇、最惠国待遇等）之一，并且外国投资者“因上述违反受到损失”的情况下，外国投资者可以提起仲裁[47]。与上述情况类似，外国投资者可以就违反“投资授权”或者“投资协议”提起仲裁[48]。仲裁可以外国投资者自己的名义提起，或者以外国投资者所拥有或控制的美国企业的名义提起。

外国投资者必须同意放弃他们向美国的法院或行政法庭寻求救济的权利，以换取他们就美国违反双边投资协定提起仲裁的权利[49]。本条款限制了“双重救济”的可能性，“双重救济”（double recovery）是指就同一损害在两个不同的裁判地获得补偿。

美国双边投资协定范本规定仲裁庭由三位成员组成。典型的情况是外国投资者和美国各任命一位自己的仲裁员，之后由双方共同任命第三位仲裁员担任主仲裁员[50]。仲裁员可以从联合国国际贸易法委员会（UNCITRAL）或者国际投资争端解决中心（ICSID）所发布的规则中选择适用仲裁规则，或者与美国达成一致的其他仲裁机构的仲裁规则[51]。

投资者应该在实际提出仲裁请求前至少提前 90 天通知美国其仲裁的意愿[52]。上述期限可能为通过谈判解决争议提供机会。

仲裁程序通常包括书面提交意见和口头审理。美国双边投资协定范本要求仲裁程序公开，但涉及保密性商业信息或者其他信息必须免于披露[53]。

仲裁庭根据双边投资协定的条款和国际法对争议做出裁决。如果案件涉及与政府签订的投资协定，仲裁庭可以适用投资协定所规定的实体法或东道国政府的法律，即美国法律[54]。

美国双边投资协定范本授权仲裁庭裁决金钱赔偿，包括利息和归还财产

---

[47] 第 24 条第（1）款。

[48] 第 24 条第（1）款。“投资授权”是“一方的外国投资机构给予另一方所涉投资或投资者的授权”。见第 1 条。“投资协议”根据第 1 条定义为“一方国家机构与另一方所涉投资或投资者之间的书面协议，所涉投资或投资者依赖于建立或取得所涉投资，而不是授予所涉投资或投资者权利的该书面协议本身：(a) 与国家机构控制的自然资源相关联，例如开发、开采、精炼、运输、分配或销售；(b) 代表一方向公众提供服务，例如电力开发或分配、水的处理或分配，或电信；或者（c）承揽基础设施项目，例如非由政府独家或主要使用和受益的道路、桥梁、运河、水坝或管道的建筑。

[49] 参见第 26 条第（2）款。

[50] 参见第 27 条第（1）款。

[51] 参见第 24 条第（4）款。

[52] 参见第 24 条第（2）款。

[53] 参见第 29 条第（1）、（2）款。

[54] 参见第 30 条。

(restitution of property) [55]。仲裁庭也可裁决律师费和花费但禁止惩罚性赔偿金。

§8.04　将双边投资协定适用于美国外国投资委员会的审查

当美国外国投资委员会（CFIUS）审查以所谓的“根本安全利益”（essential security interests）为名，实因经济保护主义原因否认外国投资时，外国投资者可以依据与美国的双边投资协定提出追索。

[A] 美国外国投资委员会的审查是否会引起双边投资协定的仲裁请求?

在某种情况下，实施一些所谓为了减低国家安全风险的措施可能会与双边投资协定义务相冲突。应该记住，根据美国双边投资协定范本第 1 条，“缔约国的投资者”被定义为“**企图**、**正在**或者已经在另一缔约国境内投资的缔约国的国民或者企业”[56]。因此，试图进行海外投资但因政府干涉未成功的外国投资者可以根据双边投资协定提出仲裁请求，这种政府干涉潜在地违反了美国双边投资协定项下义务。

对美国的外国投资禁止或者施加限制的政府行为，特别是如果上述禁止或者限制行为并不同样适用于类似情况下的美国公司，将引起问题，即上述措施是否符合双边投资协定和自由贸易协定有关投资的章节。例如，美国外国投资委员会禁止一项收购，该收购如果是本国公司则可以自由进行，这将引起国民待遇问题。美国外国投资委员会禁止阿曼公司的交易，如果该交易由加拿大公司进行则允许，这将引起最惠国待遇问题。如果美国外国投资委员会实施一个“缓释合约”（mitigation agreement）要求外国投资者保证美国子公司董事会多数成员为美国人，上述要求与双边投资协定对于高级管理人员和董事会成员的标准相冲突。

---

[55] 见第 34 条第（1）款。

[56] 强调。米阿利公司诉斯里兰卡民主社会主义共和国案（Mihaly Int'l Corp v. Democratic Socialist Republic of Sri Lanka），国际投资争端解决中心案件编号 ARB/00/2（2002 年 3 月 15 日裁决），是第一个包含投资前花费的国际投资争端解决中心案件。国际投资争端解决中心在米阿利的仲裁庭不认为最终合同签订前的用于商业拓展花费构成美国与斯里兰卡之间双边投资协定项下的投资保护。但是，如果米阿利案在《北美自由贸易协定》项下提出，其结果可能不同。参见 Thomas W. Walde，Mihaly v. Sri Lanka，Transnational Dispute Management，February 2004. http：//www.transnational-dispute-management.com/samples/freearticles/tv1-1-digest_02.htm.（“考虑到很少的投资者将仅仅为了补偿‘寻求进行投资’所受的损失而进行仲裁，目前尚未有相关的《北美自由贸易协定》的案件，但是，如果米阿利案在《北美自由贸易协定》项下提出，其结果与国际投资争端解决中心裁决的结果的差别是决定性的。”）

没有人认为双边投资协定和自由贸易协定的有关投资的章节为外国投资者的海外投资提供一个完全无条件的、无障碍的权利保证。也许外国投资者的投资受到限制是基于与经济性歧视无关的合理的政策性原因[57]。两国之间更重要的政策，例如国家安全政策，往往成为双边投资协定（保护外国投资者和外国投资）的例外。

但是，只要有双边投资协定的保护存在而美国政府对外国投资者和本国投资者提供了不同的待遇，或者对两个不同国家的外国投资者提供了不同的待遇，我们就应该检查双边投资协定是否包含了上述差别性待遇的例外。即使存在上述例外，仲裁庭仍然可能决定上述例外并不足以使政府所采取的措施免于因为违反双边投资协定的投资保护而被提起仲裁。

[1]“根本安全利益”的例外

美国双边投资协定范本包含了对于以“根本安全利益”的名义所采取的政府措施作为外国投资保护的例外。

第 18 条：根本安全

本协定不应被解释为：

1. 要求缔约国提供或者获得任何信息，如果缔约国认为该信息的披露违反了其核心利益；或者
2. 禁止缔约国采取其认为为了履行其维持或维护国际和平或安全的义务，或者保护缔约国根本安全利益所必需的措施。

美国采取的立场是上述例外必须进行扩大解释。美国可能辩称，“本条约不应被解释为”是指对于根本安全措施，任何投资者保护（国民待遇、征收甚至提起仲裁的权利）都不能被援引。此外，美国可能指出第 2 段中“其认为”的“其”指政府，这就是说仲裁庭必须尊重东道国政府对于何种措施是为了保护根本安全利益所必须采取的措施的判断。美国可能辩称国家安全是一个非常接近国际法项下的有关主权的概念，因此由任何仲裁庭裁决一个主权国家是否可以采取措施保护其公民和国家利益是不恰当的。（美国的）上述观点可能受到国际仲裁庭的认真考虑。

---

[57] 真实的、非歧视性的一般税务措施不会达到大多数双边投资协定所规定的国有化补偿标准。参见费尔德曼诉墨西哥案（Feldman v. Mexico），国际投资争端解决中心案件编号 ARB（AF）/99/1，¶106 页（2002 年 12 月 16 日裁决），参见 http：//naftaclaims.com/Disputes/Mexico/Feldman/FeldmanFinalAward.pdf.

[2] 双边投资协定明文规定的政策性例外项下变相的不合法的经济保护主义

如果政府援引例外条款的目的似乎仅仅是为了掩盖其促进经济保护主义利益所采取的措施，仲裁庭经常对协定项下促进自由贸易和投资的哪怕是最重要的公共政策例外，多次做出狭义解释。仲裁庭并未考虑到协定所包括的自由贸易和投资条款与一国的国家安全利益之间的冲突。但是，一些仲裁庭已考虑到环境保护、公共健康和安全的国家目标与自由贸易和投资之间存在冲突。

在 S. D. 迈尔诉加拿大案（S. D. Myers v. Canada）中，一家美国的废物管理公司 S. D. 迈尔诉称加拿大政府禁止出口危害环境的废物的行为使得废物只能在加拿大被销毁，这违反了《北美自由贸易协定》第 11 章项下的国民待遇义务[58]。仲裁庭同意该美国投资者的意见并且裁决赔偿金。如果加拿大未采取出口禁令，则加拿大公司将发现在加拿大处理废物非常昂贵，从而更愿意使用低成本的美国运营商（包括 S. D. 迈尔在内）的服务[59]。加拿大辩称，根据《关税贸易总协定》(GATT）第 10 条 b 款的一般性例外，允许缔约国为了保护人类、动物或植物生命或健康采取必要的措施，因此加拿大不应对其违反行为承担责任。《北美自由贸易协定》第 1114（1）条也规定：

> 本章不应被解释为禁止缔约国采取、维持或执行符合本章规定的、保证其境内投资活动以有利于环境的方式进行所应采取的任何措施。

仲裁庭不认同加拿大提出的采取禁令的目的是为了保护环境，而认为加拿大“本可以以一种不损害公开贸易的方式满足健康或者环境忧虑”[60]。仲裁庭指出，“本案中部长的保护主义意图表现在下达禁令的每一个阶段”[61]。

世界贸易组织（WTO）仲裁庭进一步质疑一些国家援引《关税贸易总协定》和 WTO 协议的政策例外的目的是为了促进自由贸易。在欧共体—关税优惠（EC-Tariff Preferences）案中，WTO 仲裁庭审查欧共体为 12 个国家与毒品生产和走私斗争提供

[58] 参见 S. D. 迈尔诉加拿大案（S. D. Myers v. Canada），部分裁决，《北美自由贸易协定》(联合国国际贸易法委员会 UNCITRAL)，2000 年 11 月 13 日。

[59] 参见 S. D. 迈尔诉加拿大案（S. D. Myers v. Canada），部分裁决，《北美自由贸易协定》(联合国国际贸易法委员会 UNCITRAL)，2000 年 11 月 13 日。

[60] 参见 S. D. 迈尔诉加拿大案（S. D. Myers v. Canada），部分裁决，《北美自由贸易协定》(联合国国际贸易法委员会 UNCITRAL)，2000 年 11 月 13 日，¶298。

[61] 参见 S. D. 迈尔诉加拿大案（S. D. Myers v. Canada），部分裁决，《北美自由贸易协定》(联合国国际贸易法委员会 UNCITRAL)，2000 年 11 月 13 日，¶162。

特殊待遇的一般性关税优惠，是否可以根据《关税贸易总协定》第 XX（b）款被证明是合理的[62]。仲裁庭最终认为不能援引第 XX（b）款以证明欧共体措施的合理性，因为关税优惠对于保护人类生命或健康不是“必需的”，而且关税优惠仅适用于一些严重受到毒品影响的国家，而不适用于其他国家，因此，该关税优惠待遇具有不合理的歧视性[63]。

在美国—汽油一案中，WTO 上诉机构考虑美国根据《清洁空气法》，以约束排放避免空气污染为目的，对国内的和进口的汽油适用不同规则的措施，是否可以根据 1994 年《关税贸易总协定》第 XX（g）款被证明是合理的措施[64]。美国辩称进口汽油被降级到一个比国内汽油更加严格的法定底线，这是因为证明外国汽油符合环境保护机构（EPA）的精炼标准更加困难，根据上述措施对外国和国内汽油适用的不同待遇有助于保证所有汽油符合环境保护机构的标准[65]。美国进一步辩称，如果要求国内的精炼商达到类似的严格标准，将造成“不可能的”、“物质和财务方面”的负担[66]。

WTO 上诉机构认为美国的措施已经构成了第 XX 条引言项下的“不合理的歧视”和“对国际贸易的变相限制”，因而不能根据第 XX（g）款证明美国上述措施合法[67]。WTO 上诉机构的结论是：美国可以选择其他方式规定汽油排放的法定最低限制，而无需区分国内和进口汽油[68]。尽管小组查明该措施属于保护人类、动物和植物生命或健康的一系列顾虑，但是上述查明没有被上诉至上诉机构，根据第 XX 条，必须检查该措施的歧视性，“而不必检查该措施的政策性目标”[69]。

---

[62] 参见 Panel Report，*European Communities—Conditions for the Granting of Tariff Preferences to Developing Countries*，7.¶178-224，WT/DS246/R（Dec，1，2003）.

[63] 参见 Panel Report，*European Communities—Conditions for the Granting of Tariff Preferences to Developing Countries*，¶7.228，WT/DS246/R Dec，1，2003）.

[64] 参见 Appellate Body Report，*United States—Standards for Reformulated and Conventional Gasoline*，22-30，WT/DS2/AB/R（May 20，1996）.

[65] 参见 Appellate Body Report，*United States—Standards for Reformulated and Conventional Gasoline*，22-30，WT/DS2/AB/R（May 20，1996）.

[66] 参见 Appellate Body Report，*United States—Standards for Reformulated and Conventional Gasoline*，28-29，WT/DS2/AB/R（May 20，1996）.

[67] 参见 Appellate Body Report，*United States—Standards for Reformulated and Conventional Gasoline*，28-29，WT/DS2/AB/R（May 20，1996）.［“引言”（chapeau）是指第 XX 条在（a）到（j）之前的引言段落，这个法语词汇经常在国际条约中使用］。

[68] 参见 Appellate Body Report，*United States—Standards for Reformulated and Conventional Gasoline*，25，WT/DS2/AB/R（May 20，1996）.

[69] 参见 Appellate Body Report，*United States—Standards for Reformulated and Conventional Gasoline*，6.¶20-29，WT/DS2/AB/R（May 20，1996）.

并不是所有的仲裁庭都把贸易与投资自由这一目标放在高于公共政策例外的位置上。在欧共体—石棉案（EC-Asbestos）中，WTO上诉机构支持欧共体（法国）对于一种包含化学性温石绒的石棉采取的进口禁令，认为该进口禁令是根据1994年《关税贸易总协定》第XX（b）款对人类生命或健康的合理保护[70]。负责投资者与国家之间仲裁的仲裁庭也已经在一些案例中支持过双边投资协定和自由贸易协定章节的明文例外，同时也为投资者对侵害他们的对外投资提出赔偿要求留出了余地[71]。

[B]结论

美国外国投资委员会（CFIUS）的措施是否可能引起对双边投资协定的权力主张可能在很大程度上取决于一个特定案例事实。“根本安全利益”例外的表述比较宽泛，并且总是有政策性的理由认为美国和其他国家可能不会希望临时仲裁庭对政府在高度安全顾虑情况下采取的保护其国民的选择做出裁判。

甚至美国官员也担心以保护国家安全为目的的法律和法规被滥用，或者被解释为滥用，进而破坏旨在促进国际投资自由与非歧视流通的政策。美国工业界代表2009年建议美国应该考虑通过美国双边投资协定范本的语言婉转地表达“根本安全”例外，从而更好地保证外国投资者的投资不会因变相的保护主义动机而遭受侵害[72]。特别是，他们建议旨在保护国家安全的对外投资法规应当遵循经济合作与发展组织（OECD）阐述的适当性、透明性和可说明性原则[73]。

一些仲裁庭认为某些以环境或公共健康顾虑为名所采取的一些失信于人的措施是变相的经济保护主义措施，仅仅由于上述情况已经存在，我们便可以想象以根本安全利益的名义所采取措施不被认可的现实情况。这就不难理解某些特殊情况会导致仲裁

---

[70]　参见Appellate Body Report，EC—Measures Affecting Asbestos and Asbestos-Containing Products，¶155–175，WT/DS135/AB/R（Mar. 12，2011）.

[71]　参见Canfor Corp. v. United States（堪佛公司诉美利坚合众国案），Decision on the Preliminary Question，NAFTA（UNCITRAL），June 6，2006，见http：//www.state.gov/documents/organization/67753.pdf［裁决《北美自由贸易协定》第1901（3）条禁止有关反倾销或报复性关税的投资赔偿请求，但是允许该条款有关分配上述关税给美国公司的立法所造成损害的赔偿请求］；United Parcel Service of America，Inc. v. Canada（美国联合包裹服务公司诉加拿大案），Award on Jurisdiction，NAFTA（UNCITRAL），November 22，2002，见http：//www.policyalternatives.ca/Reports/2007/07/ReportsStudies1678［拒绝了根据第1502（3）（d）条关于垄断和国有企业的赔偿请求，但是允许其他请求持续到裁判阶段］。

[72]　ACIEP Report on Model BIT Lacks Consensus on Critical Issues，Inside U.S. Trade，October 2，2009.

[73]　参见，例如，Guideline for Recipient Country Investment Policies Relating to Nation Security，Organisation for Economic Co-operation and Development（May 25，2009），见http：//www.oecd.org/dataoecd/11/35/43384486.pdf.

庭决定一些投资限制并不是“对于履行（美国）维护或重建国际和平或安全的义务，或者保护本国的根本安全利益所必需的”[74]。

即使外国投资者从未面对美国外国投资委员会的审查，他们也应该了解他们根据现行的双边投资协定或自由贸易协定所享有的权利，从而确信他们对美国的投资将受到保护，进而依据国际法所赋予他们的权利，为保护自己对美国的投资做好准备。

[74] 第18条第（2）款。

附件 8–A

美国双边投资协定范本

2004 年双边投资协定范本

美国政府与（国家名称）之间有关鼓励及相互保护投资的协定

(http：//www.state.gov/documents/organization/117601.pdf)

美国政府及（国家名称）政府（以下简称“双方”）

愿就个人及企业到对方进行投资进一步促进双方间经济合作。

双方认为，上述就投资待遇达成的协议将刺激双方间私人资本的流动及经济发展。

双方同意，稳定的投资框架将使经济资源的有效利用率最大化，提高人民生活水平。

双方认识到，国内法及国际仲裁规则于投资领域提供有效的权利诉求及执法手段至关重要。

双方愿本着符合健康、安全、环境保护及加强国际社会共识的劳工权益的精神，实现上述目标。

双方特于鼓励投资及相关对等保护方面达成协议。

内容如下：

A 节

第 1 条：定义

本协定中，“中央级政府”意为：

(a) 在美国，指联邦政府；以及
(b) 在（国家名称），指 [ ]。

“中心”指依ICSID公约建立的国际投资争端解决中心（ICSID）。

“申请人”指与对方产生投资纠纷的一方的投资者。

“所涉投资”指一方境内的对方投资者的投资，至本协定生效时已存在，或本协定生效后设立、取得或扩大的投资。

“争议双方”指申请人及被申请人。

“争议一方”指申请人或被申请人。

“企业”指任何依现行法律构建的实体，不论是否以营利为目的，也不论其为私人或政府拥有或控制。包括：公司、托拉斯组织、合伙企业、独资企业、合资企业、协会或类似组织以及企业的分支机构。

“一方之企业”指依一方法律构建的企业，及其境内从事商业活动的分支机构。

“已存在”指本协定生效之日时已存在。

“可自由使用的货币”指国际货币基金组织依其协定所规定的“可自由使用的货币”。

“GATS”指世界贸易组织协定之附件1B中包含的《服务贸易总协定》。

“政府采购”指一国政府出于政府目的而非以商业销售或转售或用于该等销售或转售的货物的生产或服务的供应为目的，而获得某项货物或服务的使用，或取得该等货物或服务，或其任意结合形式。

“ICSID附加便利规则”指《管辖国际投资争端解决中心秘书处程序管理附加便利规则》。

“ICSID公约”指1965年3月18日于华盛顿通过的《解决国家与他国国民之间投资争端公约》。

[**“美洲国家公约”**指1975年1月30日于巴拿马通过的《美洲国家国际商事仲裁公约》]。

“投资”指投资者直接或间接所有或控制的每一项具有投资性质的财产，包括：资金及其他资源的承诺、预期盈利或风险承担。投资可采取如下形式：

(a) 企业；

(b) 股票、证券及其他形式的企业参股；

(c) 公债、债券、其他债务票据及借贷[1]；

[1] 有些形式的债更具投资特点，如债券、信用债券及长期票据；而其他形式的债则较少具有该特点，如货物或服务销售后需立即支付的付款请求。

(d) 期货、期权及其他衍生产品；

(e) 总承包合同、承建、管理、生产、特许、收益共享合同及其他类似合同；

(f) 知识产权；

(g) 特许、授权、许可及依国内法享有的类似权利[2][3]；以及

(h) 其他有形或无形财产、动产或不动产及相关财产权，如租赁、抵押、留置及质押。

“投资协议”指一方的国家权力机关[4]与另一方所涉投资或投资者之间的，所涉投资或其投资者赖以设立或取得所涉及的投资的书面协议[5]，而非授权所涉投资或投资者之协议本身。内容包括：

(a) 有关一国权力机关控制的自然资源的勘探、提取、精炼、运输、分销或销售等；

(b) 代表该方向大众提供服务，如发电或分配、水处理或分配或电讯；或者

(c) 基础设施项目建设，如非专为或主要为政府使用及利益而施行的公路、桥梁、运河、水坝或管道的建设。

“投资授权书”[6]指一方的外国投资权威部门给予另一方所涉投资或投资者的投资授权。

“非协定方投资者”指与协定一方有关的投资者，于该方境内意图、正实施或已实施投资，而该投资者非为协定任一方之投资者。

“一方之投资者”指于协定另一方境内意图、正实施或已实施投资的协定一方或其国有企业或一方之国民或企业。具有双重国籍的自然人以其主要国籍及实际国籍为准。

---

[2] 某一类型的特许、授权、许可或类似证书（包括具该等文件性质的合约）是否具有投资性质，取决于证书持有者所享有的权利依其所在一方法律而具有的性质和范围。不具投资性质的特许、授权、许可或类似证书，不创设国内法保护的权利。为进一步明确起见，前述内容对涉及该等特许、授权、许可或类似证书的财产是否具投资性质不做规限。

[3] “投资”一词不包括根据司法或行政程序所下达命令或判决之所得。

[4] 本定义中，“国家权力机关”是指：(a) 在美国指中央级政府的权力机构；(b) 在（国家名称）指 [ ]。

[5] “书面协议”指依第 30 条（管辖法律）第 2 款规定的法律，双方签署的创设双方间对等权利义务的一份或多份协议，该等协议对双方均具约束力。为进一步明确起见：(a) 行政或司法当局下达的单方命令，如一方仅依其管理职能颁发的许可、特许或授权，或独立的法令、命令或判决；以及 (b) 行政或司法同意令或命令，均不应理解为书面协议。

[6] 为进一步明确起见，一方采取的出于一般目的执法行为不包含在本定义中，如竞争法。

“措施”包括任何法律、法规、程序、要求或惯例。

“国民”指：

(a) 依美国《移民与国籍法》第三编之规定，在美国指身为自然人的国民；以及

(b) 在（国家名称），指 [ ]。

“《纽约公约》”指 1958 年 6 月 10 日于纽约通过的《联合国承认及执行外国仲裁裁决公约》。

“非争议方”指非为投资争议方的协定方。

“人员”指自然人或企业。

“一方之人员”指协定一方之国民或企业。

“受保护信息”指商业保密信息或依协定一方之法律享有特别保护或不得泄露的信息。

“地区级政府”指：

(a) 在美国，指州、哥伦比亚特区或波多黎各；以及

(b) 在（国家名称），指 [ ]。

“被申请人”指投资争议之一方。

“秘书长”指 ICSID 之秘书长。

“国有企业”指协定一方依所有者权益所有或控制的企业。

“领域”指：

(a) 在美国，指 [ ]。

(b) 在（国家名称），指 [ ]。

“《TRIPS 协议》”指 WTO 协定之附录 1C 中包含的《与贸易有关的知识产权协定》[7]。

“《UNCITRAL 仲裁规则》”指联合国国际贸易法委员会制定的仲裁规则。

---

[7] 为进一步明确起见，《TRIPS 协议》包括该协议中 WTO 成员国依 WTO 协议通过的各方间的有效免责规定。

“《WTO协议》”指1994年4月15日通过的《建立世界贸易组织的马拉喀什协议》。

第2条：范围

1. 本协定适用于一方通过或实施的有关以下内容的措施：

(a) 另一方之投资者；
(b) 所涉投资；以及
(c) 关于第8条（履约要求）、第12条（投资与环境）及第13条（投资与劳务），在一方境内的全部投资。

2. A节规定的协定方之义务适用于以下人员：

(a) 行使由该方授予的监管或其他政府职能的国有企业或其他人员；以及
(b) 该方的下级政府部门。

3. 为进一步明确起见，本协定任一方不受本协定生效前之任何法令或事实或任何截止本协定生效前已终止之情势的约束。

第3条：国民待遇

1. 相同情况下，有关一方境内投资的设立、收购、扩大、管理、实施、运营和销售或其他安排，任何一方均应给予另一方投资者不低于其本国投资者的待遇。

2. 相同情况下，有关投资的设立、收购、扩大、管理、实施、运营和销售或其他安排，任何一方均应给予所涉投资不低于其境内本国投资者之投资的待遇。

3. 依第1款及第2款之规定，一方给予的待遇是指对于一方的地区级政府给予的待遇，相同情况下，该待遇不低于该地方政府给予居住在该方的其他地区级政府的自然人及其投资或依该方其他地区级政府法律组建的公司及其投资实体的待遇。

第4条：最惠国待遇

1. 相同情况下，有关一方境内投资的设立、收购、扩大、管理、实施、运营和销售或其他安排，该方应给予对方投资者不低于其给予非协定方投资者的待遇。

2. 相同情况下，有关投资的设立、收购、扩大、管理、实施、运营和销售或其他安排，任何一方均应给予所涉投资不低于其境内任何非协定方投资者之投资的待遇。

第 5 条：最低待遇标准 [8]

1. 任一方均应依国际习惯法给予所涉投资相关待遇，包括公平待遇及全面保障。

2. 为进一步明确起见，第 1 款规定，将国际习惯法外国人最低待遇标准作为适用于所涉投资的最低标准。“公平待遇”及“全面保障”的概念不要求在该标准之外有任何增加或深入，也不产生任何其他实体权利。第 1 款之义务规定如下：

(a)“公平待遇”包括：遵守世界主要法系之正当法律程序原则以及坚持刑事、民事、行政审判程序中的公正的义务；以及

(b)“全面保障”要求协定双方均依国际习惯法提供相当于警方之保护级别。

3. 如认定发生违反本协定其他条款或其他国际协定的情况，并不意味违反本条之规定。

4. 尽管有第 14 条（不符措施）第 5 款（b）项（津贴和拨款）之规定，任一方均应在其通过或实施的有关因武装冲突或内乱而发生的其境内投资导致的损失之措施方面给予对方投资者及所涉投资非歧视性待遇。

5. 尽管有第 4 节之规定，但如发生该节规定之情形，一方之投资者如因下列情况在对方境内遭受损失，即：

(a) 另一方军队或当局征用全部或部分所涉投资；或者

(b) 非为情势所迫，另一方军队或当局损毁全部或部分所涉投资。

另一方应向该投资者提供合理的恢复原状及 / 或补偿手段。补偿应依第 6 条（征收及补偿）第 2 款至第 4 款之规定比照适用，做到及时、充分、有效。

6. 第 4 款之规定不适用于现行的与第 3 条之规定（国民待遇）不符的有关津贴和拨款的措施，但适用于第 14 条（不符措施）第 5 款（b）项（津贴和拨款）之规定。

第 6 条：征收及补偿 [9]

1. 任一方不得以等同征收或国有化之手段直接或间接对所涉投资进行征收或国有化，除非：

---

[8] 第 5 条（最低待遇标准）依附录 A 予以解释。

[9] 第 6 条（征收）依附录 A 及附录 B 予以解释。

(a) 为公共目的；
(b) 因非歧视性原因；
(c) 为快速、充分及有效补偿之目的；以及
(d) 依正当法律程序及第5条（最低待遇标准）第1款至第3款之规定。

2. 第1款（c）项规定的补偿的支付应：

(a) 不得延迟；
(b) 与征收即将开始之时（征收日）被征收之投资的公允市价等值；
(c) 不得反映任何价值的变化，原因是：该等征收已在此前知晓；以及
(d) 可全部实现并自由转移。

3. 如公允市价以可自由兑换货币计价，则第1款（c）项规定之补偿不得低于征收日之公允市价，另加自征收日至支付日期间的依该货币之合理商业汇率所得的利息。

4. 如公允市价以不可自由兑换货币计价，则第1款（c）项规定之补偿（按支付日市场汇率换算为支付货币）不应低于：

(a) 按征收日市场汇率换算成可自由兑换货币的征收日之公允市价；
(b) 另加自征收日至支付日期间依该可自由兑换货币合理汇率所得利息。

5. 本条规定不适用于依《TRIPS协议》有关知识产权强制许可的发放，也不适用于知识产权的撤销、限制或创立，条件是：该等发放、撤销、限制或创制与《TRIPS协议》之规定一致。

第7条：转移

1. 任一方均应允许所涉投资在其境内外自由、及时地进行全部转移。包括：

(a) 资本缴纳；
(b) 利润、红利、资本利得及销售全部或部分所涉投资或全部或部分所涉投资之清算的收入；
(c) 利息、特许使用金、管理费、技术协助及其他费用；

(d) 包括借贷协议在内的合同规定的款项支付；

(e) 依第5条（最低待遇标准）第4款、第5款及第6条（征收及补偿）之规定支付的款项；以及

(f) 因争议发生的款项支付。

2. 任一方均应允许有关所涉投资的转移以该转移发生时按市场汇率计价的自由兑换的货币进行。

3. 任一方均应允许其与另一方之所涉投资或投资者之间的经书面授权或规定的所涉投资实现实物收益。

4. 尽管有第1款至第3款之规定，一方可本着公平、非歧视性及善意原则适用以下领域之相关法律，以阻止上述转移：

(a) 破产、倒闭或对债权人权利的保护；

(b) 证券、期货、期权或衍生产品的发行、交易或操作；

(c) 刑事类犯罪；

(d) 为协助执法或金融管理机关所做的有关转移的必要的财务报表或账目；或者

(e) 执行司法或行政程序之命令或判决。

第8条：履约要求

1. 有关一方或非协定方境内投资者之投资设立、取得、扩大、管理、执行、实施、运营和销售或其他安排，任一方不得施加任何要求或强制执行任何承诺或保证[10]：

(a) 出口一定量或比例的货物或服务；

(b) 达到一定量或比例的国内货物或服务的销售；

(c) 购买、使用其境内生产的货物或符合某项偏好或从其境内人员处购买货物；

(d) 以任何方式将进口量或价值与出口量或价值或该投资有关的外汇流入量相关联；

(e) 通过将该投资在其境内生产或供应的货物或服务的销售与其出口量或金额或外汇收入相关联，以限制该销售；

(f) 向其境内人员转让某项技术、生产流程或其他专有知识；或者

[10] 为进一步明确起见，获取或持续获取第2款规定的利益的条件不构成第1款规定的“承诺或保证”。

(g) 从一方境内向某一区域市场或全球市场独家供应该投资实体生产的货物或提供的服务。

2. 针对一方或非协定方的投资者在任一方境内之投资的设立、收购、扩大、管理、实施、运营和销售或其他安排，任何一方不得以获取或持续获取某项利益为条件而提出任何要求，该等要求包括：

(a) 达到一定量或比例的国内货物或服务的销售；
(b) 购买、使用其境内生产的货物或符合某项偏好或从其境内人员处购买货物；
(c) 以任何方式将进口量或金额与出口量或金额或该投资有关的外汇流入量相关联；或者
(d) 通过将该投资实体在其境内生产或供应的货物或服务的销售与其出口量或金额或外汇收入相关联，以限制该销售。

3. (a) 第2款之规定不得理解为针对一方境内的任一方或非协定方投资者之投资，阻止一方以获取或持续获取某项利益为条件而提出任何要求，如：指定该方境内的生产地点、服务供应、雇员的培训及雇佣、具体设施的建设或扩建或研发工作。
(b) 下列情况下，第1款（f）项不适用：
(i) 当一方依《TRIPS协议》第31条或属该协议第39条范围内的、与该条规定一致的、要求披露专有信息的相关措施授权他人使用其某项知识产权；或者
(ii) 当司法、行政法庭或某公平竞争委员会提出要求或强制执行相关承诺或保证，以纠正依该方竞争法业已经司法或行政程序判定为反竞争的做法[11]。
(c) 该等措施的实施是非独断的，也非不合理的，且不对国际贸易或投资构成变相限制。第1款（b）项、（c）项及（f）项以及第2款（a）项及（b）项不应理解为阻止一方通过或实施以下包括环境措施在内的措施：
(i) 该等措施对于保持与符合本协定规定的法律法规的一致性是必要的；
(ii) 该等措施对于维护人类、动物或植物的生命健康是必要的；或者

[11] 各方同意，专利权不一定带来市场权力。

(iii) 该等措施与生物或非生物可枯竭自然资源之养护有关。

(d) 第1款(a)项、(b)项及(c)项以及第2款(a)项及(b)项之规定不适用于扩大出口及外国援助项目的货物或服务的合格性要求。

(e) 第1款(b)项、(c)项、(f)项及(g)项以及第2款(a)项及(b)项之规定不适用于政府采购。

(f) 第2款(a)项及(b)项之规定不适用于一方进口时为满足优惠税率或优惠配额之必需而对货物成分提出的要求。

4. 为进一步明确起见，第1款及第2款之规定不适用于任何该两款规定之外的承诺、保证或要求。

5. 本条之规定不排除对任何私人性质的承诺、保证或要求的强制力，即使协定方并未强加或要求该等承诺、保证或需求。

第9条：高级管理层及董事会

1. 任一方不得要求其作为所涉投资实体本身之企业委派某一国籍的自然人担任高级管理职务。

2. 一方可要求其作为所涉投资实体本身之企业的董事会或其下属委员会成员之大多数为某一国籍或居住地在其境内，前提是：该要求不对该投资者对其投资的控制力产生实质损害。

第10条：针对投资的法律及决议的公布

1. 双方均需保证，以下有关本协定涉及事宜的相关规定应尽快发表或对大众公开：

(a) 为一般目的之法律、法规、程序及行政裁定；以及

(b) 判决。

2. 本条中，“为一般目的之行政裁定”指该条通常规定范围内的、适用于全部人员及事实情况并建立某种行为规范的行政裁定或解释，但不包括以下裁定：

(a) 某一案件中，适用于协定对方某一所涉投资或投资者的行政或准司法性诉讼所做的裁定或裁定；或者

(b) 针对某一特点行为或做法做出的裁定。

第 11 条：透明度

1. 联系方式。

(a) 双方均需指定联系方式，以便就本协定之事项进行沟通。

(b) 如对方要求，联系方式应注明具体办公地点或负责相关事项的专员，并在必要时起到协助与对方进行沟通的作用。

2. 提前通知。

在可能的情况下，协定双方均需做到：

(a) 提前发表其欲实施的第 10 条第 1 款（a）项规定的措施；以及

(b) 给予相关人员及对方评价该等措施的合理时机。

3. 信息之提供。

(a) 应对方要求，一方应立即针对另一方认为可能对本协定之操作或本协定下其自身利益产生实质影响的任何有关已生效或拟定中的措施的问题提供相关信息并给予答复。

(b) 本款规定涉及的任何请求或信息均应通过上述相关联系方式向对方提供。

(c) 任何依本款之规定提供的信息均不论其是否与本协定内容相关。

4. 行政程序。

为始终如一、公正合理地实施第 10 条第 1 款（a）项规定的全部措施，双方均应保证，在其于相关案件中运用该等措施裁定对方所涉投资或投资者的行政程序中做到：

(a) 该程序启动时，于可能情况下，依相应国内程序向受该程序直接约束的对方的所涉投资实体或投资者发出合理通知，内容包括：该程序的性质、启动该程序的合法机关的说明以及所争论问题的一般性描述；

(b) 在相关行政裁定做出前，如时间及该程序的性质允许，且又不与公共利益相违背时，向相关人员提供合理时机以便其出示对自己有利的事实及论点；以及

(c) 该程序符合国内法。

5. 复审及上诉。

(a) 双方均需设立或保留司法、准司法或行政仲裁庭或相关程序，以对有关本协定事项的最终行政裁决进行快速审议，并于有正当理由时，予以纠正。该等仲裁庭应公正，独立于任何拥有行政执法权的机构，并与该等事项之结果无实质利益关系。

(b) 双方均需保证，于任何上述仲裁庭或程序中，均应赋予各方当事人以下权利：

(i) 拥有做出对自己相关立场有利辩解的合理时机；以及

(ii) 所接受的裁决是基于证据及材料记录做出的，或如国内法有规定，根据相关行政机关的记录做出。

(c) 各方应保证，该裁定由做出具有争议的相关行政行为的机关或权力机构来执行，且能够管辖该机关或权力机构之实践。但该裁决按照国内法可以被上诉或被进一步审查。

第 12 条：投资及环境

1. 双方知晓，通过减弱或降低国内环境法[12]的保护作用以鼓励投资是不恰当的。因此，协定双方应尽力确保，不以减弱或降低该等法律的保护作用为手段，而放弃或背弃或提出放弃或背弃该等法律，以达到鼓励其境内设立、取得、扩大或保留某项投资的目的。如一方认为另一方做出该等鼓励性行为，可要求与其协商，以期共同探讨如何避免相关行为。

2. 本协定之任何规定均不应理解为阻止一方通过、适用或实施任何其认为能保证其境内投资活动利于环境保护但与本协定不一致之措施。

第 13 条：投资及劳务

1. 双方确认，通过减弱或降低国内劳工法的保护作用来鼓励投资是不恰当的。因此，双方应尽力确保，不以减弱或降低对第 2 款规定的国际公认的劳工权利的遵循为手段而放弃或背离，或通过他人放弃或背离该等法律，以达到鼓励其境内设立、取得、扩大或保留某项投资的目的。如一方认为对方做出该等鼓励性行为，可要求与其协商，

---

[12] 对美国而言，本条所指“法律”意为美国国会法案或可由中央级政府行为强制执行的依美国国会法案颁布的条例。

以期共同探讨如何避免相关行为。

2. 本条中，“劳工法”指与下述国际公认的劳工权利直接相关的协定双方的法律法规[13]或其相关规定：

(a) 结社的权利；
(b) 组织及集体谈判的权利；
(c) 禁止使用任何形式的强迫性或义务性劳务；
(d) 对童工及青年劳工的劳动保护，包括雇佣童工的最低年龄限制及禁止或消除最恶劣形式的童工劳务；以及
(e) 适当的工作条件，包括：最低工资、工时、职业安全与健康。

第 14 条：不符措施

1. 第 3 条（国民待遇）、第 4 条（最惠国待遇）、第 8 条（履约要求）、第 9 条（高级管理层及董事会）之规定不适用于下述措施：

(a) 一方之以下级别的政府的现行的不符措施：
　(1) 该方在附件 I 或附件 III 之附表中规定的中央级别政府；
　(2) 该方在附件 I 或附件 III 之附表中规定的地区级政府；或者
　(3) 当地政府。
(b) 任何 (a) 项规定的不符措施的延续实施或快速更新。
(c) (a) 项规定的任何不符措施之修改，前提是：该等修改不减弱该等措施与第 4 条（最惠国待遇）、第 8 条（履约要求）或第 9 条（高级管理层及董事会）先前已经存在的相符性。

2. 第 3 条（国民待遇）、第 4 条（最惠国待遇）第 8 条（履约要求）及第 9 条（高级管理层及董事会）之规定不适用于一方通过或实施的其附件 II 之附表中规定的任何有关行业、从属行业或相关活动的措施。

3. 一方不论依其本协定生效后通过的以及附件 II 之附表规定的任何措施，均不得以国籍为理由要求对方投资者出售或处理该措施生效时已然存在的投资。

---

[13] 对美国而言，本条所指“法律或条例”意为美国国会法案或可由中央级政府行为强制执行的依美国国会法案颁布的条例。

4. 第 3 条（国民待遇）及第 4 条（最惠国待遇）不适用于《TRIPS 协议》第 3 条或第 4 条所涉义务的任何例外规定或克减权利的规定。这一点在《TRIPS 协议》第 3 条、第 4 条及第 5 条中有特别规定。

5. 第 3 条（国民待遇）、第 4 条（最惠国待遇）及第 9 条（高级管理层及董事会）之规定不适用于以下情况：

(a) 政府采购；或者

(b) 一方提供的补贴或拨款，包括政府资助的贷款、担保及保险。

第 15 条：特别手续及信息要求

1. 第 3 条（国民待遇）之任何规定不应理解为阻止一方通过或实施规定了与所涉投资有关的特别手续的措施，如：投资者须为该方居民，或所涉投资依该方法律法规合法组建。但前提是：该等手续不得对协定一方依本协定给予协定另一方投资者的保护及所涉投资产生实质性损害。

2. 尽管有第 3 条（国民待遇）及第 4 条（最惠国待遇）之规定，一方可要求另一方投资者或其所涉投资仅为信息或数据之用而提供相关投资信息。该方不得披露任何商业机密信息，以免损害该投资者或所涉投资的竞争地位。本节之规定不应理解为阻止一方在诚实善意适用其法律基础上获取或披露相关信息。

第 16 条：不得克减

下述规定赋予一方投资者或一项所涉投资比本协定更为优惠的待遇，本协定不得背离：

1. 一方的法律、法规、行政措施或程序、行政或其他判决；
2. 一方的国际法律义务；或者
3. 一方承担的义务，包括投资授权书或投资协议中的相关规定。

第 17 条：利益否定

1. 一方在下面的情况下可向另一方身为企业的投资者及其投资拒绝给予协定的利益：如果非协定方的人员拥有或控制该企业，且拒绝给予利益的一方：

(a) 没有保持与非协定方的外交关系；或者

(b) 通过或实施与非协定方或其相关人员有关的、禁止与该企业交易的措施，或通过或实施相关措施，即如本协定之利益给予该企业或其投资实体，该等措施将被违背或规避。

2. 如一方身为企业的投资者在其境内无重要商业活动，且非协定方或另一方（拒绝给予利益方）之人员拥有或控制该企业，则该另一方可向该投资者及其投资实体否定本协定之利益。

第 18 条：基本安全

本协定不得理解为以下内容：

1. 要求一方提供或允许他人接触任何信息，而该方认为披露该信息违背其基本安全利益；或者

2. 阻止一方实施其认为完成有关维持或重建世界和平或安全之义务，或为保护其自身基本安全利益所必需之规定。

第 19 条：信息披露

本协定之规定不得理解为要求一方提供或允许他人接触保密信息，该等保密信息之披露将妨碍执法或违背公共利益或损害相关公共或私人企业的合法商业利益。

第 20 条：金融服务

1. 尽管本协定可有其他规定，也不得阻止一方出于谨慎的原因，通过或实施有关金融服务的规定，这些原因包括：因保护投资者、存款人、投保人或金融服务提供者之受托人义务的接受方之原因而采取的一些措施，或者是为保证该金融系统的完整性及稳定性而采取的措施[14]。如该等规定与本协定之规定不符，该方不得借此逃避本协定下相关承诺或义务。

2. (a) 本协定之规定不适用于公共实体为贯彻财政及相关信贷或汇率政策所采纳的出于一般目的非歧视性规定。本节之规定不对一方基于第 7 条（转移）或第 8 条（履约要求）之义务产生影响[15]。

(b) 本节中，“公共实体”指一方之中央银行或财政当局。

3. 如申请人依 B 节（投资者—国家争议之解决）之规定提起仲裁请求，被申请人

[14] 各方同意：“谨慎的原因”这一术语涵盖对每一金融机构之安全、稳定、完整或相关金融责任的维护。

[15] 为进一步明确起见，据货币政策及相关信贷政策所采取的出于一般目的的措施或兑换率政策不包括明确取消或修改合约中有关货币面值或兑换率之规定的措施。

依第1款或第2款进行抗辩，则应适用以下规定：

(a) 被申请人应于申请人依B节之规定提起仲裁之日起120日内，向双方之金融主管当局[16]提交需双方共同裁定的书面请求，说明第1款或第2款是否及在何种程度上可作为抗辩理由。已组成仲裁庭的，被告应立即向其提供该请求的复印件。仲裁可仅依（d）项之规定进行审理。

(b) 双方之金融主管当局应共同商讨，本着善意原则，依（a）项之规定做出裁定。该裁定应立即传达至争议双方。已组成仲裁庭的，传达至仲裁庭。该裁定对仲裁庭具约束力。

(c) 如双方之金融主管当局于收到被申请人要求其依（a）项做出共同裁定之书面请求后120日内，未做出该裁定，仲裁庭可对未决问题做出相应裁定，并适用B节之规定，除非本项另做修改。

(i) 指定仲裁员时，争议双方应采取适当措施确保仲裁庭成员在金融服务法律或实践中有相关技能或经验。仲裁员候选人于相关金融服务方面的技能可在指定首席仲裁员时予以考虑。

(ii) 如被告提交上述（a）项规定的共同裁定之请求前，首席仲裁员已依第27条第3款之规定被指定，则该首席仲裁员应依争议任一方之请求予以撤换，仲裁庭同时依（c）项（i）目之规定重组。如仲裁程序依（d）款之规定重新开始之日起30日内，争议双方仍未就新的首席仲裁员的指定达成一致，应争议任一方之请求，秘书长可依（c）项（i）目之规定指定首席仲裁员。

(iii) 非争议方可向仲裁庭提交口头及书面说明，确定第1款或第2款是否及在何种程度上可作为抗辩理由。如该非争议方未提交该等说明，则其应依第1款或第2款之规定选择与被申请人相同的当事人地位。

(d) （a）项所指仲裁可依下列规定进行审理：

(i) 仲裁自争议双方及仲裁庭（如已组成）收到双方金融主管当局之联合裁定之日起满10日启动；或者

(ii) 仲裁自（c）项规定的该等金融主管当局享有的120天期限届满日起满10日内开始。

---

[16] 本条中，“金融主管当局”在美国指主管银行及其他金融服务的财政部及主管保险业并与商务部及其他机构协作的美国贸易代表办公室；在（国家名称），指［ ］。

4. 如争议源于 C 节规定之原因，且一方之相关金融主管当局书面通知另一方之金融主管当局，说明该争议涉及金融服务，则应适用 C 节之规定，除非本款及第 5 款另做修改。

(a) 双方之金融主管当局应就争议问题相互商讨，并自收到上述通知后 180 日内，向双方传达其商讨结果的报告书。该 180 日期限届满后，协定方方可依 C 节之规定将争议提交仲裁。
(b) 任一方均可将该报告书提交给依 C 节之规定组成的仲裁庭，以对本款规定之争议或类似争议进行审理，或提交给依 B 节之规定组成的仲裁庭，以对 C 节规定的导致该争议的同一事件或情况所引发的诉求进行审理。

5. 如一方依 C 节及第 4 款之规定将涉及金融服务的争议提交仲裁，提交后 30 日内，如一方提出请求，争议双方应在指定仲裁员时，采取适当措施确保仲裁庭成员在金融服务法律或实践中有相关技能或经验。仲裁员候选人具有相关金融服务方面的技能可在指定首席仲裁员时予以考虑。

6. 尽管有第 11 条第 2 款（透明度—公开）之规定，任一方均应在可能条件下做到：

(a) 提前公布其欲通过的、任何有关金融服务的且用于一般目的之法规；
(b) 向相关人员及对方提供评估该等法规的适当时机。

7. “金融服务”与 GATS 关于金融服务的附件之第 5 项（a）目中的“金融服务”意思相同。

第 21 条：税收

1. A 节之规定不涉及任何其他税收措施，除非本条另有规定。

2. 第 6 条之规定（征收）适用于全部税收措施，但以下情况为例外：申请人如认为某项税收措施涉及征收，可仅在下列情况下，依 B 节之规定提起仲裁请求：

(a) 申请人于提起仲裁请求前已向双方之税收主管部门[17]提交该税收措施是否涉

[17] 本条中，税收主管当局指：在美国指财政部助理部长（税收政策）及财政部；在（国家名称），指［ ］。

及征收的书面说明；以及

(b) 双方之税收主管部门未能于上述说明提交后180日内达成一致意见，即未说明该税收政策非为征收。

3. 依第4款、第8条（履约要求）第2款至第4款之规定应适用于全部税收措施。

4. 本协定之任何规定不得影响任一方基于任何税收协定的权利及义务。如本协定与任何税收协定不符，则该等不符应以该税收协定为准。如双方间订有税收协定，则该协定之主管部门对本协定与该协定之间是否存在不符，拥有独家解释权。

第22条：生效、期限及终止

1. 本协定将于双方交换批准书后30日生效，有效期为10年，此后继续有效，除非依第2款之规定终止。

2. 一方可于最初的10年有效期末或其后的任何时间终止本协定，后者发生时，应提前1年书面通知对方。

3. 自终止后10年内，除于所涉投资之设立或取得时即行终止的条款外，其他条款仍将适用于该终止日前设立或取得的所涉投资。

B节

第23条：协商谈判

如发生投资争议，申请人及被申请人应首先通过协商谈判解决，包括不具约束力的、有第三方参与的程序。

第24条：提起仲裁请求

1. 如争议一方认为某投资争议无法经协商谈判解决，则：

(a) 申请人可依本节之规定、以自身名义提起以下仲裁请求：

(i) 被申请人有以下违约行为：

(A) 违背第3条至第10条规定之义务；

(B) 违背投资授权书；或者

(C) 违背投资协议。

(ii) 申请人因该等违约行为遭受损失或损害。

(b) 申请人可依本节之规定，以其直接或间接拥有或控制的被申请人所属法人企业的名义提起以下仲裁请求：

(i) 被申请人有以下违约行为：

(A) 违背第3条至第10条规定之义务；

(B) 违背投资授权书；或者

(C) 违背投资协议。

(ii) 该企业因该等违约行为遭受损失或损害。

提出该等仲裁请求的前提是：请求的标的及相关损害须与该已设立或收购的、或依相关投资协议寻求设立或收购的所涉投资直接相关，原告可依（a）项（i）目（C）条或（b）项（i）目（C）条之规定提起投资协议违约之诉求。

2. 申请人依本节之规定提起仲裁请求的，应最迟于提出该等请求前90日内，将其意愿书面通知被申请人（意愿通知书）。该通知书应注明以下内容：

(a) 申请人之姓名及地址，如以企业名义起诉，则注明该企业的名称、地址及注册地；

(b) 每项请求中，被违反的本协定、投资授权书或投资协议的有关规定及其他相关规定；

(c) 每项请求的法律事实及客观事实；以及

(d) 寻求的救济手段及请求索赔的大概数额。

3. 申请人于导致仲裁请求之事件发生后满6个月，可依下述规则就第1款规定之情形提起请求：

(a)《ICSID公约》及《ICSID仲裁规则》。适用该规则的前提是：被申请人及非争议方均为《ICSID公约》成员。

(b)《ICSID附加便利规则》。适用该规则的前提是：被申请人及非争议方之一为ICSID公约成员。

(c)《UNCITRAL仲裁规则》。或者

(d) 向申请人及被申请人一致同意的其他仲裁机构提起仲裁请求，或依其他仲裁规则。

4. 依本条之规定，下述条款规定的申请人发出的仲裁通知或仲裁请求（简称“仲裁通知”）于相关人员收到时，视为提起仲裁请求：

(a)《ICSID 公约》第 36 条第 1 款，于秘书长收到时；
(b)《ICSID 附加便利规则》之附表 C 第 2 条，于秘书长收到时；
(c)《UNCITRAL 仲裁规则》第 3 条，以及第 18 条规定的仲裁起诉书，于被告收到时；或者
(d) 依第 3 款 (d) 项之规定所选择的任一仲裁机构之规定或任一仲裁规则，于被申请人收到时。

依有效仲裁规则，申请人提交上述仲裁通知后，其首次提出的请求依本节之规定应视为已于接收日提交仲裁。

5. 仲裁由第 3 款规定的，依本节之规定于提起仲裁请求之日生效的仲裁规则进行调整，除非本协定另做修改。

6. 申请人发出仲裁通知时，应注明以下内容：

(a) 申请人指定的仲裁员姓名；或者
(b) 原告同意秘书长指定该仲裁员的书面说明。

第 25 条：双方同意仲裁之表示

1. 双方同意，将依据本协定并依本节之规定提交仲裁请求。

2. 依第 1 款之规定双方做出的同意表示及依本节之规定提交的仲裁请求，应满足以下条款之要求：

(a)《ICSID 公约》第 2 章（中心的管辖范围）及《ICSID 附加便利规则》有关争议双方做出书面同意的规定；[以及]
(b)《纽约公约》第 2 条有关“书面协议”的规定 [。] [；以及
(c)《美洲国家公约》第 1 条有关“协议”的规定。]

第 26 条：双方做出同意的条件及限制

1. 依本节之规定，申请人首次获知或应首次获知第 24 条第 1 款规定的违约情况

及其自身（依第24条第1款a项提出请求）或相关企业（依第24条第1款b项提出请求）遭受损失或损害之日起超过3年的，不得提起仲裁。

2. 依本节之规定，除非下列情况发生，否则不得提起仲裁：

(a) 申请人书面同意依本协定规定的程序进行仲裁；以及

(b) 提起下列仲裁请求时，仲裁通知应随附相关文件：

(1) 依第24条第1款（a）项提起的仲裁请求，随附原告之书面弃权书，即：放弃依任一方之法律或其他争议解决程序于任何行政法庭或行政法院启动或继续任何有关第24条所指的可能构成违约之措施的诉讼的权利，以及

(2) 依第24条第1款（b）项提起的仲裁请求，随附原告及相关企业之书面弃权书，即：放弃依任一方之法律或其他争议解决程序于任何行政法庭或行政法院启动或继续任何有关第24条所指的可能构成违约之措施的诉讼的权利。

3. 尽管有第2款（b）项之规定，“申请人”[依第24条第1款（a）项提出请求时]以及“申请人或相关企业”[依第24条第1款（b）项提出请求时]可于被申请人所属司法或行政法庭启动或继续某项请求，寻求临时禁令的保护，但不包含金钱损失的给付，前提是：该程序之启动或继续实施仅为维护申请人或相关企业于仲裁悬而未决时之权益。

第27条：仲裁员的选择

1. 除非争议双方另有协议，仲裁庭应由3名仲裁员组成，争议双方各指定1名仲裁员，首席仲裁员则由争议双方协商一致指定。

2. 秘书长有权依本节之规定指定仲裁事项。

3. 基于第20条第3款之规定，如依本节之规定提起仲裁请求后75日内仍未组成仲裁庭，秘书长可应争议任一方之请求，自行指定尚未指定的仲裁员。

4. 依《ICSID公约》第39条及《ICSID附加便利规则》之附表C第7条之规定，在不妨碍对仲裁员提起非国籍原因之异议权的情况下，则：

(a) 被告同意对依《ICSID公约》或《ICSID附加便利规则》所成立的仲裁庭的全部成员的指定。

(b) 第 24 条第 1 款 (a) 项所指申请人可依本节之规定提起仲裁请求，或依《ICSID 公约》或《ICSID 附加便利规则》继续某项请求，但前提是：申请人书面同意对仲裁庭全部成员的指定。

(c) 第 24 条第 1 款 (b) 项所指申请人可依本节之规定提起仲裁请求，或依《ICSID 公约》或《ICSID 附加便利规则》继续某项请求，但前提是：申请人及相关企业书面同意对仲裁庭全部成员的指定。

第 28 条：仲裁的进行

1. 争议双方可依第 24 条第 3 款规定的仲裁规则协商仲裁的法定地点。如争议双方未达成一致，仲裁庭可依有效仲裁规则指定该地点，但前提是：该地点须位于《纽约公约》成员国境内。

2. 非争议方可向仲裁庭口头及书面说明本协定内容。

3. 仲裁庭有权接受并审查非为争议方的、作为个人或实体身份的法庭之友的仲裁请求。

4. 在不妨碍仲裁庭将其他异议作为先决问题进行审查的情况下，仲裁庭应将被申请人提出的以下异议作为先决问题进行审查并做出裁定，即：从法律角度讲，申请人提出的请求依第 34 条，不会得出对申请人有利的裁决。

(a) 上述被申请人提出的异议应于仲裁庭一成立即提交，且不得迟于仲裁庭安排该被申请人提交其辩诉状（或如仲裁通知内容有变更，不得迟于仲裁庭安排被申请人提交其对该等变更的答复）的日期。

(b) 仲裁庭一伺收到本款规定的异议，应立即中止对案件实体问题的审理，制定出审查该异议的具体计划，该计划应与其制定的适用于其他先决问题的计划相符合。仲裁庭应对该异议做出裁定或裁决，并陈述理由。

(c) 依本款之规定对异议做出裁定时，仲裁庭应假定：申请人于仲裁通知（或其变更）中、依《UNCITRAL 仲裁规则》提交的争议及 / 或该规则第 18 条规定的起诉书中陈述的事实主张成立。仲裁庭也可审查不属争议范围内的相关事实。

(d) 被申请人不论是否依本款之规定提出了异议，也不论是否使用了第 5 款规定的快速程序，其均不因此就实体问题之权限或争议放弃异议权。

5. 如被申请人于仲裁庭组成后 45 日内做出上述请求，仲裁庭应启动快速程序，对第 4 款规定的异议及任何管辖异议做出裁定，并终止一切实体性程序，于请求日后 150 日内，对该等异议做出裁定或裁决，并说明理由。但是，如争议方请求听证，仲裁庭做出该等裁定或裁决的期限可顺延 30 日。如遇异常情况，不论当事人是否请求听证，仲裁庭均可推迟做出上述裁定或仲裁，但不得多于 30 日。

6. 仲裁庭依第 4 款或第 5 款对被申请人之异议做出裁定时，如当事人提供了费用担保，可判补偿争议胜诉方于提出或反对该异议时支出的合理费用及律师费。在裁定是否需费用担保时，仲裁庭应审查申请人的请求或被申请人的异议是否合理，并给予争议方阐述其理由的合理时机。

7. 被申请人不得作为抗辩、反诉、抵消权或其他任何原因，辩称申请人对于其所索赔的全部或部分损害已经依据某个保险合同或担保合同获取或将获取补偿或其他赔偿。

8. 仲裁庭可采取临时保护措施维护争议方权益，或确保其管辖权得到充分有效的发挥，包括：下达对争议方所拥有或控制的证据进行保全或维持仲裁庭管辖权的命令。仲裁庭不得发布扣押令或对第 24 条规定的可能构成违约的措施的禁令。本款中，命令包括仲裁建议。

9. (a) 依本节之规定进行的任何仲裁，应争议方之请求，仲裁庭于做出有关责任认定的裁定或裁决前，应将其拟定之裁定或裁决传达至争议双方及非争议方。于传达后 60 日内，争议双方可向仲裁庭提交有关该等裁定或裁决的书面意见。仲裁庭可审查该等意见，并于 60 天建议期届满后 45 日内做出裁定或裁决。

(b) (a) 项不适用于依本节提起的、已依第 10 款或附录 D 进行上诉的仲裁裁决。

10. 如在双方之间的多边协议生效，并且该协议组成上诉机构以审查依国际贸易或投资安排组成的为审理投资争议的仲裁庭之裁决，双方应尽力达成一致，以便该上诉机构审查上述多边协议生效后依第 34 条开始的仲裁程序所做出的裁决。

第 29 条：仲裁程序的透明度

1. 依第 2 款及第 4 款之规定，被申请人审核以下文件后，应立即将其送达非争议方，并予以公开：

(a) 意愿通知书；

(b) 仲裁通知书；

(c) 争议方向仲裁庭提交的起诉状、记录和摘要以及任何依第 28 条第 2 款（非争议方提交）、第 3 款（法庭之友提交）及第 33 条（合并审理）提交的材料；

(d) 在可能的情况下，仲裁庭听证会的文字记录；以及

(e) 仲裁庭的命令、裁决及裁定。

2. 仲裁庭应举行公开听证会，并与争议双方共同协商裁定适当的运作办法。但欲使用听证会上披露的受保护信息的争议方应就此告知仲裁庭。仲裁庭应采取适当措施保护该等信息不被披露。

3. 本节之规定不要求被申请人披露受保护信息或向他人提供或允许他人接触其依第 18 条（基本安全）或第 19 条（信息披露）之规定可隐藏的信息。

4. 任何提交给仲裁庭的受保护信息均应依以下程序给予保护以免予披露：

(a) 提供受保护信息的争议方依 (b) 项之规定明确指明该等信息受保护时，依 (d) 项之规定，争议双方及仲裁庭均不得向非争议方或公众披露任何该等信息。

(b) 如争议方认为某些信息为受保护信息，则应于提交仲裁庭时明确指明该等信息。

(c) 争议方应于提交可能含有受保护信息的文件时，同时提交一份不含该等信息的文件摘要。该等文件摘要应仅向非争议方提供，并依第 1 款之规定向大众公开。以及

(d) 仲裁庭应对有关当事人声称的受保护信息之指定的异议做出裁定。如仲裁庭认定该等信息指定不当，提交该等信息的争议方可以：(i) 撤回全部或部分提交的含有该等信息的文件；或者 (ii) 同意依仲裁庭之裁定及 (c) 项之规定另行提交完整的、重新指明受保护信息的文件节选。上述两种情况下，在必要时，争议另一方应另行提交完整的文件摘要，该等文件摘要应删除 (i) 情况下首先提交信息的争议方所撤回的信息，或该另一方依据 (ii) 所规定的首先提交信息的争议方的指明办法，重新指明受保护信息。

5. 本节之规定不要求被申请人向公众隐藏其依法应予披露的信息。

第 30 条：法律管辖

1. 依第 3 款之规定，当依第 24 条第 1 款 a 项 1 目 A 条或 24 条第 1 款 b 项 1 目 A 条提交仲裁请求时，仲裁庭应依本协定及有效国际法规则审查争议问题。

2. 依第 3 款及本节其他条款之规定，当依第 24 条第 1 款 a 项 1 目 B 条或 C 条或

第 24 条第 1 款 b 项 1 目 B 条或 C 条提交仲裁请求时，仲裁庭应适用以下规则：

(a) 相关投资授权书或投资协议中的法律规则，或争议双方一致同意的其他规则。
(b) 如未指定相关法律规则，或另有协议，则适用以下法律规则：
(i) 被申请人所适用的法律，包括其相关法律冲突规则[18]；以及
(ii) 可以适用的相关国际法律。

3. 针对本条之规定，双方均由其指定代表就本协定进行相关阐述。双方的共同裁定对仲裁庭具约束力。仲裁庭做出的任何裁定或裁决均须与该共同裁定一致。

第 31 条：附录的解释

1. 如被告做出抗辩，即涉嫌违规的条款属附录 I、II 或 III 中规定的范畴，仲裁庭应依被申请人之请求，要求双方对相关问题阐述自己的观点。双方应于收到该要求后 60 日内，向仲裁庭书面提交代表其各自观点的共同裁定。

2. 依本条之规定，双方由其指定代表依第 1 款做出的共同裁定对仲裁庭具约束力。仲裁庭做出的任何裁定或裁决均须与该共同裁定一致。如双方未能在 60 日内做出该共同裁定，仲裁庭可自行对相关问题做出裁定。

第 32 条：专家报告

如不妨碍依有效仲裁规则对其他领域的专家进行指定，或争议双方一致同意，仲裁庭可应争议方之请求，或者（除非争议双方不能达成一致），主动依争议双方协商一致的相关条款及条件，指定一名或多名专家向其书面报告争议方于仲裁程序中提出的有关环境、健康、安全或其他科学事宜的事实情况。

第 33 条：合并审理

1. 如依第 24 条第 1 款之规定分别提交两种或两种以上的仲裁请求，而该等请求涉及相同的法律问题或事实问题且起因于同一事件或情形，则争议方可依请求合并审理的各方间的协议或第 2 款至第 10 款之规定，请求仲裁庭合并审理。

2. 依本条之规定请求仲裁庭合并审理的争议方应向秘书长及请求合并审理的争议各方提交书面请求，并在该等请求中说明以下内容：

[18] “被申请人所适用的法律”指同一案件中具管辖权的国内法院或仲裁庭所适用的法律。

（a）请求合并审理的争议各方的名称及地址；
（b）该合并审理令的性质；以及
（c）请求该合并审理令的理由。

3. 应依本条之规定组成仲裁庭，除非秘书长于收到第2条规定的请求后30日内发现该等请求明显无事实根据。

4. 依本条之规定组成的仲裁庭应由3名仲裁员组成，除非上述请求合并审理的争议各方另行协商：

（a）申请人一致同意指定仲裁员1名；
（b）被申请人指定仲裁员1名；以及
（c）秘书长指定首席仲裁员，条件是：该首席仲裁员不得为协定任一方之国民。

5. 如被申请人或申请人自秘书长收到第2条规定的请求后60日内，未能依第4条之规定指定仲裁员，秘书长应依任一请求合并审理的争议方之请求，指定该等尚未指定的仲裁员。如被申请人未能指定仲裁员，秘书长应指定一名争议方之国民为仲裁员。如申请人未能指定仲裁员，秘书长应指定一名非争议方之国民为仲裁员。

6. 如依本条之规定组成的仲裁庭认为，依第24条第1款之规定向其提交的2项或2项以上的仲裁请求属相同的法律问题或事实问题，并起因于同一事件或情形，仲裁庭为公正有效地解决案件，在对争议各方进行听证后，可下达合并审理令，内容如下：

（a）受理全部或部分仲裁请求，对其进行合并听证、合并裁决。
（b）受理全部仲裁请求中的1个或多个，对其进行听证并裁决，且仲裁庭认为该等裁决有助于对其他请求进行裁决。或者
（c）指示依第27条（仲裁员的选择）之规定在先组成的仲裁庭受理全部或部分仲裁请求，对其进行合并听证、合并裁决，但前提是：
　（i）应先前非为该仲裁之争议方的申请人之请求，仲裁庭应进行重组，其成员不变，但由申请人指定的仲裁员应依第4款a项及第5款指定；以及
　（ii）仲裁庭应裁定先前举行的相关听证会是否需重新举行。

7. 依本条之规定组成的仲裁庭，依第 24 条第 1 款之规定提交了仲裁申请但未列入上述第 2 款规定的合并审理请求名单的申请人，可向仲裁庭提出书面请求，加入第 6 款规定的合并审理，并于该请求书中注明：

(a) 申请人的姓名及地址；
(b) 合并审理令的性质；以及
(c) 寻求合并审理的理由。申请人应将其请求书复印件提交秘书长。

8. 依本条之规定组成的仲裁庭应依 UNCITRAL 仲裁规则对案件进行审理，除非本节另做修改。

9. 依第 27 条（仲裁员的选择）之规定组成的仲裁庭，不得受理依本条之规定组成或受本条指导的仲裁庭业已受理的全部或部分仲裁请求。

10. 如争议方申请，依本条之规定组成的仲裁庭，在依第 6 款之规定推迟对案件的裁决时，可命令依第 27 条（仲裁员的选择）之规定组成的仲裁庭中止审理，除非后者已然中止其审理。

第 34 条：裁决

1. 仲裁庭对被申请人做出最终裁决时，仅可就以下内容进行分别裁决或合并裁决：

(a) 金钱损失或任何认定利益；以及
(b) 财产返还，该情况下，裁决应规定被申请人可以支付金钱赔偿及认定利益代替财产返还。

仲裁庭也可依本协定及有效仲裁规则对相关成本及律师费进行裁决。

2. 依第 1 款之规定，依第 24 条第 1 款 b 项提交仲裁请求时，则：

(a) 裁决返还财产时应规定：财产返还给企业；
(b) 裁决金钱赔偿及任何认定利益赔偿时应规定：款项支付给企业；以及
(c) 裁决应规定，其将不对任何人员依其有效国内法的救济手段所享有的权利造成损害。

3. 仲裁庭不得对惩罚性赔偿做出裁决。

4. 仲裁庭所做之裁决仅对争议双方及其相关案例具约束力。

5. 依第6款及有关临时裁决之有效复审程序的规定，争议方应立即遵守并执行仲裁裁决。

6. 争议方不得请求对最终裁决进行强制执行，除非：

(a) 该裁决依《ICSID公约》做出。

(i) 裁决做出已满120日，争议方未请求复审或撤销；或者

(ii) 复审或撤销程序已进行完毕。

(b) 最终裁决依《ICSID附加便利规则》、《UNCITRAL仲裁规则》或依第24条第3款d项做出。

(i) 裁决做出后已满90日，且争议方未启动任何复审、驳回或撤销该裁决的程序；或者

(ii) 法院驳回或批准了要求复审、驳回或撤销该裁决的申请，且当事人未因此上诉。

7. 双方均应对仲裁裁决在其境内的执行予以规定。

8. 如被申请人未能遵守或执行最终裁决，则非争议方提交相关请求后，应依第37条（国家间争议解决）之规定另组仲裁庭。在不损害有效国际法律规则规定的其他救济手段的情况下，该提交请求的非争议方可要求：

(a) 仲裁庭做出裁定：被申请人未能遵守或执行最终裁决的行为与本协定之义务不符；以及

(b) 仲裁庭向被申请人建议：遵守并执行最终裁决。

9. 不论第8款规定的程序是否执行完毕，争议方均可依《ICSID公约》或《纽约公约》（或《美洲国家公约》）申请对仲裁裁决的强制执行。

10. 依本节之规定提交的仲裁请求视为源自《纽约公约》第I条规定的商业关系或交易（及《美洲国家公约》第I条之规定）的相关规定。

第35条：附录及脚注

附录及脚注为本协定不可分割的一部分。

第 36 条：单据之送达

通知及其他单据送达一方时，应送至其于附录 C 中规定的地点。

C 节

第 37 条：国家间争议解决

1. 依第 5 款之规定，协定方之间的有关本协定之解释或适用的任何争议，如经协商或其他外交途径仍未能解决，可应任一方之请求提交仲裁，仲裁庭应依有效国际法规则做出具约束力的裁定或裁决。如双方之间无相反内容的协议，则适用《UNCITRAL 仲裁规则》，除非双方或本协定另做修改。

2. 仲裁庭应由 3 名仲裁员组成，双方各指定 1 名，另外 1 名首席仲裁员由双方协议指定，除非双方另行协商。如依本节之规定提出的仲裁请求提交后 75 日内，仲裁庭仍未组成，则秘书长应依任一方之请求，自行指定尚未指定的仲裁员。

3. 仲裁员产生的费用及审理过程发生的其他费用应由双方平均担负。但仲裁庭可自行指示一方担负较高比例的费用。

4. 第 28 条第 3 款（法庭之友陈述）、第 29 条（投资者与国家之间的透明度）、第 30 条第 1 款和第 3 款（法律适用）及第 31 条（附录之解释）之规定应比照适用本条规定的仲裁。

5. 第 1 款至第 4 款之规定不适用于源自第 12 条或第 13 条规定的情况。

双方之全权代表均已签署本协定，特此证明。

本协定一式两份，______年____月____日于____________以（　　）英两种语言签署，两种文本具同等效力。

美利坚合众国政府授权签字：

（　　）国政府授权签字：

附录 A
国际习惯法

双方一致确认，“国际习惯法”通常是国家间源于义务的约束而奉行的一般的、一贯的做法，这在第 5 条（最低待遇标准）及附录 B 中予以了特别说明。第 5 条（最低待遇标准）规定的国际习惯法“外国人最低待遇标准”指保护外国人经济权益的全部国际习惯法原则。

附录 B
征收

双方一致同意：

1. 第 6 条（征收及补偿）第 1 款旨在体现国际习惯法有关征收的国家义务。

2. 一方之行为或行为系列不构成征收，除非其涉及投资中的有形或无形的财产权或财产利益。

3. 第 6 条（征收及补偿）第 1 款涉及两种情况。第一种是直接征收，即：投资国有化或通过正式的所有权转移或全部没收而完成直接征收。

4. 第 6 条（征收及补偿）第 1 款涉及的第二种情况是间接征收，即：一方的行为或行为系列与直接征收有同等效果，但未发生正式的所有权转移或全部没收的情况。

5. (a) 具体情况中，做出一方之行为或行为系列是否构成间接征收的裁定时，需具体问题具体分析，对事实情况进行调查，并考察以下因素：

   (i) 单一的政府行为所产生的经济影响并不意味一定发生了间接征收，尽管一方之行为或行为系列对投资的经济价值产生了不良影响；

   (ii) 政府行为所体现出的与投资相关的明显、合理的期望值有多高；以及

   (iii) 政府行为的性质。

(b) 专门制定并用于保护合法的公益设施的一方之非歧视性管制行为不构成间接征收，该等设施包括公共健康、安全及环境设施等。

附录 C
文件送达

美国

送达美国的通知及其他文件请使用以下地址：

Executive Director（L/EX）
Office of the Legal Adviser
Department of State
Washington，D.C.20520
United States of America

（国家名称）

送达（国家名称）的通知及其他文件请使用以下地址：
(注明通知及其他文件的送达地点)

附录 D
建立双边上诉机制的可能性

本协定生效后 3 年内，协定方应考虑是否建立一个双边上诉机构或类似机制，以对该等机构或机制建立后依第 34 条做出的仲裁裁决进行复审。

第三部分
尽职调查和评估交易

第 9 章

劳动和雇用法：外国投资者须知

Marc A. Antonetti，Terry Connerton 和 David A. Grant

§9.01　概述

美国雇用法是基于两个最重要的法律概念，一般认为这两个概念是有利于雇主的，即：雇用双方可以自由设定雇用条款和条件，并且在无正式合同的情况下大多数雇用是“遵循自由意愿”(at will)。上述两个核心概念深入美国雇用法，但是它们往往体现在一个由联邦、州和地方的行政、立法和司法权组成的复杂迷宫中，使得疏忽的人容易步入其中的陷阱。此外，雇用法也涉及移民、出口管制和政府合同问题。

除规范雇员和雇主之间的雇用关系的一般法律之外，在收购的时候需要关注两个特别重要的领域。第一个领域涉及传统劳动法，即公司和工会的互动关系。第二个领域涉及产生于《1974 年雇员退休收入保障法》(ERISA) [1] 的雇员福利法，以及其他相关税法和福利法。

本章概述了美国的雇用类型、劳动以及雇员福利相关法律，随后讨论了这些法律中与外国公司在美国进行收购或者在美国开业密切相关的一些问题。

§9.02　雇用法

本部分讨论在收购美国公司过程中必须关注的重要雇用法问题。

[A] 雇用自由主义和相关限制

在法律、法规和合同都没有相反规定的情况下，雇员和雇主可以对他们之间的雇用关系自由约定条款和条件。如果合同没有特别约定期限，则任何一方都可以无需提前通知便终止合同，可以因为任何合法的原因或根本不提供任何原因。然而，在上述某种程度上放任自由的大背景下，却渐渐发展出了一套复杂的、不断变化的结构，约束双方任意构筑或终止雇用关系的自由。

调整雇主和雇员之间关系的法律有很多法律渊源。一般情况下，雇主和雇员受到联邦和州法律的管辖，某些情况下，还受到县和市法律的管辖。在联邦和州法律系统

---

[1] 29 U.S.C. §1001，et.seq.

中，上述法律一般有三种渊源：立法机关制定的法律、司法机关判例创设的普通法权利，以及行政机关发布的法规和行政规章（这些行政机关负责监管那些根据立法机关的法律创设的监管项目和行政事务）。由于各个州以及联邦政府都有不同的法律，在一个州合法的做法在其他州可能并不合法，根据联邦法律合法的做法在州法律下也可能并不合法。在两个以上的州拥有分支机构的公司在设计雇用政策和程序时，雇主必须认识到一个“尺寸”无法适合所有的情形。只要一个雇员不满意，他就可能在多个司法和行政辖区给雇主造成很多麻烦。

[B] 联邦法律一般适用于由个人雇员组成的群体

典型的雇用案件原告为一个个人，但是有两种雇用法律涉及雇员个人以及雇员群体，因此在收购中应予特别考虑。

[1] 关闭工厂和大量裁员——并购可以引发法律责任

根据《劳动者调整与再培训通知法案》(WARN Act)[2]，达到最低数字限制的雇主必须在下令大量裁员或关闭工厂前提前60天通知。《劳动者调整与再培训通知法案》及根据其发布的法规特别考虑了业务收购以及这些收购可能会引发的公司根据《劳动者调整与再培训通知法案》所负的通知义务。

在满足《劳动者调整与再培训通知法案》其他条件的情况下，在一段时期内造成50名以上雇员“就业流失”的裁员或工厂关闭会引发《劳动者调整与再培训通知法案》所规定的通知义务。根据《劳动者调整与再培训通知法案》，“就业流失”(employment loss)是指除了有理由的解雇、自愿离职或退休之外的原因终止雇用关系，……超过6个月的临时下岗，或者……在某6个月时间内每个月的工作时间都减少超过50%[3]。

无论是通过合并还是收购，抑或是以资产转让的方式出售一个商业实体，雇员经常有可能在收购前被卖方裁员。在收购交易中，雇员可能被一方雇主终止雇用关系，随后有可能由收购公司雇用，也有可能不被收购公司雇用。如果他们成为收购公司的雇员，他们的劳动合同条款可能与先前雇主提供的条款不同。在其他情况下，收购公司也可能在收购以后让雇员下岗。不按照《劳动者调整与再培训通知法案》发出通知可能会引发法律责任，因此确定发通知的责任在哪一方相当重要。

---

[2] 29 U.S.C. § 2101，et.seq.

[3] 29 U.S.C. § 2101 (a)(6)(A)-(C).

如果就业流失发生在“出售日期之后”，《劳动者调整与再培训通知法案》保护卖方，在此情况下，“收购方应该负责提供工厂关闭或者大量裁员的通知”[4]。与此相反，如果就业流失发生在出售之前或出售之时，卖方有责任按照《劳动者调整与再培训通知法案》发出通知。

如果雇员与前雇主“终止”了雇用关系，但是立即被收购公司雇用，这种情况并不一定构成《劳动者调整与再培训通知法案》所规定的就业流失。如《劳动者调整与再培训通知法案》规则所述：“尽管从技术层面讲可以认为卖方雇员的雇用关系终止在收购生效时发生了，但是只有当雇员遭到‘定义的就业流失’时，才需要按照《劳动者调整与再培训通知法案》提供通知。”[5] 如果雇员继续为收购公司工作，是否属于“定义的就业流失”取决于雇员与新雇主之间的雇用条款。买卖双方不能想当然地认为雇用关系继续存在（尽管其雇用条款和条件各不相同）就能避免《劳动者调整与再培训通知法案》所规定的通知义务，这一点很重要。

《劳动者调整与再培训通知法案》建议“买卖双方最好谨慎地确定收购对雇员的影响，在买卖双方之间安排好对受到影响的雇员进行提前通知的事宜……”[6] 买卖双方应考虑在收购协议中包括一个《劳动者调整与再培训通知法案》责任的赔偿条款。例如，收购协议可以规定收购方或者卖方是否负责（在需要的情况下）提供《劳动者调整与再培训通知法案》所规定的通知，如果另一方因为通知未发生而承担法律责任的话，同意担负通知义务的一方就应当赔偿承担法律责任的那一方。

［2］工资与工作时间——反常识的甚至相互矛盾的相关法律法规

联邦和州的工资和工作时间法律是劳动和雇用法中很可能涉及雇员群体的第二个领域。联邦的《公平劳动标准法》(FLSA)[7] 和相关的州法律为涉及成百上千劳工以及数百万美元的重大集体诉讼提供了坚实的基础。

未被排除于《公平劳动标准法》保护之外的雇员有权依据该法律获得每小时最低工资，并且工作时间不能超过规定的最大工作时间数，超出则有权取得加班工资。加班工资与日常工资金额相同或是其 1.5 倍。有许多潜在法律问题与这些基本法律要求相关联，其中也许最重要的问题是，雇员能否被归类到不适用工资和工作时间法律的那一类人中。

---

[4]　29 U.S.C. § 2101 (b) (1).

[5]　20 C. F.R. § 639.6.

[6]　20 C. F.R. § 639.4 (2).

[7]　29 U.S.C. § 201，et.seq.

领取薪水的雇员并不一定不领取加班工资。领取薪水的雇员也可能有权领取加班工资，除非该雇员履行的某些职责使该雇员符合《公平劳动标准法》所规定的行政、高级管理或专业人员相关例外规定中的一项[8]，或者符合该法律其他例外规定中的一项。收购一个拥有众多领取薪水的“白领”的机构，例如金融服务业或者保险业的机构，特别要注意收购以后是否存在大量的、隐性的工资和工作时间支付责任。收购方不能依赖于卖方将雇员正确归类，而是应当在尽职调查时将这个问题作为一项重要的调查内容。

除了雇员分类问题，还存在其他工资和工作时间问题。收购方应该注意：

a. 确定雇员的日常工资基准额，尤其是在雇员领取奖金和津贴的情况下；

b. 确定“工作时间”的构成；

c. 跟踪工时；

d. 追踪花费在更换制服（穿上和脱下）上的时间，以及其他一些与工作前准备和工作后活动相关的时间（紧接在主要工作时间之前或之后进行的活动，以及可能被归并到雇员工作日中的活动）；

e. 雇主从雇员工资中支付的费用，比如购买或保养工作服的费用；

f. 月薪雇员缺勤时扣掉的工资，尤其是在工厂暂时关闭时的缺勤或者一天中部分时间的缺勤；以及

g. 是否可以采用其他的工资支付体系。

与《公平劳动标准法》不同，各州有其自己的工资和工作时间法律。在联邦法律之下被允许的行为也许在州法之下就不被许可。例如，除了行政、高级管理或专业人员可以获得豁免外，《公平劳动标准法》还规定了大量适用于特定产业的豁免，而州法中就没相应的规定。一般来讲，如果非豁免雇员每周工作不超过40小时，根据《公平劳动标准法》是不必支付加班工资的；但是有些州的法律规定，如果一个工作日的劳动时间超过了一定时间，仍然需要支付加班工资。另外一些州对用餐时间和休息时间有规定。大部分州对于终止雇用关系时应支付给雇员的金额有不同规定。有些州规定在终止雇用关系时应向雇员支付金额补偿累积未休年假[9]。

收购公司应当进行全面覆盖每个州和联邦法律规定的关于卖方工资和工作时间做

---

[8] 29 U.S.C. § 203 (a) (1).

[9] 许多州的法律限制不同于《公平劳动标准法》，有些法律规定可以追溯6年查明违反行为。

法的调查，以确定是否存在收购方可能承继的隐性法律责任，并使收购方自己熟悉将要承担的责任，尤其是州法律项下的责任。如果无法在收购前进行全面调查，那么如同处理《劳动者调整与再培训通知法案》那样，收购公司至少应该要求在收购协议中包括一个赔偿条款。

[C] 反歧视法、报复性诉讼和举报者诉讼

联邦法律和州法律禁止歧视归入保护性分类的人，尽管联邦法律和州法律常常对此有不同的标准和要求。很多市和县也有反歧视法。

虽然理论上所有反歧视法都有可能引起集团诉讼，但大多数歧视诉讼是由个人提起的。联邦反歧视法禁止基于种族、国籍、性别、信仰、年龄、退伍军人身份和残疾的歧视，而州法律常常进一步禁止基于婚姻状况、性取向、政治归属和家庭责任的歧视。

大多数上述反歧视法以及其他立法，包括劳动者和失业补偿金以及特殊的关于举报者的法律，例如2002年《萨班斯—奥克斯利法案》[10]，都禁止雇主对投诉雇主可能存在不合法行为的雇员采取不利于雇员的行动。对于雇主来说，报复和举报者保护问题常常比雇员投诉的问题本身更令雇主头疼。

[1] 假想案例研究——本来没错的决定可能导致诉讼和法律责任

反歧视和反报复的保护平衡了雇用自由主义下的美国雇员承担的风险。请思考一下下述假想案例，其中的有关要素稍后将在本章节中再次讨论到。

雇用法的假想案例：

Widget公司一直是一个家族拥有的私营企业，8个月前被卖给一个公开上市的国际性公司Parent公司。Widget公司生产汽车零部件，但是其生意的一小部分是为美国政府的军事承包商提供零部件。最近，Widget公司的劳动力很多来自移民。

由于经济不景气，Parent公司决定Widget公司需要在短期之内裁员，由Parent公司的办公室处理Widget公司的一些行政职能，并将Widget公司的一些民用领域生产业务转移到海外。作为重组的一部分，Parent公司从中国子公司派

[10]　18 U.S.C. § 1514(A)。参见第12章。

遣了一些经理到Widget公司监管上述业务。另外，每个部门的负责人都被要求考评一下本部门的运营并至少裁减一名雇员。

Widget公司有两个技术经理：42岁的白人女性莎丽（Sally）和35岁的男性非洲裔美国公民罗伯特（Robert）。罗伯特已经在公司里工作了6年多，而莎丽只在公司工作了两年。莎丽在进入公司之前有过成功的军事职业生涯。由于莎丽进入公司后仍然是后备役军人，她经常需要请假去履行周末军事义务。由于罗伯特的资历，他目前的薪金高于莎丽。

两个雇员在其任职期间的表现都令人满意，不过从10个月前（公司被收购前）进行的考评来看，莎丽的年度绩效考评打分稍优于罗伯特。Parent公司新进了一位50岁的白人男性技术总监（CTO），他正好与罗伯特是同一所乡村俱乐部的成员。CTO选择了辞退莎丽，他评价说，罗伯特比莎丽在公司任职时间长。

Widget公司有两位会计。一位是28岁的有三年任职资历的白人男性杰克（Jack），杰克拥有顶尖大学的学士学位和工商管理硕士学位。第二位是59岁白人女性爱丽丝（Alice），她从初级职员做起，已经在公司工作了25年，公司先前的企业主给予她很高评价。Widget公司因为杰克的高学位给了他一个较高的起始工资，尽管爱丽丝的任职时间远远长于杰克，但杰克目前工资比爱丽丝高。

爱丽丝的表现向来令人满意，根据10个月前（收购前）进行的绩效考评，爱丽丝的打分比杰克高。但是收购后，Parent公司新进的财务总监（CFO），一位35岁、和杰克正好毕业于同一学校的白人男性，不满意爱丽丝的表现。爱丽丝没有很好地适应CFO对于会计部门的要求，他强调积极控制成本，并要求使用与Parent公司信息网络连接的新电脑系统和财务软件。

CFO对于爱丽丝的不满意并没有书面记录，尽管他说他已经多次跟爱丽丝谈过。爱丽丝在6个月前向他报告销售部门的一些成员为了增加前一季度的收入而倒签订单日期，而这种倒签订单的行为也许会触及Widget公司的底线，从而也会影响Parent公司的收入，Parent公司本身在当时是一个收购行动的潜在目标。当CFO调查这件事时，他发现爱丽丝的报告没有事实凭据。在确定被裁减人员时，CFO选择了爱丽丝，因为在他看来，杰克现在的表现比爱丽丝优秀并且长远看来会更优秀。

Widget公司的人力资源经理因为公司重组的快速进行而不能逐一复审每个被裁减人选的合理性和每一个雇员的历史，因而他接受了CTO和CFO的裁员建议。

被辞退的莎丽和爱丽丝都以年龄和性别歧视为理由起诉了Widget公司和Parent公司。莎丽同时也以反向种族歧视（指因重视少数族裔而歧视白人）和服役状态歧视为理由起诉公司。她通知国防部从中国来的外国籍人士有机会接触到生产军用部件的工厂。

爱丽丝向移民和海关执法局报告无合法身份的外国人在工厂工作。她声称她是潜在证券欺诈的举报者，并且声称她只是一个出纳，因而应当被支付加班工资。

在上述假想案例中的解雇决定也许在决策者看来是经济条件所导致的无可指责的结果，但是这些决定引起了重大诉讼和雇主承担相应法律责任的潜在可能性。尽管一个有经验的高级管理人员在裁掉莎丽和爱丽丝这样的雇员时应该会意识到至少其中的某些潜在问题，但这样的诉讼还是会经常发生。

［2］典型的歧视案件中的举证责任

了解美国法庭怎样评判雇用歧视诉讼至少可以部分减少在上述假想案例中承担法律责任的可能性。根据美国法院评判歧视案件所经常使用的“举证责任转换分析”(burden shifting analysis)，上述案件的原告莎丽和爱丽丝承担证明以下事实的责任：(a）她们可以被归类为受保护群体；(b）对她们不利的雇用行为已被采取；以及（c）这样的行为发生在根据推论可能存在歧视的情况下[11]。如果相类似的雇员比受保护群体的雇员享受到了更好的待遇，那么就可以得出上述可能存在歧视的推论。

莎丽可能通过主张她是一位年龄超过40岁的白人女性，并且在上一次绩效考评中评分优于罗伯特，因而满足歧视的构成要素。与此类似，爱丽丝也可以诉称她是一个年过40岁的女性，并且在最近的正式绩效考评中比杰克的评分高。

在原告建立了这个初步成立的案件之后，举证责任转到雇主一方，雇主应该证明其所采取的措施是基于合法的、非歧视性的原因[12]。如果独立分析单个解雇，Widget公司也许可以过关，可是当把两起解雇放在一起考虑时，Widget就有问题了。

仅看莎丽的解雇，一个客观因素——资历——在技术部门被采用，尽管这个因素导致公司失去了业绩更好的雇员。资历可以作为公司做出决定的合法的、非歧视性的依据。同样，爱丽丝的解雇，如果单独来看，会计部门依据绩效表现所做出的决定也可以通过审查。工作表现与资历一样，可以作为雇主决定解雇雇员所依据的合法的、

[11]　参见，例如，麦克唐纳—道格拉斯公司诉格林案（McDonnell Douglas Corp. v. Green），411 U. S. 792 (1973)；得克萨斯州社区事务部诉伯丁案（Texas Dep't of Community Affairs v. Burdine），450 U. S. 248（1881）；雷神公司诉埃尔南德斯案（Raytheon Corp v. Hernandez），540 U. S.44（2003）.

[12]　参见，例如，麦克唐纳—道格拉斯公司诉格林案（McDonnell Douglas Corp. v. Green），411 U. S. 792；得克萨斯州社区事务部诉伯丁案（Texas Dep't of Community Affairs v. Burdine），450 U. S. 248；雷神公司诉埃尔南德斯案（Raytheon Corp v. Hernandez），540 U. S. 44.

非歧视的理由（尽管缺乏有关最近绩效的书面记录可能使得对爱丽丝的解雇的合法性降低）。

当两次解雇行为被一起评价时，Widget 公司的不一致性引起了问题。一个部门做出决定所依据的工作资历却被另一个部门所忽视。以工作表现为基础的评估也没有同等适用于不同部门。两个独立的决定放在一起的结果是两个拥有良好书面绩效记录的年长的女性雇员被上级解雇，而这种决定有利于正好与男性上级同属一个社交网络的年轻男性下级。随着案件证据调查的展开，两个女性雇员或许会知道，尽管基于不同的理由，她们的薪酬比处于相同情况下的男性雇员的薪酬少，这又会引发关于薪酬的歧视诉讼。

我们不难推测这些案件的结果。我们没有必要认为这些案件是因好的或坏的动机所致；我们只需要看到法庭可能看到的事实。公司可能被要求支付相当多的和解费，或者至少面临长期诉讼。此外，雇员对公司的类似诉讼可以使公司受到政府的审查，特别是有关潜在技术转让、移民和违反证券法方面的审查。

[3] 计划和准备是减轻责任的关键

在美国，反歧视法传递了一个信息——禁止歧视。为了方便分析和提出建议，我们假设公司在以上假想案例中并未歧视。相反，策划和管理上的失误可能导致公司被认为有歧视，并且公司可能会为此付出高昂的代价。

Widget 公司本应该怎样做呢？首先，在裁员为公司带来长期利益之前，提前数月甚至数年，Widget 公司便应进行策划准备，向公司的人力资源职能部门投入充足的资源。一个强大的人力资源团队，一个有能力面对一线经理们的人力资源团队，对于一个公司来讲是至关重要的，特别是对于一家即将开始重大重组的公司来讲。必须通过培训让这些人力资源团队成员了解雇用法的基本内容，并且应该让他们明白他们拥有公司层面对他们的支持。必须通过培训让一线高级管理人员明白做出一个有关雇用的决定必须慎之又慎，并且必须与人力资源部门协调一致。上述决定不能“凭空”做出，而必须经过妥善的审查。

在上述假想案例中，人力资源经理应该考虑到裁员给公司雇员造成的潜在的、累积的影响。人力资源经理也应该考虑到裁员对公司的年长女性雇员造成的负面冲击。人力资源经理应该对每一位经理做出其决定的合理性进行审查。如果发现高管人员之间所采取的方针不一致，人力资源经理应该告知每一位高管人员：(a) 各个部门的决策程序必须一致；以及 (b) 当绩效成为做出裁员决定的决定性因素时，只有书面的绩效评分记录和考评才能成为做出决定的依据。至少，没有书面记录的绩效评价必须与书面的理由保持一致。

人力资源经理应该通过审查雇员档案来发现发生潜在诉讼的可能性。他应该看到爱丽丝有一个潜在的举报者投诉可能，以及莎丽作为预备役军人可以被归类为受保护群体。定期重新评估薪酬级别应该可以帮助减少发生薪酬歧视诉讼的可能性。在上述假想案例中，如果定期重新评估薪酬级别，那么至少应该能够发现两个女性雇员的薪酬低于同等级别的男性雇员。

公司在调查爱丽丝提出的有关财务上的可疑现象的投诉时，本应该听从独立审计师而不是爱丽丝的直接上司的意见。这类投诉必须非常认真地加以处理，不应被回避或轻率处理掉，必须考量在这个问题上可能的真相。一起投诉尽管看似没有凭据，却不能被预先认定为没有凭据，处理该投诉的方式不应给人一种印象，即该投诉已经被预先断定为没有凭据。无论谁负责调查该投诉，他都不应该是投诉人的直接上司，也不应该是有权惩罚投诉人的任何人。爱丽丝的投诉没有凭据这个事实，不应该与爱丽丝的解雇有任何关联，也不应该让法庭有可能推论说其中有某种关联。

可见，老谚语“匆匆决定，时时悔恨”，以及“点滴预防胜过灵丹妙药”特别适用于雇用法问题。

[D] 其他雇用法问题

在具体收购交易中还可能涉及许多其他的雇用法问题。

[1] 共同和单独雇主

具有分离的、独立存在的母公司和子公司的目的之一，就是为了把法律责任和诉讼中的证据调查限定在子公司范围内。上述假想案例对收购实体提出了警示：两名雇员并不仅仅起诉他们的直接雇主，而是同时起诉了收购公司。尽管合并母子公司的一部分运营可能会更有经济效率，但是也带来了风险，特别是如果母公司卷入到子公司关于劳动和雇用问题的决策程序中。母公司与子公司的区分越不清晰，母公司卷入诉讼的可能性就越大。由于州和联邦法院广泛的证据调查范围，如果收购公司合并劳动和雇用职能，可能会使自己暴露在风险中。

[2] 独立承包人

当独立承包人被聘用时，雇用关系是否存在有时候并不清晰。当承包人被归类为雇员时，无论对于公司还是承包人，在税收待遇和福利方面都会有所不同。

归类并不仅仅取决于双方如何称呼他们之间的关系，而是取决于公司对个人提供服务情况控制程度的具体事实和情形。个人拥有越多的自主权，越容易被认为是独立承包人。上述应予考虑的具体事实和情形还包括以下因素：(1) 个人因提供服务而产生的花费是否由公司补偿；(2) 必要的工具和材料供给是由个人还是由公司负责提供；(3) 个体和公司之间书面合同的形式；以及 (4) 个人为公司提供的服务是否是公司业务的关键。不能通过上述因素中的单独一个因素确定个人是雇员还是独立承包人。

如果个人被归类为独立承包人，个人必须完成美国国家税务局（“美国国税局”）W-9 表（要求纳税人身份号码和证书）。美国国税局要求公司在其档案中将 W-9 表保留 4 年以备今后查明任何有关归类的问题。

支付报酬给提供服务的独立承包人时，公司没有代扣代缴所得税的义务，除非该个人是非居民外国人。当一个公司因非雇员为公司提供服务而在年度内支付 600 美元以上的报酬时，公司必须在做出支付的次年 1 月 31 日前完成并提供给该独立承包人美国国税局 1099-MISC 表（其他收入），并在 2 月 28 日以前（如果使用网上申报，则在 3 月 31 日以前）向美国国税局提供一份副本。对非居民外国人的付款则需要用美国国税局 1042-S 表（《外国人源于美国收入需代扣代缴税务表》）来进行申报，并且可能需要代扣代缴一些税收。

当一个人被归类为雇员时，雇主必须从雇员工资中代扣代缴联邦所得税，联邦所得税的数额取决于雇员在 IRS 表格 W-4 表（《代扣代缴雇员所得证书》）中所报的代扣代缴所得数额。雇主应该为每一个雇员归档一份 W-4 表格。

除了美国联邦所得税，雇主必须从雇员的工资中代雇员扣缴社会保险税和医疗保险税（Medicare）：社会保险税率为每一个雇员全部工资的 6.2%，但是不超过 106,800 美元（2010 年数据；这个数据每年都会改变），医疗保险税率为 1.45%。另外，雇主自己还需为雇员支付相当于雇员工资 6.2%（每位雇员社会保险税率合计为 12.4%）、总额不超过 106,000 美元的社会保险税，以及另外为雇员支付 1.45%（每位雇员医疗保险税率合计为 2.9%）的医疗保险税。雇主自己还必须缴纳联邦失业税（FUTA），2010 年税率为支付雇员工资（全年以 7,000 美元为限）的 6.2%。

所有与雇用相关的由雇主代扣代缴或者由雇主自己缴付的联邦税收都必须由雇主每个月（或每半个月）通过电子联邦税支付系统支付。雇主必须在支付之后的次年 1 月 31 日之前向每个雇员提供一份美国国税局表格 W-2 表（工资和税单），并且在支付之后的次年 2 月 28 日前把每一个雇员的 W-2 表副本寄到美国社会保障局（U.S. Social Security Administration）（如果使用网上申报，则在 3 月 31 日以前）。各州也有规定相异的与雇用相关的税收。

被错误地归类为独立承包人的个人，他本来可能有权享受更多的雇员福利、更高的工资，以及劳工报酬与失业补偿法律的保护。此外，雇员一般受到联邦和州的反歧视法律更大的保护。结果就是，有关独立承包人的安排大幅降低了公司税，但是同时也降低了如作为雇员其所能享有的福利和保护。

[3] 政府合同和出口管制问题

政府合同承包商比私营机构的雇主承担更多的与雇用相关的义务。《服务合同法》(*Service Contract Act*)[13] 和《戴维斯·培根法案》(*Davis Bacon Act*)[14] 以及其他法律和行政命令对联邦合同承包商在工资、福利、弱势群体保护方面赋予了明确要求。此外，如本书第 18 章所讨论的并在上述假想案例中所强调的，当美国工厂（特别是国防合同承包商工厂）引入外国人时，必须考虑到技术转让和出口管制问题。心怀不满的雇员更可能举报他们察觉到的雇主违反联邦法律对契约要求的行为，而被辞退的雇员更有可能心怀不满。

[4] 移民问题

心怀不满的雇员所引发的困境使得“让雇员高兴”（keep workers happy）这一重要雇用原则显得越发重要。他们可能会指控公司的一切不当行为，包括未遵守移民法。正如本书第 16 章中讨论的那样，雇主必须确定已经取得每一个雇员可以在美国合法工作的证明，否则将受到严重处罚。因此，公司在考虑收购时就应该对目标公司是否遵守美国移民法进行审查。

[5] 联邦法律的修订

还有许多其他联邦法律处在不断修订和解释中，这些法律会影响雇主和雇员的关系。2008 年 1 月至 2009 年 3 月，禁止基于遗传信息进行歧视的新法律被通过[15]，有关残疾歧视和支付同等报酬的既有法律被修订和扩充[16]，有关家庭休假和病假的法规被制定[17]。可以预见，奥巴马政府会制定其他法律法规，并增强对劳动和雇用法律的执行力

---

[13]　41 U.S.C. § 351，et.seq.

[14]　40 U.S.C. § 3141，et.seq.

[15]　《2008 年反基因歧视法》(Genetic Information Nondiscrimination Act of 2008)，Pub.L.No.110−233(2008).

[16]　《美国残疾人法案修正案》(Americans with Disabilities Act Amendments Act)，Pub.L.No.110−325(2008)；《莉莉·列得贝塔同工同酬法案》(Lilly Ledbetter Fair Pay Act)，Pub.L.No.111−2 (2009).

[17]　参见 73 Fed. Reg. 67933（2008 年 11 月 17 日）（修改 29 C.F.R. Part 825）。

度，包括有关举报人的法律法规[18]。雇主必须注意雇用法的变化，以避免由于不知道法律的存在而引起的违法行为。

［6］州法律

各个州的普通法不同，使得雇员能够对诽谤、过失雇用和聘用、虚假陈述、信赖损失和违反合同提起诉讼。因此，雇主在管理雇员或者解雇雇员的时候必须特别小心。

［7］离职协议

近年来，有关离职协议（separation agreement）的范围和有效性的诉讼日益增加。具体来讲，原告们提出了以下问题：协议中的免责（release）条款在联邦或州法律下是否有效，协议是否构成报复，以及是否提供了歧视性福利。当存在数名雇员而其中至少有一名雇员的年龄超过 40 岁时，尤其容易发生问题，因为此时联邦法律《反就业年龄歧视法》[19] 要求离职免责协议包含某些特别条款。在此情况下，必须留给雇员充分的时间让其有机会考虑或者撤销离职协议，并且必须向受影响的雇员提供额外的信息。而且，州法律可能不允许放弃某些权利，或者要求协议包含某些特定条款。在经济不景气的情况下，公司应该特别仔细地起草协议，以确保协议确实解决了与离职雇员关系中的问题，并且确保协议本身不会引起诉讼。

［8］公司控制权的变动影响雇员和知识产权

公司的控制权变化会影响劳资关系，也可能影响知识产权的所有权。有些雇员可能有权在新的公司掌控工厂时享有某些受益权，特别是当新的工厂所有人试图改变福利和其他雇用条件的时候。高级雇员可能享有与雇主终止雇用关系并且获得离职补偿金的合同权利。收购方应该审查核心雇员的合同状态，特别是为了避免其不想看到的雇员离职发生。

雇员可能主张知识产权的所有权，特别是在其离职的时候。有关知识产权的尽职调查的核心问题之一是确保公司必须对知识产权拥有无争议的所有权。如果雇员对目标公司的知识产权拥有合理主张，或者不受保密条款或者不竞争条款的约束，那么收购方必须调整收购价格，并且采取适当措施为公司保存并保护知识产权。请见本书第 10 章。

---

[18] 参见下文 § 12.05[E][1][d].

[19] 29 U.S.C. § 621，et. seq.

§9.03　有关劳动法的考虑

美国的工会不像许多其他国家的工会那样强势。但是，工会经常出现，并且在企业交易中很重要的一个问题是考虑工会的作用。工会是否存在，以及工会和雇主之间集体谈判协议的条款和条件，是尽职调查的重要组成部分。

[A] 概述

70多年来，美国劳工法屡经调整，以平衡以下二者之间的关系，即雇员有组织地、集体地处理他们与雇主关系的权利，以及雇主经营公司并且资本自由流通不受不合理限制的权利。欲保留卖方足够数量雇员的收购方必须与代表卖方雇员的工会进行集体谈判。在某些情况下，例如股权收购，收购方必须遵守并承继卖方以前与工会谈判达成的集体谈判协议。

劳动关系随着立法的变化而变化。工会可能因为立法的变化而出现（例如以下将讨论的情况），即便工会在合并或收购谈判开始时尚未设立。

[B] 美国工会

在美国，工会的作用和重要性曾经急剧下降，但现在又有所增强。1950年，美国有近1/3的雇员都加入了工会。但是到了2008年，只有12.4%的雇员加入了工会。在私营部门，参加工会的雇员只占7.6%，达到了1901年以来的最低百分比[20]。

工会会员的急剧缩减反映了美国经济性质的改变。许多传统上有工会组织的制造业工作已被淘汰或者被外包到国外，而传统上无工会组织的服务业工作大幅度增加。雇佣法律在调整雇用关系各个方面的不断扩展已经将工会在保护雇员工作安全方面的角色减少了许多。与1901年相比，今天的雇主不需要第三方介入也能认识到公平对待员工的好处。工会会员数量下降导致了工会运动领导方式的重要变化。2005年，很多主要的工会脱离了有历史意义的劳工保护伞——美国劳工联合会（AFL-CIO）。分离出去的工会集团名为“变则赢”（Change to Win）的工会集团，包括众多知名工会，

[20]　劳动数据办公室估计36.8%的政府雇员是工会成员。

如服务业雇员国际工会、国际卡车司机兄弟会、北美劳工国际联盟、“团结在这里”(UNITE HERE)、美国农场工人联盟，以及食品和商业工人联盟国际工会。新的工会联盟强调获取新工会会员的重要性。根据美国劳动部2007年的统计，包括参加工会的政府雇员在内的工会成员数量增加了31.1万人，是1983年以来最大的增幅。2008年，仅私营部门参加工会的工人人数就增加了大约15万人。可见，工会仍然是雇用关系中的一支重要力量，并且其力量在增强。20世纪30年代的经济大危机催生了劳动保护，自2008年开始的与当时有可比性的经济状况也可能使历史重现。

[C] 工会在工作场所的作用

工会是在包括工资、工作时间以及其他雇用条件等雇用问题中代表雇员利益的组织。工会与雇主之间的关系，特别是劳动者与管理层之间的关系，一般主要受联邦法律《全国劳动关系法案》(NLRA)[21]的管辖。《全国劳动关系法案》由国会于1935年制定并经多次修改，该法案保证雇员有权组建、加入或协助工会，并有权选择他们自己的代表与雇主进行集体谈判。《全国劳动关系法案》也保证雇员拥有不参与工会活动以及集体谈判的权利。

《全国劳动关系法案》规定，如果雇主或工会干涉该法案所保护的雇员权利，则构成“不公平的劳资行为”。违反《全国劳动关系法案》的救济和惩罚措施都是民事的，而不是刑事的。国会委托作为联邦政府行政机构的全国劳资关系委员会(NLRB)负责决定是否构成不公平的劳资行为[22]。

根据现行法律，为了确保雇员可以自由选择自己的代表，全国劳资关系委员会创立了一个雇员可以通过无记名投票行使选举权的详细程序。全国劳资关系委员会管理并且运作选举，确保工会和雇主选举行为的合法性，并且由其决定寻求工会代表的雇员们是否在工资、工作时间和其他雇用条件方面有足够的共同利益，并决定他们是否适合作为一个单位进行选举。一般来说，如果多数雇员投票选择一个工会作为他们的代表，那么雇主必须与该工会见面并谈判；雇主不能绕过该工会而直接与雇员们谈判。

《全国劳动关系法案》明确要求工会和雇主善意地[23]就所谓“必须谈判的主题”即工资、工作时间以及其他雇用条件方面，进行谈判。如果工会或雇主任何一方要求在

---

[21] 29 U.S.C. § 151, et. seq.

[22] 29 U.S.C. § 160.

[23] 29 U.S.C. § 158(d).

集体谈判协议中包含上述“必须谈判的主题”，另一方必须至少对此进行讨论。但是，一方没有义务必须同意另一方就“必须谈判的主题”提出的要求。

雇主和工会都可能在集体谈判中坚持自己的观点，直到他们陷入僵持或“僵局”。美国最高法院已经明确表示，一旦陷入僵局，雇主可以单方面实施其最后提出的最好的和最终的条件。工会或雇主均可“利用其所掌握的经济武器（例如罢工或者停工），以确保各自的目标”[24]。

工资、工作时间以及其他雇用条件之外的事项是“可允许的”谈判主题。双方可以自由地提出和谈判“可允许的”主题，除非该主题是违法的。“可允许的”主题不一定必须在谈判桌上讨论，并且一方不得强迫对方将谈判“可允许的”主题作为签署集体谈判协议的条件。而且，虽然雇主可能不会在“可允许的”主题上坚持己见而使谈判陷入僵局，但在陷入僵局的情况下，雇主单方面就“可允许的”主题采取行动并不违反雇主根据《全国劳动关系法案》所应承担的谈判义务。例如，雇主不得坚持让某些雇员必须进入工会谈判团队。这是一个工会内部问题，是“可允许的”的谈判主题。同样，工会和雇主都不得要求对集体谈判进行录音或者笔录。这也是一个“可允许的”的主题。

在笔者作为律师参与的一次谈判中，一个工会，由于不满谈判的速度，极力主张双方不能达成一致的所有问题都应当被提交一名第三方仲裁员解决。根据现行法律，这种对“利益仲裁”的坚持是一个“被允许的”讨价还价的内容。最后，工会没能就利益仲裁的僵局坚持到最后，最终撤回了自己的要求。雇主和工会随后达成了协议[25]。

工会的存在会限制雇主直接对付雇员的能力。工会可以制约雇主采取行动或改变雇用条件的自由。对罢工或怠工的担心在集体谈判过程中可能始终存在。雇员之间的摩擦和工作场所的分裂可能随之而来。商品和服务的成本经常增加，公司并购交易可能会变得更加复杂。

[D] 公司交易——收购方必须知道的劳动关系原则

本节讨论适用于股权收购和资产收购的不同的劳动法原则，并且提供相关实务

[24] 参见第一维修公司诉全国劳资关系委员会案（First Nat'l Maintenance Corp. v. NLRB），452 U.S. 666, 675（1981）。

[25] 如本章中进一步讨论的，参与第一次集体谈判协议的雇主和雇员如果在雇员选举代表他们的工会之后120日内未能达成协议，则应该提交利益仲裁。

建议。

[1] 股权收购

从本质上说，股权收购是指“法人继续存在，但是由新的股东所有”[26]。因此，作为一般劳动法原则，通过股权收购而取得卖方公司控制权的收购方仍然受集体谈判协议或卖方已签署的协议的约束。

这一原则意味着股权转让不会产生不同的企业。卖方的公司仍然存在，只是股权换手了。因此，如同卖方的公司继续存在，集体谈判协议项下的义务在股权转让后也继续存在。例如，一家医院如果收购了另一家医院的股权，必须继续遵守出售股权的医院所签署的集体谈判协议。在该股权交易中，集体谈判协议与其他债务和义务一样被收购。收购方医院可能已经订立了自己的集体谈判协议条款，比如，协议规定医院在晚上 8 点以后不再开放雇员餐厅。而被收购医院的集体谈判协议承诺餐厅开放到晚上的 11 点。两个医院的集体谈判协议都将保持不变，即收购方的餐厅开放到晚上 8 点钟，而被收购方的餐厅开放到晚上 11 点钟。

[2] 资产收购

不同于股权收购保留了公司及公司的义务，如果一个雇主收购另一个独立的雇主的所有资产，该雇主一般收购的是他认为合适的业务经营权，而并没有收购卖方劳动关系的义务。但是在某些情况下，收购方可能会被要求认可并与代表卖方雇员的工会谈判，甚至受卖方集体谈判协议的约束，即收购方成为卖方的法律上的“承继人”[27]。在下列情况下，收购方可以成为卖方的“承继人”：(i) 收购方雇员过半数（majority）都是卖方以前的雇员，并构成收购方谈判单元的“实质性的和有代表性的编制”的；以及 (ii) 两个公司的相似性证明了“企业之间实质上的延续”[28]。例如，一个报纸出版商收购了另一个报纸出版商的资产，并继续在同一地点，用同样的机器、设备和生产方法出版报纸。收购方雇用了卖方大多数雇员和主管。这种情况就构成了“企业之间实质上的延续”，并且收购方出版商成为卖方的劳动法上的承继人。

---

[26] 参见，例如，TKB Int'l Corp.，240 NLRB 1082，1083 n.4（1979）.

[27] “承继人”的劳动定义不同于其他情况下的继承人的定义。参见下文 §17.07 有关海关法的介绍；一般性的规定见上文 §5.02 有关集体谈判协议的介绍。

[28] 见秋河染整公司诉全国劳资关系委员会案（Fall River Dyeing Corp. v. NLRB），482U.S.27，41（1987）；霍华德—约翰逊公司诉底特律地方合资执行局案（Howard Johnson Co. v. Detroit Local Joint Executive Board），417U.S.249，263（1974）；全国劳资关系委员会诉伯恩斯国际侦探公司案（NLBR v. Burns Int'l Detective Agency, Inc.），406 U.S. 272，278–79（1972）。

[a] 过半数的要求

承继人雇用了前雇主过半数雇员这一要求，被解释为是指收购方雇员中过半数雇员是卖方以前的雇员，而不是指收购方雇用了卖方过半数雇员。因此，即使收购方仅仅雇用了卖方谈判单位的雇员的一小部分，只要收购方过半数雇员是前卖方雇员，那么就不会影响收购方承继人地位的构成。

收购方在雇用雇员时，不能为了避免承认工会的义务，而在雇用中歧视卖方雇员，尽管收购方并没有雇用卖方雇员的义务。如果收购方企图非法通过歧视性的雇用行为来避免与工会谈判的义务，收购方将可能失去制定收购方起始雇用条件的权利，对此我们将在下面予以讨论。在这些情况下，收购方可能被要求遵守卖方的集体谈判协议条款和条件，直至达成新的协议或者双方陷入僵局。

[b]“实质性的和有代表性的编制”的要求

如果收购方雇用了过半数卖方雇员，则集体谈判义务产生。如果雇用了全部雇员，收购方的雇员数量增加，此时过半数标准适用的时间点是非常重要的。法庭和美国全国劳资关系委员会认为应该在构成收购方最终雇员成分的“实质性的和有代表性的编制”（substantial and representative complement）的那一天计算收购方的雇员数量。

考察收购方是否雇用了“实质性的和有代表性的编制”应该考虑以下因素[29]：

1. 公司经营所需的岗位种类是否已经完整或基本完整；
2. 公司生产是否正常或基本正常；
3. 雇员编制的规模；
4. 预计需要多久才会发生编制扩充；以及
5. 收购方预期扩张的相对确定性。

[c]“经营延续性”的要求

“经营延续性”（continuity of operations）对决定收购方是否是劳动法项下的承继人非常重要。美国最高法院指出在做出决定时要考虑下列因素：

1. 两个雇主的业务是否实质相同；
2. 新公司雇员是否在相同的工作条件下、在相同主管的领导下从事相同的工作；以及

---

[29] 秋河染整公司（Fall River Dyeing Corp.），482 U.S.27，50–51.

3. 新公司是否有相同的生产过程，生产相同的产品，并且拥有基本相同的客户[30]。

这些因素应该从雇员的角度来分析，并且任何单独一项因素都不是决定性的。例如，营销和销售策略的改变，或者商号的改变，并不会被过多地考虑，因为这些变化对雇员日常工作影响甚微。

[d] 承继人设定初始雇用条款和条件的权利

尽管作为承继人的雇主具有一般的谈判义务，但是被当成承继人的收购方通常有权单方给雇员设定雇用条款和条件。在以下两种情况下，承继人会被要求在决定就业的条款和条件之前与工会进行谈判：(i) 承继者自愿地并且明确地表示承担卖方的合同义务；以及 (ii) 在承继人雇主先与雇员的谈判代表进行磋商是较为适当的情况下，承继人雇主"非常清晰地表示 [其] 计划保留该工会的所有雇员……。"[31] 美国全国劳资关系委员会将"非常清晰地表示"之例外情形限定为两种情况："(i) 新雇主通过明示或者暗示误导雇员，使雇员相信新雇主将保留所有雇员而不改变他们的工资、工作时间或者就业条件；或者 (ii) 起码新雇主在对以前雇员发出就业邀请之前，未能清晰地表示其将建立一套新的就业条件。"[32] 例如，如果雇主表示他要"继续保有所有雇员的工作，并且所有雇员将如以往一样工作"，该雇主以后就不能在未经与工会谈判的情况下，再单方面地决定改变雇员的工资或就业条件[33]。但是，如果承继人雇主提供给前任雇主雇员的仅是暂时的就业机会，并且承继人雇主已经通知雇员该承继人提供给他们的雇用条件将与前任雇主所提供的不同，那么承继人雇主就有权规定就业的初始条款和条件[34]。

[e]"承继人和受让人"条款

卖家的集体谈判协议可能包含所谓的"承继人和受让人"的条款。在大多数情况下，工会针对资产收购者强制执行合同约定的"承继人和受让人"条款将有困难。美国最高法院表示在资产销售中，卖方的继续存在给雇员提供了"强制执行合同义务的

[30] 参见秋河染整公司（Fall River Dyeing Corp.），482 U.S. 27，43.

[31] 全国劳资关系委员会诉伯恩斯国际侦探公司案（NLRB v. Burns Int'l Detective Agency，Inc.），406 U.S. 272，291（1972）.

[32] 斯普鲁斯阿普公司（Spruce Up Corp.），209 全国劳资关系委员会（NLRB）184，185（1974）.

[33] 参见斯皮策—阿克伦公司诉美国全国劳资关系委员会案（Spitzer Akron，Inc. v. NLRB），540 F.2d 841，843（6th Cir. 1976）.

[34] 一般性地参见，S&F 市场圣医疗中心诉全国劳资关系委员会案（S&F Market St. Healthcare LLC v. NLBR），2009 U.S. App. LEXIS 14071（D.C. Cir.，2009 年 6 月 30 日）.

一个现实的救济途径”[35]。

“承继人和受让人”条款可以简单地表述为“双方同意本协议应该对双方以及双方各自的承继人和受让人具有约束力”。“承继人和受让人”条款也可以很复杂，如下：

转让公司所有权或利益

本协议项下雇主的义务，应该对其承继人、管理者、执行者和受让人具有约束力。雇主同意本协议项下的义务应该被包括在将公司出售、转移或转让的协议中。如果公司全部积极的或消极的运营或者仅仅权利，通过收购、转移、租赁、转让、接管或破产程序，而被出售、出租、转让或接管，那么该业务或者权利的使用在本协议的有效期内，应该继续受本协议条款和条件的约束。本条款所指的交易包括股权出售或换股、合并、集中、分立或其他的公司转让方式。

通过本条款应该了解到，签订协议的雇主不应该为了规避协议的责任而向第三方出售、出租或者转移其业务或权利。如果雇主没有按照上述观点，要求收购方、受让人或承租人承担本协议项下的义务，那么雇主（包括雇主的合伙人）将因其失误而对工会和雇员遭受的损失承担赔偿责任，直到该协议到期；但是，在收购方、受让人或承租人同意承担本协议项下义务之后，雇主无需对工会和雇员承担赔偿责任……

雇主应该将本协议的存在通知任何参与出售、合并、集中、收购、转移、分立、出租或者其他交易的收购方、承让人、承租人、受让人或其他实体，通过上述出售、合并、集中、收购、转移、分立、出租或者其他交易方式，本协议所涉及的公司或公司的一部分或权利将被转让。当卖方、出让人或出租人将并购交易的谈判向公众披露，或者卖方、出让人或出租人执行合同或合同涉及的交易时，两种情况无论那个先出现，上述通知都应该采取书面的方式，并且抄送给工会。此外，应该告知工会交易的确切性质，但是不包括财务细节。

如果采用简单的和一般的“承继人和受让人”条款，法院和仲裁员通常不会赋予该条款特殊的法律意义。在缺乏具体细节的情况下，简单的“承继人和受让人”条款由于太模糊而不能规定谈判或合同义务。在更详细和具体的“承继人和受让人”条款中，卖方承诺去要求收购方保证收购方受现有集体谈判协议的约束，并且，该条款规

[35]　霍华德—约翰逊公司（Howard Johnson Co.），417 U.S. 249，257.

定了在本协议事实上不被承继的情况下将要发生的损害赔偿。在后者情况下，如果卖方、收购方和工会未能就收购方同意遵守集体谈判协议中的雇用条条款和条件（或者至少令工会可以接受的雇用条款和条件）达成一致，则法院可能不允许完成交割。

[f] 卖方不公平的劳资行为

如果收购方在收购卖方业务之前已获知卖方存在不公平的劳资行为，那么收购方可能被要求对卖方的上述行为承担责任或提供救济。即使收购方自己从未从事过任何违法行为，收购方也可能会承担上述责任。收购方承继卖方的上述责任就如同收购方承继交易中的其他责任一样。

[g] 假想案例研究——JIC 应对 CAE 的集体谈判协议

参见本书 §2.02 提到的假想案例，日本投资公司（JIC）已确定将从事飞机发动机业务的美国航空风力公司的美国公司（USAW）作为收购目标公司，美国航空风力公司的美国公司通过其全资子公司——加利福尼亚航空发动机公司（CAE）运营。加利福尼亚航空发动机公司的洛杉矶工厂拥有 400 名雇员，他们全部遵守一个集体谈判协议。

如果 JIC 收购 CAE 的飞机发动机业务，它很可能需要处理与代表 CAE 雇员的工会之间的关系。尽管作为 USAW 全资子公司的 CAE 是完全独立于 USAW 的公司实体，但是如果 JIC 要收购 USAW 的话，它并不一定能够免于承担由 CAE 与工会的集体协议关系产生的劳动法上的义务。在股权收购中，集体谈判协议将跟交易完成之前一样，继续有效。即使在资产收购中，也很难通过经营 CAE 飞机发动机制造工厂的某种形式来避免适用本章前面所讨论的《全国劳动关系法案》（NLRA）所规定的“继任者”原则。由于该工厂的所有雇员都加入了集体谈判协议，继续经营 CAE 工厂——特别是在加州这样一个优先考虑雇员利益的州——可能意味着在收购完成之后，有至少一半的工厂雇员将会是前 CAE 员工。

JIC 也在考虑对布法罗刀片有限公司（BBI）的玻璃纤维刀片业务进行资产收购。BBI 在纽约布法罗有 150 名雇员，他们均没有加入集体谈判协议。于是，JIC 考虑是否可以通过合并 CAE 和 BBI，来避免应对由 CAE 工会关系产生的复杂问题。但是，由于两家公司的位置相距甚远（相隔 2500 英里），且它们的业务性质也截然不同，合并两家公司员工的做法是不可行的。此外，如果 BBI 的雇员取代了 CAE 的雇员，公司让 BBI 玻璃纤维业的员工从事 CAE 的飞机发动机业务，这样很可能会引起法律争议。CAE 的工会可能会提出，它所代表的，曾在 CAE 从事过飞机发动机业务的雇员因为加入了工会组织而没被公司雇用，这种情况是违反《全国劳动关系法案》（NLRA）

的。

如下面将要讨论的，JIC 的尽职调查必须包括对 CAE 集体谈判协议条款和条件的审查，以确保其劳动力成本和工作规则没有过于严格，也不会对交易造成实质性障碍。如果 JIC 有意重新谈判集体谈判协议的条款，其应该考虑协议的重大修改对 CAE 雇员的士气和工作效率可能产生的影响，并且考虑协议的修改是否会引发雇员的不满行动，包括罢工或其他停工行为。

[h] 假想案例研究——在工会工作场所其他潜在责任

在本书 §9.02 [C] [1] 中，我们描述了一个由 Parent 公司收购 Widget 公司的假想交易。试想一下，Widget 制造商的国际兄弟会（IBWM）这个工会代表了公司里从事产品制造的雇员。

就在 Parent 公司收购 Widget 公司的 3 个月前，Widget 制造商国际兄弟会和 Widget 公司签署了为期 5 年的集体谈判协议（CBA）。除了其他条款之外，集体谈判协议包含了这样一个条款，即任何 Widget 有关裁员的提议，都要与工会进行谈判。集体谈判协议还包含一个标准的“承继人和受让人”条款，要求 Widget 公司确保任何收购方将继续遵守现有集体谈判协议条款的要求。

Parent 公司在收购 Widget 公司之后，决定做出一些改变。Parent 公司认识到，如果由 Parent 公司在中国的子公司制造部件的话，可以更节约成本，因此，Parent 公司计划裁掉位于美国的整个制造部门，以实现经济效益。由于它完全除去了整个制造部门，Parent 公司认为自己不再受 Widget 公司与 Widget 制造商国际兄弟会的集体谈判协议的约束，并停止与 Widget 制造商国际兄弟会进行一切沟通。

Parent 公司也想在美国国内保留一部分规模小很多的制造业务，并决定重新雇用 20% 以前从事产品制造的员工。为了决定重新雇用哪些雇员，Parent 公司让副总裁与每位被解雇的职工进行离职面谈。面谈的其中一个问题涉及雇员对代表他们的 Widget 制造商国际兄弟会有效性的看法；另一个问题是：雇员认为工会究竟有没有存在的必要。Parent 公司选择重新雇用的员工碰巧都表达了对 Widget 制造商国际兄弟会负面的看法，并表示，他们并不认为由工会来保护工人的权利是有必要的。他们说过，他们相信 Parent 公司会充分且公平地照顾到他们的利益。

裁员、离职面谈和所提的问题这些想法本身都是好的，但是它们执行起来，就会变得非常糟糕。收购方在与已经形成工会组织的职工打交道时，必须要格外小心。除了潜在的雇用法律问题，收购方必须处理好与工会的关系，并且应对可能来自全国劳资关系委员会对不当劳资行为的指控。

尽管在假想案例中，Widget 与 Widget 制造商国际兄弟会之间的集体谈判协议含有“承继人和受让人”条款，但这并不意味着 Parent 公司当然受该集体谈判协议的约束（尽管工会将可能这样进行争辩）。但是，该协议确实意味着 Parent 公司要十分谨慎。因为 Parent 公司不是原集体谈判协议的当事人，它不应该受“承继人和受让人”条款的约束。但是 Widget 制造商国际兄弟仍可以凭借该协议的规定，以 Widget 未履行要求收购方采用现有集体谈判协议的承诺为由，向其索赔。

除了《劳动者调整与再培训通知法案》（在本章前面部分讨论过）所规定的潜在责任之外，Parent 公司还可能面临不当劳资行为的指控，因为它裁掉了美国的整个制造部门，然后只重新雇用那些最不可能要求推进工会恢复的雇员。根据工会的基本精神，Parent 公司的招聘做法很可能会被认为是对 Widget 制造商国际兄弟会的歧视。因此，虽然“承继人和受让人”条款本身并不约束 Parent 公司，但是 Parent 公司很可能会被认定为承继者。如果 Parent 公司被视为承继者，它将有义务继续与工会进行谈判，并可能会在谋求改变基本条款和工会工人的就业条件时遇到重大障碍。

[3] 现实的考虑

在公司收购交易中无论多么强调涉及劳工问题“尽职调查”的重要性都不为过。收购公司必须查明是否存在集体谈判协议、未决的工会代表请愿、其他初期的工会组织的活动，以及任何未决的不当劳资行为的指控。有关劳工和雇员福利的尽职调查清单可见本章附件 9-A。

为了在劳动力过渡过程中防止出现许多劳工和雇佣法律问题，以及人力资源问题，只要合法并切实可行，股权受让者或资产收购者会愿意迎合工会要求，继续雇用被收购方的大部分工会雇员，这样做是有道理的。特别是在目前不确定和不稳定的经济环境下，在交易中尽早与工会接触，可能使工会对关键的问题如失业、工资和福利让步等，接受一个更“现实”、可变性更强和抵触情绪更小的方案，这些问题对短期交易和长期盈利能力都是相当关键的。投入时间、精力和关心与雇员进行交流，将有助于减轻所有权转让时不可避免会出现的不确定性。对职工所关心的问题保持敏感，并致以尊重，这是绝对不会有错的。

[E]《雇员自主选择法》——即将发生的变化

劳资关系法很快就会被修订。被称为《雇员自主选择法》（*Employee Free Choice Act*，EFCA）的立法提案将会修订《全国劳资关系法》，以便使工会更为容易地组织职工，并允许工会使用“卡识别确认”来代替无记名投票进行选举。《雇员自主选择法》还规定首批合同在仲裁120天后仍有约束力，让仲裁员（而不是雇主）为雇用关系建立的头两年确定工资和福利。最后，《雇员自主选择法》会加重对那些雇主因对组织化推动和首批合同谈判的失策行为所施加的处罚。法案的通过仍然不明朗，特别是在经济增长持续放缓的背景之下。在妥协性立法出现的情况下，一种更快捷的全国劳资关系委员会的选举程序将取代“卡识别确认”程序，不具约束力的调解将被要求作为前置性程序或取代强制性仲裁。

§9.04　外国收购美国公司中出现的雇员福利问题

美国公司为其雇员、高级管理人员，有时甚至为董事所提供的福利是国外公司收购美国公司时面临的最昂贵的和无可选择的忧虑之一。

[A] 概述

福利可能包括雇用关系存续期间以及特定情况下雇用关系结束后的养老金、医疗保健、寿险、残疾、奖金或其他补偿金。由于对公司来说，福利计划可能在未来许多年内都是一个强制性的要求，因此，对雇员福利计划进行全面的尽职调查是完成或建构交易的必不可少的先决条件。

本节介绍：(i）美国公司雇员福利计划的种类；(ii）可预见并作为影响收购价格因素的潜在雇员福利责任；以及（iii）收购方继续为新收购公司雇员提供福利的各种可选择的方式。

[B] 雇员福利计划种类

本节讨论美国公司通常会向其雇员提供的雇员福利计划的主要类别，合格的养老金计划、福利计划和高管补偿计划。

[1] 合格的养老金计划

在美国有两种合格的养老金计划类型——固定收益计划和固定缴款计划。“合格的养老金计划”(a qualified pension plan）是指满足《美国税法典》(下称“税法典”)

的技术性法律要求，并且享有税收优惠的计划——例如，计划所涉及的资产不纳税，公司可以抵扣为雇员计划缴纳的款项，以及为了雇员利益的计划缴纳的款项在雇员收到福利之前不作为雇员的应税收入。

[a] 固定收益计划

固定收益计划（defined benefit plan）特别规定一个确定雇员养老金福利的公式，该公式以服务年限、年龄和薪水等多项因素为基础计算，并采取年金的形式（即在退休雇员及其配偶生前按月支付）。固定收益计划采用由精算师确定的组群基础，基于对长期利率、死亡率、营业额、退休年龄等因素的精算假设。雇主有责任足额支付其所承诺的所有福利。当福利确定时，所缴纳款项的价值可能随着该计划资产的投资效益以及该计划的精算假设情况波动，并且可能产生大量资金负债（或者在行情好的时候产生盈余）。为了获取固定收益计划中的盈余，该计划必须被终止，并且需支付高额税费。

“现金余额”计划（cash balance）或其他“混合”计划是固定收益计划的独特类型，退休时的福利通常基于参与者每年计入账户的余额（通常是收入的一个固定百分比）和一个指定的利率（固定或浮动，与某一个指数例如一年期国库券指数挂钩）。该计划的投资价值的增减不会影响承诺给参与者的福利总额。与一般的固定收益计划相同，现金余额计划应该在退休时以年金的形式支付，尽管雇员也可以选择一次性支付方式。此外，上述计划可能产生高额的资金负债或盈余；投资风险完全由是雇主承担。

[b] 固定缴款计划

固定缴款计划一般不涉及公司的资金责任，虽然“金钱购买计划”（money purchase plan）的出资人可能对目前或过去几年未缴纳的出资承担责任。投资效益的风险由参与者而不是雇主承担。

固定缴款计划均采用个人账户：每个参与者均有一个个人记账账户，用于记录参与者的计划资产的总收益。计划出资额按照计划的规则被分配给参与者，并且存入其个人账户。

计划项下的资产可以由专业投资经理进行整体投资，也可以允许参与者选择将其账户中的资产直接投资于各种投资选择［通常为共同基金（mutual funds）］。当雇员退休或雇用关系终止时，参与者根据计划所享有的福利完全取决于计入其账户的金额。

雇主必须依法每年缴纳“金钱购买计划”所强制要求的供款。该计划的出资公式是固定的，通常是基于雇员年薪的一个百分比。作为一种替代，一个“利润分享计划”（profit share plan）允许雇主酌情决定一年是否供款以及供款金额。固定缴款计划通常包括401（k）的选择性迟延特征：雇员可以自愿选择要求雇主将其税前工资的一部分作为供款提供给该计划。

“股票奖励计划”是另一种固定缴款计划，其所提供的福利与“利润分享计划”类似，但“股票奖励计划”的福利以雇主的股票形式支付。“员工持股计划”（employee stock ownership plan，ESOP）是最为常见的股票奖励计划。

[c] 多雇主养老金计划

“多雇主养老金计划”（“multiemployer pension” plan）采用集体谈判的方式，并且由两个或两个以上雇主进行供款。“多雇主养老金计划”一般是固定收益计划，尽管其也可能是包括401（k）在内的固定缴款计划。雇主需根据其集体谈判协议（或其他书面协议）的条款，为谈判单位的雇员缴纳特定的款项。多雇主养老金计划由代表供款的雇主和代表雇员的工会双方利益的托管委员会来为雇员的利益运营养老金计划。有义务支付多雇主养老金计划的雇主可能会对拖欠的供款承担责任，此外，在基于任何原因终止供款义务时，雇主承担退出责任。

[2] 福利计划

“福利计划”（“welfare benefit” plan）可向雇员提供医疗福利、人寿保险、残疾、持续支付工资、离职金、抚养费、收养援助、医疗费补偿、补充失业补偿、教育援助和其他福利。许多福利计划通过购买保险的方式获得资金，但一些美国公司可自行承担其有义务负担的全部或部分福利资金。有时公司可以直接从其总资产中支付福利，有时公司可以设立一个免税的信托基金支付。这些信托基金可能发生资金过剩或资金不足的情况，而外国收购方可能会承继上述资金盈余或债务。与确定给付养老金计划不同，免税福利信托基金的盈余资产不会返还给雇主，但可用于向雇员提供其他类型的福利。

如果存在工会代表雇员的情况，集体谈判协议可能要求多雇主对医疗和福利计划供款。与多雇主养老金计划相同，对多雇主医疗和福利计划承担供款责任的雇主可能会对拖欠供款承担责任，但是，不同于多雇主养老金计划，雇主在对医疗和福利计划的供款义务停止后，一般不再承担该计划责任。

美国公司有时会为退休人员提供退休后医疗和/或团体条款的人寿保险福利。一般来说，这种福利并非“既定的”（vested），雇主将来可以随时修订、修改、暂停或终止上述福利计划。但是，一些雇主通常根据集体谈判结果，以合同承诺的方式支付前雇员的“终身”福利。特别是在美国，退休人员的终身医疗福利对于可能承继被收购公司部分或全部福利支付义务的收购方来说可能是一个重大的责任，特别是在美国。对承担上述退休人员医疗计划的美国公司进行收购的收购方，往往担心评估该计划产生的潜在责任的难度，因为许多因素（如寿命、共同发病率、医疗成本上涨以及医疗进步等）会导致该计划的成本难以预测。

其他可能存在高额未支付责任的福利计划包括离职金或变更控制权计划（severance pay or change of control plans），上述计划可能但不一定在美国公司被收购后引起公司对雇员的支付责任。收购中经常出现的一个问题是，收购是否导致向被收购公司所有雇员支付离职金（即使雇员继续在收购方工作），或者是否仅向收购后未被雇用的雇员支付离职金。

［3］高管补偿计划

美国公司有许多不同类型的旨在挽留和奖励公司高管的高管补偿计划（executive compensation plan）。高管补偿计划可能包括补充高管退休计划（supplemental executive retirement programs，SERPs）、自愿工资或红利延期支付计划，以及其他“高级骨干”计划（“top-hat” plans）[36]。由于上述高管补偿计划的出资将被征税，因此大多数高管补偿项目的资金并未到位（即上述计划的资金仅仅由雇主做出一个支付的无担保的承诺），并存在高管补偿被没收的重大风险。尽管上述计划的资金并未到位，一些雇主通过另外的雇主账户或“拉比信托基金”（rabbi trust）[37]来累计金额用于支付上述计划。一些雇主也向高管提供特殊的保险福利，包括额外的人寿和残疾保险以及退休后的医疗和人寿保险。

高管补偿计划可能包括股票计划和其他股权安排，包括激励型股票期权、非限制性股票期权、限制性股票、股票增值权和影子股票计划（phantom stock plans）。通常这些计划需要在控制权变化时提前兑现给付期权、股票权益或股票。

高管补偿计划不一定是“计划”或“方案”，也不一定适用于一人以上。高管雇用合同常常可能明确约定高管补偿计划，包括奖金、改变控制权或非自愿离职时增加付款。这些增加包括提前兑现给付股票期权、立即给付受领权（immediate vesting）

[36] “高级骨干”计划是不符合延期支付计划的，限于特定的高管或者高薪职员的计划。

[37] 在美国，公司可能使用“拉比信托基金”，存储资产用于将来（支付）对高管承诺的补偿，并且当雇主无力清偿或破产时，一般债权人必须可以获得该信托资产。

和延期补偿福利，以及其他“黄金降落伞”（golden parachute）的条款[38]。

［C］在资产收购、股权收购和兼并中的福利责任的承担

本书有关并购的章节阐述了外商投资的各种形式及其含义，参见本书第 2 章、第 3 章和第 5 章。每种收购的形式都对雇员福利计划产生影响，并且也受到雇员福利计划的影响。当收购方以资产收购方式收购一家美国公司时，收购方可能会、也可能不会承担目标公司的负债，包括美国公司的雇员福利计划。当收购方同意聘用美国公司的全部或部分雇员时，它也可以同意（但不是必须要承担）美国公司一定的雇员福利义务或责任。

在股权收购中，收购方根据法律承担美国公司资产和负债，包括雇员福利资产、义务和责任。在兼并中（两家公司合并，只有一家公司继续存在），继续存在的公司通常要承担“不再存在的”公司的资产和负债。

［D］雇员福利计划的潜在责任

本节讨论一个美国公司可能引起的潜在雇员福利责任。

［1］单一雇主固定收益计划的出资责任

当经济增长似乎必然发生的时候，固定收益计划可能出现资金不足或负债的可能性并没有引起太多关注。与市场效益相关的保守型投资似乎保证能够随着时间的推移而增长。但是，全球经济衰退和利率下调改变了上述想当然的看法。

许多 2007 年资金全部到位的固定收益计划现在却出现资金大量不足。市场的不确定性以及《2006 年养老金保护法》（PPA）[39] 中新的资金规定，使得收购方不愿意承担固定收益计划的责任。的确，许多固定收益计划已经冻结（即不允许福利继续增长）或终止。

固定收益计划的出资额必须不少于《美国税法典》和《1974 年雇员退休收入保障

---

[38]　在公司和核心高管签订的协议中，“黄金降落伞”条款约定了在公司的控制权变更或者持有相当比例的公司资产的所有人变更时，核心高管在正常薪金之外获得的额外款项。潜在的收购方在购买公司时可能有义务支付相关的额外费用。

[39]　H.R. 4，Pub. L. No.109−280，120 Stat. 780.

法》(ERISA)所规定的最低资金[40]。如果固定收益计划的出资雇主是“控制集团”的一个成员，则每个集团成员均对出资承担共同连带责任[41]。

由于确定是否满足固定收益计划的最低出资要求所采用的其他方法和规则非常复杂，因此收购方有必要聘请自己的精算师对美国公司固定收益计划的潜在责任进行独立的、专业的评价，以便收购方考虑是否承担美国公司对该计划的责任。收购方一定要从美国公司取得该计划的精算报告及5500s表格，该报告和表格会披露“资金标准账户”。资金标准账户的资金每年应该是零或存在存款余额。

当计划出资人未对计划供款，并且资金标准账户为负值（即资金不足）时，美国国家税务局（美国国税局）不会否认该计划，而是会根据《美国税法典》第4971（a）条对雇主征收资金差额10%的税款[42]。经美国国税局通知后逾期仍未弥补资金不足的，可以额外征收高达累计资金100%的税款[43]。上述出资要求和税款不仅仅是计划出资人的义务：计划出资人所在控制集团的每个成员对上述出资要求和税款承担共同连带责任。

收购方可能需要调查美国公司是否已向美国国税局申请了累计出资不足时的豁免。一个计划出资人如果遇到了暂时的、实质的业务经营困难，可以向美国国税局申请最低出资标准的豁免[44]。该豁免使得计划出资人免于被征收税款，并且被允许在另一个5年期限内分期偿还不足的资金。

当雇主出资差额超过100万美元并且未获得豁免时，美国国税局将会对属于计划出资人（及雇主控制集团的所有财产）的财产或财产权利（不管是不动产还是动产）行使法定留置权，对此，受益人是该计划。上述法定留置权的价值相当于法律所要求

---

[40] Code §§412和§§430，26 U.S.C. §§412和§§430；《1974年雇员退休收入保障法》(ERISA)§§302和303，29 U.S.C. §§1082和1083.

[41] Code §§412(b)(2)、(d)(3)和430(K)(1)，26U.S.C. §§412(b)(2)、(d)(3)和430(K)(1).“控制集团”的定义是用来设定最小出资不足的责任，包括母子公司集团或者兄弟公司集团公司、非公司型贸易或实体和隶属的服务集团的一个实体以及其他相关的雇主。母子公司控制集团是指母公司直接或者间接地持有至少一家子公司80%股份的集团。兄弟公司控制集团存在于这种情况，即同样5个或者低于5个股东（如个人、信托或者资产）拥有2家以上公司的80%及以上股份，并考虑每个股东在每个公司的最低所有比例，相同的股东拥有每个公司不低于50%的股份。隶属的服务集团限于专业服务组织，有共同的所有权，并且由相同的公司（无论是否在共同所有权之下）提供管理服务。“控制集团”可能包括非美国的实体，但是在美国法院就此主张权利很困难，除非满足美国法院确定其管辖的最低联系原则。参见，例如，GCIU Employer Ret.Fund v.Gold Corp.，565 F.3d 1018（7th Cir. May11，2009）；Central States，Southeast & Southwest Areas Pension Found v. Reimer Express World Corp.，230F934（7th Cir. 2000）.

[42] 26 U.S.C. §4971(a).

[43] 参见Code§4971(b)，26 U.S.C. §4971(b).

[44] 参见Code§412(d)，26 U.S.C. §412(d).

的最低出资差额［该法定留置权由根据《1974年雇员退休收入保障法》创建的联邦公司——退休金福利担保公司（PBGC）——负责该留置权的登记生效和执行］[45]。

在收购方承继了一个公司的固定收益计划之时，收购方须依照法律要求（存在有限的少数例外情况）向退休金福利担保公司支付保险费。退休金福利担保公司担保当计划破产或无力持续支付时为固定收益计划的参与者支付有限的福利。

退休金福利担保公司并不从国家总的税收中获得资金。其经费来自固定收益计划的出资雇主所支付的保险费、其从投资中获得的金钱，以及退休金福利担保公司所接管的退休金计划所获得的资金。

［2］通知退休金福利担保公司应报告事件

《1974年雇员退休收入保障法》第4043条[46]要求固定收益计划的管理人（或出资人）向退休金福利担保公司报告某些事件，通常应该在知道应报告事件发生之日起30日内报告（除非通知已经被豁免）。在某些情况下，需要提前通知。报告的事件包括：(i)主动参与者减少；(ii)不能支付所需的最低出资；(iii)不能在到期时支付福利；(iv)分配给实质所有人；(v)出资所有人或控制集团的变化；(vi)出资人或控制集团成员的清算；(vii)特别红利或股票的赎回；(viii)福利责任的转移；(ix)拖欠贷款超过1000万美元；以及(x)计划出资人或控制集团的任何成员破产或类似的处理[47]。

《1974年雇员退休收入保障法》第4062(e)条还规定：当雇主停止在一个工厂的运营，并导致超过20%的雇员终止参与计划时，该计划出资人应通知退休金福利担保公司。该通知必须在以下两者之中最迟发生的一个发生之日起60日内做出：(i)停止运营的日期；或者(ii)因停止运营而终止计划的雇员人数超过20%之日。退休金福利担保公司随后可以要求支付计划出资缺口的部分资金，要求提供资产担保，要求对退休金福利担保公司托管付款，或者要求发布5年期债券。如果计划在上述事件发生之日起5年内终止，托管资金或债券将按照需要被用于计划供款[48]。退休金福利担保公司可以对计划出资人未能遵守法律所规定的通知时限要求的行为进行处罚。

一旦固定收益计划涵盖了一个美国公司的雇员，退休金福利担保公司就可能参与

[45] 参见Code § 430(k), 26 U.S.C. § 430(k)；《1974年雇员退休收入保障法》(ERISA) § 303(K), 29 U.S.C. § 1083(k).

[46] 29 U.S.C. § 1343.

[47] 参见《1974年雇员退休收入保障法》(ERISA) § 4043(c), 29 U.S.C. § 1343(c)；29 C.F.R. § § 4043.20至4043.35（事后通知）；29 C.F.R. § § 4043.61至4043.68（事前通知）。

[48] 《1974年雇员退休收入保障法》(ERISA) § § 4062(e)及4063(b)和(c)，29 U.S.C. § § 1362(e)及1363(b)和(c)；29 C.F.R. § § 4062.8和4062.9。

交易。退休金福利担保公司有一个早期预警方案，该方案“关注可能造成养老金保险计划长期亏损风险增加的交易。审查长期亏损时，退休金福利担保公司一般关注两种类型公司的交易：(a) 财务困难的公司；以及 (b) 基于流动负债其养老金计划资金供应充足的公司”[49]。发生下列事件时，退休金福利担保公司将会联系公司以获得关于特定交易的信息：(i) 该计划出资人有一个低于投资级债券评级并且有超过 2500 万美元责任的养老金计划；或者 (ii) 该计划出资人（不考虑其债券评级）有一个养老金计划，该计划有超过 2500 万美元的流动负债，并有超过 500 多万美元流动负债的资金不足。

公司可以在交易进行前联系退休金福利担保公司，以查明交易是否会引起任何退休金管理机构的关注。如果计划是非自愿性终止的，退休金福利担保公司会认为交易可能造成其损失风险的增加 [50]，那么退休金福利担保公司将寻求通过与计划出资人谈判，为养老保险计划提供一定的“保护”(例如，对养老金的额外出资、信用证、保函、资产利益担保)。如果谈判不成功，退休金福利担保公司可能寻求非自愿性地终止该计划 [51]。

[3] 多雇主养老金计划的出资责任

适用于美国公司雇员的集体谈判协议应说明雇主（在某些情况下收购方）是否必须为了一些或全部雇员，承担为一个或多个多雇主计划缴纳资金的义务。当有义务缴纳多雇主养老金固定收益计划的出资时，收购方需要检查多雇主养老金计划的资金状况。

多雇主固定收益计划同样也受《美国税法典》第 412 条和第 431 条 [52] 所要求的最低出资规则的管辖，这些规则的适用与计划的所有参加者都只有一个雇主的情况相同 [53]。根据现行规定，当多雇主计划遇到经济问题进入重整或破产程序时，出资的雇主可能需要增加计划的出资，同时参与者和受益人的福利将有可能不得不减少 [54]。

如果任何一年的出资未达到该计划的最低出资标准，出资雇主可能被征收出资差

---

[49] 2000-3 技术更新：退休金福利担保公司的早期预警方案（PBGC's Early Warning Program），2000 年 7 月 24 日（2008 年 1 月 4 日更新）。

[50] 《1974 年雇员退休收入保障法》(ERISA) §4042(a)(4)和(c)(1)，29 U.S.C. §§1342(a)(4)和(c)(1).

[51] 参见，例如，PBGC v. Fel Corp.，798 F. Supp 239 (D.N.J. 1992).

[52] 26 U.S.C. §§412 和 413.

[53] Code §413(b)(5)，26 U.S.C. §413(b)(5).

[54] 《1974 年雇员退休收入保障法》(ERISA) §§4244A 和 4245(a)和(c)，29 U.S.C. §§1425 和 1426(a)和(c).

额部分的 5% 的税款。如果资金不足未得到纠正，美国国税局可以对未补足的出资差额征收 100% 的税[55]。根据法律规定，计划出资的雇主对税款承担责任，但财政部从未颁布有关如何在出资雇主之间分配税款的规定[56]。如果美国国税局查明出资不足是基于一个合理的原因并且已经采取措施对出资不足进行补救，则美国国税局可免除全部或部分应征收的税款[57]。

《2006 年养老金保护法》(PPA) 于 2006 年大量修改了多雇主计划的出资规则。计划的精算师必须每年向美国国税局和计划出资人证明该计划：(i) 是否在计划年度处在“濒危”或“危急”状态；以及 (2) 如果已经处于濒危或危急状态，是否正在改进计划以满足资金改善计划或恢复计划的要求。“濒危”状态是指计划资金低于出资计划的 80% 或者在 7 年内预计资金不足。“危急计划”是指出资不足 65% 的计划，并且 5 年内预计资金不足或者计划资产不足以支付 7 年福利的计划[58]。

一旦多雇主计划达到一个“濒危”状态，就需要该计划的基金董事会制定一个“资金改善计划”，它将为谈判各方提供改善资金的选择，将通过减少未来的福利利息和 / 或要求雇主额外出资来改善资金[59]。对于处于危急状态的计划，董事会必须采取“恢复计划”，通过一段时间改善资金状况[60]。此外，一旦雇主所出资的多雇主计划被证明处于“危急状态”，雇主有责任依法支付相当于该计划第一年所应缴出资的 5% 附加费，以及相当于以后每个“危急”年度所应缴出资的 10% 附加费，直到雇主达成新的集体谈判协议，该协议所包括的出资条款与恢复计划相一致[61]。

一个审慎的收购方如果承继涉及美国公司雇员的多雇主养老金计划，则其应该获得计划的精算师对该计划的资金状况的证明，并且应该查明该计划是否正在按日程改善以满足资金改善或恢复计划的要求。如果缺乏上述信息，外国收购方可能会在无意间承担大量责任。

[4] 雇主违反多雇主养老金计划出资责任

有效的尽职调查应披露签署了集体谈判协议的并且被要求为雇员出资多雇主计划的美国目标公司目前是否承担了出资义务。在股权出售或兼并中，收购方将被视为“雇

[55] Code § §4971(a)(2) 和(b)(2), 26 U.S.C. § §4971(a)(2)和(b)(2).

[56] Code §413(b)(6), 26 U.S.C. §413(b)(6).

[57] Code §4971(f)(4), 26 U.S.C. §4971(f)(4).

[58] Code §432(b)(1), and(2), 26 U.S.C. §432(b)(1)和(2).

[59] Code §432(c), 26 U.S.C. §432(C).

[60] Code §432(e), 26 U.S.C. §432(e).

[61] Code §432(e)(7), 26 U.S.C. §432(e)(7).

主”，并可能对（目标公司）过去的计划欠款承担责任。

即使在资产收购中，收购方拒绝为新收购的美国雇员承担美国公司根据集体谈判协议所应承担的出资义务，如果美国法院确定以下情况，收购方仍然可能作为《1974年雇员退休收入保障法》所规定的“继任雇主”，对欠缴出资承担共同连带责任：(i) 业务在收购前后有实质的连续性；(ii) 继任雇主在收购前知道前任雇主所承担的责任；以及 (iii) 收购方承担上述责任是维护重要的公共政策所必需的[62]。

为了避免其责任的增加，外国收购方在收购前需确认卖方没有欠缴多雇主计划款项。一旦通过诉讼成功获得多雇主计划的欠款，根据《1974年雇员退休收入保障法》第502条（g）（2）[63]的规定，联邦地区法院应判决支付利息（按照计划欠款的特别规定）、相当于欠款20%的违约赔偿金或估算的利息（如果利息高于违约赔偿金）和合理的律师费和费用，以及其他适当的法律或衡平法救济方式。

[5] 多雇主养老金计划的退出责任

当一个公司完全或部分从多雇主计划退出时，该公司可能被要求承担“退出责任”，“退出责任”是分配给拟退出公司承担计划未出资福利的一个适当份额。收购一家美国公司是否会引起退出责任取决于收购的类型，以及收购方雇主或卖方雇主是否都将继续对计划出资[64]。《2006年养老金保护法》的规则要求多雇主计划在出资雇主请求时，向其提供有关雇主退出责任的信息，协助各方了解交易所引起的退出责任的数额。

通常在股权购买（或兼并）中，需要继续支付多雇主福利计划，因为对计划出资的雇主不被视为发生改变。但是，如果将来收购方全部或部分退出该计划，则收购方会承继美国公司整个供款历史，从而将导致收购方承担高额的退出责任。

在资产收购的情形下，当卖方不再承担多雇主养老金计划出资义务（即完全退出）时，资产收购将引发退出责任。如果收购前卖方出资低于该公司收购前出资的30%，

---

[62] 见莫里阿里蒂诉斯维克案（Moriarity v. Svec I），164 F.3d 323（7th Cir. 1998）；装潢业国际工会养老基金会诉庞蒂亚克艺术家具公司案（Upholsters Int'l Union Pension Fund v. Artistic Furniture of Pontiac），920 F.2d 1323（7th Cir. 1990）；夏威夷木匠信托基金会诉怀拉木匠商店公司案（Hawaii Carpenters Trust Fund v. Waiola Carpenters Shop，Inc.），823 F.2d 289（9th Cir. 1987）；比较申令诉俄亥俄河谷上区中心医疗院案（Schilling v. Intown Healthcare of Upper Ohio Valley，Inc.），2008 U.S. Dist. Lexis 45233（S.D. Ohio，2008）（雇主商业资产的收购方对新收购企业雇员未支付的医疗索赔承担责任）。

[63] 29 U.S.C. §1132(g)(2).

[64] 因为公司不再承担向计划供款的责任（如集体谈判协议的终结）或因为公司终止了被计划覆盖的所有运营，而导致公司永久停止向计划供款时，完全的退出就发生了。部分退出指的是当：(i) 减少70%或以上的公司供款基本单位（即工作小时数）；或者 (ii) 公司供款的责任部分停止。参见 ERISA §4205，29 U.S.C. §1385.

即使卖方继续为其他业务部门的雇员向该计划出资，收购交易仍可能构成部分退出（引发部分退出责任）[65]。

《1974 年雇员退休收入保障法》第 4204 条的例外条款可以避免卖方在资产收购中承担的退出责任[66]。该条款规定：(i) 收购必须是非关联方之间善意的公平交易；(ii) 收购方必须按照与卖方基本上相同的供款基本单位（工作小时数）数量承担向计划供款的责任；(iii) 收购方必须缴付保证金、出具信用函，或由第三方代管相当于一年供款金额的出资（如果计划在重组中，则托管金额增加 1 倍），以防止收购方不再向该计划供款，或在随后 5 年内退出供款；以及（iv）如果新公司拟在未来 5 个计划年内退出，则收购合同必须规定卖方将对未支付的退出责任承担次要责任，该退出责任在卖方不受益于特别规则的情况下本应由卖方承担[67]。《1974 年雇员退休收入保障法》第 4204 条的规定将卖方承担责任从主要责任降为次要责任。在收购方在 5 年内退出并且未支付退出责任款项时，收购方才承担责任。此外，收购方只承继卖方最后 5 年的出资历史[68]。如收购方和卖方不遵守《1974 年雇员退休收入保障法》第 4204 条的规定，收购方将作为一个新雇主出资。如果该计划采用了“免责犹豫期”（free look）规则（如《1974 年雇员退休收入保障法》第 4210 条所允许的）[69]，收购方（作为新雇主）可以在开始的 6 年内退出并且不承担退出责任。

《1974 年雇员退休收入保障法》预计多雇主计划的退出责任可能过于繁重而鼓励了主要目的为逃避和避免退出责任的交易。《1974 年雇员退休收入保障法》第 4212(c) 条规定，当某个商业交易的主要目的是为了避免退出责任时，将不考虑该交易而（直接）评估退出责任并且承担支付义务。如果计划试图以假交易为基础评估退出责任，并且公司不同意该主张，则仲裁员审查事实和情况以决定交易是否以避免退出责任为主要动机之一[70]。

---

[65] ERISA § §4203 and 4205，29 U.S.C. § §1383 and 1385.

[66] 29 U.S.C. §1384.

[67] 在退休金福利担保公司的规则之下，有关于保证金、信用证、提存条件的集体豁免。参见 29 C.F.R. § §4204.11 至 4204.13。美国联邦养老金担保公司也可授予个人豁免。参见 29 C.F.R. § §4204.21 和 4204.22.

[68] 参见 ERISA §4204(b)(1)，29 U.S.C. §1384(b)(1).

[69] 29 U.S.C. §1390. “免责犹豫期”规则是指多雇主计划可能采用的，允许雇主在加入计划后一定期限内退出计划而不用承担退出责任。

[70] 参见 ERISA §4212(c)，29 U.S.C. §1392(c). 参见圣菲太平洋公司诉中央国家养老基金案（Santa Fe Pacific Corp. v. Central States Pension Fund），22 F.3d 725（7th Cir. 1994）；超价商店公司诉宾夕法尼亚州西南部和马里兰州西部卡车司机和雇主养老金基金会受托人董事会案（SuperValue，Inc. v. Board of Trustees of Southwestern Pennsylvania & Western Maryland Area Teamsters & Employers Pension Fund），500 F.3d 334（3d Cir. 2007）[4212（c）条并不仅仅适用于虚假的或欺骗性的交易，而且也适用于当加入的主要原因之一是限制撤销责任的情况]。

退出责任是施加给雇主和控制集团成员的，自退出之日起算[71]。不同的企业不需要通过经济关联性以满足共同控制的标准[72]。即使在公平价格的资产交易中，退出责任义务亦通常不传递给无关联的资产购买方，法院认为（如同拖欠多雇主计划供款），当两家公司的运营存在充分延续性并且收购方知晓以前责任时，继任的雇主可能会被要求承担责任[73]。

一旦卖方或收购方收到退出责任的通知和付款要求，需要立即对该核定的付款额做出反应，在 90 天内请求审查计划出资人的决定和任何其他事项。此外，必须按照通知所规定的时间表，在不迟于提出要求之日起 60 天内支付退出责任的款项，即使存在审查有关责任金额或付款时间表的请求或上诉请求[74]。大多数问题必须首先由仲裁员决定，之后联邦法院可能审查仲裁员的意见。不了解上述规则的各方常常被判决要求其承担退出责任，因为他们没有严格地遵守《1974 年雇员退休收入保障法》和退休金福利担保公司（PBGC）规则所规定的严格程序以质疑评估或责任数额。

[6] 单雇主固定收益计划终止责任

只要该计划保证有足够资产在分配日期承担所有的福利支付责任，计划出资人通常可以在任何时间自由终止养老金计划（除非终止将违反现有的集体谈判协议的条款）[75]。在这种“标准的终止”中，在终止日期前积累的所有福利应全部兑现给付[76]。该计划管理人必须将计划所得的全部福利分配给参与者和受益者，无论是以从保险公司购买的年金的形式，或是按照计划所规定的一次性支付。

当一个计划并没有足够的资产支付所有的福利时，它只有通过计划管理人主动发起“困境终止”（distress termination）或通过退休金福利担保公司发起“非自愿终止”而终止。对于一个“困境终止”，该计划出资人及其控制集团的每个成员必须符合下列条件之一：(i) 处于破产清算或其他破产程序；(ii) 破产法庭查明该计划出资人将不能通过重组偿还其债务，并且不能继续从事（破产法）第 11 章重组程序以外的业

[71] 参见 ERISA §4001(b)(1)，29 U.S.C. §1301(b)(1). 参见西部卡车司机联盟养老信托基金诉艾琳运输公司案（Western Conf. of Teamsters Pension Trust Fund v. Allyn Transp. Co.），832 F.2d 502（9th Cir. 1997）；IUE 养老金基金会诉威廉姆森公司案（IUE Pension Fund v. Barker & Williamson，Inc.），788 F.2d 118（3d Cir. 1986）.

[72] 参见，例如，中部各州、东南和西南地区养老基金诉帝洛（Central States，Southeast & Southwest Areas Pension Fund v. Ditrllo），974 F.2d 887（7th Cir. 1992）.

[73] 参见，例如，芝加哥卡车司机工会养老基金诉泰斯姆克公司案（Chicago Truck Drivers Union Pension Fund v. Tasemkin），59 F.3d 48（7th Cir. 1995）.

[74] 根据 ERISA Section 4212(c)，基于“逃避或避免”交易的退出责任是该规则的一个特殊例外。

[75] ERISA §4041(b)(1)(D)，29 U.S.C. §1301(b)(1)(D).

[76] Code §411(d)(3)，26 U.S.C. §411(d)(3).

务，因而破产法庭批准该终止；或者（iii）为了使该公司在继续经营时仍能偿还债务，或者为了避免雇员人数减少给公司造成养老金费用的不合理负担，退休金福利担保公司确定终止该计划是必要的[77]。集体谈判福利计划的终止不能违反任何集体谈判协议[78]。

自愿终止（标准或困境终止）要求在终止日期前至少提前60天（但不超过90天）通知参与人、受益人、工会和退休金福利担保公司[79]。退休金福利担保公司将确定该计划资产是否足以支付所有福利责任或担保的福利。如果查明资产充足，那么计划管理人可以进行终止[80]。如果查明资产不足，根据《1974年雇员退休收入保障法》第4042条的规定[81]，退休金福利担保公司和计划管理人必须订立终止计划的协议，并任命退休金福利担保公司为计划受托人[82]。

在下列情况下，退休金福利担保公司会试图对资金不足的固定收益计划予以非自愿终止：(i) 该计划已经不能满足最低资金标准；(ii) 该计划将无法支付到期福利；(iii) 发生了涉及向"实际所有人"分配资产的"应报告事件"；或者（iv）如果不终止该计划，退休金福利担保公司与该计划相关的长期损失"基于合理预期将发生不合理增加"[83]。终止可以通过下列方式实现，即退休金福利担保公司与计划管理人达成协议，或者在未达成协议的情况下，退休金福利担保公司通过寻求法院命令终止该计划。退休金福利担保公司随后通过协议或者通过法院的命令任命自己为该计划的受托人。退休金福利担保公司承担支付担保福利的义务。

退休金福利担保公司必须设法得到计划欠款的偿付，提出以下3种类型的责任赔偿请求：(i) 截止到计划终止之日未足额支付的责任（根据退休金福利担保公司规则的保守假设进行计算）（"终止责任"）；(ii) 计划未缴纳出资；以及（iii）未支付退休金福利担保公司的保费[84]。计划出资人和其控制集团的每位成员均对上述每种类型索赔承担共同连带责任[85]。如果退休金福利担保公司的终止责任索赔并未通过在索赔时得到偿付，则可以留置相当于终止责任或者计划出资人和其控制团体净资产的30%两者

[77] ERISA §4041(c)(2)，29 U.S.C. §1341(a)(2).

[78] ERISA §4041(a)(3)，29 U.S.C. §1341(a)(3).

[79] ERISA §§4041(a)(2) and (c)(1)，29 U.S.C. §§1341(a)(2) 和(c)(1).；29 C.F.R. §§4041.23, 4041.41(a)(1)和4041.43(a).

[80] ERISA §4041(c)(3)(B)(i)和(ii)；29 C.F.R. §4041.47(a)和(c).

[81] 29 U.S.C. §1342

[82] ERISA §4041(c)(3)(B)(iii)；29 U.S.C. §1341(c)(3)(B)(iii).

[83] ERISA §4042(a)(1)-(4)，29 U.S.C.§1342(a)(1)-(4).

[84] 参见ERISA§§4007 and 4062 (b) and (c)，29 U.S.C. §§1307 and 1362 (b) and (c).

[85] ERISA §4062(a)，29 U.S.C. §1362(a).

之中较少一个的金额[86]。退休金福利担保公司会注册其留置权以获得计划出资人或受其控制团体的资产的担保权益（假设尚未提交破产申请）。退休金福利担保公司可通过诉讼强制执行其留置权，或者就终止责任和其他索赔达成和解协议。

与退出责任相关的"规避和避免"（evade and avoid）规则类似，《1974年雇员退休收入保障法》第4069条[87]规定，如果任何人达成交易的主要目的是逃避养老金计划的出资责任，并且该交易在计划终止前5年内生效，则此人（及终止日的控制集团）可能被视为在计划终止日仍为计划出资人，追究与之相同的法律责任[88]。

当收购方考虑终止一个目标公司的固定收益计划时，其不仅希望获得截止到收购日期最低出资责任已经完成的保证，还希望卖方基于计划终止在收购当日为福利支付义务出资。此外，收购方的尽职调查应包括一个陈述与保证，即在对卖方资产上没有设定退休金福利担保公司的留置权。

［7］养老金计划的资质

外国购买方可能想要继续对一个目标公司的养老金计划承担责任（无论是固定收益计划还是固定缴款计划）。是否享有重要的税收优惠取决于该计划是否继续符合资质要求。在收购前，收购方需要确定卖方的计划是否符合《美国税法典》和财政部规则的资质要求，即该计划是否：(i) 采取适当的书面形式；(ii) 经过修订已符合所有最新的法律修订；(iii) 被美国国税局颁发的裁决性复函所涵盖；以及 (iv) 按照《美国税法典》的要求和该计划的条款管理。上述程序应该由那些熟悉调整养老金计划的税务规则的人员处理，因为如果美国国税局后来决定该计划不符合《美国税法典》规定，不利的税务和财务后果可能包括：(i) 不允许对雇主缴费部分进行业务抵扣；(ii) 对雇主缴费计划的参与者征税；(iii) 对信托收入征税；以及 (iv) 不再具有资格进行免税结转的分派。

正如对不知情地承担责任会课以严厉处罚，对提前发现问题也有奖励。在尽职调查中发现的大多数资质问题可以通过美国国税局雇员计划合规解决制度（EPCRS）得以纠正，使该计划能够继续在税收优惠的基础上提供养老金[89]。根据缺乏资质的类型和程度，以及美国国税局的审计是否已经启动，错误可以通过自我矫正程序（SCP）、

[86] ERISA §4068(a)，29 U.S.C. §1368(a).

[87] 29 U.S.C. §1369.

[88] 参见退休金福利担保公司诉怀特—康索尔工业公司案（PBGC v. White Consol Indus., Inc.），215 F.3d 407（3d Cir. 2000）［法院认为各方通过交易在一个有影响力的收购中转移未足额支付的计划（责任），而进行交易业务的唯一考虑是养老金责任］。

[89] 参见 Rev. Proc. 2008-50，2008-35 I.R.B.

经服务审批的自愿矫正项目（VCP）或者审计结束协议程序（Audit CAP）来纠正。在并购中，在向收购方转让的计划资产中的运营错误必须在该交易开始后的第一个计划年度的最后一天之前矫正。

［8］不符合标准的递延补偿计划的责任

如上文所述，有许多类型的不符合标准的递延补偿计划，这些递延补偿计划可能构成美国公司雇员津贴计划的重要组成部分。尽职调查应该：(i) 确定所有目前存在的，卖方已经明确授予其雇员的不符合标准的递延补偿计划或个人计划；(ii) 决定收购是否会导致兑现给付的提前；(iii) 决定在交易日或交易日后可能到期应付的款项数额（可能需要一个针对所确定的福利类型的精算报告）；(iv) 查明需支付的金额是否已经被存入一个拉比信托基金或雇主账户中，或者是否已经取得人寿或者年金保险产品，以便用于支付全部或部分所承诺的款项；以及 (v) 决定计划或安排是否会被修改或终止，以及上述修改或终止的程度（如果各方要求）。如上所述，关于劳动者和雇员福利的尽职调查清单见本章附件 9-A。

过去，就收购有关的高级管理人员补偿计划重新谈判并不困难。随着《美国税法典》第 409A 条的颁布[90]，现在增加了许多新的对递延补偿计划的要求，包括限制更改一些阻碍交易和交易各方需求的计划条款。在进行尽职调查时，有必要查明哪些计划安排是《美国税法典》第 409A 条所涵盖的，哪些不是[91]。第 409A 条涵盖了广泛的、在未来支付补偿的承诺。如果服务提供者在一个纳税年度对在以后纳税年度支付的或可能支付的补偿享有在法律上有约束力的权利，则这就构成《美国税法典》第 409A 条所规定的“递延福利”，除非服务提供者明示排除“递延福利”[92]。

有关递延福利的第 409A 条的规定是复杂的技术性规定。必须书面确定付款时间并且仅在以下情形发生时，允许支付递延福利：(i) 离职、残疾或死亡；(ii) 在递延之前指定的一个时间（或者根据一个确定的时间表）；(iii) 出现不可预见的紧急情况；以及 (iv) 控制权变更[93]。法规或制定法本身对支付递延福利的情形做出了狭义的定义。例如，第 409A 条特别规定了“离职”（separation from service）的概念[94]。离职是指雇

---

[90]　26 U.S.C. §409A. 通过 2004 年的《美国就业保护法案》补充，Pub. L. No. 108-357，118 Stat. 1418.

[91]　本章关注《美国税法典》第 409A 在雇用背景下的应用，即雇主为雇员提供的计划。但是《美国税法典》第 409A 条适用于“服务接收方”与“服务提供方”之间的安排。因此，涉及公司董事、独立承包方、顾问和其他人的协议也需要遵守《美国税法典》第 409A 条的规定，并应在尽职调查中披露。

[92]　29 U.S.C. §1.409A-1(b)(1).

[93]　Codé §409A(a)(2). 26 U.S.C. §409a(A)(2).

[94]　参见 26 C.F.R. §1.406A-1(h).

员被终止（雇用关系），并且自终止之日起不再向公司提供其他服务。但是，雇员可能在终止（雇用关系）的情况下继续作为独立顾问向雇主提供服务。在此情况下，是否发生离职取决于雇员继续向雇主提供服务的减少量。也存在专门的法规就雇员何时离开工作被视为“离职”做出规定。

第409A条规定离职不会在以股权收购公司的方式中出现。在资产收购中，雇员离开卖方雇主被视为离职，除非双方另有约定[95]。

控制权的变更将引起支付责任，必须适用第409A条所规定的“控制权变更”的定义[96]。因此，第409A条可以禁止在发生首次公开发行股票（IPO）、分立或未导致第409A条所定义的“控制权变更”的收购之时的付款。

任意提前支付本应延期支付的金额是被禁止的。例如，对于仅在死亡、残疾或者离职发生时才支付的金额，不能通过重新谈判达成一个在上述事件发生之前提前支付的协议。

上述禁止提前支付的规则（anti-acceleration rule）仅存在少数几个例外[97]。一个著名的例外是，在控制权改变之前的30天内或者之后的12个月内负有支付义务的公司终止和清算递延福利计划。该例外适用的条件是：（i）公司为经历过控制权变更的所有雇员支付的所有相似种类的递延福利计划必须被终止；以及（ii）所有递延福利金额必须在终止后的12个月内分配[98]。

《美国税法典》第409A条还对可以延迟支付的情形加以限制，只有在满足以下条件的情况下才允许随后变更支付时间和支付方式（当该计划允许变更时）：（i）做出该变更至少12个月后该变更方可生效；（ii）新的支付日期在原始支付之日起至少5年以后；以及（iii）变更在原始支付日期至少12个月之前做出[99]。各方可能不想在这些规则所限定的范围内重新构架计划安排。

有两个特殊规则允许与控制权变更相关的延期支付。对于股权计划，如果公司或其他第三方从高管人员购买股票或者股权，则本来应付的递延金额可以按照适用于一般股东的时间和条件支付，只要该递延金额在控制权变更后5年内支付[100]。此外，控制

[95] 如果服务提供者在交易前立即向卖方提供服务，并且在交易后立即向买方提供服务，财政部规定在资产收购中买方和卖方（结束日前以书面形式）自行决定该服务提供者是否发生了“离职”。参见26 C.F.R. § 1.409A−1(h)(4).

[96] 参见26 C.F.R. § 1.409A−3(i)(5)(为了《美国税法典》409A条的目定义为“控制权”)。

[97] 参见26 C.F.R. § 1.409A−3(j)(4).

[98] 参见26 C.F.R. § 1.409A−3(j)(ix)(B).

[99] 参见26 C.F.R. § 1.409A−2(b)(1).

[100] 参见26 C.F.R. § 1.409A−3(i)(5)(iv)(A).

权变更事件发生之前或者与其相关时，双方可以同意延长递延补偿金额的支付时间，否则该递延补偿金额在控制权变更时支付[101]。

第409A条还规定对上市公司因离职而需支付的“特定雇员”应该延期6个月支付[102]。很多时候那些作为特定雇员的高级管理人员希望立即被支付。

第409A条存在两个值得注意的例外，即“短期延期例外”和“非自愿离职支付计划例外”。根据短期延期例外规定，如果计划条款规定在以下两者较晚发生的一个发生之时支付金额，则补偿金额不受第409A条的约束：(i) 福利不再存在重大丧失风险的日历年结束后两个半月；或者 (ii) 福利不再存在重大丧失风险的雇主财务年度结束后两个半月[103]。

以非自愿的离职为条件的支付可能面临福利丧失的重大风险。“非自愿离职”包括雇主单方面终止雇用，也可以包括雇员因“正当理由”辞职［例如，雇员的薪水大幅减少，或雇员被（指派）担任承担更少责任的职务，或者雇主严重违反了劳动协议］[104]。因此，如果一个协议约定在终止后60天内支付非自愿离职的雇员，那么上述支付福利的承诺属于短期延期例外，并且不受第409A条的限制。

当符合下列条件时，离职支付承诺（不符合短期延期规则）可以不受第409A条规定的限制：

(i) 只在“非自愿离职”(包括雇员因“正当理由”辞职) 或适合的“窗口计划”时支付福利。

(ii) 付款不超过雇员每年薪酬金额的2倍（根据《美国税法典》第401 (a) (17) 条[105]的规定，2010年为245,000美元)。以及

(iii) 终止发生年份之后的第二个日历年年底前完成支付[106]。该例外的一个例子是，一个就业协议的条款规定在该协议到期前非自愿终止的雇员有权在两年内按月获得其每年的薪酬。如果该条款所规定的付款金额超过《美国税法典》第401 (a) (17) 条规定的2倍，则仅超过的部分受《美国税法典》

[101] 参见26 C.F.R. §1.409A–3(i)(5)(iv)(B).

[102] Code §409A(a)(2)(B)，26 U.S.C. §409A(a)(2)(B)；26 C.F.R. §1.409a. 为了本规则的目的，“特定雇员”通常包括那些根据法典第416 (i) 条及其法规所规定的公司前50名最高薪酬高管或者拥有重要所有权的某些雇员。

[103] 参见26 C.F.R. §1.409A–1(b)(4).

[104] 26 C.F.R. §1.409A–1(n)(为了法典第409A条的目的定义为“非自愿离职”).

[105] 26 U.S.C. §401(a)(17).

[106] 26 C.F.R. §409A–1(b)(9)(iii).

第 409A 条的约束[107]。

在离职金被充作或替代本应受制于第 409A 条的金额时，离职支付计划的例外便不会适用。例如，如果一个高级管理人员用获得离职金的权利换取放弃获得第 409A 条所规定的递延福利付款的权利，离职金仍然应属于第 409A 条所管辖的范畴，将被视为递延福利的原始金额的付款[108]。

某些股权计划被排除在第 409A 条的规则之外。行权价格永远不低于行权日股份公平市场价格的股权或股票增值权（SARs）一般被排除在外[109]。该例外只有在授予“服务接受者股票”（service recipient stock）时才适用，“服务接受者股票”是指不享有优先分红权的雇主的普通股票[110]。而且，期权或股票增值权不具有允许迟于其原始期限支付的其他延期特征。《美国税法典》第 422 条所规定的期权激励（incentive stock options）和《美国税法典》第 423 条所规定的雇员购买股票计划所授予的期权同样应该符合第 409A 条的规定[111]。

违反《美国税法典》第 409A 条的后果是严重的，尽管处罚主要是针对高级管理人员的，而不是针对外国收购方的。即使高级管理人员可能从未获得任何报酬，所有违反不符合标准的递延补偿计划（以及所有其他类似计划）的递延支付的金额都将计入第一个延期年度的收入中，或者计入《美国税法典》第 409A（d）（4）所规定的金额不再存在“重大丧失风险”的第一个年度的收入中[112]。这些应纳税金额需要缴纳 20% 的惩罚性税款和利息，因为这些收入是应计入而未计入以前纳税年度的[113]。

福利待遇产生的责任必然降低了目标资产的价值，上述责任不仅包括对高级管理人员的现金支付，还包括所有可能属于雇员的股权收益，例如股票期权、奖金或者长期激励计划。计划可能包含控制权变更的条款［通常包括提前兑现给付（vesting acceleration）以及终止后延长行权期］。被授予期权的雇员可能会提出主张。该主张会降低目标公司的收购价格（如果责任转移给收购方）或者减少卖方的收益（如果卖

---

[107] 在此不讨论法典第 409A 条的其他特定例外（如新职介绍服务、商业费用补偿、离职后医疗福利和实物福利）。参见 26 C.F.R. §409A–1(b)(9)(ⅴ).

[108] 26 C.F.R. §409A–3(f)（“丧失或自愿放弃递延福利不视为支付了福利，但是，如果支付了福利，或者创设了一个取代丧失的或自愿放弃金额的具有法定约束力的付款权利，则不存在为了上述目的的丧失或自愿放弃”）。

[109] 26 C.F.R. §409A–1(b)(5)(ⅰ).

[110] 26 C.F.R. §409A–1(b)(5)(ⅲ).

[111] 26 C.F.R. §409A–1(b)(5)(ⅱ).

[112] 26 U.S.C. §401(d)(4).

[113] Code §409(a)(1)，26 U.S.C. §409A(a)(1).

方仍承担责任）。为了避免上述结果，收购方和卖方可以一致同意终止正在执行的股权授予或以收购方所发行的类似权利取而代之[114]。

如果目标公司有控制权变更的安排，则各方需要决定是否适用《美国税法典》第208G条和第4999条所规定的"黄金降落伞"规则[115]。这些规则既适用于上市公司，也适用于非上市公司，但是，对于其股票并未上市交易的公司，经股东批准的付款不受制于《美国税法典》第280G条。公司不得主张把支付给高级管理人员的黄金降落伞付款作为费用扣除，并且高级管理人员必须支付相当于黄金降落伞付款的20%的不可扣除的税款[116]。但是高级管理人员有权要求增加付款（gross-up）以补偿其所支付的税款、一般联邦所得税，以及与"上述付款"相关的其他税款，而且这种情形并不少见。

在公司控制权变更时，高级管理人员有权获得总的现实价值相当于该高级管理人员"基本金额"（构成高级管理人员的控制权变更前5个税务年度的平均应纳税收入）至少3倍的收益，这就是黄金降落伞付款[117]。黄金降落伞规则适用于那些为公司提供个人服务的任何高级管理人员、股东或者为公司提供个人服务的高收入个人（包括雇员和独立承包人）。

《美国税法典》第162(m)条可能会适用于一项交易中[118]。它不允许上市公司在任何纳税年度中支付给特定雇员的收入扣除超过100万美元——特定雇员是指行政主管和其他证券交易委员会披露规则所规定的薪酬最高的3个雇员之中的任何1个（除了行政主管和财政主管）。

[9]《1985年统一综合预算调节法》责任

根据《1985年统一综合预算调节法》[119]（COBRA），提供集体医疗保险计划的雇主（小型雇主除外）必须继续为那些因"符合条件的情况"而失去医疗保险的雇员和其抚养人提供医疗保险，特别是雇用关系终止的情况（因除严重失职之外的其他原因而终止）。财政部的规则明确了特定的商业交易是否会导致COBRA意义上的雇用关系

[114] 第409A条排除的优先购股权和SARs可以在交易中被等价权利替换。参见26 C.F.R. § 409A–1(b)(5)(v)(D).

[115] 26 U.S.C. § § 280G和4999.

[116] 基于以下考虑，制定黄金降落伞规则：(i) 对高级管理人员的高额付款可能阻碍公司收购，因为收购费用过高；(ii) 黄金降落伞付款可能促使核心雇员支持收购，尽管该收购可能不符合股东的最大利益；以及 (iii) 上述付款会减少对股东应付款项。

[117] Code § 280G(b)(2) and (d)，26 U.S.C. § 280G(b)(2) and (d)，26 C.F.R. § 1.280G–1.

[118] 26 U.S.C. § 162(m).

[119] Pub.L.No.99–272，100Stat.82.

终止[120]。股权收购不是“符合条件的情况”，因为股权收购后，无论雇员是否参加了医疗保险，雇员将继续由公司雇用[121]。

与股权收购相反，资产收购被视为现任雇员雇用关系的终止，除非：(i) 收购方是“继任雇主”，并且收购方在收购后立刻雇用了受影响的雇员；或者 (ii) 收购后该雇员或其抚养人没有脱离卖方团体医疗保险的承保范围[122]。

法律规定交易各方可以以合同形式约定COBRA所规定的保险责任的分配[123]。如果按照约定承担责任的一方未能履行责任，或者各方未对分配责任做出约定，则适用法规所规定的“补缺规则”(default rule)。

无论是股权收购还是资产收购，如果个人在交易前或因为交易的原因而有权取得COBRA 项下的保险，“补缺规则”规定卖方有责任为此类个人提供相应保险，只要卖方（或其控制集团的其他成员）在收购后继续提供团体医疗保险[124]。如果卖方终止了为与该收购相关雇员提供团体医疗保险，则该股权收购的收购方有义务为因交易而失去保险的卖方雇员支付 COBRA 项下的保险。在资产收购中，如果收购方不间断地或无重大变化地继续（与资产收购有关的）商业运营，则收购方成为继任雇主，并且应该为因交易而失去保险的雇员提供 COBRA 项下的保险。

在不合规期间，美国国税局对每个符合条件的受益人每天征收 100 美元不可扣除的税款（每天最多不超过 200 美元）[125]。

COBRA 规定了广泛的法定通知要求[126]。在资产收购中，即使收购方可能已经同意在收购后为雇员提供同等保险，仍必须对雇员提供《1985 年统一综合预算调节法》项下的通知。如果各方未遵守通知条款，受益人可以根据美国国税局第 502（c）（1）条的规定起诉计划管理人索要罚金[127]。

[10] 退休后的医疗和人寿福利

一些美国公司向其雇员承诺退休后的医疗和人寿保险福利，该福利可能意味着高

[120] 参见 26 C.F.R. §54.4980B–9.

[121] 参见 26 C.F.R. §54.4980B–9，Q&A–5.

[122] 参见 26 C.F.R. §54.4980B–9，Q&A–6.

[123] 参见 26 C.F.R. §54.4980B–9，Q&A–7.

[124] 参见 26 C.F.R. §54.4980B–9，Q&A–8.

[125] Code §§4980B(b) and (c)(3)，26 U.S.C. §§4980B(b) and (c)(3).

[126] Code §§4980B(g)(1)(D)，26 U.S.C. §4980B(g)(1)(D)；ERISA §606(a)(4)，26 U.S.C. §1166(a)(4).

[127] 29 U.S.C. §1132(c)(1).

额的欠缴出资责任。卖方可能主张这些退休医疗保险责任并非真实的责任，因为它们可以随时被终止，但是卖方的上述主张可能得不到支持。为了得到肯定结论，在股权出售中，或者在收购方将成为继任雇主的情况下，卖方必须通过计划文件、计划描述摘要（summary plan description，SPD）、与雇员的交流以及所适用的集体谈判协议，查明卖方是否仍然拥有终止退休雇员医疗和人寿福利的具体权利。

退休雇员就雇主终止或者减少其福利而提起的诉讼的结果输赢参半。当计划、计划描述摘要或与雇员的交流中明确规定雇主有权变更、修改或者终止退休人员福利时，非集体协商的雇员不能得到使其免于丧失或者变更其退休福利的保护[128]。

集体协商的退休雇员福利得到法院更多的保护，法庭通过审阅集体协商协议的文字表述，确定该表述是否表达了授予退休福利的意图。当集体协商协议的条款模棱两可时，法院寻找外在证据以查明谈判各方是否有在协议期满后继续提供退休福利的意图[129]。但是，即使法庭已经查明授予了退休福利且不能终止该退休福利，法庭并不一定禁止谈判各方终止将来退休雇员所享有的退休福利，或者认为该福利不能以任何方式被改变[130]。

考虑到高额且不断增加的有关退休人员医疗保险计划的费用和潜在责任，在谈判中较早考虑这一问题很重要。如果各方意图使收购方承担目标公司退休人员的医疗福利和/或人寿保险责任，收购方需要自己的保险精算师来研究精算师报告，并查明收购方的负担以及上述负担所能引起的责任。而且，收购方需要了解退休人员福利是否可能变更或终止。谈判应当关注以下事项，即哪位雇员、前雇员以及退休人员正在转移，谁有责任向每一组雇员、前雇员和退休人员支付医疗福利，以及免税信托储备金中需要转移用于支付精算所确定的被转移雇员的责任的比例。还可以谈判收购价格的调整，以覆盖这些责任。

[11] 2010年的医疗改革

2010年，美国国会通过了一项具有里程碑意义的医疗改革法案，名为《病人保护

---

[128] 参见，例如，尼古拉斯诉美国阿尔卡特公司案（Nichlos v.Alcatel USA，Inc.,）532 F.3d 364（5th Cir. 2008）；史登斯诉NCR公司案（Stearns v. NCR Corp.），297 F.3d 706（8th Cir. 2002）.

[129] 参见，例如，诺伊诉普立万公司案（Noe v. Polyone Corp.），520 F.3d 548（6th Cir. 2008）；寇乐诉阿文麦尔特公司案（Cole v. ArvinMerltor，Inc.,），2008 WL 5211802（6th Cir. 2008）.

[130] 参见，例如，温尼特诉卡特彼勒公司案（Winnett v. Caterpillar, Inc.），553 F.3d 1000（6th Cir. 2009）（集体协商协议仅保护那些已经退休的人员，而不是那些有权退休但尚未退休的人）；杰林斯基诉帕布斯特酿酒公司案（Zielinski v. Pabst Brewing Co.），463 F.3d 615（7th Cir. 2006）（集体协商的停工协议规定退休雇员福利，但是并未将共同支付的福利比例限定在1971年的比例）。

和可负担医疗法案》(PPACA)[131]。该法案旨在为美国公民提供几乎全方位的医疗保险。虽然在该法案颁布之前，美国的大多数医疗保险已经通过雇主提供给了美国公民，但是当时雇主为雇员提供医疗保险尚不是联邦法律的要求。雇主保险是自愿性的，并且雇员可以选择是否参加保险。

自 2014 年开始，新法案规定个人应该为其自己和其被抚养者获得“最低基本保险”。个人可以通过他们的雇主（如果有）、州的交易机构或者政府项目来获得保险，例如医疗保险（Medicare）和医疗救助（Medicaid）（如果适用）。几乎所有不购买医疗保险的人都被处以罚金。如果个人由于某种限制不能负担购买医疗保险的费用，该法案将通过税收抵免和减少费用的方式为其提供补贴。

同样自 2014 年开始，大型雇主［即在过去日历年平均雇用 50 个或 50 个以上雇员的雇主，适用“控制集团”规则（“control group” rules）］必须为其全日制雇员支付保险，否则将被处罚。如果该大型雇主未向其全日制雇员提供医疗保险，且至少有一名全日制雇员在某个交易机构注册并且具有获得联邦补贴的资格，则该雇主将支付相当于 2,000 美元乘以全日制雇员总人数所得数额的罚金（可以分为按月支付）。但是在计算罚金时，前 30 名全日制雇员不计算在内。此外，即使大型雇主会向其全日制雇员提供医疗保险，如果至少有一名全日制雇员在交易机构注册并且具有获得补贴的资格，该雇主仍须每年支付一笔相当于每名获得补贴的雇员 3,000 美元的罚金。

《病人保护和可负担医疗法案》规定，雇主应当为雇员提供医疗保险，并且为有资格的雇员支付一定比例的保费并出具凭证以便其购买替代保险计划。有资格获得这种凭证的雇员，是根据雇主的医疗计划，应该缴纳的保费占其家庭收入 8% ~ 9.8% 的雇员；为了获得购买替代保险计划的资格，该雇员不能参加雇主的福利计划。

自 2018 年开始，该法案规定了一个对所谓的“凯迪拉克计划”征收不可有任何抵扣的税款。该税是雇主缴纳的医疗保险累计费用的 40%，超过了每个雇员的最低费用。个人保险和家庭保险适用不同的金额。该金额将在 2018 年生效日之前确定。

该法案对雇主提供的集体医疗计划做出了规定。例如，集体医疗计划应该：(i) 不得对核心医疗福利的价值设定终身限额或每年限额；(ii) 如果负担抚养人的保险，必须继续为成年子女承保直至其年满 26 岁；(iii) 不得解除被保险参与人的保险，除非存在欺诈或者虚假陈述；(iv) 必须为预防性医疗服务提供全额赔偿保险；以及 (v) 不得附加任何既存条件例外。雇主出资的保险计划还需满足其他很多具体要求。

该法案的规定使得在美国经营的雇主需要首先决定他们是否应该依据成文法（在

[131] P.L. 111−148，由《2010 年卫生保健和教育协调法》修订（P.L. 111−152）。

雇主与雇员或与工会的之间的合同义务之外）提供保险（否则会面临处罚）。无论雇主是否会被要求提供医疗保险，潜在的雇主必须决定他们是否或继续提供保险（当他们有权自行决定时），并且如果不提供保险他们将会受到多大的处罚。最后，决定提供保险（或继续提供保险）的雇主需要确保他们的集体医疗保险计划（无论通过保险还是自筹资金）均符合新法律的要求。

[E] 对新收购（公司）的雇员福利的决定

一旦收购方已就美国公司的雇员福利计划进行了尽职调查，并且了解了其潜在责任，收购方就需要决定是否承担保险计划或方案，或者为被收购公司的雇员提供其他选择。在工会参与的情况下，外国收购方应该期望与工会谈判[132]。

在股权收购中，收购方将成为卖方现行计划的新的计划出资人，除非：(i) 卖方同意终止该计划并分发福利（如果允许）；或者 (ii) 卖方同意将其计划并入收购方的计划。无论做出以上哪一种选择，均需要熟悉《1974 年雇员退休收入保障法》和《美国税法典》的技术规则项下计划终止和合并、精通劳动福利的专业人士。

股权收购的卖方和收购方可以达成一致冻结卖方的计划（即不允许进一步增加福利）。收购方将成为新出资人并且在到期时支付冻结计划的福利。但是，维护一个冻结计划的费用（管理、报告和出资）几乎等同于维持一个现行计划的费用，特别是对于固定收益计划。收购方也可以在收购完成后终止其承担的计划。

只要（对福利计划的）修改符合法律要求，卖方甚至可以在交割完成之前修改卖方的计划，收购方可以在交割之后修改卖方计划。为了保护因收购而可能被终止（雇用关系）的雇员的福利，卖方可以在收购协议中要求在业务被出售之时所承继的计划全额兑现给付。或者收购方或卖方可以基于预期减少福利。

很多时候，被收购公司没有自己的福利计划，而其雇员福利计划由卖方的母公司或其他关联公司出资。在此情况下，收购方将不会在股权收购之后对卖方关联公司的福利计划承担责任。

在其他例子中，卖方的福利计划不仅涉及被收购公司的雇员，也涉及其他没有被

---

[132] 股票收购中的收购方自动成为被收购实体的任何集体协商协议的继任雇主。因此，一个现行的集体协商协议在股权收购后将继续有效。参见，例如，埃斯马克公司诉全国劳资关系委员会案（Esmark, Inc. v.NLRB），887 F.2d 739（7th Cir. 1989）。在资产收购中，收购方不自动继承现存的工会合同。反之，收购方有权选择接受或者拒绝现行的卖方与代表其雇员的工会之间的集体协商协议。参见，例如，BLRB 诉伯恩斯公司案（BLRB v.Burns Int'1），Sec. Servs.，Inc.，406 U.S. 272（1972）.

收购的卖方分支机构或子公司的雇员。在此情况下，各方可能希望考虑“拆分”计划的可能性，或者建立一个“克隆计划”。在拆分计划中，覆盖卖方雇员的计划会被拆分为两个计划——一个计划针对即将被收购公司的雇员，另一个计划针对留下的雇员。收购方负担新收购公司的雇员的计划。或者，卖方可以建立一个相同的计划以覆盖新收购公司的雇员，并且卖方将用于新收购公司雇员的资产和义务转移到新的收购方的计划。

在资产收购中，收购方完全不需要执行卖方的计划。然而，收购方可以决定继续该计划，或是将卖方计划并入买方计划，抑或谈判“拆分”计划或将资产和义务转移给收购方的新克隆的计划。或者，收购方可以向新收购的雇员提供一套完全不同的福利计划，作为收购方和被收购方资产整合工作的一部分，该套福利计划与收购方已经提供给收购方雇员的计划更类似。无论在收购中如何处理雇员福利计划和方案，收购方都应该与受影响的雇员进行沟通，以了解受影响的雇员对交易完成后情况的预期。

§9.05 结论

雇员福利和养老金计划是兼并或收购中最昂贵的潜在责任。外国公司可能不熟悉调整雇员福利计划的复杂的美国法律，这些法律是为了保护雇员而设计的，特别是当公司的所有权或控制权变更时。这一领域的美国法律常常是“不谨慎当事人的陷阱”。因此，强势的尽职调查对于控制费用，以及形成专业、高效并且忠诚的雇员团队至关重要。

附件 9–A

劳动及员工福利尽职调查检查清单

I. 要求提供的文件

1. 覆盖所有参加员工福利计划的员工的集体协商协议。

2. 退休计划及其修订，以及计划概述。

3. 最近的美国国家税务局（IRS）确认函。

4. 医疗和其他福利计划（例如人寿、身故及残疾、短期残疾和长期残疾），以及其任何修订和计划概述。

5. 提供员工福利的保险合同。

6. 行政服务协议。

7. 与专业服务人士（如精算师、律师、财务顾问、审计师、止损保险人、行政管理员等）签订的合同。

8. 前 3 年福利计划的 5500s 表格，以及财务报表。

9. 员工前 3 年参与的确定的福利计划（单个员工和多个员工）的精算报告复印件。

10. 前 3 年为员工提供医疗福利的自有的免税信托基金的精算报告。

11. 若福利计划出资人提供退休医疗福利，过去 3 年的金融会计标准 106(FAS106) 报告。

12. 福利计划出资人收到的来自养老金计划注册精算师的关于福利计划集资情况的通知。

13. 对雇主、计划管理员或与员工福利计划以及该计划项下提供的福利相关的保险人提起的诉讼（或威胁诉讼的信函）。

14. 权益计酬计划，该计划可能在福利计划文件、奖励计划或单个雇用协议中规定。

15. 证明股东批准股权奖励的会议纪要，以及在证券交易委员会或要求的相关州级机构的所有的期权登记复印件。

16. 离职合同或离职计划。

17. 单个雇用协议，包括外国人、竞业禁止和保密协议，以及虽已终止但公司仍承担向前员工付款义务的协议。

18. “独立承包人”协议。

19. 董事和高级职员的错误和遗漏保险的保单，雇佣责任保险，以及信托责任保险保单。

20. 在发生撤出计划的情况下要求承担雇员保险赔偿责任的通知或预估责任金额的通知。

21. 美国劳工部（DOL）或美国国家税务局（IRS）发出的对计划进行审计的通知以及决议函。

22. 员工手册。

23. 美国劳工部、平等就业机会委员会、美国国家税务局、退休金福利担保公司或任何其他联邦或州的相应政府机构或实体正在进行的任何审计、调查或审查。

24. 过去 6 年里发生的与雇用歧视、违反薪资和用工时间规定、职业安全和健康问题，或其他类似工作问题相关的、已决的、未决的或潜在的索赔申诉、行政指控或申诉、仲裁要求或诉讼。

25. 过去 5 年向全国劳资关系委员会提交的所有与任何工会组织的努力相关的代表请求（Representation Petition）或其他文件或信息。

26. 过去 5 年的所有罢工、停工、怠工和其他劳工或工作场所的混乱。

27. 描述过去 5 年劳工补偿和失业补偿情况（包括费率和索赔记录）的文件。

II. 待评估事项

A. 单一雇主退休金计划的审查

1. 计划文件是否符合现行法律？是否对计划做了所有要求的修订？退休计划是否被美国国家税务局最近出具的表示肯定的确认函所覆盖？

2. 计划是否存在未根据劳工部或国家税务局的自愿修正程序进行修正的任何运营问题？运营问题可能涉及的事项包括：

（a）未能满足计划范围和非歧视测试；

(b) 对参加人和受益人分配的不当计算；

(c) 违法的计划贷款；

(d) 不当的基于困境的退出；

(e) 未能遵守适当的滚动分配规则；

(f) 未能对额外延迟缴费或额外缴费进行及时分配；

(g) 员工未能及时将参加人的选择性延迟缴费转入计划；

(h) 存在非豁免禁止性交易；

(i) 对于持有雇主股票的养老金固定缴款计划，未能按要求向联邦或州提交相关证券报告（若适用）；

(j) 对于已确定的年金计划，未能满足资金规则；

(k) 未能按要求向参加人和受益人提供通知；以及

(l) 违反信托义务或禁止交易。

3. 对于被出售方终止雇用关系的计划参加者来说，收购交易是否会导致出售方的计划的部分终止？如果是，可能会加速股份兑现。如果不是，出售方的计划中是否会增加条款，规定使受影响的参加人完全获得权利或者认可为收购方提供服务。

4. 出售方的计划是否会由于交易而终止？如果是，计划项下是否有足够的资产支付至终止日的累计福利？如果不是，卖方是否会为计划提供足够的资金，使计划终止时能向参加人支付累计福利？

5. 卖方的计划是否会被“冻结”和/或卖方计划的全部或部分资产是否会转移至收购方的计划？

6. 是否存在对雇主、计划管理员或与退休金计划或其项下提供的福利相关的保险人提起的未决的、宣称的索赔或诉讼？

7. IRS 或 DOL 是否已对退休金计划发出了审计通知或已进行了审计？若已进行了审计，结果如何？

8. 是否需要向退休金福利担保公司提交应报告事件通知？

9. 是否存在因交易而出现 20% 或更多的计划参加员工终止雇用关系，从而导致营业中断的情况？

B. 多雇主养老金计划的审查

1. 买方目前是否承担多雇主计划项下的缴费义务？卖方据其应承担计划项下缴费义务的集体协商协议目前是否有效？

2. 计划进行的交易是否会导致卖方在多雇主计划项下应承担的全部缴费义务的终止，或者卖方是否会代表其员工的一部分继续承担缴费义务？

3. 收购方是否会由于交易而需要代表员工承担在多雇主计划项下的缴费义务？如果是，《雇员退休收入保障法》4204 条款中的例外是否适用？

4. 卖方是否已就计划进行的交易通知多雇主计划？多雇主计划是否会对由于交易导致的撤出责任进行评估？

5. 卖方是否收到来自多雇主计划的撤出责任支付的要求？如果不是，由于交易而产生的撤出责任金额预计为多少？

6. 卖方是否是某个可能对另一个实体承担撤出责任的控股集团公司的成员？

7. 多雇主计划是否已通知卖方该计划正处于“濒危”或“危急”的资金状况中？多雇主计划是否已制定资金状况改善计划或恢复计划？

8. 如果卖方对撤出责任的付款应承担责任，但是收购方在交易后将开始向多雇主计划缴费，该计划条款是否允许一段时间的“免责犹豫期”？

C. 福利计划的审查

1. 计划文件是否符合现行法律？是否对计划做了所有要求的修订？

2. 是否为所有员工提供相同的福利选择，或者是否为不同类别的员工提供不同的福利选择？

3. 是否所有的福利都有保险，还是所有计划都以自有资金支持？

4. 员工是否分担任何福利计划的成本？如果是，其分担是税前还是税后？

5. 这些计划是否存在未被修正的运营上的问题？如果是，这些问题是否可能危害福利的税收优惠或导致对计划出资人不利的罚款？运营上的问题包括但不限于下列事项：

(a) 未能向符合标准的员工提供福利；

(b) 非歧视测试；

(c) 雇主未能及时将参加人的缴费转移给计划或保险人；

(d) 未能按要求向参加人和受益人发出通知；以及

(e) 未能遵守计划规则。

6. 雇主是否向一个或多个自有的免税信托出资来为员工提供医疗福利？如果是，是否已对过去 3 年的精算报告进行了审查，以确定资产是否足以支付截止到交易日应承担的责任？

7. 雇主是否购买了止损险，如果是，止损险项下的赔偿是否已到期？

8. 如果计划覆盖了超过 100 名参加人，是否对过去 3 年的独立审计师报告进行了审查？

9. 是否向退休人员提供退休后医疗福利？如果是，是否已对过去 3 年的 FAS 106 报告进行了审查，以确定提供这些福利的预计成本？

10. 是否已向退休人员承诺为其提供终身退休后医疗福利，或者退休后医疗福利是否可终止？如果未承诺提供终身福利，那么退休后医疗福利是否会继续？如果是，谁将承担提供这些福利的财务义务？

11. 雇主是自行履行《统一综合预算调整法》项下义务（COBRA 义务）还是将 COBRA 告知义务外包？谁将承担对由于交易而终止或失去保障的被影响员工的告知义务？

12. 雇主或保险公司是否签发了肯定医疗承保函（certificate of creditable coverage）？是否需要向由于交易受到影响的员工签发肯定医疗承保函？

13. 是否存在对雇主、计划管理员或与福利计划或其项下提供的福利相关的保险人提起的、未决的、宣称的索赔或诉讼？

14. IRS 或 DOL 是否已对福利计划发出了审计通知或已进行了审计？若已进行了审计，结果如何？

D. 股权薪酬

1. 卖方是否根据《美国税法典》第 422 条的全部要求授予卖方员工激励股票期权（ISO）？这些 ISO 的行权价格是否至少为授权日期股票的公平市场价值？

2. 授予卖方员工的非法定股票期权（NSOs）是否由于行权价格低于授权日期的公平市场价值，或由于期权在行权日或处置日前具有补偿延期而非收入认可延期的性质，从而应受《美国税法典》第 409A 条的约束？如果是，这些期权是否符合第 409A 条的要求？

3. 个人雇用合同中的条款是否优先于股权计划中的规定？

4. 计划进行的交易是否会构成期权计划或协议条款下的“控制权变化”？如果是，在控制权变化时是否所有未授权的股票期权都会被授权？或者在控制权变化发生时是否部分或所有未授权的股票期权将丧失？交易是否会导致已授予股票期权的加速行权？

5. 股票期权计划或协议是否包含在控制权变化时控制期权人的股份处置的条款？

6. 目标企业尚未行使的期权是否会由于交易而转为存续公司“等价期权”，从而成为存续公司的责任？

E. 其他非股权管理层报酬

1. 是否已识别所有非股权管理层报酬计划（包括计划和安排），是否已对这些计划项下的义务进行了审查和量化？是否已确定哪个实体将在交易后承担对这些计划的责任？

2. 是否对这些计划进行了针对《美国税法典》第 409A 条的合规性审查？如果发现这些计划不合规，是否可根据适用的财政部指南自动对其进行修正？是否就管理层报酬对国税局进行了适当的报告？

3. 是否对证明融资工具的文件进行了审查（如拉比信托、年金合同，和/或人寿保险产品）？计划进行的交易会对未来管理层报酬承诺的融资产生什么影响？未来需要对融资工具做出何种财务承诺以满足付款日期的义务？

4. 计划进行的交易是否会触发计划项下立即支付的义务？

5. 在控制权发生变化时对特定管理层的支付是否会受到《美国税法典》第 280G 条和第 499 条项下的黄金降落伞规则的影响？在确定额外降落伞支付金额时应将那些款项计算在内？

6. 在控制权发生变化时，对某些上市公司管理层的支付是否会触发《美国税法典》第 162（m）条中规定的对管理层报酬的 100 万美元的限额？哪些以业绩为基础的报酬可以从 100 万美元的限额中排除？

7. 是否需要对现有雇用协议进行修改，或者收购方和管理层是否会签订新的雇用协议替代原协议？

F. 外国投资者关于集体协商的考虑

1. 当卖方存在工会且存在集体协商协议时——《全国劳动关系法案》（NLRA）项下的法定继承问题：

(a) 股票出售。在股权收购中，善意协商的义务和任何现有的集体协商协议通常将继续存在，除非发生协商一致的收购前变化。

(b) 资产收购。在资产收购中，收购方是否是 NLRA 项下卖方的承继者？

(i) 卖方的前员工是否构成从事以前由工会员工所从事工作的新员工的至少 50%？

(ii) 卖方的业务是否与收购方的业务相同或相似，客户是否相同或相似？

(c) 如果收购方是NLRA规定的法定承继者，将存在与工会就所有从事以前由卖方的工会员工所从事的工作的员工的工资、工时以及其他雇用条款和条件进行协商的义务。

(d) 如果在资产收购协议中明确承担或在收购后通过行动表明承担集体协商协议，则该协议条款也可以适用。

2. 当卖方存在工会且存在集体协商协议时的合同义务：

(a) 集体协商协议是否要求工会必须收到有关该收购交易的通知，或者除该通知外，还有讨价还价的机会或以任何其他形式试图将潜在的责任给予卖方或收购方？

(b) 如果存在的话，集体协商协议为收购方未来的业务经营带来什么实际的问题？工作规章是否过于严厉和繁复？规范工会运营的合同要求是否会对收购方未建立工会的其他机构的运营产生影响？

第 10 章

知识产权

Kenneth J. Sheehan, Mark H. Tidman 以及 Stephen S. Fabry, Phong D. Nguyen, A. Neal Seth 和 Monica S. Verma

---

§10.01　概述

多数企业有的不仅仅是有形财产，还包括理念、制作工艺和方法、展示他们知晓什么和他们是谁的方法。这些就是“知识产权”，一般由专利、商标、版权及商业秘密来保护。它们是公司价值的重要组成部分。收购尽职调查可用来了解在跨国交易中将要购买什么资产，其部分目的就是要了解目标公司的知识产权资产组合是什么，并确保有价值的财产被适当地和完全地转让。

一个公司的知识产权资产组合可能是该公司最有价值的资产之一。过去在收购和直接投资中，即便有，也只是把最低限度的精力放在对目标公司的知识产权、技术资产和债务的审查上。这是由于尽职调查为期较短、很多交易律师对知识产权问题不熟悉，以及知识产权资产的无形性所导致的。一个彻底的尽职调查过程可以发现收购中潜在的侵权风险。负责收购一个拥有可观知识产权资产的公司的主管人员无法承受无知导致的巨大代价。

在收购中涉及的几类典型的知识产权将在本书 §10.02 中进行概括性的讨论。§10.03 将会对如何进行知识产权尽职调查提供详细的介绍。§10.04 将讨论如何构建合同条款以确保知识产权适当转让。本章在 §10.05 中对美国和国外的专利法进行了比较分析。

§10.02　知识产权概览

虽然在全球范围内都有类似的法律和法规，但是每个国家的知识产权法又是特别的。知识产权必须依据各国特别的法律和法规来保护。在大多数国家都有以下四类主要的知识产权权利：专利、版权、商标和商业秘密。每类知识产权又适用各自不同的法律和法规。

[A] 专利

本部分讨论专利的目的、适用的法律、权利取得方式和权利的行使。

[1] 目的

在世界各国，专利法的制定是为了一个类似的目的。在美国，专利法源于《美国宪法》中的知识产权条款[1]。为了促进科学和实用技艺的进步，该条款授权国会给予发明人在一定期限内对其发明的专有权。大多数国家规定，自然人和企业实体都可以申请专利。美国则不同，只有发明人才可以申请专利。

由于签订的雇用合同中要求员工转让发明给他们的雇主，一项发明的所有权经常会从发明人转移至其雇主。因此，对目标公司的专利进行评估的一方在评估专利的权属和所有权时必须审核雇用合同。

[2] 适用的法律

在大多数国家，可以取得专利权保护的发明，必须符合以下要求：(a) 可取得专利的客体，并且具有实用性；(b) 新颖性（即具有新的方面）；以及 (c) 基于现有技术的教导，具有非显而易见性。除此之外，在许多国家的专利体系中还有其他披露要求。

尽管商业方法专利保护在以色列、中国、印度、墨西哥和大部分欧洲国家很难获得，但美国的专利法没有排除商业方法专利。无论如何，收购方或投资方都应当注意，该法律领域正处于发展变化中，在现有法律下商业方法专利的价值有必要加以考虑。专利法载于《美国法典》第 35 章。

在大多数国家，软件的可专利性在很大程度上取决于专利权利要求的撰写以及该软件是否和某物质实体相关联。比如，一个权利要求记载了一个存储在光盘上的计算机程序。该权利要求在中国是不能取得专利权的，因为其没有披露该软件的技术方案[2]，但在美国其具有可专利性。

在附条件的审查原则下，美国允许对软件申请专利。例如，一个记载没有和任何实体机器或实体流程相关联的软件发明会被驳回，因为其仅记载了智力步骤。在福特资产公司诉美国马斯特租赁公司案（Fort Properties，Inc. v. American Master Lease，LLC）[3] 中，初审法院认为关于进行延期纳税的不动产交易的方法专利是无效的，因为它不满足“机器或转换测试”(machine-or-transformation test) 中的“转换”这一特征。作为被经常使用的法律测试，机器或转换测试被用来确定一个流程客体是否可被授予专利。只有当该流程客体符合以下条件时才具有可专利性：(a) 和一个特定机器相连

---

[1] U.S. Const. art. 1，§8，cl. 8.

[2] See Guidelines of Examination (2006)，Chapter 9，Section 2，available at http://www.sipo.gov.cn.

[3] No. 8：07-cv-365，slip op. (C. D. Cal. Jan. 22，2009).

执行此流程，其中的特定机器是专门设计用来以一种有意义的方式执行该流程；或者（b）此流程将一个物品从一种状态转换到另一种状态。

［3］权利的取得

这一部分描述取得和维持一个专利权的程序。

［a］审查

大多数国家指定一个特定的政府机关来授予专利权。在美国，专利申请必须向美国专利和商标局（U.S. PTO）提交。一个美国专利和商标局的专利审查员在收到一项申请后，分析这项申请是否符合法定要求，比如它是否是一个可以取得专利的客体，是否具有实用性，是否符合披露要求。另外，还需要对发明领域内的相关公有信息或现有技术（prior art）进行检索。审查员根据在检索中确定的现有技术来决定该申请是否可授予专利，也就是说，与现有技术相比，发明是否具有新颖性和非显而易见性，之后审查员要在审查意见书中解释驳回或接受申请人权利要求的理由。这一过程通常就被称为申请的“审查”（prosecution）。

当审查员在审查意见中驳回一个专利权利要求时，申请人可以维持或修改原申请的权利要求，并基于审查员引用的现有技术反驳并主张发明的可专利性。如果在申请人争辩或修改申请的情况下专利审查员仍然维持驳回的决定，这个决定基本上就是最终决定，也就是说，申请人按照法律就不能再对申请进行修改。如果申请人认为他可以在最终决定做出之后通过修改申请来应对专利审查员的驳回理由，那么他可以请求审查员不经过新的检索而对修改后的申请进行复查。否则，作为对最终修改的回应，申请人可能需要对继续审查提出申请，并同时需要交纳保持申请审查的额外费用，或者申请人可以就驳回决定向专利申诉和干涉委员会（BPAI）提出复审请求。自由裁量权完全属于专利审查员。当审查员认可专利权利要求，并且交纳了领证费后，该专利即被授权。当专利审查员做出了驳回决定，并且申请人向专利申诉和干涉委员会提出复审请求，专利申诉和干涉委员会可以撤销专利审查员的驳回决定。此时，专利申请可以在程序上回到专利审查员那里继续处理和授予专利。

［b］年费和维持费用

大多数国家要求每年交纳一定的费用，即“年费”，以维持专利的有效性。很多其他国家在专利申请未决期间也要求交纳年费。对于美国的专利，专利权所有人必须在专利授予日后的3.5年、7.5年和11.5年时定期向美国专利和商标局交纳费用来维持专利并防止专利期满。收购方应当通过确认维持费和年费的缴纳以判定目标公司的专利是否仍然有效。

[c] 专利权期间

在大多数国家，专利权所有人缴纳维持费用后享有自最早申请“优先权日”起20年的专利权有效期。优先权日是一项专利最早的申请日，可以是基于国际公约如《巴黎公约》或《专利合作条约》（PCT）或基于国内法的一个更早的相关申请的申请日。《巴黎公约》允许专利申请人在最早的优先权申请后，最多延迟12个月向国外进行专利申请，并且仍然能够享有优先权日的利益。该条约的潜在目的是允许申请人在向国外花费可观申请费用之前确定一项发明的商业价值。

《专利合作条约》允许签约国的专利申请人在最早的优先权日后最多延迟30个月向国外进行专利申请（和交纳相关费用），并且仍然能够享有优先权日的利益。但是，PCT申请只是一个“占位符”，自身并不会发展成为任何外国专利。在30个月的期限届满之前，仍然需要提交单独的国外专利申请，以在目标国家取得专利权保护。

在美国，专利的存续时间会受到专利期限调整的影响，因为美国专利和商标局的行政延迟并不少见。例如，如果审查员在收到完整的专利申请后24个月内没有提出首次审查意见，该专利的专利权期间会被调整。审查意见延迟增加的每一天，均计算到专利权期间延长中。反之，专利申请人则被要求于审查意见邮寄日后3个月之内，对审查意见做出回应。回应延迟的每一天，均从专利权期间延长中扣除。对于1995年6月8日前完成申请的专利，其基准专利权期间为自最早的专利申请日期起20年，或者授权之日起17年，以二者中较长的为准。

[4] 权利的行使

专利所有权给予了排除其他人“实施”一项发明的权利，涉及制造、使用、销售、许诺销售或者进口专利产品或工艺。在大多数国家，如果在对发明或其等价物没有权利的情况下对其进行制造、使用、销售、许诺销售或进出口，就会发生专利侵权行为。在进口到美国时发生侵犯专利权的情况下，专利权可以通过联邦法院来行使，或者，也可以通过美国国际贸易委员会（ITC）作为一个贸易违法行为来处理。然而，美国国际贸易委员会的救济方式仅仅限于禁止继续进口的排除令（exclusionary order），而金钱损害赔偿只能在法庭上提出请求。

如果竞争者主动故意地引诱他人侵权或者帮助他人实施专利侵权行为，受损害的一方可以间接侵权提起诉讼。在美国，构成帮助侵权要求制造、使用、销售、许诺销售或进出口一个设备或工艺的组成部分，该组成部分对于非侵权使用并不是重要的商品。当该组成部分具有其他非侵权的用途时，则不构成帮助侵权。只有确认了专利权行使的机会和需求，以及无法行使专利权的风险，收购方才能对目标公司专利组合的全部价值进行评估。

[B]版权

本部分讨论版权的目的、适用的法律、取得方法和权利的行使。

[1]目的

版权法的基本原则于1710年在英国首次得到阐明。自此以后，版权法在世界范围内趋向一致。在美国，版权法与专利法一样来源于宪法中的“知识产权”条款，据此，为促进科学和实用技艺的进步，该条款授权国会给予作者在一定期限内对自己的作品享有排他性权利。

版权法的目的在于鼓励创造更多的艺术、文学、音乐和其他作品，最终使社会公众受益。为了实现这个目的，版权所有权通过在特定的期间内赋予作者一种临时垄断或者排他性所有权，来鼓励创作。但是，收购方或投资方需要了解的是，美国不承认作者拥有任何绝对的自然权利去妨碍他人复制或者以其他方式使用他的著作。为了平衡社会公众利益和个人作者的权利，法院趋向于向社会公众利益倾斜，通过“合理使用”以及其他例外来限制作者的排他性权利。合理使用包括在学术作品和滑稽模仿中使用受版权保护的材料。例如，在有名的《风已逝》（*The Wind Done Gone*）改编著名电影《飘》（*Gone With The Wind*）一案中，法院认为它不构成版权侵权，因为它是对于原影片中所描写的种族关系的滑稽模仿（及反讽）。

[2]适用的法律

《美国法典》第17章规定了美国版权法律制度[4]。另外，美国于1989年签署了《伯尔尼公约》。公约要求，一旦其作品“固定（fixed）”下来，所有的缔约国应给予其他缔约国的作者自动的版权（automatic copyrights）。

[a]范围

美国版权法保护的“作品”必须是原创的和“固定”的。《美国法典》第17章第102条a项规定了可受保护的作品有八大类：文字作品，音乐作品，戏剧作品，

---

[4]　17 U.S.C. §101，*et seq.*

舞蹈和哑剧作品，绘画、刻印和雕塑作品，电影和其他音像作品，录音作品，建筑作品。原创性是版权的前提和根本属性，但是，其原创性的门槛要求不高，仅要求能证明独立创作和最低程度的创造性。电话通讯录已经被认定为缺乏获得版权保护所必不可少的创造性，而公司创作的文件，包括用户指南和产品软件，应当受版权保护。

经常在公司交易中出现的版权问题是，照片的所有权由一无关方拥有，并且被公司在销售和市场的材料中使用。在缺乏一份明示书面协议的情况下，拍摄者拥有这些照片的版权，公司使用这些照片会受到限制。

[b] 专有权

版权法规通过一系列专有权利明确了版权的可强制实施的限制性。例如，根据《美国法典》第 17 章第 106 条 1 至 6 项规定，版权所有人拥有复制、改编、发行、表演、展示和传播数字录音的专有权利。因此，一方当事人在缺乏版权所有人的许可时复制他人的作品（比如书籍），或者发行他人的音乐作品，即构成侵权。

[c] 期间

版权的存续时间取决于作品的创作地。作为一项普遍规则，对于创作于 1978 年及之后的作品，对个人拥有的美国版权延伸至作者生命结束后 70 年，对于雇佣作品，至公开出版后 95 年或者创作后 120 年。知识产权法律尽职调查的内容之一就是通过考虑诸多因素来确定某项特定的版权是否仍然有效。

[3] 权利的取得

取得一项版权的过程比取得一项专利简单。一项版权的保护不需要申请，而是在作品完成时自动取得的。“完成”指的是作品第一次“固定”于有形媒介，如手写于纸上、存储在一台电脑的存储器中、复制于光盘（CD）或数字化视频光盘（DVD）等。版权保护不要求以在版权局登记为前提条件，但是在侵权案件中为行使版权就需要登记，以获得法定的赔偿金和律师费。

[4] 权利的行使

版权的侵权作为民事案件来处理。在美国，为了在法庭上行使版权，拥有版权的人应当先在版权局登记作品以确认作品的所有权。登记还可以在侵权发生时使原告选择获得法定赔偿金和可能的律师费。

［C］商标权

本部分介绍商标权的目的、适用法律、取得权利和行使商标权的方法。

［1］目的

全世界的商标法目的基本上是一致的，即为了保护消费者避免其在市场中对产品和服务的来源产生混淆。与版权和专利权法律不同，美国宪法并没有包含任何保护商标的文字叙述。商标保护源自不正当竞争的侵权行为，在州普通法之下发展而来。商标的目的在于区分产品的所有权和产地，从而保护商标所有者的劳动成果，防止竞争者的欺诈和诈骗[5]。

［2］适用的法律

全世界的商标法尽管在取得商标的程序上存在显著的差异，但其实质是非常相似的。美国联邦政府在美国宪法的商务条款[6]下已经构建了联邦商标制度。商标法的指导法规，即《兰哈姆法案》（the Lanham Act），在《美国法典》第15条[7]，据此，商标侵权诉讼通常应向联邦法院提出[8]。州法律［比如形象权（right of publicity）］补充了联邦法律体系，也可以作为联邦诉讼的一部分。

［3］权利的取得

通过证明一个商标可以用于辨识特定商品或服务的来源，申请人可以在美国专利和商标局注册该商标。该商标必须与其他商标不存在冲突（或类似性混淆），并且广泛地使用于美国各州间或美国和外国间的商业贸易中。一项商标的注册也可以是基于相应的外国商标注册和在美国商业中使用该商标的真实意愿。因此，在某些情况下，美国的商标注册核准也可能早于该商标在商业贸易中的使用。但是，此后未能将这个商标用于商业活动，则可能危及该商标注册的效力并导致其被注销。除了由于联邦注册而产生的法定权利外，在商业中使用商标也能产生普通法上的权利。

在美国，对未注册商标的侵权行为也可以提起法律诉讼，但是联邦注册登记过的

---

[5]　参见维克多工具机械公司诉阳光控制遮阳篷有限公司（Victor Tool Machine Corp. v. Sun Control Awning，Inc.），299 F. Supp. 868. aff'd，411 F.2d 792（6th Cir. 1969）.

[6]　U.S. Const. art. 1，§8，cl. 3.

[7]　15 U.S.C. §§1051–1127.

[8]　对于一些少见的涉及未注册商标的案件，一项地方商标争议可以提交州立法院，对于涉及地方利益的案件，如在同一城镇上两家相邻的饭店使用类似的名称，州立法院可能是一个适当的场所。

商标在权利行使中具有显著的优势。一个联邦登记注册过的商标可以提供证明商标有效的初步证据，在侵权时可能获得更多潜在的救济，并通过出现在商标注册簿上而对其他人进行告知。联邦注册登记也为美国专利和商标局提供了拒绝其他人对同样的或者易混淆的相似商标进行登记注册的依据。

美国专利和商标局对商标进行基于绝对理由和相对理由的审查，确定一个商标是否具有符合美国法律的内在可注册性，以及是否与在先的注册登记或申请相冲突。一个商标是否具有内在可注册性应依据以下因素进行判断：是否属于通用名称（产品或服务采用了商业活动中常见的名称）；是否仅对其应用的产品或服务具有描述性且无法为消费者指明产品或服务的来源；是否仅仅是地理标志的一个别名（比如“那什维尔广播网络”）；是否是不道德的或具有诽谤性质的（例如在新闻简讯里采用一对情侣裸体拥抱的照片来说明男女关系的丑闻）；是否由美国或者其他国家以及行政区的旗帜或其他徽章组成。当申请人对于美国专利和商标局的审查员的决定存在异议时，他可以向商标审理与申诉委员会（TTAB）进行申诉。

当一个商标被认为是可以注册的并且没有和任何商标冲突时，美国专利和商标局将在官方公报上公告此项申请。任何认为因该商标注册而自身利益将受到损害的人，可以在该公告之日起 30 天内对该商标提出异议请求。异议的理由应包括描述性、功能性（主要指实用优势，例如某些特定的颜色通常更加协调或者吸收更少的热量），以及最常见的——与提出异议人的在先商标存在令人混淆的相似性。

一旦商标在美国专利和商标局注册，第三方仍然可以基于与异议相似的理由请求撤销该项注册，并且没有显著增加的举证责任。如果一项商标的注册登记超过 5 年，就可以提交不可置疑性声明，其中附加了一项不可置疑性推定，则之后可能会被撤销的理由就会受到限制。异议程序和撤销程序向商标审理与申诉委员会提出。请求人对商标审理与申诉委员会不满的，可以向联邦地区法院或者美国联邦巡回上诉法院上诉。

[4] 权利的行使

商标的所有者将通常基于以下两个理由来行使其对抗其他当事人的商标权利：(a) 因涉嫌侵权的人用相同或者相似的商标而导致消费者可能对产品或服务的来源产生混淆；以及 (b) 涉嫌侵权的人使用商标淡化了一个知名商标质量的可识别性或者声誉。易混淆相似商标的一个例子是提供家居家具和装饰的 OGGFTTI 与提供房屋电子功能性家具的 BELL’OGETTI。一个商标淡化另一个知名商标可识别性的例子是：将 TIFFANY 作为一家餐馆的名字淡化了著名的纽约珠宝商 TIFFANY。

商标的所有者通过多种方式行使其商标权利。最典型的是，通过向涉嫌侵权的人发送律师函（demand letters），在商标审理与申诉委员会进行异议和撤销申请以及向联邦法院提起诉讼来行使其权利。

[D] 商业秘密

本部分将介绍商业秘密的目的、适用的法律、保护方法以及行使权利的方法，并与专利进行比较。

[1] 目的

在美国，商业秘密法律保护机密的商业信息以避免对通过不正当手段获得的此类信息进行未授权的披露或使用。《美国统一商业秘密法》（*The Uniform Trade Secrets Act*）[9] 将“商业秘密”定义为包括一项配方、样式、编辑产品、程序、装置、方法、技术或工艺的信息，并且：

(i) 因其不被公众知悉，并不能通过合适的方法轻易获取，而他人却可以通过披露或使用该信息而从中获得经济利益，因而该信息本身具有实际或潜在的独立经济价值；并且

(ii) 通过努力使得它合理地处于继续保密状态下。

符合商业秘密法定义而受到保护的信息的例子如下：

- 产品配方；
- 与生产相关的技术诀窍；
- 信息汇编（比如顾客名单）；
- 买方出价；
- 电脑程序；以及
- 技术设计。

因此，商业秘密是具有商业价值的信息，它的形式可以是非常多样的，包含技术性的以及非技术性的信息。由于要求它不能被“公众知悉”，多家公司有可能对同样

[9] Model Unif. Trade Secrets Acts § 1(4)(1970) (amended 1985).

的商业秘密分别享有权利。保持秘密性是对商业秘密进行法律保护的关键。

[2] 适用的法律

尽管国际上尚未形成保护商业秘密的统一的法律体系，但《北美自由贸易协定》（NAFTA）和乌拉圭回合《与贸易相关的知识产权协议》（TRIPS）均包含了保护商业秘密的条款[10]。在美国，专利和版权法是联邦立法来确定的，商业秘密权利则与之不同，主要由州立法来确定。大约有45个州采用了《统一商业秘密法》(UTSA)[11]，这一部模范法典起草的目的是为了更好地明确普通法中商业秘密的权利和救济，以及为这些州提供法律的一致性。

还有其他可以适用的联邦法律。1996年的《经济间谍法》[12]将盗窃或者滥用一项商业秘密规定为一项联邦罪。《美国法典》第18卷第1831（a）条规定的使外国势力获益的商业秘密盗窃与《美国法典》第18卷第1832条规定的为商业或经济目的的盗窃，法定的刑罚是不同的。2006年《计算机欺诈和滥用法案》（CFAA）[13]提供了针对涉及计算机的商业秘密滥用的民事和刑事诉讼理由。

[3] 保护

一般来说，保守秘密常常是要付出昂贵代价的，需要实际安全和法律手段、公司政策和足够的员工教育。实际安全措施是指，例如，维护人员不能进入敏感区域。政策和员工教育可以减少由疏忽大意导致的信息泄露，比如一个面试官向一个应聘者泄露了一个即将面世产品的细节。一个法律文书，比如竞业禁止协议，可能防止前任雇员将机构信息带到别处。这些手段不仅是可取的，而且对于主张滥用商业秘密的索赔也是必要的，在这种情况下，需要原告说明已经采取了合理的措施来保持秘密性。

尽管依据一个默示合同披露的或者在一个保密关系中所披露的商业秘密即使缺乏明示协议也有权获得合理的保护，但是签订一个明示的合同仍然是很有利的。例如，当一名员工离职时，可能产生争议的是，对该员工在职期间获得的知识和技能，哪些是可以自由使用的，哪些仍然是雇用方的财产。通过在雇用合同中加入竞业禁止协议并规定了明确的限制，可以避免这种争议。为了增强可行性，这种竞业禁止协议在关于地域和期限、已经被禁止行为的范围等方面的规定必须合理。

---

[10] 参见 NAFTA，Article 1711；TRIPS Section 7.

[11] Model Unif. Trade Secrets Acts（1970）（amended 1985）.

[12] 18 U.S.C. § §1831–39.

[13] 18 U.S.C. §1030，*et seq.*

契约性的协议可以用来设定“非雇员”（nonemployees）的保密义务，比如独立承包人。合同可以明确非雇员的权利和义务，对雇主所有的商业信息保密。例如，一份明示的保密协议可以提示雇员或者独立承包人注意商业秘密所有者的要求。

[4] 权利的行使

在国际上，关于商业秘密诉讼的法律依据可以在不同的法律服务中找到。例如，诉因是滥用商业秘密，在国际上可以从一个国家的合同法、侵权法、刑法、知识产权法或劳动法中找到根据。对希望在那个国家进行商业活动的公司来说，这些迥异的标准是一个巨大的挑战。在美国，与专利、版权和商标不同，滥用商业秘密不是提起联邦民事诉讼的诉因。相反，商业秘密必须通过各州的防止滥用的法律来保护。《美国统一商业秘密法》（UTSA）几乎是所有的州都采取的模板。

根据《美国统一商业秘密法》，对一项商业秘密的“滥用”（misappropriation）是指：（a）通过不正当手段或者通过其他明知是通过不正当手段获取秘密的人处获取秘密；或者（b）当在某些具体情况下产生了不披露或不使用的义务，而在未取得同意时，披露或使用了这项秘密。上述具体情况存在的情形可以是当商业秘密已经被不正当地获取，或者已经在负有不披露或不使用义务时获取，或从其他负有不披露义务人处获取，或因意外或错误获取秘密，如果在使用或披露商业秘密之前，得到秘密的人已获知其属于商业秘密。

对这些滥用商业秘密的救济规定于《美国统一商业秘密法》的第 3 部分和第 4 部分，包括禁令、赔偿金（包括惩罚性赔偿）以及在不诚信、故意、恶意滥用的案件中赔偿合理的律师费。

[5] 与专利权的比较

商业秘密的法律保护与专利保护不同，因为商业秘密不能用来阻止竞争者通过“反向工程”[14] 获得秘密。在一些案件中，商业秘密保护较之于专利保护，可能是更好的选择。例如，商业秘密保护不要求信息是新颖的和非显而易见的。事实上，其他人也可能早已开发出同样的商业秘密，但这并不妨碍该商业秘密受到保护，只要它没有被公众知悉。商业秘密也可能是不属于任何可专利客体类别的信息，例如，商业秘密会涉及不具有可专利性的客户名单。

一般来说，对制造和化学工艺的专利侵权难以被发现。将该工艺作为商业秘密则

[14] 反向工程指通过利用已完成成果和终端产品的知识和向前推导，从而获得秘密。

可能会获得更好的竞争优势。例如，不像专利保护有期间限制，商业秘密可以永远持续。也就是说，将一项能够妥善机密保存的制造工艺或者方法作为商业秘密保护比作为专利保护能够在更长的时期内获得竞争优势。另外，如果商业秘密的价值具有有限的可用周期，那么获得这项专利的成本会变得不合理。因此，当不能获得专利保护，或者一个产品不太可能被其他人进行反向工程或者独立开发出来时，在决定如何最好地保护该发明时，将相关信息作为商业秘密比获得专利保护更合适。

§ 10.03　知识产权尽职调查

本章就如何对目标公司的知识产权资产组合进行全面的尽职调查提供指南。

[A] 知识产权尽职调查概述

进行知识产权尽职调查的重要步骤之一是辨别和确定目标公司的知识产权资产。这项工作从要求目标公司提供所有与知识产权相关的信息和文件开始。这些信息和文件可能与该公司的过去、现在以及将来的业务有关。此要求通常应当包含下列内容：

1. 一份涵盖所有专利、商标和其他知识产权及相关协议的清单，其中包括美国和国外的专利、专利申请、商标、服务标志、商标或服务标志申请以及版权；
2. 所有确认向第三方的知识产权转让或许可已完成的协议，或者规定目标公司有义务向第三方转让或许可知识产权的协议；
3. 所有涉及将第三方的知识产权许可给目标公司的协议，或者规定有义务将第三方知识产权许可给目标公司的协议；
4. 所有过去的和现在的雇用协议及咨询协议；
5. 对任何权利要求的赔偿，涉及具有知识产权相关的权利要求的目标公司的，基于侵犯权利、无效或者所有权的任何现在的或过去的权利要求的诉讼；以及
6. 与针对目标公司所做的或者代表目标公司所做的使用权研究及与知识产权相关的意见有关的文件和信息。

但是，上述意见，包括那些由外部法律顾问准备的意见，会受到律师—当事人保密特权的保护；为了保持这种特权，目标公司和收购方需要签署初步协议。

目标公司的知识产权的范围可以大到完整的所有权，小到一项许可，或者是两者之间的权利。该目标公司可能将知识产权权利或留置权授予第三方，从而导致其所有权存在问题。因此，对最初尽职调查请求的答复，以及作为一个合格的投资者开展尽职调查的需要，将不可避免地导致进行必要的补充调查（包括电脑检索和人工检索），以便更好地明确和识别该目标公司的知识产权。

补充调查通常包括：

1. 在相关的司法管辖区内对专利权、注册版权和注册商标进行数据库检索，以明确目标公司所拥有的知识产权，以及第三方所有的与目标公司的产品和服务相关的知识产权；
2. 对上述调查获得的结果进行审查、分析和确认；
3. 对知识产权协议进行审核和分析，包括许可协议、咨询和保密协议、转让协议以及其他协议；以及
4. 为了与目标公司提供的产品和服务有关的侵权问题，对第三方的知识产权进行审查和分析，包括审查过去和现在所有的涉及目标公司知识产权的关于侵权、无效和所有权的诉讼或主张的相关信息。

除了对资产组合的价值评估之外，调查结果可用来评估诉讼和仲裁程序中提出的索赔是否站得住脚、针对第三方的可能的侵权索赔以及第三方针对目标公司可能提出的侵权索赔。

[B] 知识产权尽职调查清单

以下列出了一些知识产权尽职调查通常的步骤。

[1] 专利

(a) 审查目标公司和第三方公司所有的在美国和其他国家已获授权的专利，以及未决的和已放弃的专利申请，条件是这些专利或专利申请和目标公司的产品或服务相关；

(b) 审查所有与目标公司的发明相关，由目标公司进行的或者代表目标公司进行的专利检索；

(c) 确认所有已授权专利被正确地维持有效，并确认目标公司在世界范围内已向

相应的专利局支付了所有的维持费用；

(d) 通过对所有相关协议进行评估，包括许可和制造协议，对权利转让的范围和性质进行评估；以及

(e) 确定和评估所有现有的或者即将发生的由目标公司主张的或者针对目标公司的专利侵权索赔。

[2] 商标

(a) 检查目标公司使用的所有商标和服务标志；

(b) 检查目标公司在美国和外国登记的所有的商标和服务标志；

(c) 审核与使用这些标志出售的商品和服务有关的全部质量控制手册、文件或指南；

(d) 审核所有的商标许可；以及

(e) 确定和评估所有现有的或者即将发生的由目标公司主张的或者针对目标公司的商标侵权索赔。

[3] 版权

(a) 审核目标公司创造的、委托的或已取得权利的受版权保护的全部作品；

(b) 评估所有的职务作品协议（work-for-hire）和涉及顾问服务及开发的作品的合同；

(c) 审核所有版权登记相关文件，包括申请、回复、转让和担保权益；

(d) 审核所有目标公司使用的和受版权保护作品相关的许可；以及

(e) 确定和评估所有现有的或者即将发生的由目标公司发起的或者针对目标公司的版权侵权索赔。

[4] 商业秘密

(a) 确定目标公司使用的重大商业秘密；

(b) 查明能够获取目标公司保密信息的重要雇员、顾问和其他个人或实体是否已经签署了保密协议；

(c) 查明目标公司与它的核心员工之间是否已经签署了竞业禁止协议；

(d) 评估目标公司所采用的安全政策，包括实体的、技术上的和行政方面的安全程序；以及

(e) 审核和评估所有相关协议，包括专有技术许可和技术支持协议。

[C] 影响目标公司的知识产权价值的特定因素

许可、转让、职务作品协议和代管协议可能影响目标公司的专利、商标和版权的价值。

[1] 许可

公司经常寻求从其他人处获得专利、商标和版权的许可，以期利用与这些知识产权相关的技术或思想使公司的业务得到进一步发展。许可协议可能将第三方知识产权授予目标公司，或者将目标公司的知识产权授予给第三方。无论在哪种情况下，许可协议都可能包含影响被许可的知识产权价值的条款，特别是被其他人收购的情况下。

例如，许可协议可以授予被许可人全球独占权，或者限制许可只能在特定的技术领域或者地理区域使用。在许可协议中增加条款，或者缺少一些条款，可能会限制被许可人向收购方转让许可。这些事情能够对目标公司的知识产权的价值造成影响，因此在收购的初期就进行确定是非常重要的。

[2] 转让

“转让”可能用来将一方（出让方）的知识产权转移给另一方（受让方）。发明者将自己的专利转让给雇用他的公司是非常普遍的。转让也可以用于一方向另一方转让自己对商标和版权的所有权。

■ **实务提示**：在审核目标公司的知识产权时，收购方应当确保基于知识产权的权利已经正确地转让给了目标公司，并且已经在相应的政府部门（例如美国专利和商标局）进行了备案。收购公司应当查实知识产权权利可以进一步转让给收购公司，并且决定是否需要对此进一步咨询。当知识产权没有正确地转让给目标公司时，它并不归目标公司所有，这使得知识产权对于收购方而言毫无价值。对转让中的缺陷可以进行补救。对于收购方来说，最好在交易完成之前就进行补救。

[3] 职务作品协议

创造作品的人是法律上认可的作者，特别是在版权的情况下。但是，在美国，当雇员与雇主签订了职务作品协议时，在法律上雇主将被认为是作品的作者。在一些国家，这样的安排被称为“集体创作”(corporate authorship)。在这种例外下，实际的创作人不需要因作品而被给予公共声誉，并且任何公众对于实际作者身份的认可不会影响作品的法律地位。

版权和“精神权利”（moral rights）在《保护文学和艺术作品伯尔尼公约》中被区别开来。精神权利包括作者公开署名以及保持作品完整性的权利。即使版权可能被转让给了雇主，但作者仍享有精神权利。作者的精神权利使他有权创作衍生作品，也有权在取得雇主的同意后自己传播作品。

■ **实务提示**：在美国进行交易，收购公司应该查证目标公司是否与雇员签订了职务作品协议，以确保目标公司对雇员的作品拥有版权。在美国之外的其他地方进行交易，收购公司应该取得所有授予作者传播作品权利的协议的复印件，以确定这些协议是否降低了作品的价值。

[4] 知识产权代管协议

知识产权代管协议规定，依据许可人、被许可人和中立第三方签订的协议中规定的条款和条件，由中立的第三方拥有知识产权的申请。中立的第三方必须遵守知识产权代管协议的条款和条件，知识产权代管协议可以用来确保许可人妥善地维持和支持其规定的知识产权。与上述一样，应当仔细审核知识产权代管协议的条款，以确定是否存在可能限制或禁止其规定的知识产权转移的条款。

[D] 公司行使知识产权权利的能力导致一些相关问题的产生

以下讨论一些事项，这些事项可以影响公司行使其知识产权权利的能力。

[1] 不起诉契约

不起诉契约是一项当事人之间的协议，或者是公开声明，它允许第三方采取本来可能构成侵犯知识产权所有人权利的行为。这种承诺经常在开源、绿色技术和医药领域采用，以达到孕育更多研究和发展的目的。对于贫困国家，这种约定使得国民能够获得廉价的药品，否则这些药品将因为许可费导致的成本高昂而使人无法承受，特别是那些畅销药品。但是，这种承诺会有各种条款或者限制。另外的限制应用于知识产权家族中的特定部分、特殊目的或者使用领域。

[2] 补偿

补偿条款可以保护收购方在使用自目标公司收购的资产时，免受侵权诉讼导致的利益损害。补偿条款可以要求目标公司对任何针对收购公司的诉讼进行应诉，并对由针对收购方的判决导致的损失进行赔偿，或者可以设定由诉讼产生的损害赔偿金的支付上限。例如，支付上限可能是为收购而支付给目标公司的全部金额。该条款可能将赔偿限制在购买后一定的时间，或者在诉讼通知后一段时间内。

涉及诉讼的补偿条款可以具体到通知必须以什么方式提供、由谁聘请辩护律师、由谁负责诉讼战略以及什么时候解决问题。如果是为了对购买的知识产权所有权的质疑进行辩护，那么它们也和购买的知识产权的所有权有关。

[3] 雇用政策和协议

雇用协议必须适应于特定的国家或者司法管辖区，以确保在这些国家和司法管辖区内这些协议的可执行性。大多数美国大公司有政策要求他们的员工签订雇用协议，其中规定所有雇员开发的知识产权都转让给公司。这样的协议也可以要求雇员承认公司的知识产权，并且声明其有义务不向第三方披露这些知识产权。特定的协议可能在美国是可实施的，但是，同样的协议在美国之外可能违反公共政策，致使整个协议不能执行。

■ **实务提示**：收购公司应当评估目标公司的政策，这些政策规定了对于开发出的知识产权雇员和目标公司各自的义务。这种义务对于保护商业秘密非常重要。公司政策可以概括出为了保护商业秘密必须采取的步骤，并阐明了雇员有义务就任何已知的侵权，无论是目标公司侵权，还是第三方侵权，提醒目标公司注意。已建立的政策一般也显示谁拥有开发出的知识产权、谁可以公布知识产权和可以进行公布的条件。

[4] 保密条款或协议

保密条款或协议（NDA）允许公司与它的商业伙伴分享其知识产权。公司可以和商业伙伴一起共同开发产品，或者需要商业伙伴的投入以进行进一步的产品开发。商业伙伴取得知识产权的前提是其同意不向第三方披露这些知识产权。保密条款或协议可以用来促进生产，无论是通过询问报价或者为了样机的开发。保密条款或协议的其他目的包括使收购方（或者投资者）能够对目标公司进行尽职调查。

保密条款或协议对于专利特别重要，它可以防止基于时间的法定限制从公开披露之日开始计算。公司经常愿意对顾客披露一项发明，期望顾客反馈改进信息，或者按照顾客的要求开发产品。在没有保密协议的情况下，向商业伙伴披露一项发明会在很多国家导致其专利权利受到限制或灭失。

■ **实务提示：**收购方应该评估目标公司的保密协议，以确定它的履行权或者保密义务。在没有保密协议时，取得知识产权的一方没有保护知识产权不被披露的义务。因此，防止接收方向第三方披露知识产权会比较困难。

[E] 知识产权权利的估值

知识产权的价值是无形的，很难被量化。知识产权有金钱的（财务的）和非金钱的（战略性的）价值。确定知识产权的价值，对以下事项有重要意义：

1. 资产的出售或转让（无论是单独的，或者作为全面企业购买或股份购买交易的一部分）；
2. 投资决策；
3. 涉及维持和发展一项知识产权组合的管理决策；
4. 税负考虑；以及
5. 涉及销售和许可的战略决策。

金钱价值不会总是与战略考量一样重要。例如，一项知识产权资产（例如专利）是一种在市场上排除他人使用该专利发明的权利，可能带来实际的效益，如产品被认可、市场营销或者交叉许可。专利可以提供交叉许可的机会或者抑制竞争者主张其自己的知识产权权利。

实际效益的价值很难被量化，也受到不同量化方法的制约。

[1] 知识产权资产的估值方法

知识产权资产通过四种方法结合进行估值，它们分别是：沉没成本法、市场比较法、预期收入法和经验法则。

[a] 沉没成本法

知识产权估值的第一种方法被称为“沉没成本法”或者“重置成本法”。它经常在对有形资产的会计领域中使用。这种方法是利用评估过去的并购成本（有时候则使用计算出的重置成本）来对资产进行估值。对于专利、商标或者版权，沉没成本通常包括过去与知识产权相关的历史研发以及收购的成本。

对于知识产权，重置成本法有两个缺点。第一，当知识产权没有被用于市场时，这种方法会高估那些可能无用的资产的价值。第二，有价值的知识产权的真正价值和潜在收益，将可能超过创新者所投入的沉没法律成本和开发成本。同时，一般比较容易确定因保护而产生的法律成本，但是通常不清楚如何确定研究和开发成本。第一个缺点的实例是：在开发知识产权的时候投入了重大的资源但相关产品并未获得商业上的成功的情况下，资产的价值会被夸大。使用沉没成本来确定与这些产品相关的知识产权的价值往往会发生严重的错估。除了为记账和税收的目的适用以外，沉没成本的方法经常是不适用的。

[b] 市场比较法

第二种经常用来对知识产权资产进行估值的方法是“市场比较法”。在该方法中，将知识产权资产与相似的或者相当的资产进行比较，这些用来比较的资产有许可或销售记录。这种方法经常用于许可比较常见且许可费率已知并可预测的行业。实例包括电子、医疗、制药以及软件行业，而制药行业的许可费率通常比计算机和电子行业更高。

市场比较法也有两个主要的缺点。第一个缺点是，由定义几乎就决定了，所有的知识产权都彼此不同，因此都是唯一的。由此，确定可比较的资产十分困难。

为了帮助聚焦于寻找可比较的交易，可比性可以通过以下因素来确定：

- 相似的技术；
- 知识产权类型；
- 地理区域；
- 行业；
- 预计的有效期；
- 独占的程度；以及
- 资产的数量，如涉及的专利和商标的数量。

该估值方法的第二个缺点是它依赖于过去交易信息的可获得性。对于交易保密的行业，通常就不能获取到必需的重要信息。

■ **实务提示**：使用市场比较法进行估值的收购方或者投资方应当确定目标公

司是否属于许可发生比较集中的行业，这类行业中的许可费率调查是可行的，而且参与者能够秘密地共享调查数据。可以获得许可费率使得这种估值方法具有可操作性，从而克服了方法本身的缺点。

[c] 预期收入法

第三种评估知识产权的方法是“预期收益法”或“净现值/贴现现金流法”。在这种方法的一些版本中，利用未来事件发生的概率以及相关收入流（这些收入流与所有者使用知识产权资产相关）生成决策树（decision tree），或者结果概率树（outcome probability tree）。将任何可能的收入流（不管是一次性的收入还是利润流或者许可费流）加总在一起，以形成对于资产的净现值的估计值。这种方法在确定一项“大致正确的”估值时非常有用。

尽管该方法有应用的潜力，但这只是一个假设，因此依赖该方法存在风险。必须考虑各种变量，比如行政审批、客户或者行业的接受程度，以及知识产权保护的强度和范围。

对药物产品的许可显示了分析中如何运用假设。在药物产品的研发过程中，存在一些已知的风险，包括行政审批和病人的接受程度。为了确定许可费，可以假设：随着产品经历研发的一般过程、从临床试验的成功到获得美国药品管理局（FDA）的批准，上述风险会不断降低。在这个假设的基础上，当产品开发经历不同阶段取得进展时，被许可方应支付的许可费亦应当增加，因为每一个阶段的进展都意味着风险在降低。但是，这些适用于药物行业的因素，对于其他行业可能用处不大。理解运用该方法获得的估值结果，必须了解每个行业假设的适用性。

[d] 经验法则

第四个评估方法被称为“经验法则”。“经验法则”的例子之一是“1/4 法则”，即与知识产权保护相关的产品或服务的预计净利润的 1/4 是资产价值。但是，对该法则的一个质疑是一般很难确定应当采用的利润，因为很难明确利润是否包括固定成本、一般成本和间接成本。

另一个经验法则是“5% 法则”，内容是：与知识产权保护相关的产品或服务的预期销售总额的 5% 是资产价值。5% 法则的一个问题是：它不能反映出一些产品或服务的收益远大于其他的产品或服务。另一个问题是：它没有考虑到由知识产权所赋予的独占性程度或者因许可而产生的独占性程度（对 1/4 法则来说也是如此）。

在某种程度上，简略的经验法则总是会依赖于对未来收益的预测。人们在适用于“当前价值”（at present value）或“折现价值”（discounted present value）收入方法的各种假设中最终会采用某个任意的百分数。

■ **实务提示：** 因为每一种对知识产权资产进行估值的方法都有自己的缺点，所以最好的办法是四种方法都采用。最后选择的方法，可能受到估值目的以及对资产或者资产组合性质更精确考量的影响。例如，在公平的资产或者股份出售交易中，为了谈判的目的，当事人都愿意选定一种方法来计算，希望将交易最终价格控制在他们自己需要的范围内。为了税收目的，某些方法可能比其他方法更加适合。例如，基于公司一段期间税后收入值计算出许可费，比一次性支付许可费更能使公司得到较高的利润。

［2］许可估值事项

对使用知识产权的许可需要进行估值。第一个问题是应当支付多少金额。对许可的补偿可以在交易时一次性支付，或者采用按产量支付许可费（running royalty）的形式。这两种支付方法结合起来的情况也很常见。开始时一次性支付的好处是使各方不用对许可费计算基础交换财务信息。而采用按产量支付许可费的协议的一个好处是包含知识产权的产品或服务成功或失败的风险，以及知识产权的执行力度，由双方共同承担。

还存在其他可以影响许可价值的因素。例如，独占许可的价值高于非独占许可的价值。如地理区域因素、许可的时间长度以及专有技术或商业秘密的交换，都会对许可谈判产生影响。

［3］其他知识产权估值事项

在美国对知识产权进行估值与在其他国家进行估值具有不同的意义。例如，在美国，专利以及其他知识产权诉讼可以获得数百万美元的损害赔偿，而在美国之外的判决赔偿金额则少得多。在某些国家，专利受到“不使用就丧失”的限制：对一项专利发明不进行商业化，将导致专利权的丧失或者导致以政府设定的许可费率进行强制许可。在美国没有这种使用要求。

在美国，税负考虑是比较独特的。依据收入是否是由出售资产或者由支付许可费获得，适用的税率不同。美国没有增值税（VAT），因此，仅出售资产但没有涉及交易收入，不产生纳税责任。在收购资产时，为了计税的目的，可以在不长于15年的期间内摊销收购无形资产的成本。

§10.04 建构知识产权转让条款

本部分重点介绍一些在建构知识产权转让条款时应当考虑的主要事项。

[A] 出让和转让

以下讨论出让专利、版权、商标和商业秘密的授权和要求。

[1] 专利权转让

专利权转让是向受让人转让所有权，赋予其原专利人对专利所拥有的权利。为了保证转让有效，转让必须采用书面形式，但是对于书面的具体内容没有特殊的要求。它必须证明双方的如下意愿：出让者将舍弃自己对专利享有的权利，而受让者将获得所有这些权利。《美国法典》第 35 卷第 261 条允许专利转让的权利。

■ **实务提示**：美国专利和商标局建议，专利权或者专利申请的转让应当获得公证人或者类似人员的公证，以提供初步证据证明转让已经完成。

[2] 版权转让

和专利相似，版权转让是转让完整的所有权，并且必须采用书面形式才有效力。这种书面形式包括财产转让文书、转让记录或者备忘录。不论采取何种书面形式，它必须由转让权利的所有人或者其代理人签字。与专利转让相似，转让有效并不需要有一个确认证书（certificate of acknowledgment），但是这种确认证书提供了证明转让生效的初步证据。《美国法典》第 17 卷 201 条允许版权的转让。

对书面的转让并不存在特殊的规则，但是必须证明双方均有转让版权的意愿。只要把转让版权的意思表示得清楚无误，则一般认为必须具备的词语，例如“转让”和“版权”，并不是必需的。

[3] 商标转让

与转让专利和版权一样，商标必须以适当的书面方式转让，并且对转让的确认证明是证明转让有效的初步证据。

《美国法典》第 15 卷第 1060 条授权允许商标转让，其规定如下：

注册商标或者已经提出注册申请的商标，应连同使用商标的商誉，或者连同与使用商标相关并且由商标标记的那部分商誉一起进行转让[15]。

■ **实务提示**：商标的转让不能独立于它的商誉。收购方或者投资方必须确保协议的语言明确表明转让与商标相关的所有商誉，仅仅转让商标权是不够的。当转让（包括转让所有的商誉）生效后，受让人便成为商标的新所有人，可以行使所有者的权利。

注册商标或者已经提出注册申请的商标是可以转让的，但是对于已经提交的意图使用的申请，只有在满足一些特定限制的条件下才是可转让的。首先，申请者必须已经提交确认的使用申明或者声称使用的修订书。当没有提交这两者时，申请者不能转让商标，除非出售整个业务。如果申请人在提交确认的使用申明或声称使用的修订书之前转让商标，会发生严重的后果。在高乐氏诉化学银行案（Clorox Co. v. Chemical Bank）中，商标审理和申诉委员会认为，这种转让不仅是无效的，也会产生“取消申请或者任何由此产生的注册”的结果[16]。因为只有实际使用的商标才具有可转让的利益，收购方或者投资方应当谨记商标可转让的限制条件。

[4] 商业秘密转让

与专利、版权和商标一样，商业秘密也可以转让。涉及商业秘密转让的法律论述并不很多，这种转让仅发生在商业秘密的所有人以明确的、有意的行为进行权利转让的情况下。因为商业秘密属于州法律体系，任何转让行为都会按照州合同法解释。因此，与专利、版权和商标的转让类似，一项商业秘密的转让，要求有一个双方转让商业秘密权利的意图明确的合同关系。一旦商业秘密被转让，在没有受让方允许的情况下，出让方不得使用商业秘密，除非出让方只转让了部分商业秘密的权益。

[B] 陈述与保证

当收购一家美国公司时，陈述和保证是谈判的关键，特别是涉及知识产权问题的

[15] 15 U.S.C. § 1060(a)(1).

[16] 高乐氏诉化学银行案，40 U.S.P.Q. 2d 1098（1996）。

情况。陈述和保证并不能代替尽职调查，但是它可以提供对于目标公司知识产权更加完整的了解，以及分散与收购和投资相关的一些风险。违反转让协议项下的陈述和保证，可以使收购方有权在将来主张损害赔偿。

起草陈述和保证时，收购方应当谨记各种知识产权资产的差异，并且不应当假设适用于一个国家的陈述和保证一定也适用于美国。

在典型的转让协议中，有两种类型的陈述和保证。第一种，双方之间的一般的和相互的陈述和保证，包括任一签字方都有权利和授权缔结协议，协议是合法、有约束力的，以及该协议不违反任何签字方签订的其他协议或与之相冲突[17]。

第二种是专门针对目标公司的知识产权资产的陈述和保证。收购方可以寻求获得的最强有力的陈述和保证就是不含有任何例外或披露的陈述与保证[18]。当收购方进行了被推荐进行的知识产权尽职调查后，转让协议中陈述和保证的力度可能会受制于某些例外和限制（例如许可、转让、侵权主张或者其他担保权益）[19]。

当洽谈一项转让协议时，收购方通常应要求目标公司提供以下陈述和保证：

1. 目标公司提供了一份真实和完整的知识产权资产清单；
2. 目标公司提供了一份对第三方现存的或可能发生的所有许可清单；
3. 收购方将获得运行目标公司所需的所有知识产权权利；
4. 所列出的许可是运行公司所需的从第三方获得的所有许可；
5. 不存在先前授予的转让、让与、让渡、担保权益（包括留置权），或者涉及知识产权资产的其他权利或利益；
6. 目标公司合法拥有知识产权资产，并且可以向收购方转让上述资产，不受先前授予的出让、让渡、留置、权利主张，或其他担保权益的影响；
7. 不存在涉及知识产权资产的任何权利主张、判决、和解或者未决诉讼；
8. 目标公司的知识产权权利和资产是有效和可执行的。
9. 目标公司的任何知识产权资产、产品或获得许可的权利均不侵犯第三方的权利；以及
10. 收购方未来对知识产权资产的使用不会侵犯任何第三方的权利。[20]

[17] 参见 Lisa M. Brownlee，Intellectual Property Due Diligence in Corporate Transactions §1.34（8th ed. 2007）[hereinafter "Brownlee"]；Michael A. Epstein，Epstein on Intellectual Property §18.02[F](5th ed. 2010).

[18] Brownlee at §1.37.

[19] Brownlee at §1.37.

[20] Brownlee at §13：38.

目标公司几乎一定会试图对收购方要求的陈述或保证做出修改或限制。目标公司可能试图加入限制性的语句，如“据目标公司所知”，以及“实质性”的限制语句。于是，陈述和保证条款在起草转让协议时可能成为重要的争议点。陈述和保证条款对于清楚把握收购的知识产权非常重要，但是，更重要的是陈述和保证对于分散风险的意义。收购方必须理解目标公司的知识产权资产，以及如何在转让时更好地保护自己。

[C] 补偿

补偿条款是一方就另一方产生的责任而设定经济责任。对于转让协议和知识产权，补偿条款一般对在特定实际情况下产生的侵权主张，为作为知识产权卖方的目标公司设定了经济责任。

一个典型的补偿条款由两个部分组成。第一部分定义何种特殊情况下，一方（卖方或目标公司）对另一方（收购方）的责任承担经济责任。第二部分规定卖方将在上述情况下产生的法律诉讼中为收购方进行辩护[21]。赔偿条款一般也规定，对任何他方负有责任的侵权主张，各方应立即通知对方，各方应当联合起来对任何权利主张进行辩护[22]。

因卖方违反转让协议中的陈述或保证而产生的知识产权侵权或主张或其他责任，从而导致的收购公司的任何损失、损害、支出或责任（包括费用和合理的律师费用），收购公司将向目标公司进行索赔。在起草补偿条款时，收购方应当注意任何对补偿条款的地域限制或金额上限。例如，条款可能限制仅对在美国境内的主张进行补偿，或者可能将补偿限制在该另一方实际支付的总金额之内。

目标公司会试图将补偿限制在协议涉及的地区内，但是，收购方可以通过谈判要求更宽泛的补偿条款，包含尽可能多的地区，包括外国侵权主张。收购方也会要求规定最大补偿金额的条款。收购方会要求补偿条款在转让协议终止之后仍然有效。

[D] 转让的备案

知识产权的所有人一般有权转让他的全部或部分产权利益。转让通过许可、出让、抵押、授予、死亡后所有权的转让或者其他方式来完成。虽然不是必须要做的，但是

---

[21] Michael A. Epstein，Epstein on Intellectual Property §18.02[J].

[22] Michael A. Epstein，Epstein on Intellectual Property §18.02[J].

最好将与知识产权转让相关的文件在美国专利和商标局及美国版权局进行备案。这些机关并不执行已备案的协议，但是它们保留涉及版权、商标和专利的官方记录。进行文件备案是自愿的，但是有很多益处。对一个转让进行备案，可以保护出让者以对抗随后的善意购买人，在相互有冲突的转让中建立优先权，以及创建公开的转让记录，这样反过来可以为公众提供对转让文件中的事实的“推定告知”。

[1] 版权

“转让版权所有权”或其他版权的文件，在满足版权法律、法规或者版权局规定的备案要求的情况下，可以在美国版权局备案[23]。为了进行备案，版权文件必须：(a) 有签署文件的人的原始签名（或者一份适当认证的影印件）；(b) 在条款上完整（附涉及的所有文件）；(c) 复印件是清晰、可读的，并且能够清晰地影印；以及（d）支付一定的费用[24]。美国版权局的网站（www.copyright.gov）提供了版权文件备案的更多信息，包括最近的备案费用、正确的邮寄地址和备案的形式。版权局收到正确形式的书面版权文件和合理费用的日期即是版权转让文件的备案日期。

[2] 商标

注册商标、普通法商标和基于实际使用的商标申请都是可以转让的。美国专利和商标局保留商标转让的所有信息的记录。从及时的角度考虑，商标的转让必须在自转让日起 3 个月之内或者早于随后的购买之日上报。商标法允许以下文件备案：

- 原始的商标文件；
- 商标文件复印件；
- 证明所有权文件摘要的复印件；或者
- 由双方签署的对于转让资产的声明，解释转让如何影响所有权。

美国专利和商标局网站（www.uspto.gov）提供了在美国专利和商标局备案商标转让文件的更多信息，包括最近的费用、形式和在线备案。及时的备案提供了转让有效的初步证据，因此建立了对后续购买者的优先权。

---

[23] 其他文件的备案和转让，美国版权局，第 2 页，见 www.copyright.gov/circs/cirs12.pdf。

[24] 其他文件的备案和转让，美国版权局，第 3 ~ 4 页。虽然不是强制的，但版权局为了便于登记也提供了使用的文件封面。其他文件的备案和转让，美国版权局，2 页。

[3] 专利权

专利转让的备案与商标很相似，都由美国专利和商标局管理。为了专利或者专利申请的转让可以备案，通过专利或专利申请中记载的专利（申请）号、申请日、发明人和发明名称，在转让中必须明确转让的专利或者专利申请。美国专利和商标局网站（www.uspto.gov），与商标一样，也提供了专利转让备案的更多信息。

类似于商标，如果一项专利转让或者专利申请转让没有在转让之日起 3 个月内到美国专利和商标局备案，它将“无法对抗已支付对价且没有被告知的后续购买人，除非它已经在后续购买前备案”[25]。因此，收购方将专利和专利申请进行备案很重要，以便使目标公司任何试图进一步转让权利的努力无效。

§ 10.05　美国与国外专利法的比较分析

在世界范围内，知识产权保护对于每个法律体系都是独特的挑战。世界上两种不同的最重要的法律体系，涉及“优先权”以及专利申请中必须做的披露的实质。世界上大部分国家都采取了“先申请”体系，即最先在专利局申请专利的发明人，获得发明的优先权。但是，美国采取的是“发明在先”体系，即第一个发明人获得专利，即使其专利申请要晚于其他独立开发同样发明的发明人的申请。

美国与世界上的其他国家的另一主要差别在于，美国有“最佳实施范例”的要求。它要求发明人在申请专利时，披露实施发明的首选方法，如果存在的话。在其他法律体系中基本上没有这种要求。

[A] 印度

与美国一样，印度的专利有效期也是 20 年，每年缴纳年费。知识产权侵权诉讼有 3 年时效的限制，专利人可以寻求禁令和损害赔偿金。除非合约另有规定，雇员的发明不转让给其雇主，即便这项发明是他在雇用期间创造的。因此，评估印度知识产权的一方，在评估专利资产或者所有权时，应当审核雇用协议，以确保不存在雇员对收购的专利主张权利的基础。

---

[25]　美国商标与专利局，转让和许可，www.uspyo.gov/web/offices/pac/doc/general/assign.htm（最后访问 2010 年 5 月 23 日）。

在印度，专利申请由四个地区局管理，分别位于加尔各答、孟买、德里和金奈。申请人应当向所在区域的管理局提交申请。每周进行申请的公布。另外，印度是专利合作条约（PCT）的缔约国，它允许专利申请者有额外的时间进行国外申请，同时仍然可以主张一个更早的优先权日。

传统上，印度专利体系不认可化学和药物合成物的专利，但是如今，无论为何物，只要是具有新颖性、创造性和实用性的产品和方法，都可以获得专利保护。为了具有“创造性”，发明必须包含技术进步或经济价值。这样的技术进步或经济价值对于该领域内的一般技术人员必须是非显而易见的。此外，“实用性”被定义为可进行产业应用。值得注意的是，尽管作为使用软件的申请，运行软件的计算机硬件可以获得专利，但是计算机程序本身是不能授予专利的。

[B] 拉丁美洲

相对于世界上的其他地区，专利法对于拉丁美洲是新事物。有制药工业的国家更倾向于拥有成熟的专利法。例如，与美国不同，墨西哥采用了“先申请”体系。专利申请只能通过墨西哥代理人提交，并且必须满足新颖性、创造性和产业应用的要求。商业方法、医疗方法、生物方法和计算机软件都不能获得专利。在墨西哥，专利权利执行也不成熟，甚至在获得侵权判决之后，还需要专利人费劲心思争取予以执行。

与墨西哥相似，巴西有相对成熟的专利法。专利所有人必须在商业上使用专利，否则将失去禁止他人使用发明的权利。在巴西可获得专利保护的要求是绝对的新颖性、产业性和创造性。专利保护期是 20 年，但是实用新型专利（对已知材料的改进）只有 15 年，设计专利的保护期限是 10 年。

因为巴西是药物产品的一个主要市场，大部分主要的药物公司在巴西寻求专利保护，这造成了申请的积压。巴西政府出于公共卫生利益的考虑，随时可能终止专利效力。

[C] 欧洲

在欧洲，各个单独分开的专利体系有着悠久的历史，它们是世界上大部分现代专利法的发源地。但是此处关注的是《欧洲专利公约》（EPC）构建的专利体系。该公约区别于欧盟（EU），有不同的成员。例如，瑞士是《欧洲专利公约》的成员，但不是欧盟的成员。

与美国一样，欧洲专利的目的不是创造统一的可以在欧洲共同体内行使的权利，而是在欧洲专利局（European Patent Office）创立一个统一的审查阶段，因而，不需要在每一个寻求获得专利保护的欧洲国家提交及审查单独的专利申请。

针对一个单独的统一的审查程序的需求，《欧洲专利公约》提供了一个法律框架。在这个框架内，缔约国可以以EPC缔约国的任何一种官方语言提出一个单独的专利申请，以供审查并符合EPC的要求。一旦欧洲专利局授予了专利权，专利权人就在专利申请中指定的每一个国家都获得了专利权。《欧洲专利公约》的程序由此有效地将审查集中为一种语言，并且将翻译费用的产生延迟到授权的日期。

这种语言约定并不如初看起来那么大度。专利申请只能用英语、法语和德语，即欧洲专利局的官方语言。没有用这三种语言提交申请的，将被翻译成这三种语言之一。基于《欧洲专利公约》的申请应向位于德国慕尼黑的欧洲专利局提出，或者它位于荷兰海牙、德国柏林的分支机构。如果缔约国的法律允许，专利申请也可以选择在该缔约国的专利局提交。

《欧洲专利公约》第52（1）条规定了获得专利的要求，它规定对任何具有新颖性和创造性的可进行产业应用的发明授予欧洲专利。《欧洲专利公约》要求所有的签约国给予欧洲专利20年的保护期，自实际提交申请之日起算。

在专利授权或驳回申请后，《欧洲专利公约》提供了两个附加的集中程序，一个是异议，另一个是限制和撤销程序。异议程序允许第三方在授权之日起9个月内，根据《欧洲专利公约》第100条所述的理由，对欧洲专利提出异议，例如可专利性问题。另一方面，限制或撤销请求只能由专利所有者提出，他可以通过修正来限制权利要求范围，或者通过一个集中的程序请求撤销全部权利要求。鉴于最新披露的在先技术文件，限制程序的申请可以用来强化专利。

一旦由欧洲专利局授予了欧洲专利，并且成为了一系列在指定缔约国中的专利，所有的授权后程序，除了异议程序和之前讨论的限制和撤销程序，都由指定国家的法院拥有排他的管辖权。因此，对相同的欧洲专利的侵权行为必须向每一个有关的国家法院提起诉讼，即使这些诉讼都是针对同一个被告。类似的是，专利有效性的问题处于国家法律和国家法院的管辖范围[26]。

[D] 加拿大

加拿大与美国一直有非常密切的贸易往来和政治联系，所以加拿大专利法与美国

---

[26] 国内法和国内法院也适用于商标，商标权亦具有国内法性质。

专利法体系有很多相同之处，这并不出人意料。这些相同之处包括：

1. 20 年的专利期限，从专利申请提交之日起计算；
2. 专利对新颖性、非显而易见性和实用性的要求；
3. 自发明第一次公开披露之日起，有一年的宽限期，用于提交加拿大专利申请；以及
4. 18 个月的授权前公开。

尽管两个法律体系有许多相似之处，但两者之间也存在一些主要的区别。与美国不同，加拿大与欧洲和墨西哥一样，采用的是“先申请”体系。

因此，尽管加拿大自第一次公开披露发明之日起有一年的宽限期，但任何对提交加拿大专利申请的延迟，将可能导致在向专利局提交申请的竞争中失败。因为加拿大采用先申请原则，在这里主张更早的发明日期，即“宣誓在后”（swear behind），是不可能取得专利的。也不可能像在美国一样，在一个行政程序中对竞争者的共同的未决申请提出异议（在美国程序中先发明的人将获得专利）。

另一个显著差别是专利的共同所有权（joint ownership）。在美国专利法下，任何共同的所有人都有权许可专利，或者自由转移自己的权利。但是在加拿大，一个专利的共同所有人在没有获得其他共同所有人的同意时，不能转让任何部分的专利利益。因此，一个共同所有人在其他共同所有人反对时不能进行专利许可。因此，有兴趣对加拿大公司进行收购或投资的公司，在加拿大签订共同研究协议时，应当考虑这些限制。

[E] 东亚国家和地区

许多亚洲国家和地区成为了世贸组织的《与贸易有关的知识产权协议》（TRIPs Agreement）的缔约国，专利权在这些地区变得更加重要，因为它向外国公司提供专利保护。例如，菲律宾知识产权局向非居民申请人授予的专利数量在 2005 年至 2006 年间增长了超过 150%[27]。但是，亚洲的专利保护程度仅仅限于其实施能力所触及的范围，距离西方的最大化标准还差得很远。

亚洲各国和地区对于专利的保护范围各有不同，在此处讨论的主要是远东的国家和地区。

---

[27] WIPO World Patent Report，2008，p.40.

［1］日本

日本采用了“先申请”体系。起主导作用的法律是《日本专利法》，其大部分特征都与其他法律体系的专利法类似。

《日本专利法》第29条规定，当一项发明具有工业实用性、新颖性和创造性时，可以被授予专利，一项专利在申请提交前有6个月的宽限期。通过出版印刷品、电信文字、研讨会和展览披露，或者在6个月的宽限期内违反申请人意愿的披露，均不破坏专利的新颖性。从申请之日起专利期限持续20年。

对专利申请的审查开始于审查请求以及必要费用的支付。日本专利局（JPO）的审查员审查申请的可专利性，以及在决定驳回申请或者授予专利前，通常会告知申请者拒绝的原因。申请者对于日本专利局的不利决定不满意，在收到决定的30日内，可以要求对审查员的决定进行复审。

20年前，因为日本的文化反感导致冲突、缓慢的法律诉讼程序、迟到的禁令和补偿金额较少等原因，日本的专利保护十分困难。如今的情况大不相同，从潜在补偿开始，最近的损害赔偿高达数千万美元。这种趋势最早发生在1998年10月，东京地方法院在涉及胃药的专利侵权案件中判处了2500万美元的赔偿金。

更高额的赔偿金加上一个更有效的程序，日本建立了知识产权高等法院对专利案件和日本专利局上诉的独有的司法管辖。审理时间和开庭的次数都得到减少，更多的注意力放在可选择的补救措施上，包括临时禁令、销毁物品和帮助重建受损的商誉，例如命令侵权人在有广泛影响力的报纸上进行道歉。

［2］韩国

在韩国，可以通过非常及时的程序获得专利。《韩国专利法》于2007年1月进行了修订，并于2007年7月1日生效。它包含发明、实用新型和外观设计。

在韩国，当发明具有实用性、新颖性和创造性时，可以获得专利。与日本法类似，韩国专利法允许申请有6个月宽限期。一项发明如果已为公众所知，或者在韩国国内或者国外被使用，或者早于专利申请在韩国或外国公开传播，都不损害其新颖性。

韩国专利法规定了对专利侵权的民事和刑事诉讼。民事救济种类包括临时的和永久的禁制令救济、损害赔偿金和重建受损的商誉或名声。专利权人也可以对专利侵权人提起刑事控告，侵权人可以被刑事起诉和受到刑事惩罚。

[3]中国

在中国有三种专利类型——发明专利、实用新型和外观设计。专利期限是自申请之日起20年，对于实用新型和外观设计期限都是10年。大部分外国公司并没有在中国实施其发明专利。实施的重点在实用新型和外观设计上，因为与专利相比，获得、维持和实施实用新型与外观专利更加容易和廉价。

可获得专利的条件是新颖性、创造性和实用性。但是，中国专利法的最新修订对这些要求进行了明显的改变，最新修订案于2008年12月27日公布，于2009年10月1日正式生效。

新专利法提高了中国的新颖性标准。在修订案之前，在中国之外的公开使用，比如销售、许诺销售和制造，对中国专利申请的可专利性没有影响。这种地区限制允许国内公司对已经在外国使用但未在中国使用的发明和实用新型主张专利权。在修订之后，新的专利法设立了绝对的新颖性标准，废除了这些例外。在专利授予的最早日期之前在世界范围内的任何使用，将破坏专利的新颖性。

修订案的另一个显著变化是侵权诉讼程序中对有效性的辩护。在修订之前，侵权诉讼在人民法院进行审理，而有效性由专利复审委员会独立审查。分裂的管辖权可能造成不一致的结果，如权利要求的范围。根据新法律，可以通过侵权诉讼主张专利无效，即对于现有技术来说，它不具备新颖性或是显而易见的。在未修订法律之前，对有效性的异议只能在单独程序中向中国专利局提出。

[4]中国台湾地区

中国台湾地区采用“先申请”体系和绝对新颖性标准。台湾地区也有类似于日本和韩国的6个月宽限期，于是为研究或实验的目的在先公开披露，或在台湾地区政府发起或组织的贸易展览会上展览，或偶然的披露，都不影响专利的新颖性。台湾地区法律规定的专利，包括发明、实用新型和新设计。在台湾地区进行专利申请可能需要花费3~5年的时间。

虽然大部分国家是《专利合作公约》的签署国，但台湾地区却不是。因此，申请人不能选择通过《专利合作公约》的途径获得台湾地区专利。

民事救济可能包括金钱损害赔偿和永久或临时禁制令救济。专利权人可以向地区法院申请临时扣押令，这将冻结对方的资产，以便为判决可能给予的赔偿金提供全部或部分的赔偿。

[F] 俄罗斯

前苏联解体后的俄罗斯联邦的专利法框架自1992年10月4日之后产生。所有在前苏联时期取得的专利在俄罗斯联邦自动有效。2008年1月1日俄罗斯最新的改革生效，俄罗斯联邦通过了《民法典》第四部分，“智力活动成果和个别化手段的权利”[28]。新法律取代了之前的《俄罗斯联邦专利法》，被视为俄罗斯试图加入世界贸易组织的一项努力。俄罗斯联邦是《专利合作条约》和《巴黎公约》的成员国。

俄罗斯的专利包括发明专利、实用新型和工业设计。自向俄罗斯专利局提交申请之日起，发明专利的期限是20年。工业设计自2008年1月1日起，从10年延长到15年。实用新型专利期限是10年而不是5年。

俄罗斯专利体系的特别之处在于它的工业设计申请。一项俄罗斯工业设计的申请，要求画图和专利说明书，以说明设计的用途和所有必要特征，在其他国家一般没有后一个要求。工业设计申请的新颖性由俄罗斯专利局进行实质审查。

俄罗斯的专利审查有两个阶段：形式审查和实质审查。形式审查即符合文件的要求和法律的要求，例如发明和可专利的客体的统一性，以及确定修改是否增加了新的客体。形式审查在收到申请之日的两个月内进行。

注册日期之后的3年内，申请人或者第三人必须要求进行实质审查，否则视为放弃该申请。通过实质审查，专利局可能会要求提供补充信息或者现有技术信息，以决定专利申请是否可以获得批准。

§10.06　总结：美国和世界各国

世界上的大部分国家都采用“先申请”体系。而美国不是这样。在美国，知识产权的执行可能比在其他任何国家和地区更加强有力。但是，尽管有了全球保护（大多宣告于《与贸易有关的知识产权协议》），但对知识产权的规定、评价和保护，各国存在着显著的差异。对希望在美国进行收购的公司，知识产权可能是交易中最有价值的部分，了解它是什么、如何估价，以及如何保护它，应当是交易的尽职调查中最重要的部分。至少需要认识到在其他国家获得的经验可能并不适用于美国，这是所有认识中最重要的。

[28] Federal Law No. 230-FZ “Civil Code of the Russian Federation，Part Four”（Dec. 18，2006）.

第四部分
在美国进行交易的预期障碍

第 11 章

并购中的反垄断问题

Lee H. Simowitz*

* 一并感谢 Ronald F. Wick 参与本章的编写。

§11.01　概述

对是否可能违反反垄断法进行分析是在美国规划并购交易不可或缺的步骤。尤其需要注意的是，在拟收购的目标公司是潜在买方在美国市场的竞争者的情况下，多个部门可以对并购交易提出反垄断质询或审查要求，包括联邦级别的美国司法部和联邦贸易委员会（FTC）、州级的州总检察长，以及作为被并购方或并购方的客户或竞争者的私人当事人。

即使目标公司不是收购方的竞争者，收购方和目标公司仍然必须遵守美国并购前报告和申报程序，申报义务只以交易规模和交易方规模是否达到申报标准为准，不看是否存在实质性的反垄断问题。为符合申报要求，并购方必须计划好所需投入的时间和花费，并且承担审查不通过的风险。

§11.02　简介——一般的法律标准和经济标准

非美国收购方收购美国公司或美国公司的资产经常会面临反垄断审查，尤其是在收购方和被并购方属于直接竞争者的情况下。美国的反垄断审查通常是非政治性的：对于外国收购方和本国收购方来说，审查流程都是一样的。但是审查程序可能会相当复杂，因为两个不同的联邦反垄断执法机构——司法部反垄断部门和联邦贸易委员会竞争局——拥有部分重合的管辖权。各州总检察长（state attorneys general）和私人当事人同样享有举报反竞争交易的法律权限。只有极少数拟议交易会受到反垄断调查和诉讼的影响，然而一旦发生这种情况，调查和诉讼将会耗时耗钱，并可能导致交易发生实质性的变更，甚至于被阻止或被迫放弃交易。

本章概述了对拟进行的并购交易进行反垄断审查的法律标准和经济标准，以及相关的审查程序。

§11.03　适用于并购的反垄断准则——判断可能存在反垄断问题的标准

在反垄断法框架下，涉及并购合法性的基本成文法是《克莱顿法》(*Clayton Act*)第7条，该法案禁止任何一项这样的交易，即“在任一商业领域或影响国家某一经济领域的任一商业活动中，该并购交易可能导致实质性的减损竞争，或者趋于产生垄断”[1]。适用该法案需要由法院和反垄断执法机构预先判断合并或收购在未来可能对竞争产生的影响。如果这些交易可能产生反竞争的效果，也就是说，这些交易可能给消费者带来更高的价格，或者其他不利后果，例如产品质量降低、服务或者创新减少，这些交易将被视为不合法。

美国反垄断审查仅审查影响美国国内市场的交易。美国反垄断审查机构无权管辖和审查仅对境外市场产生实质性影响的交易。但是，如果某一并购交易涉及在美国进行销售或者在美国持有资产的外国公司，无论该公司是直接还是通过子公司进行销售或持有资产，或者该公司被认为以其他方式可能进入美国市场，该并购交易将可能受到美国反垄断审查。有批评指出，美国审查机关试图域外适用美国反垄断法。然而，除非并购交易可能在美国国内市场产生可确认的反竞争效果，否则美国反垄断法不能管辖这些境外并购。

为进行反垄断分析，并购交易通常被划分为两种类型：横向交易和纵向交易。

[A] 横向交易可能产生的竞争减损

横向交易经常会产生反垄断问题。所谓横向交易，是指将两个或两个以上的在同一市场环节具有直接竞争关系的企业集中起来的合并或收购。

横向交易通过显著提高市场集中度从而减损竞争，提高市场集中度也就是增加少数企业占整个市场销售或产能的份额。

市场集中度的提高可以通过两种方式减损竞争。第一种方式就是“协同作用”(coordinated interaction)，协同作用指通过明确的协议或对对方行为预见性的增强，市

[1] 15 U.S.C. §18. 联邦贸易委员会适用《联邦贸易委员会法》第5条，该条包含了《克莱顿法》第7条的标准，而且额外授予联邦贸易委员会比《克莱顿法》的表述更宽泛的权限。

场中的竞争者降低竞争强度并将价格提至超过交易前的价格水平的能力。第二种方式是“单边效应”(unilateral effects)，通过合并或收购创造出占有支配性市场份额的企业，即使不是垄断组织，该企业也有能力将价格提升至竞争性价格水平之上，而不管其竞争对手如何应对。

例子

协同作用：2001 年，联邦贸易委员会针对水泥生产商拉法基（LaFarge）和 Blue Circle Industries 之间的合并案提出异议，该合并将导致 4 家企业控制大湖区 90% 的水泥供给。水泥产品是同质的和高度标准化的，报价提前数月进行，单个交易是经常性、定期的，并且相对较小。联邦贸易委员会认为在合并后协同作用将减损其他行业竞争者之间的竞争，因此要求交易方在大湖区实施实质性的资产剥离。这一案例说明了了解行业特征以及拟议交易是否会减少主要竞争者的数量并增加其市场份额的必要性。

例子

单边效应：2003 年，联邦贸易委员会对雀巢控股（Nestle Holdings）和德雷尔冰激凌（Dreyer's Grand Ice Cream）合并案提出异议。这两家企业都是“超高级”冰激凌的生产商。在合并之后，它们将占有 55% 的市场份额，另外一家企业占有剩余市场份额的绝大部分。联邦贸易委员会认为合并双方是太过紧密的竞争者，以至于在合并后很可能发生显著的单方提价。联邦贸易委员会要求剥离两个冰激凌品牌和关键的分销资产。这一案例表明需要考虑并购是否会在一个合理界定的产品市场内产生一个占有较大市场份额的单一企业（在这一案例中，“超高级”冰激凌区别于其他类型的冰激凌）。

大多数对横向交易的调查和异议都涉及实际的竞争者（也就是当前存在直接竞争的企业）之间的合并或收购。在一个企业被认为在未来可能进入另一个企业占据的市场，降低该市场的集中度或由于其存在于该市场的边缘从而对该市场实施约束性影响的情况下，涉及潜在竞争者之间的交易会引发反垄断问题。在 20 世纪 70 年代，涉及潜在竞争交易的调查和诉讼非常普遍。而在今天，执法机关很少再坚持这种理论，大多数的横向并购审查都涉及实际的而非潜在的竞争者。

[B] 纵向交易可能产生的竞争减损

纵向合并和收购是典型的供应商和客户之间的集中，而不是竞争者之间的集中。供应商和客户处于同一个市场中的不同环节。纵向交易最主要的问题在于可能封锁竞争者接触供应商的途径（上游封锁），或者封锁竞争者接触客户（这些客户占据了很大一部分市场）的途径（下游封锁）。虽然反垄断执法机构也会审查并购中的纵向反竞争效果，但是使实际竞争者集中的横向交易仍然是审查机关的主要关注目标。

[C] 反垄断分析中相关产品市场和地域市场的界定

分析任何一项合并或收购交易的竞争效果，第一步是界定交易方参与竞争的产品市场和地域市场。产品市场（product market）通常被界定为由那些能够互相合理替代的产品构成的市场，这些产品之间显示出需求交叉弹性。例如，一种产品的价格上涨将导致买方增加购买另一种产品，这些产品构成相关产品。地域市场（geographic market）通常被界定为价格上涨不会导致买方在该区域范围之外购买产品的最小区域。

例子

2007 年，联邦贸易委员会对一项合并案提出异议，该案涉及两家专卖高级有机自然食品的杂货连锁店。低等法院驳回了异议，裁定这种杂货店不能构成一个单独有效的产品市场，因为消费者将传统的大型超市视为杂货店的替代。然而，上诉法院撤回了低等法院的裁决，因为即使像合并公司这样的杂货店的价格上涨了，很大一部分消费者也不会转向传统超市。因此，高级有机自然食品构成一个独立产品市场，合并将极大地增加该市场的集中度，并且带来价格上涨的可能性[2]。该案例说明必须谨慎地考虑执法机构是否会认为潜在的替代品能够对合并的企业产生竞争约束——此案中涉及的是传统大型超市，与合并的企业所从事的业务（此案中为高级有机自然食品）存在太多的差异，以至于不能对合并企业形成竞争约束。

[D] 司法部和联邦贸易委员会并购指南的适用

司法部和联邦贸易委员会使用同一套《横向并购指南》（以下简称《并购指南》

---

[2] FTC v. Whole Foods Mkt.（联邦贸易委员会诉全食品超市公司案），533 F.3d 869（D.C. Cir. 2008）.

或《指南》）作为其评估横向并购的基础分析工具。1984年，上述两机构第一次联合颁布该指南，2010年进行了最新一次修改[3]。

2010年《并购指南》列举了由合并引起的反竞争效果的数种证据，并非所有证据都需要界定相关产品市场和地域市场。在宣布颁布新《并购指南》的时候，两执法机构均称“市场界定本身并不是目的，也不是并购分析的必然起点”。

《并购指南》中规定的并购反竞争效果的证据类型包括：

- 在被调查之前已经完成的并购所具有的实际不利影响；
- 基于经验的直接比较，例如“最近在相关市场发生的并购、市场进入、扩张和退出”；
- 对相关市场的市场份额和集中度产生的影响；
- 消除了并购企业之间的实质性直接竞争；以及
- 消除了来自并购一方（有时被描述为“异己”竞争者）的竞争威胁。

《指南》仅将“对相关市场的市场份额和集中度产生的影响”归为并购可能引起的数种类型的反竞争效果中的一种。但是在以前版本的《指南》以及在过去数十年法院对并购异议案件的裁定中，这一证据类型一直是判断并购合法性的首要依据。虽然修订后的《并购指南》试图改变单纯依靠这种分析模式的做法，但是实现这种变化不会很快，也不太容易。事实上，新《指南》的许多文字还都致力于阐述分析市场界定、市场份额和集中度对于执法机关的重要性。因此，打算在美国进行并购的企业仍需密切关注传统的以市场为基础的分析。

在界定了相关产品市场和地域市场（《指南》所描述的流程）后，新《并购指南》使用了一种算法公式来衡量市场集中度以及拟进行的交易对市场集中度的影响。根据这一公式，需要对相关市场中参与竞争的每一个企业在并购前和并购后的市场份额的平方分别相加求和。所有企业的合计数被称为赫芬达尔—赫希曼指数（HHI）。

《并购指南》依据并购后的HHI值以及并购交易引起的HHI值的变化作为判断一项交易是否具有潜在反竞争效果的初步信号[4]。根据并购后的市场HHI值，《并购指南》

---

[3]　美国司法部和联邦贸易委员会《横向并购指南》（2010）可以通过下面的链接获得：http：//www.justice.gov/atr/public/guidelines/hmg-2010.html

[4]　例如，假设一个市场包含5家企业，每一家企业均占20%市场份额，交易前的HHI为2000，即(20×20)+(20×20)+(20×20)+(20×20)+(20×20)=2000。如果其中一家企业要收购另一家企业，并购后的HHI为2800，即(40×40)+(20×20)+(20×20)+(20×20)= 2800。并购交易引起的HHI的变化为800。

将市场划分为三种集中度等级的市场。

- 如果并购后市场集中度低于 1500，则认为该市场是非集中的市场，不太可能产生不利竞争的效果。
- 如果并购后市场集中度在 1500 到 2500 之间，则认为该市场是适度集中的市场。如果并购将导致 HHI 值增加超过 100 点，该并购将产生显著的潜在竞争问题。
- 如果并购后市场集中度高于 2500，则认为该市场是高度集中的市场。如果并购将导致 HHI 值增加 100 ~ 200 点，该并购将产生显著的潜在竞争问题。在这种高度集中的市场内，导致 HHI 值增加超过 200 点的并购交易很可能增强市场力量，并被认为存在竞争问题，虽然这一假设可以通过“有说服力的证据证明并购不太可能增强市场影响力”予以反驳。

《并购指南》提出，无论并购后的集中度如何，HHI 值增幅小于 100 点的并购不太可能产生不利竞争的效果。

《并购指南》列举的在竞争分析中起重要作用的其他因素还包括：

- 新市场进入的难易、可能性和速度是否足以对抗并购产生的反竞争效果；
- 强势买方是否有能力抵制并购所引发的更高价格或并购产生的其他反竞争效果；
- 交易是否能够产生可以抵消任何反竞争效果的效率（尽管《指南》指出只有在可能出现的反竞争效果“不显著”的时候，效率这一因素才能在竞争分析中起作用）；以及
- 如果不进行并购，并购企业一方是否会无法继续经营，从而导致其资产退出市场。

实践中，对于那些形式上超过《指南》规定的 HHI 标准值的交易，联邦贸易委员会和司法部可能依据上述除市场份额和集中度之外的其他因素而不对这些交易提出异议。在一份 2006 年发布的对《并购指南》的注释中，执法部门解释说，对于那些导致集中度增加超过《并购指南》可容忍限度的交易，通常它们都不会采取行动[5]。

---

[5] 联邦贸易委员会和美国司法部，《横向并购指南 15》(Commentary on the Horizontal Merger Guideline 15)（2006）注释，链接网址：http://www.usdoj.gov/atr/public/guidelines/215247.htm. 2010 年《并购指南》指出，2006 年的注释“是对这些指南的有效补充。”

例子

2008年，经过长期审查之后，虽然XM公司和Sirius公司是目前仅存的两家卫星无线电竞争者，但司法部决定不对XM公司和Sirius公司的合并提出异议，即使该交易可以被合理地认定为在卫星广播订购服务领域产生垄断。司法部认为，对于已经订购了这两家公司之一的服务的客户来说，这两家企业不存在显著竞争；在安装新卫星设备上的竞争已经通过长期独家购买协议解决；对于在两种服务之间进行选择的零售客户，作为替代方式的新技术也将不断出现。司法部同时也认为两家公司的合并将产生实质性的效率。这个案子说明必须尽早考虑如何应对政府调查，为完成长期调查预留充分的时间。

最近的并购执法倾向于根据单边效应分析（在《指南》中描述为“通过简单地消除并购方之间的竞争加强市场力量”）提出审查异议，逐渐离开根据协同作用（在《指南》中描述为“通过增加竞争对手之间的协同、通融或者互相依赖行为加强市场力量）提出审查异议的做法。新《并购指南》默认了上述关注点的转变，因为《并购指南》首先论述了单边效应的并购，其次才论述协同作用的并购。在先前版本的《并购指南》（上一次修订发生于1997年）中，这一顺序正好是相反的。

§11.04　反垄断执法程序

执行与并购相关的反垄断法律的司法权限分散在数个机构身上，包括联邦执法机构、州政府以及私人当事人。因此，一项并购可能面临数个级别的审查。

[A] 联邦执法：司法部和联邦贸易委员会

联邦级别的并购反垄断执法由美国司法部反垄断部门与联邦贸易委员会竞争局共同承担[6]。两者都有权调查拟进行的并购交易，并申请法院禁止并购完成，或者（不常）

[6]　在某些特殊的行业，其他联邦机构也具有审查并购交易的法律权限，即可以代替司法部和联邦贸易委员会进行审查，也可以联合它们进行审查。例如，除了司法部之外，联邦通讯委员会也负责审查有关特许电信公司的并购交易。联邦储备委员会与司法部共同享有关于银行并购的管辖权，而地面交通委员会有权审查铁路承运人的并购交易。

裁定撤销已经完成的并购。司法部和联邦贸易委员会之间有一份联络协议，通过这份协议，这两家机构对由谁负责管辖哪类特殊案件进行了约定。根据这种协调机制，某一项并购可能由司法部审查，也可能由联邦贸易委员会审查，但是不会同时由两个机构审查。

并购审查几乎不会导致刑事处罚。但是，正如下文第 11.05 节所述，未遵守并购前申报程序的交易方会被处以巨额民事罚金。

反垄断审查流程仅关注并购引起的竞争影响。其他方面，例如国家安全或者保留美国股东对目标企业的所有权，在审查程序中都不予考虑。无论是在理论上还是在实践中，收购方的国籍都不会对审查产生影响[7]。

[B] 州总检察长执法

所有 50 个州（还包括哥伦比亚特区和波多黎各自治领地）的州总检察长也有权调查并购交易，申请法院阻止或撤销交易。虽然州政府有权独立审查交易，但是州政府经常通过与联邦级别的司法部和联邦贸易委员会合作进行调查或阻止交易。如果司法部或联邦贸易委员会决定不对某项并购提出异议，或者按照特定的条件解决了异议，这一决定或解决方案不能阻碍州政府提出它们自己的异议或寻求与联邦政府的救济手段不同或内容更广的救济手段。大多数情况下，联邦和州的执法机构在并购执法领域行动一致，州政府独自对交易提出异议而没有联邦机构参与的情况是不常见的。

例子

联邦贸易委员会就一起涉及两家超市连锁店合并的批准决定达成一项协议，要求公司剥离一定数量的店铺，以解决联邦贸易委员会对该项并购的担心。加利福尼亚州也对该起并购提出异议，而且试图要求公司进行比联邦贸易委员会要求的资产剥离更多的剥离。最高法院认为，联邦贸易委员会对该公司的批准决定并不能排除加利福尼亚洲继续追诉该案，也不能排除其要求比联邦贸易委员会所要求的更多的剥离[8]。本案说明了应该预见到联邦和州政府对同一起并购交易的处理方法可以是不一样的，同时应该试图协调解决联邦和州两个级别所

[7] 参见本书 §14.06 节关于 CFIUS 审查一项并购交易时涉及国家安全的论述。

[8] California v. American Stores Co.（加利福尼亚州诉美国百货公司），495 U.S. 271（1990）.

提出的问题。

州政府未被授权实施《哈特—斯科特—罗迪诺反托拉斯促进法》(HSR Act)项下的并购前申报和调查程序[9]。只有司法部和联邦贸易委员会享有这种权力，尽管在经被调查的公司同意后，它们可以共享按照 HSR 法案提交的信息。

[C] 私人执法

反垄断法允许私人当事人提起诉讼阻止交易进行，例如由合并企业的客户或竞争者起诉。即使联邦执法机构决定不禁止交易或者已经通过和解方案解决了他们的顾虑，私人当事人仍然可以像州政府一样对交易提出异议。

但是，法院通常会限制私人当事人提起并购异议的资格。合并企业的客户起诉要求阻碍交易的权利通常会得到法院认可，但是由竞争者提起的诉讼却通常不被允许，因为即使是反竞争的并购通常也会通过提升价格水平使竞争者受益。由于并购交易而丧失工作岗位的雇员提起诉讼也几乎不被允许。就像由州政府单独提起的异议一样，由私人当事人单独提起的并购异议也非常罕见。这些异议通常都是通过金钱赔偿而不是剥离资产得以解决。

[D] 管辖权考量

联邦和各州执法机构的反垄断管辖权非常广泛，以至于联邦和各州两级机构都可能对绝大多数并购交易享有进行调查和提出异议的管辖权。几乎没有交易小到不受司法部或联邦贸易委员会的管辖，虽然这些机构极少对非常小的交易产生顾虑。因为联邦和各州的反垄断管辖权限存在重叠，即使当某个联邦执法机构已介入的时候，只要一项并购对某一州产生了影响，该州总检察长仍然可以对该并购提出异议。

在第 2 章讨论的 JIC 公司的情形中，JIC 制造飞机引擎，但是不在美国经营。加利福尼亚航空发动机公司（California Aircraft Engines，Inc.）是目标公司美国航空风力公司（U.S. Air and Wind，Inc.）的一家子公司，在加利福尼亚州制造飞机引擎并在美国销售。联邦反垄断执法机构，即司法部或联邦贸易委员会，有权调查该并购交易是否通过限制 JIC 成为美国飞机引擎市场的潜在进入者而减损了竞争。加利福尼

[9] 15 U.S.C. § 18a.

亚州总检察长同样也有权调查该并购是否减损了加利福尼亚州航空并购市场上的潜在竞争。如果该并购也可能在其他州减损竞争，其他州的总检察长也同样可以进行调查。

如上所述，州总检察长在进行调查时一般都会与联邦贸易委员会和司法部协调，虽然法律上并不要求各州这么做。在极端罕见的情况下，州执法机构可以继续独立追究一项联邦执法机构已无异议的交易，或者可以试图寻求联邦执法已不要求的额外救济手段。

§ 11.05　适用于非美国收购方的并购前申报程序

除非存在特定豁免情况，HSR 法要求并购金额和交易方的规模均超过一定标准的并购交易必须事前向联邦贸易委员会和司法部申报。如果一项交易符合 HSR 法的申报标准，在交易双方提交 HSR 法申报之后 30 天内，该交易不能进行交割，除非联邦贸易委员会和司法部同意提前结束 30 天的期限。HSR 法规定的申报要求与交易双方是否是竞争者无关，也与交易是否存在竞争问题无关；申报要求完全取决于交易双方的规模和交易金额。HSR 法的体系旨在授权联邦贸易委员会和司法部在交易交割前中止并调查存在潜在反竞争影响的交易，这种体系反映了这样一种理念，即最有效保护竞争的方法是阻止问题交易的发生，而不是在交易已经完成后再试图解除交易[10]。

在交易方不是竞争者，而且交易也不太可能会影响竞争的情况下，准备和提交 HSR 法项下的申报不过只是一个耗费时间的手续而已。每一交易方必须准备自己一方的申报，写明交易的基本信息、交易方的业务，以及交易方取得利润的商业领域的详尽细分情况。虽然申报需要承担额外的费用和不便，而且遵守等待期的规定有时候使得交易方预期的交易交割时间表不能实现，但是对于不存在竞争问题的交易来说，HSR 法项下的程序很少会形成交易的重大障碍。

无论交易是否存在竞争问题，如果交易方未遵守应适用的并购前申报程序，联邦执法机构经常会对这种违规行为处以巨额民事罚金，有时高达数百万美元。

如果一项并购将两个竞争性的业务置于同一所有权之下，则 HSR 法项下的程序可能形成实质性的障碍。同样，如果并购交易具有不利于竞争的潜在可能性（如纵向

---

[10]　参见本书第 3 章关于哈特—斯科特—罗迪诺并购前申报文件问题的论述。

整合两家业务互补的企业，导致合并后的企业在上游市场或下游市场获得反竞争的优势），则 HSR 法程序将会实质性地阻碍（有时候甚至是阻止）交易完成交割。如果联邦贸易委员会或司法部认为并购交易将实质性地减损竞争，审查机关将会发出提交进一步信息的要求（被非正式地称为“二次要求”），要求提交额外的文件和信息，从而又需要有数月的文件准备和审查时间。交易方和执法机构之间有时会对交易方是否已经实质上遵从了二次要求产生分歧。

在 30 天等待期届满之前发出二次要求的，HSR 法程序允许联邦贸易委员会或者司法部在各方实质性满足二次要求之后再要求第二次的 30 天等待期。想要与联邦贸易委员会或者司法部进行和解的交易方，或者想争取另外的时间说服执法机构不要对交易提出异议的交易方，通常都会同意即使在第二次 30 天届满后也不进行交割，或者在交割前预先通知执法机构。

然而，由于未达到申报标准而不需要履行 HSR 法程序的交易也有可能受制于反垄断审查。联邦贸易委员会和司法部有权审查对于 HSR 法的规制目的来说过于微小的交易，虽然那些交易进程已经完成了。在这种情况下，联邦贸易委员会和司法部可以撤销交易，即使需要把已经整合后的合并公司再拆分开来。

例子

2008 年，司法部对一起涉及应用于国防和航天业的半导体产品制造商之间的竞争者并购提出异议。这起并购本不需要进行 HSR 法项下的申报，但司法部仍在该并购完成近 6 个月后提起了诉讼。这一案例说明，即使对于相对来说较小的交易也应该考虑反垄断问题，并且牢记反垄断问题即使在交易完成和交割后仍然可能受到追究。

[A] 如果目标公司是美国企业

当一家美国公司或者一项位于美国的资产将要被收购，非美国买方通常要像美国买方一样受到 HSR 法项下程序的约束。并购交易需要根据两个主要的“规模”测试——“交易规模”测试和“交易方规模”测试——进行分析。只有当交易同时通过这两项测试时才需要进行 HSR 法项下的申报[11]。

---

[11]　此外，HSR 法案规定的程序仅当买卖双方中的任一方“从事商业或影响商业的任何活动”时适用，但该要求极少成为规避 HSR 法案规定的申报义务的依据。

[1]“交易规模”测试

只有买方通过并购交易获得价值至少为6340万美元（2010年调整后的数额标准）的卖方有表决权股份或资产时，该交易才需要进行HSR法项下的申报（HSR法规定的所有美元标准都与通货膨胀挂钩并逐年调整）。根据HSR法，交易金额并不必然局限于交易中被收购的有表决权股份和资产的价值，还包括：(i）买方已经持有的目标公司的有表决权股份的价值；(ii）在交易前180天期间里买方向同一卖方收购的资产；(iii）根据待定的协议和意向函买方将从卖方收购的其他资产。

通常，交易价格根据购买价确定，对于公开上市交易的有表决权股份，交易价格根据证券交易价格确定。但是，当购买价尚未确定的时候，例如交易包括或有付款或非货币对价时，将要求买方为HSR法之目的确定该交易的公平市场价值。

[2]“交易方规模”测试

无论交易方的规模如何，价值超过2.537亿美元的交易（2010年调整后的金额）都需要进行HSR法项下的申报。对于价值在6340万美元（2010年调整后的金额）到2.537亿美元（2010年调整后的金额）之间的交易，除非交易方同时也通过了“交易方规模”测试，否则并购交易无需申报。满足下列标准之一即为通过“交易方规模”测试：

(a）总资产或年净销售额至少达到1.269亿美元（2010年调整后的金额）的个人或实体收购年净销售额或者总资产至少达到1270万美元（2010年调整后的金额）的从事制造业的个人或实体的有表决权股份或资产；

(b）总资产或年净销售额至少达到1.269亿美元（2010年调整后的金额）的个人或实体收购总资产至少达到1270万美元的非从事制造业的个人或实体的有表决权股份或资产；或者

(c）总资产或者年净销售额至少达到1270万美元（2010年调整后的金额）的个人或实体收购总资产或年净销售额至少达到1.269亿美元（2010年调整后的金额）的个人或实体的有表决权股份或资产。

就HSR法来说，需要其计算总资产和年净销售额的“人”（persons）不一定是交易双方，而是指这些交易方的最终母公司实体，即被认为最终控制交易方的个人或实体。因此，在适用“交易方规模”测试之前，必须先明确每一个交易方的最终控制实体。

[B] 目标公司不是美国企业

虽然HSR法主要关注涉及美国实体的有表决权股份或资产的收购交易，但是即使目标公司不是一家美国实体，该交易也有可能需要进行HSR法项下的申报。

[1] 非美国资产

收购位于美国之外的资产可以免于HSR法项下的程序，除非这些资产（以及其他按照HSR法的要求必须累计的其他非美国资产）于卖方最近一个财务年度在美国产生了超过6340万美元（2010年调整后的金额）的销售额。即使在这种情况下，对非美国资产的并购在下列情况下还是能够免于HSR法项下的程序：(i) 买方和卖方的最终控制实体都是外国实体；(ii) 最终控制实体在各自最近一年的会计年度内在美国的累计销售额低于1.394亿美元（2010年调整后的金额）；(iii) 位于美国的最终控制实体的累计总资产低于1.394亿美元（2010年调整后的金额）；以及 (iv) 交易价值（包括非美国资产）低于2.537亿美元（2010年调整后的金额）。

[2] 非美国发行人发行的有表决权股份

非美国公司收购非美国发行人发行的表决权股可以免于HSR法项下的程序，除非：(i) 并购将导致对发行人的控制；以及 (ii) 发行人（包括所有发行人控制的实体）在美国持有价值超过6340万美元（2010年调整后的金额）的资产，或者发行人最近一个会计年度在美国的累计销售额超过6340万美元（2010年调整后的金额）。如果数个外国目标公司的控制权益是从同一个卖方收购的，为计算6340万美元限额的目的，在美国的资产和销售额必须累加计算。但是，正如上述非美国资产一样，即使并购符合了6340万美元的门槛，在下列情况下也可豁免HSR法项下的程序：(i) 买方和卖方的最终控制实体都是外国实体；(ii) 最终控制实体在各自最近一个会计年度内在美国的累计销售额低于1.394亿美元（2010年调整后的金额）；(iii) 位于美国的最终控制实体的累计总资产低于1.394亿美元（2010年调整后的金额）；以及 (iv) 交易价值（包括非美国目标公司的有表决权股份）低于2.537亿美元（2010年调整后的金额）。

[C] 与国外并购前申报程序的比较

虽然HSR法规定的并购前申报程序和随后的“前置审查”要求与欧盟、中国和其他非美国地区的程序有类似的地方，但还是存在着显著的差别。例如，欧盟的申报标准几乎只关注交易方在全球和欧盟的销售额，HSR法不仅看交易方的销售额，而且还看交易和资产价值。与许多国家接受联合申报不同，买方和卖方通常被要求单独按照HSR法提交申报。最为重要的是，欧盟、中国和其他许多国家的并购规定都要求必须获得审查机关的肯定批准才能完成交易，但是根据《哈特—斯科特—罗迪诺法》，交易方在经过适当等待期之后并且联邦贸易委员会和司法部都没有采取任何延长等待期或阻止交易的行动，交易方即可以进行交割。

如果一起并购同时根据HSR法以及一个或一个以上的非美国并购法律进行申报，则联邦贸易委员会和司法部会试图同那些竞争审查机构进行协调。美国已经与其他司法管辖区（包括欧盟、加拿大和澳大利亚）签订了许多合作协议，这些协议允许竞争审查机关分享与反垄断调查相关的特定信息。另外，《国际反垄断执行协助法》（*International Antitrust Enforcement Assistance Act*）授权联邦贸易委员会和司法部与非美国执法机关签订书面协议，交换保密信息（如果这种交换是有利于公共利益的），代表外国竞争审查机关在美国收集证据。为促进这种合作，HSR法的格式申报表格中申报方可自愿回答交易是否需要进行非美国的竞争申报。

§11.06 并购案件的诉讼程序

如果联邦贸易委员会和司法部认定合并或收购是反竞争的，则进行调查的机构可以向联邦地区法院（即审判级别的法院）起诉，申请法院做出阻止交易完成的裁定。一个或数个州的总检察长经常会加入到联邦反垄断执法机构提起的诉讼中。执法机构可以申请紧急裁定（临时限令），该裁定可以停止交易最长达20天。执法机构也可以申请更长期限的裁定（初步禁令，或永久禁令），在更长的期限内阻止交易，或完全禁止交易。在多数情形下，执法机构和交易方达成时间表，双方按照该时间表获取与交易相关的文件和证词，随后联邦地区法院法官召开听证会，决定是否应该发出交易禁令。通常都会加快安排这种听证会，在起诉后数周内就会召开。

如果是司法部提起诉讼，交易是否反竞争这一问题就交由受理诉讼的联邦地区法院裁决。但是，如果是联邦贸易委员会提起诉讼，法院的职责只是决定是否要中止交易，以便联邦贸易委员会有时间通过行政程序认定该交易是否反竞争。如果法院发出了禁令，案件事实将由作为联邦贸易委员会独立雇员的行政法法官进行审理。交易方或者联邦贸易委员会官员都可以将行政法法官的裁定上诉至联邦贸易委员会五人委员会，该委员会作为裁决机构对上诉进行审理。交易方（而非联邦贸易委员会官员）可以将联邦贸易委员会的裁定上诉至联邦地区巡回法院。

对于由司法部和联邦贸易委员会向联邦地区法院提起的案件，交易方公司和政府机构可以将法院发出禁令（或拒绝发出禁令）的裁定上诉至联邦巡回上诉法院，联邦巡回上诉法院将审查地区法院的裁决。待决的合并和收购经常都是经不起折腾的。交易文件中通常都确定了一个日期，如果交易在此日期之后仍未完成，交易方即有权撤回交易，或者交易方可以取消由于诉讼而严重耽搁的交易。如果联邦贸易委员会或司法部成功获得联邦地区法院的禁令，则公司通常会决定放弃交易，而不会等到上诉程序（或联邦贸易委员会行政诉讼程序）开始。

在 HSR 法程序或在诉讼程序中的任何时候，只要审查机构相信除完全禁止交易之外的其他救济手段可以维护竞争，公司都可以与执法机关就对于并购或合并的异议进行和解。公司可以同意审查机构对收购方做出要求出售或剥离被收购方资产、收购方资产或两者皆有的命令（同意命令）。公司有责任确定一个合格的收购方，能够作为合并后企业的有力竞争者运营被剥离的资产。执法机构既可以要求先确定一个合格的收购方，也可以允许公司在同意命令中约定在规定的期限内剥离资产。如果在规定的时限内仍未找到合适的买方，同意命令可以要求将资产出售事宜转移给指定的信托人，由信托人寻找买家。

在审查机构最终接受联邦贸易委员会同意命令之前，命令可以供公众审阅并由联邦贸易委员会自己进行审查评论。根据《达尼法案》(*Tunney Act*)[12]（《反托拉斯程序和处罚法》），司法部同意命令的公告和评论期由联邦地区法院进行监督，而且由法院在期满后决定是否接受同意命令。但是法院的职责是有限的，司法部的同意命令很少在根据《达尼法案》进行的审查之后被驳回。

§11.07　结论——并购规划中的反垄断问题

任何想要收购在美国的公司或资产的交易方都必须将反垄断问题纳入考虑范围之

[12]　15 U.S.C. §16(b)–(h).

内，既要考虑 HSR 法申报中的程序问题，也要考虑美国反垄断执法机构是否会认为交易存在潜在反竞争效果这一实质性问题。交易规模和交易方规模是 HSR 法申报中最为重要的两个变量。而实质性问题要求对美国的市场竞争状况进行详细分析，这远比交易规模和交易方规模重要得多。对于这些要求，外国收购方也不能享受特殊豁免，但是也没有特殊反垄断规范阻止外国收购方完成影响美国市场的并购交易。

第 12 章

《萨班斯—奥克斯利法案》：关于并购美国上市公司的实际问题

Michael G. Oxley 和 Peggy A. Peterson

§12.01 概述

作为对此前10年内一系列震动美国资本市场的公司丑闻的回应，2002年的《萨班斯—奥克斯利法案》（*Sarbanes-Oxley Act*）是一部具有里程碑意义的立法。该法以加强责任和增加透明度为原则，改变了公众公司审计和公司治理实践，并恢复了人们对美国市场的信心。

本章回顾了后“9·11”经济时期内的动荡（正是这种动荡导致了《萨班斯—奥克斯利法案》的实施），并列出了考虑在美国进行投资交易的人士会感兴趣的这部立法的某些规定。

§12.02 《萨班斯—奥克斯利法案》的目的和成就

2002年《萨班斯—奥克斯利法案》（以下简称“《萨班斯法案》”）[1]对美国关于公众公司治理、会计、审计和财务报告实践的法律和政策做出了重要的修改。这些修改旨在恢复对公共证券市场道德和诚信的信心。

该法所带来的最显著的变化之一，是在公司治理领域强调联邦政府的作用，而之前这一领域仅仅处于州政府管辖权之下。该法关于公司治理的主要目的是要加强公众公司董事会的作用，并加剧董事会与管理层之间的自然紧张关系，以此来使得公司运行更加有效。此外，该法还取消了审计职业中原有的自我监管体制，代之以独立、法定和非营利性的监督机构，而该机构的权威直接源于独立的证券监管机关。

《萨班斯法案》关注个人投资者。它赋予美国证券交易委员会（SEC）新的职权，并大幅度增加该独立机构的财政拨款。《萨班斯法案》对公众公司施加了关于透明度和进行报告的新要求，并就违法行为增加了新的惩罚措施（其中很多为刑事处罚）。该法规定了一些新的联邦刑法罪名，并提高了一些既有罪名的刑事处罚。

除了修改与会计、审计和财务报告有关的公司治理程序，《萨班斯法案》试图减少所谓公司“看门人”之间的利益冲突，这些“看门人”存在于公众公司周围，包括

[1] Pub. L. No. 107–204. 116 Stat. 745(codified as amended in scattered sections of 11,15,18,28 and 29 U. S. C.)

证券分析师和律师。2006年的《信用评级机构改革法案》[2]试图通过消除关于评级行业准入的监管障碍和增加竞争来继续上述改革。

《萨班斯法案》提高了关于公司财务和治理的标准，改变了美国公众公司的性质，并更加强调股东（包括机构和个人）应负有的责任。这是美国提高公众公司会计、审计和财务报告质量这一战略决策的产物。《萨班斯法案》宣告美国政府就制定某些标准具有最高权威。任何希望其股票能在美国证券市场内进行交易并希望美国投资者可以交易这些股票的公司，都必须遵守这些标准。结果是，《萨班斯法案》展示了全球经济的相互联系，以及美国与外国监管机关和试图进入美国资本市场的外国公司之间的分歧。

§ 12.03 《萨班斯法案》所应对的危机

《萨班斯法案》会被作为国会对安然公司（Enron）和世通公司（WorldCom）欺诈和破产所做的回应而被人们永远铭记，但该法所针对的问题比几十家公司因其会计、报告和公司治理实践而被判违反刑事和民事法律要广泛得多。更大的问题在于公司看门人参与了这些违法行为，这些人包括那些有利益冲突的分析师、会计师和律师，他们本应该但却没有保护公司股东、雇员和退休职工的利益。一个更大的问题是，一系列公众公司破产案已经动摇了投资者对美国市场和公司的信心。

在这期间，美国资本市场大约损失了8万亿美元，这引发了对大范围崩盘和市场暴跌的恐慌。虽然最紧要的问题是制定解决方案来处理一系列问题，但更加重要的任务是恢复美国和国际投资者对美国公司和市场安全性及稳健性的信心。如果立法完成了第一个目标但却没有达到增强市场信心的改革目标，那么立法一定就是失败的。2002年至2007年间市场的强劲表现既不能也不应该归功于《萨班斯法案》，但是如果在这期间市场走势相反的话，那么《萨班斯法案》一定会成为被指责的对象。

虽然每个陷入困境公司的情况不同，但是共同的模式已然成形。尽管要预测究竟有多少公司存在着会计和公司治理问题是不可能的，但很多公司显然都存在这类问题。起草《萨班斯法案》所面临的挑战在于明确问题和解决方案，找出能够涵盖它们的模型，从而制定适当的并且能涵盖这些问题的立法。

短短数月间，资本市场的不同部门就出现了大量的破产事件和会计问题，这暴露

[2] Pub. L. No. 109–291，120 Stat. 1327–1339（Sept. 29，2006）.

了美国公众公司治理和财务报告的弱点。令人不安的是，在关键岗位的少数人能够控制簿册并搞垮公司，而其他的高管、董事会成员和管理层成员却对所有问题浑然不觉。

实施欺诈行为最著名的两家公司是安然公司和世通公司，它们因令人炫目的投资回报而曾是投资者的最爱。其他存在会计问题的公司则放大了系统性问题，这些公司包括 Global Crossing、Tyco 和 Adelphia。安然和世通公司的突然倒闭震惊了几乎所有人，除了那些在公司内部进行欺诈的人以及公司的某些高管之外。由于安然和世通公司不进行欺诈就不会表现得如此成功，欺诈就传播到那些努力赶上安然和世通公司暴涨的股价、利润和股东回报的公司。最终，一切都变得清晰起来：公司表面的成功掩盖了不被投资者所知的、已然朽烂的公司财务核心。

[A] 安然公司

从一家天然气管道公司做起，安然成为了能源交易和能源期货业务的创新者。该公司发明了为公用事业和企业就多种能源产品进行订约、采购和交付的新方法。安然曾是《财富》杂志排名前 10 强的公司，是美国 2000 年销售额排名第 7 位的公司，它在美国能源市场占有独特地位。安然的突然解体令它的客户们步履维艰，并在能源领域留下了一个很大的缺口。

安然崩溃的第一个前兆是 2000 年和 2001 年造成美国西部地区接连停电的电力危机。然而，问题真正的第一个征兆是时任安然公司首席执行官的 Jeffrey Skilling 于 2001 年 8 月中旬突然辞职。

2001 年 12 月 2 日，市值 490 亿美元的安然公司申请破产。12 月 12 日，众议院金融服务委员会下设的两个委员会召开了第一次国会听证会。在听证会上，当 SEC 首席会计师 Robert Herdman 被问到是否会有其他公司将像安然那样垮台，他回答说："可能会有的。" [3]

例如，委员会审查了安然高管在公司宣告破产之前行使股票期权的情况。在当时，高管出售股票的行为要在 90 天内进行公告，这一时限最终在《萨班斯法案》中被减为 48 小时。这 90 天的时间阻碍了投资者获知高管就公司状况所了解的情况。在预破产期间内，安然公司暂停了员工 401（k）计划，从而使员工在股价大跌时不能减少对

[3] Herdman，Robert K. 关于就《安然崩溃：对投资者和金融市场的影响》向众议院金融服务委员会下设的主管资本市场、政府出资企业和保险的委员会以及关于监督和调查的委员会所做证词的记录。（华盛顿特区，众议院金融服务委员会）2001 年 12 月 12 日，第 41 页，参见：http：//commdocs.house.gov/committees/bank/hba76958.000/hba76958_Of.htm.

安然公司的依赖，这正是《萨班斯法案》所要规制的另一种恶劣行径。

在 2001 年至 2002 年的整个冬天里，SEC 人员悄悄审查了所有《财富》500 强公司的财务报告。虽然他们没有明确发现将像安然那样垮台的企业，但他们坦言并没有办法彻底查明潜藏在公开报告当中的欺诈行为。他们的研究较早地指出了加强内部控制和透明度的必要性。

[B] 安达信

2002 年 3 月，美国司法部指控整个安达信事务所（Arthur Anderson）在安然案件中妨碍司法，而安达信此前正是会计行业的黄金标准。对整个事务所进行指控不仅前所未有，而且也可以说是个草率的决定。最终，这一指控在美国公众公司最需要会计师事务所的时候减少了会计行业的竞争。

安达信的会计师们声称安然的高管们在会计师职权范围外设立了特殊目的实体，而安达信无权对这些实体进行调查。会计师们的主张是有道理的，他们被要求为其没有法律权利和能力处理的问题负责。2005 年，联邦最高法院推翻了安达信案件的判决[4]，并认定 28,000 名员工无罪，但此时安达信事务所已经解散。安达信的死刑可能是在揭开公司丑闻的整个过程中所犯下的最大的错误。整个事务所遭受的处罚当然与罪名并不相称。

[C] 环球电讯

2002 年 1 月，资产价值为 301 亿美元的通信业公司环球电讯（Global Crossing）申请破产。环球电讯当时是美国历史上第 5 大破产公司，而截止到撰写本文时其排名已经落到第 14 位[5]。

环球电讯的任务是打造世界上最大的高速数据光纤网络。在全盛时期，该公司业务跨越五大洲。

环球电讯的破产是对电信行业的沉重打击。然而，它对美国国会和公众讨论的影响并不像安然和世界通信案件那样深远。

环球电讯的高管们严重高估了市场对光纤通讯的需求。随着高科技公司在 2001

---

[4] Arthur Andersen，LLP v. United States，544 U.S. 696（2005）.

[5] BankruptcyData.com.

年的衰落，公司高管们据称使用了会计手段进行复杂的业务量交换，从而改善公司的财务表现。

2002 年 3 月，众议院金融服务委员会举行听证会，深入探究了环球电讯的会计和公司治理问题，环球电讯缺少可靠财务报表的问题也浮出水面。委员会发现环球电讯向其他公司出售或出租光纤业务。对这些交易是否采用了正确的会计处理（具体而言即销售收入是立即实现还是逐步实现）取决于合同是如何约定的。环球电讯还与其他公司通过互惠协议交换光纤业务。关于非货币交易，已有某些会计规则，问题在于环球电讯是否遵守了这些规则。

会计规则要求，此类交易的实施需要出于真正的经济原因，而不能主要是为了改善某些财务报表。SEC 副总会计师在金融服务委员会听证会上的证词里提到了论及这类做法的商业文献，他指出："很多此类文章都认为：参与这些交易的公司可能将销售收入记为出售经营网络所得的收入，或将长期固定资产记为对业务的收购，从而不适当地夸大经营业绩。"[6]

SEC 在对三位环球电讯高管的指控中称，他们未能向投资者提供使投资者能判断这些交易如何影响公司运作的实质性信息。这三位高管最终通过每人支付 100,000 美元民事罚款进行了和解，并未确认或否认其行为的违法性。环球电讯最终通过破产得以重生。

投资者要求采取行动来解决已经实施的不法行为并提振市场信心。这些不法行为被认为存在于公司治理、会计和审计实践当中，而不存在于竞争之中。3 月初，布什总统就公司改革提出了 10 点计划。当时，金融服务委员会已在起草有关立法的最初版本，而这一立法就是后来的《萨班斯法案》。在委员会于 4 月中旬经过一段时间的审议之后，该草案获得通过。两天后，众议院以 334 比 90 的两党投票比例表决通过了编号为 H.R. 3763 的《公司和审计责任、职责及透明度法》。

与此同时，参议院银行委员会举行了大规模的听证会。然而，由于没有出现进一步的灾难性新闻，时任参议院多数党领袖的 Tom Daschle（南达科他州民主党人）决定：参议院将把有关公司责任的立法活动推迟至秋天。

尽管众议院已经通过《公司和审计责任、职责及透明度法》，但参议院直到 6 月初仍没有通过该立法。时任高盛（Goldman Sachs）董事会主席兼首席执行官的 Henry Paulson 在全国记者俱乐部发表演讲，该演讲后来被称为企业的"认错演讲"。他提出

[6] Morrissey，John M. 就《环球电讯破产案对投资者、市场和与员工的影响》向众议院金融服务委员会下设的监督和调查委员会所提供的证词。（华盛顿特区，联邦证券和交易委员会）2002 年 3 月 21 日，第 7 页，参见：http：//financialservices.gov/media/pdf/032101jm.pdf.

了很多比众议院法案更为严厉的提议，其他的企业团体和高管们很快都附和他的意见。总体说来，Paulson 的演讲和世通公司的破产意味着：温和的立法方式不再可行。

[D] 世通公司

从一家密西西比州当地的长途电话服务商做起，世通公司已经成为全美第二大长途电话运营商，并跻身《财富》500 强之列。这家地方公司于整个 20 世纪 90 年代都在收购其他电信公司，该公司在 1997 年完成了与 MCI 公司总额为 370 亿美元的合并。于 2000 年更名为“世通公司”的“MCI 世通公司”，因挑战贝尔地区性运营公司的市场主导地位而闻名，而贝尔的主导地位自其在 20 世纪 80 年代早期从美国电报电话公司剥离后就一直保持着。

世通公司对贝尔既存结构的竞争性挑战是增加新的电信业务能力并降低消费者成本。作为具有更多选择和更低价位的新型电信市场的同义词，世通公司也为联邦政府提供了独特的服务。

世通公司在 2002 年 6 月 25 日做出的公司重述导致 SEC 和司法部对其进行调查。该公司被夸大的收入达到了 38 亿美元，而该公司还将本期费用列为资本支出从而使其能在今后得到摊销。众议院金融服务委员会在 7 月 8 日举行了听证会，世通公司在 7 月 21 日申请破产保护。

世通公司的新闻对美国国会来说是枚重磅炸弹。世通公司破产时的资产接近 1,040 亿美元，这比安然公司的资产规模还要大很多。同时，这也是到当时为止最大的破产案。在撰写本文时，世通公司破产案是仅次于雷曼兄弟公司破产案和华盛顿互惠银行破产案的美国历史上第 3 大破产案[7]。

在 7 月 8 日的听证会上，时任世通公司首席执行官的 Bernard Ebbers 和该公司前任首席财务官 Scott Sullivan 均援用《美国宪法》第五修正案所赋予的权利拒绝作证。听证会揭露了鼓吹世通公司的分析师 Jack Grubman 所扮演的角色，而他正是世通公司在华尔街最大的宣传者，尽管他并未透露出席世通公司董事会会议并知晓公司存在问题的事实。

Grubman 促成了把首次公开发行的有价值的股票（以及它们附带的、可以迅速兑现的利益）从所罗门美邦公司（Salomon Smith Barney）转让给 Ebbers 的交易。Grubman 的经历表明同一公司内的研究分析师与投资银行部门之间的关系是如何玷污

[7] BankruptcyData.com.

了分析师所做的研究。通过向客户转移首次公开发行的股票来报答客户与投资银行签约的做法被称为“转移”，由于 Grubman 和其他人的行为，这种做法受到了金融服务委员会、SEC 和纽约州总检察长办公室的严格审查。Ebbers 不仅利用他持有的世通公司股票为其从事其他商业活动进行融资，还为了满足不时之需而向公司借款 4 亿美元。

大量破产案件和其他公司问题的涌现，使得布什总统敦促国会在 8 月份休会前完成立法工作。他还建议增加新的刑事处罚。突然之间，在世通公司事件过后，根据整个参议院的工作进度，立法工作并不能及时完成。两院均就总统关于加大对多种证券违法行为处罚力度的提议开展工作，包括就篡改或者破坏文件、邮件欺诈、通讯欺诈（wire fraud）和为错误财务报表出具意见的行为提高处罚力度，并增强对举报人的保护。

法案还涉及了其他重要问题，比如要求进行与公司道德准则有关的披露、加强对资产负债表外交易进行披露、禁止对高管提供公司贷款、取消 401（k）锁定期并要求在 48 小时内对公司内部人员进行的股票交易进行电子披露。众议院共和党谈判代表建议添加关于加强“公平基金”（fair funds）的条款，该基金由 SEC 负责管理，并将被用来赔偿遭受欺诈的投资者。

众议院共和党人还试图改进关于在美国上市的外国公司应遵守有关标准的规定。因为该规定使得美国的司法管辖权向外国扩展，导致欧洲人也需要遵守美国法律，所以这一问题于该法案通过后在欧洲引起一片哗然。

包括听证会、文件修改、审议、讨论、最终通过和颁布实施在内的整个立法程序共历时约 8 个月。签字仪式最终于 2002 年 7 月 30 日在白宫东厅举行。

§12.04 问责性和透明度

《萨班斯法案》以增强对美国公众公司进行问责追究和强化透明度的原则为基础。从一开始，该法的首要目标就是通过适用于最大的公众公司来保护尽可能多的投资者。自 2004 年，大型公司均须遵守 404 条款的所有规定。

由于需要为外部审计付款，任何规模公司的最大开支便是第 404 条规定的审计师认证。尽管遵守《萨班斯法案》的公司多年来已经大幅降低了它们的内部成本，对外部审计成本的削减却更为缓慢。

《萨班斯法案》颁布后，SEC 多次推迟对较小的上市公司适用第 404 条规定的财务报告内控制度。自此，为降低所有公司的执行成本，第 404 条已经被加以调整。立法者特别关注那些更加容易受到欺诈却相对缺乏能力承担第 404 条规定的处罚的较小公司。

2007 年夏天，原有的内部控制审计标准被取消，取而代之的是针对不同规模的公司根据风险因素设置不同的标准[8]。SEC 发布了解释性指导，帮助管理层适用该标准[9]。

市值低于 75,000,000 美元的较小的上市公司目前需遵守第 404 条（A 部分）规定，该部分要求管理层评估内部控制的有效性。对《萨班斯法案》的唯一争议是一个长期存在的问题，即较小的上市公司（也称为“非快速申报人”）是否应该从第 404 条（B 部分）的审计师认证条款中得到豁免。《萨班斯法案》颁布后，SEC 定期批准较小的公司取得豁免，而与此同时，为了就控制公司成本和第 404 条的适用寻求切实可行的方法，SEC 也与公众公司会计监督委员会（“PCAOB”或者“委员会”）进行合作。现在，国会已经不再就个案进行豁免，而是选择永久豁免那些符合《多德—弗兰克华尔街改革和个人消费者保护法案》（*Dodd-Frank Wall Street Reform and Consumer Protection Act*）第 989G 条规定的较小公司。

§12.05 《萨班斯—奥克斯利法案》条款对发行人的要求和对并购交易的影响

由于《萨班斯法案》第 2 条规定的“发行人”即指《1934 年证券交易法》（*Securities Exchange Act of* 1934，下称《证券交易法》）所定义的发行人，因此在美国证券交易所向公众发行经登记证券的公司要遵守《萨班斯法案》的所有规定。《证券交易法》第 12 条规定，证券发行人需要进行登记；根据该法第 15 条，发行人需要提交报告或者根据《1933 年证券法》提交尚未生效且未被撤销的登记声明。《萨班斯法案》的效力及于美国境外：无论是美国本土的发行人还是其他国家的发行人都应遵守《萨班斯法案》关于要求、禁止、处罚以及其他方面的几乎所有条款。然而，SEC、公众公司会计监督委员会、自律组织和交易所已经采取措施来努力与它们在世界各地的同行进行协调，并就商业实务和公司结构的国际间差异采取可行的调整措施。

---

[8] 参见 Auditing Standard No. 5 of the Public Company Accounting Oversight Board，网址：http：//pcaobus.org/Standards/Auditing/Pages/Auditing_Standard_5.aspx.

[9] 参见 SEC Release No. 34–55929（June 20，2007），网址：http：//www.sec.gov/rules/interp/2007/33–8810.pdf.

跨国公司的高管们应该意识到，即使公司集团内的实体不在美国境内设立或者不位于美国境内，美国法律仍然适用于这些实体。《萨班斯法案》仅仅是能够说明这个问题的例子之一[10]。

《萨班斯法案》旨在通过增强公众公司治理和报告制度来提振投资者信心，但该法也包括能更广泛地适用于个人和美国公司的反欺诈条款，不论这些公司和个人是否满足《萨班斯法案》对发行人的定义。那些被称为“自愿申报者”的公司和从 SEC 就报告要求取得豁免的非美国公司，也可能受到《萨班斯法案》中一些要求的约束。

接下来的内容是对法律条款各章的描述和关于对发行人具体要求、禁止、处罚或责任的各条款清单。虽然这种描述有时引用法律条文，但是它们应该被看成是概略且平实的摘要，而它们也不包含完整的细节。这里只涉及《萨班斯法案》的某些特定条款；其他条款可能有其他的意义。本章的目的不在于构成就特定公司或者交易（例如在美国上市、合并或者收购）而提供的法律意见。

那些考虑根据《萨班斯法案》的要求与美国上市公司进行合并交易或者收购交易的人应该考虑《萨班斯法案》的全部规定[11]、SEC 提供的有关实施条例和指导意见[12]、公众公司会计监督委员会颁布的相关规范和标准[13]、有关交易所的上市标准和相关判例法。下文的简要清单将涉及所有这些资料和其他有关资料[14]。

[A] 第一章：公众公司会计监督委员会

《萨班斯法案》第一章创设了公众公司会计监督委员会，并如上所述授权 SEC 对其进行管理（第 107 条）[15]。该委员会的具体职责包括：(1) 对那些为在美国上市的发行人进行审计的会计师事务所进行注册；(2) 为保证质量、职业道德和独立性，制定审计标准和发布规则；(3) 对注册的会计师事务所进行定期检查；以及 (4) 进行调查、实施处罚和制裁违法行为。第一章表明了国会在公司丑闻爆发后所做出的结论，即：过去对上市公司审计工作仅实行自我监管的做法是不够的。

外国会计师事务所和发行人需要遵守《萨班斯法案》的规定。这引起了一片哗然

[10] 请另见本书第 18 章关于《反海外腐败法》的论述。

[11] Pub. L. No. 107-204，available at http：//thomas.loc.gov.

[12] 可在 www.sec.gov 网站获得。

[13] 可在 www.pcaob.org 网站获得。

[14] 参见，例如，John T. Bostelman. Robert E. Buckholz，Jr.，& Marc R. Trevino. Public Company Deskbook，Sarbanes-Oxley and Federal Governance Requirements（New York，NY：Practising Law Institute，2009）.

[15] 15 U.S.C. §7217.

(特别是在欧洲)，并招致对美国超越其国界进行立法的批评。外国发行人和审计师表示了他们的关切：如果遵守《萨班斯法案》的要求，他们在某些情况下会违反他们自己国家的法律和公司治理要求。

《萨班斯法案》通过后，为了解决该法牵涉的跨境管辖问题，立法者在该法第一章中设置的监管灵活性安排很快就变得必要而且得到应用。SEC 和公众公司会计监督委员会试图延长注册期，并对那些为美国发行人的审计报告提供重要工作的人所应遵守的要求加以限制，从而缓解涉及外国发行人和审计师的法律冲突。此外，对那些因可能违反其本国法律而拒绝就注册或者调查提交某些被要求提供的信息的外国会计师事务所，公众公司会计监督委员会做出了一些让步。该委员会就对非美国会计师事务所进行检查的整体时间安排和措施方面已经取得了进展。

人们已经花费了多年的时间，来解决 SEC 和公众公司会计监督委员会与非美国发行人和对公众公司进行审计的非美国审计师事务所之间的关系这一总体问题。美国政府一直致力于使《萨班斯法案》的政策能在当今国际商业世界中发挥作用。

自从《萨班斯法案》通过以来，该方案面对的唯一重大法律挑战是自由企业基金诉公众公司会计监督委员会（Free Enterprise Fund v. Public Company Accounting Oversight Board）案件，该案由联邦最高法院在 6 月做出判决。“上诉人主张，《萨班斯法案》违反权力分配的原则，这是因为该法将广泛的行政权授予委员会成员，但却没有将这种授权置于美国总统的控制之下。”[16] “上诉人还根据任命条款（the Appointment Clause）挑战该法，该条款要求‘美国政府官员’应当由总统根据参议院的意见和同意进行任命”，但“‘低级官员’是个例外，国会可以将对这些官员的任命权授予‘总统、法院或者行政机关部门首脑’”[17]。

联邦最高法院认为，根据任命条款对公众公司会计监督委员会进行的质疑缺乏法律依据，但法院指出，该委员会的制度设计因为将太多权力赋予国会而违反了权力分配的原则。法院认为，对罢免委员会成员进行“基于特定理由的”限制是无效的，因为这侵犯了总统的特权：尽管总统并不直接任命该委员会的成员，但法院认为总统必须具备不受减损的权力来对委员会成员进行罢免。通过做出涉及范围有限且自动生效的判决，最高法院将“基于特定理由的”限制条款单独处理，并确认：“即使保留这些

[16] Free Enterprise Fund v. Public Company Accounting Oversight Board，No. 08-861，slip op. at 6（U.S. June 28，2010）.

[17] Free Enterprise Fund v. Public Company Accounting Oversight Board，No. 08-861，slip op. at 6（U.S. June 28，2010）.

针对罢免权的限制条款，《萨班斯—奥克斯利法案》仍然‘是完全有效的法律’。”[18]

［1］第一章主要条款清单

试图在美国交易所上市的公司，或者那些正在考虑进行并购交易的公司，应当关注第102条、第105条和第106条。

［a］第102条

第102条[19]要求，那些对被《萨班斯法案》定义为发行人的公司进行审计的会计师事务所，应当在公众公司会计监督委员会进行注册，从而使它们受到该委员会的监督。该条还要求采取措施避免审计师的利益冲突和采用得到该委员会批准的标准。这些要求同样适用于公共审计师事务所。

［b］第105条

第105条[20]指导公众公司会计监督委员会进行调查并实施惩戒程序。在正规的调查程序中，该委员会可以要求与注册公共会计师事务所有关的人员作证；可以要求注册公共会计师事务所提供审计工作底稿和其他文件；可以要求其他人（包括注册公共会计师事务所的客户）作证和提供文件；并可以为获得证词和文件而向SEC请求签发传票。被要求提供的文件和证词必须与针对违反《萨班斯法案》或者证券法的行为所进行的调查有关或对该等调查有实质性意义。

公众公司会计监督委员会必须与SEC就调查活动进行协调，并可以向其他联邦监管机构、其他联邦执法机构、各州检察长或者各州其他监管机构求助。如果发生不配合调查的情况，公众公司会计监督委员会可以做出如下处罚，例如：暂停某人在注册会计师事务所中的执业，终止某家会计师事务所的注册，或者其他较轻的处罚。第105条也设定了每项违法行为的民事处罚限额，其中个人就每项违法行为所支付的罚款不超过100,000美元，实体就每项违法行为所支付的罚款不超过2,000,000美元。对故意违法行为，对个人的罚金可达750,000美元，对实体的罚金可达15,000,000美元。在故意且明知的情况下实施的行为会导致更高数额的罚款和更加严厉的处罚，这些行为包括粗心的行为和重复的疏忽行为。未能尽到监督之责的注册公共会计师事务所也将受到处罚。

---

[18] Free Enterprise Fund v. Public Company Accounting Oversight Board，No. 08-861，slip op.at 28（U.S. June 28，2010）.

[19] 15 U.S.C. §7212.

[20] 15 U.S.C. §7215.

[c] 第 106 条

第 106 条[21]规定，为美国发行人准备或者发布审计报告的外国公共会计师事务所应遵守《萨班斯法案》、公众公司会计监督委员会规则和 SEC 规则。该条款授权 SEC 和公众公司会计监督委员会在有关豁免有利于公共利益或者保护投资人的情况下，免除特定外国会计师事务所遵守《萨班斯法案》和相关规定的义务。

在大多数情况下，《萨班斯法案》没有指出对美国本土公司和外国公司的差别待遇。然而，就审计报告而言，《萨班斯法案》明确指出，那些为在美国交易所上市的公司准备审计报告的外国会计师事务所需要遵守新的会计监管制度。

[B] 第二章：审计师的独立性

为确保审计师的独立性，进而试图提高审计质量和可靠性，《萨班斯法案》第二章规定了相关要求。在安然、世通、环球电讯、泰科（Tyco）、帕玛拉特（Parmalat）和皇家阿霍德（Royal Ahold）的审计丑闻时代，无论是在美国国内还是国外，审计师与他们所审计的公司之间的关系都是中心议题。

独立的审计师有助于确保外部审计的客观性。限制非审计职能的目的在于防止审计师事务所陷入审计自己所做会计工作的窘境。此外，这些限制确保审计师事务所不涉足决策领域，而这些领域由管理层处理更为恰当。

就像对《萨班斯法案》其他条款表示的担忧一样，美国之外的证券发行人和国际监督机构也担心第二章会在美国之外造成问题。由于会计行业缺乏竞争和专业性（特别是在发展中国家），关于审计师轮换的要求也是这些外国机构和人士所担忧的。更普遍的是，在安达信由于整个事务所在安然事件中被起诉而瓦解后，美国的会计和审计市场持续缺乏充分竞争。就像对《萨班斯法案》第一章表示的担忧一样，有外国审计师和发行人担心《萨班斯法案》的一些要求与其本国法律规定存在冲突。

《萨班斯法案》颁布以前，普遍的做法是由公司管理层聘用和监督审计师。几经周折后，国会明确表示，董事会的独立审计委员会应承担聘用和监督审计师的职责，这是公司治理实践中的一个重大改变[22]。

---

[21] 15 U.S.C. § 7216.

[22] SEC 对此问题的指导请参见 www.sec.gov。除了有关法规和新闻报道外，发表于“Office of the Chief Accountant”的题为“Audit Committees and Auditor Independence”和“Applications of the Commission's Rules on Auditor Independence Frequently Asked Questions”的两篇论文也对理解有关问题很有帮助。另一篇重要的参考文献是“Rules of the Board”，特别是其题为“Professional Standards”的第三节很有帮助，请参见 www.pcaob.org.

[1] 第二章主要条款清单

寻求在美国证券交易所上市的公司，或者那些正在考虑进行并购交易的公司，需要关注第201条、第202条、第203条、第204条和第206条。

[a] 第201条

第201条[23]列举了注册公共会计师事务所不得向其所审计的公司提供的某些非审计服务。该条还指出，在获得公司审计委员会事前许可的情况下，注册公共会计师事务所可以提供税务咨询服务和其他一些非审计服务。

根据SEC和公众公司会计监督委员会的说明，为了确保审计道德并排除收费丰厚的咨询合同，证券发行人不得与其审计师就特定的非审计服务项目订立合同：

1. 与被审计客户的会计记录及财务报表有关的簿记业务或其他业务；
2. 设计及运行财务信息系统；
3. 就估价服务、出具公平性意见或出具实物出资报告书提供评估服务；
4. 精算业务；
5. 内部审计外包业务；
6. 管理服务或人力资源服务；
7. 作为客户的经纪人、经销商、投资顾问，或提供投资银行服务；
8. 提供与审计无关的法律服务或专家服务；以及
9. 任何根据有关规定被公众公司会计监督委员会认定为不被许可的业务。

为执行第二章的规定，SEC就美国资本市场和其辅助机构中的本国或者外国参与者所提出的实际问题做出了调整和回应。例如，在解决一个国际问题时，SEC指出，会计师事务所之所以能够提供税务咨询服务，是因为税务咨询在一些国家属于法律咨询的范畴，而会计师事务所根据《萨班斯法案》是被禁止提供税务咨询服务的。

[b] 第202条

第202条[24]规定，证券发行人的审计师所提供的一切审计和非审计服务，都需要事先获得公司审计委员会或者董事会的批准。

---

[23] 15 U.S.C. § 78j–1(g).

[24] 15 U.S.C. § 78j–1(i).

董事会的审计委员会可以将进行事先批准的权力授予一名或者多名独立董事。除了关于审计和非审计服务的事先批准要求外，对非审计服务做出的批准还需要在发行人的财务报告中进行披露。

[c] 第 203 条

第 203 条[25]要求首席审计合伙人或者同期的审计合伙人的人员每 5 年轮换一次。

根据 SEC 的解释，关于合伙人轮换的要求适用于参与证券发行人或其母公司审计工作的合伙人和对子公司进行审计的首席合伙人（如果子公司贡献了超过 20% 的收入或者资产）。实施该条款的 SEC 条例规定，在返回审计同一家公司之前，首席合伙人和参与的合伙人应当遵守 5 年的“暂停期”。SEC 规则规定，审计团队的其他特定重要成员应在 7 年后轮换，并经历 2 年的“暂停期”。

[d] 第 204 条

第 204 条[26]要求，对公众公司进行审计的会计师事务所应向其客户的审计委员会报告拟应用的关键性会计做法、所有可供选择的财务信息处理方法以及关于和管理层进行重要沟通的材料。在重要变化或者人员变动发生前后，审计委员会需要复核审计师的独立性。

[e] 第 206 条

第 206 条[27]要求，在被其审计客户聘任为高管之前，公共会计师事务所审计团队的任何成员都应当经历 1 年的“冷却期”。

冷却期被解释为适用于首席合伙人、参与合伙人和那些对审计项目的贡献超过 10 小时的审计团队成员。那些偶然参与审计的人可以得到豁免。这些聘用方面的限制适用于证券发行人，但不适用于其关联公司。

如果证券发行人想要聘用审计团队的成员出任其首席执行官、首席财务官、首席会计师或者同等职位，那么发行人必须等待满 1 年的时间。

[C] 第三章：公司责任

《萨班斯法案》第三章规定了公司对其员工、股东和退休员工的责任，并特别强

[25] 15 U.S.C. § 78j–1(j).

[26] 15 U.S.C. § 78j–1(k).

[27] 15 U.S.C. § 78j–1(l).

调了高管和董事会成员的个人责任。该章重申，公司的资金来源于投资者，而公司的利润也应归属于投资者。

在某些情况下，第三章各条款是对某些特定事件或做法的回应，而这些事件和做法恰恰存在于那些促成《萨班斯法案》通过的各种公司丑闻之中。例如，在暂停实施员工和退休人员养老金计划时就存在着某些应受谴责的内幕交易行为，在安然公司，高管利用自己的内幕信息来防止个人利益受到损失，但是员工却被禁止进行有关交易，从而被迫承担自己退休金账户的损失。

对投资者保护基金的强化表明了国会的态度，即 SEC 应当努力将遭受损害的投资者作为一个整体进行保护，受损的投资者应当能让 SEC 代表他们行使权利，而不再需要自己提起诉讼或者加入集团诉讼。

[1] 第三章主要条款清单

希望在美国证券交易所上市或者考虑在美国进行合并或收购交易的公司，应当注意第 301 条、第 302 条、第 303 条、第 304 条、第 305 条、第 306 条和第 308 条。

[a] 第 301 条

第 301 条[28]要求审计委员会的所有成员都是独立的（即不与发行人存在关联关系，并且不从发行人处取得任何额外报酬），并且必须是董事会成员。审计委员会必须建立有关程序来处理关于会计和审计问题的投诉和匿名举报，并负责聘用注册公共会计师事务所、向这些事务所支付款项并监督其工作。

第 301 条也授权 SEC 指示全国性证券交易所对不符合本条款规定的公众公司进行下市处理。

审计委员会有权聘请独立的法律顾问或者其他顾问；发行人必须向审计委员会和任何提供协助的外部顾问提供充足的资金。审计委员会有权决定合适的资金数额。

[b] 第 302 条

第 302 条[29]要求公司首席执行官和首席财务官根据《证券交易法》签署和认证每份季度和年度报告。该等认证表明，据高管所知晓的信息，这些报告公正地反映了公司的财务状况，并且既不包含任何不真实的陈述，也没有遗漏任何相关的财务信息。署名的高管应对公司的内部控制负责。署名的高管必须向审计师和审计委员会汇报内

---

[28] 15U.S.C. § 78f(m).

[29] 15 U.S.C. § 7241.

部控制中的任何不足或者欺诈情形。

增加了个人责任的第302条之所以被包含在法律当中，是因为首席执行官和首席财务官们曾宣称，对会计工作的操纵是由其下属所为[30]。

认证要求适用于自愿向SEC提交报告的公司。在大多数情况下，这些公司都不被认为是发行人。为了满足SEC的有关规定，发行人已经就所需的认证完成了准备性程序。

[c]第303条

第303条[31]规定，以使公司财务报表具有严重的误导性为目的，在进行审计工作时对任何注册会计师进行“欺骗性的影响、强迫、操纵或误导”都是非法的。

第303条既适用于发行人的高管和董事，也适用于“任何受到高管和董事的指示实施上述行为的其他人员”。

[d]第304条

第304条[32]规定：在不当行为导致重大违法行为，而公司因此重新编制会计报表时，首席执行官和首席财务官必须返还上一年内从公司获得的激励和股权形式的补偿，并且对公司进行赔偿。本条经常被称为“讨还”(claw back)或“吐出”(disgorgement)条款。第304条的目的在于，在不当行为发生时取消财务激励，并且使高管不能因其不当行为而获得个人收益。第304条将收益退还给公司并因此退还给股东，以此来威慑不当行为。

[e]第305条

第305条[33]表明，SEC有权禁止某些实施证券违法行为和不胜任的个人担任公司高管或者董事。这项权力的目的是防止已被证明为不诚实的高管再次损害投资者。本条允许SEC为投资者在联邦法院寻求公平的救济。

第305条将禁止个人担任公司董事或者高管的标准从“严重不胜任”降为“不胜任”标准[34]。该等禁止可能是终生的，也可能仅持续特定的一段时间。

---

[30] 第906条包含了首席执行官和首席财务官所需遵守的相似报告要求，并规定了有关违法行为所导致的严重刑事责任。

[31] 15 U.S.C. §7242.

[32] 15 U.S.C. §7243.

[33] 15 U.S.C. §78u(d)(2)，15 U.S.C. §77t(e).

[34] 与此有关的第1105条授权SEC根据其行政程序禁止某些个人担任公众公司高管或者董事。

[f] 第 306 条

第 306 条[35]是一个明确针对安然丑闻的条款。该条款规定：如果发行人的董事和高管因其担任该等职务而获得其所任职公司的股权证券，那么他们不得在退休基金计划暂停期间内（在这一期间内，公司现任和退休员工不能进行交易）购买、出售或者转让该等股权证券。退休基金计划暂停期间是指：在连续超过 3 个工作日内，至少 50% 的个人退休账户计划参与人和受益人的交易能力被暂停。此外，除在少数例外情况下，退休计划参与人必须在暂停期开始前30天收到相应通知。通知应采用书面形式，并指出实施暂停的原因、受到影响的投资、暂停期可能持续的时间、关于参与者应当评估其投资的声明和美国劳工部长所要求的其他事项。

美国劳工部长有权对未按要求进行通知的退休计划管理人进行民事处罚，该等处罚为最高每天 100 美元的罚款。

第 306 条是国会规定的、唯一涉及个人诉权的条文，这意味着个人可以对董事会和高管提起诉讼。

本条款旨在防止高管在其公司的负面新闻被披露前，为了避免自己的损失而进行交易，而这些损失将在之后由股东们承担。

SEC 针对本条款制定的规定被称为“BTR 规定”（Regulation BTR，即内部交易限制规定）。该规定设置了特殊的两部分测试机制以确定发行人是否聘有大量可能受到内部交易不利影响的美国员工，从而使有关法律就外国发行人做出调整。这种测试分为两部分：第一部分是发行人是否在美国聘用其 15% 或更低比例的员工；第二部分是发行人是否在美国聘用 50,000 或更低数目的员工。

[g] 第 308 条

第 308 条[36]将 SEC 就违反《证券交易法》的行为收取的民事罚金投入到 SEC 创设的投资者保护基金之中。从案件执行中取得的收入构成专门的投资者保护基金，该基金的目的在于补偿特定案件中的受害人。自从《萨班斯法案》通过后，SEC 已经通过公平基金向投资人返还了 50 亿美元[37]。

在《萨班斯法案》通过之前，只有罚没收入（由被告缴纳的全部非法所得）直接归入公平基金，民事罚款则支付给美国财政部。第 308 条将民事罚款归入公平基金，

[35] 15 U.S.C. § 7244；29U.S.C. § § 1021，1132.

[36] 15 U.S.C. § 7246.

[37] SEC 在 2009 年 5 月 19 日刊登了标题为“SEC Announces $843 Million FAIR Fund Distribution to Harmed AIG Investors”的通讯稿，请参见：www.sec.gov/news/press/2009/2009–115.htm.

这增强了对受损投资者进行补偿的效果。

[D] 第四章：强化财务信息披露和商业活动中的新费用

《萨班斯法案》的一项重要任务是重建投资者对美国市场的信任和信心，因为正如美国谚语说的一样：投资者会“用脚投票”并到别的地方投资。人们普遍认为公众公司的财务报表没有反应真实情况，而这种观点不利于投资。不幸的是，优良的公众公司也成为了公众日益加剧的不信任态度的受害者。

虽然为重建对股票市场的信任，人们普遍要求出台《萨班斯法案》，但从该法实施伊始，人们就开始批评实施该法所带来的成本。虽然在《萨班斯法案》的起草阶段已经考虑并讨论过实施该法可能造成的成本，但在当时要预测或准确量化这些成本是不可能的。尽管如此，比较确定的是，《萨班斯法案》的要求将增加对会计和审计服务的需求，并且增加获得这些服务的成本。对安达信的起诉和随后该事务所的解散进一步减少了会计行业内的竞争，并加剧了市场的封闭性。

与《萨班斯法案》有关的成本相对容易计算。这些成本在不同公司之间存在着较大的差别，但是一般说来，随着该法若干年的实施，有关的成本也在逐渐下降。在该法通过时最早采用高标准做法的公司比较容易适应，而其他公司要适应该法就比较困难。

要衡量实施《萨班斯法案》所带的其他不如成本那样明显的结果（特别是审计质量和整体财务报表精确性的价值）则更为困难。审计质量中心曾对公众公司审计委员会成员进行调查。发布于 2008 年 3 月 18 日的该调查结果显示，82% 的被调查人认为审计质量在近几年内得到了改善。在调查中，3/4 的被调查审计委员会成员认为审计质量非常优良[38]。

[1] 第四章主要条款清单

希望在美国证券交易所上市或者考虑在美国进行合并或收购交易的公司，应当注意第 401 条、第 402 条、第 403 条、第 404 条、第 406 条、第 407 条、第 408 条及第 409 条。

[a] 第 401 条

第 401 条[39]直接针对安然事件中的资产负债表外交易。该条规定，注册会计师

[38] 新闻报道。“Post-SOX Audit Quality Has Improved, Say Nation’s Audit Committee Members,”（Washington, D.C., Center for Audit Quality）Mar. 18，2008. 请参见：www.thecaq.com.

[39] 15 U.S.C. §7261.

事务所根据公认会计准则（GAAP）所指出的重大修正必须在定期财务报表中得到体现。提交给SEC的年度或季度财务报告必须披露对公司目前或未来的收入和支出有重大影响的资产负债表外交易。定期向SEC披露的标准化财务信息中不得包含虚假陈述和存在重大遗漏。标准化财务信息必须根据公认会计准则真实反映公司的财务状况。

关于实施《萨班斯法案》第401条的SEC规则的目的在于：使资产负债表外交易和不符合公认会计准则的会计工作更加透明。相关规则还更加关注在年度报告中加强对管理层讨论和分析意见（management discussion and analysis）进行披露。

[b] 第402条

第402条[40]禁止公众公司向其董事和高管提供贷款。该条特别禁止发行人和其子公司以个人贷款的形式提供、继续持有或安排信贷。该条款适用于美国国内和国外的发行人，但不适用于外国政府和满足某些条件的外国银行。该条款也不适用于《萨班斯法案》实施之前提供的贷款。

被明确允许提供的贷款包括：在正常信贷业务中由发行人提供的贷款、由发行人向社会公众提供的贷款、发行人依据不比社会公众可获得的条款更为优惠的条款而提供的贷款。该条款的目的在于处理某些恶劣行径，即公司将资金借给高管供其支付个人账单或者用于其他个人目的。在经过对该条的最初担忧之后[41]，该条款被解释为允许几乎所有的公司一般实践，例如使用公司信用卡、根据401（k）计划进行的借贷、为留住公司人才而支付的奖金和预付的报销款。

[c] 第403条

第403条[42]要求，涉及管理层人员和主要股东或者“内部人员”（包括公司高管、董事或就任何种类的股票持股超过10%的股东）的证券交易，必须在交易后的第二个工作日结束前向SEC做出披露。这些交易必须通过SEC网站和发行人公司网站向公众进行电子披露。与关于禁止内部交易的第306条相似，第403条试图使内部人员交易发行人股票的行为能被所有投资者知晓。该条因大大减少了利用时间因素操纵股票期权的事件发生而广受好评。

---

[40] 15 U.S.C. §78m(k).

[41] 25家律所的联合声明，“Sarbanes-Oxley Act，Interpretive Issues §402—Prohibition of Certain Inside Loans” Oct. 15，2002，请参见：http：//content.lawyerlinks.com/sec/directors_officers/pdfs/soxact_402_25_firm_mailing.pdf.

[42] 15 U.S.C. §78p(a)–(b)

[d] 第 404 条

第 404 条[43]规定，发行人年报应声明：高管有责任就财务报告建立和维持充分的内部控制结构和程序；发行人年报必须评估与财务报告有关的内部控制结构和程序的有效性。第 404 条也要求编制审计报告的注册公共会计师事务所对发行人的评估报告进行验证，并就发行人的管理层评估意见出具报告。因为在外部审计服务供应量正在减少的情况下，第 404 条增加了对外部审计服务的需要并由此产生了费用，所以第 404 条是一个非常有争议的条款。

随着时间的过去和经验的增长，公司已经能够大幅降低其因遵守第 404 条而支出的成本，但外部审计费用的下降则较为缓慢。当公司专注于自己可控制的内部成本而非外部市场时，公司会获得最好的境遇。

在 2007 年，为了帮助减轻因遵守第 404 条而造成的成本，SEC 就管理层评估意见发布了新的指导意见，公众公司会计监督委员会也更换了其审计员验证标准。SEC 就新的公众公司、不适用加速程序的美国证券发行人和外国私有发行人对《萨班斯法案》的适用进行了大量的调整。

全美反舞弊财务报告委员会（COSO）就小型发行人制定了进一步的指导意见[44]。

[e] 第 406 条

根据 SEC 的规定，第 406 条[45]要求发行人披露其是否为高级财务人员（特别是主要的财务官员、财务总管、主要会计官员或者行使这些职责的其他人）制定了道德守则。如果没有制定这种守则的话，发行人需要解释没有制定的原因。

公司年报应包含这项披露。如果存在道德守则，那么这些守则必须向公众披露。如果不存在道德守则，那么必须进行解释。

[f] 第 407 条

根据SEC的规定，第407条[46]要求发行人披露审计委员会是否包含一名财务专家。如果委员会中没有包含财务专家的话，发行人需要解释原因。该条款规定了 SEC 就“财务专家”的定义颁布有关规则时所需进行的“考虑”。具体而言，财务专家必须了解公认会计原则和财务报表，曾经为有可比性的发行人编制或审计过财务报表，具有运用会计原则进行会计估计、应计事项、准备计提等方面的工作经验，具有内部会计

[43] 15 U.S.C. § 7262.

[44] 参见 http：//www.coso.org/IC.htm.

[45] 15U.S.C. § 7264.

[46] 15U.S.C. § 7265.

控制的经验，并且需要了解审计委员会的职能。

如果发行人的审计委员会中没有财务专家，它可以通过聘请外部顾问来满足该条款的要求，而对外国发行人也可以做出其他调整。

[g] 第 408 条

第 408 条[47]要求 SEC 对发行人所做的披露至少每 3 年审核一次。该条款指导 SEC 在审核中应重点关注：有重大重编报表行为的公司、股价出现重大异常波动的公司、市值最大的公司、市盈率不一致的新兴公司、其经营状况对国民经济内某一重要领域有显著影响的公司和委员会认定的其他情况。

第 408 条是另一项直接因安然事件而产生的规定。在安然破产的许多年前，SEC 因安然公司的规模和其“特殊目的实体”的复杂性而忽略了对该公司文件进行审核。因此，《萨班斯法案》要求进行更多常规性审核。该法大幅增加了 SEC 所掌握的资源，以便能够为实施《萨班斯法案》提供所需要的人员和经费。

[h] 第 409 条

第 409 条[48]要求发行人披露公司财务状况或经营的重大变化。该条涉及的是《萨班斯法案》最重要的目标之一，即允许投资者获得更多的实时信息。披露必须使用通俗易懂的语言，并且做到迅速更新，而这后一项要求导致了信息技术系统的现代化。SEC 规则对符合“重大变化”定义的触发事件进行了描述。

[E] 关于刑事处罚的各章

随着对数百起案件成功定罪，后安然 / 世通时期成为了起诉白领犯罪的历史性时期。为了协调多个政府部门对公司犯罪行为进行调查和起诉，布什政府组建了“反企业欺诈行动小组”。布什政府建议设立新的联邦罪名并加大刑事处罚力度。而参众两院甚至增加了更多的罪名和刑罚。

在这一时期被定罪的个人和机构是根据《萨班斯法案》颁布之前的法律被起诉的，但《萨班斯法案》为美国司法部和联邦检察官们提供了新的法律工具和灵活性，这些工具和灵活性主要体现在该法第八章、第九章和第十一章的规定中。希望在美国上市或在美国进行并购交易的公司，应当了解违反联邦证券法和关于欺诈的立法所导致的

---

[47] 15 U.S.C. § 7266.

[48] 15 U.S.C. § 78m(1).

潜在刑事责任。

[1] 第八章：企业欺诈和欺诈犯罪涉及的责任

[a] 第802条

第802条[49]为两项新的联邦犯罪设置了刑事责任，这两项犯罪分别是：在联邦调查程序和破产程序中毁坏、篡改或伪造记录罪以及毁坏公司审计记录罪。对前者设置的刑事责任为罚金和最多为20年的有期徒刑，对后者设置的刑事责任为罚金和最多为10年的有期徒刑[50]。

本条直接针对安达信事务所毁灭安然审计文件的行为，并具体规定：从完成审计或审阅的财务期间结束后的5年内，对公众发行人进行审计的会计师应保存所有的审计和审阅工作底稿。然而，为了对所有文件的保存时间加以标准化，SEC要求这些文件被保存7年。

[b] 第803条

第803条[51]修改了破产法。该条规定，因违反证券欺诈法而导致的债务不能在破产程序中被解除[52]。这一修正案增加了可用于赔偿公司欺诈受害者的资金池的容量。欺诈行为人将被通知破产程序不会解除其债务。

[c] 第804条

第804条[53]对涉及欺诈、诈骗、操控或者诡计的私人起诉权设置了新的法定限制。

第804条延长了可以对欺诈行为人提起诉讼的时效期间，并将法定诉讼时效的界限从此前的自发现违法事实起2年延长到5年。

[d] 第806条

为保护那些在法律程序中向联邦机构就其雇主提供某些信息的上市公司员工，第806条[54]设立了一种新型的民事诉讼。“举报人”将得到保护，以免于受到解雇、降职、停职、威胁、骚扰或其他任何形式的劳动歧视。该条款还规定了联邦监管机关、执法机关、国会议员和国会委员会就对股东进行的邮件欺诈、电讯欺诈、银行欺诈

---

[49] 18 U.S.C. § § 1519，1520.

[50] 本条与第103条和第1102条等其他强化保护审计文件的条款相联系。

[51] 11 U.S.C. § 523(a).

[52] 请参见与第308条和投资者保护基金（§ 12.05 [C] [1] [g]）有关的讨论。

[53] 28 U.S.C. § 1658.

[54] 18 U.S.C. § 1514A.

和证券欺诈进行的调查，以及关于惩处对股东进行欺诈的SEC规则、条例和其他联邦法律。

[e] 第807条

第807条[55]为在明知的情况下欺诈上市公司股东的行为创设了一个新的证券欺诈罪名，这种犯罪行为将被处以罚金和/或最高为25年的有期徒刑。

判定证券欺诈的标准在于是否明知。因为证券欺诈在过去大多是根据邮件欺诈或者电讯欺诈罪而受到起诉的，立法者们试图为这一犯罪设立一个新的具体罪名。该条增加了证券欺诈罪犯的曝光率。

[2] 第九章：加强对白领犯罪的刑事处罚

[a] 第902条

第902条[56]规定，如果任何人被认定试图进行欺诈或者共谋进行欺诈，那么他们将与实际进行欺诈的罪犯判处相同的刑罚。

[b] 第903条

第903条[57]将邮件欺诈和电讯欺诈的最高刑罚从有期徒刑5年提高到有期徒刑20年。

[c] 第904条

第904条[58]加重了违反《雇员退休收入保障法》(ERISA)或其相应法规而将受到的处罚。对个人而言，最高刑罚提高到100,000美元罚金和10年有期徒刑。对于单位罪犯的罚金从100,000美元提高到500,000美元。

[d] 第906条

第906条[59]规定，违反第302条（参见上文）中的认证要求将被单处或并处最高为1,000,000美元的罚金和最长为10年的有期徒刑。如果公司高管在明知的情况下对与本条不符的定期报告加以认证，那么在被定罪时将被单处或并处最高为5,000,000美元的罚金或最长为20年的有期徒刑。

---

[55] 18 U.S.C. §1348.

[56] 18 U.S.C. §1349.

[57] 18 U.S.C. §§1341，1343.

[58] 29 U.S.C. §1131.

[59] 18 U.S.C. §1350.

[3] 第十一章：公司欺诈责任

[a] 第1102条

第1102条[60]为篡改记录或者阻碍官方程序创设了一项新的联邦罪名。如果任何人以腐败的方式修改、毁坏、删减或藏匿记录、文件或其他物品，或者试图修改、毁坏、删减或藏匿记录、文件或其他物品，并意图损害该等物品的完整性或意图防止该物品被用于官方程序，那么此人将可能在定罪时被单处或并处罚金或最高为20年的有期徒刑；如果任何人阻碍、影响或妨碍任何官方程序，或者试图阻碍、影响或妨碍任何官方程序，那么此人将被判处以上刑罚。

[b] 第1103条

第1103条[61]授权SEC申请联邦地区法院暂时冻结并代管某些资产。如果发行人可能向公司董事、高管、有控制力的人、代理人或员工支付超常的款项，那么SEC可以在对证券违法行为进行合法调查时行使这一权利。涉案资产将在受到法院监督的计息账户中被控制45天，冻结令可以基于正当理由被延长45天。

[c] 第1105条

第1105条[62]授予SEC新的权力，使其能禁止任何不适格的人作为董事或者高管供职于上市公司。SEC可以在任何禁止令程序中使用这种权力。这种禁止既可以是有条件的，也可以是无条件的；既可以是附具体期限的，也可以是永久性的。第1105条将第305条禁止的行为规定为犯罪行为。

[d] 第1106条

第1106条[63]将违反《证券交易法》所导致的个人刑事责任从每项犯罪被判1,000,000美元提高到5,000,000美元，从被判10年有期徒刑提高到20年有期徒刑，并将单位刑事责任从每项犯罪被判2,500,000美元提高到25,000,000美元。

[e] 第1107条

第1107条[64]增加了对“举报人”的保护，以增加发现管理层不端行为的可能。对

[60] 18 U.S.C. §1512.

[61] 18 U.S.C. §78u-3(c)(3).

[62] 15 U.S.C. §78u-3(f).

[63] 15 U.S.C. §78ff(a).

[64] 18 U.S.C. §1513.

告密人的报复行为被定义为：针对任何就联邦犯罪或可能进行的联邦犯罪提供真实信息的人，采取对任何人有害的行为（包括干涉任何人取得合法的聘用或生活来源）。这种报复是犯罪。那些被定罪的人可以被单处或并处罚金和最高为 10 年的有期徒刑。本条有效地惩处了第 806 条所禁止的行为。

§ 12.06 《萨班斯法案》——10 年之后

安然和世通的时代已经过去了几乎 10 年，作为这一时期的结果，某些人可能轻易地认为《萨班斯法案》是反应过度的表现。

尽管很少被具体提及，但《萨班斯法案》为改善会计、审计、公司治理和财务报告体系做出了很多贡献。在这些贡献之中，首先就是该法恢复了投资者信心，而这又稳定了市场。此外，房利美和房地美的会计问题也是在根据《萨班斯法案》进行的检查中才被暴露的：如果没有《萨班斯法案》，这些会计不端行为还将持续不可预计的时期。该法的要求从根本上终结了倒签股票期权的做法。如上所述，正是因为《萨班斯法案》，SEC 才能把 50 亿美元通过投资者保护基金分配给那些遭受损害的投资者们。

除了这些成就之外，人们有时会忘记因多次突发破产事件引起的市场动荡以及大量公司问题背后原因的不确定性。因此，《萨班斯法案》的成就往往被低估了。

对于美国而言，提升公司治理标准是必要的风险。当《萨班斯法案》被实施之时，很多人担心美国境外的上市标准将在短期内急剧降低从而便于这些市场争抢业务。就像商业世界中存在国际竞争一样，监管世界中同样也存在着竞争。

基本的经济模型告诉我们，监管体系将自然地寻求其最优水平：太多的监管将阻碍企业上市并接触公共市场，而太少的监管将让投资者遭受欺诈并对借出他们的金钱充满顾忌。

其他国家已经在它们的公司结构和实践中以令人吃惊的程度采纳了《萨班斯法案》的原则。该法的原则已经扩展到世界各地，并且已经作为最佳实践而在美国非营利性行业和高等教育行业中得到了应用。

2007 年，日本通过实施《金融工具与交易法》（*Financial Instruments and Exchange Law*）更新了其金融法规，该法被称为“FIEL”或“J-SOX”。欧盟修改了《第八公司法指引》（*Eighth Company Law Directive*），要求其成员国对审计师加以监督。加拿大成立了公共监督委员会。韩国、新加坡和澳大利亚都加强了对审计师的监督。

世界各地的几十个国家也已经采取了类似的措施。

在《萨班斯法案》实施后，公众公司会计监督委员会的第一任主席 William McDonough 可能承担了处理外交问题并与其他国家进行谈判的最艰难的任务。从根本上说，公众公司会计监督委员会是要应对这样一种事实，即：尽管金融服务的监管是由各个主权国家进行的，但是如今的商业却完全是全球化的。在《萨班斯法案》实施后，为确保所有美国上市公司都具有优良的审计质量，公众公司会计监督委员会已经在与世界各地的外国同行进行合作方面取得了很大的进展。

从《萨班斯法案》实施到现在已经 8 年多了，法律的实施与执行在不断演变。自从 2002 年 7 月 30 日在白宫进行法案签署仪式至今，美国已经经历了经济恢复、迅速增长、衰退和在本书写成时所展现的即将复苏的迹象。当经济条件和人们的观念已经显著变化时，法律却仍然没有变。根据透明和负责的原则，《萨班斯法案》达到了恢复投资者信心的目标并经受住了时间的考验。《萨班斯法案》规范着公司的行为，并适用于所有在美国经营的公司，而不论这些公司是美国公司还是外国公司。

第 13 章

美国司法体系和产品责任法

James V. Etscorn 和 Trevor M. Stanley

§13.01　概述

美国公民经常试图通过法院系统维护其权利。这已经使在美国开展业务的外国公司感到了不必要的恐惧。尽管这种恐惧感并非完全有道理，但是对美国法院系统并不熟悉的外国公司可能十分担心，而美国司法体系也确实在很多重要方面与其他国家的法院体系有所不同。

美国和其他国家在司法体系方面最重要的区别之一在于美国司法体系就缺陷产品和产品责任索赔方面所采用的方式。本章将对美国司法体系加以概述，并考察美国司法体系就产品责任索赔所采用的方式。

在美国经商就意味着要对产品责任诉讼负责，并对缺陷产品负责。然而，如果能得到优秀法律顾问的意见，那么在美国经商可以做到风险最小化而利润最大化。

§13.02　介绍

“产品责任”（products liability）是美国法院用以描述关于公司就向买方和其他用户提供货物的行为而承担责任的法律领域的术语。产品责任法要求企业就因缺陷产品而导致的任何人身伤害承担责任。受到伤害的个人并不一定是买方——公司应当对使用产品的任何人，甚至对经过的路人承担赔偿责任。

对于一般的国际观察者而言，美国产品责任法令人费解，但有时还颇有幽默感。在美国，有一位妇女在把热咖啡洒到膝盖上以后提起了诉讼，并赢得了一大笔赔偿金。曾有小偷在车库内行窃时因车库门故障而被困住，却最终从车库门制造商那里获得了赔偿金。在得克萨斯州，一名在家具店内被小孩儿绊倒的妇女赢得了780,000美元的赔偿金。陪审团并不介意那名小孩儿是这位妇女的亲儿子。最近，在美国首都华盛顿特区的一名法官因为烘干店弄丢了他的短裤，便起诉店家并索赔5000万美元。尽管这个案件未被受理，而这位法官也没拿到任何赔偿，但烘干店仍在为这个小小的案件花费了大笔诉讼费后被迫关闭了一处门店。尽管这些案件会让读者会心一笑，但是那些被迫付出金钱的公司可并不认为这些诉讼有那么好笑。

美国产品责任法引起了缺乏警觉的国际投资者的担忧。事实上，“惧怕诉讼”是在美国经营的外资企业管理者们最大的担忧之一[1]。然而，即使这些离谱案件的结果成了头条新闻，这些案件的结果本身也绝不属于正常情况，而外国投资者也不应当让这些担忧阻碍他们在美国投资。外国公司应当认识到，在美国经营可能与在其本国经营有所不同，但是他们能够并且也应当做出相应调整。美国法律体系在本质上是公平的，而且这种体系一般能产生适当的结果。

对美国司法体系和产品责任赔偿理论加以了解，应当能消除恐惧并解决与在美国投资有关的不确定性。这也能为外国投资者节省大笔金钱。

§13.03 美国法律框架

美国司法体系的特征和遭受产品责任诉讼的风险，应当让准备在美国进行收购的外国公司考虑以下问题：

1. 被收购的公司将在何处（哪个州）经营；
2. 公司将在何处设置生产设施和管理机构；
3. 被收购公司将作为分公司经营还是将作为母公司的子公司经营；
4. 关于有关州级法院和联邦法院的管辖权，母公司是否已经对有关战略加以考虑；
5. 公司是否已经准备好应对美国陪审团制度所带来的风险；
6. 公司是否已经就应对可能的集团诉讼制定了战略方案；
7. 为在诉讼中应对可能的证据开示要求而创立文件管理系统；
8. 为控制惩罚性赔偿威胁而制定的战略方案；
9. 公司是否可能面临刑事责任；
10. 关于风险代理费用的承诺；以及
11. 制定战略方案，通过聘用经验丰富并且称职的法律顾问来控制潜在的辩护成本。

[1] 参见 Bill Marriott 于 2007 年 8 月 23 日给乔治·布什（George W. Bush）总统的信，请见：http：//www.ita.doc.gov/td/pec/civil_justice_reform.pdf（最后访问于 2010 年 6 月 14 日）。

[A] 州级法院还是联邦法院？[2]

在美国存在着两套彼此不同的法律体系：联邦法律和各州法律。联邦法律适用于美国全境。美国没有全国性的产品责任法，但是某些州级法律涉及产品责任和索赔问题。使问题更为复杂的是，所有50个州都有自己的产品责任法。因此，对于在美国经营的企业，它在多少个州有业务或者销售产品或者购买在多少个州内进行，它就可能需要遵守多少个州的法律。在美国，因为联邦法律和州法律有时存在重叠，同一家公司可能基于完全相同的事实既在联邦法院也在州法院遭到起诉。

例1

一年以前，运行于加利福尼亚州洛杉矶和纽约州古柏镇的风力发电机组发生叶片脱落并导致当地居民重伤。这些叶片由布法罗叶片公司（下称"布法罗叶片"）位于纽约州布法罗的工厂生产。在伤员中有购买了该等叶片并将其安装于风力发电机的风力发电机公司的员工。一组伤员在纽约起诉了布法罗叶片和日本投资公司，另一组伤员在加利福尼亚起诉了这两家公司。两组伤员都在联邦地区法院起诉了两家公司。之前毫无准备的两家公司以为，纽约州和加利福尼亚州的法律与联邦法律都是一样的，于是便只准备基于联邦法律应诉。日本投资公司和布法罗叶片并没有在意纽约州或加利福尼亚州的法律。这两家公司在联邦法院赢得了诉讼，但由于它们并未考虑到州法律，也没有聘用当地律师帮助公司取得较好的诉讼结果，它们在州法院输掉了两起案件。

原告律师了解美国的司法体系，并策略性地选择法院或法庭。从2002年到2003年，在联邦法院以违反美国产品责任法为由起诉企业的原告中，有将近34%获得了胜诉，平均赔偿额为350,000美元[3]。州法院判决的赔偿额更高，这些法院在2001年所判平均赔偿额为450,000美元，将近40%的原告获得了1,000,000美元以上的赔偿[4]。

通过选择法院来获得有利裁决的做法被称为"挑选法院"（forum shopping），这种做法并不被美国司法体系所认同，但对雄心勃勃的原告和他们的律师来说却是有

---

[2] 替代性争议解决机制（alternative dispute resolution，或称"ADR"），就其可以作为一种替代州法院和联邦法院的争端解决机制，具有特殊的重要性。关于替代性争议解决机制的深入讨论，请参见本书第4章。

[3] Thomas，H. Cohen，《联邦侵权案件审理和判决：2002年至2003年》，司法统计局，NCJ 208713（2005年8月）（此数据为可获得的最新数据）。

[4] Thomas，H. Cohen，《大县地区的侵权案件审理和判决》，2001年，司法统计局，NCJ 206240（2004年11月）（此数据为可获得的最新数据）。

利可图的。2001年，在美国最大的75个县中，平均赔偿额从佛罗里达州棕榈滩的2,500,000美元到弗吉尼亚州费尔法克斯县（位于华盛顿特区的郊区）的14,000美元，甚至到伊利诺伊州库克县（芝加哥）的4,000美元不等。2001年宾夕法尼亚州费城的法院判决给原告的赔偿总额超过149,000,000美元[5]。

因为从州法院获得的赔偿额通常高于从联邦法院获得的赔偿额，巨额的损害赔偿刺激着原告和他们的律师向州法院提起诉讼。原告和他们的律师算计着在哪个法院起诉将获得最多的赔偿，而被告公司则必须考虑如何避免案件在这些法院进行审理。

[B] 管辖权抗辩

在应诉产品责任案件时，针对不利的管辖法院有两个基本的抗辩理由："不方便法院"和"缺乏属人管辖权"。

[1] 不方便法院

不方便法院原则（forum non conveniens）是指当其他地方存在更方便的法院时，美国法院可以驳回针对外国公司的诉讼。"方便"最主要地是指从法院到公司、其他当事方和证人的地理距离。但还存在其他一些考虑因素。在决定是否以"不方便法院"为由驳回诉讼时，法院会考虑三个因素：(1) 是否存在替代法院；(2) 公共利益；以及 (3) 私人利益[6]。因为法院通常重视原告对法院的选择，所以被告需要就上述因素承担举证责任。

当被告援引"不方便法院"原则进行抗辩时，法院必须首先考虑是否存在合适的替代法院。原告很可能主张更靠近外国公司的外国法院并不合适，因为该法院对原告不利。法院可能会考虑这一因素，但这并不是决定性的。例如，尽管救济方式可能不同，但是只要法院为原告提供了救济，那它就是合适的。通常法院会考虑替代法院是否能够进行公正的审判，而不会考虑替代法院对原告来说更为有利还是更为不利。当法院认定存在可供选用的替代法院之后，它将会权衡私人利益和公共利益，从而决定是否以"不方便法院"为由驳回诉讼。在权衡过程中，并不存在一个起决定性作用的因素。

---

[5] Cohen，《大县地区的侵权案件审理和判决》，2001年。

[6] 某些州（如佛罗里达州）在大多数情况下要求被告一致同意将案件移送替代法院。

公共利益因素包括当地法院的相对工作负荷、须由纳税人支付的审理费用（包括必要的翻译费用），以及（当适用外国法时）适用法律和避免法律冲突的难易程度。法院考虑的私人利益因素则包括当事人所在地、证人所在地、是否能通过有关程序使不愿出庭的证人出庭作证以及其他证据（包括书面文件或电子文档）的所在地。如果外国公司能够使法院确信存在一个可选用的、合适的替代法院，并且对公共利益和私人利益的权衡有利于案件的转移，外国公司就能避免在一个不友好的法院遭遇代价高昂的审判。

[2] 属人管辖权

并不是每个法院都会受理被告为已被外国公司收购的美国公司的案件。一个美国法院必须对在美国开展业务的公司具有“属人管辖权”(personal jurisdiction)。法院是否具有属人管辖权取决于公司在法院所在州的营业额和业务种类。

在美国有一般管辖权和特殊管辖权两种属人管辖权。对这些管辖权类别的理解将影响新业务的选址决策。

[a] 一般管辖权

当公司与某一法域存在系统性的、连续的业务联系，以至于公司可能就其在世界任何地方做出的行为而参与到该法域内发生的诉讼时，就产生了一般管辖权（general jurisdiction)。如果某个特定地方是公司大部分交易的发生地或大部分产品的生产地，则该法域对公司有一般管辖权。法院将通过确定管理中心地（制定战略决策的运营总部所在地）或经营中心地（产品生产和销售的主要地点）来判断一般管辖权是否存在。如果公司处于一般管辖权之下，原告可以针对公司在世界任何地方的行为在美国提起诉讼。

[b] 特殊管辖权

特殊管辖权（specific jurisdiction）的基础是州法律和美国宪法。被称为“长臂管辖法”(long-arm statutes)（这类法律允许各州伸出长臂主张管辖权）的州法律明确规定了公司的某些行为将导致公司处于某一特定州的法院管辖权之下。例如，如果某公司要在俄亥俄州出售产品或者签署合同，那么公司可能受到俄亥俄州的特殊管辖，这种管辖仅适用于因公司在俄亥俄州进行特定交易而引起的诉讼。

一旦法院认为存在可适用的州级长臂管辖法，法院必须判断其司法管辖权的行使是否符合美国宪法。这一分析将考虑公司是否已经预见到其产品在某个州导致损害的可能性，而该等损害能够导致个人在当地起诉公司。特殊管辖权意味着一个公司仅可能因外国公司在该州进行的具体业务或对美国公司进行的并购而参与在该州进行的诉讼。

[3] 子公司

新设一个公司还是并购一个美国公司，是使这家被并购的美国公司成为规模更大的外国公司的一个部门还是成为一个独立的美国子公司，这些决策对于公司遭遇产品责任索赔的情况有重要影响。如果被收购的公司成为更大的外国公司的一个部门或一个部分，外国公司就会基于被收购公司在美国的行为而受到管辖。相反，如果美国公司被设立为一个单独而独立的子公司，母公司就可以不受美国法院的管辖。

美国当地的被收购公司可以作为独立的子公司单独存在，但是母公司必须保持子公司财务和管理的独立性，否则原告仍可以触及母公司的资产。

[C] 美国的陪审团制度

原告根据法律有权使民事案件由陪审团审理，在这一点上，美国和其他大多数地方都不同。在美国的司法体系中，陪审团的角色是评价和判断庭审中双方律师向他们呈现的事实。之后，陪审团必须依照法官关于法律问题的指导得出结论。

在美国，陪审团一般由未接受过法律训练、极少有或没有参加陪审团经历的普通公民组成。这些原告的“同僚们”既决定责任归属，也决定赔偿数额，这对于在美国开展业务的任何公司来说往往是令人不安的事实。

陪审团裁决支付巨额赔偿的风险是在美国开展业务的公司十分担心的问题。在1992 年到 2001 年间，州法院陪审团裁定的平均赔偿额增长了 4 倍多，从 120,000 美元增加到了 543,000 万美元[7]。陪审团裁决的历史数据激励公司在庭审之前进行和解，这反过来刺激了诉讼的增加。尽管如此，和解仍然经常被认为是就无法预测的赔偿额所做的必要控制。

[D] 集团诉讼

当因同一产品受到损害的人数众多时，美国法官可能会将所有的个体诉讼集合成一个诉讼。当法官决定将这些诉讼集合在一起时，受害者群体（或称“集团”）中

[7] Cohen，Tort Trials and Verdicts in Large Counties，2001.

的一名或两名成员将代表整个集团，这种集合的诉讼就是所谓的“集团诉讼”（class action）。集团诉讼可以变成所有法律诉讼中最为昂贵的一种。被告公司通常抵制这种诉讼集团的形成和认证，但这种做法并不总是符合公司的最佳利益。

在法官认证一个集团诉讼成立之前，希望建立集团的个体必须满足一定的法定条件。这些条件明确了外国公司防止成立诉讼集团的可能路径。

集团诉讼要满足的第一个条件是受害者群体取得法院的批准或“认证”。若要获得认证，起诉某公司的受害者必须达到一定数量规模，这一规模要如此之大，以至于让每个受害者单独进行诉讼是不切实际的。虽然遭到许多人的反对，一些美国律师还是会利用电视广告来寻找潜在的集团诉讼参与者。即便如此，法官通常不愿意将本质上相同的案件分配给众多不同的法院来审理。

想使这些案件被认为是在实际上相同，则集团成员之间必须具有共同的法律或事实问题。这些“共同问题”的存在意味着每个人所受到的损害和提出的诉讼请求几乎是完全相同的。

集团诉讼使支持集团代表的大多数受害者可以不出席诉讼，而这些代表所受损害彼此相似但又具有典型性。最后，作为一个法律条件，该集团必须由称职的律师来代理。

公司之所以抵制集团诉讼，最重要的原因在于并不是每一个遭受产品损害的个人都会参加诉讼集团。在美国存在这样一个假定，即所有受害者都是某一诉讼集团的一员，但受害者可以“退出”或者说选择不参加集团。一旦该受害者选择退出，之后他就可以单独提起诉讼。因此，某一诉讼集团胜诉之后，所有未参加集团诉讼的产品受害者仍然可以对公司提起诉讼，并援引集团诉讼的结果作为证据，以证明公司向其提供了有缺陷的产品。

尽管公司倾向于抵制集团获得认证，从而避免集团诉讼的发生，但公司同样有可能从集团诉讼中获利。通过一次集团诉讼，公司就可以解决涉及集团成员的所有产品责任问题。一旦某一诉讼集团取得了法院的判决或者在法院与公司之间进行了和解，那么该集团的任何成员之后都不能再针对公司的同一瑕疵产品提起诉讼。并且，集团的败诉将有助于打消其他律师就相同产品提起诉讼的想法。

美国近期的立法试图限制针对公司提起的集团诉讼，但这些法律并不总能发挥实际的作用。例如，如果一个集团希望获得联邦法院的认证，其索赔总额必须超过5,000,000 美元，但是没有统计数据表明这项改革实际减少了集团诉讼的起诉数量。不过，当索赔额确实超过 5,000,000 美元时，该项立法使公司能够更容易地将案件从州法院转移至联邦法院。如前文所述，由联邦法院来审理这样的大型案件可能会对案件结果产生重大影响。因此，外国公司的法律顾问对于任何集团诉讼可能造成的损失总额应当心中有数。

即将在美国生产或销售产品的外国公司应当谨记，集团诉讼总是非常昂贵的，但根据潜在原告的数量和地理分布情况的不同，诉讼可能有好处也有坏处。公司可以参考经验丰富的法律顾问提供的意见，控制法律风险。

[E] 证据开示

证据开示（discovery）是收集有形的或电子形式的文件、证言和信息的过程，该等文件、证言和信息是与针对公司缺陷产品的诉讼相关的。证据开示是美国司法体系中另一个可能造成缺乏警觉的外国投资者疏忽的方面。证据开示的程序要求给诉讼额外地增加了巨大的经济负担和时间负担。法院可以命令公司提供与案件中任意一方提出的索赔或辩护相关的任何文件。法庭要求提交的并不一定都是可采信的信息。只要一项信息能够帮助发现可采信的信息，法庭就可以要求提供。

由于计算机和电子邮件的广泛应用，公司被要求向对方当事人同时提供电子版信息和纸版信息。电子信息的开示可能更加麻烦，因为一旦公司合理预期到可能会发生涉及缺陷产品的诉讼，它就必须尽一切努力保存所有潜在的相关电子文件。

如果不遵守证据开示的保存要求，公司可能会遭受处罚，处罚形式包括金钱赔偿、驳回抗辩和受害方免于进一步举证而直接胜诉等。所有在美国开展业务的公司，不论是外国公司还是国内公司，都有义务在正常的商业过程中保存相关记录。公司应当建立包括对所有电子邮件和其他电子文件的保存在内的文件保存体系，明确规定文件保存的要求以及保存期限届满后的销毁要求。

[F] 惩罚性赔偿

惩罚性赔偿是在美国开展业务时另一项潜在的昂贵开支，它可能给缺乏警觉的外国公司造成意外的损失。在美国，除了通过“补偿性”赔偿弥补受害者的全部损失之外，还可能对企业加以惩罚性赔偿，以惩罚生产、销售、分销缺陷产品的公司。如果公司行为被认为是“故意、恶意，或者具有欺诈性”，公司就可能被判令支付惩罚性赔偿。陪审团可以裁决要求公司支付惩罚性赔偿，但众所周知，很多时候（往往是在法官也对惩罚性赔偿的数额表示震惊之时），法官会降低惩罚性赔偿的数额甚至否决惩罚性赔偿的裁决。

许多其他国家不存在惩罚性赔偿，并拒绝执行美国陪审团做出的惩罚性赔偿的裁决。尽管大多数欧洲国家已经执行美国陪审团惩罚性赔偿的裁决，但德国和意大利仍然持拒绝态度。美国最高法院已经试图限制惩罚性赔偿，但是一些陪审团仍继续判令公司向缺陷产品的受害者支付数额巨大的惩罚性赔偿，这一数额通常远远高于补偿性赔偿的数额。

在美国，对于惩罚性赔偿存在不同的观点。一些州禁止或限制惩罚性赔偿，但是大部分州还是允许将它作为一种威慑和惩罚的手段，以此警告公司不得出售缺陷产品。担心承担此类赔偿责任的外国公司一方面应当考虑其母国对待惩罚性赔偿的态度，另一方面应当考虑未来公司所在的美国某一司法管辖区域对待惩罚性赔偿的态度。

[G] 刑事责任

在美国，公司因其产品缺陷而面临刑事指控的情况非常少见。但是最近，一家在美国营业的药品生产商却遭到了刑事指控，并表示服罪，原因是公司没有通知美国食品与药品管理局其生产的药片可能对消费者造成损害。在本书写作期间，丰田汽车公司收到了联邦大陪审团的刑事传票，因为该公司生产的汽车被认为存在缺陷。

这些例子表明，在美国，如果公司试图隐瞒缺陷产品的存在，则有可能引发刑事责任。在美国开展业务的公司千万不能隐瞒缺陷产品的存在，并且应当时常向法律顾问咨询各州产品责任法的情况。并且，对于未生效的法律或者立法提案，如果可能对生产或销售缺陷产品的行为规定刑事责任，在美国开展业务的公司也应当加以了解。

[H] 应诉费用

很多外国投资者认为美国是世界上最好诉的国家。对于巨额诉讼花费的担忧导致了更多高额的和解，因而也刺激了更多的诉讼。有组织研究估计美国每年的诉讼花费约为2,100亿美元左右[8]。

这类现金支出远远不是全部的开支。诉讼在美国可以持续很多年，不仅需要支付高昂的代理费用，还需要耗费公司人员的时间和精力。好的法律顾问能够帮助公司控制成本，避免过度昂贵的裁决。通常来说，尽管聘用法律顾问似乎非常昂贵，但是其

---

[8] John B. Henry，Fortune 500：The Total Cost of Litigation Estimated at One-Third Profits，The Metropolitan Corporate Counsel 28（Feb. 2008）.

他做法（不聘请代理人、聘请不够称职因而相对便宜的律师）从长期看来可能代价更高。

在许多其他国家，胜诉方的诉讼费由败诉方支付，这一点在美国有所不同。“美国规则”（American Rule）要求当事人分别承担各自的诉讼费。美国律师认为美国规则有助于受害方更多地运用法律武器，而不至于因为担心对方胜诉时自己可能会支付超出预期且难以控制的费用而放弃诉讼。但是美国规则也会刺激当事人提起无谓的诉讼，在这种诉讼中潜在的诉讼花费可能超过合理的赔偿金，从而导致不公平的和解。

[I] 风险代理收费

在美国，很多律师基于有利的判决结果收取律师费。这种称为“风险代理收费”[contingent fee，在中国等一些国家被普遍称为“额外酬金”（bonuses）] 的费用，只有当客户获得金钱赔偿后才能收取。例如，假设一名律师同意在一起产品责任案件中作为受害者的代理人，作为代理服务的交换条件，受害者最开始并不向律师支付任何费用，但是会将获得的赔偿金中一定比例的数额支付给律师。在一些案件中，这一比例可以达到总赔偿额的 1/3。因此，在这个例子中，如果陪审团裁定受害者获得 10,000,000 美元的赔偿，受害方的律师就可以获得 3,000,000 美元的风险代理收费。如果受害方没有获得任何赔偿，他的律师就不能收取任何律师费。

这一制度有利有弊。风险代理收费制度使得受害者即便没有能力支付律师费也能在美国法院起诉。律师则会权衡胜诉的可能性，进行一场赌博。受害者向律师提供了一个案件，律师就此进行一场赌博，同时向受害者提供一个获得赔偿的机会。如果受害者败诉，他不用向律师支付任何费用；如果胜诉，受害者也只需向律师支付所获赔偿金的一部分。

风险代理收费制度的弊端在于，律师们获得了提起产品责任诉讼的强烈动机，而因为公司可能会选择和解，所以即便是对于一些毫无意义的产品诉讼也是如此。一旦如此，律师就能以极低的成本毫不费力地获得和解赔偿金的一部分。

在美国，一些律师事务所只代理支付风险代理收费的案件。在美国开展业务的外国公司的管理人员应当谨记，受害方的代理律师很可能是以风险代理收费的方式代理案件，因此他们可能很有动力来主张高额的判决或者和解赔偿金。反过来，为确保能够收取律师费，他们也可能提出相对较低的和解金额。

§13.04 产品缺陷责任索赔[9]

在产品责任诉讼中，所有原告提出的赔偿理论都有一个共同点——涉诉产品一定是有缺陷的。为了赢得诉讼，原告必须能够证明产品在脱离生产商或销售商控制时存在缺陷。缺陷的类型有三种：制造缺陷、设计缺陷和警示缺陷（marketing）。

[A] 制造缺陷

当公司生产或销售的某一产品与该公司生产或销售的其他同类产品存在差异时，就出现了制造缺陷。例如，由于没有控制好生产流程，某家生产圆形垫圈的公司不小心生产出了长方形的垫圈，此时公司就可能面临产品责任索赔。在这个案件中，产品的设计能够确保生产出来的产品是安全的，但有些环节出了问题。若要赢得制造缺陷索赔，原告必须证明产品与其设计方案之间的差异影响了产品的安全性，正是制造过程中产生的缺陷造成了损害的发生[10]。生产过程中的问题导致生产出来的产品存在安全风险，而这种风险已经超出了生产者和购买产品的消费者所能形成的合理预期。

例 2

Bottle 公司每年生产 5,000,000 个瓶子。在过去的 50 年间，Bottle 公司优化了产品的设计，使其无懈可击。机器每天检查 3 次，每星期清洁 1 次，每月由地区主管检查 1 次。此外，工人们在每 500 只瓶子中抽检 1 只，以控制产品质量。

上周，Bottle 公司的一位职员在清扫机器周围的地板时，拖把不小心碰到了生产瓶子的机器。不幸的是，机器因为碰撞跳过了一个瓶子，未能在规定的温度下将瓶子密封。

几个月后，消费者 Victoria Victim 从一个商店中购买了一瓶汽水。当她打开瓶子时，瓶子发生了爆炸，她的手部、臂部和脸部受到了严重伤害。在这个案件中，导致 Victoria Victim 受伤的缺陷产品就存在制造缺陷。

---

[9] 收购在美国营业的实体时，确定其是否存在悬而未决的产品责任争议至关重要，这些争议可能给收购公司带来巨额的法律账单，或者可能使收购公司面临已经进入市场的产品可能导致的产品责任。关于如何限制巨额责任以及如何实现诉讼风险最小化，参见上文 3.05 [D]。

[10] 参见，例如，McCabe v. American Honda Co.，123 Cal. Rptr. 2d 303（Ct. App. 2002）.

[B] 设计缺陷

当某种产品的设计方案存在错误时，就会出现设计缺陷。设计缺陷导致产品给消费者带来不合理的危险。若要赢得设计缺陷索赔，原告必须证明存在一个危险性更小且经济上可行的改进方法或替代设计[11]。为确定是否存在可用的替代设计，法院将考虑诸多因素，包括[12]：

- 对产品的需求；
- 替代产品的可获得性；
- 危险的显著性；
- 在不影响产品使用、避免产品过分昂贵的条件下减少危险的可行性。

在考虑设计缺陷时，公司还必须努力确定产品可预见的用途。例如，可以预见人们将使用喷漆来粉刷墙壁或架子，还可以预见粉刷可能在儿童周围进行或者儿童可能靠近喷漆。为了符合“可预见的替代”的检验标准（foreseeable alternative test），公司就应当确保产品带有保护儿童安全的保护盖。这种可预见风险的考虑将帮助公司免遭不利的裁决。

例 3

Victoria Victim 受伤事件之后，Bottle 公司决定对瓶子进行一些改进，使瓶内压力过大时瓶盖可以自动脱离。设计者认为如果瓶盖脱离瓶子，即便瓶内存在一些未知的小毛病，瓶子本身也不会破裂。对此设计者找不到可以适用的政府标准。

设计者知道，当瓶盖脱离瓶子时，其冲击力可能足以伤到拿着瓶子的人，因此他们考虑加装一个成本低廉的塑料扣环以确保瓶盖仍与瓶子相连，但是塑料扣环会影响瓶子的美观，结果最后他们没有增加这个塑料扣环。

Victoria Victim 上次受伤之后，伤愈出院，又来到商店购买饮料。她小心翼翼地检查瓶子是否存在细小的裂纹，确认完好之后走到收银台付款。店员先将瓶子倒过来扫描价格，然后将瓶子放回柜台上。在这个过程中，店员不小心碰到了瓶子，瓶内碳酸液体的运动导致了压力上升，瓶盖脱离瓶子弹向 Victoria 的眼睛。

---

[11] 参见，例如，63A Am，Jur. 2d Products Liability §869 *et seq.*

[12] 参见，例如，McCabe，123 Cal. Rptr. 2d 303.

在这个案件中，导致 Victoria 受伤的缺陷产品就存在设计缺陷。

对于设计缺陷，人们存在一个常见的误解，即认为只要符合政府的安全标准，公司就不会遭受设计缺陷索赔。在美国，消费品安全委员会（CPSC）负责建立产品安全标准，并且禁止没有合理安全标准的产品进入市场，以此保证其所管辖的数千种产品的使用安全，保护消费者免受产品伤害。建立消费品安全委员会的框架性法规《消费产品安全法》(CPSA)[13] 授权消费品安全委员会对违反《消费产品安全法》的单个行为处以最高可达 100,000 美元的罚金，对违反《消费产品安全法》的一系列相关行为处以最高可达 15,000,000 美元的罚金。

在基于《消费产品安全法》* 和相关法律确定适当的罚金时，消费品安全委员会会考虑缺陷的性质和程度、被指控违反《消费产品安全法》的公司的规模、任何可能的损害的严重程度以及市场上缺陷产品的数量[14]。消费品安全委员会的委员指出："委员会希望公司当然地遵守所有强制性和任意性的安全标准。"[15] 因此，任何有意在美国开展业务的实体都必须时刻关注消费品安全委员会的安全标准，不能认为仅满足强制性的安全标准就能完全避免产品责任索赔。

消费品安全委员会从建立开始，就与行业领导者进行了大量的磋商，做出巨大努力，不断将存在不合理危险的产品清出市场，从而降低了家庭用品的危险性。如果法院在审理中采信了产品违背消费品安全委员会标准的相关证据，这项证据就能帮助陪审团确定一种产品的设计存在不合理的危险。产品符合政府标准，或者就相关产品不存在行业标准，并不能当然地使在美国营业的公司免遭设计缺陷的索赔。符合政府标准可能是产品不存在缺陷的证据，但是仅有这一证据并不是决定性的。

2008 年 8 月，布什总统签署了增加消费品安全委员会经费的立法，消费者认为这是消费品安全委员会"自 20 世纪 70 年代成立以来最为重要的发展"[16]。监管机构将来会如何对待产品责任还不甚明朗，这种不确定性会给有意在美国开展业务的公司增加新的风险。因此，外国公司有极好的机会向新的监管机构提出规制的方案和途径，供

---

[13]　15 U.S.C. § 2051, *et seq.*

* 译者注：原文为"CPSC"，即"消费品安全委员会"。根据上下文，本处应为"CPSA"，即《消费产品安全法》。

[14]　参见，例如，新闻稿，CPSC Approves Final Rule on Civil Penalty Factors（Mar. 16，2010），请见：http://www.cpsc.gov/cpscpub/prerel/prhtml10/10168.html（最后访问于 2010 年 6 月 14 日）。

[15]　Thomas H. Moore 阁下、Robert S. Adler 阁下和 Inez M. Tannenbaum 阁下针对《关于民事处罚要件的最终解释规则》（Final Interpretive Rule on Civil Penalty Factors）的陈述，CPSC，2010 年 3 月 10 日。

[16]　Ruth Mantell，Bush Signs Product-Safety Overhaul Into Law，MarketWatch，August 14，2008.

将来总统设计消费品安全委员会角色时参考。

[C] 警示缺陷

第三种造成产品责任的缺陷是警示缺陷（marketing defect），这类缺陷是指未能警示产品的内在危险，或者没有向购买者提供合理使用建议[17]。有时，对于购买者或之后的使用者来说，产品的危险并不是稳定可见的。通常来说，若不存在可选择的替代方案，警示是可以接受的，但是产品在预期的用途中仍然存在危险性。对此，解决办法不应是将有用且必需的产品清出市场，而应是要求产品必须标有充分的警示。充分的警示能够告知购买者或使用者已知的产品危害和风险，并解释如何合理地使用产品。如果一项警示不能以可理解的方式使产品的使用者明白该产品潜在损害的严重程度，那么该警示就是不充分的。如果某一生产商知晓产品危险的存在，却没有以可理解的方式告知消费者或使用者该等风险，那么该生产商就可能承担产品责任法之下的相关责任。

例 4

Bottle 公司的子公司 Ladder 公司是梯子的生产商。两年前，Ladder 公司的管理层认为，即便在合理使用的情况下梯子仍是一个危险的产品，如果梯子没有架好，消费者可能会从梯子上跌落，如果消费者爬得过高，还可能会不小心碰到电线。Bottle 公司的经理们考虑咨询律师是否需要在梯子上添加警示标签，警示人们不稳定的梯子可能带来的危险。但经理们最终决定不这样做，因为他们相信人人都知道如何架设梯子以及如何避免碰到电线。另外，在他们看来，这样的律师费是不必要的花费。

发誓再也不喝瓶装饮料的 Victoria 在第二次出院后回到家中，发现门口的灯泡需要更换，于是去车库找到一把 Ladder 公司生产的梯子。这把梯子是她这次住院之前购买的，她以前还从来没有用过梯子，因此她先阅读了说明书。Victoria 试图找到关于如何安全架设梯子的说明，却没有找到。她竭尽全力但仍然无法将固定杆推到适当的位置。她把梯子放在电灯下面，取下灯泡，开始更换。正要更换灯泡时，她的手指碰到了杂散的电线，轻微触电。当她迅速地缩回手指时，梯子因为固定杆没有推至合适位置而向后倾倒。Victoria 从梯子上摔下来，手臂骨折。

[17] 参见，例如，50A Cal. Jur. 3d Products Liability § 66 *et seq.*

在这个案件中，导致 Victoria 受伤的缺陷产品就存在警示缺陷。

§ 13.05　赔偿理论

一旦原告证明了某种产品存在缺陷，那么主要有 3 种关于产品赔偿责任的理论可供选择：过失责任、严格责任和违反保证。

[A] 过失责任

在产品责任案件中，原告首先试图确立的主张恐怕就是存在着基于过失的诉因。为支持这一主张，原告必须证明被告公司在提供产品时没有尽到适当注意的职责标准[18]。

在美国，适当注意的标准是指一个正常人在相同或类似情况下的注意程度[19]。在生产商或分销商向消费者或使用者提供产品时，每个提供产品的公司都负有给予适当注意的义务。事实的发现者（如果存在陪审团则由陪审团担任，如果不存在陪审团则由法官担任）有权认定公司是否尽到适当注意责任。因此，如果一个公司没有尽到适当注意责任，那么它就存在过失。

在有些情况下，并不能确定公司是否尽到了适当注意责任。例如，如果一个人喝了一瓶橘子汁，结果却被瓶子里的石子硌断了牙齿，那么就可能存在这样一个假设：石头是在生产过程中由于分销商不应有的疏忽而掉进橘子汁里的。在这个案件中，原告可能会援引“事实自证”（res ipsa loquitur）学说，也就是“事实不证自明”。如果发生了某种损害，并且若不是因为生产者的过失，这种损害就不可能发生，那么“事实自证”学说就可能适用[20]。

“事实自证”对于外国公司来说有些难以理解。过失是诉讼的诉因，但是“事实自证”在一种情况下弥补了法律的缺口，这种情况就是：并没有证据能够解释损害的原因，而仅仅是发生了某种事件；并且若不是由于生产商或分销商的疏忽，那么这种损害事件就不可能发生。

即便被证明存在过失，生产商也可能不必对损害负全部责任。在美国，使用者责

[18]　参见，例如，Merrill v. Navegar. Inc.，28 P. 3d 116（Cal. 2001）.

[19]　参见，例如，Mosley v. Arden Farm Co. 157 P.2d 372（Cal. 1945）.

[20]　参见，例如，San Juan Light & Transit Co. v. Requena，244 U.S. 89（1912）.

任是过失诉讼中的一个抗辩理由，而一些州根据使用者过失的大小按比例减少赔偿金额。

美国法院限制这样一种理论的适用，即原告的稍许过失都将使有过失的公司免除全部责任。这种被称为“共同过失”（contributory negligence）的抗辩在美国并不被广泛认为是一个完整的抗辩理由。与此相对，“比较过失”（comparative negligence）学说则被广泛采用。根据这种学说，被告能根据原告自身过失的相对大小来降低赔偿金额。因此，当使用者不适当地使用产品或以其他行为导致事故发生的时候，公司就不必承担全部责任。

[B] 严格责任

有些时候，原告无法证明生产者存在过失，但原告确实遭受了损害并期望获得补偿。对于特定产品，有些州并不要求原告证明过失的存在，而是采用“严格责任”（strict liability）理论。

根据严格责任理论，不论生产商或供应商是否存在过失，他们都必须对原告遭受的损害负责。即便生产商或供应商已经采取了一切合理的措施避免损害发生，他们仍会因为产品具有特殊性质而承担责任。

例 5

严格责任可以适用于具有危险属性的产品。Dynamite 公司是俄亥俄州的一家炸药和烟花生产商，当地法律规定对烟花生产商适用严格责任标准。Dynamite 公司经常对工厂进行检查，并在产品设计、生产和分销过程中尽到一切可能的注意责任。

Victoria 在又一次出院后，决定在家里举办一场聚会。经过左思右想，Victoria 决定在聚会上燃放些烟花。她从 Dynamite 公司购买了烟花。这些烟花标有适当的警示，使用了烟花行业中最好的设计，并且在销售给 Victoria 之前刚刚经过称职的烟花检验员的检查。

在聚会上，Victoria 通过燃放烟花提醒她的客人们开始用餐。但其中的一个烟花偏离了轨道，飞进了 Victoria 家的窗户，并在她的客厅里发生了爆炸。顷刻间整个房子都着了火。尽管 Dynamite 公司采取了一切预防措施，Victoria 的房子还是被烧毁了，她可以基于严格责任标准提起产品责任诉讼。

严格产品责任的基石是《第二次侵权法重述》(*Restatement Second of Torts*)(下文简称《重述》),该《重述》在第402A条陈述了严格责任的规则:

(1) 给使用者或消费者或其财产造成不合理危险的任何缺陷产品的销售者,应当对给最终使用者或消费者或其财产造成的物理损害承担责任,如果:
  (a) 该销售者从事销售该产品的业务;以及
  (b) 产品预期将会及于并且确实已及于该使用者或消费者,且产品出售时的状态并未发生实质性改变。

(2) 尽管有如下情况,上述(1)中的规则仍然适用:
  (a) 销售者在准备和销售其产品的过程中已尽到其一切可能的注意责任;以及
  (b) 使用者或消费者既没有从销售者处购买产品,同销售者也不存在合同关系。

供应商或者生产商必须是产品的初期提供者,但并不要求提起诉讼的个人是从供应商或生产商那里直接购买了产品。此外,消费者或者使用者基于严格责任进行起诉的前提条件是他未对产品进行实质性改变。

面临严格产品责任索赔的公司可以援引“比较过失”理论进行辩护,因为尽管危险是无法预先知晓的,但是事故的发生仍然可能是消费者以危险方式使用产品导致的。补偿的数额可能根据原告过失的大小而有所降低。

当原告存在故意或者不合理的过失时,原告基于严格责任提出的索赔要求就会被完全驳回。但是在严格责任案件中,被告公司不能简单地通过声称消费者或使用者自愿冒险使用了产品来否认自己应当承担任何责任。

[C] 违反保证

保证分为“明示”保证和“默示”保证两种类型。“明示”保证是指清楚地以书面形式做出或以陈述形式做出的保证;“默示”保证是指可以通过有关产品及其销售的其他信息而合理推知的保证。

要想成功地证明被告违反了明示保证,原告必须证明被告公司向消费者做出了一项明示的保证。然后,原告还需证明供应商或者生产商违反了这项保证,并且正是由于对明示保证条款的违反造成了对原告的损害。

作为被许多州所采用的示范法,《统一商法典》(UCC)规定了明示保证的内容[21]。对于要通过主张违反明示保证来进行索赔的原告来说，该项保证必须是“交易的基础”。对保证的违反并不一定是因为被告的过错。唯一的要求在于，要证明保证本身遭到了违反。

《统一商法典》也规定了默示保证的内容，即产品应具备通常的适销用途并且能够满足特定的用途[22]。在商人销售商品时，就存在这样一项默示的保证，即商品符合其销售目的。生产商和供应商销售的货物被自动推定为能实现与其销售目的相对应的通常用途。

例 6

汽车的通常用途是在法律限制的速度范围内在高速公路上行驶。因此，即使一家汽车生产商并未对汽车能够以每小时 60 英里的速度在高速公路上行驶做出特别保证，但是仍然存在着一项关于汽车符合通常适销用途的默示保证，即汽车能够以每小时 60 英里的速度在高速公路上行驶。

如果消费者希望购买一辆能在沙丘上行驶的特种汽车，并且向汽车销售商传达了这一信息，那么消费者和销售商就达成了这样一个协议，即消费者可以在沙丘上驾驶这辆汽车。如果汽车不能在沙丘上行驶，那么销售者必须承担违反满足特殊用途这一默示保证的责任。

被告公司可以援引比较过失理论对基于违反保证而提出的索赔请求进行抗辩，这种抗辩可能使最终判决的赔偿总额因原告存在过失而降低。被告公司另一个可能援引的抗辩理由是原告同意承担风险。如果被告公司（或推销员）已将所有已知的危险告知消费者，而消费者认为这种危险无所谓（例如，消费者表示这种危险无关紧要，并且他们无论如何仍然愿意购买），那么即便消费者此后因使用产品受到损害，消费者也不具备有效的诉因。

例 7

一位顾客走进了一家汽车经销店，要求购买一辆能够在沙丘上行驶的汽车。销售商找到符合要求的汽车后，警告顾客说，尽管该车可以在沙丘上行驶，但是如果时速超过 45 英里，那么汽车就可能会发生翻转。求车心切的顾客承诺不会

[21] U.C.C. § 2-313.

[22] U.C.C. § 2-314 和 § 2-315.

以超过45英里的时速驾驶，并在买下这辆汽车后在沙丘上驾驶。顾客觉得这辆车以超过45英里的时速行驶完全没有问题，便将车速提高至每小时60英里。不幸的是，汽车在第一个拐弯处发生了翻转，司机和乘客均受重伤。在咨询律师意见之后，销售商声称已向顾客提示了危险的存在，而顾客已经同意承担在沙丘上以超过45英里的时速驾驶所可能发生的风险。陪审团认为，因为销售商已经对已知危险进行了告知，而司机也已经同意承担以超过45英里的时速进行驾驶的风险，所以销售商不需要对司机和乘客遭受的损害负责。

§13.06　产品责任保险

在美国，外国公司可以通过获得产品责任保险来就不利判决支付赔偿金和诉讼费用。然而，这种保险并非总能获得，尤其是在对具有危险属性的产品进行投保时，有关费用可能非常高昂。

在考虑购买产品责任保险时，外国公司应谨记，美国的保险费用接近欧洲的6倍，这在很大程度上要归因于在美国更有可能做出高额判决。侵权成本约占美国国内生产总值的2%，这也抬高了“已经和将要在美国开业的企业的预期成本”[23]。尽管产品责任保险是履行高额判决的一种有效途径，但这种保险本身就非常昂贵。因此，外国公司应当将产品责任保险费用作为一项在美国开展业务的成本进行考虑，尤其是针对那些已经准备销售出去的产品。

§13.07　产品责任改革

因为陪审团裁决导致了高昂的成本，作为“侵权法改革”组成部分的产品责任法改革是美国国会和各州立法机构时常考虑的问题。到目前为止，国会还没有为规范美国的产品责任问题而颁布全国性的立法方案。全美50个州也继续按照各自的方向前进，其中有些州已经采取了关于限制损害赔偿额的改革措施[24]。

---

[23]　Charles G. Schott，The U.S. Litigation Environment and Foreign Direct Investment，International Trade Administration，U.S. Depart of Commerce（Oct. 2008）.

[24]　参见，例如，Ronan Avraham，Database of State Tort Law Reforms，April 2010，请见：http：//ssrn.com/abstract=902711（最后访问于2010年6月14日）。

外国公司应该感到欣慰的是，和关于严格责任的法律一样，侵权法改革也是美国政治活动的产物。保险公司在各州和联邦立法活动中尤其活跃，为了降低自己的风险，它们努力推动关于限制诉讼权利和设定胜诉赔偿上限的立法。所有的企业和公民都可以通过选择更广泛地参与游说、参加行业协会和更广义的政治活动来对这些法律产生影响。

§13.08 应当从其他国际公司汲取的教训

从含铅玩具（lead-painted）到有毒婴儿奶粉，从丰田汽车公司召回数千辆汽车到BP石油公司泄露的石油污染了墨西哥湾的海产品和鱼类，产品责任问题时时刻刻都影响着那些在美国开展业务的外国公司的声誉，即便受到影响的公司也许并非缺陷产品的生产商。例如，像中国有毒婴儿奶粉这类仅在中国国内造成影响的缺陷产品，仍将对所有在美国开展业务的中国公司产生不利影响。尽管美国人不会因为一个国家出现一种缺陷产品就认为这个国家的所有产品都有问题，但是许多人在购买来自这个国家的产品时确实会有所顾虑。

在美国，如果缺陷产品造成的影响被察觉，那么后果可能比一个公司甚至一个国家的声誉受到损害更为严重。由于没有就其汽车存在的问题警告美国用户，丰田公司面临着将近200起联邦诉讼和美国国家高速公路交通安全管理局（National Highway Traffic Safety Administration）开出的16,000,000美元罚单，美国交通部长Ray LaHood对此的解释是，丰田的管理人员“故意隐瞒了一个危险的缺陷”[25]。消费品安全委员会解释说：“在检测产品所存在的危险方面，可能有人具有全世界最好的安全方案，但是如果他未能及时向委员会报告危险，他仍将因为未能报告而遭到处罚。”[26] 如果丰田当初能向美国政府官员报告丰田汽车存在的问题，丰田也许能免遭处罚，并可能更好地处理公司因缺陷汽车造成的不可避免的负面公共关系风波。

丰田的经历凸显了公司在发现缺陷产品的第一时间通知美国公众和相关公职人员的重要性。然而，在宣布召回产品和通知相关机构之前，外国公司应当咨询法律顾问

---

[25] Angela Greiling Keane 和 Alan Ohnsman，Toyota Hid Pedal Defect，Violating Law，U.S. Says，Bloomberg.com，April 6，2010，请见：http：//www.bloomberg.com/apps/news pid=20601080&sid=autV2ql2r71E（最后访问于2010年6月14日）。

[26] Thomas H. Moore 阁下、Robert S. Adler 阁下和 Inez M. Tannenbaum 阁下针对《关于民事处罚要件的最终解释规则》（Final Interpretive Rule on Civil Penalty Factors）的陈述，CPSC，2010年3月10日。

以根据美国法律来制定宣布召回的时间表、统筹产品召回的协调方案、发布消息并拟定统一的诉讼和公共关系战略。通过协调合作，在美国开展业务的公司能够确保消费者的安全，降低潜在责任，以尽可能迅速、安全并且负责任的方式将不存在缺陷的产品返还给美国消费者。即便是因处理召回事务而导致的迟延也可能使公司遭受处罚。

§13.09　结论

美国是一个好诉的国家，甚至可能是世界上最好诉的国家。在美国，个人被鼓励通过司法程序维护他们的权利。当遭受损害时主张对方的过错，并当存在过错时寻求获得补偿，已经是一种常态。美国人口中律师的比例高于世界上其他任何国家，而原因就在于：公民们被鼓励利用他们的法院，并且他们通常能够利用法院维护权利。

在美国开展业务既意味着在世界上最重要的消费者市场中进行生产和销售，也意味着要接受产品责任诉讼中的风险并就缺陷产品承担责任。企业有很多方法可用来减少风险和责任，但前提是企业必须对有关产品责任的基本政治和司法体系有所了解。

第五部分
后“9·11”时期与新的环境

第 14 章

外资并购的国家安全审查

John J. Burke

---

§14.01　概述

公开的评论往往使外国公司形成一种错误的印象，认为美国对于外国投资是有敌意的。的确，对于可能威胁其国家安全的并购，美国具有比较苛刻的审查程序，但美国对于外国投资仍然持有开放的态度。

被美国总统认定为威胁到美国“国家安全”的并购，即便是在交易完成多年之后也可以被撤销。国家安全并无明确的定义，而是被有意地进行了宽泛的解释，涵盖了国土安全、重大基础设施（比如能源生产及传输设施）以及关键技术等领域。因此，如果有理由认为一项拟进行的并购可能威胁美国国家安全，且此种理由貌似言之成理，那么收购方就应当考虑提请美国外国投资委员会（CFIUS）对并购进行事先审查，以期使交易符合2007年《外国投资与国家安全法》（FINSA）之下的“安全港规则”[1]。

大多数拟进行的并购都会在历经30天的CFIUS程序之后获得通过，而且不被加以任何限制措施。部分交易则需要经过额外45天更加深入的审查，其后一般也能获得通过并不受限制。不过，交易各方也可以主动地对交易加以变更，从而降低威胁国家安全的风险。有些交易则需要签订缓解协议（mitigation agreement），在收购方做出特定的承诺以减少对国家安全的威胁之后，方能通过审查获得放行。少数的交易则会由于明显不能通过审查而搁浅。

对于存有潜在争议的外资并购而言，尽早关注CFIUS程序是非常关键的，因为，虽然CFIUS程序大多会在30天内结束，但进行CFIUS申报所必需的尽职调查和信息收集却要花费长得多的时间。即使CFIUS审查没有为交易的完成制造任何障碍，公众和议会也可能对交易做出负面反应，因此尽早对此予以关注并未雨绸缪实为明智之举。要知道，一些并购交易成功通过了CFIUS的审查，却由于负面的公众舆论以及由此产生的议会抗议而搁浅，以失败告终。

公司在决策过程中对潜在的并购交易进行评估时，负面的公众反应以及拖延的CFIUS审查程序是十分重要的考量因素。尤其是当潜在的出售方宁愿接受更低的收购价格，也趋向于选择不会引发争议的收购方时，前述考虑就显得更为重要。在选择收购方之前对威胁国家安全这一风险进行细致的分析，可能会限制出售方的交易选择，但另一方面，也更能保证出售方做出收益最大化的交易选择。

---

[1]　Pub，L，No. 110−49，121，Stat. 246（2007）.

§14.02 国家安全审查概述

美国对外资究竟开放到什么程度呢？计划在美国进行投资的外国公司常常会对这一问题感到困惑。投资者常常听到“CFIUS”、《埃克森—弗洛里奥修正案》（Exon-Florio）以及“FINSA”之类的术语，还经常听闻美国对外国投资持有敌意，尤其是对于来自中国和中东地区的投资。这些疑惑大都发端于迪拜环球港务集团（DPW）收购案，当时，迪拜环球港务集团在收购了美国几个关键港口的业务之后，却迫于美国国会的强大压力，而不得不放弃了这几个港口的运营权。此事件引发了巨大的争议，甚至一度导致有些失控的激烈论战。尽管如此，不可否认的是，美国仍然是世界上对待外资最为开放的经济体之一。对于能够促进美国产业增长的绿地投资（greenfield investment），除了航空公司等几个极少数受限领域之外，外国投资者都可以像美国公民一样自由地投资。

基于 FINSA，美国的确建立了一整套程序，并由 CFIUS 据以对特定的外资并购既存业务进行审查。但是，正如美国财政部 2008 年 12 月发布的 CFIUS 程序指引中所阐明的：“CFIUS 仅仅集中关注那些由受管辖交易（covered transaction）引起的确实关涉到国家安全的问题，除此之外，并不关注涉及其他方面国家利益的问题。”[2]

本章的目的在于帮助投资者们判定：其计划在美国进行的外资并购是否有可能牵涉到 FINSA 之下的国家安全问题，如果答案是肯定的，则进一步对 CFIUS 审查程序进行阐明。本章第 14.03 节和 14.04 节介绍了 FINSA 立法的历史背景，并对促成该项立法及造就现行 CFIUS 审查程序的一些重大事件进行了解说。第 14.05 节则对相关的法律条款和规定进行深入研究，以帮助外国投资者们判断其将进行的并购交易是否有必要经过 CFIUS 的审查。第 14.06 节对 CFIUS 审查程序进行了详细阐述。最后，第 14.07 节提出了我们的建议：交易各方应当采取有效的策略来处理并购交易中所涉及的公众及国会关系问题。事实上，并不是 CFIUS 审查程序中的技术问题导致了 DPW 的失败，而是处理公众和国会关系上的失误导致了 DPW 的搁浅，对此请见本书第 15 章中的详细探讨。

如果美国总统认定某一外国投资者在美国的企业当中享有的控制性权益会威胁

---

[2] Department of the Treasury, Office of Investment Security; Guidance Concerning the National Security Review Conducted by the Committee on Foreign Investment in the United States, 73 Fed. Reg, 74567 (Dec. 8, 2008).

到美国的“国家安全”，则总统有权命令该投资者放开此等控制权益。通过 CFIUS 审查机制，拟进行外资并购的交易各方可以主动进行申报，寻求在交易之前先行获得 CFIUS 的批准，由此使交易进入一个“安全港”。这种安全港地位可以阻止总统依据 FINSA 赋予的职权撤销交易。

基于 FINSA 的授权，CFIUS 可以在任何时间针对“受管辖交易”主动发起审查，以判定相关交易是否可能威胁美国的国家安全。尽管这一主动审查的职权很少被动用，但是该职权存在本身就意味着外国收购方必须认真考虑主动向 CFIUS 进行申报，以免出现后续的困境。

对于大多数公司而言，CFIUS 的审查程序一般持续 30 天[3]。通过在并购完成之前主动向 CFIUS 申报受管辖交易，外国收购方可以确保其投资不会因 CFIUS 审查而遭受损失。要知道，即便是在并购完成多年之后，如果 CFIUS 发动审查，这种损失仍有可能发生。对于少数公司，CFIUS 可能需要进行额外 45 天的深入审查。即使是在这一阶段，大部分并购也都能获得通过，不过，此时的批准常常会附有条件。

FINSA 的目的在于，一方面实现国会维持开放的外商投资环境的目标，另一方面则调和、兼顾国家安全的考虑。绝大多数情况下，这两个目的都能相互调和，而不需要对所涉交易加以限制。个别情况下，CFIUS 会和交易各方签订缓解协议，此时，作为政府批准交易的交换条件，交易各方需要对交易条款做出必要的修改，或者对目标公司将来的治理结构加以调整。在极少数的情况下，由于无法达成缓解协议，交易各方会主动放弃并购，而不会选择承担 CFIUS 就该并购向总统做出负面建议的巨大风险。事实上，即便是在此种最为不利的情况之下，外国并购方可以提早认识到并购已经不可能完成了，这也比并购完成数月甚至数年之后受管辖交易被勒令撤销的局面要好得多。

一些潜在的外国投资人由于过分担心 CFIUS 的审查程序，而在相关交易根本没有提交 CFIUS 进行审查之前就退出或撤销交易。有时这种做法是错误的。如果确实对一项并购感兴趣，更明智的选择应当是将并购案提交审查接受实际的测试，而不是假想出一个不利的审查结果。不过，潜在的卖方可能会对国家安全问题以及可能导致交易被推迟的潜在情况做出推测，并基于此等考虑来选择其交易对方。比如，摩托罗拉在 2010 年夏季决定出售其某一部分业务时，前述基于国家安全的考虑就扮演了重

[3] 《1976 年哈特—斯科特—罗迪诺反托拉斯促进法》（HSR 法）中为反垄断之目的而对美国企业并购设置的 30 天前置审查期限，国会正是比照这一期限为 CFIUS 审查设立了 30 天的审查期。这种安排是为避免使外国竞标商与美国国内竞标商相比在时间上处于不利地位。参见本书第 11 章与美国企业并购相关之反垄断问题的讨论。

要角色。摩托罗拉选择将业务出售给芬兰的诺基亚公司，而没有选择出售给出价更高的中国公司华为集团。由于华为集团被视为其后台是中国人民解放军的企业，摩托罗拉很有可能因此对 CFIUS 审查产生了顾虑，于是选择了诺基亚。不过，摩托罗拉在接受诺基亚的报价几天之后，就针对华为集团提起了关于盗窃商业秘密的诉讼。因此，摩托罗拉有可能是因为 CFIUS 方面的顾虑而放弃了和华为的交易，但也更有可能是出于自身的商业考虑，不能将其业务出售给被指控盗窃其商业秘密的公司。

§14.03 迪拜环球港务集团争议

2006 年 2 月，阿拉伯联合酋长国的迪拜环球港务集团（DPW）试图收购一家在美国经营港口业务的英国公司，围绕此并购案，美国国内爆发了激烈的争论，公众舆论和国会因此而高度关注国外投资并购美国基础设施所带来的国家安全威胁，同时也引起了美国国内对外资并购中的国家安全问题的整体关注。DPW 由迪拜政府间接享有所有权，由迪拜的国家领导所控制，其意图收购的是一家名为半岛东方轮船公司（Peninsular and Oriental Steam Navigation Company）的英国公司，该公司通过租赁而享有美国一些主要港口设施的经营管理权，包括位于纽约、新泽西、费城、巴尔的摩、新奥尔良以及迈阿密的一些大港。2005 年 10 月，DPW 和 CFIUS 就该起并购进行了商议。

2006 年 2 月，DPW 遵从 CFIUS 的标准程序就并购案进行了申报。尽管该并购案已经在公众舆论和国会中掀起了轩然大波，CFIUS 仍然在 30 天的第一审查阶段中就批准了该项并购。2006 年 3 月 8 日，美国众议院拨款委员会以 62 票赞成 2 票反对通过了一项紧急拨款提案的修正案，在修正案中要求阻止 DPW 并购。第二天，DPW 宣布将会把收购的美国港口运营业务转让给一家美国企业。最终，DPW 将其美国港口业务转卖给了一家位于纽约的资产管理公司，即 AIG 环球投资公司（AIG Global Investment）。该公司自身也曾在 2008 年 9 月因备受公众舆论关注而声名狼藉。

外部观察者们认为，DPW 在进行 CFIUS 申报时，并没有出现任何技术上的错误。毕竟，CFIUS 的结论是，DPW 并购只是两个外国实体之间的普通交易，在 30 天的审查期内由较低层级的政府机关审查通过即可。DPW 的巨大失误在于，它没有预测到并购案公之于众之后引发的巨大争议，并且显然缺乏有效的策略来处理舆论及美国国会对其并购案的理解和看法（参见本书第 15 章）[4]。同时，美国国会认为，在其 1992 年通过的《伯德修正案》（*Byrd Amendment*）当中已经明令要求，如果某一外国收购方为外国政府所控制，则对其并购案必须进行延长审查。然而，CFIUS 的成员机构却在较低层级的审查机制下直接审批通过了 DPW 并购案，并没有依照国会的意愿行事，此举无异于为本已激烈的媒体和政治争议火上浇油[5]。

为了应对 DPW 并购案引发的争议，美国国会制定了《外国投资与国家安全法》（FINSA）。该项立法的初衷是要实质性地增强美国政府对外资并购的全面审查。然而，在该项立法历经国会讨论时，一些国会议员坚持认为，对外国投资创设严苛的审查障碍不是一项明智的立法选择。最终,FINSA 加强了 CFIUS 的审查程序，更新了涉及“国家安全”的考察因素，增加了后“9・11”时代的一些新的考量，比如重大基础设施、能源和关键技术。但事实上，FINSA 并没有从根本上影响美国对外资的开放程度。

DPW 争议所来带的正面效应在于，它使相关的审查程序更加清晰明朗，提供了可能的途径来提高交易完成的效率。投资者应当了解，美国对国家安全的定义是十分宽泛的，一旦拟购并的目标企业可能涉及美国的国家安全，收购方就应当考虑启动 CFIUS 审查程序。采取此等公开和预防性的举措对于外国收购方是有百利而无一害的。

§ 14.04　美国涉及国家安全的外国投资法规简史

过去的几十年间，美国政府在涉及国家安全的领域内仅有有限的办法来限制外国投资。比如，国防部长期以来一直通过由其控制的“设施安全许可”（Facility Security Clearances）来阻止外国投资者购并国防产业的承包商及分包商。任何一家公司或其任何设施都必须取得该许可之后，才能获准接触履行防务合同及其分包合同必不可少的核心保密信息。除了在极少的例外情况下，国防部一旦认定某一公司属于外国所有、被外国控制或者受到外国的影响［Foreign Ownership，Control，or Influence，FOCI］，该公司（及其子公司）就会失去获得设施安全许可的资格，除非国防部与该公司签订协议，同意由公司采取缓解措施以延续其安全许可。国防部虽然不能直接禁止外国投资者购并美国公司，却可以通过拒绝与被收购公司签订那些需要获得国防部设施安全许可的美国政府合同，从而使并购交易的价值大打折扣。

---

[4]　CFIUS 程序本身完全保密，CFIUS 不向公众公开并购交易的存在及申报的任何细节。

[5]　对此，法院赞同 CFIUS 的观点，认为《伯德修正案》并没有要求对所有此类并购进行延长审查。

20世纪80年代中期掀起一股外资（尤其是日本企业）购并美国企业的热潮。这一热潮致使许多评论员、政府官员和政客们开始担心美国政府没有足够的措施来防止这些外资并购削弱美国国家安全。作为应对策略，国会通过了对《国防制品法》（The defense Production Act）的《埃克森—弗洛里奥修正案》（*Exon-Florio Amendment*），将其作为《1988年综合贸易与竞争法》（*Omnibus Trade and Competitiveness Act of* 1988）的一部分[6]。

基于《埃克森—弗洛里奥修正案》，如果并购可能使在美国从事跨州商业活动的外资主体享有控制地位，则总统有权就这类并购对国家安全可能产生的影响进行调查，但调查范围应当局限于该类主体在美国境内进行的跨州商业活动。在经过调查程序之后，如果总统发现处于控制地位的外资可能会实施有损美国国家安全的行为，且没有其他的法律规定提供足够和适当的授权对此予以制止，则总统有权勒令中止或禁止所涉并购。《埃克森—弗洛里奥修正案》同时规定，如果发现外国主体在美国企业中享有的控制性权益有可能导致相同的对国家安全的威胁，总统同样有权命令外国主体剥离此种控制性权益。里根总统将其基于《埃克森—弗洛里奥修正案》获得的授权授予了CFIUS。

国会在1993财政年度《国防授权法案》（*National Defense Authorization Act*）第837节对《埃克森—弗洛里奥修正案》进行了增补[7]。增加的内容当中最为重要的就是《伯德修正案》。该修正案规定，受控于外国政府或者代表外国政府行事的实体对美国企业进行的合并、购并或者接管有可能影响到美国国家安全的，CFIUS接到此类并购申报后，应当延长埃克森—弗洛里奥审查程序。

然而，对于大部分进行申报的交易，CFIUS均给予了批准，而并没有启动延长的45天审查程序。但美国国会认为，涉及外国政府控制下的实体进行的并购交易时，依据《伯德修正案》，CFIUS没有选择权，必须进行延长的45天审查程序。在DPW争议中，CFIUS没有依照国会对《伯德修正案》的理解，进行45天的延长程序，这是使情况恶化的主要因素。

下列数据反映了《埃克森—弗洛里奥修正案》获得通过之后，自其立法的1988

[6] 《埃克森—弗洛里奥修正案》作为《1988年综合贸易与竞争法》（*Omnibus Trade and Competitiveness Act of* 1988）的第5021节，Pub. L. No.100−418，102 Stat. 1107，并作为修正案编录于50 U.S.C App. § 2170。最初对该修正案的授权于1991年到期，但后来由《1991年国防制品法延长及修订》（*Defense Production Act Extension and Amendments of* 1991）第8节赋予其永久效力。Pub.L. 102−99，105 Stat.487.

[7] Pub. L. No. 102−484（1992）.

年起至2006年DPW争议时止，该法案所带来的影响[8]：

国家安全审查	1697
延长的调查程序	31
在调查结束之前主动撤销的交易	17
向总统提交的交易案	12
总统勒令禁止的交易	1

与少数被勒令停止的交易相比，这些国家安全审查程序本身所造成的影响更加广泛。某些情况下，CFIUS会和交易各方签订协议，以减低交易可能对国家安全造成的影响。更多情况下，交易各方会主动对其所策划的交易进行修正，以期消除或降低国家安全方面的顾虑。

《埃克森—弗洛里奥修正案》案例研究

曼可制造公司（**Mamco Manufacturing，Inc.**）**案**——中国航空技术进出口公司（CATIC）是一家中国政府所有的企业。1989年，CATIC作为中国军方的收购代理人，试图收购西雅图的航空部件制造企业曼可制造公司（曼可），但其收购案被美国总统颁令禁止。Mamco公司从事飞机金属部件的制造业务，主要供民用，该公司没有与美国政府签订任何保密的合同，但其部分技术被禁止向中国出口，对Mamco的并购可能会使CATIC获得与美国航空企业密切接触的机会。

1989年末，Mamco向CFIUS申报了CATIC的并购意图。在CFIUS进行初步审查期间，CATIC于1989年11月30日购买了Mamco所有的有表决权股份。之后，CFIUS决定进行延期审查，以衡量Mamco的技术能力并判断CATIC的并购对国家安全的潜在影响。审查最终于1990年2月1日结束，结果是总统颁布命令，要求CATIC在90天内放弃其在Mamco公司享有的所有权益。CATIC提出申请要求将其权益转卖给其他中国企业，但情况表明CFIUS不大可能批准这一请求，于是CATIC撤回了转卖申请。6个月之后，CATIC仍然没有按照命令

[8]　数据来源：CFIUS国会年度报告（2008年12月），网址：http://www.treas.gov/offices/international-affairs/cfius/docs/CFIUS-Annual-Rpt-2008. pdf；GAO. 国防贸易：加强《埃克森—弗洛里奥修正案》的执行有利于增强法律效率（Defense Trade：Enhancements to the Implementation of Exon-Florio Could Strengthen the Law's Effectiveness）. GAO–05–686（2005年9月）；GAO，国防贸易：影响国家安全的外资并购之识别应可促进（Defense Trade：Identifying Foreign Acquisitions Affecting National Security Can Be Improved），GAO/NSIAD–00–144（2000年6月）。

转卖其所持有的权益，于是美国财政部将Mamco置于美国信托人的控制之下，并禁止CATIC对其进行任何接触，直到CATIC终止其所有相关权益。

Verio公司（Verio，Inc.）案——NTT通讯公司（NTT Communications）（NTT）是日本电报电话公司（Nippon Telephone & Telegraph Corporation）的子公司。2000年，CFIUS审查通过了NTT通讯公司对一家美国的网络服务供应商Verio公司（Verio）的并购案，前提条件是并购各方同意，日本政府绝不能参与任何美国方面的业务。Verio当时是全球最大的商业网站运营商和领先的综合网络服务提供商。而当时的日本政府持有NTT母公司的多数股份。此项并购案遭到了美国司法部和联邦调查局（FBI）的反对，原因是日本法律禁止窃听行为。FBI还担心NTT可能会将Verio的伺服器和数据转移到美国境外。据媒体报道，NTT通过CFIUS程序与美国政府进行了协商，并且承诺：第一，日本政府不参与Verio的业务；第二，NTT将在Verio之下建立一个独立的部门，其职员全部由美国员工担任，专门负责政府在监控方面的要求；第三，NTT将会限制非美国籍的员工接触客户账户和呼叫信息。通过这些承诺，NTT解除了政府的顾虑，使并购案获得批准。

环球电讯（Global Crossing，Ltd.）案——2003年，新加坡公司Singapore Technologies Telemedia（STT）和香港公司和记黄埔（Hutchinson Whampoa Ltd.）试图收购在美国境内拥有光纤网络的环球电讯公司。CFIUS对此项并购案进行了审查。环球电讯向包括美国国防部在内的大量美国实体提供核心电讯服务。该公司于2002年申请破产，几家国内外的企业均试图对其进行购并。人们担心，如果环球电讯的光纤网络被外国资本拥有，可能会削弱美国政府防止外国情报机构窃听行为的能力。CFIUS的成员机构和美国国会成员也表示，和记黄埔公司与中国军方的关联也让人十分担忧，并且，据称一些机构还担心STT与新加坡政府有关联，从而对STT的收购也表示反对。当CFIUS决定进行延长的特别审查程序后，和记黄埔公司退出了购并交易。于是，CFIUS通过了STT对环球电讯的并购，但前提条件是STT同意在环球电讯的董事会中必须有美国公民任职。

在后“9·11”时代，外国投资一直都不是重大的顾虑。直到2004年，美国国会成员都认为国会对CFIUS的审查程序缺乏有效的监控，于是要求国家职责办公室（Government Accountability Office）准备一份关于《埃克森—弗洛里奥修正案》执行情况的研究报告。2005年6月，在中国国家海洋石油公司（China National Offshore Oil Corporation，CNOOC，简称中海油）宣布对一家名为Unocal（尤尼科）的美国能源企业的购并案后，国会的顾虑变得更为严重。

虽然在CFIUS的审查程序开始之前，中海油就撤回了其并购投标，然而自此之后，对于将特定的美国经济部门转由外国公司控制的情况，特别是转让给对那些并不关心美国区域安全问题的外国公司控制的情况，媒体和国会成员开始提出质疑。

CNOOC对Unocal的并购案以及其后的DPW争议，其焦点都是国会对CFIUS以及对能源、基础设施、关键技术领域的外资控制和外国政府控制之下的实体进行的投资可能对美国国家安全造成的危害予以的集中关注。不过，公众舆论对此倒并不是一边倒的。美国行政部门说服了美国国会，应当维持国家安全的需求和开放的外国投资环境之间的平衡，最终使得FINSA于2007年7月26日获得了通过。

正如FINSA的序言中所指出的，FINSA的立法目的在于：

> 在保证国家安全的同时，促进外国投资，创造以及维持就业机会；改革外国投资的审查程序，明确该类投资对美国国家安全的影响；设立美国外国投资委员会，以及实现其他立法目的。

2008年12月21日，总统颁布了行政命令/总统令（Executive Order），并由财政部代表CFIUS发布了实施FINSA的《最终条例》（*Final Regulations*）[9]。财政部基于其CFIUS审查的经验，于2008年12月8日就可能引发国家安全考量的交易类型发布了一项非约束性的指引[10]。《最终条例》中详细阐述了FINSA的相关要求，对此将在下文的§14.05和§14.06中详细讨论。

§14.05　受制于国家安全审查的交易

并不是所有的外国投资都需要经过FINSA中规定的国家安全审查。某项特定的交易必须符合法条中对“受管辖交易”的定义，才可能落入审查范围。虽然受管辖交易的定义很广，但并不包括那些不会导致外国人获得对现有美国公司控制权的交易。在受管辖交易的定义中，“控制”和“外国人”是关键概念，对此，我们将在下

---

[9] Regulations Pertaining to Merger, Acquisition, and Takeovers by Foreign Persons, 73 Fed. Reg. 70702（Nov. 21，2008）（codified at 31 C.F.R. pt. 800）.

[10] 财政部，投资安全办公室：《关于美国外国投资委员会对在美国进行的投资实施国家安全审查的指引》，73 Fed. Reg. 74567（2008年12月8日）.

文 § 14.05 [A] 中详细讨论。另外，对“交易”和“美国企业”这两个词的解释也会对审查结果产生影响。

如果要对某项交易进行审查，则该交易必须要涉及“国家安全”。“国家安全”的含义在下文 § 14.05 [B] 中详细讨论。当收购方是外国政府的时候，FINSA 还要求对本应接受审查的交易进行更为严格的详细审查。政府进行的收购在下文 § 14.05 [C] 中进行讨论。

虽然在我们看来，涉及某些特定行业的收购，比如国防和能源行业，似乎更容易引发国家安全问题的顾虑，但事实上，FINSA 允许外资在美国所有的行业进行并购，并且，FINSA 也不会在审查程序之前因某些特定行业而预设 CFIUS 的审查结果。CFIUS 会依据每一项交易的具体事实对其受理的每宗并购案进行个案审查。比如，2009 年 12 月，《纽约时报》在网上公布了一份收购方的律师向收购方出具的法律意见，其中写明，CFIUS 禁止了一家中国公司收购内华达州一家金矿企业的收购案，其原因并非金矿本身涉及国家安全，而是由于所涉金矿的位置临近极其敏感的军事及情报设施。相比之下，对于一些收购国防产业承包商的外资并购，只要交易的整个事实表明，并购案并不会对不可妥协的国防利益造成威胁，那么 CFIUS 也会在审核后批准并购案。

[A]“受管辖交易”的定义十分宽泛

FINSA 将“受管辖交易”定义为：“由外国人进行或参与的，可能使外国人控制运营跨州业务的美国企业的购并、收购或接管。”《最终条例》中则将“受管辖交易”定义为“由外国人在 1988 年 8 月 23 日之后拟进行的或即将进行的，可能使外国人获得美国企业控制权的交易”。

依据前述定义，所有美国企业的控制权明显会转移给外国所有人的交易均属于受管辖交易。此外，这些定义还覆盖了控制权的转移不太明显的情形，比如一个外国实体将其控制权转移给另一外国实体的情况。引发 FINSA 立法的 DPW 争议，正是发端于一家运营美国港口业务的英国公司试图将公司控制权转让给另一家中东公司的并购交易。同时，以资产并购的方式而不是股权并购的方式进行交易，并不能避免 CFIUS 的审查：购买美国企业几乎全部资产的交易也属于“受管辖交易”的范畴。

《最终条例》将购并既存美国企业的交易和绿地投资或严格意义上的不动产交易进行了区分。前者属于受管辖交易的范畴，后两者则被排除在外。然而，即使一桩交易主要属于绿地投资或者不动产交易，一旦涉及将既存美国企业的控制权转移给外国人，交易各方就应当假定该项交易可能需要接受审查。

“控制”这一概念是判定一桩交易是否属于受管辖交易的核心要素。国会将定义“控制”这一概念的任务留给了CFIUS。CFIUS《最终条例》第 §800.204 (a) 条对“控制”定义如下：

> 直接或间接地，通过在某一实体中有表决权的多数或支配性权益、董事会席位、代理投票权、特别股权、协议安排、正式或非正式的一致行动的安排，或其他方式，就影响该实体的重大事项做出指示或决定的权力，无论该种权力是否已经实际行使。

CFIUS对《最终条例》的评述中，强调了“所有权”和“控制”之间的区别，并明确指出“控制”是决定性因素。因此，通过协议安排使外国人获得美国企业重大事宜的控制权，但并不正式地改变企业的所有权结构，此类交易也有可能属于受管辖交易的范围。

关于重大事项的法定范例

在“控制”的法定概念之中，法律就重大事项给出了如下范例，对这些重大事项拥有决定权，可能就意味着对企业的控制：

> (1) 销售、租赁某一实体主要的有形或无形资产，或在这些资产上设定抵押、质押，或以其他方式转让这些资产，无论这些行为是否是在正常业务范围内做出的；
> (2) 对某一实体的重组、购并或解散；
> (3) 对某一实体的生产、运营或者研发设施进行关闭、迁址或其他实质性改变；
> (4) 由某一实体做出重大支出或投资，发行股票或债券，或由该实体支付红利，或批准该实体的经营预算；
> (5) 选择某一实体新的业务范围或项目；
> (6) 决定某一实体签订、终止或不予履行重大的合同；
> (7) 决定某一实体管理不公开技术、财务信息或其他专有信息的政策或程序；
> (8) 高级管理人员的任命或解聘；
> (9) 对于能够接触敏感技术或美国政府保密信息的雇员的聘用或解聘；或者
> (10) 修改某一实体的公司章程、宪法性协议或与本节第 (a) (1) 至 (9) 段所

涉及的事项相关的其他组织文件。

在“控制”的定义中，还给出了下列常见的小股东权益保护措施的非排他性范例，这些措施不会被认定为构成对企业的“控制”：

(1) 阻止某一实体出售、抵押其全部或大部分财产的权力或阻止某一实体主动申请破产或清算的权力；
(2) 阻止某一实体与其主要投资人或与其主要投资人的关联企业签订合同的权力；
(3) 阻止某一实体为其主要投资人的债务或主要投资人关联企业的债务提供担保的权力；
(4) 当某一实体发行额外的赋予该实体权益的证券时，购买该实体额外的权益以防止某投资人在该实体中的权益比例遭到稀释的权力；
(5) 对少数股东持有之某一类股票的现有法律权利或优先权进行的变更，如果公司文件对于此类股票有相关规定，依据该类规定阻止此类变更的权力；以及
(6) 阻止修改某一实体的公司章程、宪法性协议或与本节第（c）（1）至（5）段所涉及的事项相关的其他组织文件的权力。

“控制”的定义并不局限于控制权的立即转移。《最终条例》中的一个范例表明，即使外国收购方同意在10年内不行使其表决权或其他权力，其交易仍然属于受管辖的交易。

“控制性少数”这一概念表明，即使并购方获得的股份远低于目标公司总股份的50%，控制权也有可能发生转移。《最终条例》将控制权转移的持股底线设定为10%，但前提是并购必须纯粹出于消极投资的目的，依据最终条例 §800.302（b）节规定，下列交易不属于“受管辖交易”：

> 一项交易，将使外国人持有美国企业已发行之有表决权股份的10%或更少股份……但该交易必须完全出于消极投资的目的。

《最终条例》的第800.223节进一步明确规定：

> 如果某人在获取或持有相关利益之时，不计划，也不意图实施控制，不具有或形成任何消极投资之外的其他目的，并且当出于消极投资的目的持有该类利益

之时，不做出任何背离消极投资之目的的行为，那么此时对利益的持有可以被认定为是“完全出于投资的目的”。

因此，我们建议，当一桩有可能影响美国国家安全的交易导致外国人获得既存美国企业超过 10% 的利益之时，或者可能导致外国人获取任何消极投资目的之外的利益之时，交易各方均应当考虑将交易提交 CFIUS 进行提前审查。

案例研究——关于“控制”的例子

《最终条例》第 800.204 节提供了下列例子，以阐明构成或不构成“控制”的具体情形：

例 1

A 公司是一家美国企业。一位美国投资人拥有 A 公司 50% 的表决权益，该公司剩余的表决权益由 5 位互不相关的外国投资人平均所有。5 个外国投资人向 A 公司的投资是联合进行的，并且其投资以一整宗股份的形式对影响 A 公司的事务进行投票。关于 A 公司的事务，5 个外国投资人之间建立了非正式的一致行动协议，结果是，可以认定，外国投资人对 A 公司形成了控制。

例 2

A 公司的股东构成与例子 1 相同。外国投资人之间没有一致行动协议或其他类似承诺，也没有非正式的安排要求其一致行动。如果没有其他事实，那么外国投资人对 A 公司不形成控制。

例 3

A 公司是一家外国私募股权基金，经常收购一家公司的多数权益并对其收购的公司进行一段时期的经营管理。B 公司是一家美国企业。A 公司收购 B 公司 7% 的有表决权股份之后，又取得了终止 B 公司重大合同的权利。A 公司对 B 公司形成控制。

例 4

A 公司是一家外国实体，收购了美国 B 公司 9% 的股份。作为交易的一部分，A 公司获得了影响 B 公司某些重大事务的否决权，其中包括了对 B 公司辞退其高级管理人员之决定的否决权。A 公司对 B 公司形成控制。

例 5

A 公司是一家外国公司，收购了美国 B 公司 13% 的股份，并有权任命 B 公司董事会 7 名董事中的 1 名。A 公司还获得了第 §800.204（c）条中列明的对小股东的保护，除此之外，A 公司不就 B 公司享有其他积极或消极的权利。如果没有其他事实，A 公司对 B 公司不形成控制。

例 6

A 公司是一家外国公司，收购了美国 B 公司 20% 的股份。A 公司经协商签订了不可撤销的消极投资协议，该协议排除了 A 公司控制 B 公司的所有可能性。但 A 公司有权阻止 B 公司与 B 公司的主要投资人或主要投资人的关联企业签订合同，并有权阻止 B 公司为 B 公司主要投资人或主要投资人之关联企业的债务提供担保。如果没有其他事实，那么 A 公司对 B 公司不形成控制。

例 7

A 公司是一家外国公司，收购了美国 B 公司 40% 的股份以及 B 公司中的重大权利。与交易相关的文件中，没有线索表明 A 公司在 B 公司中享有的股权会在将来出现增长。随着 CFIUS 的审查，委员会通知各方，该申报的交易属于受管辖的交易，并依据第 721 节的规定批准了交易。3 年后，A 公司收购了 B 公司剩余的股权。假设没有其他事实，由于委员会已经批准了 A 公司对 B 公司早期进行的投资，并且在 3 年后的后续交易中没有其他外国人成为交易方，因此，后续交易不属于受管辖交易的范围。

例 8

A 实体是有限合伙，有两名有限合伙人，分别持有该合伙 49% 的利益，一名普通合伙人，持有该合伙 2% 的利益。普通合伙人全权决定、指示并管理影响合伙及合伙所运营之基金的所有重大事宜。此时，仅有普通合伙人对 A 合伙形成控制。

例 9

事实与例 8 中相同，但对于合伙的重大投资，每一名有限合伙人均有权否决普通合伙人的提议。同时，有限合伙人有权提名在基金所投资公司的董事会中任职的代表。此时，普通合伙人和有限合伙人均对该有限合伙及其管理的基金形成控制。

在决定一项交易是否属于“受管辖交易”时，另一个重要的因素是，收购方是否是“外国人”。《最终条例》第800.216节将“外国人”定义为：“(a) 任何外国公民、外国政府或外国实体；或者 (b) 任何被外国公民、外国政府或外国实体控制的，或可能被外国公民、外国政府或外国实体控制的实体。”这一定义似乎包含了美国企业的外国子公司，因为美国母公司与其外国子公司是依据不同国家的法律设立的独立实体。为此，CFIUS在回应对其立法的评论时，在《最终条例》的800.2.12节对“外国人”的定义增加了如下语言：

> (b) 尽管有第 (a) 段的规定，任何分公司、合伙、集团或子集团、联合企业、不动产、信托、公司或公司分支机构，或其他组织，只要其多数股权最终由美国公民拥有的，均不属于外国实体。

因此，美国企业的外国子公司收购美国企业的，不属于受管辖交易。相反，外国公司的美国子公司收购美国企业的，则属于受管辖交易的范畴[11]。

案例研究——关于“外国人”的例子

《最终条例》第800.216节给出了下列例子，就一个实体是否构成“外国人”加以说明：

例1

> A公司依据外国法律设立，仅在美国境外经营业务。A公司所有的股份均由X公司持有，X公司控制A公司。X公司依据美国法律设立，由美国公民拥有并控制。假如没有其他事实，则尽管A公司依据外国法律设立并在外国经营，其仍然不是外国人。

例2

> 事实与例1中第一句话所描述的事实相同。A公司所设立之国家的政府通过

[11] 外国企业的美国子公司作为收购方时，属于“外国人”，当其作为被收购方时，则为“美国企业”。

政府人员的干预对A公司形成实际控制。此时，A公司构成“外国人”。

例3

A公司依据美国法律设立，在美国从事跨州商业活动。A公司由X公司控制。X公司依据外国法律设立，主要营业地位于美国境外，其50%的股份由外国公民持有，50%的股份由美国公民持有。此时，A公司和X公司均属于“外国人”的范畴。A公司同时也属于“美国企业”的范畴。

例4

A公司依据外国法律设立，由外国公民拥有并控制。A公司的一家分公司在美国从事跨州商业活动。此时，A公司（及其美国分公司）均属于外国人。分公司同时属于美国企业。

例5

A公司依据外国法律设立，主要营业地位于美国之外。该公司45%的股份由大量互不相关的外国投资人各自等值持有，任何单个外国投资人均不对A公司形成控制。所有外国投资人与其他持有A公司股权的投资人之间均没有关于A公司事务的正式或非正式的一致行动协议。A公司证明，其剩余的股权由美国公民持有。如果没有其他相关事实，则A公司不属于外国人的范畴。

例6

事实与例5相同，但一名外国投资人对A公司形成控制。如果没有其他相关事实，则依据800.212（b）的规定，A公司属于外国人的范畴，因为A公司由外国人控制。

案例研究——受管辖及不受管辖的交易

以下例子说明了哪些交易属于《最终条例》规定的受管辖交易，哪些不属于。

例1

A公司是一家外国公司，X公司是一家美国企业。现A公司意图从B公司处购买X公司50%的股份，B公司也是美国公司。B公司将保留X公司剩余的50%的股份。A公司和B公司签订协议，约定A公司在10年内不会行使其表决权。

该交易属于受管辖交易。

例 2

X公司是一家美国公司，但由外国的Y公司全资所有并控制。Z公司是另一家外国公司，与Y公司没有任何关联。现Z公司意图从Y公司手中收购X公司。该交易属于受管辖交易，因为交易的结果将导致外国的Z公司对美国企业X公司的控制。

例 3

A公司是一家外国企业，Y公司是一家美国公司。现A公司购买了Y公司完全位于美国境外的一处分公司。如果没有其他相关事实，则Y公司的外国分公司不属于“美国企业”的范畴，因此交易不属于受管辖交易。

例 4

A公司是一家外国公司，在美国进行“起始投资”或“直接投资”。该项投资分别涉及一家工厂的融资和建设，以便进行新产品的生产、购买原料和供给、雇用工人和人员、购买必要的技术。投资中可能需要购并一家新设子公司的股份。假如没有其他相关事实，A公司将不需要购并一家美国企业，因此其直接投资不属于受管辖交易的范畴。

例 5

A公司是一家外国公司，购并了B公司大部分的资产。B公司在美国设立，经营工业设备制造业务。在A公司购并B公司大部分资产的前一个星期，B公司停止了设备的生产和销售。交易过程中，B公司维持了对员工的雇用，保有其之前使用的设备制造专有技术，并维护着与之前客户的关系。前述所有商业资产均转让给了A公司。此项A公司购并B公司大部分资产的交易属于受管辖交易。

例 6

X公司是一家外国企业，A公司是一家美国公司，现X公司意图从A公司手中购买一个位于美国境内的空置仓库。此项购买仅限于对该仓库的购买，不涉及客户名单、知识产权或任何其他专有信息，或者人员和无形资产的转让。如果没有其他相关事实，由于购买的设施不属于一家实体，因此也不是“美国企业”，因而该交易不属于受管辖交易。

例 7

事实与例 6 相同，但除了购买 A 公司的仓库设施之外，X 公司还将接管相关的人员、客户名单、设备和运行仓库所需要的存货管理软件。此时，X 公司所购买的是一家美国企业，因此该交易属于受管辖交易。

例 8

A 公司是一家外国公司，X 公司是一家美国企业。A 公司和 X 公司共同设立了一家合资企业 JV 公司，出资时 A 公司仅提供现金，X 公司则提供一家美国企业作为出资。A 公司和 X 公司在 JV 公司中各占 50% 的股份，依据 JV 公司的章程，对于 800.204（a）条（1）至（10）项中列明的公司重大事项，决定 JV 公司的该类重大事务时，A 公司和 X 公司均享有否决权，因此 A 公司和 X 公司对于 JV 公司均形成控制。该项交易属于受管辖交易。

例 9

A 公司是一家外国企业，X 公司是一家美国企业。A 公司和 X 公司共同出资设立一家合资企业 JV 公司，出资时 A 公司提供资金、管理以及技术人员，X 公司则提供特定的土地和设备，但在本例中，X 公司提供的土地和设备并不构成一个独立的美国企业。A 公司和 X 公司在 JV 公司中各占 50% 的股份。如果没有其他相关事实，JV 公司的设立不属于受管辖交易。

例 10

A 公司是一家外国公司，向 CFIUS 委员会申报，其意图购买美国企业 X 公司的普通股和债券股。依据交易规定，当特定事件发生时，A 公司所购买之债券股可转化成普通股，但该类事件发生的时间不受 A 公司控制，且在转化发生后可取得的普通股数量此时也无法确定。如果没有其他事实，在分析该交易是否属于受管辖交易时，当 A 公司购进债券股的时候，委员会将不会考虑债券股的问题。如果此时委员会认为收购普通股的交易不属于受管辖交易，则委员会将告知交易各方，交易不受管辖。一旦债券股因事件的发生而变为可立即转化，委员会将会考虑债券股转为普通股之后相应带来了多少权利，并考虑此时的交易是否属于受管辖交易的范畴。债券股转化为普通股这一交易过程有可能落入受管辖交易的范围，是否受管辖则要看A公司可以取得X公司多少享有表决权的证券，以及这些证券给予了A公司多大的权利。

例11

相关事实与例10中相同，但在购进所涉及债券股6个月后，A公司可全权决定债券股是否转股，如果转股，则债券股可转为X公司50%的股权。此时，委员会可能会将转化后产生的权利作为其考量的一个部分。

例12

A公司是一家外国企业，购买了美国X公司9%的有表决权股份。A公司并通过协议获得了决定X公司重大事务的权利。A公司对X公司有表决权股份的收购并不完全出于消极投资的目的，因此属于受管辖交易。

例13

X公司是一家美国企业，在美国生产运送人员的装甲载具。A公司是一家外国公司，意图与X公司签订长期合同，购买X公司每年生产的装甲车。如果没有其他事实，则此交易不属于受管辖交易。

例14

事实与例13相同，但美国企业X公司开发出了生产载人装甲车的重要技术。A公司意图与X公司达成协议，获得使用该技术进行生产的技术许可。如果没有其他相关事实，无论是依据许可协议拟进行的技术购买，还是实际的技术购买，均不属于受管辖交易的范畴。

例15

事实与例13相同，但X公司已经于1年前暂停了与装甲车生产相关的一切业务，现正处于破产程序之中。X公司提供的现有设备的相关服务是由另一家公司提供的，该公司从X公司处收购了相关服务的合同。X公司的生产设备均已闲置，但仍处于可运行状态，一些关键员工也已同意在工厂恢复之后回来工作，其技术、客户和销售商也依然可用。X公司的装甲车制造业务构成一家美国企业，A公司的并购属于受管辖交易。

例 16

A 公司是一家美国企业，B 公司是一家外国银行，依据外国法律设立并由外国人控制。A 公司向 B 银行贷款，作为贷款的条件，A 公司同意不向任何他人出售或抵押其主要资产。如果没有其他相关事实，仅就该项借贷交易而言，不属于受管辖交易的范围。

例 17

事实与例 16 相同，但 A 公司无力偿还 B 银行的借款，并申请破产保护。B 银行主张的债权金额已经超过了 A 公司主要资产的价值，A 公司也没有资金来满足 B 银行的债权。B 银行所主张的担保债权是 A 公司主要资产上唯一一个有担保的债权，因此 B 银行极有可能获得 A 公司主要资产的所有权，而 A 公司是一家美国企业。假如没有其他相关事实，则此时委员会将会收到法庭的通告，说明管辖 A 公司破产案的破产法庭做出裁定，要求 A 公司将主要资产的控制权转移给 B 银行，此项资产转移交易属于受管辖交易的范畴。

[B] 总统在定义“国家安全”时拥有宽泛的裁量权

在任何时候，当总统发现有可信的证据表明“掌握控制权的外国投资可能会实施威胁或损害美国国家安全的行为”，并且其他的法律规定不能提供充分和适当的授权来保护国家安全时，总统有权“中止或禁止任何受管辖的交易”。立法规定，总统做出前述判断并采取相应行动，免受司法审查[12]。

在定义“国家安全”时，总统拥有十分宽泛的裁量权，这便意味着对于谨慎的外国投资者而言，只要拟进行的并购交易可能涉及美国国家安全的论点看似成立，就应当寻求 CFIUS 审查来对此予以澄清。本章为投资者提供指引，帮助投资者确定对于拟进行的交易是否可能出现涉及国家安全的论点。不过，本节中关于交易有可能涉及国家安全的结论，只是意味着该交易应当寻求 CFIUS 审查来进行澄清。在大多数案例中，交易都能在 CFIUS 获准通过，因为一些其他因素，比如充足的替代供应商，都有可能使 CFIUS 认为交易不会对国家安全构成威胁，或者认为此类风险可以得到缓解。

1989 年，财政部为实施最初的《埃克森—弗洛里奥修正案》而发布的对立法提案的评论中，就 CFIUS 审查对“国家安全”的理解提供了下述指引：

---

[12] 尽管法律规定不得审查，申诉人能够提供可信的证据主张其宪法权利遭到剥夺的，法院仍然可以受理。

> 法规的目的是要说明，在某些情况下主动进行申报是完全适当的，比如，一家公司提供的产品或关键技术对于美国的国防产业基础至关重要，如果该公司即将被并购，此时，主动申报就是完全适当的。然而，法规并非要求任何时候都必须进行申报，当被并购公司的所有产品和/或服务都明显与国家安全不存在任何特殊关联，比如涉及玩具和游戏、食品制品、酒店和旅馆或法律服务等，此时并不需要进行申报[13]。

不幸的是，此项指引并没有多大帮助，因为“对于美国的国防产业基础至关重要”这样的语言不是很精确。显然，对任何直接或间接向美国国防部出售军事装备或服务的公司进行的并购，全部被包括在这一描述之内。而对于向国防产业的承包商供应物料或服务的公司，这些公司本身是否“对美国的国防产业基础至关重要”，该指引留下了解释的余地。比如，一家向军舰制造商供应钢铁原材料的钢铁厂，可能属于“对美国的国防产业基础至关重要”的企业。而向该钢铁厂供应铁矿石和煤炭的矿产公司也可能属于“对美国的国防产业基础至关重要”的企业。

在决定一项交易是否需要向CFIUS进行申报之时，“国家安全”这一概念并不仅限于国防产业的承包商和其他直接影响军队的事项。FINSA阐明，国家安全“应当被理解为涵盖了与‘国土安全’相关的所有问题，包括适用于重大基础设施”。CFIUS在审查中必须考虑的因素，包括了涉及国家安全的，对“重大基础设施，包括重要的能源设施”、“关键技术”和“美国对能源和其他关键资源及原料的需求”形成的潜在威胁。

关于之前CFIUS审查的交易中可能会涉及国家安全问题的交易种类，财政部于2008年12月8日发布了一项指引[14]，该指引也体现出对国家安全的宽泛理解。该指引将涉及国家安全的交易分为了4个大类。第一类别，指作为承包商或分包商向联邦政府、各州政府或者地方政府提供产品或服务的业务。该分类的示例包括：

> 1. 能够接触保密信息的公司；

---

[13] Department of the Treasury, Notice of Proposed Rulemaking and Request for Public Comments, Regulations Pertaining to Mergers, Acquisitions, and Takeovers by Foreign Persons, 54 Fed.Reg.29744, 29746 (July 14, 1989).

[14] Department of the Treasury, Office of Investment Security; Guidance Concerning the National Security Review Conducted by the Committee on Foreign Investment in the United States, 73 Fed. Reg. 74567 (Dec. 8, 2008).

2. 涉及国防、安全和执法部门的公司；
3. 在信息技术、电信、能源、自然资源和工业产品等领域向政府出售商品和服务的公司；以及
4. 其与政府之间的合作可能削弱政府防范敌人阴谋破坏和间谍活动能力的公司。

第二类别，指无论是否是政府承包商或分包商，其经营、产品或服务对美国国家安全形成潜在影响的业务。该分类示例包括：

1. 能源部门的公司；
2. 业务涉及自然资源开发和运输的公司；
3. 业务涉及交通运输部门，比如海运、港口、航空器维护和维修等行业的公司；以及
4. 业务可能直接影响美国金融系统的公司。

第三类别，指涉及基础设施，包括重大能源设施的业务。第四类别则涉及能够增强或削弱美国国防能力的关键技术。示例如下：

1. 设计或制造半导体或其他设备及配件的公司；
2. 业务涉及密码学、数据保护、互联网安全和网络入侵监控的公司；以及
3. 研发、生产或销售美国出口管制的技术、产品、软件或服务的公司。

依据财政部的提示，其发布的指引当中涉及的示例不能穷尽所有可能性，并且，这些示例中的交易类型可能会引发国家安全的考虑，但这并不意味着这些交易就一定存在威胁国家安全的风险。美国政府并不是要在这些领域打压外国投资的积极性，而仅仅是就可能需要进行 CFIUS 申报的交易提供一些指引。

［1］国防产业

国防产业可以被宽泛地定义为涵盖了所有向美国国防部提供产品和服务的产业。但是，就外资并购中的国家安全问题而言，我们认为这样的定义过于宽泛了。比如，国防部采购的大量产品和服务当中，许多都和普通民用组织甚至私人家庭所采购的产品和服务完全相同（如办公室用具、食品和其他基本消费品）。财政部为实施最初的《埃克森—弗洛里奥修正案》而发布的对立法提案的评论中，也指明了许多不影响国

家安全的货物和服务，而国防部采购的产品和服务当中，也有很多都与这些类别相同或近似。

为本章论述之目的，我们将“国防产业”定义为：直接或间接提供之产品或服务，属于下列被《国际军品交易条例》（ITAR）第120.3节[15]规定为“国防产品”或“国防服务”的产业：

> 如果一件产品或一项服务具有下列特征，则其可能被认定为或者在将来被认定为国防产品……或国防服务：
>
> (a) 特别为军事用途而设计、开发、配置、调试或修改，并且：
>
> (i) 主要不是进行民用，并且
>
> (ii) 功能不与民用物品或服务相当（由其形式、适用对象和功能所决定）；或者
>
> (b) 特别为军事用途而设计、开发、配置、调试或修改，并且具备重大的军事和情报用途，需要依据本小节的规定来加以管制。

如果要对这些提供“国防产品”或“国防服务”的企业进行收购，则应当首先预设相关交易可能需要向CFIUS进行申报，因为按照普通人的合理理解，这些企业应当都属于“对美国国防产业的基础至关重要”的核心产业。外资在并购此类企业时，应当努力预测CFIUS的成员机构会对交易涉及的哪些国家安全因素进行考虑，并采取相应策略解决这些顾虑。

对于不生产“国防产品”也不提供“国防服务”的企业进行的并购，仍然有可能产生威胁国家安全的风险。这是由一些其他因素决定的，比如收购方公司的性质。例如，如果某企业是少数几家向国防产业承包商提供关键物料的国内公司之一，尽管该企业的产品或服务本身都不构成国防产品或服务，该企业仍然可能被认为是“对美国国防产业基础至关重要”的企业。此外，FINSA扩充了CFIUS在决定一项交易是否具有威胁“国家安全”的风险时应当考虑的因素，增加了重要基础设施、关键技术、能源和其他关键资源等因素。

[2] 重大基础设施

《最终条例》第800.208节将“重大基础设施”定义为：“对美国至关重要的一套

[15] 参见下文§18.03中关于《国际军品交易条例》的讨论。

系统或一项资产，不论是实体的还是虚拟的，拥有该特定系统或资产之实体的控制权通过受管辖的交易而转移后，如果该系统或资产失效或遭到破坏，将会损害美国的国家安全。”FINSA 和《最终条例》对“重大基础设施”的理解，覆盖了特定的交通、通信、能源设施以及其他设施，考虑到 FINSA 和最终条例的立法背景，外国投资者们对于这种解读应当不会感到惊讶。但是，某一特定的设施是否属于“重大基础设施”，还需要根据个案的具体情况进行具体分析。

FINSA 的立法在很大程度上是由 DPW 争议引发的，而 DPW 争议所涉及的是对美国重要港口的运营控制权。CFIUS 的成员们可能会认为，涉及这些港口，以及与之相似的河港、空港、铁路和其他交通设施等，一旦这些设施失去其应有的功能，就会对美国的国家安全产生危害，当然，委员会也会具体考虑每个特定设施的具体情况。

为前述的港口等设施提供服务的运输公司及设施，可能就不会被纳入“重大基础设施”的范畴。由于提供这些服务的公司数量巨大，因此其中某一家公司出现问题，不大可能会危害国家安全。但是，DPW 交易所引发的争议中，很多都涉及这样的风险，即，外资控制可能会为恐怖分子创造机会，使其能够向美国境内运送大规模破坏性武器[16]。对外资控制运输公司和设施的情况，尤其是临近边境的地区，也可能出现与前述 DPW 争议相同的顾虑，只不过出现这种风险的可能性相对而言要小一些。

在通讯设施和服务这一领域，外国投资者们应当预计到，CFIUS 的成员机构同样会对“重大基础设施”这一概念进行十分宽泛的解释。《最终条例》中定义“重大基础设施”时，使用了“虚拟的”这样的语汇，可见，如果提供软件和服务的公司对电讯系统（包括互联网）具有重要意义的话，也有可能被纳入到重大基础设施的范畴中来。同样，某一特定的设施是否属于“重大基础设施”的范畴，需要根据具体情况进行个案分析。

对于所有的交易而言，“重大基础设施”都可能会被宽泛地解释，覆盖所有对美国社会的正常运转起到重要作用的基础设施。美国国土安全部（出于与 CFIUS 审查无关的其他目的）发布的《国家基础设施保护计划》（*National Infrastructure Protection Plan*）中[17]，指明了 18 种重大基础设施和关键资源部门：

- 农业和食品。
- 银行和金融。

---

[16] DPW 争议所牵涉的，是美国最主要的几大港口，这些港口显然符合“重大基础设施”的定义。

[17] 对 2009《国家基础设施保护计划》的相关论述可在下列网址找到：http：//www.dhs.gov/files/programs/editorial_0827.shtm#0（最后访问时间 2010 年 5 月 26 日）。

- 化学。
- 商业设施。
- 通讯。
- 关键制造业。
- 水坝。
- 国防产业基地。
- 紧急事件应对服务。
- 能源。
- 政府设施。
- 保健和公共卫生。
- 信息技术。
- 国家纪念碑及塑像。
- 核反应堆、核材料及核废料。
- 邮政及船运。
- 交通系统。
- 水资源。

《最终条例》对“重大基础设施”的定义表明，相关的分析应当基于被并购实体所拥有之特定的资产或系统来进行。因此，一家公司属于前述列明的行业并不表示该公司的业务或设施就一定属于“重大基础设施”，因为毕竟任何一家公司单独的资产或系统相对而言都是很小的，不足以产生实质性的影响。尽管如此，除非 CFIUS 做出进一步的指引，否则当并购涉及前述的行业之时，外国投资者们就应当严肃地考虑主动向 CFIUS 进行申报并接受国家安全审查。

[3] 关键技术

依据《最终条例》第 209 节的规定，“关键技术”这一术语涵盖了：

1. 受《国际军品交易条例》(ITAR) 管制的项目 (见本书第 18 章，18.03 节)；
2. 出于国家安全、化学和生物武器扩散、禁止核武器扩散、导弹技术、地区稳定和监听技术等原因，依据《出口管理条例》(*Export Administration Regulations*, EAR) 而受管制的项目 (见本书第 18 章，18.04 节)；
3. 《协助他国原子能活动管制法案》(*Assistance to Foreign Atomic Energy Activities*

Regulations）和《核设备及原料进出口规定》（*Export and Import of Nuclear Equipment and Materials Regulations*）中列明的核设施、软件和技术；以及

4.《特定毒素及制剂进出口规定》（*Export and Import of Select Agents and Toxins Regulations*）中列明的制剂和毒素。[18]

《国际军品交易条例》对《美国军品管制清单》中列明的国防产品、服务和技术进行管制。一般说来，任何专为军用之目的而设计、开发、配置、调试，或者修改，并且主要不是供民用的设施设备等，都会被纳入《美国军品管制清单》[19]。

在“关键技术”的定义中纳入《出口管理条例》(EAR）的规定，这意味着可以对关键技术做出非常宽泛的理解，因为《出口管理条例》旨在规范民用产品。比如，数千种类型的电脑和电子设备的《出口管理条例》至少可以依据“关键技术”定义下多个理由中的一条，来对该出口进行管制。这些产品类型中的大部分都能够出口到大多数的国家，而不需要办理出口许可。尽管如此，这些产品类型仍然处于《出口管理条例》的出口管制清单之列，因此仍有可能在 CFIUS 审查时，支持对“关键技术”极为宽泛的解释。

然而，我们并不认为 CFIUS 的成员机构会对“关键技术”进行如此宽泛的解释。更可能的情况是，某一项特定技术需要获得出口许可之后，才能向外国并购方所在的国家进行出口，此时交易更有可能引发关注和顾虑。在这种情况下，进行 CFIUS 申报则是明智之举[20]。

“关键技术”这一概念之下所涵盖的核设备、软件和技术，包括了美国核管理委员会和《能源部协助他国原子能活动法案》中规定的所有进出口管制项目。美国核管理委员会实施进出口管制的项目包括：核反应堆，专为核反应堆、核工厂分离重水、铀及其他核原料元素而设计的设备和部件，以及其他特定的核原料及副产品。《能源部协助他国原子能活动法案》管辖的项目包括：

> 与核反应堆及其他核燃料循环设施相关的下列活动：氟或硝酸盐转换；同位素分离（提升）；通过化学、物理或冶金学流程处理、制造或合成特殊的核材料，生产重水、锆（无铪或低铪）、核子级石墨，或反应堆级别的铍；用黄铀生产反应堆级别的铀的二氧化物；以及铀的选矿活动。

---

[18] 引用略去。

[19] 《美国军品管制清单》的副本见下文中的附件 18-A。

[20] 见下文 §18.04 对 EAR 之下出口管制的详细论述。

《特定毒素及制剂进出口规定》中列明的制剂和毒素包括：

1. 农业部动植物卫生检疫处（Department of Agriculture's Animal and Plant Health Inspection Service）列明的，可能对植物健康和植物产品构成潜在重大威胁的生物制剂和毒素。
2. 农业部动植物卫生检疫处列明的，可能对动物健康和动物制品构成潜在重大威胁的生物制剂和毒素。
3. 卫生和社会事务部（Secretary of Health and Social Services）列明的，可能对公共卫生和安全构成严重威胁的生物制剂和毒素。

［4］能源和其他关键资源

对于什么是"美国对能源和其他关键资源及原料的需求"，FINSA和《最终条例》都没有给出明确的定义。美国众议院对FINSA的委员会报告（The U.S. House of Representatives' Committee Report on FINSA）中指明：

> 外国政府或外国政府控制下的公司购并美国的能源企业或资产的，包括该类外国政府利用能源资产干涉或影响他国的经济和政策，并从而威胁到他国国家安全的情况，对于此类并购，委员会希望能够进行详细的审查，以确定交易对国家安全的影响。如果此类交易引发了对美国国家安全的合理顾虑，则应当依据法律规定采用适当的保护措施，包括禁止该笔交易的可能性[21]。

此种顾虑发端于2005年中国政府控股的企业中海油对美国第九大石油公司Unocal的收购案，Unocal在亚洲掌握着大量的石油和天然气资产。相关评论不仅担心能源供应会从美国手中转由他国控制，更担心这样的控制转由中国政府享有，而中国政府正在努力实现其全球战略，以保障中国不断增长的能源需求。

相关评论还担心中海油对Unocal的并购对亚洲其他国家产生的冲击。中海油已经掌控了印度尼西亚的大量天然气资源，而Unocal也是印度尼西亚主要的天然气出产商。台湾地区60%的天然气从印度尼西亚输入，印度尼西亚同时也是日本和韩国主要的天然气供应国。同时，Unocal在阿塞拜疆也持有大量的利益，相关评论认为，

---

[21] House Report 110-24—Foreign Investment and National Security Act of 2007, at 15.

如果 Unocal 在阿塞拜疆的利益转由中国政府控制，会迫使阿塞拜疆更多地与中国和俄罗斯合作而疏远美国及其同盟。

公众和国会的反对迫使中海油在正式接受 CFIUS 审查之前，就放弃了对 Unocal 的并购。然而，该项并购案已经足以引发对能源供应控制权的新的顾虑，而对“国家安全”这一概念的传统解释，似乎并不涵盖此类能源供应控制权。因此，国会在 FINSA 中增加了相关规定，要求 CFIUS 在进行国家安全审查时，必须考虑美国对能源和其他关键资源及原料的需求。

外国投资者应当明白，任何对能源企业进行的重大投资，如果会导致对能源企业的外资控制，那么相关交易都有可能需要主动向 CFIUS 进行申报。但是，对于什么是“其他关键资源和原料”，国会的意图就不那么明确了。2008 年 12 月 8 日发布的财政部指引也仅仅是重复了“能源”和“自然资源”这样的术语，却没有说明除能源资源之外的其他哪些自然资源可能构成关键资源。在 CFIUS 依据新的 FINSA 要求处理更多案件并提供更多指引之前，外国投资者们至少应当预设，美国国土安全部在《国家基础设施保护计划》中列明的涉及重大基础设施和关键资源的 18 个行业部门[22]，全部属于关键资源和原料的范畴。尽管国土安全部的该项清单的目的与 CFIUS 无关，但在 CFIUS 没有明确指引的情况下，对于 CFIUS 如何适用 FINSA 中与此相关的规定，国土安全部的清单可能是首选的参考依据。在外资并购中，如果拟收购之美国公司向国防产业和重大基础设施供应原材料（比如矿产公司、钢铁和其他金属制造商等），那么外国投资者就应当认真考虑主动向 CFIUS 进行申报。

基于前述的讨论可见，依据 FINSA 的规定，美国经济中相当宽泛的部分都有可能涉及重大基础设施、关键技术以及其他与国家安全相关的问题。不过，需要再次强调的是，对某项交易进行 CFIUS 审查，并不意味着美国不鼓励在相关领域的外国投资。在大多数情况下，CFIUS 都会经审查批准并购交易。当然，外国投资和国家安全之间不可避免地会出现矛盾，但在美国，除非外国投资确实会对美国国家安全造成不可避免的危害，否则，国家安全并不会成为阻挡外国投资的理由。

[C] 外国政府控制下的交易

《伯德修正案》于 1992 年对原有的《埃克森—弗洛里奥修正案》做出增订，其中假定，当收购方是外国政府时，交易对美国国家安全的威胁要更大一些。然而，《伯

---

[22] 这些部门见上文 § 14.05 [B] [2]。

德修正案》的规定十分模糊。好几宗牵涉到外国政府利益的并购交易都得到了 CFIUS 的放行而并没有进行延长审查，其中包括引人注目的 DPW 并购案。作为国会对 DPW 争议做出的回应，FINSA 在立法中进一步加强了这样的假设，即“外国政府控制之下的交易”应当在普通交易 30 天的审查期限之外，接受 CFIUS 的延长审查。

依据法律，“外国政府控制下的交易”是指“可能导致在美国从事跨州商业活动的人被外国政府控制，或被外国政府控制下的实体所控制，或被代表外国政府的实体所控制的受管辖交易”。《最终条例》第 800.213 节将“外国政府”定义为：

> 除美国政府及美国国内各级政府之外的，履行政府职能的政府和组织。该术语包括但不限于，国家的和国家之下各级的政府，包括相应的部门、机构和机关。

主权财富基金（Sovereign wealth funds）和政府所拥有的商业企业似乎不属于该定义的范围。因此，关键的问题在于 CFIUS 是否会认为相关的实体是“受到外国政府控制的或者是代表外国政府行事的”。

如前文 § 14.05 [A] 节中所述，《最终条例》对“控制”的定义是十分宽泛的。外国政府向某一家公司进行消极投资，并且只握有少量的有表决权股份，这不大可能使该公司成为外国政府控制下的实体，也不大可能使该实体购买美国企业权益的交易落入“外国政府控制下的交易”这一范畴。但是，如果外国政府与并购交易中的收购方具有更多关涉的话，就应当依据 2008 年 12 月 CFIUS 指引中关于“控制”的讨论，来进行仔细的考察[23]。

如下文将要论及的，CFIUS 审查程序包括初步的 30 天国家安全审查和（在必要时）额外的 45 天国家安全审查两个部分。FINSA 规定，“如果［CFIUS］确定某一项受管辖交易属于外国政府控制下的交易，则［CFIUS］必须进行审查……”只有在特定情况下才可以不执行该项要求，即只有当财政部长和 CFIUS 审查牵头机构负责人“共同认可……交易不会对美国国家安全造成损害”时，才可以不执行前述 FINSA 的规定。财政部长和相关负责人可以将前述认可某一交易的权力移交给仅次于其职位的副职领导（比如财政部副部长），除此之外，不得向更低级别的政府官员移交此项权力。

FINSA 的立法历史表明，国会希望财政部长和 CFIUS 牵头机构负责人在行使其权力并豁免某些交易接受 CFIUS 审查时，对于外国政府控制之下的实体，要根据其

[23]　参见 Department of the Treasury，Office of Investment Security；Guidance Concerning the National Security Review Conducted by the Committee on Foreign Investment in the United States，73 Fed. Reg，74567（Dec. 8，2008）.

牵涉到政府及政府资源的不同方式和情形来加以区分。比如，美国众议院委员会报告中就指出，如果某些外国政府控制下的公司在进行决策之时，更多的是出于政府需求的考虑，而非出于商业需求的考虑，则由该类外国公司进行的并购，将会引发极高的国家安全的风险。相反，众议院委员会报告也指出，一些外国政府建立了养老基金，该类基金的运作与美国许多州所建立的员工养老基金十分相似，对此，报告指出，“对于管理此类基金的实体向美国进行投资，委员会没有发现任何涉及国家安全的顾虑”。2008 年 12 月 8 日发布的财政部指引重申了前述的区别：

> 在审查外国政府控制之下的交易时，在综合考虑相关事实情况的前提下，CFIUS 会考虑：投资方所采用的基本投资管理策略在多大程度上要求投资方基于商业考虑来做出投资决定；在实践中，投资方能够在多大程度上不受政府控制而独立地做出管理和投资决策，包括投资方是否具备保证其独立性的治理结构；投资方在投资目的、投资目标、组织安排和财务信息方面的透明化程度；以及投资人在多大程度上遵守了投资所在国的相关法律法规和披露要求[24]。

对于 CFIUS 就“外国政府控制下的交易”进行的审查，FINSA 规定了额外的分析要求。CFIUS 在审查中必须就下列因素进行衡量：

> 1. 该国对无核化区域的执行情况……
> 2. 该国与美国的关系，特别是在反恐领域方面的合作如何……
> 3. 军用技术中转或转移的可能性，包括对国家出口管制的法律法规的分析。[25]

上述考虑不会对北大西洋公约组织（NATO）成员国政府或其他美国盟国政府直接或间接控制之下的外国公司或投资造成困难，但对于世界其他国家政府控制下的公司或投资而言，前述考虑会使 CFIUS 审查变得更为复杂。其中最大的顾虑就是军事技术的中转或转移问题。

并不是所有涉及外国主权基金、外国政府所有的公司或其他外国政府实体利益的交易都必须进行延长的 CFIUS 审查。有可能外国政府在交易中所涉及的利益非常小，

---

[24] 73 Fed. Reg. 745671（Dec. 8，2008）.

[25] 见 50 U.S.C. App. § 2170(f)(9). CFIUS 在所有的审查中，都被要求将这些因素作为“适当因素”加以考虑，但对于外国政府控制下的交易，CFIUS“特别”需要考虑这些因素。73 Fed. Reg.74567，74571（Dec. 8，2008）.

使得 CFIUS 在初步审查中就能确定该交易不属于“外国政府控制下的交易”，或者，即将被并购的美国企业完全不涉及国家安全问题，因而没必要再进行延长的 CFIUS 审查。尽管如此，当拟进行并购的实体中涉及外国政府利益的时候，律师和工作人员们就应当做好准备，以应对延长的、彻底的 CFIUS 审查程序。

§14.06　外国投资委员会审查程序

要清晰地了解 CFIUS 的相关程序，外国投资者或并购方必须理解 CFIUS 的组织结构、审查时间表、主动申报中必需的信息和缓解协议的相关运用。

[A] CFIUS 的成员机构

CFIUS 由美国财政部主管，财政部的投资安全办公室是 CFIUS 的秘书处，负责发布执行 FINSA 的相关规定，接受报送 CFIUS 进行审查的所有交易申报，向国会提交报告，并履行 CFIUS 为实施 FINSA 规定的职责所必需的行政职能。

国会在 FINSA 中要求，下列人员或其指定的人员是 CFIUS 的投票成员：

- 财政部部长。
- 国土安全部部长。
- 商务部部长。
- 国防部部长。
- 国务卿。
- 美国司法部部长。
- 能源部部长。

劳动部部长和国家情报局主任是 CFIUS 的当然成员，但不享有投票权。国会授权总统增加其他成员，布什总统增加了：

- 美国贸易代表。
- 科学和技术政策办公室主任。

布什总统还命令下列人员或其指定的人员作为非成员观察和参与 CFIUS 的活动：

- 管理和预算办公室负责人。
- 经济顾问委员会主席。
- 总统国家安全事务助理。
- 总统经济政策助理。
- 总统国土安全和反恐事务助理。

当 CFIUS 审查某一项交易时，财政部部长应当在委员会成员中指定一名或多名作为牵头机构或参与机构，以开展交易审查。牵头机构负责与交易各方协商签订缓解协议，或协商确定其他保护国家安全的条件。牵头机构还负责监控已经完成的交易，包括缓解协议的执行情况。

[B] 审查时间表

当交易的一方联系 CFIUS 并非正式地咨询交易申报和审查的相关事项后，在递交正式申报之前至少 5 个工作日，CFIUS 程序就已经启动。对于一些不太重要的小交易而言，通过非正式的咨询，交易各方就足以确定其交易并不需要进行 CFIUS 审查。

当交易一方自愿向 CFIUS 提交正式通知，CFIUS 受理交易申报之后，正式的程序就启动了，此时开始的是 30 天的初步审查期[26]。《最终条例》在“联邦公报”（Federal Register）一节中详细规定了自愿通知中必须包含的与交易、交易各方、拟并购的美国企业等相关的信息[27]。该通知必须由公司高级管理人员向 CFIUS 提交，并证明通知的准确性。如果 CFIUS 的官员认为通知中没有包含必需的全部信息，则 CFIUS 有权拒绝受理申报，或者推迟受理申报并拒绝启动 30 天的初步审查程序。

FINSA 要求国家情报局主任对申报的交易是否可能威胁美国国家安全进行分析，并在 CFIUS 受理申报之日起的 20 天内将其结论报送 CFIUS。这份分析报告，必须“包括所有与交易相关的或适当的情报机构的观点”。CFIUS 鼓励在正式申报之前进行非正式咨询的原因之一，就是为相关分析争取更多时间。

---

[26] 从交易开始直至交易结束之后 3 年内，CFIUS 的任何成员都可以向 CFIUS 提交成员通告，从而启动对交易的审查；在此期限之后，基于财政部长的要求，审查仍然可以启动。

[27] Regulations Pertaining to Merger, Acquisition, and Takeovers by Foreign Persons, 73 Fed. Reg. 70702（Nov. 21，2008）（codified at 31 C.F.R. pt. 800）.

CFIUS审查程序

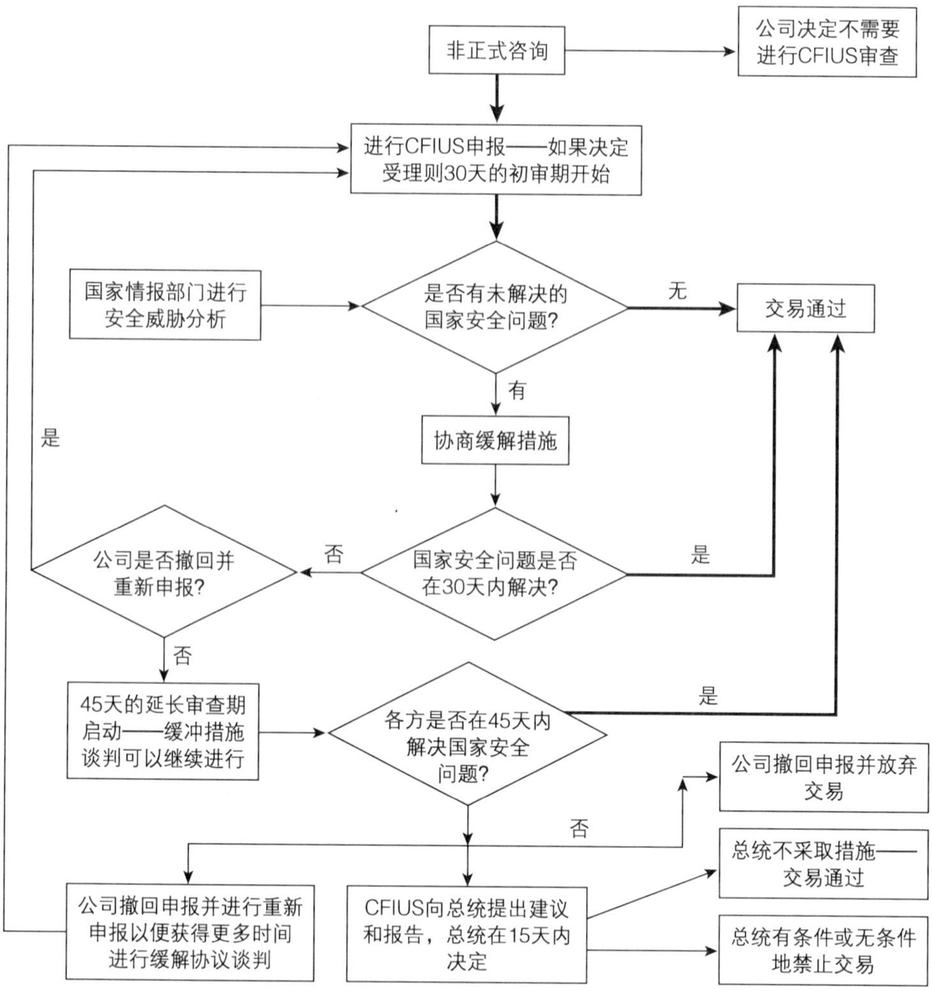

在30天的初审结束后，对于大多数交易的审查结论可能都是：不需要采取任何保护国家安全的措施[28]。在此情况下，交易各方会收到相关的书面通知，有了该通知，总统就不能再依据FINSA的授权禁止或撤销交易。FINSA也规定，CFIUS在结束审查并发出无需采取特别措施保护国家安全的通知时，财政部和负责审查某一交易的负责机构必须向国会保证“其通知或报告，没有遗留任何未解决的国家安全方面的顾虑”。该保证必须由部长助理或更高级别的官员签署。

如果CFIUS的任何成员机构告知委员会主席，受审交易涉及不可缓和的国家安

[28]　2008年10月6日，财政部长投资安全助理Nova Daly通告说，84%的受审交易都在30天的期限内获准通过。

全威胁，或者受审交易属于外国政府控制下的交易，或会导致外资控制重大基础设施，且 CFIUS 认为交易可能会损害国家安全，此时 CFIUS 会启动 45 天的延长审查。对大多数的交易，延期审查结束之后，CFIUS 会发出一项通告，该通告在效力上相当于交易已经审核通过的通知。但是，对于某些交易，在延期调查结束之后，经过 CFIUS 同意，交易方会撤回其交易申报，如果情况表明交易所涉及的国家安全问题不能解决时，交易各方就只能取消交易。在极少数情况下，CFIUS 会在审查结束后，向总统提出建议，要求总统禁止受审交易[29]。

FINSA 明确规定，CFIUS 有权与受管辖交易的任何一方签订缓解协议，以缓和交易对国家安全的威胁。在 CFIUS 程序的初步审查或延长调查阶段都可以签订缓解协议。在某些案例中，经过 CFIUS 同意之后，交易各方可以撤回其交易申报，并在以后重新提起申报，以便争取更多的时间让各方拟定缓解协议，从而解决交易引发的国家安全方面的顾虑。

《最终条例》第 800.801（b）节规定，对缓解协议的故意或重大过失违反可以处以与交易价值相等的或者不高于 250,000 美元的民事处罚。该民事处罚独立于政府依据缓解协议可能主张的其他赔偿。

案例研究——3COM 公司

3COM 公司（3COM）签订了一份协议，根据此协议，美国的私募股权公司贝恩资本有限公司（Bain Capital LLC）和中国的华为技术有限公司（华为）拟对 3COM 进行收购。依据交易安排，华为将购买 3COM 公司 16.6% 的股份并有权选择在该比例上再增加 5% 的持股，但华为只进行消极投资。三家公司于 2007 年 10 月份就该交易向 CFIUS 进行了联合申报。该交易是 FINSA 生效之后 CFIUS 最早审查的交易之一。依据 FINSA 的规定，国家情报部门主任准备了一份保密报告，对交易带来的国家安全风险进行了衡量，并得出结论认为该项交易对美国的国家安全构成威胁。结果，CFIUS 启动了 45 天的延长调查程序，而没有在 30 天的初步审查阶段批准交易。

据报道，CFIUS 的成员反对交易的主要顾虑包括：第一，交易包括了 3COM 的子公司 Tipping Point，五角大楼和美国情报机构都在使用该子公司销售的反网络入侵设备。第二，华为与中国政府关系密切，有媒体报道华为还涉及其他一些

[29] CFIUS 也可以建议总统不要禁止某桩交易，或者，当 CFIUS 的成员意见不一致时，也可以向总统提交不同的报告，告知总统其分歧所在，并提出不同的意见和建议。

不合法的活动。国会的几位成员希望通过立法阻止该交易，因为华为和中国军方及情报机构关系密切。

起初的设想是，交易各方会在45天的延长调查期间与CFIUS签订缓解协议，以消除国家安全方面的顾虑。然而，由于无法与CFIUS达成协议，交易各方选择了撤回申报，以避免CFIUS建议总统禁止交易。当时，交易各方表示希望可以继续谈判，以期签订缓解协议，使交易在重新申报之后获得CFIUS的许可。但2008年3月20日，贝恩宣布退出对3COM的收购，原因正是CFIUS对交易的反对。

[C] 主动向CFIUS申报交易需要提供的信息

向CFIUS主动申报交易所提交的通知，必须由交易所有各方联合提交，并由各方的首席执行官或其他适当授权的人员签署通知，以证明提交的各方信息是真实准确的。不过，在敌意收购的情况下，法律允许部分交易方进行申报：进行申报的交易方必须向CFIUS提供其所知悉的或能够合理获取的关于未进行申报之交易方的信息。

《最终条例》要求，申报人应当就申报之交易及交易各方之情形，提供全面、详细的信息。所有信息均需以英文提供，或者，对于既有文件，提供经认证的英文翻译件。以下是对要求提供之信息的部分概括：

1. 对拟进行之交易的详细综述；
2. 交易各方的姓名、住址、国籍和其他身份信息，包括所有权结构和交易方的最终所有人；
3. 交易各方的业务；
4. 与美国政府签订的合同或分包合同的详细信息；
5. 被并购的美国企业生产销售的产品，如果受EAR管辖，则要提供所有这些产品的出口管制分类编号清单（Export Control Classification Numbers）（参见本书第18章，18.04节）；
6. 被并购的美国企业所提供的产品或服务，如果受《国际军品交易条例》管辖（参见本书第18章，18.03节），或者接受能源部或核管理委员会出口管制，则要提供所有该类产品或服务的详细信息；
7. 外国投资人对美国企业的运营计划；
8. 外国政府是否在外国收购方中享有利益或其他权利；

9. 外国收购方公司的主管和高级管理人员的详细身份信息，以及在所有权结构中位于收购方之上并享有外国收购方最终所有权之公司的主管和高级管理人员的详细身份信息，以及在最终母公司中持有5%以上权益的自然人的身份信息；以及

10. 收购方提供的意见，说明其是否属于外国实体，是否受外国政府控制，以及交易是否会导致外资控制美国企业。

附件14–A是《最终条例》第800.402节中列明的需申报信息的完整清单。为保护个人隐私，所有与个人身份相关的信息必须以通知之外的单独文件的形式提交。正如本书第2章和第3章所述，这些信息大多都能够并且应当在受审交易的尽职调查过程中获取。

法律要求交易方提供相应信息，说明被收购的美国企业所生产或销售的产品是否属于美国诸多出口管制的范围，这一要求往往成为许多公司的负担。比如，《出口管理条例》（EAR）适用于所有美国境内的产品，包括所有来源地为美国的产品（无论该产品具体位置在哪里），外国产品中特定的原产地为美国的零部件，以及直接基于原产地为美国的软件和技术而开发的特定的外国产品。EAR管辖产品仅有的例外是：属于其他机构排他性出口管制的产品、出版物和公开的技术和软件。由于EAR覆盖的产品范围极其宽泛，几乎所有美国企业都会生产或销售某些EAR管辖范围内的产品，尽管这些企业实际上并不对这些产品进行出口。《出口管理条例》、《国际军品交易条例》（ITAR），以及其他出口管制方面的要求，均在本书第18章（美国出口管制）中进行详细论述。

依据《最终条例》的要求，交易各方必须详细列明被收购的美国企业所生产或销售的属于ITAR的《美国军品管制清单》中规定的国防产品、服务和技术数据，并且，最终条例还要求交易各方列明“所有在将来有可能被指定用于国防的产品或服务……”这一条款招致了诸多批评，由于该规定实际上是要求交易各方去猜测美国国务院将来可能的决定和活动，因此被认为是十分模糊而且很不适当的。

在相关条例的草案审议过程中，另一个更具争议的问题是：法条规定，当CFIUS要求交易各方提供后续材料时，如果交易各方未能在2个工作日内按此要求提交材料，则CFIUS有权拒绝交易方的申报，并要求交易各方重新提起申报并重新开始30天的审查程序。一些组织在其提交的对法规草案的评论当中对这一规定提出了异议。他们认为，CFIUS要求提供的后续信息和材料，常常需要从海外获取，考虑到时差和各国公共假期的差异，以及将文件翻译成英语的时间，许多情况下，要在短短2个工作日

内提交后续材料是根本不可能的。作为对这些评论的回应，CFIUS 在《最终条例》中增加条款，规定提交后续材料的时间可以是 3 个工作日内。这额外的一个工作日，能够缓解交易方在期限内从海外获取后续材料的压力，但并不能完全消除这一问题，尤其是《最终条例》当中的“工作日”仅仅是指美国政府认可的工作日，而并没有考虑到不同国家对工作时间和公共假期的不同规定。依据《最终条例》，CFIUS 的负责人在收到交易方的书面申请之后，可以就后续资料的提供时间给予宽限，但关于后续资料提供期限的规定仍然给涉及 CFIUS 审查的所有人制造了很大的负担，包括 CFIUS 负责人自己，因为他可能需要处理大量的延期申请。

[D] 缓解协议

FINSA 和最初的《埃克森—弗洛里奥修正案》都反映了维护国家安全和维持开放的外资环境之间的矛盾。在 20 世纪 90 年代期间，CFIUS 在实践中发展出了新的做法，即与交易各方达成协议，减少交易对国家安全的影响，而不是要求交易各方完全放弃整个交易。此种做法得到了国会的肯定，并在 FINSA 立法中将其法定化，国会认为，阻止危害国家安全的交易与鼓励外国投资是两个相互矛盾的目标，而缓解协议能够调和两者之间的矛盾。

在 2007 年 CFIUS 进行审查的 147 宗交易中，有 14 宗通过签订缓解协议的方式获得了通过[30]。不过，这一数据可能代表了运用缓解协议这一方式的一个顶峰。2008 年颁布的总统令，对缓解协议的使用进行约束，这可能会导致缓解协议在将来的运用被减少。

缓解协议的运用并非源于 CFIUS，而是发源于国防部。对于和美国军方或者情报机构签订有保密合同的公司，当出现外资可能获得对该公司的所有权或控制的情况时，国防部多年来一直运用缓解协议的方法来应对这种情况。在许多案例中，当现有供应商的所有权转为外资所有，或者外资对现有供应商形成控制之时，军方或者情报部门往往很难轻易地将该供应商的合同立刻转给另一家供应商。因此，虽然此时供应商已经为外资所有或由外资控制，国防部也不会完全否定该供应商的安全审定并终止合作，而会和供应商进行协商，签订协议，以解除国家安全方面的顾虑。

在与 CFIUS 协商缓解协议的过程中，只要处理得当，公司还是有一定影响力的。

---

[30] CFIUS 致国会年度报告（2008 年 12 月），可在以下网址获取：http：//www.treas.gov/offices/international-affairs/cfius/docs/CFIUS-Annual-Rpt-2008.pdf

企业需要找到一个适当的平衡点，不能过度使用其影响力，以免引发某一关键机构对交易的反对。在衡量公司有多大影响力以及决定如何运用其影响力时，从政治角度给出的建议往往十分关键。参见本书第 15 章。

FINSA 明确通过立法，授权 CFIUS 与交易各方协商谈判缓解协议，并负责监督和执行缓解协议[31]。FINSA 规定，CFIUS 应当对受管辖交易可能导致的国家安全威胁进行风险分析，所有的缓解协议都必须以该风险分析为基础。对每一桩受审交易，财政部长都会在 CFIUS 的成员机构中指定一个作为牵头机构，FINSA 授权该牵头机构运用其在交易相关问题上的专业能力，与交易各方协商、签订、修改缓解协议，并由该牵头机构负责监督和执行缓解协议的具体实施。

缓解协议有许多不同的形式，针对不同交易中出现的具体的国家安全风险进行量身打造。在一些案例中，针对某一特定安全问题出具一封简单的承诺信就足以解决问题，而在另一些情况下，CFIUS 则会坚持要求交易各方签订正式的书面协议，做出详细的承诺，一一解决交易可能引发的国家安全顾虑。以下是以往的 CFIUS 缓解协议中涉及的一些因素：

- 安全计划以及指定的安全问题负责人；
- 对关键人员的背景进行调查；
- 就某些敏感项目限制外国员工的参与；
- 遵守出口管制的证明；
- 提供客户名单；
- 申报特定的安全事故，比如网络攻击；
- 遵守各种国际的、行业的和 / 或联邦的标准、指引和推荐做法；
- 美国政府有权进行实地调查，并有权查阅账簿和记录；
- 审计；
- 对关键职位任职人员的变动进行申报；
- 公司违约应承担的违约金。

尽管 CFIUS 在缓解协议的协商过程中处于绝对的控制地位，但交易各方也还是有一定影响力的。比如：

[31] 50 U.S.C. App. §2170(1).

1. FINSA 及第 11858 号总统令规定，缓解协议中的任何一项条件，都应当有书面分析予以支持，解释该条件对解决国家安全威胁的必要性；
2. 如果某一项国家安全风险能够通过其他法律途径得到充分解决，比如通过出口管理法规或国防部安全审查，那么 CFIUS 就不得针对该风险附加条件；
3. 第 11858 号总统令规定，CFIUS 不得利用协商实现其他目的，比如迫使他国政府妥协等；
4. FINSA 规定，CFIUS 用以保证缓解协议履行的措施，不得使交易各方承受不必要的负担；以及
5. 特定的缓解协议条款，可能会与投资人依据自由贸易协定或双边投资协定所享有的国民待遇权利发生冲突。参见本书第 8 章的讨论。

尽管出于保密需要，政府不会向公司披露是哪些问题引发了国家安全方面的顾虑，但通常交易方都能确定引发国家安全顾虑的症结所在，并且，由于交易方比政府更了解自己的业务情况，因此也更能够提出负担更小的方法来解决国家安全方面的顾虑。

最后，CFIUS 审查是一个涉及多个政府部门的程序。之所以如此设计 CFIUS 程序，正是因为要考虑和平衡多方面的利益。对于交易各方而言，这种平衡多方利益的做法所产生的决策结果，要比单个机关全权决定所产生的决策更加合理。比如，美国军方可能需要关键的国防产业承包商具备稳定的经济状况，而 CFIUS 的其他成员机构，比如财政部，则需要保证 CFIUS 不会在缓解协议中设定过于繁重的条件以免打压外国投资的积极性。

FINSA 要求 CFIUS 发布规定，对任何违反缓解协议的行为进行民事处罚。《最终条例》第 800.801（b）和（c）节对违反缓解协议的行为规定了下列罚金：

> （b）自本法生效之日起，任何人因故意或重大过失，违反其依据 721（1）条规定与美国政府签订的，或美国政府依据 721（1）条规定向其附加的缓解协议之实质性条款的，对于每一项违反，应向美国承担不超过 250,000 美元或与交易等值的罚金，二者取其高者。任何基于本段规定而做出的罚金，均应依照对缓解协议违反之具体性质而决定，该罚金独立于依据 721（1）条之规定基于缓解协议可以主张的损害赔偿，也独立于任何依据 721（b）（1）（D）条规定采取的其他行动。
>
> （c）本法生效之日起，依据 721（1）条规定而签署或修改的缓解协议，可以

约定交易各方违反协议时的违约金或实际损害赔偿条款。委员会应当依据违反缓解协议可能对国家安全造成的损害来核定合理的违约金额度。所有包含违约金条款的缓解协议，均应当包含一项条款，说明委员会在决定是否处以低于协议约定额度的罚金时，应当考虑违约的严重程度。

如今，在执行缓解协议时，CFIUS 可能有权力采取十分严厉的措施。

§14.07 公共关系及国会关系活动

在许多 CFIUS 审查中，成功的关键因素在于赢得国会和媒体对交易的中立态度或支持态度。因此，对于可能引发争议的交易，在向 CFIUS 进行申报之时，交易各方应当考虑开展公共关系及国会关系活动，以支持其在 CFIUS 法定程序之下的申报工作。参见本书第 15 章。

§14.08 美国对待外资是开放的，但也要充分考虑美国国家安全方面的顾虑

在外国投资不对美国的国家安全产生危害的前提下，美国对于外资始终维持着一个开放的环境，对于绝大多数的外国投资，美国均给予与国内竞争者相同的公平待遇。这也是为什么国会将 CFIUS 初步审查的期限定为 30 天，使其与《1976 年哈特—斯科特—罗迪诺反托拉斯促进法》（HSR 法）中规定的反垄断审查的 30 天期限相一致[32]。即便在 FINSA 生效之后，大多数的跨境收购和并购交易也都不需要经过 CFIUS 审查。尽管如此，FINSA 对国家安全的扩大化定义，以及《最终条例》中对“受管辖交易”的宽泛定义，都意味着 CFIUS 对外资并购美国企业的国家安全审查，将会成为外国资本进入美国企业的一个重要环节。

成功通过 CFIUS 审查最重要的因素，是要提前理解 CFIUS 成员机构及其他方面的顾虑，并且创造性地证明这些顾虑并不具有威胁性，或者减轻这些顾虑。如果要签订缓解协议，交易方要非常小心地考虑其中的条款，因为政府现在有权采取十分严厉

---

[32] 参见上文 §11.05。

的措施来执行缓解协议。在一些案例中，为了解决 CFIUS 成员机构的顾虑而必须签订的缓解协议条款，实际上会使整个交易对交易各方失去价值和吸引力。所以，在大多数情况下，尽早了解 CFIUS 审查程序并且理解 CFIUS 成员机构可能产生的安全顾虑，更能保证交易通过审查，顺利进行，而不会受到 CFIUS 的限制，从而保证交易的价值。

最后，交易通过 CFIUS 的审查并不意味着就万事大吉了，时刻关注议会和公众对交易的态度仍然十分重要。参见本书第 15 章。

附件 14–A

CFIUS 主动申报所需内容（31 C.F.R. §800.402）

§800.402 主动申报所需内容

(a) 如某交易之各方提交主动申报，则应提供本节所述之详细信息，且需保证涉及交易及交易各方之信息完整而准确。[参见本节第（1）段及 §800.701（d）关于证明文书之要求。]

(b) 在敌意收购之情形下，如部分交易方提交主动申报，则任一提交通知的交易方均需提供本节所述之关于该交易方的详细信息，以及该交易方知悉的或可合理知悉的关于未提交通知之交易方的相关信息。

(c) 依据 §800.401（a）之规定提交的主动申报，视情况而定，应对下列项目进行描述或提交如下信息：

(1) 所涉及之交易，包括：

(i) 陈述交易核心要素的简报，包括交易之目的及范围的陈述，无论交易于美国境内或境外进行。

(ii) 交易的性质，例如，购并交易是通过并购、合并、收购有表决权之权益的方式还是通过他种方式进行。

(iii) 交易中每一外国交易方的名称、美国地址（如有）、网址（如有）、(个人）国籍、(实体）设立地点或其他法律组织机构，以及主要营业地点。

(iv) 作为交易标的之美国企业的名称、地址、网址（如有）、主要营业地点、设立地点或其他法律组织机构。

(v) 下列个人或实体的名称、地址和（个人）国籍、(实体）设立地点或其他法律组织机构：

(A) 交易中每一外国交易方的直接母公司、最终母公司和中间母公司（如果有）；

(B) 如最终母公司是非上市公司，则列明其最终所有人；以及

(C) 如最终母公司是上市公司，列明所有持有该母公司5%及以上利益的股东。

(vi) 将会最终控制被收购美国企业之个人或实体的名称、网址（如有）、(个人）国籍、(实体）设立地点或其他法律组织机构。

(vii) 预期的交易结束时间或交易结束时间。

(viii) 至提交通知之日，以美元计价对所收购美国企业利益之净值所做出的诚信估值。以及

(ix) 交易所涉及之每一金融机构的名称，包括顾问、承销商或交易的资金来源。

(2) 以收购美国企业资产的方式进行的交易，需对被收购的美国企业的资产进行详细描述，包括以美元计价对被收购资产净值的估值。

(3) 关于作为交易标的之美国企业，或以该美国企业为其母公司的任何实体（除非此类实体已被排除于交易范围之外)，应提供下列相关信息：

(i) 其所经营的业务，比如年度报告中所阐明的业务，及所提供的产品或服务，包括这些产品和服务所占美国市场份额的估值以及计算该市场份额估值所使用的计算方法，以及这些产品与服务的直接竞争者。

(ii) 其生产或提供本节第（c）(3)（v）段所述之保密或非保密产品或服务的设施在美国的街道地址（如与街道地址不一致还需提供邮政地址）和网址（如有)、国防部向其分配的"商业与政府实体代码"(Commercial and Government Entity Code，CAGE Code)、相应的邓白氏身份认证号(Dun and Bradstreet Identification，DUNS)，以及北美行业分类系统代码[North American Industry Classification System（NAICS）Code]（如有)。

(iii) 所有与美国政府机构签订的，有效的或在过去5年内有效的，涉及第12958号总统令（Executive Order 12958）所规定之保密信息、技术或数据的合同（标明机构和编号)，以及对该类合同的修改、其最终履行完毕的时间，以及与之签订合同之官员的姓名、办公室和电话号码。

(iv) 所有与美国政府机构签订的，或与承担国防、国土安全或其他国家安全职责，包括承担与国防、国土安全或国家安全相关的执法职责的部门签订的，有效的或在过去3年内有效的合同、其最终履行完毕的时间，以

及与之签订合同之官员的姓名、办公室和电话号码。

(v) 其任何下列的产品或服务（包括研发项目）：

(A) 直接或间接地向美国政府机构供应的产品或服务，包括其作为主承包商或一级分包商供应的，或作为此类主承包商或分包商的供应商提供的，或提交通知的交易方所知悉的，作为任何层级的分包商所提供的产品或服务；以及

(B) 如果提交通知的交易方知悉，则应说明所涉之产品或服务对于其所供应的机构是属于单个合格来源（即就相同产品或服务存在可稳定获取的其他供应商）还是属于唯一来源（即没有其他的供应商可以提供同样的技术、设备和生产流程），并说明市场上是否有其他可用之同样资质的供应商。

(vi) 其任何下列的产品或服务（包括研发项目）：

(A) 向任何第三方供应的，据其所知被重新贴牌或被包含进另一实体的另一产品之中的产品和服务，以及用以销售此类重新命名之产品或服务的名称或品牌；以及

(B) 如涉及服务，则应说明其代理他人，或以他人名义提供的服务，以及被代理之实体的名称。

(vii) 之前3年内：

(A) 作为交易标的之美国企业所签订的国防重点和分配系统法案（Defense Priorities and Allocations System，DPAS）（15 CFR part 700）规定的重点合同或订单数量，以及这些重点合同及订单的级别（“DX”或“DO”）；以及

(B) 作为交易标的之美国企业分包给其他实体的此类重点合同或订单的数量和级别，以及收购方保证交易结束之后形成的新企业（如果没有新企业形成，则保证收购后的美国企业）符合DPAS的规定。以及

(viii) 为防止对美国企业之产品、网络、系统、数据存储和设施的运营、设计和发展进行的网络攻击而提出的网络安全计划，如有，应当进行描述或提供其副本。

(4) 说明被并购的美国企业是否生产、提供或销售下列产品或服务：

(i) 受EAR管制的项目，如果有，则对相关项目加以说明（该说明可以将相似的项目归入通常的产品类别），并按照CCL［即Export Control

Classification Number（ECCNs）或 EAR99 名称］的规定提交相关商品分类清单；

(ii)《国际军品交易条例》(ITAR）之下的《美国军品管制清单》(USML）中列明的国防产品、国防服务以及相关数据，如果有，列明其 USML 分类；商品管辖请求（22 CFR § 120.4）尚未决定的产品或服务；依据 22 CFR § 120.3 在将来有可能被指定为国防产品或服务的产品或服务（包括研发中的产品或服务）；

(iii) 接受能源部出口许可管理的产品和技术（10 CFR part 810），或者接受核管理委员会出口许可管理的产品和技术（10 CFR part 110）；或者

(iv) 特定制剂和毒素（7 CFR part 331、9 CFR part 121，以及 42 CFR part 73）。

(5) 作为交易标的的美国企业是否具有下列情况：

(i) 是否取得本节第（c）(4) 段规定的法定授权之外的，由美国政府机构颁发的其他执照、许可或者授权（如果有，应当提供相关许可、授权或执照的证明）；或者

(ii) 是否拥有具备军事用途的技术（如果有，应当包括该技术的证明材料以及对该技术军事用途的说明）。以及

(6) 关于参与交易的外国实体及其母公司，应当说明：

(i) 该外国实体及其最终母公司所从事的业务，比如，在其年度报告中描述的业务，如果有的话，还应提供其业务的 CAGE 代码、NAICS 代码和 DUNS 号码。

(ii) 外国实体对于美国企业的下列相关计划：

(A) 减少、关停或出售研发设施；

(B) 改变产品质量；

(C) 关闭美国境内的设施或将美国境内的设施转移到美国境外；

(D) 合并或出售生产线或技术；

(E) 修改或终止本节（c）(3)（iii）段和（iv）段中提及的合同；或者

(F) 只将产品销往境外市场，从而终止境内供应。

(iii) 该外国实体是否由外国政府所控制，或者作为代理人或代表，或以其他相似地位代表外国政府行事，如是，披露外国政府身份。

(iv) 外国政府，或被外国政府控制之人或代表外国政府行事之人，是否：

(A) 拥有或控制外国收购方或其母公司的所有者权益，包括持有可转化

的有表决权证券，如果有，则说明该类证券的性质和数量，对于可转化的有表决权证券，说明其转化的条件和时间；

(B) 有权指定外国交易方或该外国交易方的母公司的主要管理人员或董事会成员；

(C) 在外国收购方中享有任何不确定利益（比如，这些利益可从贷款交易中产生），如果有，说明该项不确定利益所覆盖的权利，以及这些权利可能被执行的方式；或者

(D) 是否拥有其他的，可能与委员会确定申报之交易是否属于外国政府控制之下的交易相关的，肯定性或否定性的权利或权力，如果存在任何此类权利或权力，说明其来源［如控制股权（Golden Share）、股东协议、合同、法律或者法规）及运作方式。

(v) 拥有交易中之外国交易方所有者权益的外国人之间订立的，或此类外国人与其他外国人之间订立的，任何正式或非正式的，在影响交易标的之美国企业的事项上进行一致行动的安排，并提供设立此等权利或安排之文书的复印件。

(vi) 对于参与交易的外国收购方及其直接母公司、中间母公司和最终母公司的每一位董事会或相似机构之成员（包括外部董事）及管理人员（包括总裁、高级副总裁、执行副总裁，以及其他履行通常与这些职位相关之职责的人），以及对于任何在参与交易的外国收购方及其最终母公司中享有5%以上所有者权益的个人，提供下列信息：

(A) 个人简历或相似的职业经历纲要，作为主通知的一部分进行提交。

(B) 以下的“个人身份信息”，出于保护隐私之目的，并为限制传播，该类信息必须以单独文件的形式进行提交，不包含在主通知内：

(1) 全名（姓氏，名字，中间名）；

(2) 所有使用过的别名或其他名字；

(3) 营业地址；

(4) 居住的国家和城市；

(5) 出生日期；

(6) 出生地；

(7) 美国社会保险号码（如有）；

(8)（如果有）国民身份号码，包括国籍、签发地及签发日期以及到期日；

(9) 美国或外国的护照号码（如果不止一个，则应披露所有号码)、国籍、签发地点和时间，以及到期日，如果持有美国签证，说明签证种类及号码、日期和签发地点及到期日；以及

(10)（如有）在外国政府或外国军队中服务的时间和性质，相应外国的最高两级无军衔资格之下级别军队服役不包括在内。以及

(vii) 提供以下关于参与交易之外国交易方及其直接母公司、中间母公司和最终母公司的"商业身份信息"，包括它们主要的办公室和分支机构：

(A) 商业名称，包括所有在业务中使用过的或业务被人所熟知的称谓；

(B) 营业地址；

(C) 营业电话、传真和电子邮件地址；以及

(D) 雇主身份号码或其他国内税务或公司身份号码。

(d) 主动申报通知中应当列明至交易结束之前，已经或者将会向美国政府机构提交的、与交易相关的申报或报告，并说明申报或报告所涉及的政府机构、申报或报告的性质、提交申报或报告的时间或者预计将会提交报告或申报的时间，以及（如果知悉）相关机构的联络地点和/或电话。

例子

A公司是一家外国实体，拟收购X公司。X公司为一名美国公民全资所有并控制，且X公司获得了《国防部产业安全计划》(*Department of Defense Industrial Security Program*）之下的设施安全许可（Facility Security Clearance)。参见Department of Defense，"Industrial Security Regulation，" DOD 5220.22–R，以及"Industrial Security Manual for Safeguarding Classified Information，" DOD 5220.22–M。X公司因此申报了修改后的DD SF 328报表，并与国防安全服务部（Defense Security Service）展开了商谈，讨论如何将安全服务部的设施与外国并购方隔离。X公司可能也向美国证券交易委员会（Security and Exchange Commission)、商务部（Department of Commerce)、国务院（Department of State)，或者其他联邦部门和机构进行了申报。依据本节（d）段的要求，关于此类申报的具体信息必须在主动申报通知当中向委员会进行申报。

(e) 在交易的一方或多方以一家美国企业的业务、信息作为出资，与其他交易方

建立合资企业的情况下，提交主动申报通知并提供相关信息时，必须假定合资企业中的外国交易方已经对其他交易方拟向合资企业投入或转让的既存美国企业进行了收购。主动申报通知当中应写明合资企业以及建立或正在建立合资企业之实体的名称和地址。

(f) 在并购某一实体部分而非全部资产的情况下，§800.402 (c) 规定，只需要提交与美国实体已经或即将被并购之资产相关的具体信息。

(g) 对于参加交易之外国交易方，外国交易方之直接母公司、中间母公司和最终母公司、作为交易标的之美国企业，以及以外国交易方为其母公司之实体，提交方在提交主动申报通知时，应当附加前述所有实体最近一年的英文版年度财务报告。如果某一实体的财务情况已经包括在了该实体母公司年度报告所反映的合并财务情况之中，则无需再就该实体的财务情况单独提交报告。但是，当交易涉及收购一家美国企业，而不涉及收购该美国企业的母公司之时，主动申报通知当中仍然必须包括作为交易标的之美国企业最近经审计过的财务报告。如果作为交易标的之美国企业没有准备年度报告，而其财务情况又没有在其某一母公司的年度报告中合并进行反映，则通知应当包括可以取得的该实体最近一次经审计的财务报告（或者，如果没有任何可得的财务审计报告，则提供未经审计的财务报告）。

(h) 在委员会或总统对交易的审查结束之前，已提交之主动申报通知中所提及的交易计划、事实和情况发生实质性变化的，以及依据 §800.402 之规定已经提交或应当提交给委员会的信息发生实质性变化的，主动申报通知的提交方应当及时向主持审查的负责人进行通报，并相应提交反映此等实质性变化的修正报告。该类修正报告应当成为该提交方依据 §800.401 的规定提交的申报通知的一部分，且 §800.402 (1) 规定的证明要求，对于此等修正报告同样适用 [另请参见 §800.701 (d)]。

(i) 主动申报通知的提交方，应当同时提交最近的资产或股票收购协议或其他确立交易条款的协议的复印件。

(j) 主动申报通知的提交方，应当同时提交：

(1) 一份组织机构图，说明交易中的外国交易方之上直至对该交易方享有最终所有权的所有实体或个人，并说明所有这些实体或个人分别持有的股份比例。以及

(2) 主动申报通知的提交方对于以下各点的意见：

(A) 主动申报通知方是否是外国人或外国实体；

(B) 主动申报通知方是否被外国政府所控制；以及

(C) 交易是否已经或将会导致美国企业受到外国人或外国实体的控制，并阐明得出该观点的理由和依据，特别应当说明外国实体或个人就美国企业将会享有的权利（如通过股东协议、合同、法律或法规所获得的），以及这些权力能够或将会怎样被行使。

(k) 主动申报通知的提交方应当就下列各项提供信息：

(1) 交易的任何一方，是否是，或是否一直是，依据 721 节之规定签订的缓解协议之一方，或依据 721 节之规定强加之条件的承担方，如是，则应说明此等协议或条件之日期、目的以及签订协议及附加条件的美国政府机构；以及

(2) 交易的任何一方是否是之前已向委员会申报过之交易中的一方。

(l) 主动申报通知的提交方，应当同时提交证明文件，以证明通知符合 §800.202 的规定。证明文件的模本可在财政部网站中委员会的网页上获取，网址如下：http://www.treas.gov/offices/international-affairs/cfius/index.shtml.

(m) 主动申报通知的提交方，应当提交一份清单，列明所有作为通知的一部分与通知一同提交的文件，包括所有作为正文辅助的、以附件和表单的形式提交的文件。

第 15 章

管理对美国投资的审批和政治程序

Michael G. Oxley 和 Peggy A. Peterson

§ 15.01　概述

美国长期以来有着支持世界范围内资本自由流动的实践和政策。虽然一些广受关注的事件可能带给人相反的印象，但美国是欢迎外国直接投资交易和项目的，只要这些交易和项目不危害美国国家安全。

在2006年迪拜环球港务集团（DPW）收购案争议期间，一项由美国外国投资委员会（CFIUS）批准的收购受到了公众和议会铺天盖地的批评。在DPW案中，CFIUS失去了国会的信任，并且导致投资者的项目从国家安全角度看实际上合理但在政治上敏感，从而在美国面临潜在的敌意环境。

在DPW案之后，国会通过立法增强了与行政部门的沟通和CFIUS相关程序的透明度。结果是外国直接投资得到了更高的确定性和公平性。然而，带来有着政治影响的交易提案的聪明投资者应当认识到，与CFIUS程序相并行，拥有一套公共关系与国会关系策略也是同样重要的。

§ 15.02　外国投资在美国是受欢迎的

虽然在过去十年的末尾发生了信用危机和住房与抵押市场的崩溃，全世界对美元和在美国投资的偏好仍然很强烈。美国的国内生产总值将近14万亿美元，与任何一个国家相比，美国仍然是世界上最大的经济体。美国仍然被外国投资者视为一个由自由和稳定的民主制度、开放的经济和熟练的劳动力所维持的投资安全港。虽然最近经济遇到了困难，这些条件加上一个由《北美自由贸易协定》创建的无关税北美市场的附加价值，仍继续确保了外国投资者对美国经济的长期增长预期。

美国欢迎所有形式的不危害或不损害其国家安全的投资，这是一项反映在美国政策中的长期原则。工业和制造业投资被认为是特别需要的，因为它们创造并持续提供就业机会。然而，自从“9·11”事件以来，国家安全在美国成为了一个压倒一切的问题，有时本无可厚非的投资也会成为被担心和详细审查的对象。

外国投资者意识到了这一变化，并对国会和行政部门为使直接投资的过程更加顺利所做出的巨大努力表示欢迎。美国市场的价值仍然很大，但是可能有争议的投资现在需要远远多于以往的战略规划。投资者必须通过新的国家安全审查程序（在

CFIUS)，这已在本书第 14 章中进行了阐述。此外，聪明的投资者必须单独考虑可能的政治动态，并设计出复杂、精细的公共关系和政府关系策略，与他们的经济评估和商业计划相配套。

DPW 争议和同时期的其他事件表明，一项交易通过政府审批可能是必须的，但是并不能保证其长期的可行性。在 DPW 事件中，国会和美国整体的政治格局压倒了 CFIUS 的技术性程序。因此，投资者产生了不安的预期，担心即便不存在有关国家安全的技术性反对意见，公众舆论也会构成对外国直接投资的障碍。

最近，美国政府对特定行业投资审批程序的变化，特别是 2007 年的《外国投资与国家安全法》(FINSA)[1] 及实施条例[2]，再次向国际社会保证了美国将防范对外国资本进入的不当限制。这部新法包含了大多数既存的国家安全审查过程中的政策和程序，但是为了应对由 DPW 案的经验产生的各种顾虑而进行了改动。新的标准延续了之前的审查指导原则，即政府审查应当推动交易的进行，同时在出现国家安全顾虑的情况时应当做出调整。

FINSA 的规定和美国财政部的实施条例在美国国内和整个国际投资界深受欢迎。这一努力使国会重新拾起了在 DPW 事件中失去的对 CFIUS 程序的信心，建立了 CFIUS 在国家安全分析的政策空间上的权威。与此同时，还重树了国际投资者对于美国在实施政策方面将保持一致性和公平性的信心。

精明的政策制定者从“9・11”事件的震惊中恢复过来之后，意识到了建立和巩固与美国的反恐盟国之间关系的重要性。外国投资非但不是国家安全的威胁，反而常常会加强保护美国及其人民的努力。

当投资的设想、结构和展示都很恰当的时候，它们几乎不会遇到阻碍。在 FINSA 的新框架下，美国仍然是对外国资本最为开放的市场之一。为向 CFIUS 介绍方案做准备的磨炼不应被视为一种负担，这些工作会为项目最终的经济成功打下牢固基础。另外，提前进行规划和良好的国会、政府和公共关系策略将会为外国投资交易的完成提供支持。

本书第 14 章谈到了对于潜在的有争议外国投资在 FINSA 这一法律中更为技术性的方面。本章重点讨论如何管理与这些投资相关的政治流程和由 CFIUS 进行的单独的和独立的审批过程的实用建议。

虽然 DPW 事件的结果并不令人满意，但却是对外国直接投资根据 FINSA 进行的

---

[1] Pub. L. No. 110–49，121 Stat. 246（2007）.

[2] Regulation Pertaining to Mergers, Acquisitions, and Takeovers by Foreign Persons, 73 Fed. Reg. 70702（Nov. 21，2008）(codified at 31 C.F.R. PT. 800).

CFIUS 审查程序中要考量的重要序曲。因此，本章以对 DPW 交易的讨论作为开头，概括了从中学到的经验，接下来，为使这类项目获得审批和政治成功，我们提出了能启发制定深思熟虑策略的建议及实务忠告。

§15.03　迪拜环球港务集团：哪里出了问题？

如果没有对发生在 2006 年的 DPW 争议的全面审视，现今任何对于 CFIUS 审批程序的讨论都是不完整的。

[A] 回顾迪拜环球港务集团争议

在 DPW 事件之前，绝大多数的美国人从来都没有听说过 CFIUS——一个负责实施对非美国投资的潜在国家安全影响审查程序的机构。作为美国贸易史上的不幸一章，DPW 事件揭开了与开放的社会和自由贸易的偏好相并存的美国人的孤立主义和贸易保护主义情绪。DPW 争议是误解、错误信息和后“9·11”恐惧心理相结合的产物。

迪拜环球港务集团对英国价值将近 70 亿美元的半岛东方轮船公司（POSNC）的收购，对美国绝不构成安全威胁。实际上，迪拜环球港务集团的参与将会使美国与世界上的这一麻烦地区的关系更加友好，具体来说，这有助于建立与阿拉伯联合酋长国（以下简称“阿联酋”）更富有成效的联系，为美国在中东地区赢得一个关系密切的提供支持的盟友。作为一个温和的阿拉伯国家，迪拜为打击恐怖主义，尤其是打击恐怖分子集资活动，做出了贡献。

因此，国会和总统根据从 DPW 案中学到的教训制定了 FINSA，美国财政部发布了 FINSA 这部法律的实施条例，以调整 CFIUS 程序并使其符合新的法律要求。这样做的目标是提高程序的透明度，并增加与国会的全方位沟通，在未来避免——如果可能的话消除——这种没有效益的波动。DPW 案是几乎总能够获得满意结果的 CFIUS 程序的一个极个别的例外。

[B] 恐惧和疑虑的结合

恐惧和疑虑——美国人中通常存在的对恐怖主义的恐惧，以及国会内部对 CFIUS

程序可靠性的疑虑——相结合，造成了围绕 DPW 交易的公众辩论大风暴。

“9·11”袭击给 CFIUS 提出了更多的挑战，其中包括美国基础设施在实体上和技术上的脆弱性。自从 2001 年开始，签订书面协议已经逐渐成为了解决 CFIUS 程序中提出之问题的常用方法。

在 DPW 案争论期间，一些国会议员试图挑战批准 DPW 收购 POSNC 的 CFIUS 决定，并重新进行审查。国会在这一过程中的角色成为了一个问题。从前，在美国，人们一般将国会视为一个机构，国会成员和参议员不应干涉具体的 CFIUS 程序和决定。《埃克森—弗洛里奥修正案》[3] 要求 CFIUS 成员对申请保密。然而，这一要求（在 FINSA 通过之前）并不适用于国会。有人推断，这种不确定性，尤其是这一法律对两个政府部门在适用上的分歧，是造成 DPW 事件中对 CFIUS 程序的不解和争论的一个主要因素。

由 DPW 争议造成的恶意的、反应剧烈的氛围导致了外国投资者要面对更难应对的 CFIUS 程序。在为美国国家政策研究基金会（National Foundation for American Policy）所做的一项调查，即《矫枉过正：对后 DPW 时期 CFIUS 程序的分析》（*Swinging the Pendulum Too Far: An Analysis of the CFIUS Process Post-Dubai Ports World*）中，David Marchick 发现，申报的交易、全面完整的调查、被撤回的项目以及要求总统决定的审查数量都有所增加[4]。Marchick 发现，在 DPW 事件之后，虽然法律规定了审查时间，但实际所用时间更长，且缓解协议的数量增多，这样，对投资者适用的审查和要求就更严、更多。在 DPW 案之后对抑制外国投资的担心持续存在，导致了国会和布什政府制定 FINSA 来解决这一问题。

[C] 迪拜环球港务集团收购案

在对 POSNC 的收购有效的 8 个月内，DPW 拥有了长期港口租约的公司所有权，包括在 7 个美国港口（巴尔的摩、迈阿密、新泽西、新奥尔良、纽约、费城和坦帕）进行码头运营和在大西洋沿岸及墨西哥湾进行其他码头装卸业务的权利。那时，约 1/3 的美国港口由总部在美国以外的公司所控制，但是这些公司中没有一家总部设在

---

[3] 《埃克森—弗洛里奥修正案》作为 1988 年《综合贸易和竞争法案》第 5021 条而制定，Pub. L. No. 100−418，201 Stat. 1107，在修正之后被编入 50 U.S.C. § 2170。其原始授权本定于 1991 年到期，但后来由《1991 年国防制品法延长及修订》的第 8 条规定为永久性条款，Pub. L. No. 102−99，105 Stat. 487.

[4] Marchick，Mavid. Swinging the Pendulum Too Far：An Analysis of the CFIUS Process Post-Dubai Ports World，National Foundtion for American Policy，policy brief，January，2007， 参 见 http：//www.nfap.com/researchactivities/studies/NFAPPolicyBriefCFIUS0107.pdf（最近访问时间为 2010 年 5 月 27 日）。

中东地区。

［D］DPW 原本可以加强安全措施

虽然这一交易使 DPW 获得了对港口租约和一些港口运营的公司所有权，但是并没有改变美国政府实施的适用于美国港口的安全程序。根据在众议院金融服务小组委员会 2006 年 3 月 1 日就这一问题举行的听证会上的详细阐述，当时的国土安全部副部长 Michael Jackson 指出，码头经营者不经营港口，也不对港口综合设施提供安保或监督其安全[5]。

在听证会上，Jackson 说："由 DPW 交易导致的公众的恐惧是错位的，且缺乏坚实的和事实的基础。"他指出，美国海岸警卫队对港口安全拥有管辖权，且美国海关和边境保护局（以下简称"CBP"）——美国国土安全部下设的一个机构——监督货物安全，美国港口工人操作起重机并处理货物集装箱。州政府和地方政府实际上拥有港口。DPW 曾要求在 6 个港口设施中的 24 个码头进行经营，或根据 Jackson 的证词"在这 6 个港口中少于 5% 的码头设施中进行经营"。

相应地，DPW 在阿里山港（Jebel Ali）直接管理着世界上最大和最复杂的港口之一，在货运船只到达美国港口之前确保其安全。根据美国国防部提供的国会证词，阿里山港"是在波斯湾唯一的一个能够承载航空母舰的港口"[6]。目前美国海关和边境保护局（CBP）仍在适用"9・11"事件之后采取的货运安检计划，根据 CBP 的资料，每年有大约 1100 万个货物集装箱到达美国，迄今为止，尚未引发任何严重事件。

全球货运系统是互相依存的：船运始发港港口和到达港口一样注重安全保护。美国的集装箱安检计划是多层次的，根据美国海关和边境保护局的"2006 ~ 2011 年战略规划——集装箱安检计划"[7]，其安全目标是：在驶向美国的船只装货之前阻断任何

---

[5]　Jackson，Michael. Testimony before the House Financial Services Subcommittee on Demosticand International Monetary Policy，Trade and Technology hearing on "Foreign Investment ，Jobs and National Security：the CFIUS Process."（Washington，D.C.，U.S. Department of Defense）March 1，2006，pp.2–3，参见 http：//financialservices.house.gov/archive/hearings.asp@formmode/detail&hearing=444.html（最近访问时间为 2010 年 5 月 27 日）。

[6]　Edelman，Eric S. 在在众议院金融服务小组委员会就国内和国际货币政策、贸易和技术举行的"外国投资、就业和国家安全，CFIUS 程序"听证会上的证词（美国，华盛顿特区，国防部），2006 年 3 月 1 日，第 5–6 页，见 http：//financialservices.house.gov/media/pdf/030106ee.pdf（上次访问时间为 2010 年 5 月 27 日）。

[7]　美国海关和边境保护局，"2006 ~ 2011 年战略规划——集装箱安检计划"，见 http：//www.cbp.gov/linkhandler/cgov/trade/cargo_security/csi/csi_strategic_plan.cll/csi_strategic_plan.pdf（上次访问时间为 2010 年 5 月 27 日）。

威胁。驶向美国的船只上的危险货物已经构成恐怖主义威胁，因为在美国港口发现和消除危险物质是极度复杂的，且成功几率极小。

Jackson 作证说：

> 在建立美国在中东的第一个外国港口审查项目中，DPW 发挥了不可估量的作用。那是因为，迪拜志愿在这一安全创新措施中提供帮助。DPW 已经自愿同意参与筛查外运货物中的核材料，并与 CBP 和迪拜海关紧密合作，监督运往美国的高风险集装箱。这些筛查项目如果没有迪拜环球港务集团的合作，是不能成功实施的。

也是在 2006 年 3 月的这次听证会上，国防部的证人、时任负责政策的国防部副部长的 Eric S. Edelman 说道：

> 迪拜是第一个参与集装箱安检计划——一个保护全球贸易免受恐怖主义威胁的跨国计划——的中东实体。它还是第一个参与能源部的大港倡议计划——一个致力于阻止非法运输核材料和其他放射性材料的计划——的中东实体。阿联酋还与我们合作，通过冻结账户、制定激进的反洗钱和反恐怖主义融资法律和法规、交换涉嫌参与这些活动的个人和实体的信息，来阻止恐怖主义融资和洗钱。正如你可能知道的，阿联酋向美国和我们的盟军提供通向他们的领土和设施的重要入口。佩斯将军曾说："我们要求的每一件事和与他们合作的每一件事，都证明了他们是非常坚实的伙伴。"这句话总结了我们的国防关系。阿联酋出色地提供了进入其海港和机场，如阿尔法默（al pharma）空军基地的许可，允许我们的飞机通过阿联酋领空，并提供其他后勤协助。在美国之外的所有港口中，我们在阿联酋的海军港口的进出次数最多。

类似地，时任国务卿中东事务助理的 C. David Welch 说：

> 阿联酋是美国长期的朋友和盟友，还是一个全球反恐战争的重要合作伙伴……阿联酋为美国和盟军在伊拉克和阿富汗的行动提供了重要的支持，包括史无前例地允许进入其港口和领土、飞行许可和其他重要的后勤协助。作为一个温和的阿拉伯国家，阿联酋一直支持以色列—巴勒斯坦和平进程，并与我们一样期

望中东地区的经济、政治和安全局面稳定[8]。

美国政府各方面向 CFIUS 介绍的观点尽管不尽相同，但是有一项共识，即这项交易应当被批准。CFIUS 要求且 DPW 同意确保继续执行就港口经营进行的合作和信息共享。这项协议签订之后，CFIUS 在初步的 30 天审查过后立即批准了 DPW 收购案。

[E] 缺乏理解及政治否决

在 2006 年 2 月底和 3 月初，国会成员激烈的言辞和新闻媒体的“报道狂潮”淹没了事实。美国民众被阿拉伯国家的国有公司将要拥有美国港口或参与其经营的想法激怒了。在第 109 届国会上，国会成员提出了 20 多条立法提案来应对 DPW 问题。

还存有一种误解，就是 CFIUS 进行的 DPW 案审查是仓促的，而且是秘密进行的。在 3 月 1 日众议院金融服务小组委员会的听证会上，当时的财政部副部长 Robert M. Kimmitt 反驳了这两项指责，详细地介绍了按照通常顺序进行的 30 日调查这一 CFIUS 审查的程序，以及随后与 DPW 的进一步额外的磋商安排。

DPW 重新进行了交易申报，并特别要求调查期延长至 45 天。这项交易再次被批准。然而，最后，DPW 的管理人员宣布他们一有机会就会立即放弃港口经营。8 个月之后，他们将其出售给了一家总部位于美国的公司。

[F] 对结果的解释

那么，这项由一家美国盟国的公司精心策划并且仔细考虑后提出、恰当完成的项目到底在哪里出了问题呢?

从 DPW 收购案中，在关于为一个交易项目提供具有坚实基础的支持的重要性上，我们应该学到很多东西。另外，这次事件作为一个范例显示了某个新闻报道有时在确立公众预期并且随后引导公众观点方面具有绝对主导性。

现在，具有某个特定角度的新闻可以通过新闻网站、社交网络、博客、视频播客这些新媒体以及传统的所谓“主流媒体”快速传播。它可以迅速影响公众意见和其他记者的观点，而且这种错误的、所谓的“病毒性”新闻报道是很难修正的。没有经过

[8] Welch, C. David. Testimony before the House Financial Services Subcommittee on Domestic and International Monetary Policy, Trade and Technology hearing on “Foreign Investment, Job and National Security: the CFIUS Process.” (Washington, D.C., U.S. Department of State) March 1, 2006, p.1.

新闻编辑审查的未经证实的报道，能够出现在博客或其他社交网络中，随后被知名的主流媒体引用和参考。在2006年，互联网上的社交网络、博客和新兴的新闻网站还没有获得现在这样的地位。当时，有线电视和广播谈话节目是媒体辩论的主要推动力。在DPW事件中，这一收购案被提前公布、商业出版物曾进行过报道的这些事实，对于激烈的讨论氛围几乎没有任何影响。

一些公共官员进一步利用阿拉伯国家取得经营美国港口的合约这一问题，他们急于发言，以利用这一事件获得政治上的收益。在审查DPW收购案的进程中，CFIUS再次遵守了正常程序，而且做出了合理的决定；然而，那些事实在争议中都被淹没了。面对来自两党成员和政坛一致的尖锐批评，CFIUS在对这项交易进行了为期45天的审查之后，得出了同样的结论，即这项收购没有任何国家安全问题。这一结论证明，CFIUS实行的是一种小范围的审查，它独立于且不受公众舆论的影响。

整个DPW事件突出了为直接投资赢得支持，以使其能够经受住挑战的重要性。正如DPW的痛苦经验所表明的那样，外国投资项目的代表人除了要考虑满足CFIUS程序的要求之外，还必须考虑政治和公众舆论的大环境。

[G] 从DPW案吸取的教训

不幸的是，DPW事件向全世界发出了一个美国对接收外国直接投资不感兴趣的消极信号。这件事发生时美国正面对持续的贸易逆差。然而，这次事件向公众和国会完整地介绍了CFIUS程序。国会可以审查这一程序，并在维护CFIUS程序的完整性和自治性的同时，为增加透明度而对其进行有益的修改。

美国的目标应当是保持开放和安全，虽然这两个目标通常不容易协调一致。国会最后负责任地解决了这一两难困境，而且没有屈从于DPW事件可能带来的不理智的恐惧和保护主义情绪。CFIUS程序原本可能导致总部在外国的公司负担过于沉重，以至于它们不愿意且不能够对美国进行投资。幸运的是，美国重新回到了积极吸引和鼓励外国直接投资的轨道上，但遗憾的是，深化与迪拜的联系和盟友关系的机会就这样失去了。

DPW收购案争议发生一年后产生的FINSA这部法律是国会克制和两党合作的范例，它维持了这样一个重要的分工：国会应当被告知CFIUS程序的整体情况及其结果，但是不能直接参与具体决定。这部法律不允许国会对CFIUS的审查进行要求、煽动或者命令；委员会每年向国会进行汇报。

除了年度汇报以外，FINSA要求CFIUS就每一项做出结论的审查或调查向国会汇报。每项交易的汇报只有在全部审议工作结束之后才能进行。FINSA要求CFIUS

对项目的批准要由财政部和指定牵头机构的高级官员签字。

DPW 事件在美国的外国直接投资历史上是一个分水岭。最终，这一事件意外地得到了一个有利结果：制定了新的 FINSA 法律，提高了 CFIUS 与国会的交流，同时也潜在地从整体上促进了对有争议之项目的审查。

DPW 案的决议在美国对外政策方面可能也是一个重要的事件。它要求美国继续致力于维护在中东的盟友关系并坚持自由贸易原则，还表明了美国在经济事务中是如何主张国家安全利益的。

在《全球直接投资政策，纠正保护主义倾向》（*Global FDI Policy，Correcting a Protectionist Drift*）这一研究中，David M. Marchick 和 Matthew J. Slaughter 调查了外国投资审查程序变得更为复杂对于投资者来说是代表着降低了开放度（保护主义增强）还是增加了明确性和方向性[9]。Marchick 和 Slaughter 发现，在 DPW 争议之后，提交 CFIUS 审查的交易数量有所上升，第二阶段调查的数量有所增加，为了使交易获得批准，附条件的缓解协议数量也有所增加。他们发现，在“9·11”事件之后并没有出现这种现象，于是他们得出结论：“CFIUS 加强审查程序的努力更多地与和国会之间的紧张关系有关——由此 CFIUS 希望增进国会对其审查程序的信心——而不是因为安全环境的变化。”[10]

对于 FINSA，Marchick 和 Slaughter 得出了如下结论：

“在美国，FINSA 的通过受到了包括美国商会和在美国代表了很多最大外国投资者的国际投资组织在内的主要商业组织的欢迎，这不是因为商业界希望制定新的外国直接投资法律，而是因为商界人士认为 FINSA 的通过将会改善外国直接投资所面临的日益严重的敌意政治环境。”[11]

对于后 DPW 时期的外国交易，有一个完善的公众策略对于项目最终的经济成功而言是至关重要的。整个 DPW 事件对于当前的交易具有指导性，以 FINSA 立法的形式解决 DPW 案引发的争议使这样的爆发性事件很难重演。

---

[9] Marchick，David M. & Slaughter，Matthew J. Global FDI Policy，Correcting a Protectionist Drift.（New York，New York and Washington，D.C.，Council on Foreign Relations，Concil Special Report The Bernard and Irene Schwartz Series on Americna Competitiveness）June 2008，pp. 29–31. 参见 www.cfr.org.

[10] Marchick，David M. & Slaughter，Matthew J. Global FDI Policy，Correcting a Protectionist Drift.（New York，New York and Washington，D.C.，Council on Foreign Relations，Concil Special Report The Bernard and Irene Schwartz Series on Americna Competitiveness）June 2008，at 30.

[11] Marchick，David M. & Slaughter，Matthew J. Global FDI Policy，Correcting a Protectionist Drift.（New York，New York and Washington，D.C.，Council on Foreign Relations，Concil Special Report The Bernard and Irene Schwartz Series on Americna Competitiveness）June 2008，at 31.

[H] 立法回应：通过 FINSA 对 CFIUS 进行的立法改革

在 DPW 公司宣布它打算放弃 POSNC 的业务，使 DPW 争议最终被解决之后，国会将注意力转向了审查与 CFIUS 程序有关的法律、法规和行政命令。在 2006 年夏天，众议院金融服务小组委员会拟定、众议院两党绝大多数投票通过了一项标准改革法案，最后成为了 2007 年立法的模板。由于得到了两党的投票支持和美国政府的支持，FINSA 得以通过，从而修订和更新了涉及对外国投资进行国家安全审查的法律。

下面列出的是新法中或者是财政部的相应行政命令、财政部颁布的法规指引中包含的重要内容。进行任何受到 FINSA 管辖（受到 CFIUS 审查）的兼并、收购或接管计划，都应当查阅财政部具体实施这部法律的全部规章。这些规章刊登在在 2008 年 11 月 21 日财政部投资安全办公室的联邦公报上[12]。这个列表并不是 FINSA 改革的完整概述。

[1] 法典编纂

可以说，FINSA 带来的最重要的变化就是将 CFIUS 程序编纂为法律：以前，该程序的执行是通过总统的行政命令——实施《埃克森—弗洛里奥修正案》的指令——来进行的。

[2] 受管辖交易

有兴趣的投资者应当查阅法规中关于一项特定的交易是否应当提交 CFIUS 进行审查的所有详细规定。如果外国个人或实体拥有一家公司中 10% 或少于 10% 的投票权，并且该权益是为了消极投资的目的而拥有的，那么这个个人或实体对这家公司没有控制权。在受管辖交易中有这样的例子：购买的有投票权的证券的比例低于 10%，但是该持股不是消极投资。由个人或金融服务公司仅为投资目的而进行的普通投资，不被认为是受管辖交易。绿地投资（或新设投资）不被认为是受管辖交易。如果被外国人购买的资产不被认定为美国的公司，那么就不被认为是受管辖交易。

[3] CFIUS 成员

通过法律和实施法律的行政命令规定，经过多年的调整之后，CFIUS 现在由 9 名

[12] Regulations Pertaining to Mergers, Acquisitions, and Takeovers by Foreign Persons, 73 Fed. Reg. 70702 (Nov. 21, 2008)（编纂在 31 C.F.R. PT. 800），参见 http://www.treas.gov/offices/international-affairs/cfius/docs/CFIUS-Final-Regulations-new.pdf（最近访问时间为 2010 年 5 月 27 日）。

成员构成，即国务卿、财政部长、国防部长、国土安全部长、商务部长、能源部长、司法部长（总检察长）、美国贸易代表，以及科学技术局主任。国家情报局主任和劳工部部长是当然成员。国家情报局主任提供情报分析。

该法律允许总统增加委员会的成员。乔治·布什（George W. Bush）总统在委员会中增加了行政管理和预算办公室主任、经济顾问委员会主席、总统国家安全事务助理、总统经济政策助理、总统国土安全和反恐事务助理。

［4］牵头机构

美国财政部是 CFIUS 的主席，有义务负责委员会的交流、会议和记录。财政部有义务为每一个待审查的受管辖交易指定一个牵头机构。财政部可以指定自己作为牵头机构。

［5］保密性

修改后的法律保留了对与 CFIUS 程序有关的交易信息进行保密的要求。这部法律不阻止向国会进行披露，但规定国会成员和其工作人员对信息的泄漏负有责任。

［6］向国会报告

这部法律要求每年向国会汇报 CFIUS 的活动和外国对美国进行的投资情况的汇总。国会的某些成员可以要求提供简报。除了对特定的众议院成员或参议员提出的简报要求做出回应，CFIUS 还要在对每项受管辖交易的审查或调查结束之后，向特定的众议院成员和参议员提交报告。

［7］认证要求

申请人必须保证与他们的交易相关的信息是精确的、合法的。

［8］批准

对于已经得出结论的 30 日审查，必须得到财政部和其他牵头机构部长助理或更高级别的批准。对于已经得出结论的 45 日审查，必须由副部长或部长进行批准。对于已经得出结论的审查案件，包括减轻了风险的外国政府控制的交易和重要基础设施交易，财政部的副部长或部长和牵头机构必须说明，这项交易“不会损害”国家安全。这些修改确立了行政机构更高级别人员的责任。

[9] 缓解协议

修改后的行政命令增加了一项要求：协议应当采用书面形式，并且以对交易带给国家安全的威胁进行的风险分析为基础。

§15.04 取得投资项目的长期成功

下面要讲述的内容是在“9・11”事件和DPW事件之后，如何应对CFIUS审查程序以及如何面对国会和公众意见的斗争舞台的实务建议。这一部分不应被视为一份包括所有要做的事情的完整清单，也并非适合每一项交易或每一种情况。比如，对于收购一个在美国国防工业领域履行机密合同的公司，这些建议不会是最佳的。一些项目可能关注度很高，也很容易被公众所理解，但是另外一些交易可能无论如何也不会吸引公众的注意。因此，这里所提供的建议是为了对外国投资项目进行一般性指导，以鼓励批判性思维和设计周密的计划的形成。

[A] 建立一个方案以赢得支持

当跨国公司或总部在美国之外的公司寻求兼并或收购一个非机密但是高度受关注的项目时，赢得适当的支持和与联邦、州及地方政府有效地打交道对于取得成功至关重要。与很多国家不同，受到实事新闻、民选官员和社区领袖观点影响的美国公众的意见，对于项目的最终和长期成功来说，能够发挥重要的作用。在面对可能出现的出乎意料的问题时，良好的公众和私人支持可能会发挥作用。CFIUS的决定是独立的，完全以技术性的国家安全分析为基础，而且这一程序是在国会发出的不能对外国投资设置障碍的指令下进行的。虽然美国寻求兑现其维持资本和投资的自由流动的承诺，CFIUS的批准也可能不符合更大范围的全国共识。

[B] 是否提请审查

在准备兼并或收购美国公司的时候，在首先要完成的任务中有一项就是要详细地考虑并决定交易是否是“受管辖交易”，这决定了交易是否要提交CFIUS进行审查。审查申请是自愿提出的，但是CFIUS可能会在任何时候主动发起审查（在实践中，CFIUS 总是会要求做出主动申报)：任何未经批准的交易都可能在完成之后被撤销。经批准的交易加上能缓解某些关注问题的任何附加缓解协议，会使交易进入一个永久的安全港。参见本书第 14 章。

必须对目标公司、收购人和交易本身进行全面的尽职调查，以记录并支持是否进行申报的决定。这样的尽职调查应当包括查阅法律、法规、行政命令和指导，还应当包括从整个 CFIUS 和其单个成员的视角对项目进行实际考虑。美国财政部有可能会作为 CFIUS 审查的牵头机构，其他的机构也可能被指定为牵头机构。无论如何，牢记一点很重要，那就是所有 CFIUS 程序的参与者在委员会做出决定的过程中都有发言权。如果收购公司是国有的或者是所在地位于一个与美国有敏感的外交政策或国防政策问题的国家时，更要特别加以注意。

[C] 进行全面、深入的尽职调查

外国收购人可以自己进行尽职调查，但是在美国这个他们所不熟悉的政治环境中，正如在进行收购程序的很多其他方面一样，可能最好要聘请法律顾问。法律顾问必须了解项目的方方面面，包括项目涉及的全部公司和个人，以便将项目的优势最大化、困难最小化，并解决未预期到的外部事件。例如，法律顾问必须提前了解收购人和目标公司是否与政府有关联或享受政府补贴，它们是否在履行国防合同或机密合同。应当编制公司完整的合规记录，包括外部控制、处罚、公司治理和其他合规文件。另一个考虑重点是交易是否会授予收购人新的能力。虽然国内就业情况不能影响 CFIUS 的决定，但是法律顾问仍然希望知道收购案对美国的现有雇员会带来哪些可能的影响，以及该项目及相关的经济活动可能会创造多少个就业岗位。法律顾问必须了解目标公司是否属于国防工业，是否拥有国防领域的重要技术，是否涉及出口管制项目，以及是否可能被视为属于美国的重要基础设施或拥有战略性资源。

[D] 评估影响国家安全的因素

FINSA 列出了 CFIUS 甚至是总统可能要考虑的影响国家安全的因素。广义上说，美国的国家安全因素可能包括：国内工业能够持续满足国防需求的能力、外国的参与对生产的影响、外国投资是否会增加特定武器扩散的风险。CFIUS 程序只考虑待审批的交易可能带来的国家安全风险，而不考虑其他对外政策或国防目标。

在对公司和交易进行了尽职调查之后，在规划阶段就应当找出可能出现的问题，并设计出可以用以消除担心和顾虑的缓解安排。

[E] 人员审查

应当对管理人员和董事会成员进行背景审查。审查所有重大关联方，找出可能存在的问题，这些问题可以是个人的、法律上的或名誉上的，并为这些问题在CFIUS程序中或在相关的公众讨论中被提出而设计出应对计划。

[F] 综合交易和项目规划

在调查了交易的所有参与方——包括涉及的公司和重要的个人——以及交易的条款之后，接下来重点是要考虑最有可能受到影响的地点、组织和个人。应当为交易构建出一个综合策略和整体规划，以应对国会、新闻媒体、当地社区、州和地方政府以及可能会受到兼并或收购直接影响的工会组织或其他群体。应当为每个群体在交易和项目的各个不同阶段设计出不同的应对策略。项目策略应当综合勾画出陈述项目的最佳概念方法，还应当设定具体的目标，并描述出要达到目标而需要采取的行动。策略中应当包括时间表和人员安排。另外，策略也应当具有灵活性，预计到各种可能发生的或不太可能发生的事件，并做好应对计划。

[G] 强调项目带给美国的利益

外国兼并或收购唯一的最可能具有的价值——虽然并不在CFIUS程序的考虑范围之内——就是为美国创造新的就业岗位。所有民选官员——无论是地方、州还是联邦级——都关心当地的新增就业和失业情况。如果一个项目可能会创造新的就业机会，那么外国收购人就应当考虑强调这个优势。

对于地方政府官员和国会成员来说，除了就业，其次的价值就是注入新的可以为本社区带来利益的资本。在价值链的最末端，就是引入并发展能够创造新的就业岗位、推动本社区步入技术前沿或能够为美国的产品和服务创造新的出口机会的技术。

[H] 与有影响力的支持者一起促进交易的进行

愿意代表项目说话的当地官员和地方领袖是重要的盟友。我们建议提前通知这些人，并向他们征求意见，从而了解如何能以更积极的、更有说服力的方式使目标社区参与到项目中来。

[I] 考虑反对者并为不良外部事件制定应对计划

想象一下最差的局面、项目可能的反对者或竞争对手采取的有问题的行为是很有帮助的（为了有效地完成这些任务，外国公司或利益集团可能特别需要向非常了解美国社会和政治的顾问或律师进行咨询）。还要考虑项目在最差的情况下会被描述成什么样子，以及美国的公众、民选官员、政府成员等会如何理解这种描述。在程序的初期，可能要对策略和回应进行规划，包括要陈述的论点和向谁进行咨询。要做好快速应对批评的准备，包括应对大规模批评——包括网络新闻、博客和社交网络——的准备。这项工作可能是所有事情中最困难的，因为一个项目的支持者可能很难想象为什么其他人会对项目没有热情。想象负面的反应需要付出特别的努力和创造性思维，但是这一点是至关重要的。

§15.05　向CFIUS陈述方案

CFIUS审查程序是正式的监管程序：CFIUS的每个部门或机构进行其自己的分析。接下来，在CFIUS全体大会上对各种不同的分析进行讨论。最终的规则鼓励在申报之前向财政部进行咨询，这会促进与其他部门和机构的交流。作为CFIUS的主席，财政部是申报前讨论的接入点，对于确保程序的顺利进行有着无法估量的价值。

一些在美国之外的人可能会推断，因为财政部是CFIUS的主席，所以CFIUS程序会倾向于考虑经济利益。这并不是事实。财政部是美国国家安全委员会的成员，自从“9·11”事件之后，已经增加了其分配到情报工作中的资源，特别是在反对恐怖主义融资和冻结恐怖主义资产方面。另外，根据FINSA的规定，国家情报局主任作为CFIUS的当然成员，提供独立的分析。

每个CFIUS的成员部门或机构都不可避免地带来他们自己对交易的看法，但是他们的目标是达成一个代表着美国政府整体态度的联合决定，而避免使总统看起来好像更倾向于接受一个部门而不是其他部门的建议。因此，CFIUS成员都会留心，他们必须包容其他成员的观点，（如果可能的话）尽量在避免总统参与的情况下解决分歧。

外国收购人应当将其向财政部或其他CFIUS成员进行的非正式咨询当成合作伙

伴关系来看待，以尝试化解 CFIUS 的顾虑和解决分歧。最为成功的交涉是反映出解决问题的愿望，而不是谈判或讨价还价。

§ 15.06 向国会和其他公共官员陈述方案

这一节提供了使民选官员和其他官员的支持力量最大化的策略。

[A] 每一位国会议员都想要听到的内容

所有民选官员都有兴趣了解为他们的社区经济发展所做出的努力。总体来说，他们不喜欢听到意外消息，无论消息是积极的还是消极的。

CFIUS 的成员机构是 CFIUS 中的关键决策者，国会在这个过程中的参与是通过 FINSA 单独规定的。然而，在正式的监督程序之外（并且在他们符合 FINSA 的保密性要求的前提下），国会成员可以选择表达他们的意见或关切，并且他们的意见也可能被听取。因此，对于每一个项目，应当根据具体情况设计并实施一个用于应对国会、州和地方官员的策略。

[B] 了解国会

美国国会大厦的穹顶是美国和全球民主的象征。它吸引着对民主的支持和反对，它是“9・11”恐怖袭击计划的目标，也经常是针对全国性争议问题的大型公众抗议可选择的背景。在国会大厦内部，国会起草新法、修订旧法。从这一点来看，美国的政治体系是独一无二的，因为国会起草新法和修订旧法都是独立于行政部门的。在美国的“分权”体系中，国会是独立于总统的一个单独的机构，并且还经常与总统相对抗。对于外国收购，众议员和参议员在解读国家利益的同时，保护并促进其选民的利益。一项有争议的外国收购在国会内外都很容易受到关注。

国会是一个两院制的代表立法机关，由众议院和参议院组成。众议院共有 435 个成员。国会的众议院选区划分是基于十年一度的人口普查按比例分配的，众议院议员每两年进行一次选举。参议院共有 100 名参议员，50 个州中每个州有两名，任期 6 年，两个人的任期错开。众议员和参议员对于一项外国收购可以支持、反对或拒绝表达意见。

参众两院都是由委员会组成的，各委员会对不同的事项享有管辖权。比如，一项涉及交通行业的外国收购和一项对国防行业的收购会吸引不同的委员会的关注。

一个将国会对项目的支持效果最大化（并且将反对效果最小化）的策略在逻辑上应当从代表该项目所在地的众议员或参议员开始。一项策略可能也需要与国会领导成员或有相关立法管辖权的委员会成员进行联系。美国整体上是一个两党制国家，根据项目的性质，党派归属可能会发挥作用。

策略必须包括众议院和参议院，而且必须考虑到党派归属。对相关辖区及关键的委员会中的众议员和参议员的职位、观点和立法记录进行透彻的调查研究是一个好的开始。

与一些区分上议院和下议院的两院制体系不同，美国参众两院的责任是互相补充的。他们必须互相合作，但是彼此也存在竞争。相应地，取得了参议员的支持而没有地方众议员的支持，很有可能会因为他们的立场不同而产生麻烦，尤其是在他们属于同一个党派的时候。对于项目的推进者来说，重要的是不偏向任何党派，并要争取那些可能会受到项目影响或能够从项目中获利的人。

众议员和参议员在行使他们基本的国会职责时，有着非常大的自由度和影响力。他们可以决定哪些事项对于他们的选区是重要的，通过行使立法权，他们为国家的利益进行规划。他们有潜力成为强大的盟友或可怕的敌人。

虽然立法程序十分严格，但国会山还是一个重视人际关系的非正式场所。

那些审批交易的人都非常清楚，DPW 争议只是一个例外，而不是通常规则。对于任何特定的外国投资项目来说，成为众议院或参议院特定立法活动的对象都是不同寻常的。然而，在正式的立法活动之外，一些众议员、参议员或委员会仍然可以选择使某一项目成为国会评论或辩论的对象。因此，虽然意识到众议员和参议员在 CFIUS 决策过程中本身并没有发言权，决策的做出完全属于行政部门的职能，但是对所有民选官员的潜在利益做出预期判断仍然是重要的。DPW 事件确实表明，虽然 CFIUS 可能看起来——并且形式上应该——不受国会意见和公众观点的影响，但是项目的最终结果却可能受到两方面的共同影响。

[1] 众议院的性质

众议员要面对每两年一次的直接选举。他们与选区之间的联系必须是牢固并且维系良好的。以相对透明和激烈的辩论著称的众议院，被视为比参议院更加具有明显的党派倾向、更具有对抗性。众议员更趋向于年轻化，很多众议员在以后的政治生涯中可能会成为参议员。

可能部分是因为他们竞选活动的周期更加频繁，无论是在立法、召集听证会方面，还是简单地进行新闻评论方面，众议员都比参议员的反应更快。在与国会就一个项目进行交流的时候，从众议员开始可能是一个选择，因为任何负面新闻或谣言在那里都会更迅速地引起回应。

[2] 参议院的性质

尽管国会的两个议院共同承担立法职责（任何一个议院都无权抛开另一个议院而单独立法），但参议院显得更为郑重，参议员也被认为是比众议员更高的职位。所有100位参议员互相之间都维持着良好的个人关系，尽管有政党之分，但他们彼此之间都以礼相待且相互尊重。

和众议院不同，在参议院，对一项立法案可以进行无限制的辩论和修改，直到有60位参议员投票主张“结束辩论”（invoke cloture），才意味着辩论的结束。在实践当中，“辩论终止权”使每一位参议员都有权在立法进程中拒绝通过并继续进行辩论，以阻止立法的进程并且要求对立法进行投票。基于参议院的规则，每一位参议员都享有了众议院所不具备的一项权能。

[3] 国会策略的实施

一旦策略制定完毕，相关的调研准备工作也完成之后，就到了具体实施阶段。此时，应当开始与特定的众议员和参议员建立联系，并安排会晤。不过，不一定要提前列出所有议员的名单。一个可行的策略是，如果项目主要集中在一个或两个州的或一两个国会议院辖区选区内，则可以从代表这些地理辖区的众议员或参议员开始着手。交易方可以向这些议员寻求帮助，请他们提供指导，咨询如何与国会的领导以及有管辖权的委员会建立联系。因此，联络名单可以系统化制定，从与交易最为相关的众议员或参议员开始着手。不过，项目越复杂，涉及的地理区域越宽广，这一策略的实用性就越差。

参议员办公室所服务的州选区更大一些，因此其运作规模也比众议员办公室大一些。尽管如此，参议员办公室的人员职能与众议员办公室相似，引导联系接触众议员的基本策略对于参议员也同样适用。为了论述方便，下面的讨论只涉及众议员。

议员们在华盛顿和议员自己所代表的选区都有办公室。与议员的联系一般是从议员办公室的工作人员开始的，除非外国并购方能够直接与某一位议员取得联系。议员办公室的工作人员一般都能从公开的地址簿中查到。一般来说，一间华盛顿的众议员办公室都有8～12名工作人员，而一间华盛顿的参议员办公室一般有25～30名工作人员。

尽管议员办公室的工作人员均有不同分工（一般包括主管、秘书、日程管理员、立法和沟通管理员、立法助理以及前台接待），但所有的议员办公室工作人员都对选民或选民团体的要求做出回应，但仅限于代表其所服务的议员。依据议院的不成文规定，出于礼节，议员只为其所代表的选区服务。比如，一位议会成员干涉其他选区辖区内的事务就是很不妥当的。当事务涉及多个选区时，议员们可能会进行合作，这在乡村地区是很常见的。当因某一选区的事务而需要与众议院领导或内务委员会联系时，出于礼节，应当首先联系代表该地理辖区的众议员。

众议员与选区内的本地官员保持着良好的关系。他们极为关心经济发展计划。本地工作机会的增加，工作机会流失和转移的可能性，都是众议员和参议员极为关注的问题。工会和移民以及影响贸易、国土安全或当地环境的项目，也十分容易引起他们的关注。

在美国，每一个州之内的每一个当地区域都是很独特的，镇与镇之间、郡与郡之间的公众意见和态度也不尽相同。

就一个外国投资项目与议员进行联络的工作，包括通知当地议员办公室的相应工作人员、与议员会晤从而为投资项目争取到议员的支持等许多任务。与议员的会晤是比较高端的活动，一般要由公司中与议员的地位和级别相似的人员与议员进行会谈。

一般说来，交易方应当与议员办公室负责人电话联系或向其发送电子邮件以便安排与参议员或众议员的面谈。在与相关人员联络之时，应当准备好解释会面的目的，并准备好与日程管理员沟通以安排合适的会面日期和时间。在初步的电话沟通之后，应当随后发送一份书面的会面请求或者电子邮件，尽量详细地说明会面请求，包括会面的目的以及参与会面的人员名单。有些议员办公室要求必须提交书面的会面请求。

[4] 赢得国会领袖的支持

为一桩外国投资交易而与众议院或参议院领袖取得联系的可能性很小，但也不是完全不可能的。如果某一位议员领袖恰好代表一个可能会受到交易影响的选区或州，那么与之进行会面是可能的。此时，外国投资者应当知道，众议院或参议院的领导人是十分重要的政治人物，了解他们是谁，做什么事情，对于会谈会有所帮助。

参议院的多数党领袖团队由一位多数党领袖（被认为是参议院中最有权威的人物）和一位领袖副手组成，他们负责管理议院的运作，促成妥协，组织对某项议案的支持。同样，参议院中的少数党也会选举出少数党领袖和领袖副手。

在众议院，多数党会选举出一位发言人、多数党领袖，以及多数党领袖副手。少数党选举出少数党领袖和领袖副手。

各议院中各个组的议员（包括参议院中的民主党、参议院中的共和党、众议院中的共和党）一般自称为“议员会议”（conference），但众议院中的民主党自称为“决策委员会”（caucus）。除了上述官员之外，上述3个议员会议和1个决策委员会各自选举出另外的一位领袖，负责各组政策的制定和管理沟通活动的进行。

[5] 委员会和小组委员会

对于须接受CFIUS审查的外国投资交易而言，同与两院的领袖联络相比，与众议院和参议院的委员会或小组委员会进行联络可能更为有利，因为这些委员会都是针对更为具体的领域而设置的。

每个联邦议院的立法职能大致分配给17个委员会（众议院增设了两个常设委员会以管理众议院的行政及行为准则方面的事务）。委员会和小组委员会的设立目的是对立法进行彻底的初步衡量和考察。一项立法被引入立法程序之后，第一步就是将该立法提交适当的委员会。在委员会任职达到一定年限的议员们，都会在各自不同的领域积累出他们的专业能力。

每一个委员会都由多数党的一名议员担任主席进行领导，并由一名少数党的议员作为少数党领袖。他们各自领导自己党别的委员会成员。小组委员会也有自己的多数党主席和少数党领袖。众议院中的委员会和小组委员会成员要比参议院的委员会和小组委员会多很多。主席握有很大的权力，在委员会中会不时出现对控制权的竞争。

委员会所涉及的主要领域包括农业、拨款、军事、银行和住房（在众议院称为金融服务委员会）、预算、交通运输、能源、环境和公共事务（在众议院称为自然资源委员会）、金融（众议院称为筹款委员会）、国际关系（众议院称为外交事务委员会）、教育与劳工、国土安全、印第安人事务、司法、规则、中小企业和退伍军人事务。

这样，某一个议院下设的委员会，在另一个议院中都有其“姐妹委员会”；不过，立法管辖权在两个议院之间的分配是非常不同的。立法管辖权被进一步划分并设立相应的小组委员会。委员会和小组委员会是国会工作的真正承担者，除了履行立法职责之外，他们还承担着另一项重要任务，即对行政权的监督。比如，众议院和参议院中的农业委员会负责监督美国农业部，众议院和参议院交通运输委员会则监督交通部，等等。

负责监督CFIUS的委员会是：参议院之下的银行、住房和乡村事务委员会，以及众议院之下的金融服务委员会、外交事务委员会、能源委员会和商业委员会。

如上文所述，通常而言，外国投资交易并不会被纳入正式的立法程序中去。但是，当议院委员会对交易享有监督的权力和职责之时，许多外国投资交易就会被纳入议院委员会的管辖范围之内。在各个委员会之间，对管辖领域的争夺是很激烈的。因此，尊重委员会的管辖权并考虑管辖权问题的敏感性是十分重要的，而忽视委员会之间重叠的权力和职责则是个错误。与过多的委员会联络，或者提供信息，可能会造成不必要的复杂性，并且可能会冒犯那些对相关问题享有明确而清晰之管辖权的委员会。同理，均等地与多数派和少数派进行互动也十分重要，因为每一次选举都可能使得多数党被击败，由少数党获得控制权。对于一个项目而言，一开始可能和当时掌权的某一党议员开展了联络，但在交易结束之前却需要与已经掌权的另一党议员进行联系。

委员会工作人员的组织方式与议员办公室的工作人员不同，与其打交道的方式也有一定程度的区别。委员会的工作人员由委员会主席聘任，或者由委员会成员中的少数党领袖聘任。某些委员会具有两党联合任用人员的传统，这些委员会的工作人员由多数党和少数党共同聘用。

委员会的工作人员人数要比单个议员的工作人员多。在重要的委员会中，多数党会聘用 10 ~ 60 个人，而少数党则可能会聘用 10 ~ 20 个人。多数党拥有更多的预算和人员以及更宽大的办公区域，这些都是其在最近一次选举中获胜所带来的优势。

议员办公室的工作人员帮助议员履行职责，为其所代表的州和选区服务。而委员会的工作人员则集中解决委员会当前待决定的立法问题，许多工作人员都是在某一政策领域拥有丰富经验的律师，他们往往也是非常娴熟的法律起草者。

与委员会的联络，无论是会晤、书面通信还是电话联络，都可能是与委员会主席、委员会成员中的少数党领袖、小组委员会主席或少数党领袖，或者小组委员会工作人员进行的。与委员会的联络，可以从联系委员会主席或者少数党领袖个人办公室的负责人开始，或者首先联系适当委员会的立法顾问或专业工作人员。

与委员会的另一联络点，可以是委员会中支持相关交易或项目的成员。代表交易所涉及区域的众议员或者所涉及州的参议员，有可能属于某一对交易具有管辖权的委员会，他们如果支持交易，则可以帮助交易方顺利地与委员会进行沟通。

[6] 影响国会的公共关系

众议员和参议员是其所在社区、地区和州的重要公众人物，如果收购方要发布重要的公告、举行新闻发布会或重大的奠基仪式等，一定要通知并邀请适当的官员，尤其是众议员和参议员。

许多众议员、参议员和议院工作人员都会经常在新闻媒体上发表讲话。除了保密信息之外，与这些人员举行会晤所涉及的内容被认为是公开的信息。即使是保密信息也曾经在媒体上出现过。所有的议员都有权获得保密信息，但工作人员则可能有也可能没有这样的授权，除非他们所工作的领域涉及情报或国防事务。在与国会的沟通过程中，收购方公司员工及其顾问或者代表，都应当十分注意保密的要求，随时保持警觉。

[7] 访问国会的实用建议

作为整个交易相关策略的一部分，如果计划访问国会山的话，访问者必须明白在"9·11"恐怖主义袭击之后，国会山的安全保卫大大增强了。访问者必须通过安全检查，检查设备安装有与机场安检设备相似的金属探测装置。有时，在众议院和参议院办公楼的门口会排起长队，因此计划好访问时间非常重要。

国会有自己的警察队伍，称为国会山警察，负责保护国会山区域和众议院和参议院的人员。国会拥有自己的安保管辖权。

商业访问通常都在议员办公室进行，而不会安排在立法会议厅。三栋众议院办公楼正对着国会大楼前面的独立大道，分别名为 Cannon、Longworth 和 Rayburn，每一个众议员会在这三栋办公楼之一都有一间办公室。三栋参议员办公楼正对着国会大楼前的宪法大道，分别名为 Rusell、Dirksen 和 Hart，每一位参议员在这三栋办公楼之一都有一间办公室。地下通道和两条独立的地铁联通所有国会山区域的建筑。

当约定的会面时间遇上了全院投票或委员会投票时，工作人员可能会迅速地改变会面地点，以便议员能够在进行会面的同时进行投票。由于立法日程的安排，与议员会面的时间可能比较短，大部分的议员都会安排 15 ～ 30 分钟的会面时间。

会面可以在国会开会期间安排在华盛顿。预约必须在议员们所代表之地区或州的当地工作期间内就安排好，这些当地的工作期间穿插于立法议程休会期间。众议院和参议院的会议日程和选区工作期间，以及议员们什么时候回到自己的选区开展工作，这些日程安排都是公开的。一般来说，议员们从周一或周二晚上开始到周四的工作日期间，会在华盛顿。大多数的议员，如果距离允许，都会在每周四或周五返回其所在的选区或州，直到下周的立法会议期间再回来。

[8] 行为准则

出于对游说活动和礼品的担忧，国会于 2007 年 9 月修改了游说活动的相关法律，并更新了众议院和参议院的内部行为准则[13]。新法和内部行为准则在收受礼品、参加会

[13] Honest Leadership and Open Government Act of 2007，Pub，L.No.110−81，121，Stat.735（2007）.

餐和款待等方面进一步限制了众议员和参议员以及议院工作人员。同时，新法要求更多地披露游说活动。在持续的“礼品和游说”丑闻的警醒之下，国会山对新法和行为准则的实施及遵守是十分敏感的。

奥巴马政府于2009年1月实施了新的行政机构行为准则[14]。外国收购方应当知悉并遵守这些法律法规，如果在遵纪守法方面出现问题，则整个交易都可能失败，不论交易能带来多大的益处。

§ 15.07　如果根据FINSA重新考虑DPW案

DPW和它的顾问们在指导DPW做出购买所有权提案方面是娴熟的。虽然CFIUS批准了DPW的收购提案，但是他们不可能预见到颠覆其收购提案的事件。然而今天，同样的一个项目将会受到一个不同的法律（即FINSA）的管辖，并且可能会从DPW的教训中受益。今天，对于一个同样的提案在FINSA出台之前和出台之后的考察和比较，是一个完全假想的但却是有启发意义的练习。

虽然财政部是CFIUS的主席，但它可以指定它自己或者另外一个机构或部门作为任何一个具体项目的牵头机构。对于DPW案和类似的提案，虽然所有CFIUS成员的观点都应当被考虑到，但是重点是要满足国土安全部和相关机构的重大关切。

DPW事件突出了对处理重要公共关系能力的潜在需要，还表明了需要在国会山进行协调运作，以赢得对项目的广泛支持。

假设DPW并购案在今天被提出，要确保它被批准需要做出什么样的努力、设计什么样的策略呢？迪拜与美国的盟友关系和它反对恐怖主义的立场是要着重解释和强调的。虽然DPW不会参与到港口安全检查程序中，但强调它在确保港口和货物安全方面的经验将是合乎逻辑的。另外，也可以从可能增加当地就业的角度来强调资本投入的规模，尤其是在美国持续为加强船运安全而努力的现在。

在进行CFIUS审查程序之前赢得政治上的支持是非常重要的。在大西洋和墨西哥湾沿岸的很多城市和港口地区将会受到影响，这会提供很多与当地官员接触的机会和需要。代表着受影响地区的众议员和参议员应当得到通知，并且应当寻求他们的支持。还应该考虑支持者委员会的分工。项目必须获得至少一位有管辖权的相关委员会

[14]　参见Exec. Oder No. 13,490, Ethics Commitments by Executive Branch Personnel, 74 Fed. Reg. 4673 (Jan.26, 2009).

成员的支持。

§15.08 对美国直接投资更好的环境

在DPW风暴回绝了美国在中东的盟友之前的7个月，一个来自中国的重要投资提议——中国海洋石油公司（以下简称“CNOOC”）在2005年7月出价购买加州联合石油公司——曾经引起过类似的反对声浪。如果说DPW让国会成员担心因为中东国家拥有港口经营权会产生恐怖主义相关的顾虑，那么CNOOC的竞标就触动了美国能源独立这一敏感问题的按钮。

虽然美国法律要求对CFIUS程序保密，以保护委员会的特权，但公众的反应表明了商业秘密和透明政府的民主要求之间的紧张关系。外国投资者必须注意这种紧张关系，并以尽可能获得合理的透明度为目标。

DPW和CNOOC的案例有效地向其他外国收购人传达了政治支持和公众意见在美国的重要性。除了在合规程序方面进行规划和尽职调查外，进行关注度高的交易的收购人为了满足变化的需要，在他们的计划中增强其公共关系和政府关系能力，并使其更具适应性及扩展性是明智的选择。

对中东地区和中国的敏感很可能会持续一段时间，这些地区并不是世界上唯一会在美国引发争议的地区。然而，DPW和CNOOC的经历并不说明这两个地区的投资者在美国不受欢迎。

DPW和CNOOC的努力最终被政治上的分歧所妨碍，但是它们却是对FINSA中的CFIUS审查程序进行改革的催化剂。今天在美国开展项目或交易的收购人，包括从中东地区和中国而来的投资资本，将会发现一个比几年前反复无常的气氛更好的环境。

§15.09 决议：认可入境投资带来的利益

FINSA的通过代表了推进在美国进行投资的更好方式。国会整体上消息更灵通，并且作为一个机构，它更能够意识到它的恰当角色和限制。可能破坏美国安全或危害美国的国际目标的国家安全问题确实仍然是最为重要的。同时，美国经济的增长和恢复依赖于不断地培养与世界上其他国家的关系。直接投资的益处有诸多著述为证，成千上万的美国人在非美国公司在美国的子公司那里获得了稳定的高薪工作，并且收入水平通常会高于美国公司的同样职位[15]。

虽然外国直接投资具有明显的互惠性，但是特定的涉及跨境资本流动的投资项目还是有可能引发需要在政治上解决的纠纷。一个成功的结果可能需要时间、精力和金钱的投入。导致事情进一步复杂化的原因在于国会选区内的地方和州可能会受到影响，即使在对特定项目进行的审批中不需要国会发挥作用。因为上述所有原因，提前计划并且拥有一个良好的策略对于成功是至关重要的。

进行一项可能会引发争议的项目并不是只有风险而没有回报的，也不是完全暴露于风险之下而没有保护，特定的协议是能够提供一定保护的。本书第 8 章介绍了在外国投资者的母国与美国有双边投资协定或自由贸易协定的情况下，投资者可以享受的法律保护和有权使用的资源。

2007 年的 FINSA 法案可能使 CFIUS 的审查程序变得更为复杂，也可能使其监管性更强，但是它还提供了更大的确定性和一致性。即使变得更富有挑战性，但与旧法相比还是有着巨大的进步。国会、参与的机构以及白宫的应有作用得以澄清。也许最重要的是，国会更加了解 CFIUS 的内部工作程序，并且现在可以得到对于已经完成的审核或调查的事后报告和年度报告。

在 FINSA 之下，CFIUS 审查是一个法律强制要求的程序，为国家安全考虑而对在美国进行的投资实施小范围的、技术性的审查。在一个不同的、政治的层面上，国家一致的意见是通过政治辩论而取得的。理解需要公众和政治支持的外国投资者——以及为他们制定计划的人——将会更有可能取得长期的成功。

[15] Organization for International Investment，Insourcing Statistics，http：//www.ofii.org/insourcing-stats.htm.

第 16 章

针对美国公司外国收购者的移民项目

Marcela S. Stras*

* Kavita Mohan 曾为 Baker & Hostetler 华盛顿办公室的合伙人，为本章节的准备和完善做了大量的贡献。

§16.01　概述

如果外国投资方不能来美国访问或从国外带入公司主要人员，那么几乎不可能在美国境内购买或开设公司。美国移民法律是全世界最复杂的移民法律之一。收购或投资公司须在程序初期就处理移民问题，并在整个交易过程中保持对移民问题的时刻警觉。员工个人或职业情况的变化时常需要进行相应的签证类型变更。美国法律给违反移民法的雇主设定了沉重的责任负担，如果他们违反了移民法，则可能遭受包括高额罚金和监禁在内的严厉惩罚。

§16.02　移民——首要问题

任何想要在美国境内进行商业收购的人都需要考虑签证的相关问题。如果无法在美国境内留驻从而管理并监控公司，或从国外带来员工，那么在美国购买或设立公司将是无稽之谈。在决策初期就必须将移民相关事宜考虑在内，以使收购计划中所设定的职位符合工作签证种类的要求。

自“9・11”袭击以来，基本是通过海关和边境保护局（CBP）以及美国公民及移民事务署（USCIS）共同保护边境和处理境内移民事项，美国已建立起世界上最复杂的移民系统之一。因此，收购或投资公司应该在其团队中聘请移民方面的专家[1]。

本章聚焦于外国商人可在交易过程中进出美国使用的非移民签证，以及收购或投资完成后所涉及的移民法律事宜[2]。

§16.03　商务访问者

一般说来，有意在美国投资的人，会希望能进行多次考察旅行。若你是来自有

---

[1]　参见本书前文 §2.07，讨论了其他应参与协商公司合并或收购过程的顾问。

[2]　移民法受《美国法典》中修改后的 1952 年《移民与国籍法》中的条款第 8 编第 1101 节及后续章节以及《联邦法规汇编》中相关规定的管辖。

免签资格国家的公民，最简单的选择就是采用免签计划[3]。该计划适用 90 天以内的访问。若考察期长于 90 天，或你来自无免签资格的国家，则适用 B–1 签证[4]。但不论是免签（适用免签计划）还是 B–1 签证，到访者都不可为美国公司工作或接受其付款。

例子

Jessia Farve 是一家德国公司的财务总管。她需前往在美国的一家关联公司，参加对某美国公司进行收购的讨论会议。由于她的安排在“被许可的活动”范围内，其可依据上述免签计划入境（她不能获得美国公司的报酬或为美国公司做任何工作）；她计划只在美国停留 30 天；且德国是有免签资格的国家。Jessica 可以依据免签计划直接到法兰克福国际机场在离境前领取签证。

[A] 被许可的活动

使用免签计划或 B–1 签证的访问包含同样的标准，但免签资格要求访问者为免签清单所列国家[5]的公民，且旅途不得超过 90 天。而 B–1 签证则适用于：

1. 外国公司，或美国公司外国办公室的员工赴美参与美国生意伙伴有关合并事宜的讨论会；
2. 外国商务人士出席专业或商务会议；
3. 公司员工或独立商务人士赴美进行独立商务调研，例如市场或产品调研，但这些调研与销售、服务合同或商业询价无关；以及
4. 外国投资者赴美建立投资项目[6]。

[B] 如何取得 B–1 签证

要取得 B–1 签证，外国人须向距其住所地最近的美国使领馆提出申请。领事官员在决定是否发放商务签证时，会考量申请者是否：

---

[3] C.F.R. § 217.1，*et seq.*

[4] C.F.R. § 214.2(b).

[5] 参见本书下文 § 16.03[C]。

[6] 此项 B–1 活动只针对投资项目的设立；一旦投资项目设立完成，投资者必须申请 E 签证。

1. 在外国有住所，且无意放弃该住所；
2. 只打算在美国作短期停留；
3. 从事授权的商务活动是其寻求入境许可的唯一目的，且不会接受聘用、从事学术研究，或其他任何需要申请另类签证的商务活动。

对该申请做出决定时，领事官员可能会要求申请者提交以下文件证明其：

- 有途径获得足够的资金以支付在美的费用和回程旅费；
- 对到美的访问旅途有现实的计划；
- 所要求的在美停留时间与其旅途目的相符；
- 知晓在美的停留是有期限限制的；
- 在美国境外有合理的稳固持久的联系；并且
- 如果适用的话，还能证明其家人在其赴美期间能获得生活支持。

由于签证是临时的，商务访问者存在与其本国稳固持久的联系就显得非常重要。这些联系必须能够从各个方面表明为何该名外国人不会试图或有兴趣在美国长期留驻。这些联系在其他方面可以包括：房屋或其他财产、家庭、工作、养老金和银行存款。

B–1 签证的签发时限一般为 6 个月，但在美停留期间，可通过向美国公民及移民事务署（CIS）提交请求并证明自己确有需要，此时限可延长至 1 年。[译者注：签证对中国居民的签发时限一般为 12 个月。许多欧洲及亚洲国家居民可得到 5 ~ 10 年有效的 B–1 签证。美国的签证只是决定了持有者可在签证有效期之内在美国海关申请入境，但是在美的合法停留期限则由海关和边境保护局（CBP）官员入境口岸决定，并写在出入境 I–94 卡上。一般而言，B–1 每次入境时一般会得到 6 个月的停留授权。此外，需注意的是，在实践中，在美申请延期停留后，可能对今后再次申请签证有负面影响。] 在批准延期前，美国公民及移民事务署通常会要求申请者提交一份无确定日期的回程机票复印件（仅是为了确认已支付票款以表明其回国意愿）。

B–1 签证持有者应携公司信函申请签证，以便确认以下事实：

- 旅行目的；

- 旅行的期限；以及
- 签证持有人的受雇关系及与本国的稳固联系。

在入境口岸，海关和边境保护局移民官员有权就有关申请入境的问题对申请者进行彻底的盘问，并检查其随身物品。对此，最佳的应对方法就是放松并合作，表达不满尤其于事无补。当边境的移民官员拒绝入境时，签证持有人可以：(1) 撤回入境申请，并利用下一个或最快可利用的交通工具回国（自行负担费用）；或者 (2) 就入境许可问题坚持要求裁决。若选择了第二种方式，官员拥有是否准许签证持有人继续旅行以到达其目的地的自由裁量权，但会要求他立刻到当地的美国公民及移民事务署办公室接受进一步审查。在某些情况下，裁决会立即在边境召开，或者，此人也可能被留滞。上述裁决是在入境时做出的具有自由裁量性质的决定。

[C] 免签计划

依据免签计划，被指定的国家的国民可以不持签证而访问美国达 90 天。有 36 个国家基于其低拒签率的历史而获得了免签资格：

安道尔	匈牙利	新西兰
澳大利亚	冰岛	挪威
奥地利	爱尔兰	葡萄牙
比利时	意大利	圣马力诺
文莱	日本	新加坡
捷克共和国	拉脱维亚	斯洛伐克
丹麦	列支敦士登	斯洛文尼亚
爱沙尼亚	立陶宛	韩国
芬兰	卢森堡	西班牙
法国	马耳他	瑞典
德国	摩纳哥	瑞士
希腊	荷兰	英国

例子

Jenna Depp是一名英国建筑师，需赴芝加哥参加一个建筑商会议，以决定在美收购一家小建筑公司的可行性。Jenna在伦敦希斯罗机场登机前申请免签证。依据免签计划，她可在美国停留至多90天。

尽管免签计划项下和B–1签证中“被准许的活动”是相同的，但它们之间在计划内容上和行政立法上存在重要的区别。在免签计划中：

1. 到访者的护照不要求黏贴签证，因此，到访者赴美前无需前往美国领事馆；
2. 授权的停留期限不可超过90天（不可延期）；并且
3. 依据免签计划进入美国的访问者不可向美国公民及移民事务署申请将签证类型改为另一种。

依据免签计划，在90天期限结束时，商务访问者在再次入境前必须先前往除加拿大、墨西哥，或美国海岸线附近岛屿以外的国家。这些规定是会变化的，因为这些规定制定时这些要前往或所来自的目的地的要求与其他国家的要求不同，这些规定主要是强调免签计划，其对待离境与返回这一环节是非常严肃的。

每一位依据免签计划寻求进入美国的旅客必须具备机器可读的护照。签发于2006年10月26日之后的护照都为E护照。2008年1月31日生效后，所有经由陆路或海路进入美国的旅客都需出示公民或身份的证明。所有想要采用免签计划的合格旅客也都必须上esta.cbp.dhs.gov网站在线注册。

2004年1月，“美国访客和移民身份显示技术”（US-VISIT）计划开始启动。其全面实施后，将会对所有进出美国的访客进行记录并保存每人的旅行历史信息。现在，所有免签证旅客经过采用US-VISIT技术的口岸，都要留印食指指纹并拍摄数码相片。两种身份证明形式随后会与执法与国家安全警戒名单进行扫描比对。

[D]《北美自由贸易协定》

依据《北美自由贸易协定》（NAFTA），加拿大和墨西哥的商务访问者可基于商务类访问暂时进入美国而无需事先从美国领事馆获取B–1签证[7]。相反，访问者需向入境口岸的海关和边境保护局官员提交以下材料，以获得签证：

1. 加拿大或墨西哥的公民身份证明；
2. 证明签证是用于进行商务活动的文件；以及
3. 证据证明商务活动是在NAFTA附表1中所列的地点进行，且到访者无意进入美国劳动力市场。

NAFTA附表1为加拿大和墨西哥公民扩增了其他国家B–1签证活动清单中可进行的活动。最值得一提的扩增事项是允许安装、修补和维护人员在美国履行售后合同的职能。与免签计划不同，NAFTA签证不需离境就可延展在美国停留期限。

§16.04 职业工作签证

投资或并购完成后，商务人士很可能需要一张长期工作签证，使其能够在美国经营和管理所并购业务[8]。这里有三种可能：适用于公司内部调任的L签证、适用于专业工作的H–1B签证，以及适用于投资者的TN和E签证。

[A] 适用于公司内部调任的L签证

L签证被在美国有业务的跨国公司广为使用以便将员工调遣至美国。其中，L–1A签证适用于高层管理人员和经理，期限在7年以内；L–1B签证适用于具有专业知识的雇员，期限在5年以内。

要获得L–1A和L–1B分类，申请人需达到以下美国公民及移民事务署（CIS）要求[9]。

---

[7] 8 C.F.R. § 214.2 (b) (4).

[8] 依据美国税法，在美国停留相当一段时间的外国人将会被视为居民。见本书前文§7.02中有关依据哪条规定可将某个体视为美国税法上的“居民”的讨论。

[9] 8 U.S.C. § 1101 (a) (15) (L).

［1］在先前工作的海外公司所司职位为高层管理人员、经理，或专业人才

为了能够符合L签证的条件，外国员工必须在临时调任至美国前的3年时间内连续受雇于国外公司至少1年时间。在这1年国外雇用期内，该外国员工必须以高层管理人员[10]、经理[11]或专业人才[12]的职位被雇用。他被调任至美国后，也须担任前述其中一个职位，但不需与其之前在国外受雇的职位相同。

［2］美国雇主须为合格组织

美国公民及移民事务署规章中指出，合格的美国雇主必须为海外雇主的母公司、分支机构、子公司[13]、关联企业[14]，或五五持股的合资企业。

［3］被调任者应能胜任美国的职位

美国雇主必须确保被调任者能够胜任他所要担负的职责。达到该要求的方式一般是提交一份有关被调任者雇用历史、教育背景的详细记录，以及雇主确认被调任者胜任职位要求资质的推荐信。

［4］被调任者想要开设新机构

L–1A签证持有者赴美时常是为了替外国母公司开设新机构。在这种情况下，CIS

---

[10]　8 C.F.R. § 204.5 (j) (2). “主管”是指：（A）在组织机构中负责直接管理，或是其中主要人员、发挥主要功能；（B）为组织、部门或职能部门制定目标和政策；（C）拥有广泛的自由决定权；并且（D）接受更高层级管理人员、董事会或股东的总体监督。

[11]　8 C.F.R. § 204.5 (j) (2). “经理”是指：（A）管理组织，或部门、分部、组成部分，或职能部门；（B）监督和控制其他主管、专业人员，或经理，或管理组织内的核心职能部门、部门或分部；（C）对于其直接主管的人员，有权采取雇用、辞退、推荐或其他人员管理措施（例如升迁或离职的批准），或如果其没有直接主管的人员，在组织体系内的位阶处高级管理层级，或地位相当于此层级；并且（D）对于企业的日常经营活动或是员工有权进行的职能拥有自由决定权。

[12]　8 C.F.R. § 214.2 (1) (ii) (D). “专业人才”是指在公司产品、服务、研发、设备、技术、管理或其他权益方面具备专业知识，并能将这些知识在国际市场上运用的专家；或者是在公司运营程序方面具有先进知识或专业水平的人员。

[13]　“子公司”在CIS规章的定义中指由母公司直接或间接（1）拥有一半以上所有权并控制的；（2）拥有一半所有权并控制的；（3）在五五持股的合资企业中拥有50%的所有权及同等控制和投票权的；或（4）未拥有过半所有权，但有实际控制权的商行、公司或其他法人主体。

[14]　“关联企业”在CIS规章的定义中指：（1）由同一个母公司或个人所有并掌控的两个子公司之一；（2）由同一个个人或团体所有并掌控的两个法人主体之一，团体中每一个人对每一个主体享有并掌控近乎相同的份额；或（3）某些在美国组建的，提供会计服务及管理咨询服务业务的合伙组织。

会要求提供额外的信息：

1. 证明新企业已经承租或转租到了办公场所的证据；
2. 申请设立的机构的性质；
3. 证明新企业已经在某一州注册为公司的证据；以及
4. 证明新企业有财务能力，能够支付费用和L签证持有者工资，或是有证据证明外国母公司具备在新企业能自行运作前支持其运营的途径和意愿。

适用于新办机构的L签证的一般期限为1年。

例子

Skye Bailey是一家印度软件公司——ABC科技有限责任公司——的商业开发部副总经理。他将赴美建立ABC科技股份有限公司。Skye已经将公司注册在了特拉华州，并已租用了办公室，开立了从印度母公司签发的50,000美元支票银行账户支付公司设立成本。L–1A签证类型适用于Skye要进行的活动。若他已使用B–1签证，他可以在他留美期间申请将签证类型改为L–1A签证。

一旦新机构设立完成，场地已租赁，经营活动即将开始，已经通过合法的B–1签证进入美国的商务人士（免签签证并不适用）可以继续留在美国并申请将签证类型改为L–1A签证。

H–1B签证要求申请者具备大学学历，而持L签证的公司内部被调任者则不需具备此条件。被调任者的配偶可以获得美国工作签证，在美受雇工作。L–1A签证（但不是L–1B签证）则为永久居民身份（“绿卡”）提供“快速通道”而无需对劳动力市场进行检验。

L签证对其持有者及持有者所在的公司具有专用性。其无法被转让或转入给无关的新雇主。一旦雇用终止，工作身份和绿卡程序将立刻终结。

[B] 适用于专业工作的H–1B签证

H–1B签证是签发给具备“专业工作”[15]要求的相应教育和经验的临时员工。美国

[15] 8 U.S.C. § 1101 (a) (15) (H).

公司依靠此种签证临时雇用新外国员工，或是已被国外相关公司聘用不满一年的外国员工，为期至多6年。这样，当一家外国公司在美国进行并购且希望派遣人员经营管理，而此人又尚未在海外母公司工作满一年，H－1B签证是个合理的选择。

美国公民及移民事务署采用一种分为两部分的检验方式决定外国员工是否适用H－1B签证：第一，雇用职位需为专业工作职位[16]；第二，外国员工必须能胜任该工作[17]。

在向美国公民及移民事务署提请H－1B签证申请前，雇主必须向劳工部提交“劳工条件申请”（a labor condition application，LCA），其内容包括有关所授职位的工资和工作条件的陈述。有些美国雇主想要雇用一些愿意接受远低于美国普遍工资和工作条件之比例和水平的外国员工[18]。LCA通过确保不让这些雇主为宁愿接受上述工资或条件的外国员工取得H－1B签证来保护美国工人。LCA申请通知必须在预定的用工地向所有雇员公告10个工作日。若雇主违反LCA的规定，将可能被处以民事罚款，以及H－1B签证种类的临时或永久雇用禁令[19]。

例子

Jerald Ray是一名捷克医学研究者。他需前往美国管理一家捷克制药公司新近收购的美国子公司的研发部门。Jerald因刚被聘用而无法适用公司内部调任的L签证。但他拥有生物化学硕士学历，而美国对该职位的最低要求为学士学历。他的技能和教育水平已使他高度专业化。因此，H－1B签证是一个很好的签证选择。

---

[16]　相关专业的本科或更高学历（或同等学力）往往只是在美入职的最低要求；大学学历必须是在行业里类似组织中平行职位的普遍学历；或者换句话说，该职位的职责要求非常复杂或特殊，只有具备这样学历的人员才能很好地完成；对该职位，雇主往往要求招聘具备学士或更高学历（或同等学力）的人才；或是这个职位职责的性质非常专业和复杂，一般只有获得学士以上学历专业知识的人才能担负这样的职责。

[17]　要求获得美国大学学历或外国同等学力，并且该同等学力需是基于在专业工作中将教育、培训和不断累积的经验相结合得出的结果。同等学力可以是大学课程与专业经验的结合。3年专业工作经验可视为与一年大学教育等同。

[18]　在LCA中，雇主被要求证明以下几点：（1）H－1B签证员工能至少获得与雇主在用工地支付给其他在此职位上具类似经验和资质的员工同样的实际工资，或是用工地该职位的普遍工资二者中较高的一个；（2）提供给H－1B签证员工的工作条件不会对美国类似职位的员工产生不利影响；（3）在用工地没有发生罢工或停工；并且（4）LCA申请通知已交给适格的用工单位谈判代表，若没有谈判代表，则已张贴在用工地的显著位置。

[19]　8 C.F.R. § 214.2(h)(4)(i)(B).

H－1B 签证员工不能被坐冷板凳或辞退。如果不得不在签证到期前辞退某员工，雇主必须负担该员工回到其国外最后住所地（通常是其本国）的合理交通费用。

L 签证使在美经营的外国公司能够安排灵活长期的活动，而 H－1B 签证更利于外国员工个人，因为在新雇主[20]提出调任申请后他可以在美更换工作。欲转让 H－1B 签证的外国员工无需等调往申请被批准，在美国公民及移民事务署签发受理申请函后即可开始为新雇主工作。

H－1B 签证的签发有年度配额。目前，每年只有 65,000 张新 H－1B 签证签发给该签证的初次持有者[21]。而且依据美国与智利和新加坡的条约，这 65,000 张年度配额中有一部分是专门分配给智利和新加坡公民的。在 65,000 的限额之上，每年还有额外的 20,000 张新 H－1B 签证发放给从美国高等学校获得学士或更高学历的人员。

H－1B 签证的需求远大于供给。在过去的几年中，在配额开放的第一天（即 4 月 1 日）即被申请完毕，远早于配额项下的 H－1B 签证的生效日期（即 10 月 1 日）。

一旦 L 或 H 签证到期（译者注：这类签证的最长停留期限是：L－1A 为 7 年，L－1B 为 5 年，H－1B 为 6 年），外国员工在再次取得 L 或 H 签证前，必须在美国境外居住至少满 1 年。持其他非移民签证的外国人可自由进出美国，但在签证期内偶然出国并不能算在为期 1 年的外国居住时间内。如果在签证有效期内身份改变，比如，从 L 签证变为 H－1B 签证（即更换雇主），那么，可计算在一种签证下的时间，也算在另一种签证下。因此，若在 4 年后转换 L－1A 签证，那么就只有 2 年的有效时间留给 H－1B 签证了。但如果签证持有人在境外待满一整年，那么，被准许的时限将重新计算。

[C] NAFTA 签证

依据特殊 NAFTA 签证（译者注：又称 TN 签证），加拿大和墨西哥的国民可进入美国从事超过 60 种职业的专业活动，包括法律、医药、科学和教育。《北美自由贸易协定》之附件 2 列举了在此类别中的合格职业和相应的资质要求[22]：

---

[20] 在雇用关系之间不需有间隔，但所有雇主的雇用时间总和不得超过 6 年（除绿卡程序外）。

[21] 8 C.F.R. § 214.2(h)(8)(i)(A).

[22] 8 C.F.R. § 214.6(a).

会计师
建筑师
计算机系统分析员
赈灾保险员
理赔人
经济学家
工程师
护林员
平面设计师
酒店经理
工业设计师
室内设计师
土地测量师
园艺师
律师
图书管理员
管理顾问
数学家（统计员）
医药 /
辅助职业：
　临床试验技师
　牙医
　营养师
医疗技师

营养学家
职业理疗师
药剂师
内科医生（仅教学及 / 或研究）
理疗师 / 物理治疗师
心理治疗师
休闲治疗师
注册护士
兽医
牧场经理（生态环境保护者）
助理研究员
　（大专教育机构）
科学技术人员 /
技师
科学家：
　农业家
　动物饲养员
　动物科学家
　养蜂师
　天文学家
　生化学家
　生物学家
　化学家

　乳品科学家
　昆虫学家
　流行病学家
　遗传学家
　地理学家
　地球物理学家
　　（海洋学家）
　园艺学家
　气象学家
　药理学家
　物理学家
　植物育种家
　家禽学家
　动物学家
社会工作者
造林家
教师：
　学院
　神学院
　大学
技术中心
出版物
作家
城市规划师
职业学校顾问

这些职业大多数都要求申请者拥有美国或加拿大大学的学士学位，或墨西哥大学的学士学位。

例子

Tony Snow 是一名加拿大工程师。他需搬往美国管理一家工程公司。由于 Tony 拥有工程专业的学士学历，且“工程师”是 NAFTA 清单上 TN 签证的合格职业，Tony 在边境申请 TN 签证。但他仍需亲自前往一个主要入境口岸，由一名海关和边境保护局的 TN 官员依据其陈述对申请进行审核。

《北美自由贸易协定》或“TN”签证的优势在于，加拿大员工可在入境口岸申请，通过缴纳费用和提交合格的文件，可以迅速方便地取得签证。墨西哥国民必须在离家最近的美国领事馆申请签证。TN 签证一次入境在美停留期限现为 3 年，可无限延期，且只要该员工继续被雇用。

[D] 适用于投资者的 E–1 和 E–2 签证

E 签证种类是为执行美国与外国（地区）之间条约而设立的。这些条约为某一条约国（地区）的国民在其他条约国（地区）投资或进行贸易活动提供互惠利益[23]。为贸易和投资（E–1 和 E–2）签证类型提供便利的条约或同等效力安排适用于以下国家（地区）：

阿根廷	澳大利亚	奥地利
比利时	玻利维亚	波黑
加拿大	中国（仅在台湾地区）	哥伦比亚
哥斯达黎加	克罗地亚	爱沙尼亚
埃塞俄比亚	芬兰	法国
德国	洪都拉斯	伊朗
爱尔兰	意大利	日本
拉脱维亚	利比里亚	卢森堡
马其顿	墨西哥	荷兰
挪威	阿曼	巴基斯坦
巴拉圭	菲律宾	斯洛文尼亚
韩国	西班牙	苏里南
瑞典	瑞士	泰国
多哥	土耳其	英国
南斯拉夫		

[23] 《美国法规汇编》第 8 编第 214.2(e) 节。

授予 E-2 条约投资者资格的条约国如下：

阿尔巴尼亚	亚美尼亚	阿塞拜疆
巴林	孟加拉	保加利亚
喀麦隆	刚果	捷克共和国
厄瓜多尔	埃及	格鲁吉亚
格林纳达	牙买加	哈萨克斯坦
立陶宛	摩尔多瓦	蒙古
摩洛哥	巴拿马	波兰
罗马尼亚	塞内加尔	斯洛伐克共和国
斯里兰卡	特立尼达和多巴哥	突尼斯
乌克兰		

可以被授予 E-1 条约—贸易者资格的公司应符合的条件是：这些公司同美国贸易往来是实质性的且是主要在美国和条约国（地区）之间进行的[24]。对于某项贸易是否是“实质性的”，美国并未设定最低限额。相反，“实质性”是由成交额、交易数以及持续的交易过程来衡量的。判断是在常理和个案分析的基础上做出的。由于公司必须证明其交易过程的连续性，因此交易须在申请提出前已经开始，并且该公司美国机构所从事的国际贸易一半以上必须是与条约国的贸易。一旦该公司具备了资格，签证就可签发给公司的具有监管、执行、其他重要技能或其他 L 和 H 签证类别所囊括的各种类型的雇员。

E-2 条约—投资者签证类型适用于外国个人在美从事实质性投资的相关服务。当一名主要投资者的访美目的为发展和管理投资时，那么他就具备了取得 E-2 签证的资格。若一个公司内有多名投资者，就需要对他们进行控制性利益测试，查明对该公司的发展和方向负责的投资者。

由于这些签证是因条约而被授予的，合格的外国国民必须来自发起投资并依条约与美国合作的国家。例如，只有英国国民能作为一名英国投资者而有资格获得 E 签证。

CIS 对条约投资者进行了定义，条约投资者为：

---

[24]　尽管没有外交关系，条约条款仍适用于伊朗，但对伊朗人只能签发期限仅为 3 个月的单独入境签证，而 E-1 签证除了几种特殊例外，不予签发。因国际经济制裁，前南斯拉夫社会主义联邦共和国（包括其所有继承国）的国民目前仍为 E 签证所禁止。越南条约目前已经废止。

在美国一个真正的实际运作的企业中已经或正在积极筹备一项实质性资本投资的外国人。此处所指投资，有别于一个处于边缘状态的企业仅为生存而进行的相对小规模的投资……[25]

投资须为设立一家从事服务业或产品生产的实体企业。对于一家新设企业，该要求有一定的宽限，即可通过提交商业计划、财务预测、营业执照、合同或意向函及其他证据，证明该新企业确实要在市场中获取利润。需同时提交的材料还有公司设立证据，以及办公场所的租约或所有权证明。

例子

一家法国公司利用实质性金融投资在美设立了它的新子公司。投资方法国公司想要派遣它的两名员工——Jessica（英国国民）和 Jenna（法国国民）——前往美国公司担任总经理。她们都有在法国公司工作期间获得的管理人员资格。假设美国主体已经注册成为合格的接待实体，那么作为法国国民的 Jenna 就有资格取得 E 签证以便在美国作为总经理提供其服务。而 Jessica 由于不是投资主体法国公司的同国籍国民，尽管她和 Jenna 拥有同样的专业资格，却不能取得 E 签证。

[1] 对投资者的特殊要求

为具备 E-2 签证资格，申请者必须基于以下条件：

(a) 有美国和另一国（享受条约待遇的企业是该国的“国民”）之间的条约，包括双边投资条约（参见本书第 8 章）在内；

(b) 条约国国民在投资企业中至少有 50% 所有权；

(c) 通过享受条约待遇的企业寻求获得入境许可的主要投资者和企业雇员具有条约国的国籍；并且

(d) 为投资项目的发展所必需的并且在企业中扮演核心角色，即作为投资者来发展或指导投资，或作为一个合格的经理人或受过特别的训练具有高级资质的雇员。

[25] 8 C.F.R. § 214.2(e)(ii)(2).

一项具备 E–2 签证资格的投资须为：

1. **积极投资**。投资者须做出不可撤销的承诺，表明这些资金为实际、积极的投资。
2. **实质性投资**。该投资须为实质性的，只考虑那些是由投资者以其自有资源承担风险的融资交易。
3. **能够创造就业机会**。该投资不能为边缘性投资，即只能支持投资者及其家人的投资，它必须能为美国员工创造就业机会。

[a] 积极投资（active investment）

合格的投资须为“积极的”。投资资金应投入提供服务或生产产品的实际业务经营中，承担运营风险。不合格的投资包括：

1. 存于银行账户的中立基金，即便该账户为商业账户；并且
2. 为潜在升值潜力而进行的消极投资或投机性投资，如未开发土地或投资者未积极参与商业运营的债券。

例子

Jessica Favre 是一名投资者，购买了一处已使用并经营多年的购物中心。该项投资是“积极的”，因 Jessica 必须继续向承租商提供服务，经营维持购物中心，向外出租。如果 Jessica 只是雇一个管理公司打点购物中心事务，该项投资就会变成消极投资，因为她没有积极参与到业务中去。

[b] 实质性投资（substantial investment）

对于“实质性”，并没有设定最低投资额。但该项投资必须为：

1. 与所涉特定企业的总价值成比例（有一种普遍针对现有业务投资的检验方式）；或者
2. 设立一家筹划中的可实际运营的企业所需的一般金额（有一种特别针对新业务的检验方式）。

当外国母公司投资设立一家新的子公司，该项投资将会同其他任何对现存在美国的子公司进行的投资区分开来。

[i] **合格投资**（qualifying investment）

通常情况下，合格投资包括：

- 由投资者自有资产担保的贷款，例如房地产抵押；
- 未担保的贷款；
- 为购买业务经营所需设备、财产或置备启动存货而存于商业账户内的现金储备；以及
- 已购设备和财产的价值。

[ii] **不合格投资**（non-qualifying investment）

不合格投资包括：

- 抵押债务；
- 在投资者不付款的情况下，信贷机构对保证人有追索权的贷款；以及
- 不在公司账下的资金，如存于个人银行账户的资金。

合格的投资不能为边缘性的，不能只是出于维持投资者及其家人生计的目的。投资企业的边缘性是以其聘用外国投资者及投资者家人之外的美国员工的能力来衡量的。因此，投资者必须证明：

1. 该商业企业需要雇用除投资者以外的员工以维持经营；并且
2. 有可靠的收入以证明企业能创造足够的资金，在支付投资者维持生计的工资外，给美国员工支付报酬。

[2] **被调任的人员（transferring personnel）**

有资格取得 E 签证的人须为负责发展和指导企业的人员。只要投资企业中的雇员为从事需具备需要专业培训和资质的工作能力的条约国国民，并且需开展以下工作，他们就可获得 E–2 类型签证：

(a) 设立企业（启动阶段）；
(b) 培训或监督技术岗位上的员工，如生产、维护，或修理工；或者
(c) 不间断地管理和发展改进产品和质量监控。

只要贸易是实质性的，E–1 签证即可被无限期地续延；而如果投资持续存在，E–2 签证也可如此续延。且 E–2 签证可被转让给新的合格投资项目，这样专业人员可从已设立的子公司转移至新的子公司。E 签证持有者的配偶可取得在美为任一雇主工作的工作许可。

[E] 适用于澳大利亚公民的 E–3 签证

适用于澳大利亚公民的 E–3 签证是美国与澳大利亚之间自由贸易协定的产物。其只适用于将赴美从事专业工作的澳大利亚公民。他们无需在澳大利亚人所有的企业，或是某项外国新的投资中从业。目前，每年有 10,500 张此种类 E–3 签证被发放[26]。

E–3 签证类型是 H–1B 签证和 E–1/E–2 签证的混合体。它适用于符合下列要求的职业：

1. 某种高度专业化的知识在理论和实际中的运用；以及
2. 在某专业领域内取得学士学位或更高学位学历（或同等学力）。

申请 E–3 的美国雇主须在提交给劳工部的劳工条件申请（LCA）文件中证明其给予员工的薪资和工作条件待遇。经认证的 LCA 和其他用于分类的必备证据可直接提交给离申请者住家最近的美国领事馆审批。鉴于 E–3 类型是基于条约而签发的签证，它并不要求在美国领事馆签发签证前先向美国公民及移民事务署（CIS）提交申请。

§ 16.05　移民法的执法

本节将描述美国主要移民法执法机构，以及为帮助雇主遵守法律而设计的一项计划。

[A] ICE 和 IRCA

雇主必须遵守所有的美国移民法律。于“9・11”之后成立的“移民和海关执法局”

[26] 8 U.S.C. § 1101 (a) (15) (E) (iii).

(Immigration and Customs Enforcement，ICE）是国土安全部（Department of Homeland Security，DHS）最大的分支调查机构，并一直在积极执行移民法律。它将前美国移民规划局（INS）和美国海关总署的执法功能结合起来。它的既定任务就是保护美国不受恐怖袭击。依据其网站上的陈述，移民和海关执法局“以非法移民、支持恐怖行动和其他犯罪活动的人员、资金和物资为目标”[27]。美国法律对雇用无权在美国工作的外国员工的雇主施以包括巨额罚款和监禁在内的重罚。因此，不仅是员工自身负有风险，雇主也需负担证明员工合法性的举证责任。《移民改革和控制法案》(IRCA）[28] 要求雇主通过填报 I–9 表格证实其所有新雇员工的合法性。

绝大多数的移民和海关执法局调查需耗时近一年，并会有其他调查机构参与。所有雇主应有自我审查的 I–9 培训记录、公司内部 I–9“专家”以及 I–9 合规计划。这样做一方面能够避免触犯法律，另一方面也能表明其遵守 IRCA 的良好意愿。

移民和海关执法局调查已将严重的刑事违法行为予以曝光，这就向所有故意雇用非法移民的雇主发出了强烈的威慑信号。例如在 2008 年，移民和海关执法局处罚了一家在内华达州雷诺市及周边拥有 11 家麦当劳连锁店之特许经营商的现任、前任主管及公司本身。处罚理由为公司及其高管因鼓励非法移民在美居留并故意雇用非法员工而构成违反联邦移民法的重罪。公司同意支付 100 万美元罚金并接受缓刑。此外，公司的前副董事长还面临最高 5 年监禁和 250,000 美元的罚金。最后他被处以 3 年缓刑和 40 小时的社区服务。

现场执法的情形时常涉及其他违法行为，比如偷渡、藏匿非法移民，文件造假、洗钱、欺诈，或剥削劳工。但极端案件并没有减少移民和海关执法局对次极端案件的关注度。雇主须对自己的行为负责，而移民和海关执法局的机构和调查范围将不断扩大。

[B] 移民和海关执法局的 IMAGE 计划

并非关于移民和海关执法局的一切都会对雇主产生威胁。有一个计划可实际帮助保护雇主的权益。2006 年 7 月 26 日，国土安全部（DHS）引入了“ICE 政府与雇主间相互协议”(IMAGE)。随着对用工场所违法的刑事起诉的不断增加，DHS 宣称其收到了大量雇主寻求防止雇用非法移民的信息咨询。根据国土安全部提供的信息，

---

[27] 参见 http：//www.ice.gov.

[28] Pub. L. No. 99–603，100 Stat. 3359（1986）(分散地规定于 U.S.C. 第 7、8、26、42 和 50 节中).

IMAGE是一项自愿性计划，它的设计初衷是向咨询者提供问题解答以帮助雇主遵守法律。

作为IMAGE计划的一部分，移民和海关执法局和美国公民及移民事务署还提供有关适当的招聘程序、虚假文件检测、“基本试点就业认证计划”以及反歧视程序的教育和培训。但是，寻求参与IMAGE计划的雇主必须先同意提交由移民和海关执法局做出的I–9审计报告。参与计划后，雇主还需执行国土安全部的“最佳雇用实践”项目。

DHS的“最佳雇用实践”项目是为了：

1. 将“基本试点就业认证计划”运用到所有雇用活动中去。
2. 建立逐年更新的内部培训计划。该计划旨在培训雇主如何完成I–9表格（员工资格验证表格）的填写、如何检测I–9程序中文件的冒用问题，以及如何运用“基本试点就业认证计划”。
3. 允许I–9计划和“基本试点计划”程序只在已接受培训的个人引导下进行。为了将个人违反程序的可能性减至最小，以上程序还要对每个员工的资格进行复审。
4. 安排I–9年度审计（由外部审计事务所或不在I–9计划内的经过训练的员工进行）和电子验证程序。
5. 针对任何违法行为和发现的缺陷，建立向移民和海关执法局汇报的自我申报程序。
6. 针对从SSA（社会保障管理局）发来的不符信件建立回复制度（这些信件为SSA告知雇主移民姓名及其社保号码不相符并要求对其合法性进行追加调查的通知函）。
7. 建立针对未获准（非法）移民雇用活动的员工报告热线，以及回应员工举报的制度。
8. 建立并维护反对利用认证程序进行非法歧视的措施。
9. 建立针对公司承包商/分包商对“最佳实践”项目指导方针遵守程度的评估制度。以及
10. 向移民和海关执法局提交年度报告，从而对雇主参与ICE政府与雇主间相互协议（IMAGE）计划的结果和效力进行追踪和评估。

所有IMAGE计划的参与者会获得DHS“基本试点就业认证计划”的会员资格。

该事项是由移民和海关执法局执行的。这项计划使雇主得以通过比对新进员工的姓名和社保号，对其在美工作的合法性进行验证。该系统以互联网为基础，目前在50个州免费对雇主开放。它提供了自动连接SSA数据库和DHS移民记录的链接。遵守IMAGE计划的公司将会获得“IMAGE认证”。移民和海关执法局希望此种（是否获得认证的）有区别的安排能够成为行业标准。

§16.06 复合信号解释

通过采取出口控制和外国投资筛选措施，美国已向外国人发出了有关移民的复合信号。一方面，美国希望能表明她是一个商品、资本和人员开放的市场。而另一方面，“9·11”后，美国也希望能够通过加强控制以应对其感受到的国家安全的需求。这种矛盾心理导致许多法律（包括移民法）适用的混乱。对那些有兴趣在美国投资的人来说，战略性的解决方案是在尊重安全方面事宜的同时尽可能地发掘“开放”方面的平衡点。一旦找到平衡点，移民法律会鼓励外国投资者给他们的企业配备所能找到的最佳人员。

第 17 章

外国在美收购业务的海关法方面的考量

Michael S. Snarr

§17.01　概述

美国海关总署自“9·11”恐怖袭击之后改变了任务焦点，这从其重组为国土安全部下属的海关和边境保护局（CBP）可见一斑。新机构的目标是排除具有潜在威胁的进口来确保美国边境安全。为达到上述目的，海关和边境保护局被授予的职责范围已经超越了美国国境而触及其他国家。美国国会坚持不论工程有多浩大，所有进口商品都要被过滤筛选。外国投资者在美国和其他国家间进出口货物时，除了关注外国投资的商业方面的因素外，还必须意识到美国对安全因素的高度关注，以及相关的法律法规变化。

通过谨慎的计划，外国投资者能确保他们将进口零配件和产品的关税成本压缩至最小，避开美国海关法上不必要的责任，将国际生产链上的可预见性和效力最大化，遵从由多个政府部门实施的美国国家安全和反恐举措，并防止竞争者提出潜在的造假或国家安全的指控干扰美国业务的收购或经营。

§17.02　引言

依靠将物资和产品移入美国的公司要想将成功最大化，就必须掌握遵守美国海关法律的技巧。若未能做到，将会引发额外的关税、惩罚、罚金、没收等不必要的风险，还会影响公司在竞争环境下预见性地遵守发货期限的能力。海关和边境保护局采取的后“9·11”安全措施对粗心的公司和个人将造成额外的障碍，影响物流效率。外国投资者不仅需在自身投资经营过程中知晓这些法律，也要于并购的尽职调查阶段将避免目标公司的违法责任考虑在内。

本书第 17.03 节对决定进口商品的认定和关税计算的美国海关法进行了综述。第 17.04 节勾勒出了海关和边境保护局的“合理注意”和“知法守法”政策的轮廓，进口者应遵守这些标准。第 17.05 节描述了海关和边境保护局的执法权力和程序，而第 17.06 节则对海关和边境保护局负责的后“9·11”时代的国家安全政策的执行进行了介绍。最后，第 17.07 节对外国收购者在考量是否收购美国商业主体时需要注意的海关风险进行了分析。

§ 17.03　美国海关法综述

进口至美国的商品，或是应纳税的，或是可免税的。决定是否征税、应征多少税的因素是商品的分类、估值以及原产地。

[A] 关税分类

进口商品是根据《美国国际货物编码》(*Harmonized Tariff Schedule*,HTS，简称《国际货物编码》) 进行分类的，内含一份全面的代码清单，代表各种类别和货品名[1]。《国际货物编码》(HTS) 基于由世界海关组织 (WCO) 制定的《国际商品统一分类制度》(*Harmonized Commodity Description and Coding System*，HS)，世界上几乎所有的国家都采用了该制度。《国际商品统一分类制度》(HS) 为近乎 5000 种产品类别提供了 6 位分类数字代码。《国际货物编码》则在《国际商品统一分类制度》的基础上增加了 4 位 (共 10 位) 代码，以便于日后的进一步分类和统计记录。

头 2 个代码数字指代的是章节标题。例如，第 44 章，它包括“木材及木材制品；木炭”。头 4 个代码数字构成“标题”；后 6 位构成“子标题”。

“一般解释规则” (General Rules of Interpretation，GRI) 为《国际货物编码》建立了一套规制适当分类的简单规则等级。例如，“一般解释规则” (GRI) 第 1 条要求货物的头 4 个数字标题必须先参照“以及任何相关章节说明”提供的代码进行分类，之后才能对后 6 位子标题或后 8 位数字进行分类。

除了分类代码和进口商品描述外，《国际货物编码》还列出了海关关税税率，确认了自由贸易协定或其他计划下的关税优惠，如以下《国际货物编码》表格所示：

标题 / 子标题	属性后缀	物品描述	单　位	关税税率		
				1		2
				一般	特殊	
4403(con.)		未加工的木材，无论是否剥去树皮或边角料，或粗方木 (con.) 其他：				
4403 91.00		橡树 (高山栎)……………………………	……………	免税		免税

[1] HTS 由美国国际贸易委员会保存，并可在 http：//www.usitc.gov/tata/hts/bychapter/index.htm 网站上浏览。

续表

标题/子标题	属性后缀	物品描述	单位	关税税率		
				1		2
				一般	特殊	
	20	红橡树	m^3			
	40	其他	m^3			
4403 92.00	00	山毛榉（山毛榉属）	m^3	免税		免税
4403 99.00		其他		免税		免税
		纸浆木：				
	22	白杨，山杨，三角叶杨	m^3			
	24	其他	m^3			
		杆，堆，柱				
	26	白杨，山杨，三角叶杨	m^3			
	27	桦树	m^3			
	29	其他	m^3			
		其他				
	30	桦树（桦类）	m^3			
	40	白蜡树（白蜡木类）	m^3			
	50	西方赤杨木（美国赤杨）	m^3			
	55	樱桃树（李子类）	m^3			
	60	枫树（槭类）	m^3			
	65	鹅掌楸（北美鹅掌楸）	m^3			
	67	其他杨树，山杨或三角叶杨	m^3			
	70	胡桃（山核桃类）	m^3			
	75	泡桐（泡桐属）	m^3			
	91	其他	m^3			
4404		冬青：劈开的杆，桩，尖板条以及木棍，尖的但是未被纵向锯开，木棒，粗加工但未经削磨、弯曲或以其他方式进行处理，适于制造手杖、伞柄、工具把手或类似物件；木片及类似物件；				
4404.10.00		松柏科		免税		免税
	40	尖桩篱栅、栅栏、围栏	X			
	80	杆，堆，柱	X			
	90	其他	X			
4404.20.00		非松柏科		免税		免税
	40	尖桩篱栅、栅栏、围栏	X			
	80	杆，堆，柱	X			
	90	其他	X			
4405.00.00	00	刨花（精细的）；木粉	kg	32%	免税（A+,AU,BH,CA,CL,D,E,IL,J,JO,MA,MX,OM,P,PF,SG)	33.1/3%
4406		铁轨或电车枕木				
4406.10.00	00	未浸染的	m^3 No.	免税		免税
4406.90.00	00	其他	m^3 No.	免税		免税

第 1 列中的“一般”为从与美国有着普通贸易关系的国家进口的商品提供了适用的关税税率。第 2 列为先前适用于共产主义国家产品的税率。今天，第 2 列的税率已几乎不再使用了[2]。

第 1 列“特殊”下的缩写指代的是各种自由贸易协定或其他优惠安排。例如，“AU”表示依据美国—澳大利亚自由贸易协定的优惠待遇；“CA”和“MX”指的是依据北美自由贸易协定针对加拿大和墨西哥产品的优惠待遇；而“D”指代的是依据非洲经济增长与机遇法案的优惠待遇。这些及其他术语都在《国际货物编码》的一般解释规则中进行了解释。

若商品应征关税，税率可以是价格税率、特别税率或混合税率。绝大多数税率是按价格确定的，这意味着关税是根据商品价值之百分比估算的（例如 3%）。特别税率是用单位重量或其他计量方式（例如每千克 25 分）估价的已公布税率。混合税率是以上二者的结合。适用的税率可从一个商品分类变化至另一个。因此在决定是否征税、征多少税时，分类将会是一个至关重要的因素。

对商品最初的分类决定是基于“进口商记录”做出的，即进口商品的所有者、购买者或其他准备进口文件的指定人员。分类决定将会由海关和边境保护局进口专员审核。他们会决定在《国际货物编码》所进行的众多描述中哪一个是对该商品最正确的描述。

进口专员只负责特定类别的商品，并因此成为这些类别的专家。进口专员会见进口商、海关经纪人或代理人商讨商品性质的情况并不少见。海关和边境保护局也会对它们实验室中的特定商品进行专门分析。

[1] 关税增加的通告

如果进口专员不同意进口商记录所提供进口文件中的《国际货物编码》分类，他会给进口商品重新指定《国际货物编码》代码。这一分类的重新指定行为会降低适用税率，不过更大的可能是会导致适用税率的增加。如果海关和边境保护局基于进口专员的推荐决定某个商品的入境税率或价值太低[3]，进口商会立刻得到通知。

入境“清算”（liquidation）是关税义务的最终计算，应于通知发出后的 20 日内做出，除非海关和边境保护局确信存在相反的有说服力的理由。入境清算后 180 日内，异议者可以提交“抗议”（对决定进行行政复审的请求）进行上诉。

---

[2] HTS 明确了第 1 列适用于从古巴和朝鲜进口的商品，但由于其他法律几乎禁止同这些国家进行任何贸易，因此第 2 列极少被使用。

[3] 参见 19 C.F.R. § 152.2. 如果入境关税的增加少于 15 美元，被认为是微量增加。

[2] 关税分类裁决函

进口商、出口商或其他任何与该议题有直接关系并对此表现出兴趣的人，都有权在商品入境美国之前获取一份有约束力的商品分类裁决函。这一事前裁决函给了贸易公司知晓商品进口美国所应付关税税率的安全保障。

关税分类裁决请求内容包括对商品的描述、用途、构成、是否有任何技术设计、价值、价格，以及在美的销售价格。请求方可要求海关和边境保护局通过将相关信息指定为机密，并提供为何这些信息需保密的原因，以对裁决函中的某些信息给予保密待遇。

若裁决函的接收者不同意海关和边境保护局的分类，其可直接向海关和边境保护局位于华盛顿特区的总部提出上诉。裁决一旦发布，未来所有的商品入境都将采用这一关税分类。

海关和边境保护局裁决函对裁决请求中的特定交易具有约束力，直到该裁决被撤销或修改。对于其他交易，只有在物品相同且事实相同的情况下，裁决函才适用。包含先例的裁决会公布在《海关公报》上。由其他海关和边境保护局地区办公室做出的不一致决定需上报海关和边境保护局总部，总部对不一致处进行审核后发布决定。有时，口岸负责人会标注出不一致裁定并上报总部裁决，但申请者要确保不符之处已被明确标示出来。

[B] 估值

为进口商品建立价值评估，需要海关和边境保护局采用合适的关税评估方式。在这种评估方式中，绝大多数情况下适用关税税率是按价计算的。进口商记录需精确记录海关和边境保护局进口文件上的价值。

> 决定进口商品价值最普遍的方法是“交易价值”，该价值通常为售价。在法律上，其被定义为[4]：
>
> ……为出口至美国的货物实际支付或应支付的价金，加上相当于——
>
> (A) 买方承担的有关进口货物的包装成本；
>
> (B) 买方承担的有关进口货物的销售佣金；

[4] 19 U.S.C. § 1401A (b) (1).

(C) 适当分摊的辅助费用[5]；

(D) 买方被要求直接或间接支付的进口货物的特许权使用费或许可费用，作为货物出口至美国进行销售的条件；以及

(E) 直接或间接自然产生的，加诸卖方的后续转售、处置或进口货物使用的收益。

如果货物的交易价值无法确定，可以适用其他方法，例如利用相同或相似货物[6]的交易价值作为参考。

[C] 原产地规则

在简单案例中，完全在外国生长、生产或制造的进口商品被视为原产于该国。但是，决定某进口产品的原产地却可能会成为一个非常复杂的问题，因为精密产品的各部件往往是来自许多不同的国家。美国法律制定了“原产地规则”以帮助决定进口产品的原产地国家。

[1] 目的

进口商需在入境文件上声明货品的原产地。该项声明能够达到多项目的：

1. **估定关税**。海关关税依进口商品原产地的不同而不同。在某些情况下，反倾销、反补贴税也会适用于某些来自特定国家的产品。
2. **标记和标签要求**。由于法律要求商品上应贴有标记和标签，原产地声明有助于更好地遵守法律。
3. **保存国家贸易统计资料**。原产地声明允许政府收集和管理进入美国的物流数据。
4. **依据立法程序和自由贸易协定（FTAs）决定关税优惠资格**。原产于特定国家的商品有权享受美国立法程序和国际协定的关税优惠。只要物品符合项目中对“产品”的定义，例如普遍优惠制、加勒比海盆地经济复苏法案以及《北美自由贸易协定》(NAFTA) 等方案为其提供了零关税或关税减让。
5. **配额**。原产地声明允许政府监管产品原产地国的专有配额。

---

[5] “辅助”是买方在生产过程中免费或减价提供的使商品能够在美国进口销售的物料。协助包括：在其他材料中，成为进口商品一部分的材料，以及制造产品所用的工具。

[6] 参见 19 U.S.C. § 1401a (a) (1).

6. **退税**。当进口物品成为美国境内“生产或制造”的新物品并出口时，美国法律规定可返还原进口物品[7]征缴的关税。

［2］实质性改变标准

海关和边境保护局规章对“原产地国”的定义为：

> ……任何进入美国的外国原产物品的制造、生产或生长国。在其他国家进行的对该物品的深化工作或材料添加，都必定会对其产生实质性改变，从而使该“其他国家”成为本部分[8]意义上的原产地国。

从传统上说，若某一物品在制造、生长或生产过程中历经改变，海关和边境保护局和美国法院已采用一种被称为“实质性改变”（substantial transformation）的测试标准来决定该物品的原产地。如果该物品因在其他国家的生产改变而产生了新名称、新特性或新用途[9]，这就可以称为其历经了“实质性改变”而获得了新原产地国。除此之外，海关和边境保护局和法院还考虑了以下几个因素：制造过程中的增值；制造物品组成部分的加工特性；成品后物品的“实质特性”；以及因制造导致的关税分类变化。商品的部件从一个国家进口，而在另一个国家组装。若商品在组装国发生了实质性改变，就可在其上标记组装国国名。法院已反复强调，实质性改变案例是在个案分析基础上判定的[10]。

［3］关税变化（分类变化）

从加拿大或墨西哥——这两个国家都与美国签署了《北美自由贸易协定》（NAFTA）——进口的商品适用另一种决定它们原产地的方法。加拿大和墨西哥认为

---

[7] 有资格获得退税的物品，须为“一项转化，出现一个全新不同的物品，拥有不同的名字、性质或用途”。Anheuser-Busch Brewing Ass'n v. United States，207 U.S. 556（1908）. 本案开始出现采用“实质性改变”测试来决定进口商品的原产地。这种商品生产中的改变应足以保证能使商品指定的原产地发生改变。

[8] 19 C.F.R. §134.1(b).

[9] 参见 Anheuser-Busch Brewing Ass'n v. United States，207 U.S. 556（1908），United States v. Gibson-Thomsen Co.，27 C.C.P.A. 267（C.A.D.）（1940），；Torrington v. United States，764 F.2d 1563，1568（Fed. Cir. 1985）；National JUICE Products Ass'n v. United States，628 F. Supp. 978（Ct. Int'l Trade 1986）.

[10] CBP 于 2008 年 7 月提出了一项新规则，将“实质性改变”标准永久性取消，采用“关税变化”方法来决定绝大多数商品的原产地国。这一方法主要依靠成品物品的分类标题变化来变更物品的原产地。变更遵循的是《北美自由贸易协定》，及其他近期签订的美国贸易协定中的“关税变化”原产地规则。但是 CBP 仍将“实质性改变”标准作为终裁依据。

“实质性改变”标准在决定原产地时太过主观。因此，《北美自由贸易协定》提出了一项更详细、据说是更具可预测性的原产地规则，旨在确保那些在《北美自由贸易协定》成员国生产或制造的商品有权获得关税优惠待遇，以达到促进自由贸易[11]的目标。

完全在《北美自由贸易协定》成员国制造的商品被视为是原产于该国，并可免税入境美国。在《北美自由贸易协定》成员国制造但部件非原产于NAFTA成员国的商品，可在特定情况下取得NAFTA成员国原产地认证。为了给确定何时某物品历经了足以使其原产地改变为NAFTA成员国的情况变化提供更多的可预测性，NAFTA的合作伙伴们商讨出了一份长长的清单，将关税计划中每一个有资格获取新原产地认证的分类变更一一列举。由于这些商品采用的生产制造过程会导致《国际货物编码》关税分类代码的变化，因此这种变更被称为“关税变化”（tariff shift）。

关税变化原产地规则（tariff shift rules of origin）类似于将普通法中所适用的为确定商品原产地的“实质性改变”主观标准予以法典化。依据关税变化原产地规则，对于某项进口商品必须经历何种实质性改变才能够被认定为它们源于该等改变所发生的那个国家这个问题，这种实质性改变是用进一步加工而导致的关税分类的特定变化来表述的。

以墨西哥进口的人工调味柠檬水为例。这种柠檬水应被分在《国际货物编码》第22章（“饮料、烈酒和醋”）项下，关税代码为2202.10.60。假设柠檬水用的是印度食糖，而水和其他调味料成分都产于墨西哥。

对此，《北美自由贸易协定》中有一条“关税变化”原产地规则，其为“[a]变更至其他任何章节下副标题为2202.10的加糖和/或加味水”[12]。用于制造柠檬水的印度食糖则会被归类在《国际商品统一分类制度》第17章（“食糖和糖果”）。由于柠檬水中不产于墨西哥的成分都未归类在第22章项下，这种柠檬水有资格享受NAFTA优惠待遇。唯一不产于墨西哥的成分（印度食糖），是被分类于原产地规则规定的“其他任何章节”中。因此，依据《北美自由贸易协定》原产地规则，印度食糖可被认为历经了足以产生关税变化影响的改变，墨西哥成为了它的新原产地国，享受优惠待遇。

后《北美自由贸易协定》时代的某些美国自由贸易协定并未在其原产地规则中采用关税变化细目表。例如美国与以色列、摩洛哥签订的自由贸易协定就是采用法院适

---

[11] 参见North American Free Trade Agreement Act，Statement of Administrative Action，H.R. Doc. 103−159 at 492（1993）（NAFTA SAA）.

[12] 参见19 C.F.R. § 102.20 under HTSUS 2202.10.

用的“实质性改变”标准。但是，新近签订的美国自由贸易协定则更多是采用类似于NAFTA 关税改变规则的原产地规则[13]。

[D] 标记 / 标签要求

除非存在特别的例外情况，所有进口至美国的外国原产物品必须进行标记。标记对象应指向美国的最终购买者，内容为进口物品的原产地国家名称。标记应著于物品的显著位置，以清晰的英文表述，并能随物品长久保存。国会通过该规则的意图为，如果这个标记足以影响最终购买者的决定，那么最终购买者可在了解商品的生产地后决定是否购买。

某些物品被免于标记要求，例如以下物品：

1. 无法标记的；
2. 在装运至美国前进行标记将不可避免地造成损害；
3. 在装运至美国前无法进行标记，除非花费一笔在经济成本上会禁止该项进口的费用；
4. 容器上的标记可合理地表明物品的原产地；
5. 为天然物质；
6. 为进口商使用目的而进口，而非销售或其他任何意图；
7. 非以隐瞒原产地为目的，由进口商自己或为进口商利益，将物品在美国境内加工，对于已经添加的标记必须使其消失、去除，或永久性隐藏；
8. 由于物品的进口环境或本身特性，应让最终购买者知晓其原产地国，即便物品本身未标记表明其原产地；
9. 在进口至美国前已产出超过 20 年；
10. 为直接出口或运输和出口而存入仓库或从仓库提出的物品；
11. 免关税的美国水产品；
12. 美国国有物品；
13. 出口并返还的美国物品；
14. 进口后不能以经济可行的费用进行标记的物品，但进口商、生产者、销售者

---

[13] 参见 U.S.-Chile FTA Article 4.1 (b) (i)；U.S.-Australia FTA Article 5.1 (b)(i)；CAFTA-DR Article 4.1 (b)(i).

或发货人欲规避本法的要求而未在进口前给物品作标记的除外。[14]

附件 17–A 是一份依据 19 C.F.R. § 134.33 条规定可以免标记的特定产品的清单。但是，即便物品本身可免于添加标记，但它们的容器必须标有原产国的清晰标记。若进口商品在脱离海关和边境保护局的监管后重新包装或进行了处理，进口商应保证并未遮掩或隐瞒标注在物品上的原产国标记；否则，其应确保新容器上标有原产国标记。

未能正确标记的物品适用最终估定价值 10% 的额外关税，除非它们在海关和边境保护局的监管下出口或销毁[15]。不正确标记的商品可在入境前送至外贸保税区[16]或保税仓加标。根据标记问题的程度，某些情况下也会安排在海关和边境保护局入境口岸将问题更正。任何意图将原产国标记移除的行为会导致上限为 5000 美元的刑事罚金和 / 或 1 年监禁[17]。

[E] 抗议

进口商可对海关和边境保护局有关商品分类、适用税率或商品估值的决定提出正式抗议。抗议的递交向 CBP 传达了进口商不同意 CBP 的决定，并希望 CBP 能够重新考虑、撤回决定。提交抗议也确保了进口商在 CBP 不撤回决定的情况下，还有向管辖法院［即美国国际贸易法院（The United States Court of International Trade，CIT）］申请重审和撤销的机会。抗议必须在被做决定的进口商品入境清算后的 180 日内提出。

§ 17.04 “合理注意”和“知法守法”

美国法律要求进口商应完成和提交准确的入境文件材料，材料内容有关分类、估值、原产地，以及其他涉及确保进口商品能被合理定税、数据被准确收集[18]的信息。

---

[14] 19 C.F.R. § 134.32.

[15] 15 19 C.F.R. § 134.2.

[16] “外贸保税区”是指一处限制进入的地点，毗邻海关入境口岸或在口岸内。外贸保税区由海关服务机构监管、基于一家已经获得海关和边境保护局授权的公司的保证，根据公共事业管理原则进行运营。参见 15 C.F.R. § 400.2 (e).

[17] 19 C.F.R. § 134.4.

[18] 参见 19 U.S.C. § 1484.

进口商在完成以上手续时，要尽到“合理注意”义务。他们必须满足标记和标签要求，并有义务对海关和边境保护局的法律、法规和政策“知法守法”：

> **知法守法**是由海关和边境保护局与进口者之间分担的义务。CBP 需要有效地将其要求传达给受这些要求约束的相关行业、人员和业务，使其按美国的法律法规从事合规的业务活动。知法守法的关键点是进口商被寄希望于能够在进口业务[19]中尽到合理注意。

为帮助进口商人更好地“知法守法”[20]，海关和边境保护局在其网站上提供了大量进口题材的出版物。在这些出版物中，CBP 提供了几份清单，内容包含了进口商对于是否已依法尽到“合理注意”义务所进行的自我评估。这些清单被摘录在附件 17–B 中。

海关和边境保护局的法规要求有关人员，尤其是进口商、海关经纪人及进口业务所有人要保留自商品进口之日起算的 5 年的海关进口检测记录。有关退税[21]申诉的记录必须保存 3 年。若未能及时应要求制作记录，会导致不超过 100,000 美元或检测所确定的进口价值的 75% 的罚款。

美国自由贸易协定对入境关税税率优惠请求提出了额外的记录保存要求。例如，《北美自由贸易协定》的“关税变化”原产地规则为建立、编制及核查优惠待遇请求提供了法律框架。NAFTA 第 501 条[22]介绍了原产地证书的要求，用于证明进口商品原产于 NAFTA 某一成员国[23]境内。尽管进口商在商品过境时会请求优惠待遇，但 NAFTA 成员国有义务要求出口商完成和签署原产地证书以支持优惠待遇请求[24]；若出口商有理由相信证书包含错误信息，成员国还有义务“及时书面告知收到出口商或者生产者给予的证书的人员”[25]。若出口商并非进口商品的生产者，他仍可基于以下几点签署和完成原产地证书：“(i) 其对于商品是否具有原产地商品资格情况的了解；(ii)

[19] “Importing Into the United States：A Guide for Commercial Importers，” U.S. Customs and Border Protection，Publication #0000–0504，(DEC. 05，2006)，网址为 http：//www.cbp.gov/xp/cgov/newsroom/publications/trade/iius.ctt/iius.pdf.

[20] 参见 http：//www.cbp.gov/xp/cgov/trade/legal/informed_compliance_pubs.

[21] 若进口物品成为在美国境内“制造或生产”的新物品的一部分并出口，美国法律规定可退还原进口物品支付的关税。见前述注释 7。

[22] 19 C.F.R. Part 181.

[23] 参见 NAFTA Article 501 (1).

[24] NAFTA Article 501 (3).

[25] NAFTA Article 504 (1).

其合理依赖于生产者所提供的商品具有原产地商品资格的书面证明；或（iii）由生产者自愿提供给出口商的，已签字的完整商品原产地证书。”[26] 因此，出口商承担了《北美自由贸易协定》中进口商所主张的优惠待遇请求合法性的证明责任。

进口时，进口商必须："(a) 基于能够证明商品具有原产地商品资格的有效原产地证书做出的书面声明；(b) 在声明做出时持有该证书；(c) 应成员国海关行政部门的要求，提供证书的复印件；并且 (d) 在进口商有理由相信其声明所依据的证书信息存在错误时，立刻做出更正声明，并支付所欠关税。”[27]

《北美自由贸易协定》成员国达成共识，原产地证书表格应要求出口商提供以下内容：其姓名、地址，以及出口商、生产者和进口商的税号；进口商品的“总体期限”[28]；对商品的描述；《国际货物编码》关税分类代码；商品在 NAFTA 成员国境内被视为“原产”的“偏好标准”或基准；出口商是否为生产者；是否净价计算被用于决定商品原产地；原产地国；出口商签署的证书[29]。

自《北美自由贸易协定》之后，自由贸易协定采用了一套不同的方法来测定原产于某个自由贸易协定适用国的进口商品。建立优惠待遇请求的责任在于进口商一方，而非出口商；尽管绝大多数信息与 NAFTA 原产地证书表格相同，但进口原始认证已无需那么正式。

§ 17.05　执法

进口商应承担违反海关法的法律责任。惩罚范围从民事罚金和没收财产，到刑事起诉和监禁。

[A] 引发惩罚的行为

《1930 年关税法》[30] 第 592 章规定，任何人均不得通过欺诈、重大过失或过失进行

---

[26] NAFTA Article 501(3).

[27] NAFTA Article 502(1).

[28] “总体期限”是指申请相似商品多种进口的原产地证书所需要的时间，但最长不超过 12 个月。参见 NAFTA Article 501(5).

[29] 参见美国国土安全部海关和边境保护局的美国进口表格，CBP Form 434，可见于网址 http：//forms.cbp.gov/pdf/CBP_Form_434A.pdf.

[30] 19 U.S.C. § 1592(a)(1).

以下行为：

1. 通过以下方法进入或试图进入美国商业领域，将商品引进或试图将商品引进到美国商业领域：
   a. 采用任何文件、书面或口头陈述，或实质性的错误行为；或者
   b. 任何实质性的不作为；或者
2. 帮助或唆使任何其他人违反以上规定。

无论以上行为是否导致海关和边境保护局无法征收应得利润[31]，该条款都适用。

若某项文件、声明、作为或不作为有可能改变商品或关税责任的分类、估值或许可性，或如果以上行为意图隐瞒反倾销、反补贴法律规定的不公平贸易行为，抑或不公平贸易行为包含了专利、版权侵权[32]，那么该文件、声明、作为或不作为就是实质性的。

《1930 年关税法》第 592 章规定了 3 种可追责程度：过失、重大过失和欺诈。

过失。如果在查清违法者的法律义务后，发现违法是因某个行为或多个行为（作为或不作为）造成的——或是没能做到一个在同样情况下的第三人在查清事实或得出结论的基础上所能尽到的合理注意，或是没能与接收者交流信息，让其明白信息的含义——此种违法可被认定为是过失。作为一般规则，如果违法是基于违法者未能行使合理的注意和能力以确保声明的正确性而造成的，该违法行为可被认定为是过失。

重大过失。如果违法是基于某项行为或多个行为（作为或不作为）导致的——或是明知行为后果，或是肆意忽视相关事实，并且无视违法者的法律义务——这样的行为可被认定为是重大过失。

欺诈。若行为人在交易中故意做出了（或不作为）实质性的错误陈述或行为，即有清晰确信的证据[33]证明，这些行为是自愿故意为之的。

公司管理者并未被排除在第 592 章的民事处罚范围之外，因为他们是代表公司行

[31] United States v. F.A.G. Bearings Corp.，8 C.I.T 201（Ct. Int'l Trade 1984）.

[32] 19 C.F.R. Part 171.

[33] 19 C.F.R. Part 171.

使职能[34]。

[B] 处罚程序

若海关和边境保护局有足够的理由相信存在违反《1930年关税法》第592章的行为，它应向相关人员发布书面通知，告知将对其处罚的意向。在通知中，CBP会对违法责任的程度以及所要求罚金数额做出暂时性决定。

通常，被通知人自通知寄出日起30日内可做出书面和口头陈述。该期限会在通知中特别说明，可长于或短于30日。之后，CBP会对所有适用证据进行考量，包括责任程度、是否之前进行了披露、违法的严重程度，以及减轻因素、加重因素，或特别因素。减轻因素包括：

归因于海关的错误。该因素包括海关和边境保护局官员给予的误导或错误建议，但该情况只适用于违法者对CBP提供的信息产生了合理依赖。若被申诉的错误建议并非以书面形式下达，则违法者要承担提供优势证据的举证责任。比较过失的概念可在决定各因素权重时使用。如果确认CBP的错误是导致违法结果的唯一原因，罚金可被撤销。如果CBP的错误是原因之一，违法者仍有责任，则海关和边境保护局的错误将被视为减轻因素。

配合调查。为了从本因素获益，违法者必须展现出比平常人接受海关和边境保护局违法调查时更良好的配合态度。一些配合调查的例证包括协助CBP官员审计违法者的账簿记录至不寻常的程度，以及协助CBP获取有关本次违法或其他违法的额外信息。仅仅是提供违法者的账簿记录一般不会被视为减轻因素。

立即补救措施。本因素包括在罚金通知发布前和在所欠关税税额确定后30日内支付实际关税损失。在某些极端情况下，本因素也可能包括开除违法员工。更正组织性缺陷或程序性缺陷并不被视为一个减轻因素。海关和边境保护局期望进口商或其他相关个人会寻求改变或消除导致违法行为发生的任何情况。

缺乏进口经验。缺乏经验只有在其为导致违法的原因，且违法行为并非由于欺诈或重大过失造成时才能作为一个减轻因素。

---

[34] United States v. Appendages，Inc.，5 C.I.T. 74（Ct. Int'l Trade 1983）.

良好的过往记录。违法者要想从此因素获益，其违法须是由过失或重大过失所导致，并且违法者必须证明其一贯的进口行为未违反《1930年关税法》第592章或其他禁止伪造或欺诈性进口行为[35]的法规。

加重因素包括：

……阻碍调查，在没有证据的情况下提供有关违法的误导信息，以及已为最终行政裁决[36]确定的先前存在的实质性违反第592章的行为。

可被看成特别因素的有：

无法对违法者获得管辖权，或无法对违法者执行判决。

无法支付减轻后的罚金。提出存在该因素的当事人必须出示文件证据支持其请求。文件包括：所得税返还复印件、目前的财务报表，以及独立审计报告。

特别费用。本因素可包括仅为向海关和边境保护局提交申请而进行的一次性电脑操作所需要的费用，帮助CBP分析涉及不寻常入境次数，且每次入境都涉及多种因素的案例，即涉及《国际货物编码》子标题9802.00.80的违法情况。普通的审计和法律费用（皆为一般性的和CBP的），或是提起赔偿诉讼的成本，都不被看成是特别费用。

海关和边境保护局已知悉。如果能够证实海关和边境保护局已知违法情况却没能告知违法者，导致其未能尽早采取更正措施，那么非欺诈案件的额外救济就会被准许。在这样的案例中，如果罚金的计算包含多次重复的同样的违法，那么CBP会实行最高额限制。若是利润损失案件，最高额即为CBP知晓违法行为之日起前两次违法的利润总损失；若为非利润损失案件，最高额即为完税价值的5%；若为出于过失的非利润损失案件，最高额为完税价值的2%。若违法者造成调查实质性迟延[37]，则本因素不得适用。

海关和边境保护局应将是否发现违法的情况告知所谓的违法者。若某人应担负额外的关税责任，通知中还必须陈述应付金额及该金额如何计算。额外关税可在30日

[35] 19 C.F.R. Part 171.

[36] 19 C.F.R. Part 171.

[37] 19 C.F.R. Part 171.

内支付。

[C] 罚金种类和计算

法律规定了依减轻因素的情况而定夺的罚金范围。

过失。金额不可超过：

1. 以下选择中的较少者：
   a. 商品的国内价值；或者
   b. 关税的 2 倍。或者
2. 如果违法情况并未影响关税估值，则为商品完税价值的 20%。

重大过失。金额不可超过：

1. 以下选择中的较少者：
   a. 商品的国内价值；或者
   b. 关税的 4 倍。或者
2. 如果违法情况并未影响关税估值，则为商品完税价值的 40%。

欺诈。金额不可超过商品的国内价值[38]。

若某人在海关和边境保护局开始正式的违法调查前，或在不知道 CBP 已开始正式的违法调查的情况下，向 CBP 披露违法情况，那么商品将不会被扣押，且金钱处罚可被减轻：

1. 对欺诈性违法：
   a. 关税损失的 1 倍；或者
   b. 若不存在关税损失，则为商品完税价值的 10%。
2. 对重大过失和过失，则为从清算日起算的关税损失利息，利率依据修改后的《1954 年美国税法典》(26 U.S.C. § 6621)[39]。

[38] 19 C.F.R. Part 171.

[39] 19 C.F.R. Part 171.

被调查的人员承担证明其不知正式调查已经开始的举证责任[40]。

[D] 没收和课税

若未在规定的期限内支付罚金，商品可能遭受扣押和没收。若海关和边境保护局相信被罚人员无偿还能力或在美国司法管辖之外，为保护美国收益[41]，其可将商品扣押。

当违法行为剥夺了美国国家利益，不论是否征收罚金[42]，CBP 都会要求违法者支付关税。

第 592 章规定的违法追诉期限为 5 年[43]。

[E] 刑罚

伪造提供给海关和边境保护局官员的信息的行为是刑事违法行为，可导致罚金、最长 2 年监禁或两种处罚并用[44]。刑罚的执行可针对每次涉及商品进口的犯罪。

§17.06　后"9·11"时代的世界

"9·11"后，海关和边境保护局（CBP）采取了新政降低货物入境美国的安全风险。进口商应了解这些政策的现状以及它们未来的发展。

[A] C-TPAT——安全问题

"9·11"后，海关和边境保护局得出结论，只有通过与国际供应链上的终端所有者（如进口商、承运人、集运商、获得许可的海关经纪人，及制造商）紧密合作，

[40] 19 C.F.R. §162.71，§162.73(b)，和 §162.74.

[41] 19 C.F.R. §162.75.

[42] 19 C.F.R. §162.79b 和 §162.80.

[43] 19 U.S.C. §1621.

[44] 18 U.S.C. §542.

才能确保货物交易的安全。CBP 因此于 2001 年 11 月成立了海关贸易伙伴反恐计划(C-TPAT)。

海关贸易伙伴反恐计划是一个针对国际货物与运输的供应链安全计划。该计划允许 CBP 指定特定的进口商、海关经纪人、终端码头经营人、承运人以及外国制造者作为低风险的、可信任的进口交易者。这些进口交易者有着良好的供应链安全程序和管理。海关和边境保护局对这些公司减少了进口货物扫描程序，使得其能够将精力重点放在对涉及未知或高风险进口交易者的进口货物交易进行的审查上。

海关和边境保护局有一套分层级的海关贸易伙伴反恐计划成员结构。CBP 主张 C-TPAT 成员分享的利益与其在计划内的成员级别相对应。计划的申请者应提交合作信息、一份供应链安全文件，以及自愿参与确认书。供应链安全文件须勾勒出公司在其所在地采取的特别安全措施，内容包括：员工安全；物体安全；程序安全；存取监控；教育、培训和认知；申报程序；运输安全；危险意识；文件处理；商业伙伴和关系；卖主；以及供应商。CBP 审查申请者的安全文件，并复核公司历史上的守法、违法情况。被批准后，申请者将被指定为一级、经认证的、低风险的合作伙伴。

当海关和边境保护局对成员安全措施进行现场海关贸易伙伴反恐计划验证后，被认证的一级成员进阶为二级成员。对 C-TPAT 参与者的验证是有选择性的。这种选择是基于以下因素：某个特定的地理区域所带来的战略威胁；安全相关的异常情况；进口量和价值；“自由和安全贸易”（FAST）计划，其他加急处理的商业通关计划，或例行监督计划的参与情况。海关和边境保护局和海关贸易伙伴反恐计划成员共同执行基于成员的商业模式和安全文件制定的验证程序。验证的范围会变化或扩大，但其可包括对供应链特定部分、生产地、外国物流供应商和外国港口的检测。C-TPAT 还要求成员定期就公司已建立或打算建立的安全措施程序提供评审报告。对第三级成员的认定是保留给那些超过最低安全要求并承诺采取安全措施的公司的。

海关贸易伙伴反恐计划所提供的诸多“好处”就是“9·11”前海关和边境保护局的日常运营。但是，安保的加强增加了成本，海关和边境保护局选择将费用转嫁于私营企业。例如，允许“自我监督”代表了负担和责任的变化。因此，加入海关贸易伙伴反恐计划对于大多数想要重获“9·11”前通关效率的公司来说是有意义的，只不过现在它们要自行承担费用。

海关和边境保护局更乐于强调作为海关贸易伙伴反恐计划成员的好处，而不强调负担，并在其网站上列出了一系列的好处。最主要的好处在于为减少 CBP 边境检测的次数和延误。其他具体的利益包括：

1. 海关贸易伙伴反恐计划供应链专家作为海关和边境保护局验证、安全问题、程序升级、交流沟通和培训的联络者；
2. 提供身份认证界面（SVI）的路径，使成员能够识别出其他低风险、被认证的商业伙伴；
3. 减少合规措施检验的中选率；
4. 减少海关和边境保护局自定目标系统的风险评分，降低被检查的可能性；以及
5. 可使用通往加拿大和墨西哥边境的"自由和安全贸易"（FAST）通道。

提供给海关贸易伙伴反恐计划成员公司的确切利益基于公司参与C-TPAT的层级。因此，如果一家一级公司可获得海关和边境保护局自定目标系统的风险评分降低，则二级公司的评分就会更低，而三级公司的评分降低幅度更甚。

海关贸易伙伴反恐计划成员必须同意在其整个国际供应链中实施更多的安全措施，以换取低风险认定。它们还必须同意保护供应链，弥补安全漏洞，执行特殊安全措施和最佳安全实践，允许C-TPAT触及公司的尚未进入系统的安全措施。C-TPAT成员已在其供应链中加强安全的例证包括：

- 进行卖方定期审计，以确保其符合海关贸易伙伴反恐计划安全准则；
- 基于对C-TPAT计划的参与和安全准则的遵守情况，调节服务提供者和卖主之间的商务合同关系；
- 为质量保证人员或去参观国外卖方和工厂的非安全相关的审计人员安排经常的、定期的货物安全训练[45]。

2008年6月28日，海关和边境保护局与加拿大边境事务署（以下简称"CBSA"）签订了一项协议，该协议表明海关贸易伙伴反恐计划将与加拿大的货物安全程序Partners in Protection（以下简称"PIP"）互相兼容。在CBSA和CBP对两国的货物安全程序进行广泛而细致的讨论之后，双方达成了共同认可的协议。该协议指出两国将采用类似的安全标准，在执行现场验证方面也将批准合作方公司在它们各自的货物上

[45] 参见《美国海关和边境保护》，《全球供应链的安全》，可从下列网址获得：http：//www.cbp.gov/linkhandler/cgov/trade/cargo_security/ctpat/what_ctpat/ctpat/strategicplan.ctt/ctpat_strategicplan.pdf.

采用类似的安全软件。这个共同的认可协议将使美加两国商贸流通更加合理化，虽然每一种计划的参与者需要提出单独申请，但该协议在施行后仍将简化有关程序，能够使加入一种计划的公司更容易参加到另一种计划中去。美国海关和边境保护局最近又与新西兰和约旦签订了类似的双边认可协议，并致力于全球供应链的安全标准之完善。

[B] 进口商安全申报规则

进口商安全申请规则——最初，因为对进口商和承运人增加了提供额外数据元素的要求，被称为“10+2”动议——在2009年1月被海关和边境保护局执行，以满足《所有港口安全性及问责法案2006》(*Security and Accountability for Every Port Act of* 2006)[46]中提出的要求。

该动议的目的在于增强海关和边境保护局识别目标高风险货物的能力，即通过货物的相关流动在被普通船只装载时提前发现该货物，提高对货物描述的准确性，以及允许海关和边境保护局在供应链中识别出低风险的船只。海关和边境保护局之前依靠承运人所出示的相关信息来执行预先目标船只的装载。新的规则要求进口商和跨洋承运人提供额外的数据元素，并且这些元素不能出现在承运人仓单上。

进口商必须在将货物装载到一个以美国为目的地的商船的24小时前，用电子方式向海关和边境保护局提供8个数据元素：

- 卖方（或所有人）的名称和地址；
- 买方（或所有人）的名称和地址；
- 进口商的海关登记号码/外贸区申请识别码；
- 收货人号码；
- 制造商（或供应商）的名称和地址；
- 送达方的名称和地址；
- 原产国；
- 《美国国际货物编码》代码。

[46] Importer Security Filling and Additional Carrier Requirement；Interim Final Rule，73 Fed. Reg. 71730（Nov. 25，2008）.

两个额外的数据内容必须尽早提交，且最迟不得晚于船只抵达美国港口前 24 小时。这两个数据内容如下：

- 集装箱的装箱地点；
- 集运商（装填工）的名称和地址。

该规则要求承运商在货物被运输到美国之前，提供以下两条信息（除常规的承运人要求之外）：（1）货柜船上堆栈详图通常被用来传达开往美国的船只上货物堆放的物理位置的信息；以及（2）每天要向海关和边境保护局报告的集装箱信息，包括集装箱的移动和状态的变化（如空箱或满箱）。

在运输过程中的货物，或仍然留在船上的外国货物（以下简称“FROB”），仅要求汇报《进口商安全申报》所要求的 5 个额外数据元素：

- 订舱方名称和地址；
- 外国卸载港；
- 交货地点；
- 送达方的名称和地址；
- 商品的 HTSUS 号码（6 ~ 10 位）。

海关和边境保护局可以根据《进口商安全申报》对进口商征收协定赔偿金，如果进口商没有及时、完整并精确地提供相关申报文件，每次可向其征收 5000 ~ 10000 美元的逾期罚款。如果承运人没有满足《进口商安全申报》的有关要求，也会被征收协定赔偿金。

§ 17.07　后续责任：有关收购的海关法议题

并不是每一起收购或投资所引发的商品运转都会涉及美国海关的活动。但是，只要可能涉及商品的流转，最好能谨慎地考量是否有任何与海关有关的责任，并做出遵守海关规则的计划。

外国投资者考虑收购一家从事进出口业务的美国公司时，需要检查目标公司的进口业务是否存在与海关和边境保护局相关的未披露的义务。该公司可能欠 CBP 关税、反倾销税和反补贴税。它可能还存在有未付的罚金或协定赔偿金，或 CBP 扣押了它的船只。目标公司在报关手续的相关事项中可能存在疏忽或更严重的错误，如在货物的分类、估值和原产地的陈述上存在问题。同时目标公司可能没有对下列信息保持恰当的记录，包括报关、将风险和实质性惩罚披露给审计人员。

在海关事项中，美国国际贸易法院（CIT）有排他的管辖权。该机构解释，与在其他情形下一样，承继人责任原则适用于海关法律："当 A 的资产由 B 接管，B 承诺付清 A 的债务，B 所做出的该承诺可以由 A 的债权人强制执行。"[47] 在下列情况下，一个公司的承继人对前人的债务"包括对海关和边境保护局的债务"负有清偿责任：

1. 存在明示或暗示的协议表示要承担过去的债务；
2. 公司形式的改变构成了"事实上"的兼并；
3. 承继公司只不过是被接管公司的单纯延续；或者
4. 公司形式的变更是为了达到欺骗债权人的目的。[48]

美国国际贸易法院对于如何构成"事实上"的兼并（de facto merger）以及什么是"延续"（continuation）进行了描述，并且给出了测试的方法。法院考虑 4 个因素来决定"事实上"的兼并发生的情况：管理的连续性；股东的连续性；卖方公司立即解散；买方公司责任的承继是继续运营公司所必需的[49]。

鉴于兼并通常会涉及两个实体的合并，延续则会"导致由二变一的转变"[50]。在延续的过程中，购买了旧公司所有资产的新公司，必须像旧公司一样继续进行活动。在"事实上"的兼并中，延续的一个关键因素就是公司官员、董事和股东的延续性[51]。

海关和边境保护局已经公布了承继人责任的标准，这一标准同时被美国工业安全局（U.S.Bureau for Industry and Security，BIS）和美国商务部的一个部门所采用。美国工业安全局将在承继公司违反"实质性延续"标准的情况下对其进行处罚，"实质

---

[47] 参见 United States v. Ataka America，Inc.，826 F. Supp. 495，498（Ct. Int'l Trade 1993）（internal citations and quotations omitted）.

[48] *Ataka America*，826 F. Supp. 495，498.

[49] *Ataka America*，826 F. Supp. 495，499.

[50] *Ataka America*，826 F. Supp. 495，499.

[51] *Ataka America*，826 F. Supp. 495，499.

性延续”标准是“单纯延续”标准的一个更加宽泛的版本，它没有对股东延续性的要求[52]。“实质性延续”测试并不要求有字面意义上的对资产的购买来追究承继人的责任，只要这里存在某种形式的资产转移。在此测试下，美国工业安全局考虑：（1）承继人是否保留了同样的雇员和监督人员，同样的生产设备是否在同样的位置；（2）是否继续生产同样的产品；（3）保留同样的商业名称；（4）维持了同样的资产和大体上相同的商业行为；以及（5）向公众表明其自身是对之前公司的延续。

收购方应该对目标公司的海关法律合规和违法责任进行彻底的尽职调查，以此将目标公司过去行为中的潜在责任风险进行最小化处理，同时也可以避免在未来有可能发生的合规性问题。尽职调查清单中的某些特定条款应当与编制合规计划里面的重要条款相一致：

1. 了解目标公司进口行为的广度。
2. 检查先前的海关程序，包括任何未决的和已完成的强制行为，以及相关的海关报告、规则要求以及代表入境证件的样本。
3. 确保公司的报关监控员被授权可以从相关部门（如会计、工程、设计、采购、运输和接收部门）获取信息来保证公司遵守规定。
4. 检查公司内部的进口合规手册并检查与海关和边境保护局记录保存规定相关的政策或程序。
5. 确保遵守相关的海关法律、规定以及相关的自由贸易协定。
6. 确保遵守与海关和边境保护局管辖范围重叠的其他机构对于进口物品的相关规定，例如：
   a. 美国农业部（USDA）和动植物卫生检疫局（ASHIS）这两个机构有权对可能威胁农业健康的进口动植物进行管辖；
   b. 美国鱼类和野生动物管理局（FWS）可以在美国法以及《濒临绝种野生动植物国际贸易公约》（CITES）范围内对动植物及其产品的进口进行管辖；
   c. 食品与药品管理局（FDA）；
   d. 联邦烟酒枪械管理局（ATF）；

---

[52] BIS的“实质性延续”测试被美国海岸警卫队行政法法官采用于*Sigma-Aldrich*案中，见Order Denying Respondents' Motions for Summary Decision，Sigma-Aldrich Bus. Holdings，Inc.，01-BXA-06，Sigma-Aldrich Corp.，No. 01-BXA-07，Sigma-Aldrich Research Biochemicals，Inc. No. 01-BXA-11（Dep't of Commerce Bureau of Indus. & Sec. Aug. 29，2002），可见于网址http：//www.bis.doc.gov/enforcement/casesummaries/sigma_aldrich_alj_decision_02.pdf.

e. 美国环境保护署（EPA）；

f. 美国交通部（DOT）；

g. 美国消费品安全委员会（CPSC）对可能带来安全危险的国产和进口消费品有权进行管辖。

附件 17–A

免除标识要求的特定产品（19 C.F.R §134.33）

联邦法规

[第 19 篇，卷 1]

第 19 篇——关税

第 1 节——海关和边境保护局、国土安全局、财政部

第 134 部分——原产国标记——目录

子部分 D——标记要求的例外

第 134.33 小节 J——清单例外

下列清单中的某种或某一系列物品可以免去原产地标识的要求，这与 1930 年《关税法》（经修订）第 304（a）（3）（J）小节［19 U.S.C.1304（a）（3）（J）］的规定要求是相一致的。然而，如果清单中所描述的物品是通过集装箱进口的，那么该物品正常运抵最终买方时最外层的集装箱就必须标明其原产地，这与本部分的 C 分部分的要求是一致的。所有物品都已列进财政部决定 49690、49835 和 49896 号的清单中。与前述内容不同的任何引述都是对前述清单的修正。

物　　品	参　　考
艺术作品	
被分类在《美国国际货物编码》副标题 9810.00.15、9810.00.25、9810.00.40 和 9810.00.45 项下的物品	T.D.66–153
以良好信誉进口的古董但被证实为赝品的物品	
成袋的垃圾	
袋装的黄麻	
钢筋	
串珠	

续表

物　品	参　考
轴承，滚珠，直径在 5/8 英寸及以下	
即将进行电镀处理的金属板	
收割用帽子的主体部分	
螺栓、螺母及垫圈	
石楠木原木	
煤球，原煤或焦炭	
最大为 1 英寸的带扣	
麻袋	
扣子	
扑克牌	
片、卷、带形式的玻璃纸或赛璐珞片	
以胶囊、药丸、药片、锭剂或片剂形式进口的化学药品、麻醉药品或类似成分的物品	
香烟和雪茄	
吸管水壶的包装	
未镶边框的用于钻石切割的模具	
木销子	
戏剧用品	
禽类的卵	
羽毛	
木柴	
没有被进一步压平、制榫或制出凹槽的木地板	T.D.s49750；50366（6）
人造花朵，成捆的除外	
切碎的花朵	
被切割成一定形状和尺寸能够用于钟表、手表、怀表和化妆镜的玻璃，以及其他有着类似形状和尺寸的玻璃，不包括镜头以及表蒙子。	
滑轨、家具，有插脚的滑轨除外	
束发结	
生兽皮	

续表

物　品	参　考
鱼钩（除装好钓线的鱼钩以外）	T.D.50205（3）
木圈，箍桶用	
板条	
皮革，处理过的除外	
家畜	
锯好的木材	T.D.s49750；50366（6）
金属条，混凝土用钢筋除外；方钢，钢块，钢坯；钢锭；铸模；金属板；金属片，电镀过的金属片除外；曲轴毛坯；板材；以及其他类似形式的金属	
未被进一步加工成特定尺寸、形状和形式的云母	
纪念碑	
钉子，长钉，订书针	
天然产品，如蔬菜、水果、坚果、莓子；死的或活的动物，鱼类和鸟类；所有以上物品在自然状态或未经其他处理足以保证其被安全运输的	
网，瓶子，线	
新闻用纸	
蜡纸	
纸浆	
羊皮证件纸	
作为零件从同一国进口的机器部件	
木质尖板条	
调音钉	
作物，灌木和其他苗木	
拧紧的栓塞	
竹竿	
木杆，栅栏	
木质纸浆	
碎布（包括抹布）	

续表

物　　品	参　　考
《美国国际货物编码》副标题 7302.10.10 到 7302.90.00 项下所涵盖的铁轨、接合板和连接板	
缎带	
铆钉	
绳索，包括钢缆、纤维绳、细绳、麻绳、缝衣绳和纱线	
碎片和垃圾	
螺钉	
木瓦，成捆的红桧木瓦除外	T.D.49750
装饰过或染色过的兽皮、皮草	
兽皮，生皮草	
海绵	
钟表用弹簧	
《美国国际货物编码》表副标题 9704.00.00 到 4807.00.00 项下所涵盖的邮票、邮资和税收	T.D.66−153
桶用板条	
钢圈	
枫糖	
铁路枕木	
颗粒最大不超过 1 英寸的汰渍（tides）	
锯开的木材	
笔架	
圣诞树	
精确分析所用砝码	T.D.s49750；51802
蜡烛灯芯	
金属丝，带刺铁丝除外	

[T.D. 72−262，35 FR 20318，Sept. 29，1972，as amended by T.D. 85−123，50 FR 29954，July 23，1985；T.D. 89−1，53 FR 51256，Dec. 21，1988；T.D. 95−79，60 FR，49752，Sept. 27，1995]

附件 17–B

进口商自我评估清单

[注：下列清单摘自《进口到美国：商业进口者指导》(*Importing Into the United States: A Guide for Commercial Importers*) 一书 (U.S. Customs and Border Protection, #0000–0504, Dec. 05, 2006)，并可在下列网址查阅：http：//www.cbp.gov/linkhandler/cgov/newsroom/publications/trade/iius.ctt/iius.pdf.]

针对所有交易的一般性问题

1. 如果你没有聘请任何专业人员（例如律师、报关行、会计或海关顾问）来协助你遵守美国海关和边境保护局的相关要求，你是否已经获得了《CBP 法规》(《美国联邦法规》第 19 章的内容)、《美国国际货物编码》(简称《国际货物编码》)，以及海关和边境保护局的决定和公报？（以上所有内容均可从文献管理局获得，联系电话：202512.1800。）你是否能够登录海关和边境保护局的官方网站（网址：www.cbp.gov)，或其他能够帮助你迅速获取相关信息以遵守 CBP 的法律法规政策的搜索服务？

2. 在你的组织机构内部，是否有一个负责的、有足够知识的专员来检查并确认你已经获得了全部完整且精确的海关和边境保护局相关文档？如果该文档是在你的组织机构之外准备好的，你是否有可靠的方法来确认你所获得的拷贝确实是由 CBP 颁发的文档，并且 CBP 可以通过及时的渠道向你通知该文档所做出的任何变更？

3. 如果你雇用了专业人员来帮助你达到海关和边境保护局的要求，你是否在输出货物之前与该人员事先讨论过相关事项？你是否向他（她）提供了该进口交易全部完整且精确的信息？

4. 是否同一笔交易或买卖是在不同港口完成的，或者是在同一港口的不同海关和边境保护局办公室完成的？如果是这样，你是否将该事实通知了 CBP 的官员？

问题分类：商品描述和税收分类

基本问题：你是否知道自己预定了什么货物？它们的原产地在哪里？它们是由什么制成的？

1. 根据 19 U.S.C.1481，你是否向海关和边境保护局提供了对于你的商品完整而精确的说明？（对于特殊商品的要求参见 19 CFR 141.87 和 19 CFR 141.89。）

2. 根据 19 U.S.C.1484，你是否向海关和边境保护局提供了关于你的商品的正确税收分类说明？

3. 你是否收到了海关和边境保护局对于你的商品的描述或税收分类的裁定（参见 19 CFR Part 177）？如果已经收到，你是否遵守了该裁定并且将该事实通知了适当的 CBP 官员（即裁定和你将如何遵守该裁定）？

4. 如果未能及时获得商品的描述和税收分类信息，你是否构建了有效的渠道来获取或向 CBP 提供这些信息？

5. 你是否参与了海关和边境保护局对于商品的分类并以此获得关于你的商品正确的描述与分类？

6. 你是否查阅了税率表、海关和边境保护局发布的遵守细则、法院判例或 CBP 的裁定来帮助你适当地描述并给产品分类？

7. 你是否咨询了相关专业人员（如律师、报关行、会计、海关咨询人员）来帮助你对商品进行描述或分类？

8. 如果你要求一个附有条件的免税或特别税收分类，或者对于商品的规定［如 GSP、《国际货物编码》（HTS）9802 项、《北美自由贸易协定》（NAFTA）］，你如何证实这些商品符合相关申请条件？你是否有相关文件来支持你的请求？如果申请 NAFTA 优惠待遇，你是否拥有 NAFTA 原产地证书？

9. 是否一些实验分析或特别程序可以根据产品的特性来为产品的描述和分类提供建议？

10. 你是否建立了有效的程序来提供准入文件并且维持信息的畅通？

估值

基本问题：你是否知道自己的商品“实际支付的价格与可支付的价格”？你是否知道销售条件？是否存在折扣、联合销售、间接成本？附加费用是否已经提供了“帮助”，手续费或特许权使用税是否已经支付？销售的数量是实际的还是估计的？你与供应商是不是“关联方”？

1. 根据 19 U.S.C 1484 和 U.S.C. 1401 a，你是否向海关和边境保护局提供了你的产品合适的申报价格？

2. 你是否从海关和边境保护局获得了关于产品估价的裁定（根据 19 CFR Part 177）？你能否证明自己有效地遵循了该裁定？你是否将相关事项通知了 CBP？

3. 你是否查阅了海关和边境保护局关于估价的相关法律法规、《CBP 估价百科全书》、CBP 发布的遵守细则、法庭判例和 CBP 的裁定来帮助你对产品进行估价？

4. 如果你从一个“有关联的”卖方手中购买了产品，你是否报告了相关实施情况？你能否确保报告给海关和边境保护局的价格满足其中的一个“关联方”测试？

5. 你能否确认与被进口商品相关的一切合法需求成本或支出（包括辅助、手续费、间接支出或折扣、版税等）全部报告给了海关和边境保护局？

6. 在交易中，如果你以非买家的身份申报一个估价，你能否证实该交易是以善意进行的“公平买卖”，并且该商品最终销售的目的地是美利坚合众国？

7. 如果你要求一个附有条件的免税或特别税收分类，或者对于商品的规定（如普惠制、《国际货物编码》9802 项、《北美自由贸易协定》），你是否已经汇报了相关部门所需要的信息并且获得了这些文件来支持你的申请？

8. 你是否已经准备好了所需要的准入文件和支持信息？

原产国 / 标记 / 配额

基本问题：你能否确定被进口商品正确的原产国？

1. 你是否在海关和边境保护局准入文件上报告了正确的原产国？

2. 根据 19 U.S.C.1304 和其他可以采用的特别标记要求（如手表，黄金，纺织标签等），你是否能够确定商品在进口之时已经被正确地标记了原产国标签（如有需要）？

3. 你是否已经获得了海关和边境保护局关于恰当的标记和原产国的裁定（参见 19 CFR Part 177）？如果已经获得，你是否遵守了裁定的相关内容并把有关事项通知了 CBP？

4. 你是否已经就自己的商品咨询了报关行关于原产国标记 / 合适的标记的问题？

5. 在将你的商品进口到美国之前，你是否已经通知了你的国外供货商关于海关和边境保护局原产国标记的有关事项？

6. 如果你申请变更自己商品的原产地，或声称这些商品是美国原产的，你是否采取了必要的措施来证实你的申请（例如，你是否拥有美国钢产品加工证书或制造商的证明来确保这些产品是在美国生产的）？

7. 如果进口的商品是纺织品或成衣，你能否根据 19 U.S.C.3592（Section 334，P.L. 103−465）确认这些商品的原产国？你能否保证不存在违法的运输，或不存在其他虚假或欺诈行为？

8. 你是否知道你的商品是如何制造的，如何从原材料变成最终产品，在哪里由谁制造而成的？

9. 你能否保证配额类别是正确的？

10. 你是否查阅了由海关和边境保护局发布的《当前进口配额（限制水平）状况报告》，以此来决定你的商品是否属于有“分类别”的某一配额类别？

11. 你是否为属于签证类别的商品申请了正确的签证？

12. 针对纺织物品，你是否为每一次进口都准备了恰当的国别申明，例如一个单独国家的申明（如果所有商品都是在同一国获得或制造）或多国申明（如果原材料从一国获取然后在另一国制成最终成品）？

13. 在海关和边境保护局有要求的情况下，你能否提供所有的进口文件和支持信息，包括原产地证明？

知识产权

基本问题：你是否能确定，你的商品或其包装是否使用了任何商标、拥有版权的材料或已取得专利？如果是这样，你能否证明这些物品进口和 / 或在美国使用是具备合法权利的？

1. 如果你所进口的商品或其包装使用的是美国注册商标，你是否已证明该商品是真实的，且依据美国法律（见 198 CFR 133.21 所述）“灰色市场”或平行进口要求并未被限制进口；或是能够证明你已获得商标所有人进口商品的许可？

2. 如果你所进口的商品或其包装含有已登记的版权材料，你是否已证明这些材料是真实授权的？如果你正进口现场表演的录音资料，其是否已被授权？

3. 你的商品是否适用国际贸易委员会或法院判定的排除令？

4. 你能否提供所要求的入境文件材料和支持信息？

其他

1. 你是否已确认商品符合其他机构［如食品与药品管理局（FDA）、美国环境保护署（EPA）、美国交通部（DOT）、美国消费品安全委员会（CPSC）、美国联邦贸易委员会（FTC）、农业部等］的要求，并应要求从这些机构获取了执照或许可？

2. 你的商品是否适用商务部的反倾销、反补贴调查或检测？如果适用，你是否遵守了海关和边境保护局对该事实（如 19 CFR 141.61 所述）的汇报要求？

3. 你的商品是否适用配额 / 签证要求？如果是，你是否已提供了商品入境的正确签证？

4. 你是否已确认，依据海关和边境保护局规章，你有权入境？

5. 你提交的是否是正确的海关和边境保护局入境材料（如 TIB、T&E、进口消费品申报单、邮寄品入境单）？

针对纺织品和服装进口商的额外问题

《乌拉圭回合实施协议》第 333 部分（19 U.S.C.1592a）授权美国财政部长公布了一个清单，该清单中的外国制造商、厂商、供应商、卖方、出口商或其他外国人违反了 19 U.S.C.1592 条，即使用与纺织品或成衣产品有关的错误的、欺诈的、伪造的文件、标签或被禁止的转运方法。为满足财政部的要求，第 1592a 节也要求提供进口或试图将商业纺织品或平行产品进口至美国的进口商记录，以表明进口商已尽到合理注意义务，确保进口物品附有准确的文件材料、包装和有关产品原产地的标签。前述产品是由被指定一方直接或间接生产、制造、提供、销售、出口或运输的。依据第 1592a 节，仅依赖清单上所列人员提供的信息并不能构成合理注意行为。与清单所列人员具有商业关系的纺织业和服装业进口商必须尽到合理注意义务，以确保记录进口商品的文件材料、商品包装及标签准确标识出进口品的原产地国。这一合理注意的证明行为必须更多地依赖信息，而非仅仅依赖由清单所列人员提供的信息。

在进口纺织品或服装产品时，以及同清单所列人员打交道时，为满足合理注意标准，进口商应考虑以下问题，以确保文件材料、包装和标签在有关原产国事项方面的信息是准确的。本份清单是示例性的，而非穷尽的：

1. 进口商是否已与指定一方有在先关系往来?

2. 由被指定一方直接或间接生产、供应或运输给进口商的纺织或服装产品是否曾被没收或扣押?

3. 进口商是否已造访公司办公地点，确认公司实际有生产商品的能力?

4. 若依 19 CFR 102.2 1 条所述内容提起原产地授予申请程序，进口商是否能确认被指定一方已实际履行了程序?

5. 被指定一方是否确实在文件材料、包装或标签中所述国家进行经营?

6. 在进口商品的主要生产国，该商品的配额是否已发罄，或近乎发罄?

7. 该商品在本国是否有可疑的历史?

8. 你是否询问过你的供应商有关产品原产地的问题?

9. 如果是附带签证、许可或执照的进口事项，进口商是否同供应商或制造者确认过其文件的合法性、原产地的正当性? 进口商是否对文件进行过检验，以防出现任何可能导致对文件真实性存在疑问的不当情形?

第 18 章

影响境外买家收购的出口管制、制裁以及反腐败的法律和规定

John J. Burke

§18.01 概述

出口管制、经济制裁、反联合抵制法律以及《反海外腐败法》并未直接禁止外国买方在美国收购资产或者以其他方式在美国进行投资，除非外国投资来源于像古巴这样的禁运国家，或者投资来源于财政部特别指定国民清单上的人。尽管如此，这些法律和法规可能对收购的经济价值以及新的外国股东管理其投资的能力产生严重的影响。例如，出口管制可以限制新的外国股东能够共享的技术，在某些情况下，还可能限制被收购公司在并购后继续从事某些业务活动。总之，违反这些法律可能导致公司承担严重的刑事责任或者其他处罚措施。由于公司在所有权变更之后通常仍然须为过去的违法行为负责，并购前的尽职调查以及在并购协议中充分的陈述和保证尤为重要，这部分内容请参见本书第 2 章和第 3 章。

§18.02 出口管制、制裁以及反腐败相关法律概述

出口管制法律法规基本上仅涉及从美国向其他国家出口货物、服务和技术。然而，这些法律可能对外国买方收购美国公司构成实质性障碍。由于这些法律在美国外国投资委员会（CFIUS）对外国并购美国业务进行国家安全审查时起到关键性作用，因此这些法律规定可能成为收购的直接障碍。例如，CFIUS 条例中对“关键技术”的定义援引自许多涉及出口的法规。这些问题在本书第 14 章中已进行了讨论。

由于出口管制能够限制外国股东从新收购的美国业务中管理和获取完全的经济权益，因此这些法律也能构成间接障碍。例如，根据收购方的国籍，目标企业在国务院的登记以及出口许可可能被撤销。而如果目标公司要与新外国股东共享技术资料，目标公司可能需要获得出口许可，而“视同出口规则”（Deemed Export Rule）也可能阻止新股东在被收购公司的关键岗位上安排自己的员工。

大多数美国出口由国务院国防贸易管制理事会（Directorate of Defense Trade Controls，DDTC）主管，或者由商务部工业与安全局（Bureau of Industry and Security，BIS）主管。一般来说，国务院国防贸易管制理事会（DDTC）负责军品的出口管制，BIS 负责工业产品的出口管制。国务院国防贸易管制理事会的出口管制主

要规定在《国际军品交易条例》(ITAR)[1] 中，商务部工业和安全局的出口管制主要规定在《出口管理条例》(EAR)[2] 中。其他少数机构，例如财政部外国资产管制办公室(OFAC)，对某些限制类别的出口也有许可的权限。

由于《出口管理条例》覆盖既可以用于军事也可以用于商业应用的产品，因此其管制经常被称为“双重用途”。然而，由于《出口管理条例》也主管没有军事用途的产品的出口，“双重用途”这一术语可能经常产生误导。而且，如果某产品本来就是根据军事用途来制造的，无论其是否具有新的民事用途，这项产品仍然受到《国际军品交易条例》的管制，直至国务院国防贸易管制理事会确认该项产品不再受到《国际军品交易条例》管制。

除出口管制以及美国的经济制裁之外，反联合抵制法律以及《反海外腐败法》仍适用于所有的美国产业，无论股东是否是外方。这些法律要求外国收购方改变本身的惯常做法，以使这些做法不再适用于美国公司。例如，欧洲公司通常会向阿拉伯客户确认欧洲公司没有与以色列进行业务活动。一旦欧洲公司收购美国业务后，继续提供“与以色列没有业务活动”的承诺将对美国子公司产生实质性的风险，将导致美国子公司可能面临美国反联合抵制法下的法律责任。同样，虽然向政府官员行贿在世界范围内都是被普遍禁止的，但美国公司以及在某些情况下的外国公司的行为将面临《反海外腐败法》的追究，而这些行为从历史上看在许多地方都曾经被视为开展业务活动的成本。

在规划收购或投资的尽职调查中，了解法律对业务活动设置的这些限制是非常重要的，未来经营公司的价值也依赖于此。

§ 18.03 国务院出口管制——《国际军品交易条例》

国务院根据《国际军品交易条例》进行的执法行为能够对将被外国收购的公司产生实质性的不利影响。所有生产《国际军品交易条例》管制产品的公司，即使没有出口业务，也需要向国务院国防贸易管制理事会进行登记。就任何股权的变动，登记人必须通知国务院国防贸易管制理事会，而一旦发生国外控股或被某些国家控

[1] ITAR 及其修正案在下列国务院网址上可获得：http：//www.pmddtc.state.gov/regulations_laws/itar_official.html（2010 年 5 月 27 日最后一次登录）。

[2] EAR 及相关信息可在下列网址获得：http：//www.access.gpo.gov/bis/index.html（2010 年 5 月 27 日最后一次登录）。

制的情况，则可能影响公司在国务院国防贸易管制理事会登记的有效性。而且，在美国公司向外国关联公司或者外国股东希望在管理职位上安排的外国籍人员提供技术资料之前，美国公司也许被要求获得出口许可或者国务院国防贸易管制理事会的其他相关批准。国务院国防贸易管制理事会关于双重国籍人员的规定可能要求外国股东在利用美国公司的技术之前对人力政策进行重大变更，这些变更可能违反外国关于禁止歧视的法律。

[A] ITAR 的范围

《国际军品交易条例》管制的产品规定在《美国军品管制清单》中，覆盖20个大类的商品、服务和相关技术资料。该清单同时也包括一类“其他产品”类别，该类别指“没有在其他类别中特别列出但具有实质性的军事应用性或者专门设计用于或改装后用于军事用途的产品”。《美国军品管制清单》的文本请参见附件18–A。

确定什么产品受到《国际军品交易条例》管制的原则如下：

> 如果一项产品或服务具有下列情况，则该项产品和服务将来可以被认定为或确定为国防产品或国防服务：
>
> (a) 为军事应用专门设计、开发、配置、改装或改进。
>
> (i) 主要不是用于民事用途；并且
>
> (ii) 不存在等同于民用产品和服务的性能（从形式、适用性和功能上判断）。或者
>
> (b) 为军事应用专门设计、开发、配置、改装或改进，而且具有显著的军事和情报应用特征，以至按照本章节进行管制是必要的。
>
> 在判断产品或服务是否受到本章节管辖的时候，产品或服务在出口后的计划用途（如军用或民用）不予考虑[3]。

尽管有上述一般原则，仍应在审查《美国军品管理清单》中所有21个类别之后才能确定某特定产品不属于清单中的产品，这一点很重要，因为某些可以被认为属于民用的产品（如用于捕猎的来复枪和民用卫星）由于政策原因也会被列入《美国军品管制清单》中。

---

[3] ITAR § 120.3（22 C.F.R. § 120.3）.

根据申请者的申请，国务院国防贸易管制理事会将出具一份具有法律约束力的书面确认文件，确认某特定产品是属于《国际军品交易条例》管辖还是属于商务部工业和安全局根据《出口管理条例》管辖。这一程序被称为“产品管辖审查”(Commodity Jurisdiction Review)。提出产品管辖审查请求的人必须是该产品的生产商，或生产商指定的代表。在生产商的代表进行申请的情况下，产品管辖请求必须附有一份生产商的授权书，该授权书应按生产商信头纸格式出具，并由生产商的管理人员签字。

公司通常在不能确定自己的产品是否属于《美国军品管理清单》中某个类别的产品的时候申请产品管辖审查。然而，反过来公司也可以利用这一程序将自己的产品排除在《国际军品交易条例》范围之外。许多技术原本是为军事用途而开发的，但经过一段时间之后也出现了民事用途，而且基于该项技术生产的民用产品也进入市场中。由于这些民用产品根源于军事技术，这些产品仍然受到《国际军品交易条例》的管制，直至国务院国防贸易管制理事会在产品管辖确认文件中解除对这些产品的管辖。

申请进行产品管辖审查的公司需要向国务院国防贸易管制理事会提交申请书，并提供下列信息：

- 产品描述；
- 该产品的技术来源；
- 开发该产品所使用的任何美国政府资助；
- 产品目前的应用；
- 销售信息；
- 产品特殊特征；
- 产品历史出口情况；
- 公司认为有助于政府审查的其他信息。

产品管辖权审查申请书通常还需要附上下列文件：

- 产品营销材料；
- 规格明细；
- 技术设计图表；
- 之前获得的出口许可；
- 公司认为有助于政府审查的其他材料。

产品管辖审查是一个跨部门的程序，至少涉及国务院国防贸易管制理事会、商务部工业和安全局以及国防部国防技术安全局。根据具体审查中出现的问题，还可能涉及其他机构。国会也可能介入审查，因为国务院国防贸易管制理事会必须在向国会提交报告30天之后才能将某项产品从《美国军品管理清单》中予以删除。

产品管辖审查是非常耗时的程序。国务院国防贸易管制理事会的目标是在60天内完成审查，2007年平均审查过程是99天，许多审查实际上花费了更长的时间。

公司不能把产品管辖审查申请看成是一份提供了政府确认公司已知情况的保证书。这一程序的交易成本是相当高的。在历经数月的审查过程中，公司必须将产品视为其受到《国际军品交易条例》管制一样。因此，公司需要国务院国防贸易管制理事会许可才能出口产品，才能在美国与外籍人员讨论技术细节，包括公司自己的雇员，而且也可能需要签署经国务院国防贸易管制理事会批准的技术协助协议或其他正式协议。而且，与对并购交易进行的国家安全审查（参见本书第14章）不同，产品管辖权决定并不排除国务院国防贸易管制理事会在将来某个时间重新主张对某项产品的管辖权。例如，国务院国防贸易管制理事会在20世纪90年代初放弃了对民用卫星的管辖权，但在90年代末又收回了管辖权。由此看来，只有需要确定产品是否属于《国际军品交易条例》管制产品的时候，或者公司确信其有理由证明产品应该从《国际军品交易条例》管辖中删除的时候，才去申请产品管辖审查。

案例研究——产品管辖权决定拯救了公司

XYZ公司[4]是一家由外国所有的美国电子公司，涉嫌违反《国际军品交易条例》而被进行刑事调查。XYZ的刑事辩护律师建议公司选择认罪协议，在认罪协议下XYZ将对被指控的刑事违法行为认罪。然而，如果违反《国际军品交易条例》被刑事定罪，法律规定国务院国防贸易管制理事会不能对XYZ颁发出口许可。没有出口许可将导致公司停产倒闭。通过获得有利于公司的产品管辖权决定，我们成功解决了公司的问题，该决定将XYZ商业上的大部分重要产品的管辖权都从国务院国防贸易管制理事会转移给商务部工业和安全局。我们也与商务部工业和安全局达成了和解协议，允许公司在管辖权转交给商务部工业和安全局之后继续出口这些产品。

我们首先向商务部工业和安全局进行了说明，向主管机关证明了XYZ的涉案产品为了应用于民事用途进行了很多改进，以至于这些产品不应再按照军品进

[4]　为保护客户的保密信息，在此更换了公司的名称以及其他身份信息。

行管理。此后，商务部工业和安全局在跨部门调查中扮演了XYZ的支持者。我们同时也获得了XYZ所在地区国会议员的帮助，促使国务院国防贸易管制理事会和国防部对XYZ的产品管辖请求给予公平的审查。整个过程持续了一年，并且与国务院国防贸易管制理事会和国防部的官员进行了数次会面。在商务部工业和安全局和国会议员的帮助下，我们成功解决了国防部和国务院国防贸易管制理事会所担心的所有问题，国务院国防贸易管制理事会最终做出了产品管辖权决定，涉案的XYZ产品是受到商务部工业和安全局出口管制管辖的双重用途产品。另外，我们与商务部工业和安全局协商了一份协议，XYZ采取了让商务部工业和安全局满意的补救措施，使得尽管根据《国际军品交易条例》有罪，XYZ仍然可以按照《出口管理条例》保留其出口权限。

[B] 制造商、出口商和经纪商在国务院的登记

任何制造受到《国际军品交易条例》管制的产品，或者在美国提供国防服务的个人/实体，即使他们并不出口这些产品，也必须向国务院国防贸易管制理事会进行登记。无论位于哪里的美国个人/实体，以及在美国的外国个人/实体，作为与生产、出口、进口或转让国防产品和国防服务业务相关的经纪商，必须向国务院国防贸易管制理事会登记成为经纪商。后一条要求同样适用于即使国防产品或国防服务并非原产自美国的情形。登记申请样本请参见附件18-B。

登记人必须至少在拟向外国人转让股权或控制权之前的60天通知国务院国防贸易管制理事会。基于该通知，如果该外国人来自受到武器禁运限制的国家，国务院国防贸易管制理事会可能撤销当前的出口许可或者其他授权。

[C] 国务院出口许可

向任何国家出口受到《国际军品交易条例》管制的产品都需要国务院国防贸易管制理事会许可或者其他书面授权。出口与这些产品相关的技术资料或者向在美国或美国境外的外国人提供国防服务也需要许可或其他书面授权。即使产品已经出口，美国政府对原产于美国的产品仍然保留管辖权。所以，将原产于美国的国防产品从美国之外的国家再出口到另一个国家仍然需要国务院国防贸易管制理事会许可或书面授权。而且，如下所述，国务院国防贸易管制理事会适用一种“视同出口规则”，根据该规则，在美国向外国籍人员或者在美国境外向第三国国籍人员披露《国际军品交易条例》管

制的技术资料都可能需要许可或其他授权。

受《国际军品交易条例》管制的产品获得出口授权的常规程序是按交易申请单独出口许可。这类许可通常批准在特定时间内按照限定的数量和金额向特定的最终用户出口特定产品。只要没有超过经许可的数量和金额，而且许可没有过期，在这类许可下可以多次装运。

其他形式的批准包括国务院国防贸易管制理事会批准相关方签署的《技术协助协议》、《制造许可协议》、《仓储和分销协议》。美国人向外国籍人提供国防服务或者制造专有技术，或者在境外设立分销点对外国人分销原产美国的国防产品，都需要国务院国防贸易管制理事会批准相关方签署的上述协议。出口受《国际军品交易条例》管制的产品或技术资料也可以包括在协议范围之内。这些协议可以包括两个以上的交易方或国家（例如也可以包括转包商）。

当美国人为外国人提供国防服务，或者出口与国防产品相关的技术资料（不是如何制造国防产品的技术资料）的时候，就需要采用《技术协助协议》。例如，如果一家美国公司与一家外国公司联合开发武器系统，这时就需要用到《技术协助协议》。如果美国公司要与其外国关联方共享与国防产品相关的技术资料，也必须获得经国务院国防贸易管制理事会批准的《技术协助协议》。

如果美国公司拟在美国境外实际生产《国际军品交易条例》管制的产品，则必需使用《制造许可协议》，而且向外方转让制造专有技术也需要国务院国防贸易管制理事会的授权（如培训外方如何生产产品）。如果外方需要获得制造信息才能“完成组装和维修”，那么在涉及组装和维修的情形下也将使用到《制造许可协议》。

如果在美国境外设立一个仓储和分销点，向经批准的销售地区分销从美国出口的受《国际军品交易条例》管制产品，则需使用《仓储和分销协议》，只限于向经批准地区的政府或者根据与经批准地区的政府签订的协议采购国防产品的私人单位分销产品。

法律规定，国务院国防贸易管制理事会不能向受到美国或者联合国武器禁运管制的国家颁发出口许可或批准出口协议。2010年初禁运国家如下所列，但这份清单经常变化：

- 阿富汗（不包括阿富汗政府以及美国及盟军驻阿富汗部队）
- 缅甸
- 白俄罗斯
- 黎巴嫩
- 利比里亚
- 利比亚
- 朝鲜

- 中华人民共和国
- 科特迪瓦
- 古巴
- 塞浦路斯（限制性禁运）
- 刚果民主共和国
- 厄立特里亚
- 海地（限制性禁运）
- 伊朗
- 伊拉克（限制性禁运）
- 塞拉利昂
- 索马里
- 斯里兰卡
- 苏丹
- 叙利亚
- 委内瑞拉
- 越南
- 也门
- 津巴布韦

当前最新的武器禁运国家清单可以在国务院网站上查询[5]。

[D] 国务院视同出口规则：双重国籍的问题

向外国人披露或转让与《国际军品交易条例》管制产品相关的“技术数据”，无论是在美国境内还是境外，都属于《国际军品交易条例》规定的“出口”。在美国境内为外国人的利益提供国防服务也属于《国际军品交易条例》规定的“出口”。这些规范被称为“视同出口规则”，因为向外国人披露被视为等同于向外国人的国籍国出口，即使该披露在美国境内进行。

“视同出口规则”意味着对于不同国籍的潜在收购方来说，目标公司知识产权的价值可能有很大不同。由于禁止向受到武器禁运管制的国家[6]发放出口许可，来自于这些国家的收购方将不能够接触到受到《国际军品交易条例》管制的公司知识产权。与此相对，如下所述，虽然来自于北约成员国或者其他与美国具有亲密关系的盟友国家的收购方也可能面临政府官僚方面的障碍，但他们更有可能接触到那些技术。对知识产权问题的论述请参见本书第 10 章，包括与知识产权相关的尽职调查和评估。

“视同出口规则”使得外国股东管理新收购的生产《国际军品交易条例》管制产品或提供《国际军品交易条例》管制服务的公司变得非常复杂。股东将会被认为是外国人，股东拟委派到管理职位的非美国公民或非美国永久居民个人也将被视为外

---

[5] http：//www.pmddtc.state.gov/embargoed_countries/index.html.

[6] 请参见上文 §18.03[C]。

国人。除非事先获得国务院国防贸易管制理事会的书面授权，美国公司不能向股东或非美国管理人员披露任何与《国际军品交易条例》管制产品或服务相关的技术数据信息。

“视同出口规则”同时也适用于在境外向第三国国籍的人进行披露，包括具有多重国籍的人（如双重国籍）。例如，在法国向一个在突尼斯出生的具有法国国籍的居民进行披露，国务院国防贸易管制理事会认为这种披露构成向法国和突尼斯的出口。对接受出口的外国公司来说，国务院国防贸易管制理事会对视同出口规则这样的解释可能会引发非常严重的问题。

当涉及第三国国民的时候，国务院国防贸易管制理事会尤为着力地执行“视同出口规则”。例如，要求美国出口商确定所有可能接触到《国际军品交易条例》管制产品或服务的个人的国籍，并且在出口商向国务院国防贸易管制理事会申请批准出口时披露这些个人国籍信息。国务院国防贸易管制理事会可能批准出口，但是不允许外国客户让第三国国籍人（包括双重国籍人）能够接触到出口的产品、服务或技术数据。另一种情况是，国务院国防贸易管制理事会可能仅授权特别指定的第三国国民享有接触权限。国务院国防贸易管制理事会也会要求第三国国民在获得接触权限之前签署不披露协议。

在少数例外情况下，第三国或双重国籍国民在获得《国际军品交易条例》管制产品接触权限之前不需要明确的国务院国防贸易管制理事会授权，也不需要签署不披露协议。主要的例外情况如下文所述：

1. **加拿大政府**。加拿大国防部、加拿大通讯安全局、加拿大太空局以及加拿大国家研究委员会所聘用的加拿大国民雇员/双重国籍雇员在持有最低秘密等级通行许可时不需要专门确认，也不需要签署不披露协议。
2. **澳大利亚政府**。澳大利亚国防部的澳大利亚籍雇员/双重国籍雇员只要不同时是武器禁运国家的国民，则不需要专门确认或者签署不披露协议。
3. **可信任的盟国**。对于位于欧盟、澳大利亚、加拿大、冰岛、日本、新西兰、挪威和瑞士的公司，如果在下列情况下，在《技术协助协议》和其他协议中出现的双重/三重国籍雇员不需要专门确认，这些雇员也不需要签署不披露协议：
   a. 不持有上述清单之外的国家国籍的双重/三重国籍雇员；以及
   b. 不在上述国家境外进行披露。

因此，例如，作为《技术协助协议》一方的一家法国公司不需要对具有其他欧盟成员国、澳大利亚、加拿大、冰岛、日本、挪威、新西兰、瑞士或美国国籍的雇员进行确认并取得不披露协议，只要披露发生在这些国家境内。

在认定国籍的时候，除国民身份外，国务院国防贸易管制理事会还考虑原籍国和出生国。因此，国务院国防贸易管制理事会认为一个出生在中国的加拿大国民具有加拿大和中国双重国籍。由于中国受到武器禁运的限制，国务院国防贸易管制理事会将不会批准对此人进行披露。

由于国务院国防贸易管制理事会执行这一规则，在遵守《国际军品交易条例》以及遵守其他国家关于禁止基于宗教或国籍的歧视的法律之间产生了一定的冲突。对外国公司来说，这种冲突所引发的问题在下述案例研究中将进行进一步分析。在美国，这种冲突是可以避免的，因为《国际军品交易条例》对“美国人”的定义包括所有美国国民、美国永久居民、获得政治庇护的个人以及某些受保护类别的移民。具体请参见本书第 16 章。

案例研究——雷神集团澳大利亚公司案

国务院国防贸易管制理事会批准了雷神公司与其澳大利亚全资子公司——雷神集团澳大利亚公司（Raytheon Australia）之间签订的《技术支持协议》和《生产许可协议》，授权雷神集团澳大利亚公司共享来自美国的技术数据。前述协议包含国务院国防贸易管制理事会根据其认为应当适用的出口规则所要求的条款，禁止第三国国民或双重国籍国民（如在第三国出生的澳大利亚公民）获取该等信息。2005 年 10 月，国务院国防贸易管制理事会通知雷神公司，要求其提供“与向出生地为非澳大利亚的所有人士转让技术数据的有关信息，即使该等人士目前并不具有该第三国的公民资格或持有该第三国的有效护照”。

雷神集团澳大利亚公司意识到，遵循国务院国防贸易管制理事会的要求将意味着公司必须调查其雇员的原始国籍并会根据雇员的出生地而造成歧视，而上述行为已被《1991 年澳大利亚首都直辖区反歧视法案》（《1991 年反歧视法案》）所禁止。因此，雷神公司向澳大利亚首都直辖区人权委员会申请豁免适用前述《1991 年反歧视法案》。

人权委员会否决了公司的申请，认为国务院国防贸易管制理事会的要求不仅违反了《1991 年反歧视法案》，而且违反了《1975 年澳大利亚联邦反种族歧视法》和《消除一切形式种族歧视的国际公约》。人权委员会将雷神公司一案与波音公司一案中的豁免进行了区分——在波音公司一案中，根据《国际军品交易条例》的要求在澳大利亚维多利亚州授予波音公司豁免，但豁免仅限于调查雇员当前的国籍（即他们目前是否为澳大利亚公民），而不追查他们的原始国籍。

案例研究——加拿大贝尔直升机公司案

加拿大贝尔直升机公司（Bell Helicopter Canada）曾招募了一名加拿大公民参与某项实习项目，随后又解雇了他，理由是：他的出生地是海地，因此根据国务院国防贸易管制理事会的视同出口规则和对海地的武器禁运，该人员不具有从事《国际军品交易条例》相关合同项下工作的资格。身为加拿大公民近30年，该雇员向魁北克人权委员会提起非法歧视诉讼，要求获得赔偿金。委员会裁定，加拿大贝尔直升机公司的行为违反了《魁北克人权与自由宪章》，据此，公司满足了申请人的赔偿请求以和解结案。此外，委员会还在其公报中表示：

由于会造成歧视性影响，委员会重申其反对在魁北克适用《国际军品交易条例》的相关规则，并对相关规则进行了法律研究，认为其中的要求与《魁北克人权与自由宪章》不符。更为具体的是，它们违背了不因种族或国籍造成歧视的平等权利。"我们不再能够接受，成立于魁北克的公司受制于那些侵犯了由省议会确认的公民价值和权利的外国规则。"委员会主席盖尔谈·赞诺（Gaétan Cousineau）这样评论道。此外，委员会还提出，认为其权利由于《国际军品交易条例》的适用而受到侵犯的任何人都可以向委员会寻求帮助。

[E] 处罚和近期执法情况

对《国际军品交易条例》的违反将会导致严厉的刑事和民事处罚。过去的违法责任往往会随着商业实体的存续而持续存在，甚至持续到新的所有权人进行收购之后。因此，并购前针对过去《国际军品交易条例》合规情况的尽职调查，以及在并购协议中做出适当的陈述和保证，是至关重要的。请参见本书第3章。违反《国际军品交易条例》，有可能被处以如下处罚：

1. **刑事责任**——10年监禁和/或100万美元罚金。构成刑事责任必须具有主观故意（即行为人明知其行为违法，仍然实施该行为）。国务院国防贸易管制理事会将不向违法者签发出口许可证，也不会准许违法者以任何形式参与交易。
2. **民事责任**——50万美元罚款。
3. **行政责任**——公司或个人的名字有可能会被列入不得直接或间接从事涉及《国

际军品交易条例》项下任何出口交易的名单中。

如下同意协议之概要以及国务院国防贸易管制理事会、美国联邦司法部网站上发布的新闻报道讨论了最近的几起执法行动：

- **德国鹰德航空物流公司签订同意协议（2010年1月4日）**[7]：鹰德航空物流公司（Interturbine Aviation Logistics GmbH）（鹰德公司）同意接受100万美元的民事罚款（其中大部分暂不予以执行，且以采取救济措施作为条件），并受到限制——在两年内不得参与涉及《国际军品交易条例》项下规制产品或技术数据的任何交易，以此就《国际军品交易条例》规定提出的7项违法指控达成和解。这几项违法都产生于对德国的一桩出口交易。2004年，道康宁公司（Dow Corning）告知其客户某种烧蚀材料受《国际军品交易条例》的监管，因此不再能够在美国和加拿大境外销售。当时，道康宁公司以前在德国的一名客户与鹰德公司取得联系，并试图从鹰德公司购买这种烧蚀材料。鹰德公司业务发展部门的雇员安排从道康宁公司订购了这种材料，约定交付到鹰德公司在得克萨斯州的分公司，然后再从鹰德得克萨斯分公司出口到位于德国的鹰德公司——在没有获得许可证，并使用伪造出口管制文件的情况下。而德国鹰德公司业务发展部门副总裁从公司电脑系统中删除了该笔交易从美国发货的原始记录，并伪造了记录从而使得该材料看起来好像是原产于德国。直到最终用户就该笔发货缺少美国出口管制许可证向公司提出质疑，鹰德公司高级管理层才发现了这一“安排”。要不是公司积极配合政府调查并采取了实质性的救济措施，罚金本来应该高得多。美国联邦司法部同意基于这些救济措施而不对公司进行刑事指控，国务院国防贸易管制理事会也把这些救济措施作为减轻民事罚款的考虑因素。

- **ITT公司因非法向海外出口秘密军事数据获罪并支付1亿美元罚金（2007年3月27日）**[8]：ITT公司（ITT Corporation）同意支付共计1亿美元的刑事和民事罚金，以处罚其被控在未获得国务院国防贸易管制理事会出口许可证的情况下，向加拿大、中国大陆地区、中国香港、印度、以色列、新加坡和英国出口有关夜视镜和其他军事设备关键部件的技术数据。ITT公司同意与国务院国防贸易管制

[7] 参见 http：//www.pmddtc.state.gov/compliance/consent_agreements/InterturbineAviation.html.

[8] 参见 http：//www.justice.gov/opa/pr/2007/March/07_nsd_192.html。

理事会签署同意协议，基于自愿的自我披露以解决2004年的前述指控。因此，公司就其先前的实质违反以及向政府提供虚假和误导性信息承担刑事和新的行政责任。该1亿美元的和解金额包括刑事罚金200万美元、上交国务院的新的民事惩罚金2000万美元、没收违法行为所获收益2800万美元，以及ITT公司通过投资为美国军方开发更为先进的夜视技术，从而在经济效益的基础上能够减轻其过错的暂缓起诉罚款5000万美元。与国务院签署的这一新的同意协议于2007年12月21日生效，除了前述经济制裁以外，该协议还要求ITT公司采取一定的合规救济措施。

- **洛克希德马丁公司签订同意协议（2008年8月6日）**[9]：洛克希德－马丁公司（Lockheed Martin Corporation）同意支付400万美元的民事惩罚金，以和解对其向外国人非故意泄漏有关“海尔法”（Hellfire）导弹和联合空对地防区外导弹（the Joint Air-to-Surface Standoff Missile）保密技术数据的指控。由于公司曾试图但却未能完全将发送给阿拉伯联合酋长国某空军军官的有关“海尔法”导弹性能规格的保密信息进行保密处理，从而违反了相关规定。公司亦被指控未能在向北约成员、澳大利亚、新西兰或日本以外的国家提议出售重大军事设备之前通知国务院国防贸易管制理事会。洛克希德－马丁公司自愿向国务院国防贸易管制理事会披露了前述违反。在以洛克希德－马丁公司将该笔资金用于采取同意协议项下的救济合规措施为条件的前提下，公司可以暂缓缴纳其中100万美元的罚金。

§18.04 商务部出口管制——《出口管理条例》

除了在如下第18.05节中将要探讨的极为有限的例外情形以外，由美国商务部工业与安全局（Bureau of Industry and Securities，BIS）根据《出口管理条例》（*Export Administrative Regulations*，EAR）对不属于《国际军品交易条例》项下的产品出口进行监管。绝大多数的这些产品及其相关技术数据，可以在无需获得许可证的情况下出口到大部分国家和地区。不过，《出口管理条例》仍然可能会影响美国公司与国外所有权人分享该等技术数据，或进行在国外所有权人东道国系属合法的某些交易的能力。

[9] 参见http：//www.pmddtc.state.gov/compliance/consent_agreement/LockheedMartinCorp.htm。

因此，对目标公司进行关于《出口管理条例》合规性的尽职调查，以及获得目标公司就其过去合规情况所做的陈述和保证是至关重要的。请参见本书第3章。在大多数情况下，并购后的实体也可能会就先前对出口管制的违反承担责任。有关承继者的责任问题请参见前述第18.04［E］部分。

［A］《出口管理条例》项下的一般禁止

以下十项一般禁止[10]规定了《出口管理条例》项下的核心出口管制要求：

1. **一般禁止之一**：在未获许可证的情况下，不得向列入清单的国家出口受管制的产品。若从某一外国向第三国的出口必须直接从美国获得许可证，则也不得在未获许可证的情况下从该外国向第三国再出口原产于美国的产品。根据拟出口的产品和技术，以及出口目的国的不同，许可要求也大不一样。例如，在未获得许可证的情况下，几乎任何产品和技术都不得出口到古巴；而对于对加拿大的出口，则仅有数量极为有限的产品需要获得许可证。
2. **一般禁止之二**：如果某产品从美国出口到其他国家或地区需要获得出口许可证，则在未获许可证的情况下，不得从国外出口由国外制造的含有超过“微量”水平的受美国管制内容的该等产品。
3. **一般禁止之三**：在未获许可证的情况下，不得从国外向古巴和其他禁运国家或地区出口某些国外生产的、使用美国技术和软件的直接产品。
4. **一般禁止之四**：不得参与受到禁售令管制的交易。商务部工业与安全局有权剥夺《出口管理条例》违反者的出口权。作为一项一般性的规则，不得与受禁售令管制者进行出口交易，不论该受禁售令管制者是作为交易一方或是其他形式的受益人。商务部工业与安全局几乎从未就从事该等交易颁布过许可证。
5. **一般禁止之五**：在未获许可证的情况下，不得向任何最终用户或出于《出口管理条例》第744条禁止的最终用途故意出口、再出口或在国内转移某些《出口管理条例》管制的项目（如核武器、化学武器或生物武器、弹道导弹和恐怖分子的运送）。
6. **一般禁止之六**：在未获许可证的情况下，不得向美国禁运国家（或地区）出口或再出口任何《出口管理条例》管制的商品。

[10] 参见 15 C.F.R. § 736.2.

7. **一般禁止之七**：在未获许可证的情况下，任何美国公民不得在明知其行为将有助于核武器、化学武器或生物武器、导弹扩散时，为该等活动提供资金、承包、服务、支持、运输、货运代理或雇用活动。美国公民也应当在其出口某些能够用于制造化学武器的化学品之前，履行特定的程序，并且在未获许可证的情况下，不得向外国人就加密产品提供技术支持。
8. **一般禁止之八**：如果直接向亚美尼亚、阿塞拜疆、白俄罗斯、柬埔寨、古巴、格鲁吉亚、哈萨克斯坦、吉尔吉斯斯坦、老挝、蒙古、朝鲜、俄罗斯、塔吉克斯坦、土库曼斯坦、乌克兰、乌兹别克斯坦或越南出口《出口管理条例》管制的商品必须获得许可证，则出口或再出口该等《出口管理条例》管制商品时不得在前述国家过境。
9. **一般禁止之九**：不得违反许可证、许可例外以及基于《出口管理条例》签发的或作为《出口管理条例》一部分的命令中的任何条款和条件。
10. **一般禁止之十**：不得在明知已经或将要违反《出口管理条例》或打算违反《出口管理条例》的前提下，对《出口管理条例》管制商品进行出售、转移、出口、再出口，或提供资金支持、贷款、订单、购买、移动、藏匿、储存、使用、处置、运输、转卖或以其他形式提供服务，不论该等行为或服务是完全的还是部分的。

上述第一项至第三项一般禁止取决于特定产品在《商品管制清单》(*Commerce Control List*，CCL）中的分类情况，以及BIS国别表（Country Chart）中列明的对特定国家/地区出口进行管制的具体理由。第四项至第十项一般禁止是针对特定的活动，且除非另有规定，适用于《出口管理条例》项下的所有项目。《出口管理条例》对这些禁止要求进行了具体、详尽的扩展，在《联邦法规汇编》(*The Code of Federal Regulations*）中占据了几乎一整卷[11]。

[B] 出口许可程序

根据具体产品和收购方的国籍，被收购方可能需要获得出口许可证以便与其新的国外母公司共享产品和技术数据。确定某一特定交易是否需要获得商务部工业与安全局签发的出口许可证的主要程序概括如下。

[11]　参见 15 C.F.R. Parts 730–744.

[1] 第一步：该交易是否受《出口管理条例》监管

一般而言，《出口管理条例》涵盖了美国产品和技术数据的出口，包括在下述第 18.04 [D] 节中讨论的技术数据的视同出口，以及在下述第 18.04 [C] 节中讨论的源自美国的产品和技术的再出口。《出口管理条例》将“出口”定义为：“将受《出口管理条例》监管的货品实际运出或传递出美国国境，或者将受《出口管理条例》监管的技术或软件披露给在美国境内的外国人。”而《出口管理条例》项下的“再出口”是指：“将受《出口管理条例》监管的货品从某一外国 / 地区实际运到或传递到另一外国 / 地区，或者将受《出口管理条例》监管的技术或软件披露给在美国境外的外国人。”

对于上述一般规则，也存在某些例外情形。例如，《出口管理条例》不适用于涉及受美国其他政府部门监管的产品或技术的那些交易（请参见前述第 18.03 节以及下述第 18.05 节)。另外，《出口管理条例》也不适用于已经处于公共领域的信息资料的出口，例如已出版的书籍、报刊和已发行的电影等。同理，该条例不涵盖可以从公开渠道获得的技术和软件，例如能够通过基础研究得来的技术和软件，亦不涵盖不涉及对技术的探讨和言论——《出口管理条例》将该等探讨和言论定义为“为产品‘开发’、‘制造’或‘使用’所需的具体信息”。

此外，《出口管理条例》还涵盖了某些不一定需要获得出口许可证的附带交易——如果该等交易将会违反前述第四项至第十项一般禁止。请参见上述第 18.04 [A] 部分。这些交易不适用本章讨论的其他步骤，因此需要单独进行分析。

[2] 第二步：该产品如何被分类

想要为其产品确定出口许可要求的公司，首先必须通过对照《商品管制清单》上的条目对每一产品的技术规格进行审查并分类。《商品管制清单》由数百个出口商品分类编号（Export Commodity Classification Numbers，ECCN）组成，涵盖了受《出口管理条例》监管的每一项产品或技术。每个出口商品分类编号条目包含用以描述该商品分类编号项下的产品、技术、软件或材料的详细技术参数。我们在此提供了一份出口商品分类编号样本，请参见本书附件 18–C。

对于受《出口管理条例》监管，但并不符合任何一项出口商品分类编号所列技术参数的项目，可以按照名为“EAR99”这一兜底类别进行分类。如果公司不确定其产品应当适用哪一项出口商品分类编号，则可以请求商务部工业与安全局审查其产品的技术参数，并向公司提供商品分类裁定，指明适用于该产品的特定出口商品分类编号。

[3] 第三步：该产品是否因其最终出口目的国家 / 地区而受到控制

每一个出口商品分类编号条目都在该条目开头列明该编号项下的商品受到出口控制的原因。其中，这些原因包括国家安全（NS）、核不扩散（NP）以及反恐怖主义（AT）等。仅当交易将违反前述第四项至第十项一般禁止时，EAR99 项目才需要获得出口许可证。《出口管理条例》包含一份商务部国别清单，列明了各出口商品分类编号条目所适用的受控理由，用于确定对某一特定国家 / 地区出口分类编号项下的商品是否属于受控制状态。商务部国别清单请参见本书附件 18-D。该清单分为两列：一列是各国家 / 地区，另一列是相应的受控理由。如果在某一国家 / 地区一行与适用的受控理由一列交叉栏中出现“×”，则表示对该国 / 地区的出口受到控制。如果在适用栏里没有出现“×”，则表示不需要获得出口许可证。一旦在适用栏里出现任何一次“×”，那么公司就必须进行如下第四步。

如下摘自商务部国别表的表格表明了出口商品分类编号对向澳大利亚、中国和苏丹出口的控制情况，以及在化学和生物武器、核不扩散、国家安全和反恐怖主义方面的受控理由：

商务部国别表									
受控理由									
国家	化学和生物武器			核不扩散		国家安全		反恐怖主义	
	CB1	CB2	CB3	NP1	NP2	NS1	NS2	AT1	AT2
澳大利亚	×					×			
中国	×	×	×	×		×	×		
苏丹	×	×		×		×	×	×	×

为阐明之便，假设在第二步中确定的某公司根据出口商品分类编号 3A001 第 11（a）段确定的产品为数字集成电路。根据出口商品分类编号 3A001 适用第 11（a）段确定的受控理由为国家安全第 2 栏（NS2）和反恐怖主义第 1 栏（AT1）。对照如上表格，则公司可以确定，其产品对澳大利亚的出口不受限制。然而，由于国家安全的理由，其产品对中国的出口受到控制；由于国家安全和恐怖主义的原因，其产品对苏丹的出口也受到控制。因为对澳大利亚的出口不需要获得许可证，所以对澳大利亚的出口分析可以到此为止，除非该交易中出现将会违反前述第四项至第十项一般禁止的异常情况。而对于对中国或苏丹的出口，公司必须继续进行下述第四步程序。

[4] 第四步：是否适用《出口管理条例》中所列的许可例外

《出口管理条例》第740条[12]包含16项许可例外，这些例外优先于那些满足了《出口管理条例》规定而适用的例外情形要求的许可要求。一旦适用许可例外，出口方就可以根据该许可例外授权在发货时标明许可例外标识（例如CIV），以替代出口控制文件上的许可证编号。不过，需要注意的是，适用许可例外必须符合各种条件，才能够在不具有许可证的情况下继续进行交易。如果不具有适用许可例外的情形，出口方必须向商务部工业与安全局申请出口许可证。

适用最为普遍的几种许可例外包括：有限货运额（shipment of limited value，即许可例外LVS）、向B类国家出口（shipment to country group B，即许可例外GBS）、最终用户为民用的货物（shipment to civil end-users，即“CIV”）。对于某一特定产品是否适用这三类许可例外，可以根据在出口商品分类编号最上方对该产品的描述进行判断。例如，在上述第三步中经分类的数字集成电路所适用的出口商品分类编号3A001中，具有如下说明：

许可例外

LVS：不适用于MT或NP

适用于：1500美元：3A001.c

3000美元：3A001.b1、b2、b3、b9、d、e、f和g

5000美元：3A001.a（因MT受限制时a.1.a和a.5.a为例外）以及b.4至b.7

GBS：适用于3A001.a.1.b、a.2至a.12（因MT受限制时a.5.a为例外）、b.2、b.8[除超过18兆赫的行波管放大器（TWTAs）外]、b.9、b.10、g和h

CIV：适用于3A001.a.3、a.4、a.7和a.11

根据监管要求，对中国的出口不得适用许可例外LVS和GBS。不过，对中国最终用户/用途为民用的出口可以适用许可例外CIV。电子集成电路被分类在出口商品分类编号3A001.a.11项下，可适用许可例外CIV。因此，只要出口方不知道（或没有理由知道）产品将会转为军用，就可以在许可例外CIV的豁免权下将产品出口给中国的民用用户。由于苏丹属于禁运国家，向苏丹出口电子集成电路并不适用任何出口例外。因此，在向苏丹出口该产品之前，出口方必须向商务部工业与安全局申请针对特定交易的出口许可证。

---

[12] 参见15 C.F.R. Part 740.

[5] 第五步: 申请出口许可证

由于产品不因其出口目的地而受到控制，或者交易可以适用许可例外，因此绝大多数出口不需要获得许可证。对于其他少数出口，或者可能违反第四项至第十项一般禁止的出口交易，出口方首先必须向商务部工业与安全局申请许可证，以获得对该交易的特别授权。出口方可以按照商务部工业与安全局的"简化网络申请程序"（Simplified Network Application Process）在网上提交出口许可证申请。

商务部工业与安全局通过仔细审查待出口项目、其出口目的地和最终用途来分析许可证申请以及支持性材料。商务部工业与安全局也会审查交易各方的可靠性，往往是通过政府情报机构掌握的有关各交易方的情况。商务部工业与安全局尽量不通过情报机构，以签发尽可能多的出口许可证。不过，美国外交部、能源部、国防部以及军备控制与裁军署均有权审查提交商务部工业与安全局的出口许可证申请。

收到许可证申请之后，商务部工业与安全局首先就该申请材料是否完整进行粗略审查。如果认为材料完整，商务部工业与安全局便会受理该申请，审查期限由此开始起算。9 个日历日内，商务部工业与安全局应采取如下行动之一：批准或拒绝申请；告知申请人无需申请许可证；联系并要求申请人提供所需的补充信息；或者将该申请转交至其他机构进行审查。如果由其他机构进行审查，则审查机构必须在转交之日起 30 日内将其反对意见通知商务部工业与安全局，否则视为该审查机构不反对签发出口许可证。

如果机构之间意见不一致，则该争议将会提交更高级别的机构间会议讨论。如果经更高级别的审查仍不能在机构间达成一致意见，则争议将会提交总统做出决定——尽管这种由总统来最终决定是否签发出口许可证的情况极其罕见。

按照《出口管理条例》的要求，从商务部工业与安全局受理申请起算，必须在 90 个日历日内决定是否签发许可证，或者将申请提交总统。不过，《出口管理条例》规定了如下审查期限计算中止的情形：申请人同意延期；受管制项目接收方的身份和可靠性正在接受审查而处于未决状态；为避免许可证申请被拒，寻求外国政府提供保障；根据某些多边出口管制制度，应当在签发许可证之前征询其他机构的意见；或者，申请达到在签发许可证之前必须满足"30 天国会通知期"的法定要求。

2008 财务年度内，商务部工业与安全局共处理出口许可证申请 21,293 件，所涉贸易金额约达 721 亿美元。其中，17,945 件获得批准，3171 件被退回，177 件遭到拒绝。平均每件申请的处理时限为 27 天。

上述有关商务部工业与安全局审查情况的统计数据或许颇具误导性。由于公司一般都会留意政府当前的出口控制政策，往往不会大费周折地将那些获批可能性很小的交易提交申请，因此参与统计的申请大都是有望获得批准的。另外，其中不少许可证的批准都附有繁琐的条件。

案例研究

日本医用光学有限公司（Nippon Medical Optics Ltd.，简称“NMO公司”）打算收购ABC光学有限公司（ABC Optics Inc.，简称“ABC公司”），因为NMO公司想把ABC公司先进的直接成像设备用于NMO公司在日本和中国制造的产品[13]。ABC公司并不清楚将其产品运送到日本或中国是否需要出口许可证，不过可以确定的是，该设备并非产生于军事项目，且并非设计或改装用于任何军事用途。NMO公司和ABC公司认为，由于该设备是在美国生产的，因此受《出口管理条例》的监管；但该设备不属于受ITAR管制的国防物资，且任何其他机构对该设备均不具有排他性的出口管辖权（请参见前述第18.04节）。

ABC公司查阅了《商品管制清单》后认为，由于ABC公司的直接成像设备属于一种光学传感器，因此可能被归在出口商品分类编号ECCN6A002、ECCN6A992或者《出口管理条例》EAR99项下。首先，ABC公司的产品工程师对照出口商品分类编号6A002，发现c节涵盖了带有影像增强管（其技术特性如6A002.a.2.a所列）的直接成像设备。

对该部分出口商品分类编号项下产品进行控制的理由包括：国家安全第2栏、区域稳定第1栏以及反恐怖主义第1栏。因此，不论是对日本还是对中国的出口都必须获得许可证——对日本出口的监管适用区域稳定第1栏，对中国出口的监管适用国家安全第2栏和区域稳定第1栏。公司也审查了许可例外，并认定不适用任何许可例外。因此，除非进行修改，ABC公司必须获得出口许可证，才能将其直接成像设备运送到NMO公司在日本和中国的实体。

来自于两家公司的工程师都对NMO公司打算运用ABC公司的设备在日本和中国制造的产品进行了研究，认为该使用影像增强管的改装版设备不属于NMO公司产品适用的6A002.a.2.a项下所列规格。工程师们又研究了出口商品分类编号ECCN6A992项下的技术参数，并认为ABC公司采用另一种影像增强管的直接成像设备可以被分类在ECCN6A992项下。对该出口商品分类编号项下产品进行控制的理由包括反恐怖主义和特别区域稳定控制——要求对伊拉克的出口

[13] 此处的“NMO公司”和“ABC公司”均为化名。不过，本案例研究中的事实确实基于数起真实的事例。

必须获得许可证。因此，ABC 公司这一设备的改装版可以在无需许可证的情况下，运送到 NMO 公司在日本和中国的设施。

[C] 再出口控制和“微量”规则

对于原产于美国的产品和技术，即使已经离开美国境内，仍然受美国管辖。因此，如果某项产品从美国出口到中国需要获得许可证，那么该项产品从法国再出口到中国同样需要获得许可证——即使该产品最初出口到法国时并不需要获得许可证。另外，如果外国制造的产品含有“微量”级别以上原产于美国的零部件或者属于美国原产技术的直接产品，那么也必须获得许可证。当投资人设法把从新近收购的美国公司中的产品和技术并入其海外业务时，这些规则会对投资人在美国境外的业务经营造成沉重的负担。

只要受控制的原产于美国的零部件、软件或技术未达到“微量”规则监管的最低数量水平，则该外国制造的产品不适用上述规则。对于禁运和支持恐怖主义的国家，这一“微量”水平为 10%；对于所有其他出口目的国家 / 地区，这一“微量”水平为 25%。

“微量”的计算以相对价值为基础。只有那些直接出口到新目的国家 / 地区的零部件、软件和技术，才会作为受控制的美国原产的产品来计算是否超过了“微量”级别。例如，如果某项从日本出口到中国的日本产品中 30% 的价值源于美国原产部件，但是其中仅有占一半的价值的部件需要获得许可证以便直接出口到中国，因此受控制的美国原产含量仅占 15%。该日本产品不受美国再出口监管要求的控制，因为其未达到受控制的美国含量的“微量”级别。为确定某一特定的美国原产零部件、软件或技术是否因其新的出口目的国家 / 地区而受到限制，再出口人应当根据前述第 18.04[B] [1] 至 [4] 小节所列的程序进行分类。

案例研究

日本医用光学有限公司（Nippon Medical Optics Ltd.，简称“NMO 公司”）打算收购 ABC 光学有限公司（ABC Optics Inc.，简称“ABC 公司”），因为 NMO 公司想把 ABC 公司先进的直接成像设备用于 NMO 公司在日本和中国制造的产品，并销往位于亚洲、欧洲和中东的医院[14]。只有在 NMO 公司能够无需获得美国

[14] 此处的“NMO 公司”和“ABC 公司”均为化名。不过，本案例研究中的事实确实基于数起真实的事例。

出口许可证而将产品转售给其全球范围内的大多数客户时，才有利可图。两家公司认为，用于NMO公司产品的ABC公司设备的改装版可以被分类在出口商品分类编号ECCN6A992项下（请参见前述第18.04［B］部分的案例研究）。有关该条目所列的控制理由（反恐怖主义第1栏和区域稳定）表明，仅有在该ABC公司的设备出口到伊拉克、苏丹和叙利亚，以及古巴、伊朗和朝鲜等禁运国家时，才需要获得许可证。由于该经改装的ABC公司设备可以出口到除前述6个国家以外的所有其他国家/地区，因此NMO公司尽可以放心地开展交易——因为，只有把带有ABC公司设备的产品运送到前述6个国家其中之一时，才会涉及再出口控制的问题。

随后，NMO公司接到了来自伊拉克和叙利亚医院的订单，订购其中某项带有ABC公司设备的产品。而对前述两个国家出口ABC公司设备必须获得许可证。因此，NMO公司需要确定，受控制的美国含量是否属于“微量”。ABC公司设备在NMO公司产品中占总价值的15%，而且是该产品仅有的美国含量。由于受控制的美国含量低于适用于伊拉克的25%的“微量”水平，因此NMO公司可以在无需获得美国再出口许可证的情况下将该产品运送到伊拉克。不过，因为叙利亚被美国视为支持恐怖主义的国家，对其适用的“微量”水平仅为10%，所以要将该产品运送到叙利亚必须获得美国再出口许可证。

[D]《出口管理条例》项下的视同出口规则

《出口管理条例》项下的视同出口规则类似于《国际军品交易条例》项下的视同出口规则。在任何地点以任何方式披露“技术数据”，包括在美国境内向外国投资者做出可视评论或口头披露，即构成《出口管理条例》项下的“出口”。不过，两者也存在某些重大差异。

首先，向大多数国家/地区的国民披露《出口管理条例》项下的大多数技术数据并不需要获得出口许可证。因此，视同出口规则的实际效力仅限于涉及极少数高度敏感产品的技术数据，或向一小部分国家/地区的国民进行披露的情形。

其次，针对向某些国家的出口不得签发许可证的法定禁令（如对中国的出口禁止基于武器禁运），并不适用于《出口管理条例》项下的项目。因此，取决于实际情况，对中国公民披露技术数据很可能需要向商务部工业与安全局申请许可证。

再次，差异之三在于，无论是对于视同出口还是视同再出口，商务部工业与安全局都根据“最近取得的国籍”这一规则来定义“外国人”。与国务院国防贸易管制理事会不同，商务部工业与安全局认为，根据某外国法律被承认为其永久居民的人即为该国国民。因此，出于出口控制的目的，商务部工业与安全局认为在中国出生的加拿大人是加拿大公民。而与国务院国防贸易管制理事会相同的是，在视同出口规则下，商务部工业与安全局定义的“美国人”包括所有美国公民、美国永久居民、被授予庇护权的人和其他某些受保护类移民。请参见本书第 16 章。

案例研究

日本医用光学有限公司（Nippon Medical Optics Ltd.，简称“NMO 公司”）打算收购一家刚起步的美国公司——ABC 光学有限公司（ABC Optics Inc.，简称“ABC 公司”），因为 NMO 公司想把 ABC 公司先进的直接成像设备作为部件用于其自有产品[15]。两家公司打算签订保密协议，根据该协议，ABC 公司将在 NMO 公司工程师拜访 ABC 公司在美国的设施时，向这些工程师披露关于其设备和技术的详细技术信息。问题在于，NMO 公司的工程师都是并非美国永久居民的日本公民。由于 ABC 公司的原设备被分类在出口商品分类编号 ECCN6A002 项下，对日本的出口需要获得许可证（请参见前述第 18.04［B］部分的案例研究），因此对于 ABC 公司在 NMO 公司工程师到访期间向他们披露关于该设备的技术数据，也必须获得出口许可证。所以，解决途径如下：申请获得出口许可证；或者把讨论的范围限制在关于 ABC 公司改装版设备的技术数据之内——因为该设备的改装版被分类在出口商品分类编号 ECCN6A992 项下，该项下的产品出口到日本不需要获得许可证。

[E] 处罚和近期执法行动

商务部工业与安全局根据不要求股东存续的“实质性存续”测试（“substantial continuity” test）——一种比“简单存续”测试（“mere continuation” test）适用范围更广的标准，对违反出口控制的公司的承继者进行处罚[16]。该“实质性存续”测试并不要求继受者实际购买资产以承担责任，只要发生一定形式的资产转移即可。在该测试中，

---

[15]　此处的“NMO 公司”和“ABC 公司”均为化名。不过，本案例研究中的事实确实基于数起真实的事例。

[16]　商务部工业与安全局的“实质性存续”测试在西格玛奥德里奇公司（Sigma-Aldrich）一案中，得到了美国海岸警卫队行政法法官的支持，参见 Order Denying Respondents' Motions for Summary Decision，Sigma-Aldrich Bus. Holdings，Inc.，01-BXA-06，Sigma-Aldrich Corp.，No. 01-BXA-07，Sigma-Aldrich Research Biochemicals，Inc. No. 01-BXA-11（Dep't of Commerce Bureau of Indus. & Sec. Aug. 29，2002），http：//www.bis.doc.gov/enforcement/casesummaries/sigma_aldrich_alj_decision_02.pdf.

商务部工业与安全局会考虑该承继者是否：(1) 继续雇用同样的员工、监管人员，以及位于原址的生产设施；(2) 继续制造同样的产品；(3) 沿用同样的商号；(4) 保持同样的资产和一般业务运营；以及 (5) 对公众表明系属对先前公司的延续。

如下所列是对违反《出口管理条例》可能采取的最严厉的处罚：

1. **刑事责任**——故意违反者，处以 10 年监禁和 / 或最高达出口金额 5 倍或 100 万美元罚金。
2. **民事责任**——25 万美元罚款。
3. **行政责任**——公司或个人的名字有可能会被列入不得直接或间接从事涉及《出口管理条例》项下任何出口交易（包括不需许可证的其他出口交易）的名单。

如下是商务部工业与安全局和司法部的新闻报道概要，公布了几起近期的执法行动：

- **某新加坡公司董事被判向伊朗非法出口受控制的飞机部件（2009 年 11 月 5 日）**：美国公民劳拉·王—伍德福德（Laura Wang-Woodford），作为一家从事进出口军用及民用飞机部件逾 20 年的新加坡公司——国君航空有限公司（Monarch Aviation Pte. Ltd）的董事，因图谋违反美国贸易禁运向伊朗出口受控制的飞机部件，被判处监禁 46 个月，并处罚金 50 万美元，上交美国财政部。
- **某得克萨斯公司数家子公司被控向受制裁国家和列入清单的组织进行违法出口和再出口（2009 年 9 月 15 日）**：总部位于得克萨斯圣马科斯的赛盟制造公司（Thermon Manufacturing Company）的 5 家子公司同意支付总计 17.6 万美元的合并民事罚金，以和解其因违反《出口管理条例》，在未获得许可的情况下参与向伊朗、叙利亚、利比亚和列入清单的某些印度组织再出口热示踪设备（分类在《出口管理条例》EAR99 项下）而受到的指控。如果赛盟公司没有自愿向商务部工业与安全局披露了这一违反情况，罚金还会高得多。其美国母公司并没有受到指控，因为商务部工业与安全局认为，母公司对其国外子公司的行为并不知情。
- **某中国台湾地区公司被控非法向中国大陆出口（2008 年 8 月 22 日）**：台湾地区庄信贸易和工程有限公司（Johnson Trading & Engineer Company Ltd.）同意支付 9 万美元的民事罚金，以和解其因违反《出口管理条例》，故意在未获许可的情况下向中国大陆出口电脑芯片而受到的指控。在 7 起交易中，庄信公司从美国出口商处订购电脑芯片，并进行了虚假陈述——谎称最终目的地为台湾地区。随后，庄信公司安排将该等芯片产品运送到中国大陆地区。而该涉案电脑芯片因"国家安全"和"反恐怖主义"的原因而受到控制。庄信公司还同意接受暂缓执行的剥夺出口权5年，以及对公司的出口合规项目进行审查。如果公司遵守协议中的其他条款，则可以暂缓缴纳该9万美元罚金中的3万美元。

- **某丹麦公司及其子公司被控非法出口和再出口水下导航设备（2008年8月14日）**：位于丹麦斯朗厄鲁普的瑞森公司（Reson A/S）同意支付119,250万美元的民事罚金，以和解其涉及29项违反《出口管理条例》而受到的指控。根据其相应的违法情形，瑞森公司旗下三家子公司被各自处以民事罚金，包括加利福尼亚戈利塔的瑞森有限公司（8.3万美元）、英国阿伯丁的瑞森离岸有限公司（9900美元）以及瑞森公司曾经的子公司——南非开普敦瑞森水下调查公司（2.97万美元）。其中，瑞森有限公司还被指控违反两项关于对法国和英国公民的视同出口规则。这些指控主要涉及在未获得许可证的情况下，在2002年至2006年间向南非、新加坡、阿拉伯联合酋长国、莫桑比克、中国台湾地区、俄罗斯和印度出口和再出口水下导航设备。而该项产品以"国家安全"为理由受到控制。瑞森公司自愿向商务部工业与安全局披露了这些违反情况，并充分配合监管机构的调查工作。
- **某总部位于伊利诺伊的公司被控违反视同出口规则（2008年8月12日）**：伊利诺伊州罗克福德的英格索尔机床公司（Ingersoll Machine Tools）同意支付12.6万美元的民事罚金，以和解其因在8起未获许可证的情况下，违反视同出口规则向意大利和印度公民进行披露而受到的指控。这些指控涉及在2003年11月至2007年1月之间，在美国境内向印度和意大利公民披露有关垂直铺丝机的制造、开发技术以及五轴铣床的生产技术。而对于向意大利和印度的出口，这些技术以"国家安全"和"导弹技术"为理由受到控制。此外，该等技术针对印度的控制理由还包括"核不扩散"。

§18.05　监管出口的其他部门

除国务院国防贸易管制理事会和商务部工业与安全局外，其他一些政府部门也对出口进行监管。其中大多数部门只对一小部分出口交易进行监管，因为这些交易附属于受该等部门监管的实质事项。这些政府部门也对出口控制有管辖权是因为其对美国边境和港口的监管对于其他部门有效实施出口控制至关重要。现将其中最重要的几个政府部门对出口控制的职责简要介绍如下。

[A] 外国资产管制办公室

美国财政部外国资产管制办公室（Office of Foreign Assets Control，OFAC）管理并负责对特定国家、恐怖主义资助组织和国际毒枭执行经济和贸易制裁。在许多情况下，这些制裁禁止在未获得 OFAC 许可的情况下向受制裁的国家、组织和个人进行出口。请参见下述第 18.06 节有关 OFAC 制裁范围的描述。

[B] 美国核管理委员会和能源部

美国核管理委员会负责核准核材料和设备的出口。能源部武器控制和防扩散办公室出口控制处（Department of Energy Office of Arms Controls and Nonproliferation，Export Control Division）负责核准核技术、核能技术数据和特定核材料的出口。能源部燃料工程办公室（Department of Energy，Office of Fuels Programs）负责核准天然气和电力的出口。

[C] 缉毒局和食品与药品管理局

缉毒局运转控制办公室进出口科（Drug Enforcement Administration，Office of Diversion Control，Import-Export Unit）负责监管《管制物质法案》（Controlled Substance Act）项下受管制物质的出口以及列入用于制造管制物质的化学名单的化学物质的进出口。食品与药品管理局进出口处（Food and Drug Administration，Import/Export）负责监管其他药品和医疗设备的进口与出口。

[D] 内政部和国家环境保护局

内政部管理处（Department of the Interior，Division of Management）负责监管濒危鱼类和野生物种的出口。国家环境保护局固体废物办公室国际和运输分局（Environmental Protection Agency，Office of Solid Waste，International and Transportation Branch）负责监管危险废物的出口。

[E]专利和商标局

专利和商标局许可与复审处 [Patent and Trademark Office（简称 PTO）Licensing and Review Section] 负责监管发往境外的专利申请数据。请参见本书第 10 章关于专利和商标局以及知识产权的部分。

[F]国土安全——移民和海关执法局及海关和边境保护局

海关和边境保护局（U.S. Customs and Border Protection，CBP）负责确保所有离开美国的货物必须根据所有应适用的法律行事。出口商在货物离开美国时必须向海关和边境保护局提交一份自动出口系统报告。报告中载明有关货物出口管制的分类以及任何应适用的出口许可或许可例外。移民和海关执法局（U.S. Immigration and Customs Enforcement，ICE）为其他政府部门调查可能违反出口控制法律的行为提供协助。请参见本书第 17 章对移民和海关执法局及海关和边境保护局关于进口监管执法职责的相关讨论。

§ 18.06 美国国际经济制裁

美国财政部外国资产管制办公室（Office of Foreign Assets Control，OFAC）对特定目标国家、恐怖分子、国际毒枭以及参与涉及大规模杀伤性武器扩散活动的人实施经济制裁。OFAC 的制裁政策包括对一小部分国家实行禁运，以及采取“基于清单的制裁”（list-based sanctions），即根据制裁清单对可能位于全球任何地方的个人和组织进行制裁。

目前，受到美国大范围禁运的国家包括：古巴、伊朗、朝鲜、缅甸、苏丹和叙利亚。美国也对其他一些国家实行制裁，不过仅限于禁止与特定的被制裁方进行交易，且仅限于制裁清单上列明的描述。

[A]禁运

目前，受美国经济封锁的国家包括：古巴、伊朗、朝鲜、缅甸、苏丹和叙利亚。详情见下述。

[1] 古巴

《古巴资产管制规定》(*The Cuban Assets Control Regulations*)[17] 禁止向古巴出口、进口原产于古巴的货物或服务，以及禁止美国人参与古巴或古巴人作为一方的交易。该规定还严格限制美国人去古巴旅游。

《古巴资产管制规定》定义的“美国人”包括：所有美国公民和永久居民，不论其身处何处；所有实际处于或位于美国境内的个人和组织；以及所有美国组织的全球分支机构。对古巴制裁的域外管辖，即涉及美国公司在国外单独设立的子公司在美国境外的行为，会对跨国公司带来严重的问题。诸如加拿大等国家，都制定了法律，禁止国内公司以美国制裁为由拒绝与古巴进行贸易往来。

美国境内的国外投资者并不会因为其投资而受到《古巴资产管制规定》域外管辖的影响，因为该规定项下的域外管辖在公司的组织结构中向下适用于子公司，而不是向上溯及适用。因此，某美国子公司的法国母公司不适用该规定，但某美国母公司的法国子公司受该规定的监管。此外，其他制裁规定对于美国公司的外国子公司都不具有直接管辖权。

[2] 伊朗

《对伊朗贸易规定》(*The Iranian Transactions Regulations*)[18] 实际上禁止无论处于何地的美国人与伊朗或无论位于何处的由伊朗政府拥有或控制实体进行贸易往来及投资活动。不过，与《古巴资产管制规定》不同的是，该规定定义的“美国人”不包括美国公司单独设立的国外子公司[19]。但是，美国对伊朗的制裁会间接影响美国公司的国外子公司，也包括外国母公司，因为如果公司涉及其国外子公司与伊朗的交易，则该公司也要承担责任。

[3] 朝鲜

过去对朝鲜的全面禁运在近十几年中有所放松。剩余的美国财政部外国资产管制

---

[17] 参见 31 C.F.R. Part 515. 对古巴的制裁请参见 http：//www.ustreas.gov/offices/enforcement/ofac/programs/cuba/cuba.shtml（最后访问：2010 年 5 月 27 日）。

[18] 参见 31 C.F.R. Part 560. 对伊朗的制裁请参见 http：//www.ustreas.gov/offices/enforcement/ofac/programs/iran/iran.shtml（最后访问：2010 年 5 月 27 日）。

[19] 《对伊朗贸易规定》和其他针对古巴以外的制裁政策对国外分支机构和单独设立的国外子公司的区别与美国大多数监管制度中的域外管辖一致，例如税法。请参见本书第 7 章关于对美国税法域外管辖的探讨。

办公室（OFAC）制裁政策[20]中最重要的一个方面就是：未经事先通知并获得美国财政部外国资产管制办公室的批准，不得进口任何原产于朝鲜的产品。另外，几乎所有的向朝鲜出口都必须获得商务部工业与安全局的许可证，但这些出口交易中的大多数都不可能获得许可证。

［4］缅甸

《对缅甸制裁规定》（*The Burmese Sanctions Regulations*）[21]禁止进口缅甸产品，并禁止从美国或由美国人向缅甸出口或再出口金融服务。不过，对于向缅甸的非营利人道主义或宗教活动提供支持的金融服务，存在有限的例外情形。该规定还禁止美国人新设投资开发位于缅甸的资源，包括天然、农业、商业、金融、工业和人力资源。与《古巴资产管制规定》不同的是，该规定定义的“美国人”不包括美国公司单独设立的国外子公司。不过，美国对缅甸的制裁可以间接影响美国公司的国外子公司，也包括国外母公司，因为如果美国关联公司涉及其国外关联公司与缅甸的交易，则该美国关联公司也要承担责任。

［5］苏丹

《对苏丹制裁规定》（*The Sudanese Sanction Regulations*）[22]禁止向苏丹出口、进口原产于苏丹的产品，并禁止美国人参与涉及苏丹或苏丹利益的大部分交易，但苏丹南部和达尔富尔的特定区域可以适用豁免。与《古巴资产管制规定》不同的是，该规定定义的“美国人”不包括美国公司单独设立的国外子公司。不过，美国对苏丹的制裁会间接影响美国公司的国外子公司，也包括外国母公司，因为如果美国关联公司涉及其国外关联公司与苏丹的交易，则该美国关联公司也要承担责任。

［6］叙利亚

美国财政部外国资产管制办公室还没有制定针对叙利亚的具体制裁规定。不过，这些制裁政策反映在两则执行令中——禁止向叙利亚出口，并禁止美国人与叙利亚大

---

[20] 参见 31 C.F.R. Part 500. 对朝鲜的制裁请参见 http：//www.ustreas.gov/offices/enforcement/ofac/programs/nkorea/nkorea.shtml（最后访问：2010 年 5 月 27 日）。

[21] 参见 31 C.F.R. Part 537. 对缅甸的制裁请参见 http：//www.ustreas.gov/offices/enforcement/ofac/programs/burma/burma.shtml（最后访问：2010 年 5 月 27 日）。

[22] 参见 31 C.F.R. Part 538. 对苏丹的制裁请参见 http：//www.ustreas.gov/offices/enforcement/ofac/programs/sudan/sudan.shtml（最后访问：2010 年 5 月 27 日）。

部分个人和实体进行交易[23]。与《古巴资产管制规定》不同的是，该规定定义的“美国人”不包括美国公司单独设立的国外子公司。不过，美国对叙利亚的制裁会间接影响美国公司的国外子公司，也包括外国母公司，因为如果美国关联公司涉及其国外关联公司与叙利亚的交易，则该美国关联公司也要承担责任。

[B] 基于清单的制裁

美国财政部外国资产管制办公室制备了一份清单，列明其资产一旦进入美国管辖即受到封锁的个人和实体，例如通过美国的银行系统进行资金电汇，并规定美国人不得与被列入清单的该等个人和实体进行交易。这些单独受到制裁的人包括：属于或受贸易禁运国家控制，或代表受禁运国家行事的人；巴尔干地区、白俄罗斯、科特迪瓦、刚果、伊拉克、利比亚和津巴布韦的特定独裁者、前任独裁者及其亲信；恐怖分子；毒枭和大规模杀伤性武器扩散者。为方便起见，美国财政部外国资产管制办公室把这些个人和实体合并列在一张总表上，称为“特别指定国民”（Specially-Designated Nationals）清单[24]。作为最可取的方法，所有美国人应当审查交易对方是否被列入该清单，以确保进行交易的当事方不属于制裁对象。

[C] 处罚和近期执法情况

违反美国财政部外国资产管制办公室的制裁项目将导致严厉的刑事和民事处罚。过去的违法责任往往会随着商业实体持续存在，甚至持续到新的所有人收购之后。因此，收购前针对过去美国财政部外国资产管制办公室政策合规情况的尽职调查，以及在收购协议中做出适当的陈述和保证，是至关重要的。请参见本书第3章。除了有关针对古巴和外国毒枭的法规违反外，就违反美国财政部外国资产管制办公室制裁项目的违法行为，将被处以如下处罚：

1. **刑事责任**——20年监禁和/或100万美元罚金。构成刑事责任必须具有主观故意（即行为人明知其行为违法，但仍然实施该行为）。

---

[23] 参见31 C.F.R. Part 542. 对叙利亚的制裁请参见http：//www.ustreas.gov/offices/enforcement/ofac/programs/syria/syria.shtml（最后访问：2010年5月27日）。

[24] 该清单请参见http：//www.ustreas.gov/offices/enforcement/ofac/sdn/index.shtml（最后访问：2010年5月27日）。

2. **民事责任**——25万美元罚款，或处以2倍于违法交易金额的罚金。例如，如果某公司签订了一项非法合同，向伊朗出售价值200万美元的货物和服务，那么美国政府征收的民事罚金可以达到400万美元。

违反《古巴资产管制规定》的刑事责任包括：10年以下监禁、100万美元针对公司的罚款、25万美元针对个人的罚款。另外，对于每一起违反还可以征收不超过6.5万美元的民事罚金。公司对于违反《外国毒枭指定法》[25]（*The Foreign Narcotics Kingpin Designation Act*）的刑事责任包括：1000万美元罚款、针对个人500万美元的罚款以及30年监禁；另外，还会被处以不超过1,075,000美元的民事罚金。

如下是美国财政部外国资产管制办公室的新闻报道概要，公布了几起近期的执法行动：

- **巴利集团（Balli Group PLC）和巴利航空有限公司（Balli Aviation，Ltd.）就对其违反《对伊朗贸易规定》和《出口管理条例》的指控达成和解（2010年2月5日）**：位于英国伦敦的巴利集团和巴利航空有限公司同意向美国财政部外国资产管制办公室和商务部工业与安全局交纳民事罚金1500万美元，以和解其因违反《对伊朗贸易规定》和《出口管理条例》，向伊朗出口三架商用飞机而受到的指控。巴利航空有限公司还涉及两起由美国司法部（The U.S. Department of Justice，DOJ）提起的刑事指控，并同意就其在该等交易中的行为支付刑事罚金200万美元。巴利公司同意聘请非关联第三方顾问就公司关于美国出口控制法律法规和制裁政策的合规情况进行外部调查，并被商务部工业与安全局颁令吊销出口权5年。如果巴利公司遵守《和解协议》中的条款，则商务部工业与安全局的吊销令可以暂缓执行。巴利公司对美国财政部外国资产管制办公室就其明显违法行为的调查工作进行了配合，但并没有自愿向美国财政部外国资产管制办公室披露其违反情况。
- **明西亚有色金属有限公司（Minxia Non-Ferrous Metals，Inc.）就对其违反《古巴资产管制规定》的指控达成和解**：位于马里兰州21044，哥伦比亚的明西亚有色金属有限公司（简称"明西亚公司"）就其被控约于2003年5月至2006年10月间违反《古巴资产管制规定》的行为支付罚金1,198,000美元。据美

[25]　参见21 U.S.C. § 1901–1908、8 U.S.C. § 1182)；Foreign Narcotics Kingpin Sanctions Regulations 31 C.F.R. Part 598.

国财政部外国资产管制办公室指称，明西亚公司在未获美国财政部外国资产管制办公室许可或超出其所获许可范围的情况下，购买或以其他方式交易古巴金属。且明西亚公司并未自愿向美国财政部外国资产管制办公室披露其违反情况。

- **佳美航空膳食有限公司（Gate Gourmet Inc.）就对其违反《古巴资产管制规定》的指控达成和解**：佳美航空膳食有限公司（简称“佳美公司”）就其被控于2002年12月至2006年9月间违反《古巴资产管制规定》的行为支付罚金581,901.54美元。据美国财政部外国资产管制办公室指称，佳美公司在未获美国财政部外国资产管制办公室许可或超出其所获许可范围的情况下，向古巴航空公司（Cubana Airlines）提供配餐服务、向古巴航空公司推荐其他供应商，并资助其雇员到古巴旅行。佳美公司自愿向美国财政部外国资产管制办公室披露了其违反情况。
- **爱德华兹证券投资公司（A.G. Edwards and Sons，Inc.）就对其违反毒品贩运制裁的指控达成和解**：位于密苏里州圣路易斯市（邮编：63103）的爱德华兹证券投资公司（简称“爱德华兹公司”）就其被控于2003年3月至5月间违反《毒品贩运制裁条例》（*The Narcotics Trafficking Sanctions Regulations*）的行为支付罚金122,358.35美元。据美国财政部外国资产管制办公室指称，爱德华兹公司在未获美国财政部外国资产管制办公室许可的情况下，未能冻结特别指定毒枭（Specially Designated Narcotics Traffickers，SDNTs）拥有的投资账户，并对该等账户项的交易进行处理。爱德华兹公司自愿向美国财政部外国资产管制办公室披露了其违反情况。

案例研究

荷兰银行（Dutch Bank ABN AMRO）因其迪拜分行向美国分行隐瞒了据以处理交易的关键信息，因而在美国财政部外国资产管制办公室和美国其他监管机构遇到了严重问题。因此，美国分行处理了本应根据《对伊朗贸易规定》和美国财政部外国资产管制办公室当时针对利比亚的制裁项目进行冻结的支付交易。荷兰银行迪拜分行采取了如下一系列措施，以防美国财政部外国资产管制办公室在对美国分行的合规审查中将该交易认定为非法交易：

- 删除电汇付款人与某受制裁的伊朗银行之间关于付款指示的所有相关信息；
- 重新签发信用证以清除关于伊朗银行与利比亚银行之间所有往来的信息；

- 安排利比亚银行就提交美国分行的任何已清算的支票，不予背书或盖章。

美国财政部外国资产管制办公室和美国其他监管机构对荷兰银行就其前述违法行为及相关洗钱活动处以罚款8000万美元。2005年，荷兰银行还同意与纽约州立银行局（New York State Banking Department）、联邦储备系统理事会（Board of Governors of the Federal Reserve System）以及伊利诺伊州金融与行业监管局（Illinois Department of Financial and Professional Regulation）达成同意令，荷兰银行据此应当采取各种措施以改进其有关美国财政部外国资产管制办公室制裁政策和反洗钱方面的合规情况。直到2008年9月，荷兰银行才不受制于该命令。

§18.07 反联合抵制法规

关于外国对与美国关系友好的国家进行联合抵制，尤其是阿拉伯国家联盟对以色列的联合抵制，美国是反对的。国会通过了一系列法律，以禁止美国公司实施或以其他形式协助对以色列的联合抵制[26]。这些法律由商务部工业与安全局通过《出口管理条例》中有关反联合抵制的条款[27]来执行，以及由美国国家税务局（The Internal Revenue Service，IRS）通过税法中的特定条款[28]来执行。

商务部工业与安全局会对从事为《出口管理条例》反联合抵制条款所禁止行为的美国人进行处罚，并要求美国人就其收到的关于联合抵制的特定请求提交季度报告。在反联合抵制的语境下，“美国人”包括美国公司及其国外子公司，但不包括美国公司的国外母公司。不过，某国外母公司代表其美国子公司做出的行为，可能会由美国子公司来承担责任。

以下是《出口管理条例》项下反联合抵制法规所禁止的行为，若该等行为系出于与国外联合抵制有关的目的：

---

[26] 这些法律包括：《1979年出口管理条例》第8章（Pub. L. No.96−72，§8）、《对1976年税收改革法案的鲁比科夫修正案》（The Ribicoff Amendment to the 1976 Tax Reform Act）（Pub. L. No.94−455，Title X，§1064(a)）。

[27] 参见15 C.F.R. Part 760.

[28] 参见26 U.S.C. §999.

1. 拒绝与受联合抵制国家或其国民进行贸易往来；
2. 基于种族、宗教信仰、性别或国籍歧视美国人；
3. 提供关于种族、宗教信仰、性别、国籍或与慈善或兄弟会组织之间往来的信息；
4. 提供关于受联合抵制国家或被列入黑名单者之间业务关系的信息；
5. 执行具有联合抵制条款的信用证。

《出口管理条例》项下的反联合抵制条款对前述禁止规定了有限的例外情形，简述如下：

1. 美国人可以遵从抵制国关于禁止进口受抵制国家生产的货物，拒绝受抵制国公司、国民或居民的进口要求。不过该例外仅适用于货物实际被进口到抵制国的情形。
2. 美国人可以遵从抵制国关于禁止由受抵制国承运人运送货物至该抵制国，或指定航线以避免途经受抵制国的要求。
3. 美国人可以遵从抵制国关于进口和运输单据的要求，例如，以有效的形式列明货物的原产国（比如，允许指明货物“原产于美国”，但不得表述为“非原产于以色列”）。
4. 美国人可以遵从抵制国关于从该国出口的货物在装运和转运方面的要求。

此外，还存在如下三种例外情形：遵从抵制国客户对供应商和产品的单方面的和具体的选择；遵从抵制国关于移民、护照和雇用方面的要求；以及善意居民亲身居留于抵制国时遵从抵制国的国内法律。不过，适用这些例外情形必须满足非常严格的条件。在得到法律顾问咨询意见之前，公司不得依据自己的判断行事。

案例研究——善意也能导致违反反联合抵制规定

某美国公司——国际供应公司（International Supply Corporation，简称 ISC 公司）[29] 参与竞标关于向位于沙特阿拉伯的工地供应设备的某项合同。就该项招标，沙特联合抵制办公室（Saudi Boycott Office）向 ISC 公司发函，询问公司是否与以色列进行贸易往来。ISC 公司所有人给出了肯定的答案——公司当然与以色列具有贸易往来；他本人就是犹太人，也是圣约信徒（B’nai B’rith）的成员之

[29] 此处的“ISC 公司”为化名。不过，本案例研究中的事实确实基于真实的事例。

一，并且一直都是以色列的坚定支持者。在前述陈述中，ISC公司涉及对反联合抵制法规的三项违反：公司提供了关于其与受抵制国家之间具有贸易往来的信息、公司所有人的宗教信仰状况，以及公司所有人与慈善组织间的关系。当公司所有人做出前述陈述时，他是否意图进行抵制其实并不重要。通过提供这些信息，他向联合抵制办公室提交了联合抵制办公室可以用于实施抵制的信息；而且，他通过向联合抵制办公室提供联合抵制办公室无权获得的信息，配合了抵制的实施。不过，由于该公司所有人并不具有违反反联合抵制法规的故意，因此公司及其所有人不会受到因故意违法而导致的刑事处罚。

故意违反《出口管理条例》项下的反联合抵制条款，刑事责任包括10年监禁和/或100万美元罚金。商务部工业与安全局还有权征收不高于25万美元的民事罚金。如下所列是近期的几起执法行动：

1. **约克国际公司**（York International Corporation）于2009年11月5日作为和解协议的一部分，被判令支付罚金140,850美元，作为对其6起同意不与受抵制的个人进行贸易往来、15起提供有关联合抵制以色列的信息，以及122起未报告收到抵制请求的处罚。
2. **美国瑞斯公司**（American Rice Inc.）就其15起未能报告收到提供有关联合抵制以色列的信息请求，同意支付罚金3万美元。
3. **荣利国际运输有限公司**（Rohde & Liesenfeld Inc.），一家休斯敦货运代理公司，同意支付罚金108,000美元，作为对其15起提供本公司或其他公司与以色列贸易往来相关信息的处罚。

美国国家税务局要求在被认为抵制以色列的特定阿拉伯联盟国家[30]经商的美国纳税人，通过向国家税务局进行年度纳税申报的IRS表格5713（IRS Form 5713），报告其收到的任何关于抵制的请求。国家税务局IRS表格5713范本请参见本书附件18–E。公司将因配合阿拉伯国家联合抵制以色列而丧失某些税收抵免。有关国内和国际税务方面的具体探讨，请参见本书第6章和第7章。

---

[30]　根据美国国家税务局于2008年12月31日在《联邦纪事》（*Federal Register*）公告中所列，这些国家包括：科威特、黎巴嫩、利比亚、卡塔尔、沙特阿拉伯、叙利亚、阿拉伯联合酋长国以及也门共和国。

§ 18.08 反海外腐败法

《反海外腐败法》(*The Foreign Corrupt Practices Act*, FCPA)[31] 包含“反腐败”和“记录保存”两个部分。美国司法部作为主要的执法机构可以对证券发行人以外的美国人基于违反《反海外腐败法》提起刑事指控，并提起民事诉讼，对此，美国司法部享有排他管辖权。美国证券交易委员会（The U.S. Securities and Exchange Commission）负责对美国注册证券的发行人关于记录保存和反腐败条款的执行提起民事执法指控。

[A] 反腐败条款

《反海外腐败法》(FCPA) 项下的反腐败规定 [32] 禁止美国人以及特定情形下的外国人为达到获得商机或保持业务的目的，直接或间接向外国官员实施贿赂、进行支付。确认某行为是否违反《反海外腐败法》项下反腐败条款的各构成要件如下：(a) 该行为由受《反海外腐败法》管辖的人实施；(b) 具有腐败的意图；(c) 进行了支付；(d) 由受禁止的人接受；以及 (e) 出于商业目的。

《反海外腐败法》的管辖对象——不论位于何处，美国的公司和个人均受《反海外腐败法》管辖，而单独设立的国外子公司则不适用该法律。不过，如果美国母公司授权、指示或控制了子公司的活动，则美国母公司可能会就子公司的行为承担责任。

如果外国公司是在美国注册的证券的发行人，则会受《反海外腐败法》的管辖。如果外国公司和个人直接或通过其代理人促成在美国境内发生的腐败支付，则该等外国公司和个人也会构成对《反海外腐败法》的违反并承担责任。例如，假设符合违反《反海外腐败法》的其他要件，某美国公司的外国股东指示其美国子公司安排某外国政府官员携家人赴迪斯尼世界旅游，并由该外国母公司买单，则该美国公司的外国股东构成对《反海外腐败法》的违反并应承担

[31] 参见 15 U.S.C. § 78dd-1 等。

[32] 参见 15 U.S.C. § 78dd-1、78dd-2 以及 78dd-3。

相应责任。

腐败的意图——进行支付或授权支付的行为人必须具有为引诱接受者滥用其职权，将业务交给支付者或特定其他人而进行支付的意图。即使腐败行为没有实施成功，也构成对《反海外腐败法》的违反。《反海外腐败法》禁止出于下述目的进行支付：为影响外国官员行使职权；为引诱外国官员做出某些与其法定职责相悖的行为或不行使其法定职责；或者为引诱外国官员滥用其影响力从而对某行为或决定造成影响。前述禁止的统一主题可以归结为：支付的目的是为了影响接受者以公职身份（而非出于私人身份）行事。因此，《反海外腐败法》并不禁止美国人向他们碰巧担任某外国政府官员的亲属或朋友赠送生日或结婚礼物。

支付——《反海外腐败法》项下的支付是指支付、提供或允诺支付金钱或任何有价物品，包括授权他人支付、提供或允诺支付金钱或任何有价物品。

受到禁止的接受者——受到禁止的接受者包括外国官员、外国政党、政党官员以及外国政治职位的候选人。“外国官员”是指外国政府、公共国际组织（例如世界银行）、外国政府和公共国际组织中的任何部门或机构中的任何官员或雇员，以及行使公职权利的其他任何人。因此，《反海外腐败法》并不禁止对私人公司的雇员支付贿赂。不过，如果该公司属于国有公司，则取决于特定的事实，该国有公司的雇员有可能会被视为外国官员。

出于商业目的——《反海外腐败法》只禁止出于协助公司争取或保留业务的目的向外国官员进行支付。不过，美国司法部将前述表述解释得十分宽泛：不仅仅是指获得或更新某项合同，也不仅仅局限于争取或保留与外国官员所属政府开展的业务。因此，例如，在构成违反《反海外腐败法》的其他要件都符合的情况下，为了获得与某私人公司开展业务所需的政府许可而支付的贿赂，也构成对《反海外腐败法》的违反。

此外，此处的“商业目的”规则并不仅限于获得合同。例如，某美国公司为寻求获得退税而进行的支付，也构成对《反海外腐败法》的违反。即使该公司有权获得退税，其行贿仍然违反了《反海外腐败法》。

[B] 记录保存条款

《反海外腐败法》项下的记录保存规定[33]要求所有美国证券发行人保存其准确反

[33]　参见 15 U.S.C. § 78m.

映全部交易情况的记录，并保持充分的内部会计控制。本规定项下的要求不仅限适用于美国人，而且还包括在美国证券交易所发行股票或其他债券的外国公司。国会采纳了该记录保存要求以防止在美国证券交易所进行交易的公司持有秘密资金以便在不留下会计记录的情况下支付贿赂款。这些要求与公开上市交易的公司必须另外遵循的相关证券法律法规（包括《萨班斯—奥克斯利法案》）所要求的程序的主要区别在于：即使那些金额小到无关紧要的交易也必须得到准确反映。有关对《萨班斯—奥克斯利法案》的探讨请参见本书第 12 章。此外，公司必须具有足以让管理层能够发现任何可能违反《反海外腐败法》支付的内部控制机制。

[C] 对违反《反海外腐败法》的处罚

根据《反海外腐败法》，对于故意违反反腐败条款的刑事责任，公司将被处以 200 万美元以内罚金[34]，个人将被处以 5 年以内监禁以及 10 万美元以内罚金[35]。值得注意的是，《选择性罚款法》（*Alternative Fine Act*）的适用[36]可能会导致更为高额的罚金，因为根据《选择性罚款法》，可以向被告征收行贿支付所图谋的利益 2 倍的罚金。

在美国证券交易委员会（SEC）提起的民事诉讼中，法院可以判决对公司征收 50 万美元以内的罚金，或者对个人征收 5 万美元以内的罚金[37]。此外，被判定承担《反海外腐败法》项下刑事责任的违法者，不得参与同政府部门的交易，也不会再获得出口许可证。违反《反海外腐败法》项下反腐败条款的行为，在某些情况下，会使得违法者易于根据《反诈骗腐败组织集团犯罪法》（*Racketeer Influenced and Corrupt Organizations Act*，RICO）因私人诉由而受到指控，并被要求支付 3 倍赔偿。最后，对《反海外腐败法》的违反还会在税务方面造成不利影响[38]。

过去的违法责任会随着商业实体的存续而持续存在，甚至持续到新的所有人收购之后。因此，收购前针对过去《反海外腐败法》合规情况的尽职调查，以及在收购协议中做出适当的陈述和保证，是至关重要的。请参见本书第 3 章。

---

[34] 参见 15 U.S.C. § 78ff(c)(1).

[35] 参见 15 U.S.C. § 78ff(c)(1)(2)(A).

[36] 参见 15 U.S.C. § 3571(d).

[37] 参见 U.S. Dep't Justice，"Lay Person's Guide to the FCPA，" at 5，载于 http：//www.justice.gov/criminal/fraud/fcpa/docs/lay-persons-guide.pdf.

[38] 参见上文第 7.04[B] 部分。

附录 18-A

《美国军品管制清单》(22 C.F.R §121.1)

第 121 部分——《美国军品管制清单》

物品细目

章节

依据：Secs. 2，38 和 71，Pub. L. 90-629，90 Stat. 744（22 U.S.C. 2752，2778，2797）；E.O. 11958，42 FR 4311；3 CFR，1977 Comp. p. 79；22 U.S.C. 2651a；Pub. L. 105-261，112 Stat，1920.

资料来源：58 FR 39287，1993 年 7 月 22 日（除非特别注明）。

物品细目

第 121.1 节　总述：《美国军品管制清单》

（a）根据《武器出口控制法》[22 U.S.C. 2778 和 2794（7）] 第 38 条和第 47（7）条的规定，以下物品、服务及其相关技术数据被认定为国防物品和国防服务。认定的更改将会在《联邦公报》上公布。关于特定物品是否是本章中的国防物品和服务的信息及解释可能会定期在国防贸易管制理事会网站上发表。

（b）重要军用装备：在以下清单里，某些国防物品前面会显示“*”号。“*”号指该物品在本章第 120.7 节规定的范围内被视为“重要军用装备”。“*”作为识别这种物品的简洁方式。请注意，与任何类别中列举出的被认定为重要军用装备（SME）的国防物品的制造和生产直接相关的技术数据自身也应被认定为 SME。

（c）导弹技术控制制度附件（MTCR）。第 12.16 节中的某些国防物品和服务在《美国军品管制清单》中的 MTCR 附件物品清单上。这些物品规定于本章第 120.29 节中，并列于第 121.16 节的清单上。

类别 I—枪械、近战突击武器和战斗霰弹枪

*（a）口径在 0.5 英寸 /12.7 毫米（含）以内的非自动和半自动枪械。

*（b）口径在 0.5 英寸 /12.7 毫米（含）以内的全自动枪械。

*（c）具有特别军事应用（不论口径）的枪械或其他武器（如叛乱—戡乱、近战突击武器系统）。

*（d）战斗散弹枪。包括任何枪管长度小于 18 英寸的散弹枪。

*（e）本类别中（a）到（d）中物品的消音器、减声器、火光抑制器，及其特别设计、改造或改装的部件和零件。

（f）根据军用规格制造的步枪瞄准镜［参见类别 XII（c）中对夜视瞄准装置的管制］。

*（g）本类别中（a）到（d）中物品的枪管、旋转弹膛、接收器（框架）或炮闩机构。

（h）本类别中（a）到（g）中物品的部件、零件、配件和附件。

（i）与本类别中（a）到（h）中列举的国防物品直接相关的技术数据（由本章第 120.10 节界定）和国防服务（由本章第 120.9 节界定）。与本类别中别处列举的被认定为重要军用装备（SME）的国防物品的制造和生产直接相关的技术数据自身也应被认定为 SME。

（j）以下释义解释和阐述在全章中使用的名词：

（1）枪械是指在爆炸作用下或可转化成爆炸的方式发出射弹的口径不超过 0.5 英寸 /12.7 毫米的武器。

（2）步枪是指能够通过 16 英寸或更长的膛线枪管发射子弹的肩扛式枪械。

（3）卡宾枪是指膛线枪管长度在 16 英寸以下的轻量肩扛式枪械。

（4）手枪是指弹膛和内径一体化或弹膛与内径固定结合的手动枪械。

（5）左轮手枪是指其旋转弹膛中每颗子弹放置于独立弹膛的手动枪械。

（6）冲锋枪。“自动手枪”或“机关枪”是指设计初衷是通过单次扣扳机即可全自动地发射或能被发

射的枪械。

注释:《美国军品管制清单》中本类别（a）到（i）中的范围不包括枪管长度在18英寸或以上的非战斗散弹枪、BB枪、粒丸枪和前膛装填（黑火药）枪械。本类别不包括非按军用规格制造的步枪瞄准镜和瞄准器，并且不包括不能够增强枪械或其部件或零件的用处、效能或性能的配件和附件（如皮带、悬带、售后市场供应的橡胶柄、清洁套装）。美国商务部监管上述物品的出口。参见《出口管理条例》（15 CFR 第730-799 部分）。此外，在本章各处可见到关于本类别物品的许可适用例外的内容（如 § § 123.17、123.18 和 125.4）。

类别 II—火炮和军备

*（a）口径超过 0.5 英寸 /12.7 毫米（不论是否是拖曳、机载、自行式或固定式），包括但不限于榴弹炮、迫击炮、机关炮和无后坐力步枪。

（b）为军事应用而特别设计或改造的喷火器。

（c）除了类别 IV 中的物品之外的用于发射或投掷军械的器械和设备。

*（d）为摧毁目标或导致目标任务取消而特别设计或改造的动能武器系统。

（e）为更改或缩减本类别管制的国防物品的特征（如枪口火光抑制、雷达、红外线、可视的、激光 / 电光、声学的）而特别设计、开发、装配、改装或改造的特征控制材料（如寄生的、结构性的、涂层、筛选）、技术和设备。

*（f）为本类别（a）中管制的自行火炮和榴弹炮而特别设计或改造的发动机。

（g）为本类别管制的国防物品的生产而特别设计或改造的工具和设备。

（h）为本类别管制的物品而特别设计或改造的测试和评估设备及测试模型。其包括但不限于诊断仪器和物理测试模型。

（i）适用于本类别中物品的发射功能电子编程的自动加载系统。

（j）为本类别（a）到（i）中的物品而特别设计或改造的所有其他的部件、零件、配件、附件和相关设备。其包括但不限于本类别所管制物品的炮架和弹药筒。

（k）与本类别（a）到（j）中列举的国防物品直接相关的技术数据（由本章第 120.10 节界定）和国防服务（由本章第 120.9 节界定）。与本类别中别处列举的被认定为重要军用装备（SME）的国防物品的制造和生产直接相关的技术数据自身也应被认定为 SME。

（l）以下释义解释和阐述在本章中使用的名词：

（1）本类别（d）中的动能武器系统包括但不限于：

（i）能够使用如电磁、电热、等离子、轻瓦斯或化学方法，以单一或急速射击的方式，使质量大于 0.1 克的物体加速至超过 1.6 千米 / 秒的发射系统和子系统；

（ii）原始发电、电子盔甲、能量存储、热量管理、空调设备、交换设备和燃料储运设备，以及供电枪及其他炮塔的电传功能之间的电接口；

（iii）目标捕获、跟踪火力控制系统和损坏鉴定系统；及

（iv）导引头、发射体的制导或转向推进（横向加速度）系统。

（2）本类别中的物品包括任何使用由本类别管制的技术数据或国防服务而设计或制造的最终产品、部件、配件、附件零件、固件、软件或系统。

（3）由本类别管制的为军事应用而特别设计或改造的物品，包括任何为军事应用而特别开发、装配或改装的物品。

类别 III—弹药 / 军需品

*（a）用于本段类别 I 和 II 中物品的弹药 / 军需品。

（b）为本类别管制的物品特别设计或改造的弹药 / 军需品装卸设备，如传动、连接和解除连接设备。

（c）为本类别管制的国防物品的生产而特别设计或改造的设备和工具。

（d）为本类别中的物品特别设计或改造的部件、零件、配件、附件和相关设备：

*（1）本类别（a）中物品的制导和控制部件；

*（2）本类别（a）中物品的保险、待发、引信部件（包括目标探测和定位仪器）；及

（3）本类别（a）到（c）中物品的所有其他部件、零件、配件、附件和相关设备。

（e）与本类别（a）到（d）中列举的国防物品直接相关的技术数据（由本章第 120.10 节界定）和国防服务（由本章第 120.9 节界定）。与本类别中别处列举的被认定为重要军用装备（SME）的国防物品的制造和生产直接相关的技术数据自身也应被认定为 SME。

（f）以下解释和阐述在本类别和本章其余部分中

使用的名词：

（1）由本类别管制的部件、零件、配件和附件包括但不限于：弹药筒壳、药包（或其他发射装药）、子弹、封套、砂芯、炮弹（不包括散弹枪炮弹）、射弹（包括集束弹及其包含的子弹药）、助推器及其包含的射击部件、底火，以及适用于本类别管制的国防物品的其他引爆装置。

（2）本类别不管制此种弹药筒壳和炮弹壳：通过加热、火焰处理、严重损毁、碾碎、切割或爆裂的方式导致其在出口之前已产生不可修复的损坏而不能再作为弹药筒壳和炮弹壳而使用的。

（3）本类别（c）中的设备和工具不包括人工装载弹药的设备。

（4）本类别中的物品包括任何使用由本类别管制的技术数据或国防服务而设计或制造的最终产品、部件、配件、附件零件、固件、软件或系统。

（5）由本类别管制的特别为军事应用而设计或改造的物品，包括任何为军事应用而特别开发、装配或改装的物品。

类别 IV—航天运载器、制导导弹、弹道导弹、火箭、鱼雷、炸弹和地雷

*（a）火箭（包括但不限于气象火箭和其他探空火箭）、炸弹、手榴弹、鱼雷、深水炸弹、地雷和水雷，以及上述国防物品的发射装置，及爆破药包和雷管（参见第 121.11 节）。

*（b）运载器及导弹和反导弹系统，包括但不限于制导、战术和战略导弹以及发射装置和系统。

（c）装卸、控制、激活、监测、探测、保护、发射或引爆本类别（a）中物品的仪器、装置和材料（参见第 121.5 节）。

*（d）导弹和航天运载器动力装置。

*（e）军用爆破清理仪器。

*（f）直接来源于国防物品或为国防物品特别开发或改造的，适用于本类别物品的以高级复合材料（如硅土、石墨、碳、碳 / 碳复合材料和硼纤维）制作或半制作的烧蚀材料。

*（g）火箭和制导导弹的常规 / 核弹头。

（h）所有为本类别中物品特别设计或改造的部件、零件、配件、附件和相关设备。

（i）与本类别（a）到（h）中列举的国防物品直接相关的技术数据（由本章第 120.10 节界定）和国防服务（由本章第 120.9 节界定）（适用例外参见本章第 125.4 节）。与本类别中别处列举的被认定为重要军用装备（SME）的国防物品的制造和生产直接相关的技术数据自身也应被认定为 SME。

类别 V—炸药和高能材料、推进剂、燃烧剂及其组成成分

*（a）炸药及其混合物：

（1）ADNBF（氨基硝基苯并氧化呋咱或 7- 氨基 -4，6- 二硝基苯并 -1- 氧化物）（CAS 97096-78-1）。

（2）BNCP（过氯酸反 - 双（5- 硝基四唑）五氨钴（III）过氯酸盐）（CAS 117412-28-9）。

（3）CL-14（二氨基二硝基苯并氧化呋咱或 5，7- 二氨基 -4，6- 二硝基苯并 -1- 氧化物）（CAS 117907-74-1）。

（4）CL-20（HNIW 或六硝基六氮杂异伍兹烷；（CAS 135285-90-4）；及 CL-20 的笼形包合物（参见本类别第（g）（3）和（4）段）。

（5）CP（过氯酸 2-（5- 氰基四唑）五氨钴（III）过氯酸盐）（CAS 70247-32-4）。

（6）DADE（1，1- 二氨基 -2，2- 二硝基乙烯；FOX7）；

（7）DDFP（1，4- 二硝基二呋咱并哌嗪）。

（8）DDPO（2，6- 二氨基 -3，5- 二硝基吡嗪 -1- 氧化物，PZO）；（CAS 194486-77-6）。

（9）DIPAM（3，3'- 二氨基 -2，2'，4，4'，6，6'- 六硝基联苯或二苦醯胺）（CAS 17215-44-0）。

（10）DNGU（DNGU 或二硝基甘脲）（CAS 55510-04-8）。

（11）呋咱，如下：

（i）DAAOF（二氨基氧化偶氮呋咱）；

（ii）DAAzF（偶氮呋咱）（CAS 78644-90-3）。

（12）HMX 及其衍生物（参见本类别第（g）（5）段）：

（i）HMX（环四亚甲基四硝胺；八氢 -1，3，5，7- 四硝基 -1，3，5，7- 四氮井；1，3，5，7- 四硝基 -1，3，5，7- 四氮 - 环辛烷；奥克托今，阿土更）（CAS 2691-41-0）；

（ii）HMX 的二氟胺化类似物；

（iii）K-55（2，4，6，8- 四硝基 -2，4，6，8- 四氮 - 双环 [3，3，0] - 辛酮 -3，四硝基半甘脲或酮 - 二环的 HMX（CAS 130256-72-3）。

（13）HNAD（六硝基金刚烷）（CAS 143850-71-9）。

（14）HNS（六硝基二苯乙烯）（CAS 20062-22-0）。

（15）咪唑，如下：

(i)BNNII(八氢-2,5-双（硝基亚氨基）咪唑并［4，5-d］咪唑；

（ii）DNI（2，4-二硝基咪唑）（CAS 5213-49-0）；

（iii）FDIA（1-氟-2，4-二硝基咪唑）；

（iv）NTDNIA（N-（2-硝基三唑并）-2，4-二硝基咪唑）；

（v）PTIA（1-苦基-2，4，5-三硝基咪唑）。

（16）NTNMH（1-（2-硝基三唑并）-2-二硝基亚甲基联胺）。

（17）NTO（ONTA或3-硝基-1,2,4-三唑-5酮）（CAS 932-64-9）。

（18）含有多于四个硝基的多硝基立方烷。

（19）PYX（2,6-双（苦基氨基）-3,5-二硝基吡啶）（CAS 38082-89-2）。

（20）RDX及其衍生物，如下：

（i）RDX（环三亚甲基三硝基胺），旋风炸药，T4，六氢-1，3，5-三硝基-1，3，5-三嗪，1，3，5-三硝基-1，3，5-三氮杂-环已烷，黑素金（CAS 121-82-4）；

（ii）酮基-RDX（K-6或2，4，6-三硝基-2，4，6-三氮杂环已酮）（CAS 115029-35-1）。

（21）TAGN（硝酸三氨基胍）（CAS 4000-16-2）。

（22）TATB（三胺基三硝基苯）（CAS 3058-38-6）（参见本类别第（g）（7））。

（23）TEDDZ（3,3,7,7-四双（二氟胺）八氢-1，5-二硝基-1，5-二氮杂环辛）。

（24）四唑，如下：

（i）NTAT（硝基三唑并氨基四唑）；

（ii）NTNT（1-N-（2-硝基三唑并）-4-硝基四唑）。

（25）四硝基炸药（三硝基苯基甲硝胺）（CAS 479-45-8）。

（26）TNAD（1，4，5，8-四硝基-1，4，5，8-四氮杂萘烷）（CAS 135877-16-6）（参见本类别第（g）（6）段）。

（27）TNAZ（1，3，3-三硝基氮杂环丁烷）（CAS 9764-24-4）（参见本类别第（g）（2）段）。

（28）TNGU（SORGUYL或四硝基甘脲）（CAS 55510-03-7）。

（29）TNP（1，4，5，8-四硝基哒嗪并［4，5-d］哒嗪）（CAS 229176-04-9）。

（30）三嗪，如下：

(i)DNAM(2-氧-4,6-二硝基氨基-s-三嗪)（CAS 19899-80-0）；

（ii）NNHT（2-硝基亚氨基-5-硝基-六氢-1，3，5-三嗪）（CAS 130400-13-4）。

（31）三唑，如下：

（i）5-叠氮基-2-硝基三唑；

（ii）ADHTDN（4-胺基-3，5-二联胺基-1，2，4-三唑二硝酰胺）（CAS 1614-08-0）；

（iii）ADHT（1-氨基-3,5-二硝基-1,2,4-三唑）；

（iv）BDNTA（［双-二硝基三唑］胺）；

（v）DBT（3，3'-二硝基-5，5-双-1，2，4-三唑）（CAS 30003-46-4）；

（vi）DNBT（二硝基双三唑）（CAS 70890-46-9）；

（vii）NTDNA（2-硝基三唑5-二硝酰胺）（CAS 75393-84-9）；

（viii）NTDNT（1-N-（2-硝基三唑并）3，5-二硝基三唑）；

（ix）PDNT（1-苦基-3，5-二硝基三唑）；

（x）TACOT（四硝基苯并三唑并苯并三唑）（CAS 25243-36-1）。

（32）未于本类别（a）的别处列出的炸药，其在最高密度时，引爆速度超过8,700m/s，或引爆压力超过34Gpa（340 kbar）。

（33）未于本类别（a）的别处列出的有机炸药，其所产生的引爆压力达25GPa（250 kbar）或以上，而当其处于523 K（250℃）或以上时，能保持稳定达5分钟或以上。

（34）二胺基三硝基苯（DATB）（CAS 1630-08-6）。

（35）在本类别别处没有被列出的，任何其他为军事应用而特别设计、改造、改装或配置（如配制）的炸药。

*（b）推进剂，如下：

（1）任何属联合国等级1.1的固体推进剂，其在标准状态下的理论比冲量超过250秒（非金属性组合物）或超过270秒（铝化组合物）。

（2）任何属联合国等级1.3的固体推进剂，其在标准状态下的理论比冲量超过230秒（非卤素性组合物）或超过 250 秒（非金属性组合物）。

（3）力常数大于 1,200 kJ/kg 的推进剂。

（4）可在压力 6.89 MPa（68.9 bar）及温度 294 K（21℃）的标准状态（在抑制单丝束的形状下测）下，维持超过 38mm/s 的稳定线性燃烧速率的推进剂。

（5）在 233 K(-40℃) 及最大压力下，具有超过 5% 延展性的改性双基弹性体推进剂。

（6）任何含有列于类别 V 中物质的推进剂。

（7）未在本类别其他地方列出的，为军事应用而特别设计、改造、改装或配置（如配制）的任何其他推进剂。

（c）焰火讯号弹、燃料和相关物质，及其混合物：

（1）铝烷（氢化铝）（CAS 7784-21-6）。

（2）碳硼烷；癸硼烷（CAS 17702-41-9）；戊硼烷及其衍生物。

（3）联氨及其衍生物，如下：

（i）浓度为 70% 或以上的联氨（CAS 302-01-2）（非特别为防腐而配制的联氨混合物）；

（ii）单甲基联氨（CAS 60-34-4）；

（iii）对称二甲基联氨（CAS 540-73-8）；

（iv）非对称二甲基联氨（CAS 57-14-7）。

（4）特别配制专供类别 IV、VI、VIII 中物品使用的液体燃料。

（5）由铝含量 99% 或以上的材料制造，且粒子尺寸为 60 微米或以下的球状铝粉（CAS 7429-90-5）。

（6）粒子状的金属燃料，不论其形状为球状、喷雾状、椭圆球状、薄片状或粉末状，且由下列任一含量 99% 或以上的材料所制造：

（i）如下金属，及其混合物：

（A）粒子尺寸小于 60 微米的铍（CAS 7440-41-7）；

（B）以氢气还原氧化铁所制造的铁粉（CAS 7439-89-6），且其粒子尺寸为 3 微米或以下。

（ii）含有下列任一材料的混合物：

（A）纯度为 85% 或以上，且粒子尺寸小于 60 微米的硼（CAS 7440-42-8）或碳化硼（CAS 12069-32-8）燃料；

（B）粒子尺寸小于 60 微米的锆（CAS 7440-67-7）、镁（CAS 7439-95-4）或锆镁合金。

（iii）含有本类别（c）（6）（i）和（c）（6）（ii）中列出的金属或合金的炸药和燃料，不论该金属或合金是否封装在铝、镁、锆或铍中。

（7）为军用目的特别配制的烟火剂和引火材料，其能够增强或控制在红外光谱中任何部分的辐射能量产出。

（8）化学计量相当于 n=0.65 到 1.68 的低氢化钛（TiHn）。

（9）军用材料，含有特别配制专供火焰喷射器或燃烧弹使用的碳氢燃料增稠剂；金属硬脂酸盐或金属棕榈酸盐（亦称 octal）、及 M1、M2 及 M3 增稠剂。

（10）未在本类别其他地方列出的为军事应用而特别设计、改造、改装或装配（如配制）的任何其他的烟火剂、燃料和相关物质及其混合物。

（d）如下的氧化剂：

（1）AND（二硝酰胺铵或 SR-12）（CAS 140456-78-6）。

（2）AP（过氯酸铵）（CAS 7790-98-9）。

（3）BDNPN（bis, 2, 2-dinitroprophlnitrate）（CAS 28464-24-6）。

（4）DNAD（1,3- 二硝基 -1,3- 二氮环丁烷）（CAS 78246-06-7）。

（5）HAN（硝酸羟铵）（CAS 13465-08-2）。

（6）HAP（过氯酸羟铵）（CAS 15588-62-2）。

（7）HNF（硝基甲酸肼）（CAS 20773-28-8）。

（8）硝酸联氨（CAS 37836-27-4）。

（9）过氯酸联氨（CAS 27978-54-7）。

（10）由抑制红色发烟硝酸（IRFNA）（CAS 8007-58-7）所组成或含有抑制红色发烟硝酸或二氟化氧的液体氧化剂。

（11）过氯酸盐、氯酸盐和由金属粉末或本类别管制的其他高能燃料成分合成的络酸盐。

（12）未在本类别其他地方列出的为军事应用而特别设计、改造、改装或装配（如配制）的任何其他的氧化剂。

*（e）粘结剂及其混合物：

（1）AMMO（叠氮基甲基甲基氧杂环丁烷及其聚合物）（CAS 90683-29-7）（参见本类别第（g）（1）段）。

（2）BAMO（双叠氮基甲基氧杂环丁烷及其聚合物）（CAS 17607-20-4）（参见本类别第（g）（1）段）。

（3）BTTN（丁三醇三硝酸酯）（CAS 6659-60-5）（参见本类别第（g）（8）段）。

（4）FAMAO（3- 二氟氨基甲基 -3- 叠氮甲基氧杂环丁烷）及其聚合物。

（5）FEFO（双（2- 氟 -2,2- 二硝基乙醇）缩甲醛）

(CAS 17003-79-1)。

（6）GAP（缩水甘油基叠氮化物聚合物）（CAS 143178-24-9）及其衍生物。

（7）HTPB（端羟基聚丁二烯），而其羟基官能度等于或大于2.2并小于或等于2.4，羟基值小于0.77 meq/g，且其在30℃的粘度小于47泊（CAS 69102-90-5）。

（8）NENAS（硝酸基乙基硝胺化合物）（CAS 17096-47-8、85068-73-1、和82486-82-6）。

（9）Poly-NIMMO（聚硝酸基甲基甲基氧代环丁烷）或poly-NMMO（聚［3-硝酸基甲基-3-甲基氧代环丁烷］）（CAS 84051-81-0）。

（10）为军事用途而特别配制的加能单体以及含有硝基、硝酸基、硝基氨或二氟基氨族的增塑剂及聚合体。

（11）TVOPA（1,2,3-三［1,2-双-（二氟胺基）环氧基］丙烷或三酸氧基（vinoxy）丙烷加成物）（CAS 53159-39-0）。

（12）聚硝基原碳酸盐。

（13）FPF-1（聚2，2，3，3，4，4-六氟戊烷-1，5-二醇甲缩醛）（CAS 376-90-9）。

（14）FPF-3（聚2，4，4，5，5，6，6-七氟-2-三氟甲基-3氧代庚烷-1，7-二醇甲缩醛）。

（15）PGN（聚硝酸缩水甘油酯或聚硝酸甲基环氧乙烷；poly-GLYN,）；（CAS 27814-48-8）。

（16）硝基苯胺。

（17）低（小于10,000）分子量、醇官能化的聚表氯醇；聚表氯二醇及三醇。

（18）双（2，2-二硝基丙基）乙缩醛和甲缩醛。

（19）未在本类别其他地方列出的为军事应用而特别设计、改造、改装或装配（例如配制）的任何其他的粘结剂及其混合物。

（f）添加剂，如下：

（1）碱性水杨酸铜（CAS 62320-94-9）。

（2）BHEGA（双（2-羟基乙基）2-羟乙酰胺）（CAS 17409-41-5）。

（3）二茂铁衍生物：

（i）Butacene（巴得辛）（CAS 125856-62-4）；

（ii）Catocene（卡托辛）（2，2-双（乙基二环戊二烯基铁）丙烷（CAS37206-42-1）；

（iii）二茂铁羧酸；

（iv）正丁基二茂铁（CAS 31904-29-7）。

（4）β-间二羟基苯甲酸铅（CAS 20936-32-7）。

（5）柠檬酸铅（CAS 14450-60-3）。

（6）β-间二羟基苯甲酸或水杨酸的铅-铜螯合物（CAS 68411-07-4）。

（7）马来酸铅（CAS 19136-34-6）。

（8）水杨酸铅（CAS 15748-73-9）。

（9）锡酸铅（CAS 12036-31-6）。

（10）MAPO（三-1-（2-甲基）氮杂环丙烯基膦氧化物）（CAS 57-39-6）；BOBBA-8（双（2-甲基氮杂环丙烯基）2-（2-羟丙基）丙胺基膦氧化物），及其他MAPO衍生物。

（11）甲基BAPO（双（2-甲基氮杂环丙烯基）甲胺基膦氧化物）（CAS 85068-72-0）。

（12）二异氰酸3-硝基氮-1，5-戊酯（CAS 7406-61-9）。

（13）有机金属偶合剂，特别是：

（i）新戊基［二烯丙基］氧基，三［二辛基］磷钛酸盐（CAS 103850-22-2）；亦称为钛IV，2，2［双2-丙烯醇基-甲基，丁醇基，三（二辛基）磷酸盐］（CAS 110438-25-0），或LICA 12（CAS 103850-22-2）；

（ii）钛IV，［(2-丙烯醇基-1）甲基，正丙醇基甲基］丁醇基-1，三（二辛基）焦磷酸盐或KR3538；

（iii）钛IV，［(2-丙烯醇基-1）甲基，正丙醇基甲基］丁醇基-1，三（二辛基）磷酸盐。

（14）多功能氮杂环丙烯酰胺，其在氮杂环丙烯机及其聚合物上有异间苯二甲基、对称苯三甲基（BITA或乙基氮丙环对称苯三甲胺）、异氰脲基或三甲基已二基骨干结构及2-甲基或2-乙基成分。

（15）比表面积大于250 m^2/g且平均粒子尺寸为0.003微米或以下的超细氧化铁（Fe2O3氧化铁）（CAS 1309-37-1）。

（16）TEPAN（四亚乙基五胺丙烯腈）（CAS 68412-45-3），氰乙基化多胺及其盐类。

（17）TEPANOL（四亚乙基五胺丙烯腈缩水甘油）（CAS 110445-33-5），氰乙基化多胺与缩水甘油加成合成物及其盐类。

（18）TPB（三苯基铋）（CAS 603-33-8）。

（19）PCDE（聚氰基二氟氨基环氧乙烷）。

（20）BNO（丁二烯氧化腈）。

（21）未在本类别其他地方列出的为军事应用而特别设计、改造、改装或装配（例如配制）的任何其他的添加剂。

(g) 前驱物，如下：

(1) BCMO（双氯甲基氧代环丁烷）(CAS 142173-26-0)(参见本类别第 (e) (1) 及 (2) 段)；

(2) 二硝基氮环丁烷 - 第三丁基盐 (CAS 125735-38-8)(参见本类别第 (a) (27) 段)；

(3) HBIW（六苯甲基六氮异伍兹烷）(CAS 124782-15-6)(参见本类别第 (a) (4) 段)；

(4) TAIW (四乙缩醛基二苯甲基六氮异伍兹烷)(参见本类别第 (a) (4) 段)；

(5) TAT (1, 3, 5, 7- 四乙缩醛基 -1, 3, 5, 7- 四氮杂环辛烷)(CAS 41378-98-7)(参见本类别第 (a) (12) 段)；

(6) 四氮杂萘烷 (CAS 5409-42-7)(参见本类别第 (a) (26) 段)；

(7) 1, 3, 5- 三氯苯 (CAS 108-70-3)(参见本类别第 (a) (22) 段)；

(8) 1,2,4- 三羟基丁烷 (1,2,4- 丁三醇)(CAS 3068-00-6)(参见本类别第 (e) (3) 段)。

(h) 与本类别 (a) 到 (g) 中列举的国防物品直接相关的技术数据（由本章第 120.10 节界定）和国防服务（由本章第 120.9 节界定）(适用例外参见本章第 125.4 节)。与本类别中别处列举的被认定为重要军用装备 (SME) 的国防物品的制造和生产直接相关的技术数据自身也应被认定为 SME。

(i) 以下解释和阐述在本类别和本章其余部分中使用的名词：

(1) 类别 V 包含炸药、高能材料、推进剂、燃烧剂和为飞机、导弹以及为海军应用特别配制的燃料。炸药是安装在弹头、爆破物或其他军事设施的前端、助推器或主装药中的需要加以触发的固态、液态、气态物质或混合物质。

(2) 本类别第 (c) (6) (ii) (A) 段不管制以硼 -10 浓缩的硼及碳化硼（硼 -10 总含量为 20% 或以上)。

(3) 任何管制或非管制的物质与任何由本章管制的物品合成或混合而成的最终产品也受本章管制。

注释 1：为有助于出口商，物品按照其最常见的用途归类。此外，为相关管制的前驱物提供了引用注释 [例如，参见本类别第 (a) (12) 段]。不论物品在类别中的位置如何，所有出口都受本章管制内容的限制。

注释 2：美国化学文摘服务社 (CAS) 的登记号并未涵盖本类别管制的所有物质和混合物。登记号是作为例子来协助政府机构进行许可审查程序及协助出口商完成其许可申请和出口文件。

类别 VI—战舰和特别海军设备

* (a) 军舰、两栖作战舰艇、登陆舰艇、水雷战舰艇、巡逻舰艇和任何为军用目的特别设计或改造的舰艇（参见第 121.15 节)。

(b) 不具有用于较口径为 0.5 英寸机关枪或与其相当的武器更强大的武器系统的装甲、装备或安装面的巡逻艇或辅助船（参见第 121.15 节)。

* (c) 炮塔和炮架、阻拦装置、特殊武器系统、保护系统、潜艇蓄电池、弹射器、扫雷设备（包括飞机配置的反水雷设备）和为军舰特别设计或改造的其他重要海军系统。

(d) 海港入口检测仪器（磁、压力和声觉）及其操作装置。

* (e) 海军核动力推进装置、其陆上原型，及用于其建造、支撑和维护的特殊设施。包括为此种装置或设施特别开发、设计或改造的任何机器、仪器、部件或设备（参见第 123.20)。

(f) 为本类别 (a) 到 (e) 中的物品特别设计或改造的所有部件、零件、配件、附件和相关设备。

(g) 与本类别 (a) 到 (f) 中列举的国防物品直接相关的技术数据（由本章第 120.10 节界定）和国防服务（由本章第 120.9 节界定）(适用例外参见本章第 125.4 节)。与本类别中别处列举的被认定为重要军用装备 (SME) 的国防物品的制造和生产直接相关的技术数据自身也应被认定为 SME。

类别 VII—坦克和军用车辆

* (a) 军用武装车辆或装甲车辆、军用火车和特别设计或改造以装设武器或其他专门军用设备的基座或放置此种用品的车辆。

* (b) 军用坦克、战斗工程车、桥梁架设车、半履带车和炮车。

(c) 军用卡车、拖车、起重机和特别设计、改造或配备的用于架设或运载本节中类别 I、II 和 IV 中的武器，或用于运载和搬运本节中类别 III (a) 和 IV (a) 中的用品。

* (d) 军用救援车辆。

* (e) 水陆两栖车辆。

* (f) 为本类别 (a)、(b) 和 (e) 中的车辆特别

设计或改造的发动机。

(g) 所有为本类别中的物品特别设计或改造的所有其他的部件、零件、配件、附件和相关设备，包括但不限于军用桥梁和深水渡河工具箱。

(h) 与本类别 (a) 到 (g) 中列举的国防物品直接相关的技术数据（由本章第 120.10 节界定）和国防服务（由本章第 120.9 节界定）。与本类别中别处列举的被认定为重要军用装备（SME）的国防物品的制造和生产直接相关的技术数据自身也应被认定为 SME。

(i) 以下解释和阐述在本类别和本章其余部分中使用的名词：

(1) 本类别 (c) 中的水陆两栖车辆是指包含全轮驱动，设备能够满足特殊军用要求，并且具有用于深水渡河的密封电路系统或与其相适应的功能的机动车或汽车底盘。

(2) 本类别中的物品包括任何使用由本类别管制的技术数据或国防服务而设计或制造的最终产品、部件、配件、附件零件、固件、软件或系统。

类别 VIII—飞机及其相关设备

* (a) 为军事目的特别设计、改造或配备的飞机，包括但不限于直升机、非膨胀性气球、无人驾驶航空器和比空气轻的航空器。包括但不限于以下军事目的：射击、轰炸、火箭或导弹发射、电子或其他方式的监视、侦察、加油、航空测绘、军事联络、运载或空投货物、人员空投、空中预警与管制，及军事训练（参见第 121.3 节）。

* (b) 特别设计或改造的，用于本类别第 (a) 段中航空器的军用航空发动机（不包括往复式发动机），及所有特别设计的军用高温区域部件（即燃烧室和耐火层，高压涡轮片、叶片、盘和相关冷却结构，冷却低压涡轮片、叶片、盘和相关冷却结构，冷却增压器和冷却喷嘴）和数字发动机控制［如全权限数字发动机控制（FADEC）和数字电子发动机控制（DEEC)］。但是，如果此种军用热区部件和数字发动机控制根据 1970 年 1 月 1 日或之前的工程图纸制造，且此图纸并无后续变更或修改，则其由类别 VIII (h) 管制。

* (c) 为本类别 (a) 和 (b) 中类型的飞行器和发动机而特别设计或改造的紧急时供人员逃生的弹射引发装置和机载设备（包括但不限于空中加油设备）。

(d) 为军事用途而特别设计或改造的适用于本类别 (a) 中飞行器的发射和救援设备。本类别不包括地面固定拦截索。

* (e) 为军用特别设计、改造或配置的惯性导航系统、辅助或组合惯性导航系统、惯性测量单元（IMUs）和航姿参考系统（AHRS)，以及所有特别设计的部件、零件和配件。其他惯性参照系统和相关部件请参见类别 XII (d)。

注释：(1) 类别 XII (d) 或类别 VIII (e) 不包括以下石英角速率传感器，若它们系：

(i) 在出口之前即已集成于商用主仪表系统和商用备用仪表系统以作为其主要部分而用于民用飞机的，或对其的出口仅仅是为了将其集成于商用一次仪表系统和商用备用仪表系统的；且

(ii) 国务院书面通知出口商，告知其特定集成于商用一次仪表系统或商用备用仪表系统中的石英角速率传感器根据本节的规定被认定为受到商务部许可制度的管制的。

(2) 关于上述情形的管制内容请参见《商品管制清单》。在所有其他情形下，石英角速率传感器仍受到国务院按照《美国军品管制清单》类别 XII (d) 或类别 VIII (e) 的规定的许可管辖，并受到《国际军品交易条例》(ITAR) 的管制。

(f) 为军事应用或军事目的而特别设计、改造或配备的，或主要依靠美国国防部资金开发的研发型飞机、发动机及其部件，不包括由商务部管辖的此种飞机、发动机及其部件。

注释：在本修正案生效时不具有商业应用并且为军事应用或军事目的而特别设计的，或主要依靠美国国防部资金开发的研发型飞机、发动机及其部件，在其被实际应用于商业飞机或商业飞机发动机项目中时，将视为其有资格申请 CCL 许可证。出口商可以通过以下方式寻求获得商业应用的承认：在个案的基础上通过提交文件，证明其已申请了需要针对某特定出口申请商务部许可的商业项目，或者在涉及许多类别的飞机、发动机或部件的使用的情况下，从国务院获得商品管辖权决定。

* (g) 为军事应用而特别设计或改造的地面效应器（GEMS)，包括但不限于表面效应器和其他气垫船，以及适用于此种机器的特别设计或改造的所有部件、零件、配件和附件和相关设备。

(h) 为本类别 (a) 到 (d) 中的物品特别设计或改造的部件、零件、配件、附件和相关设备（包括地

面支援设备)，不包括飞机轮胎和与往复式发动机一起使用的推进器。

注释：由商务部执行的《出口管理条例》(EAR)管制仅为民用、非军用飞机（关于军用飞机的定义请参见本章第121.3节）设计的部件、零件、配件、附件和相关设备（包括推进器），并管制仅为民用、非军用飞机发动机设计的部件、零件、配件、附件和相关设备。由国务院执行的《国际军品交易条例》管制为军用飞机设计、开发、装配、改装或改造的部件、零件、配件、附件和相关设备，并管制为军用飞机发动机设计、开发、装配、改装或改造的部件、零件、配件、附件和相关设备。以下要求适用于未达到上述标准的部件和零件，包括可以用于民用飞机也可以用于军用飞机的部件和零件。不是由USML其他类别管制的非SME部件或零件［由本章第121.8（b）和（d）界定］，其：(a）是标准设备；(b）被联邦航空局核发的适用于民用、非军用飞机（其明确排除被认证为限制级的军用飞机和任何军用商业派生飞机的类型认证）的任一民用飞机类型认证（包括修正类型认证和补充类型认证）所涵盖；且（c）是该种民用飞机的组成部分，并受EAR管辖。对于任何在本类别或任何其他USML类别中被认定为SME的零件或部件，基于上述三个标准做出的该物品可以不受USML管制的决定始终要求国务院先行根据本章第120.4节做出商品管辖权决定。该标准的唯一例外是在本类别中被认定为SME的零件或部件在2008年8月14日就已成为民用飞机的组成部分。针对此种零件或部件，并不要求美国出口商向国务院寻求商品管辖权决定，除非对于物品是否满足上述三个标准存疑（参见本章第120.3和120.4节)。此外，不要求美国出口商向国务院寻求关于任何不受USML其他类别管制的非SME部件或零件［由本章第121.8（b）和（d）界定］的商品管辖权决定，除非对于物品是否满足上述三个标准存疑（参见本章第120.3和120.4节)。这些商品管辖权决定将保证本章和《1979年出口管制法》第17(c)中的标准得以遵守。在确定上述三个标准是否得到满足时，考虑同一个物品是否能在不更改此物品的形态、匹配或功能的情况下同时适用于民用和军用。一些零件或部件不能同时适用于民用和军用，如尾钩、旋转天线罩和低可探测性叶轮片。“标准设备”是指按照已确立并公开的行业规范或已确立并公开的政府规范制造的零件或部件（如AN、MS、NAS或SAE)。按照已确立但未公开的民用航空行业规范和标准制造并测试的零件和部件也是“标准设备”，如泵、促动器和发电机。根据上述规范和标准以外的性能、生产或测试要求生产的零件或部件不是标准设备。仅仅是为民用的目的而测试零件或部件以达到军用规范或标准本身并不能够改变该零件或部件的管辖权。组成部分是指被安装于飞机中的零件或部件。在确定一个零件或部件是否可以被认定为标准设备并且是民用飞机的组成部分（如闩、扣件、索环和开关）时，仔细审阅上述所有的标准是很重要的。例如，根据联邦航空局核发的类型认证，仅在无干扰/规定基础上核准的零件并不符合条件。同样，并非是飞机组成部分的独特的应用零件或部件也不符合条件。

(i）与本类别（a）到（h）中列举的国防物品直接相关的技术数据（由本章第120.10节界定）和国防服务（由本章第120.9节界定）(适用例外参见本章第125.4节)，除了与商业飞机发动机相关的高温区域技术数据。与本类别中别处列举的被认定为重要军用装备（SME）的国防物品的制造和生产直接相关的技术数据自身也应被认定为SME。

类别IX—军事训练设备和训练

(a）为军用目的特别设计、改造、装配或改装的训练设备，包括但不限于武器系统训练器、雷达训练器、射击训练装置、反潜战训练器、定标设备、军队训练组、无人驾驶飞机训练器、导航训练器和人用级离心机。

(b）适用于本章物品的模拟装置。

(c）为本类别所管制物品的生产而特别设计或改造的工具和设备。

(d）为本类别（a)、(b）和（c）中的物品特别设计、改造、装配或改装的部件、零件、配件、附件和相关设备。

(e）与本类别中（a）到（d）中列举的国防物品直接相关的技术数据（由本章第120.10节界定）和国防服务（由本章第120.9节界定)。

(f）以下释义解释和阐述在全章中使用的名词：

(1）本类别（a）中的武器系统训练器包括独立船员站和系统专用训练器。

(2）本类别中的物品包括任何使用由本类别管制的技术数据或国防服务而设计或制造的最终产品、部件、配件、零件、固件、软件或系统。

（3）本类别（f）中的国防服务和相关技术数据包括能够用于模拟训练器、战斗管理、测试场景 / 模型和武器效果的软件和相关数据库。在任何情况下，即使给予外国人员的军事训练并不使用《美国军品管制清单》管制的物品，该训练仍然可能是需要根据本章获得批准的国防服务。关于军事训练的更多信息请参见例如本章第 120.9 和 124.1 节。

类别 X—人员防护设备和掩体

（a）为军事应用特别设计、开发、装配、改装、改造或配备的人员防护设备。包括但不限于：

（1）防弹衣；

（2）能够防御或减少雷达、红外线或其他波长大于 900 纳米的感应器探测的服装，以及特别处理或配制的，用于该服装的设计、制造和生产的染料、涂层和布料；

（3）抗压飞行服（抗压服）；

（4）能够在海拔高于 55,000 英尺的高空执行任务的增压服；

（5）应用于使用由本章管制的潜艇的救援任务而设计、开发、改造、装配或改装的常压潜水服；

（6）为适用于军事通讯硬件或光学瞄准或回转装置而特别设计、开发、改造、装配或改装的头盔；

（7）为防御由本章管制的物品所发射的激光或热闪光而设计的护目镜、眼镜或眼罩。

（b）为防御本章包含物品的如下效应而特别设计和改造的永久或移动式掩体：

（1）弹道冲击或撞击；

（2）核、生物或化学污染；

（c）为本类别所管制物品的生产而特别设计或改造的工具和设备。

（d）为适用于本类别（a）到（c）中的物品特别设计、改造、装配或改装的部件、零件、配件、附件和相关设备。

（e）与本类别中（a）到（d）中列举的国防物品直接相关的技术数据（由本章第 120.10 节界定）和国防服务（由本章第 120.9 节界定）。

（f）以下释义解释和阐述在全章中使用的名词：

（1）本类别中的防弹衣不包括国家司法研究所防弹衣分类中规定的 1、2、2a 或 3a 型号的防弹衣；

（2）本类别中的物品包括任何使用由本类别管制的技术数据或国防服务而设计或制造的最终产品、部件、配件、零件、固件、软件或系统；

（3）本类别（a）（4）中的增压服包括用于模拟高空中的正常大气压状态的全身和部分增压服。

类别 XI—军用电子设备

（a）《美国军品管制清单》类别 XII 所未包括的为军事应用而特别设计、改造或装配的电子设备。此类设备包括但不限于：

*（1）水下声音设备，包括进行主动和被动侦察、辨识、追踪和武器控制在内的设备。

*（2）进行主动或被动反制或反反制的水下声学设备。

（3）具有以下功能的雷达系统：

*（i）搜索；

*（ii）捕获目标；

*（iii）追踪；

*（iv）指示移动目标；

*（v）成像雷达系统；

（vi）为军事应用而特别设计或改造的任何地面空中交通管制雷达。

*（4）电子作战装备，例如：

（i）主动或被动反制设备；

（ii）主动或被动反反制设备；以及

（iii）为干扰其他通讯装置或传输器而特别设计或改造的无线电（包括收发器）。

*（5）包括无线电（收发器）、导航和辨识设备在内的指挥、控制和通讯系统。

（6）为军事应用而特别设计或开发的电子计算机和任何为与《美国军品管制清单》上的任何类别的国防物品协同使用而特别改造的电子计算机。

（7）任何为军事应用而特别设计或改造的或为与一军事系统协同使用而特别设计或改造的实验性或开发性的电子设备。

*（b）为情报工作、安保或军事目的而特别设计、改造或装配的，用于从电磁频谱和为对抗电子监视或监控而设计或改造的电子系统或设备中搜索、侦察、收集、监控、方位测定、展示、分析和产出信息的电子系统或设备。符合此定义的系统，即使在例如某些构成该系统的独立部件受到美国政府的其他部门的管制的情况下，也要受到本章的管制。上述这些系统或设备包括但不限于以下类型：

（1）为使用密码技术给扩频设置扩频密码、为捷变频设置滚动密码而设计或改造的，但不包括扩频的固定密码技术。

（2）为以情报工作、安保或军事目的使用爆破技术（例如时间压缩技术）而设计或改造的。

（3）为信息安全目的以阻止承载信息的信号的泄密发射而设计或改造的。这涵盖了计算机信息泄漏安全防护技术和符合及为符合政府计算机信息泄漏安全防护技术标准而设计的设备。该定义并不意在包括为符合联邦电信委员会的商业电磁干扰标准而设计的设备或为健康或安全而设计的设备。

（c）为与本类别中（a）和（b）段的设备协同使用而特别设计或改造的部件、零件、配件、附件和相关装备，但不包括用于普通商业用途的物品。

（d）与本类别（a）至（c）段所列举的国防物品直接相关的技术数据（由本章第 120.10 节界定）和国防服务（由本章第 120.9 节界定）（适用例外参见本章第 125.4 节）。与本类别中别处列举的被认定为重要军用装备（SME）的国防物品的制造和生产直接相关的技术数据自身也应被认定为 SME。

类别 XII—射击控制、测距仪、光学和导航及控制设备

*（a）射击控制系统；枪械和导弹追踪和导航系统；枪械距离、位置、高度测定仪，侦测仪器和施放设备；瞄准仪（电子、光学和声学的）；轰炸瞄准器、轰炸计算机、军用电视瞄准和观察部件，以及本部分物品的潜望镜。

*（b）为军事应用而特别设计、改造或装配的激光器，包括用于军事通讯仪器、目标指示器和测距仪、目标探测系统以及定向能武器中的。

*（c）为军事用途而特别设计、改造或装配的红外焦平面阵列探测器；为军事用途而特别设计、改造或装配的图像增强和其他夜间瞄准设备或系统；为军事用途而特别设计、改造或装配的第二代及以上的军用图像增强管（定义见下文），以及为军事应用而特别设计、改造或装配的红外线、可视和紫外线仪器。本章所认定的军用第二代和第三代图像增强管和军用红外焦平面阵列探测器在作为商务系统（这些系统最初是为商业用途而设计的）的一部分时需由商务部（ECCN 6A002A 和 6A003A）许可。这不包括任何由非军事规格的部件构成的军事系统。本章所认定的替换管或焦平面阵列若要被出口作为商业系统之用，需受到 ITAR 的管制。

*（d）武器或武器系统的惯性稳瞄平台和传感器；除了类别 VIII 所涵盖的系统之外的导航、控制和稳定系统；天文罗盘、星象跟踪仪、军用加速器和回转仪。飞机惯性基准系统和相关部件参见类别 VIII。

（e）为本类别中（a）和（d）段的物品而特别设计或改造的部件、零件、配件、附件和相关装备，但不包括用于普通商业用途的物品。

（f）与本类别（a）至（e）段所列举的国防物品直接相关的技术数据（由本章第 120.10 节界定）和国防服务（由本章第 120.9 节界定）（适用例外参见本章第 125.4 节）。与本类别中别处列举的被认定为重要军用装备（SME）的国防物品的制造和生产直接相关的技术数据自身也应被认定为 SME。

类别 XIII—附属军事设备

（a）照相机及其特殊加工设备，为军事用途而特别设计、开发、改造、改装或装配的照片解译、立体测绘和照相测量设备，为其特别设计或改造的部件。

（b）为军事应用（包括指挥、控制和情报工作应用）而特别设计、开发、改造、改装或装配的军事信息安全保障体系和设备、密码装置、软件和部件。这包括：

（1）具有维护信息或信息系统秘密性或机密性之功能的军用密码（包括密钥管理）系统、设备、组合体、组件、集成电路、部件或软件，包括用于追踪、测控加密和解密的设备和软件；

（2）具有给扩频系统或设备设置扩频密码或滚动密码之功能的军用密码（包括密钥管理）系统、设备、组合体、组件、集成电路、部件或软件；

（3）军用密码系统、设备、组合体、组件、集成电路、部件或软件；

（4）能提供经认证或可认证的超过安全保证评估标准（EAL）的第五级评估保证级别的多层级安全保障或用户隔离的军用密码系统、设备、组合体、组件、集成电路、部件或软件，及认证这些系统、设备或软件的软件；

（5）为本类别中（b）段（1）、（2、（3）和（4）的物品而特别设计、开发、改造、改装或装配的附属设备。

（c）以下自携式潜水和水下呼吸器：

（1）封闭或半封闭的（循环呼吸）设备；

（2）为从开路呼吸器向军事用途转换之用而特别

设计的部件和零件；及

（3）专门为与自携式潜水和水下游泳仪器协同之军事用途而设计的物品。

（d）本章其他地方（例如类别 IV）未加以管制的，由三维或多维平面（例如 3D、4D）的连续不定向麻纤、线带和编织布加固的，为国防物品而特别设计、开发、改造、装配或改装的碳 / 碳钢坯和预制件。

（e）本章其他地方未加以管制的，为军事应用而特别设计、开发、改造、装配或改装的装甲（例如有机的、陶瓷的、金属的）和反应式装甲及部件、零件和配件。

（f）结构材料，包括为国防物品而特别设计、开发、装配、改造或改装的碳 / 碳和金属基体复合材料、板块、锻件、铸成品、焊接材料和轧制及挤制型材。

（g）为军事应用而特别设计、开发、改造、装配或改装的隐蔽和伪装设备，包括但不限于特殊油漆、诱饵、烟雾或遮盖设备和刺激物，以及为其特别设计、开发、改造、装配或改装的部件、零件和配件。

（h）为军事应用而特别设计、开发、改造、装配或改装的，从核、热或太阳能或从化学反应中生产出电能的能量转换设备。

（i）金属脆化剂。

*（j）与用于探测国防物品的系统特征之测量与修正相关的为军事应用而特别设计或改造的硬件和设备。此类硬件和设备包括但不限于特征测量设备、微缩技术和密码、特征材料和处理方法，以及特征控制设计方法。

（k）为生产本类别所管制的物品而特别设计或改造的工具和设备。

（l）与本类别（a）至（k）段所列举的国防物品直接相关的技术数据（由本章第 120.10 节界定）和国防服务（由本章第 120.9 节界定）（亦参见本章第 123.20 节）。与本类别中别处列举的被认定为重要军用装备（SME）的国防物品的制造和生产直接相关的技术数据自身也应被认定为 SME。

（m）以下解释和阐述在本类别和本章其余部分中使用的名词：

（1）本类别（d）段并不管制其第三维中的加固仅限于连结相连层的碳 / 碳钢坯和预制件，以及并非为军事应用而特别设计或改造的碳 / 碳 3D、4D 等最终产品（例如为商用飞机或高速火车制作的制动器）。

（2）本类别（i）段中的金属脆化剂是指在很短的时间跨度内改变金属的晶体结构的非致命武器物质。金属脆化剂通过化学方式改变其分子结构，严重减弱金属硬度。这些脆化剂是由包括粘合剂、液体、气溶胶、泡沫和润滑剂等多种物质混合而成的。

类别 XIV—毒剂，包括化学毒剂、生物毒剂和相关设备

*（a）化学毒剂，包括：

（1）神经性毒气：

（i）O- 烷基（碳数等于或小于 10，含环烷基）烷基（甲基、乙基、正丙基或异丙基）氟磷酸酯，例如：沙林（GB）：O- 异丙基甲基氟磷酸酯（CAS 107-44-8）（CWC 附表 1A），以及梭曼（GD）：O- 品吶可基甲基氟磷酸酯（CAS 96-64-0）（CWC 附表 1A）。

（ii）O- 烷基（碳数等于或小于 10，含环烷基）N，N- 二烷基（甲基、乙基、正丙基或异丙基）氨基氰膦酸酯，例如：塔崩（GA）：O- 乙基二甲胺基氰膦酸酯（CAS 77-81-6）（CWC 附表 1A）。

（iii）O- 烷基（氢或碳数等于或小于 10，含环烷基）S-2- 二烷基（甲基、乙基、正丙基或异丙基）氨基乙基烷基（甲基、乙基、正丙基或異丙基）硫膦酸酯及其烷基化与质子化盐类，例如：VX：O- 乙基 S-2- 二异丙氨基乙基甲基硫膦酸酯（CAS50782-69-9）（CWC 附表 1A）。

（2）阿米通：O，O- 二乙基 - S- [2-（二乙基氨基）乙基] 硫膦酸酯，及其烷基化或质子化盐类（CAS 78-53-5）（CWC 附表 2A）；

（3）发泡剂：

（i）硫芥子气，例如：2- 氯乙基氯甲基硫醚（CAS 2625-76-5）（CWC 附表 1A）；双（2- 氯乙基）硫醚（CAS 505-60-2）（CWC 附表 1A）；双（2- 氯乙基硫基）甲烷（CAS 63839-13-6）（CWC 附表 1A）；1，2- 双（2- 氯乙基硫基）乙烷（CAS 3563-36-8）（CWC 附表 1A）；1，3- 双（2- 氯乙基硫基）- 正丙烷（CAS 63905-10-2）（CWC 附表 1A）；1，4- 双（2- 氯乙基硫基）- 正丁烷（CWC 附表 1A）；1，5- 双（2- 氯乙基硫基）- 正戊烷（CWC 附表 1A）；双（2- 氯乙基硫基甲基）醚（CWC 附表 1A）；双（2- 氯乙基硫基乙基）醚（CAS 63918-89-8）（CWC 附表 1A）。

（ii）路易氏剂，例如：2- 氯乙烯基二氯胂（CAS 541-25-3）（CWC 附表 1A）；三（2- 氯乙烯基）胂（CAS 40334-70-1）（CWC 附表 1A）；双（2- 氯乙烯基）氯

胂（CAS 40334-69-8）（CWC 附表 1A）。

（iii）氮芥子气，例如：HN1：双（2- 氯乙基）乙胺（CAS 538-07-8）（CWC 附表 1A）；HN2：双（2- 氯乙基）甲胺（CAS 51-75-2）（CWC 附表 1A）；HN3：三（2- 氯乙基）胺（CAS 555-77-1）（CWC 附表 1A）。

（iv）乙基二氯胂（ED）。

（v）甲基二氯胂（MD）。

（4）失能剂，例如：

（i）3- 奎宁环酯 二苯乙醇酸（BZ）（CAS 6581-06-2）（CWC 附表 2A）；

（ii）二苯氯胂（DA）（CAS 712-48-1）；

（iii）二苯氰化胂（DC）。

*（b）为增强人畜杀伤力、降低设备性能或损害庄稼的性能而特别开发、配置、改装或改造的生物毒剂和生物衍生物质。

*（c）化学毒剂二元前驱物及主要前驱物，如下：

（1）烷基（甲基、乙基、正丙基或异丙基）膦酰二氟，例如：DF：甲基膦酰二氟（CAS 676-99-3）（CWC 附表 1B）；甲基氧膦二氟；

（2）O- 烷基（氢或碳数等于或小于 10，含环烷基）O-2- 二烷基（甲基、乙基、正丙基或异丙基）氨基乙基烷基（甲基、乙基、正丙基或异丙基）亚膦酸酯及其烷基化与质子化盐类，例如：QL：O- 乙基 -2- 二异丙氨基乙基甲基亚膦酸酯（CAS 57856-11-8）（CWC 附表 1B）；

（3）氯沙林：O- 异丙基甲基氯膦酸酯（CAS 1445-76-7）（CWC 附表 1B）；

（4）氯梭曼：O- 品呐可基甲基氯膦酸酯（CAS 7040-57-5）（CWC 附表 1B）；

（5）DC：甲基膦酰二氯（CAS 676-97-1）（CWC 附表 2B），甲基氧膦二氯。

（d）催泪瓦斯和暴动控制剂，包括：

（1）亚当氏剂（二苯胺氯胂或 DM）（CAS 578-94-9）；

（2）CA（溴苄基氰）（CAS 5798-79-8）；

（3）CN（苯甲基氯或 w- 苯氯乙酮）（CAS 532-27-4）；

（4）CR（二苯 -（b，f）-1，4- 氧杂吖庚因）（CAS 257-07-8）；

（5）CS（邻 - 氯代苯亚甲基丙二腈或邻 - 氯苯亚甲基丙二腈））（CAS 2698-41-1）；

（6）二溴二甲醚（CAS 4497-29-4）；

（7）二氯二甲醚（ClCi）（CAS 542-88-1）；

（8）乙基二溴胂（CAS 683-43-2）；

（9）溴丙酮；

（10）溴甲基乙酮；

（11）碘丙酮；

（12）二氯化苯胩；

（13）碘乙酸乙酯。

（e）脱叶剂，如下：

（1）橙剂（2，4，5- 三氯苯氧基乙酸 混合 2，4- 二氯苯氧基乙酸）；

（2）LNF（2- 氯 -4- 氟苯氧基乙酸丁酯）。

*（f）为军事行动和与军用设备兼容而特别设计或改造的如下功能的设备及其部件、零件、配件和附件：

（1）散播、弥散或测试本类别（a）、（b）、（d）和（e）中分别列出的化学毒剂、生物毒剂、催泪瓦斯和暴动控制剂及脱叶剂；

（2）探测、识别、预警或监控本类别（a）和（b）中列出的化学毒剂和生物毒剂；

（3）对本类别（a）和（b）中列出的化学毒剂和生物毒剂进行采样和处理；

（4）针对本类别（a）和（b）中列出的化学毒剂和生物毒剂的单兵防护；

（5）针对本类别（a）和（b）中列出的化学毒剂和生物毒剂的集体防护；

（6）对本类别（a）和（b）中列出的化学毒剂和生物毒剂进行净化或去污处理。

（g）为用于由本类别（f）管制的物品而特别设计或改造的抗体、多核苷酸、生物聚合物或生物催化剂。

（h）医疗措施，包括为用于本类别（a）中列出的化学毒剂而特别设计或改造的预处理和后处理、疫苗、解毒剂和医疗诊断，及仅为防御本类别（b）中列举的生物毒剂的疫苗。例子包括：为防御本类别（a）管制的发泡剂而特别设计的适用于皮肤和个人设备的防护霜；为抵御神经性毒气特别设计的阿托品自动注射器。

（i）为化学或生物武器的设计、开发或使用特别设计或改造的模型或模拟工具。模型和模拟的概念包括为展现对本类别（b）中列举的生物毒剂或物质的易感性或易损性而特别设计的由本类别（m）所涵盖的软件。

(j) 为认证和鉴定由本类别 (f) 管制的物品而特别设计或改造的测试设施。

(k) 为销毁本类别 (a) 中的化学毒剂或 (b) 中的生物毒剂而特别设计或改造的设备、部件、零件、配件和附件，不包括焚化炉（包括特别设计的废物供应系统和特殊处理设施）。此销毁设备包括为销毁作业特别设计或改造的设施。

(l) 为本类别 (f) 所管制物品的生产而特别设计或改造的工具和设备。

(m) 与本类别 (a) 到 (l) 中列举的国防物品直接相关的技术数据（由本章第120.10节界定）和国防服务（由本章第120.9节界定）（适用例外参见本章第125.4节）。与本类别中别处列举的被认定为重要军用装备 (SME) 的国防物品的制造和生产直接相关的技术数据自身也应被认定为SME。

(n) 以下释义解释和阐述在本类别和本章别处使用的名词：

(1) 类别XIV (a) 中的化学毒剂是指具有军事应用，能够通过正常和直接的化学反应产生强大生理作用的物质。

(2) 本类别 (b) 中的生物毒剂或生物衍生物质是指对人畜有杀伤力，能够降低设备性能或损害庄稼的药剂和物质，及为增强前述效应而特别改造的药剂和物质。上述改造的例子包括增强对紫外线辐射的抵抗力和改进传染特性，其不包括仅为民用而进行的改造（如医疗或环境用途）。

(3) 本类别管制的与本类别 (b) 中生物毒剂相关的销毁设备是指仅为销毁本类别 (b) 中列举的药剂而特别设计的设备。

(4) (i) 针对本类别管制的化学和生物毒剂而进行的单兵防护，包括军用防护衣和防护面具，但不包括为国内战备装置设计的物品（如民防系统）。用于单兵防护的国内战备仪器若使用了本章中列举的具有如下特征的部件和零件，则需由商务部许可授权：

(A) 成为装置的组成部分；

(B) 与装置不可分离；

(C) 如不损害装置的效能则无法进行更换。

(ii) 本章所列举的部件和零件，倘若对其的出口是为了集成于国内战备仪器中以作单兵防护之用的，则要受到ITAR的管制。

(5) (l) 节中的技术数据和国防服务包括为用于本类别 (f) 管制的物品而特别设计或改造的图书馆、数据库和运算法则。

(6) 本类别 (l) 中涵盖的工具和设备包括用于生产 (f) 节管制的防护面具、高腰套靴和手套的模具，及为测试本类别 (f) 管制的过滤器而特别设计的检漏设备。

(7) 任何管制或非管制的物质与任何由本章管制的物品合成或混合而成的最终产品也受本章管制。

注释1：本类别不管制含有等于或大于1%CN或CS的配方或用于自卫的独立包装的催泪瓦斯或暴动控制剂。

注释2：类别XIV (a) 和 (d) 不包括以下物质：

(1) 氯化氰；

(2) 氢氰酸；

(3) 氯；

(4) 碳酰氯（光气）；

(5) 溴乙酸乙酯；

(6) 甲苄基溴；

(7) 溴化苄；

(8) 苄基碘；

(9) 氯丙酮；

(10) 氯化苦（三氯硝基甲烷）；

(11) 氟；

(12) 液态辣椒。

注释3：美国化学文摘服务社 (CAS) 的登记号并未涵盖本类别管制的所有物质和混合物。登记号是作为例子来协助政府机构进行许可审查程序及协助出口商完成其许可申请和出口文件。

注释4：关于美国在《禁止化学武器公约》(CWC) 中的义务，参见 (CWCR) (15 CFR parts 710 through 722)。会适当提供CWC附表以协助出口商。

注释5：含有氮芥子气和该药物的某些参考标准的药理学配方不视为化学毒剂，并且在符合以下条件时由商务部认证：

(1) 该药品系以最终医药产品的形式呈现；或

(2) 参考标准包括HN2的盐类[双(2-氯乙基)甲胺]，装运质量为150毫克或低于150毫克，并且每最终用户每日历年的单独发货次数不超过12次。

关于生产HN1：[双(2-氯乙基)乙胺]、HN2：[双(2-氯乙基)甲胺]、HN3：[三(2-氯乙基)胺]或上述物质的盐类[如三(2-氯乙基)胺盐酸]的技术数据仍由本类别管制。

类别 XV—宇航飞行器系统及相关设备

* (a) 宇航飞行器，包括通信卫星、遥感卫星、科学卫星、研究卫星、导航卫星、实验和多任务卫星。

* 对 (a) 段的注释：商业通信卫星、科学卫星、研究卫星和实验卫星只有当该设备意在被外国军队所使用时才被指定为 SME。

(b) 用于对宇航飞行器或卫星进行遥测、追踪和控制或使用任何本章类别 XIII 所管制的密码项目的地面控制站。

(c) 接收为军事用途而特别设计、改造或装配的全球定位系统 (GPS) 设备，或具有下列特征的 GPS 设备：

(1) 为了对 GPS 的精确定位服务 (PPS) 信号进行加密或解密（例如 Y 码）而设计的；

(2) 为了创造出高度在 60,000 英尺以上、速度为 1000 节或更快的导航成果而设计的；

(3) 为了与零控天线协同使用而特别设计或改造的，或包含有一个为减少或避免干扰信号而设计的零控天线的；

(4) 为了与能够运载至少 500 千克有效荷载到至少 300 公里航程之外的无人驾驶飞行器系统协同使用而设计的。

注释：为了与性能弱于此的军用无人驾驶飞行器系统协同使用而设计或改造的 GPS 接收器，也被认为是为军事用途而特别设计、改造或装配的，因此也被本段 (d) (4) 所涵盖。

任何不符合此定义的 GPS 设备均受到商务部 (DOC) 的管辖。建议受商务部管辖的设备制造商和出口商注意，美国政府并不保证 GPS 的 P 码用于民用导航时的有效性。根据商务部的政策，使用 P 码但没有明确是否被设计或改造为使用 Y 码的 GPS 接收器，将被假定为能够使用 Y 码，并被涵盖于本段之中。商务部政策进一步要求凡用于出口的 P 码接收器都必须贴上注意事项。该注意事项必须进行如下表述："建议须知：该接收器使用的是 GPS 的 P 码信号，根据美国的政策，P 码信号可能在未经通知的情况下被关闭。"

(d) 符合或超过以下全部 5 项特征的抗辐射加固微电子电路：

(1) 总剂量为 5 × 105 拉德（硅）；

(2) 剂量率突破 5 × 108 拉德（硅）/ 秒的界限值；

(3) 中子剂量为 1 × 1014n/cm2(相当于 1 兆电子伏)；

(4) 单粒子翻转率等或小于每天 1 × 10-10 错误 / 字节的，用于 CREME96 地球同步轨道的太阳活动极小环境；

(5) 无闩锁效应且剂量率闩锁 5 × 108 雷得 (Si) 的界限值。

(e) 所有为包括公法 105-261 的 1516 款所认定的物品在内的本类别物品而特别设计或改造的系统或子系统、部件、零件、配件、附件和相关装备；卫星燃料、地面保障设备、测试设备、有效载荷适配器或界面硬件、备件、和露天固体推进剂轨道发动机（亦参见本部分的类别 IV 和 V）。

注释：除非其是为军事应用而特别设计或改造的，否则《美国军品管制清单》的覆盖范围不包括以下内容：（参见本章第 120.23 节）[对这些物品的管制参见出口管理法规，商业管制清单（15CFR 第 730 至 799 部分)]。

(1) 适用于太空的行波管（也被称为螺旋管或 TWT)、微波固态放大器，以及在频率等于或少于 31 千兆赫兹下运行的行波管；

(2) 具有硅元件的或具有以砷化镓作为其中一结的单结电池、双结电池、三结电池的适用于太空的光伏阵列；

(3) 适用于太空的磁带记录仪；

(4) 不适用于太空的原子频率标准；

(5) 适用于太空的数据记录仪；

(6) 非为卫星用途的适用于太空的电信系统、设备和部件；

(7) 为非卫星用途而特别设计的用于开发或生产电信设备的技术；

(8) 每个阵列有超过 2048 个元件的、具有一个能在 300nm 到 900nm 的波长范围做出反应的峰值的、适用于太空的焦面阵；

(9) 适用于太空的激光雷达或激光雷达 (LIDAR) 设备。

(f) 与本类别 (a) 至 (e) 段所列举的国防物品直接相关的技术数据（由本章第 120.10 节界定）和国防服务（由本章第 120.9 节界定)，以及对所有宇航飞行器的详细数据设计、开发、制造或生产和为所有宇航飞行器系统特别设计或改造的部件。本段无例外地包括所有用于各种发射支持活动的技术数据（如向发射商提供的关于形态、安装、功能、体积、电气、机械、动力、环境、遥测、安全、设施、发射台接入和发射参数，以及发射配合和参数的界面的技术数据）（即使在美国公民执行国防服务所依赖的全部信息均属公共领域内或被本章以别的方式免除其认证要求的情况下提供国防服务的，也有技术援助协议的相关要求，参见第124.1节）。与本类别中别处列举的被认定为重要军用装备（SME）的国防物品的制造和生产直接相关的技术数据自身也应被认定为SME。此外，与各种宇航飞行器的制造和生产直接相关的技术数据，无论其意欲的最终用途之性质如何（如即使其硬件并非SME），也应被认定为SME。

对（f）段的注释：在美国公民参与发射失败调查或分析之时、为在不是北约组织成员国或美国的主要非北约盟国的国家内发射或由该国发射而出口任何国防服务物品之时，均要求适用本章第124.15节所包含的特别出口管制。当认为有助于推进美国的安全和对外政策的目标时，也可以适用此类特别出口管制。

类别 XVI—核武器、设计和试验相关物品

*（a）任何为用于设计、开发或制造核武器或核爆炸仪器而特别设计或改造的物品、材料、设备或仪器（参见本章第123.20节和商务部《出口管理条例》，15 CFR 742.3和744.2）。

*（b）任何为用于核武器试验或任何其他核爆炸（包括为了模仿或模拟核武器的使用或核武器的综合运行性使用）的设计、实施或评估而特别设计或改造的物品、材料、设备或仪器，除非该物品系为其他目的而作普通商业使用的。

*（c）为军事应用而特别设计或改造的核辐射探测和测量仪器。

（d）所有为本类别物品而特别设计或改造的部件和零件、配件、附件和相关设备。

（e）与本类别（a）至（d）段所列举的国防物品直接相关的技术数据（由本章第120.10节界定）和国防服务（由本章第120.9节界定）（亦参见本章第123.20节）。与本类别中别处列举的被认定为重要军用装备（SME）的国防物品的制造和生产直接相关的技术数据自身也应被认定为SME。

类别 XVII—别处未列举的机密文件、技术数据和国防服务

（a）与根据国家安全的利益被指定为机密的和《美国军品管制清单》中别处未列举的相关的机密文件、技术数据（由本章第120.10节界定）和国防服务（由本章第120.9节界定）。

类别 XVIII—定向能武器

*（a）为军事应用而特别设计或改造的定向能武器系统（如对某一目标的摧毁、消解或使目标任务失效）。此类设备包括但不限于：

（1）为造成失明而特别设计或改造的激光系统，包括连续波或脉冲激光系统；

（2）有足够连续波或脉冲功率、足以造成与常规弹药的破坏方式相类似的激光器；

（3）粒子束系统；

（4）能够发射出具有破坏力的带电或中性粒子束的粒子加速器；

（5）高能射频（RF）系统；

（6）能够产生强度足以摧毁远距离目标的电子电路的场的高脉冲能或高平均功率射频波束发射机；

（7）主要的电力生产、能量存储、转换、能量调节、热能管理或燃料处理设备；

（8）目标截获或追踪系统；

（9）能够估测目标损毁、破坏或任务失效的系统；

（10）波束处理、传输或瞄准设备；

（11）具有快速波束扭转能力以进行快速多目标操作的设备；

（12）负离子束通过设备；以及

（13）用于控制和扭转高能离子波束的设备。

*（b）为探测或确定或防御本类别（a）段所管制的物品而特别设计或改造的设备。

（c）为生产本类别所管制的物品而特别设计或改造的工具和设备。

（d）为防御本类别所管制的物品而特别设计或改造的试验和估测设备及试验模型。这包括但不限于诊断仪器和物理试验模型。

（e）为本类别（a）至（d）段物品而特别设计或改造的部件、零件、配件、附件和相关设备。

（f）与本类别（a）至（e）段所列举的国防物品直接相关的技术数据（由本章第120.10节界定）和国防服务（由本章第120.9节界定）。与本类别中别处列举的被认定为重要军用装备（SME）的国防物品的制造和生产直接相关的技术数据自身也应被认定为SME。

（g）以下解释和阐述在本类别和本章其余部分中

使用的名词：

（1）部件、零件、配件、附件和相关设备包括但不限于调适形光件和位相共轭器部件、适用于太空的加速器部件、目标和特别设计的目标诊断器、用于负氢离子束流注射器以及适用于太空的用于中和负氢同位素波束的箔材；

（2）本类别（a）（3）段中的粒子束系统包括为定向能武器应用而特别设计或改造的含有粒子束和电磁脉冲技术和相关部件及组件（如离子束流注射器、用于中性或带电粒子的粒子加速器、波束处理和发射设备、波束操纵器、射击控制和瞄准设备、试验和诊断仪器，以及目标）的装置；

（3）本类别管制的物品包括任何使用本类别管制的技术数据和国防服务而设计或制造的终端物品、部件、配件、附件、零件、固件、软件或系统。

（4）本类别管制的为军事应用而特别设计或改造的物品包括任何为军事应用而特别开发、装配或改装的物品。

类别 XIX［保留］

类别 XX—潜水舰船、海洋和相关设备

*（a）为军事目的而设计或改造的或用核动力推进装置驱动的潜水舰船，无论是有人驾驶或无人驾驶的、有缆或无缆的。

*（b）为军事目的而设计或改造的蛙人载运艇。

（c）为本类别（a）至（b）段物品而特别设计或改造的部件、零件、配件和附件。

（d）与本类别（a）至（c）段所列举的国防物品直接相关的技术数据（由本章第 120.10 节界定）和国防服务（由本章第 120.9 节界定）（适用例外参见本章第 125.4 节）。与本类别中别处列举的被认定为重要军用装备（SME）的国防物品的制造和生产直接相关的技术数据自身也应被认定为 SME。

类别 XXI—杂项

（a）在《美国军品管制清单》的其他类别中未加以列举，但具有实质军事应用性的和为军事目的而特别设计、开发、装配、改装或改造的任何物品。判断某一物品是否应被纳入此类别的决定应由国防贸易管制政策办公室主任做出。

（b）与本类别（a）段所列举的国防物品直接相关的技术数据（由本章第 120.10 节界定）和国防服务（由本章第 120.9 节界定）。

［58 FR 39287，1993 年 7 月 22 日］

作者注释：关于影响第 121.1 节的联邦公报引注，参见“CFR 受影响章节列表”，这些引注见于刊印卷册的检索工具和美国政府文献检索（GPO Access）中。

第 121.2 节 《美国军品管制清单》释义与导弹及其技术控制制度附件

以下（按字母顺利排列）解释和阐述在第 121.1 节中使用的名词。这些解释如同《美国军品管制清单》（USML）类别的一部分，与其所涉及的内容有同等的效力。此外，第 121.16 节所列举的所有名词将构成《美国军品管制清单》上的所有名词，这些名词即是导弹及其技术控制制度附件与《武器出口控制法》71（a）部分相一致的名词。

第 121.3 节　飞机及其相关物品

在类别 VIII 中，飞机意指为军事目的特别设计、改造或配备的飞机，包括被描述为“非武装的”飞机。所有经过最初的军用设计的飞机均被纳入类别 VIII 的范围。然而下列的飞机，只要其并非为军事行动而特别配备、重新配备或改造的，则不被纳入类别 VIII：

（a）仅使用往复式发动机的经过“C”类认定且编号为 C-45 至 C-118（含）、C-121 至 C-125（含）、及 C-131 的货运机。

（b）使用往复式发动机或低于 600 马力（s.h.p.）的涡轮螺旋桨发动机的经过“T”类认定的教练机。

（c）仅使用往复式发动机的经过“U”类认定的通用飞机。

（d）所有经过“L”类认定的通信联络机。

（e）所有使用往复式发动机的经过“O”类认定的观察机。

第 121.4 节［保留］

第 121.5 节　类别 IV（c）中的设备和装置

类别 IV 包括但不限于以下：为该类别所列物品而特别设计、改造或装配的引信或部件，挂弹架和钩环、投弹钩环装置，炸弹弹射器，鱼雷发射管，鱼雷和制导导弹助推器，导航设备和零件，发射架和发射器，手枪（爆炸装置），点火器，引信保险装置，时间间隔计，热电池，加固导弹发射设施，包括为处理本类别（a）和（b）段的物品以进行准备及从固定和移动位置上发射而设计的运输装置、起重装置和升降装置在内的制导导弹发射器和特殊处理设备。该类别中的设备包括为军事应用而特别设计或改造的机器人、机器人控制器和机器人末端执行器。

第 121.6 节—第 121.7 节［保留］

第 121.8 节　最终产品、部件、配件、附件、零件、固件、软件和系统

（a）最终产品是指已经组装完毕、随时可以使用的物品。只需将弹药、燃料或其他能源加入即可投入使用。

（b）部件是指与某一最终产品联结使用才能发挥作用的物品。主要部件包括任何构成最终产品一部分且没有它最终产品便无法运转的组装元件（如飞机机身、尾部、传输器、坦克胎面、船身等）。

（c）配件和附件是指任何部件、最终产品或系统的相关设备，尽管它们并非这些部件、最终产品或系统的运转所必需的，但它们能提高其运转的有效性和效能（如军用步枪瞄准器、特种涂料等）。

（d）零件是指任何部件、配件或附件的单个未组装的主要或次要元件，它们通常无需拆卸而不会给设计的用途造成毁坏或损害（如铆钉、电线、螺栓等）。

（e）为《美国军品管制清单》下的任何类别所管制的设备或系统而特别设计的固件和任何相关独特的支撑工具（如电脑、连接器、编写器、测试生成器、诊断检查器、功能和系统测试诊断库）也被认为是最终产品或部件的一部分。固件包括但不限于用于软件编制的电路。

（f）软件包括但不限于用于设计、执行、检测、运作、诊断和修复的系统功能设计、逻辑流程、运算法则、应用程序、操作系统和支持软件。意欲出口软件之人必须依据本章第 125 部分申请技术数据许可证，除非其是第 121.1 节［如 XIII（b）］所规定的适用例外。

（g）系统是指为了共同运作以完成某一特殊军事功能而特别设计、改造或改装的最终产品、部件、零件、配件、附件、固件或软件的组合。

第 121.9 节［保留］

第 121.10 节　锻件、铸件和加工体

《美国军品管制清单》上的物品包括处于半成品状态的物品（如锻件、铸件、压成品和加工体），它们在生产中已达到能够被清晰辨认为国防物品的阶段。若某最终产品是《美国军品管制清单》上所列的物品（包括第 121.8 节所定义的部件、配件、附件和零件），则其锻件、铸件、压成品和加工体等等被认定为国防物品，要受到本章的管制，除非这些物品是被用于普通商业用途的。

第 121.11 节　军用爆破药包和雷管

涉及类别 IV（a）的军用爆破药包和雷管不包括以下物品：

（a）电爆管。

（b）6 号和 8 号雷管，包括电雷管。

（c）延时电雷管（包括 6 号和 8 号微差爆破雷管）。

（d）地震勘探电雷管（包括 SSS、Static-Master、Vibrocap SR 和 SEISMO SR 等型号）。

（e）油井射孔仪器。

第 121.12 节—第 121.14 节［保留］

第 121.15 节　战舰和特殊海军装备

战舰是指为军事目的而设计、改造或装备的水上或可潜水舰船，包括被描述为在开发中的、“非武装的”或已退役的。类别 VI 中的战舰，无论是否为在开发中的、“非武装的”或已退役的，包括但不限于以下：

（a）战斗舰船：

（1）军舰（包括核动力类型的）：

（i）航空母舰；

（ii）战列舰；

（iii）巡洋舰；

（iv）驱逐舰；

（v）护卫舰；

（vi）潜水艇。

（2）其他战舰：

（i）巡逻战斗艇（例如包括但不限于 PHM）；

（ii）两栖载机 / 登陆舰；

（iii）两栖物资 / 登陆舰；

（iv）两栖指挥舰；

（v）水雷战舰艇；

（vi）海岸警卫队快艇（如包括但不限于 WHEC、WMEC）。

（b）战斗艇：

（1）巡逻艇［第 121.1 节类别 VI（b）段中的巡逻艇被认为是非战斗性的］：

（i）海岸巡逻艇；

（ii）内河、锚泊艇（包括蛙人载运艇）；

（iii）海岸警卫队巡逻快艇（如包括但不限于 WPB）。

（2）两栖作战艇：

（i）登陆艇（如包括但不限于 LCAC）；

（ii）特殊作战艇（如包括但不限于 LSSC、MSSC、SDV、SWCL、SWCM）。

（3）水雷作战艇和反水雷艇（如包括但不限于 MCT、MSB）。

（c）非作战辅助舰船和支援船：

（1）战斗后勤保障：

（i）海上补给船；

（ii）水面舰艇和潜艇勤务 / 修理船。

（2）支援船：

（i）潜艇救生船；

（ii）其他辅助舰船（如包括但不限于 AGDS、AGF、AGM、AGOR、AGOS、AH、AP、ARL、AVB、AVM、AVT）。

（d）非作战支援、服务和杂用船（如包括但不限于 DSRV、DSV、NR、YRR）。

［58 FR 60115，1993 年 11 月 15 日］

第 121.16 节　导弹及其技术控制制度附件

导弹及其技术控制制度附件上的部分物品既根据商品管制清单受到商务部的管制，又根据《美国军品管制清单》受到国务院的管制。若某一物品出现在《美国军品管制清单》上，则会在括号中加入解释，说明其所属的《美国军品管制清单》的类别。下述物品构成了导弹及其技术控制制度附件上所有被《美国军品管制清单》所涵盖的物品：

物品 1—类别 I

完整的火箭系统［包括弹道导弹系统、航天器运载火箭和探空火箭（参见第 121.1 节类别 IV（a）段和（b）段）］和能够运载至少 500 千克有效荷载到至少 300 公里航程之外的无人驾驶飞行器系统［包括巡航导弹系统（参见第 121.1 节类别 VIII（a）段）、靶机和无人驾驶侦察机（参见第 121.1 节类别 VIII(a) 段）］。

物品 2—类别 I

下列能在物品 1 的系统中使用的完整的子系统：

（a）火箭单级［参见第 121.1 节类别 IV（h）段］。

（b）下列再入飞行器［参见第 121.1 节类别 IV（g）段］及为其设计和改造的设备，除下文注释（1）所列的为非武器荷载而设计的之外：

（1）防热板和与此相关的由陶瓷或烧蚀材料制造的部件［参见第 121.1 节类别 IV（f）段］；

（2）散热器和与此相关的由轻量、高热容量材料制造的部件；

（3）为再入飞行器而特别设计的电子设备［参见第 121.1 节类别 XI（a）段（7）］。

（c）具有 1.1 × 10N-sec（2.5 × 10 lb-sec）或更强的脉冲能力的固体或液体推进剂火箭发动机［参见第 121.1 节类别 IV（h）段］。

（d）具有能够达到射程误差为 3.33% 或更少的系统精确性的“制导装置”（例如在 300 公里航程的 CEP 为 10 公里或更低的），除下文注释（1）所列的为航程低于 300 公里的导弹或无人驾驶飞行器而设计的之外［参见第 121.1 节类别 XII（d）段］。

（e）推力矢量控制系统，除下文注释（1）所列的为航程 / 荷载能力不及物品 1 的火箭系统而设计的之外（参见第 121.1 节类别 IV）。

（f）弹头保险、待发、引信和射击装置，除下文注释（1）所列的为物品 1 所列之外的系统而设计的之外［参见第 121.1 节类别 IV（h）］。

对物品 2 的注释

（1）如果某子系统是根据最终用途说明和符合上述例外所指最终用途的数量限制而出口者，第（b）、(d)、(e) 和（f）段所列的例外可以按照类别 II 加以处理。

（2）CEP（圆径概率误差）是准确度的量度标准，其定义为在一定射程范围内，以目标为中心，包含 50%弹着点的圆的半径。

（3）“制导装置”将测量和计算飞行器的位置和速度（即导航）与计算和发送命令至飞行器的飞行控制系统以矫正轨道结合起来。

（4）达到完成（e）所涵盖的推力矢量控制系统的方法的例子包括：

（i）可调喷嘴；

（ii）液体或二次注气法；

（iii）可移动发动机或喷嘴；废气流的偏转（燃气舵或探针）；或

（v）使用推力片。

物品3—类别II

可用于物品1的系统中的推进部件和设备，如下：

（a）小而省油的轻量涡轮喷气机和涡轮风扇发动机（包括涡轮复式发动机）[参见第121.1节类别IV(h)段和类别VIII（b）段]；

（b）冲压发动机/超燃冲压发动机/脉冲发动机/联合循环发动机，包括用于控制燃烧的仪器和为此而特别设计的部件［参见第121.1节类别IV（h）段和类别VIII（b）段]；

（c）火箭发动机壳体、“内衬套”、“绝缘衬片”及其喷嘴［参见第121.1节类别IV（h）段和类别V（c）段]；

（d）分级装置、分离装置及其级间装置［参见第121.1节类别IV（c）段和（h）段]；

（e）设计或改造以在超过100gRMS的20赫兹至2000赫兹的振动环境下使用的液体和悬浮推进剂（包括氧化器）控制系统，以及为此特别设计的部件［参见第121.1节类别IV（c）段和（h）段]；

（f）固液火箭发动机和为其特别设计的部件［参见第121.1节类别IV（h）段]。

对物品3的注释

（1）物品3（a）中的发动机如果是有人驾驶飞机的一部分或符合用于有人驾驶飞机的更换零件所需数量的，可以出口。

（2）物品3（c）中，“内衬套”适合固体推进剂与壳体或绝缘衬套间之结合介面。通常是液体高聚化合物散开的耐热或绝缘材料，例如充碳式羟基端聚丁二烯（HTPB）或其他喷或铺上壳体之含添加保藏剂之高聚化合物［参见第121.1节类别V（c)]。

（3）物品3（c）中，“绝缘衬片”在火箭马达操作期间用以防备热的影响的物料。物料包括含有绝缘或耐火物料并已凝固或半凝固的复合橡胶片。物料应用于火箭马达的零件，即壳体、喷嘴、入口、壳体闭锁装置。它也可以作为应力消除垫片或垫板。

（4）上文（e）所包括的伺服阀和泵仅指以下：

（i）为在7000kPa（1000psi）或以上的绝对压力下及每分钟24升或以上的流率而设计的伺服阀，其致动器的反应时间短于100毫秒；

（ii）旋转轴速度等于8000RPM或以上或排放压力等于7000kPa（1000psi）或以上的液体推进剂泵。

（5）物品3（e）中的系统和部件可以被作为卫星的部件而出口。

物品4—类别II

推进剂和推进剂的构成化学物包括：

（a）推进物：

（1）浓度为70%或以上的联氨和其衍生物，包括单甲基联氨（MMH）。

（2）非对称二甲基联氨（UDHM）。

（3）过氯酸铵。

（4）由铝含量为97%或以上、等径小于500×10-6米（500微米）的粒子所构成的球状铝粉。

（5）由尺寸小于500×10-6米（500微米）的粒子所构成的金属燃料，不论其形状为球状、喷雾状、椭圆球状、薄片状或粉末状，且由下列任一含量97%或以上的材料所制造：锆、铍、硼、镁、锌及其合金。

（6）硝胺［环四亚甲基四硝胺（HMX）、环三亚甲基三硝基胺（RDX)]。

（7）过氯酸盐、氯酸盐和由金属粉末或本类别管制的其他高能燃料成分合成的络酸盐。

（8）碳硼烷、癸硼烷、戊硼烷及其衍生物。

（9）如下液体氧化剂：

（i）二氧化氮/四氧化二氮；

（ii）抑制红色发烟硝酸（IRFNA）；

（iii）由氟和其他一种或多种卤素、氧或氮构成的化合物。

（b）聚合物：

（1）端羟基聚丁二烯（HTPB）；

（2）缩水甘油基叠氮化物聚合物（GAP）。

（c）其他高能量密度推进剂，例如能量密度为40×10焦耳/千克或以上的硼泥。

（d）其他推进剂的添加剂和制剂：

（1）以下粘合剂：

（i）三-1-（2-甲基）氮杂环丙烯基膦氧化物（MAPO）；

（ii）丁烯亚胺均苯三酸加成物（HX868，BITA）

（iii）“四亚乙基五胺丙烯腈缩水甘油”（HX878）、四乙烯五胺、丙烯腈与缩水甘油的反应的产物；

（iv）“四亚乙基五胺丙烯腈”（HX879），四乙烯五胺与丙烯腈反应的产物；

（v）含有异间苯二甲基、对称苯三甲基、异氰脲基或也含有 2- 甲基或 2- 乙基氮杂环丙烷群的三甲基已二基骨干的多功能氮杂环丙烯酰胺（HX752，HX 872 和 HX877）。

（2）以下凝固剂和催化剂：

（i）三苯基铋（TPB）；

（ii）下列燃烧速率的推进剂：

（iii）卡托辛；

（iv）N- 丁基二茂铁；

（v）其他二茂铁衍生物。

（3）下列硝酸酯和硝酸酯增塑剂：

（i）1.2，4 丁三醇三硝酸酯（BTTN）。

（4）下列稳定剂：

（i）N- 甲基 - 对 - 硝基苯胺。

物品 8—类别 II

物品 1 中的系统可用的下列结构材料：

（a）为在物品 1 中的系统和物品 2 中的子系统中使用而特别设计的组合结构、薄板制品和相关产品，包括为此预浸的树脂浸渍纤维和为此预制的金属包覆纤维，它们是用纤维或纤维加固物的有机基材或金属基材制成，且比抗拉强度大于 7.62 × 104 米（3 × 106 英寸）及比模数大于 3.18 × 106 米（1.25 × 108 英寸）[参见第 121.1 节类别 IV（f）段和类别 XIII（d）段]。

（b）为火箭系统设计的再饱和热解（例如碳 - 碳）材料［参见第 121.1 节类别 IV（f）段]。

（c）能用于导弹喷嘴及再入飞行器前端的再晶体高密度石墨（在 15℃的温度下度量具有容积密度 1.72 克／立方厘米或以上的）、热解或纤维加强石墨［参见第 121.1 节类别 IV（f）段和类别 XIII]。

（d）能用于导弹雷达天线罩的陶瓷复合物（在频率 100 赫至 10000 兆赫之间，电介质常数低于 6），以及能用作导弹前端的可机械加工的碳化硅加强未经焙烧陶瓷［参见第 121.1 节类别 IV（f）段]。

物品 9—类别 II

仪表、导航和方位寻找设备和系统，及下列相关产品和测试设备，以及为此特别设计的部件和软件：

（a）集成飞行仪表系统，包括回转稳定器或自动驾驶仪和相关组合软件；为用于物品 1 中的系统而设计或改造的［参见第 121.1 节类别 XII（d）段]。

（b）通过自动追踪天体或卫星而得出位置或方向的回转天体罗盘及其他装置［参见第 121.1 节类别 XV（d）段]。

（c）临界值为 0.05 动力加速度或以下，或线性度误差在全刻度输出的 0.25% 内的，为供各类惯性导航系统或导引系统使用而设计的加速器［参见第 121.1 节类别 VIII（e）段和类别 XII（d）段]。

（d）可在物品 1 的系统中使用的额定的漂移率稳定度在 1 动力加速度的环境下每小时小于 0.5 度（1 sigma 或 rms）的各类陀螺仪［参见第 121.1 节类别 VIII（e）段和类别 XII（d）段]。

（e）任何类型经设计用于加速级别在 100g 以上的持续输出加速器和陀螺仪［参见第 121.1 节类别 XII（d）段]。

（f）使用上述（c）类和（e）类所描述的加速器的惯性或其他设备，和装入此种设备的系统，以及为此特别设计的组合软件［参见第 121.1 节类别 VIII（e）段和类别 XII（d）段]。

对物品 9 的注释

（1）（a）至（f）的物品如果是有人驾驶飞机或卫星的一部分或符合用于有人驾驶飞机的更换零件所需数量的，可以出口。

（2）（d）类中：

（i）漂移率是指输出量偏离目标输出量的时间速率。它由随机成分及系统成分所组成，并以每单位时间等值输入角位移相对于惯性空间的角位移来表达。

（ii）稳定度是指某个参数相对于其在稳定温度情况下测量的标定值的标准偏差（1 sigma）。它可表达为时间的函数。

物品 10—类别 II

下列飞行控制系统和“技术”；为物品 1 中的系统而设计或改造的。

（a）水压、机械、电光或机电的飞行控制系统（包括遥控自动驾驶系统）［参见第 121.1 节类别 IV（h）段]。

（b）姿态控制设备［参见第 121.1 节类别 IV（c）和（h）段］。

（c）用于将飞行器机身、推进系统和升降控制面结合起来以优化无人驾驶飞行器的飞行性能的设计技术［参见第 121.1 节类别 VIII（k）段］；

（d）用于将飞行器控制、导航和推进数据纳入飞行管理系统以优化火箭系统轨迹的设计技术［参见第 121.1 节类别 IV（i）段］。

对物品 10 的注释

（a）至（b）的物品如果是有人驾驶飞机或卫星的一部分或符合用于有人驾驶飞机的更换零件所需数量的，可以出口。

物品 11—类别 II

下列航空电子设备、“技术”和部件，为物品 1 中的系统而设计或改造的，以及为此特别设计的软件：

（a）雷达和激光雷达系统，包括高度计［参见第 121.1 节类别 XI（a）段（3）］。

（b）用以确定特定电磁源（定向装备）的方位或地形特征的被动式传感器［参见第 121.1 节类别 XI(b) 段和（d）段］。

（c）全球定位系统（GPS）或类似的卫星接收器：

（1）在下列操作条件下能够提供导航信息的：

（i）以超过 515 米 / 秒的速度（1000 海里 / 小时）运行；以及

（ii）在超过 18 公里（60,000 英尺）的高度运行［参见第 121.1 节类别 XV（d）段（2）］。

（2）为与物品 1 中的无人驾驶飞行器协同使用而设计或改造的［参见第 121.1 节类别 XV（d）段（4）］。

（d）为军事用途和在超过 125℃的温度下运转而特别设计的电子组件和部件［参见第 121.1 节类别 XI（a）段（7）］。

（e）以下用以保护航空电子设备及电气子系统免受来自外界的电磁脉冲（EMP）及电磁干扰（EMI）影响的设计技术［参见第 121.1 节类别 XI（b）段］。

（1）屏蔽系统的设计技术；

（2）用于硬化电路和电气子系统的配置的设计技术；

（3）上述技术硬化准则的确定。

对物品 11 的注释

（1）物品 11 中的设备如果是有人驾驶飞机或卫星的一部分或符合用于有人驾驶飞机的更换零件所需数量的，可以出口。

（2）物品 11 中包括的设备举例如下：

（i）地形等高线绘图设备；

（ii）景象绘图和校正（数字的和模拟的）设备；

（iii）多普勒导航雷达设备；

（iv）被动式干扰设备；

（v）图像传感设备（主动的和被动的）。

（3）在（a）类中，激光雷达系统包含有为通过定位、径向速度和物体反射等特征使用激光进行回声测距、方位测定和辨别目标的特定传输、扫描、接收和信号处理的技术。

物品 12—类别 II

下列用于物品 1 中的系统的发射支持设备、工具和软件：

（a）为装卸、控制、启动或发射物品 1 中的系统而设计或改造的器具及装置［参见第 121.1 节类别 IV（c）段］。

（b）为运输、装卸、控制、启动或发射物品 1 中的系统而设计或改造的运载工具［参见第 121.1 节类别 VII（d）段］。

（c）用于无人驾驶飞行器或火箭系统的遥测和遥控设备［参见第 121.1 节类别 XI（a）段］。

（d）精密追踪系统：

（1）使用安装在火箭系统或无人驾驶飞行器上与地面或空中定标或卫星系统相连接的译码器以即时测量飞行位置及速度的追踪系统［参见第 121.1 节类别 XI（a）段］。

（2）包括相关的光学 / 红外线追踪器的具有以下所有能力的靶场测量雷达和为此特别设计的软件［参见第 121.1 节类别 XI（a）段（3）］。

（i）角解析度优于 3 毫弧度（0.5 角密耳）；

（ii）测距 30 公里或以上，而距离分辨力优于 10 米均方根；

（iii）速度分辨力优于 3 米 / 秒。

（3）在飞行后处理记录数据，能够通过其飞行路线确定飞行器的位置的软件［参见第 121.1 节类别 IV（i）段］。

物品 13—类别 II

具备以下任何一种特征的，为用于物品 1 中的系统而设计或改造的模拟电脑、数字式电脑或数字微分分析器［参见第 121.1 节类别 XI（a）段（6）］：

（a）额定在最低 45℃、最高 55℃的温度下持续运转的；或

（b）进行了加固或“抗辐射加固”设计的。

对物品 13 的注释

物品 13 中的设备如果是有人驾驶飞机或卫星的一部分或符合用于有人驾驶飞机的更换零件所需数量的，可以出口。

物品 14—类别 II

具备以下任何一种特征的，用于物品 1 中的系统中的模拟—数字转换器：

（a）为符合军用规格的抗震设备而设计的［参见第 121.1 节类别 XI（d）段］；或

（b）为军事用途而设计或改造的［参见第 121.1 节类别 XI（d）段］，且为下列类型之一的：

（1）经过“抗辐射加固”或具有下列所有特征的模拟—数字转换器“微型电路”：

（i）具有 8 位元或以上的分辨率；

（ii）额定在最低 54℃、最高 125℃的温度下运转的；以及

（iii）密封的。

（2）具有下列所有特征的电子输入类模拟—数字转换器印刷电路板或元件：

（i）具有 8 位元或以上的分辨率；

（ii）额定在最低 45℃、最高 55℃的温度下运转的；以及

（iii）包含上述（1）中所列的“微型电路”的。

物品 16—类别 II

为给物品 1 和物品 2 中的系统进行建模、模拟或设计集成而特别设计的软件，或特别设计的软件与相关特别设计的混合（结合模拟 / 数字）计算机［参见第 121.1 节类别 IV（i）段和类别 XI（a）段（6）］。

对物品 16 的注释

建模尤其包括对系统的空气动力学和热力学分析。

物品 17—类别 II

应用于物品 1 或物品 2 中的系统的材料、仪器，以及为减少例如雷达反射作用、声音信号中的紫外线 / 红外线信号等可察觉现象而特别设计的软件（即隐身技术）［参见第 121.1 节类别 XIII(e) 段和（k）段］，例如：

（a）为减少雷达反射作用而特别设计的结构材料和镀膜。

（b）为减少或修改微波、电磁光谱的红外线或紫外线段的反射作用或发射作用而特别设计的镀膜（包括涂料），特别用于卫星热控制的除外。

（c）为分析信号减少而特别设计的软件或数据库。

（d）特别设计的雷达横截面测量系统［参见第 121.1 节类别 XI（a）段（3）］。

物品 18—类别 II

用于保护火箭系统和无人驾驶飞行器免遭核效应［例如电磁脉冲（EMP）、X 光、混合冲击波与热辐射］损害并可用于物品 1 中的系统的仪器，例如［参见第 121.1 节类别 IV（c）段和（h）段］：

（a）“抗辐射加固”、“微型电路”和探测器［参见第 121.1 节类别 XI（c）段（3），注释：该商品已被正式建议在不久的将来移至类别 XI（e）段（2）］。

（b）能够抵御超过 1000 卡 / 平方厘米并伴随有峰值超过 50 千帕（每平方英尺 7 磅）压力的组合热震袭击的雷达天线罩［参见第 121.1 节类别 IV（h）段］。

对物品 18（a）段的注释

探测器的定义为一种自动识别、记录或登记某种刺激（如压力或温度方面的环境变化、电气或电磁讯号或来自放射性物质的辐射）的机械、电气、光学或化学装置。由于修改，以下页数被从 ITAR 的最终版本中删除，为经 DDTC 更新后的 1979 年《出口管理法》［50 U.S.C. App. 2405 (1)］第 6（1）版所取代。为了与此规定保持一致，MTCR 附件所列的物品必须构成《美国军品管制清单》第 121.16 节的所有物品。

［58 FR 39287，1993 年 7 月 22 日，2006 年 4 月 21 日修改为 71 FR 20539］

附录 18–B

《美国国务院注册登记表》(DS-2032 表)

注册登记表说明

一般说明：

- 每条都必须填写。如果“无”适用于某项，则填“无”。
- 如果需要更多空间以填写某项，可使用适用于大多数项的电子附件页。
- 重要：按照法律规定对本申请表中的信息做出的任何更改需及时根据 22 CFR 122.4 进行申报。清晰地标注或以其他方式突出更改后的信息将有助于分析。

第 1 项：依法登记的公司名称、公司实际地址和注册人的电话号码。不可填写邮政信箱地址。

第 2 项：如果您已经或正通过国际贸易管制理事会（PM/DDTC）进行注册，请提供您的 PM/DDTC 注册人编码。

第 3 项：在注册到期前 60 日内将通过信函通知注册人需缴纳的年费，以便其进行更新。年费必须通过能够由美国金融机构承兑的美元支票缴纳。不接受现金和外国货币。支票抬头为“美国国务院”。请将支票邮寄至以下任一地址。在所提供的线上填入金额，并可在金额之后填入支票号码并以括号括出。

第 4 项：提供最实用的法定组织结构介绍。如果选择“其他”，请说明法定组织结构。选择一项。

第 5 项：指出您公司的性质并在以下种类中选择一种：制造商、制造商 / 出口商或国防物品经纪人（如硬件、数据、软件、服务）。经纪人需要单独注册。制造商或制造商 / 出口商必须是美国人。经纪人可以是美国人或者外国人，对应的选项在第 5 项中有所标注。

第 6 项：填入日期（月 / 日 / 年）、城市、县、州和您在第 1 条中列出的公司开始营业时所在的国家。您必须附上政府机构发出的允许您在美国或外国（视具体情况而定）经营的文件复印件（如公司章程）。

第 7 项：填入全名、头衔、日期（月 / 日 / 年）、出生地（城市、州和国家）、社会保险号、完整的家庭实际地址和国籍（列出所有取得的国籍，包括实际取得或即将取得的，包括您根据 22 CFR 120.15 是否是美国人），不可填写邮政信箱地址。

第 8 项：填入《美国军品管制清单》（USML）类别（22 CFR 121）、通用名称，以及有关所生产和 / 或出口的 USML 物品或所提供的国防服务的美国政府机构（如果适用）。

第 9 项：列出与所生产和 / 或出口的 USML 物品或所提供的国防服务有关的，并与美国国防相关的注册人拥有全部所有权或部分所有权的分支机构 / 关联机构。不要求提供电话号码，但如提供则有助于分析。

第 10 项：列出与所生产和 / 或出口的 USML 物品或所提供的国防服务有关的，并与国防相关的注册人拥有全部所有权或部分所有权的外国分支机构 / 关联机构。不要求提供电话号码，但如提供则有助于分析。

第 11 项：提供母公司的完整名称、地址和电话号码。

第 12 项：注册人是否由外国（非美国）人所有或控制？关于所有权或控制的规定参见 22 CFR 122.2（c）。如果选“是”，您必须在送文函中说明外国（非美国）人持有的所有权和控制的明确比例。

第 13 项：公司实体或分支机构不可单独注册。

第 14 项：签署本表格的个人必须是注册人授权的高级职员。签署人必须是美国人，除非签署人是经纪人（包括美国和非美国人）。违规和处罚在 22 CFR 127 中说明。

寄往：邮政通信地址	寄往：特快通信地址和快递地址
美国国务院	美国国务院
国际贸易管制理事会	国际贸易管制理事会
合规及注册部	合规及注册部
东街 2401 号，NW，SA-1，H1 200 房间	东街 2401 号，NW，SA-1 ，H1 200 房间
华盛顿哥伦比亚特区	华盛顿哥伦比亚特区
邮编：20522-0112	邮编：20037

《隐私权法》和《文书削减法》声明

依据：美国国务院对从事制造、出口或进口任何国防物品和国防服务的个人进行注册的依据是 22 USC 2778（b）（1）（A）（i）和 22 CFR Part 122。对经纪人进行注册的依据是 22 USC 2778（b）（1）（A）（ii）（l）和 22 CFR 129.3 和 129.4。

目的：注册的目的是向美国政府提供有关从事某些制造、出口和经纪活动的个人的必要信息。

常规使用：本表格收集的信息可供有关联邦、州、地方或外国机构为情报、法律执行和行政目的或根据法院命令进行常规使用。此信息也可以用于向国会提供有关某些国防交易行为的必要报告。

社会保险号：公开社会保险号是自愿性的，目的是为促进出于执法的考虑而根据 22 USC 2778（b）（1）（B）审阅注册登记表过程中与美国财政部的协调工作。要求提供社会保险号而拒绝提供本身将不会导致注册申请被拒绝，但是可能会导致注册申请处理过程的延迟。

* 本类收集数据的表格对填表公众的负担预计平均为每份表格 2 小时，包括搜索现有数据资源、收集必要数据、提供所需信息和审查最终所收集的信息的时间。请将您对于该预计的准确性的评价和如何减少此负担的建议寄至：美国国务院（A/ISS/DIR），华盛顿特区，邮编 20520。

DS-2032

11-2011 说明页 1-1

	美国国务院 **注册登记表** （参见说明页） （必要时可附页）	OMB 批准号 1405-0002 到期时间 11/30/2011 负担预计为 2 小时
		接到 PM/DDTC 的日期（月月 / 日日 / 年年年年）
		登记码

1. 登记人的公司名称和地址

a. 名称 ______

b. 从事业务 ______

c. 实际街道地址 ______

d. 房号（不可填写邮政邮箱）______

e. 城市 ______

f. 州 / 省 ______

g. 国家 ______

h. 邮政编码 / 邮递区号 ______

电话号码（国家 / 区号）______

传真号码（国家 / 区号）______

2. 当前注册人编码（若可用）：

☐ 生产商 / 出口商 ______

☐ 经纪人 ______

3. 附上（以进行 12 个月登记）

______

4. 登记人是：

☐ 个人　☐ 公司

☐ 股份公司　☐ 其他

☐ 合伙

5. 登记人是：

☐ 经纪人：美国人　☐ 经纪人：外国人

☐ 生产商　☐ 生产商 / 出口商

6. 业务的并入或开始：

日期（月 / 日 / 年）______

在 ______

城市、县、州和国家

7. 主管、职员、合伙人、所有人：

姓名	出生地	家庭地址
a. 姓 ______	a. 城市 ______	a. 实际街道地址 ______
b. 名 ______	b. 州 / 省 ______	
c. 中间名 ______	c. 国家 ______	b. 房号（不可填写邮政邮箱）______
d. 国籍 ______		c. 城市 ______
e. 社会保险号 ______	出生日期	d. 州 / 省 ______
f. 职务 ______	______	e. 国家 ______
	（月 / 日 / 年）	f. 邮政编码 / 邮递区号 ______

☐ 可附页

DS-2032

11-2011　　　　第 1 页 / 共 2 页

8.《美国军品管制清单》物品的生产和/或出口、中介，或国防服务的提供：

类　别	商品/服务	购买的美国政府机构（若有）

☐ 可附页

9. 登记人独有或共有的美国子公司/分公司的名称和地址：

☐ 有（详细说明）　　☐ 无

a. 名称 ____________________

____

b. 实际街道地址（不可填写邮政邮箱）

____

____

c. 城市 ____________________

d. 州/省 ____________________

e. 邮政编码/邮递区号 ____________________

f. 电话号码（国家/区号）____________________

☐ 可附页

10. 登记人独有或共有的外国子公司/分公司的名称和地址：

☐ 有（详细说明）　　☐ 无

a. 名称 ____________________

____

b. 实际街道地址（不可填写邮政邮箱）

____

____

c. 城市 ____________________

d. 州/省 ____________________

e. 国家 ____________________

f. 邮政编码/邮递区号 ____________________

g. 电话号码（国家/区号）____________________

☐ 可附页

11. 登记人母公司的名称、地址和电话号码（若有）：

a. 名称 ____________________

____

b. 实际街道地址（不可填写邮政邮箱）

____

c. 城市 ____________________

d. 州/省 ____________________

e. 国家 ____________________

f. 邮政编码/邮递区号 ____________________

g. 电话号码（国家/区号）____________________

☐ 可附页

12. 登记人是否由外国人：

☐ 所有

☐ 和/或控制

由外国人［22 CFR 122.2（c）］：

☐ 是（详细说明）　　☐ 否

13. 登记人与第11项的公司是否呈交单独的联邦所得税表格？

☐ 是

☐ 否

14. 登记人声明：

根据联邦法典之罚则（参见22 CFR 127和22 USC 2778，18 USC 1001）

我，____________________，保证以上所做的陈述均属实。

（全名）

____________________　　____________________

（签名）　　日期（月/日/年）

____________________　　____________________

（高级职员的头衔和职务）　　（电子邮件）

DS-2032　　（先前版本均无效）

11-2011　　第2页/共2页

附录 18-C

美国商务部工业与安全局出口管制分类编号样本（ECCN 3A001）

类别 3—电子

A. 系统、装备及零件

注释 1：项目 3A001 或 3A002 所描述的（项目 3A001.a.3 至 3A001.a.10 或 3A001.a.12 所描述的装备及零件除外）为其他装备而特别设计，或具有与其他装备相同功能特性的装备及零件的管制状况，由该其他装备的管制状况决定。

注释 2：项目 3A001.a.3 至 3A001.a.9 或 3A001.a.12 所述，为其他装备的特定功能进行不可变更程式或设计的集成电路的管制状况，由该其他装备的管制状况决定。

注意：当制造商或申请者无法决定其他装备的管制状况时，该集成电路的管制状况应于项目 3A001.a.3 至 3A001.a.9 及 3A001.a.12 中决定。

3A001 电子零件和为其特别设计的零件，如下（参见管制物品清单）。

许可要求

管制原因：NS、MT、NP、AT

管制	国家表
NS 适用于所有条目	NS 第 2 栏
MT 适用于 3A001.a.1.a，当可用于“导弹”时；并适用于 3A001.a.5.a，当为军事用途“设计或改造”、密封并评定为可在 -54℃到 +125℃以上的温度范围内操作。	MT 第 1 栏
NP 适用于分别符合或超过 3A201.a 和 3A201.a 中技术参数的 3A001.e.2 中的脉冲放电电容器和 3A001.e.3 中的超导螺线管式电磁铁。	NP 第 1 栏
AT 适用于所有条目	AT 第 1 栏

许可使用例外

LVS：对于 MT 或 NP 不适用

适用于：

$1500：3A001.c

$3000：3A001.b.1，b.2，b，3，b.9，.d，.e.，.f，和 .g

$5000：3A001.a（除了管制 MT 时的 a.1.a 和 a.5.a）和 .b.4 到 b.7

GBS：适用于 3A001.a.1.b，a..2 至 a.12（除了管制 MT 时的 .a..5.a），b.2，b.8（除了超过 18 千兆赫的行波管放大器），b.9.，b.10，.g，和 .h

CIV：适用于 3A001.a.3，a.4，a.7 和 a.11

管制物品清单

单位：编号

相关管制：1）以下商品如属“太空级”并在 31.8 千兆赫以上频率运行时，受到国务院国际贸易管制理事会的出口许可管制（22 CFR part 121）：由 3A001.b.1.a.4.c 屇定的螺旋管［行波管（TWT）］；由 3A001.b.4.b 屇定的固态微波放大器，由 3A001.b.8 屇定的行波管放大器（TWTA）；及上述物品的衍生物。2）以下商品也受到国务院国际贸易管制理事会的出口许可管制（22 CFR part 121）：（a）属“太空级”、在模拟“空气质量零”照度下，辐照量为 1,367 瓦 / 平方米，而环境温度为开氏 301 度（28℃）时，具有最低平均效率等于或大于 31% 的太阳能电池、相连电池盖玻片（CIC）或相连电池盖玻片组件、光伏方阵和 / 或太阳能光伏板，及其相关的太阳能集中器、电源调节器和 / 或控制器、组件、轴承和能量输送组件，以及部署硬件 / 系统；（b）由《美国军品管制清单》（USML）类别 XV（d）中管制的辐射硬化的微电子集成电路；和（c）受 USML 类别 XV（e）管制的所有特别设计或改造的系统或子系统、部件、零件、配件、附件和相关设备。参见 3A101、3A201 和 3A991。

相关界定：就 3A001.a.1 中的集成电路而言，5 × 103 戈瑞（硅）=5 × 105 拉德（硅）；5 × 106 戈瑞（硅）/ 秒 =5 × 108 拉德（硅）/ 秒

物品：

a. 一般用途集成电路，如下：

注释 1：功能已确定的晶图（完成或未完成）的管制状况应依据项目 3A001.a 的参数评估。

注释 2：集成电路包括下列类型：

- 单块集成电路
- 混合集成电路
- 多晶粒集成电路
- 薄膜型集成电路，包括硅成长在蓝宝石上的集

成电路

- 光集成电路

a.1. 经设计或评定为辐射硬化至下列任何一项的集成电路：

a.1.a. 可承受5×103戈瑞（硅）或以上的总剂量；

a.1.b. 可承受5×106戈瑞（硅）／秒或以上的剂量率；或

a.1.c. 可承受5x1013中子／平方厘米或以上的中子通量（集成通量）（相当于1兆电子伏），或其他物料的相等通量。

注释：项目3A001.a.1.c不适用于金属绝缘半导体(MIS)。

a.2. 具有下列任何特性的“微处理器微电路”、“微电脑微电路”、微控制器微电路、由化合物半导体所制造的贮存集成电路、模拟—数字转换器、数字—模拟转换器、为“讯号处理”而设计的光电及“光集成电路”、可场程式逻辑装置、未知其功能或其应用装备的管制状况的客户委托型集成电路、快速傅里叶转换（FFT）处理器、电可擦可编程只读存储器（EEPROMs）、快闪存储器或静态随机存储器(SRAMs)：

a.2.a. 评定为可于开氏398度（125℃）以上的周围温度操作；

a.2.b. 评定为可于开氏218度（-55℃）以下的周围温度操作；或

a.2.c. 评定为可于开氏218度（-55℃）至开氏398度（125℃）整个周围温度范围内操作。

注释：项目3A001.a.2不适用于民用汽车或火车应用的集成电路。

a.3. 由化合物半导体制造，并以时钟频率超过40兆赫操作的“微处理器微电路”、“微电脑微电路”及微控制器微电路；

注释：项目3A001.a.3包括数字讯号处理器、数码阵列处理器及数码协力处理器。

a.4. 由化合物半导体所制造的贮存集成电路。

a.5. 模拟—数字及数字—模拟转换集成电路，如下：

a.5.a. 具有下列任何特性的模拟—数字转换器：

a.5.a.1. 解析度为8位元或以上，但少于10位元，而输出率大于每秒5亿个字元；

a.5.a.2. 解析度为10位元或以上，但少于12位元，而输出率大于每秒2亿个字元；

a.5.a.3. 解析度为12位元，而输出率大于每秒1.05亿个字元；

a.5.a.4. 解析度超过12位元，但相等于或少于14位元，而输出率大于每秒1000万个字元；或

a.5.a.5. 解析度超过14位元，而输出率大于每秒250万个字元。

a.5.b. 解析度为12位元或以上，而“安定时间”少于10毫微秒的数字—模拟转换器。

技术注释：

1. n位元解析度相当于2^n级的量化。

2. 输出字元的位元数目相等于模拟—数字转换器的解析度。

3. 输出率是转换器的最大输出量（不论其结构或超采样情况）。卖方亦可能称输出率为采样率、转换率或流通率。输出率通常是以兆赫（MHz）或每秒以兆计的样本数目（MSPS）指明。

4. 就测量输出率而言，每秒1个输出字元相等于每秒1赫或1个样本。

a.6. 具有下列各项而作为“讯号处理”的光电及“光集成电路”：

a.6.a. 内含一个或以上的“激光”二极管；

a.6.b. 内含一个或以上的光侦测元件；及

a.6.c. 光导波器。

a.7. 具有下列任何一项特性的“现场可编程逻辑装置”：

a.7.a. 数码输入／输出的最大数量大于200；或

a.7.b. 系统闸数大于230,000。

注释：项目3A001.a.7包括：

- 简单可编辑逻辑装置（SPLDs）
- 复杂可编程逻辑装置（CPLDs）
- 现场可编程闸阵列（FPGAs）
- 现场可编程逻辑阵列（FPLAs）
- 现场可编程相互连结装置（FPICs）

技术注释：

1.“现场可编程逻辑装置”亦称为现场可编程闸或现场可编辑逻辑阵列。

2. 项目3A001.a.7.a的数码输入／输出的最大数量亦称为最大使用者输入／输出量或最大可用输入／输出量，不论其集成电路属封装或裸晶粒。

a.8. [保留]

a.9. 类神经网络集成电路；

a.10. 制造商未知其功能或其应用装备的管制状

况，而具有任何下列一项特性的客户委托型集成电路：

a.10.a. 超过 1500 个接线端；

a.10.b. 典型的“基本闸传递延迟时间”少于 0.02 毫微秒；或

a.10.c. 操作频率超过 3 千兆赫。

a.11. 项目 3A001.a.3 至 3A001.a.10 及 3A001.a.12 所述以外的以任何化合物半导体为主的数字集成电路，并具有任何下列一项特性：

a.11.a. 超过 3,000 等效闸数（2 个输入闸）；或

a.11.b. 触发频率超过 1.2 千兆赫。

a.12. 对 N- 点复数 FFT 的额定执行时间少于（Nlog2N）/20,480 毫秒的快速傅里叶转换（FFT）处理器，其中 N 为点数：

技术注释：如 N 等于 1,024 点，项目 3A001.a.12 的方程式计算出的执行时间为 500 微秒。

b. 微波或毫米波零件，如下：

b.1. 电子真空管及阴极，如下：

注释 1：项目 3A001.b.1 不管制额定于或在设计上供于符合下列所有特性的任何频带内操作的电子管：

a. 不超过 31.8 千兆赫；及

b.“由国际电信联盟指配”用于无线电通讯服务，但并非用于无线电测定。

注释 2：项目 3A001.b.1 不管制符合下列所有特性的并非属“太空级”的电子管：

a）平均输出功率相等于或小于 50 瓦。及

b）额定于或在设计上供于符合下列所有特性的任何频带内操作：

1）超过 31.8 千兆赫但不超过 43.5 千兆赫；及

2）“由国际电信联盟指配”用于无线电通讯服务，但并非用于无线电测定。

b.1.a. 脉冲或连续波的行波管，如下：

b.1.a.1. 操作频率超过 31.8 千兆赫的电子管。

b.1.a.2. 具有可在少于 3 秒内启动至额定 RF 功率的阴极加热元件的电子管。

b.1.a.3. 耦腔式行波管或其衍生物而“分频宽”超过 7% 或峰值功率超过 2.5 千瓦。

b.1.a.4. 具有任何下列特性的螺旋式行波管或其衍生物：

b.1.a.4.a.“瞬间频宽”超过 1 个倍频，而平均功率（千瓦）乘以频率（千兆赫）超过 0.5；

b.1.a.4.b.“瞬间频宽”为 1 个或以下倍频，而平均功率（千瓦）乘以频率（千兆赫）超过 1；或

b.1.a.4.c. 属“太空级”。

b.1.b. 增益超过 17 分贝的交叉场放大管。

b.1.c. 为可在额定操作条件下，连续发射电流密度超过 5 安培／平方厘米的电子管而设计的投入式阴极。

b.2. 具有下列任何特性的“微波单块集成电路”（MMIC）功率放大器：

b.2.a. 额定于 3.2 千兆赫以上至 6 千兆赫（包括 6 千兆赫）的频率操作，平均输出功率超过 4 瓦（36dBm）而“分频宽”超过 15%；

b.2.b. 额定于 6 千兆赫以上至 16 千兆赫（包括 16 千兆赫）的频率操作，平均输出功率超过 1 瓦（30dBm）而“分频宽”超过 10%；

b.2.c. 额定于 16 千兆赫以上至 31.8 千兆赫（包括 31.8 千兆赫）的频率操作，平均输出功率超过 0.8 瓦（29dBm）而“分频宽”超过 10%；

b.2.d. 额定于 31.8 千兆赫以上至 37.5 千兆赫（包括 37.5 千兆赫）的频率操作。

b.2.e. 额定于 37.5 千兆赫以上至 43.5 千兆赫（包括 43.5 千兆赫）的频率操作，平均输出功率超过 0.25 瓦（24dBm）而“分频宽”超过 10%；或

b.2.f. 额定于 43.5 千兆赫以上的频率操作。

注释 1：项目 3A001.b.2 不管制额定于或在设计上供于 40.5 千兆赫至 42.5 千兆赫的频率范围操作的广播卫星器材。

注释 2：对额定操作频率包括列于超过一个频率范围（由项目 3A001.b.2.a 至 3A001.b.2.f 所界定者）的频率的 MMIC 的管制状况，按当中最低的平均输出功率管制限度断定。

注释 3：在类别 3 标题 A. 系统、装备及零件之后的注释 1 及注释 2 是指如 MMICs 是为其他用途（如电讯、雷达、汽车）而特别设计，则项目 3A001.b.2 不管制该等 MMICs。

b.3. 具有下列任何特性的离散微波晶体管：

b.3.a. 额定于 3.2 千兆赫以上至 6 千兆赫（包括 6 千兆赫）的频率操作，而平均输出功率超过 60 瓦（47.8dBm）；

b.3.b. 额定于 6 千兆赫以上至 31.8 千兆赫（包括 31.8 千兆赫）的频率操作，而平均输出功率超过 20 瓦（43dBm）；

b.3.c. 额定于 31.8 千兆赫以上至 37.5 千兆赫（包括 37.5 千兆赫）的频率操作，而平均输出功率超过 0.5

瓦（27dBm）；

b.3.d. 额定于 37.5 千兆赫以上至 43.5 千兆赫（包括 43.5 千兆赫）的频率操作，而平均输出功率超过 1 瓦（30dBm）；或

b.3.e. 额定于 43.5 千兆赫以上的频率操作。

注释：对额定操作频率包括列于超过一个频率范围（由项目 3A001.b.3.a 至 3A001.b.3.e 所界定者）的频率的晶体管的管制状况，按当中最低的平均输出功率管制限度断定。

b.4. 具有下列任何特性的固态微波放大器及含有固态微波放大器的微波组件／模组：

b.4.a. 额定于 3.2 千兆赫以上至 6 千兆赫（包括 6 千兆赫）的频率操作，平均输出功率超过 60 瓦（47.8dBm）而“分频宽”超过 15%。

b.4.b. 额定于 6 千兆赫以上至 31.8 千兆赫（包括 31.8 千兆赫）的频率操作，平均输出功率超过 15 瓦（42dBm）而“分频宽”超过 10%。

b.4.c. 额定于 31.8 千兆赫以上至 37.5 千兆赫（包括 37.5 千兆赫）的频率操作。

b.4.d. 额定于 37.5 千兆赫以上至 43.5 千兆赫（包括 43.5 千兆赫）的频率操作，平均输出功率超过 1 瓦（30dBm）而“分频宽”超过 10%。

b.4.e. 额定于 43.5 千兆赫以上的频率操作；或

b.4.f. 额定于 3.2 千兆赫以上的频率操作并具有下列所有特性：

b.4.f.1. 平均输出功率 P（以瓦特计算）大于 150 除以最高操作频率（以千兆赫计算）的二次方 [P>150W*GHz2/fGHz2]；

b.4.f.2.“分频宽”为 5% 或以上；及

b.4.f.3. 任何成直角的两边的长度 d（以厘米计算）相等于或少于 15 除以最低操作频率（以千兆赫计算）[d ≤ 15cm*GHz/fGHz]；

技术注释：就具有向下延展至 3.2 千兆赫及以下的额定操作范围的放大器而言，在项目 3A001.b.4.f.3 的公式中，应使用 3.2 千兆赫作为最低操作频率 [d ≤ 15cm*GHz/3.2fGHz]。

注意：MMIC 功率放大器应依据项目 3A001.b.2 内的准则评估。

注释 1：项目 3A001.b.4 不管制额定于或在设计上供于 40.5 千兆赫至 42.5 千兆赫的频率范围操作的广播卫星器材。

注释 2：对额定操作频率包括列于超过一个频率范围（由项目 3A001.b.4.a 至 3A001.b.4.e 所界定者）的频率的项目的管制状况，按当中最低的平均输出功率管制限度断定。

b.5. 具有超过 5 个可调共振器，能于少于 10 微秒调谐 1.5 ：1 频带（最高频点／最低频点）的电子式或磁式可调带通或带止滤波器，并具有以下任何一项特性：

b.5.a. 超过中心频率 0.5% 的带通频宽；或

b.5.b. 低于中心频率 0.5% 的带止频宽；

b.6. [保留]

b.7. 为扩增项目 3A002.c、3A002.d、3A002.e 或 3A002.f 所述装备的频率范围，使其超过分别在该等分项所列极限而设计的转换器及谐波混音器。

b.8. 包含项目 3A001.b.1 管制的真空管的微波功率放大器，并具有下列所有特性者：

b.8.a. 操作频率高于 3 千兆赫；

b.8.b. 平均输出功率质量比超过 80 瓦／千克；及

b.8.c. 体积小于 400 立方厘米。

注释：项目 3A001.b.8 不管制经设计或额定于“由国际电信联盟指配”用于无线电通讯服务，而并非指配用于无线电测定的频带内操作的装备。

b.9. 具有下述所有特性的，包含至少 1 支行波管、1 个微波“单块集成电路”及 1 个集成电子电源调节器的微波功率模组：

b.9.a. 由关闭状态至全面运作的“启动时间”少于 10 秒。

b.9.b. 体积少于最高额定功率（以瓦特计）乘以每瓦特 10 立方厘米。及

b.9.c. 具有以下任何一项特性，超过 1 个倍频（fmax>2fmin）的“瞬间频宽”：

b.9.c.1.（如频率等于或小于 18 千兆赫）射频输出功率大于 100 瓦；或

b.9.c.2. 频率大于 18 千兆赫。

技术注释：

1. 为计算项目 3A001.b.9.b. 的体积，提供以下例子：如最高额定功率为 20 瓦，则体积为：20 瓦 ×10 立方厘米／瓦 =200 立方厘米。

2. 项目 3A001.b.9.a. 所指的“启动时间”为微波功率模组由完全关闭状态达致全面运作所需的时间，即包括模组预热的时间。

b.10. 为操作下列所有单一旁频带（SSB）而设计的振荡器或振荡器的组件：

b.10.a. 就 10 赫 <F（操作频率的偏离值）<10 千赫而言，单一旁频带（SSB）杂讯优于 -（$126+20\log_{10}F-20\log_{10}f$），单位为载波分贝 / 赫；

b.10.b. 就 10 千赫 =F（操作频率的偏离值）≤ 500 千赫而言，单一旁频带（SSB）杂讯优于 -（$114+20\log_{10}F-20\log_{10}f$），单位为载波分贝 / 赫。

技术注释：在项目 3A001.b.10. 中，F 为操作频率的偏离值（赫），f 则为操作频率兆赫。

c. 以下的声波装置及为其而特别设计的零件：

c.1. 具有下列任何一项特性的表面声波及浅体声波装置：

c.1.a. 载波频率超过 6 千兆赫。

c.1.b. 载波频率超过 1 千兆赫但不超过 6 千兆赫并具有以下任何一项特性：

c.1.b.1. “旁带频率排斥”超过 65 分贝；

c.1.b.2. 最大延迟时间与频宽（时间以微秒为单位，频宽以兆赫为单位）的乘积超过 100；

c.1.b.3. 频宽超过 250 兆赫；或

c.1.b.4. 扩散延迟时间超过 10 微秒。或

c.1.c. 载波频率 1 千兆赫或以下，具有以下任何一项特性：

c.1.c.1. 最大延迟时间与频宽（时间以微秒为单位，频宽以兆赫为单位）的乘积超过 100；

c.1.c.2. 扩散延迟时间超过 10 微秒；或

c.1.c.3. “旁带频率排斥”超过 65 分贝及频宽超过 100 兆赫。

技术注释：“旁带频率排斥”指数据表中指明的最大排斥值。

c.2. 可直接处理频率超过 6 千兆赫讯号的本体声波装置。

c.3. 利用声波（本体波或表面波）与光波的相互作用直接处理讯号或影像，包括频谱分析、关连或卷旋的声光“讯号处理”装置。

注释：项目 3A001.c 不管制只限于单带通、低通、高通或陷波滤波或共振功能的声波装置。

d. 含有“超导体”物料制造的零件的电子装置或线路，而该等物料是特别设计以在至少一种“超导体”组成原料的“临界温度”以下操作的，且该等零件具有下列任何一项特性：

d.1. 利用“超导体”闸作数字电路的电流切换，每闸的延迟时间（以秒计算）与消耗功率（以瓦特计算）的乘积小于 10-14 焦耳。或

d.2. 采用 Q 值超过 10，000 的共振电路在所有频率上进行频率选择。

e. 高能量装置，如下：

e.1. “电池”，如下：

e.1.a. 在开氏 293 度（20℃）时，“能量密度”超过 550 瓦小时 / 千克的“原电池”；

e.1.b. 在开氏 293 度（20℃）时，“能量密度”超过 250 瓦小时 / 千克的“蓄电池”。

技术注释：

1. 就项目 3A001.e.1. 而言，“能量密度”（瓦小时 / 千克）的计算方式是以标称电压乘以额定容量（安培小时），再除以质量（千克）。如无列明额定容量，能量密度的计算方式如下：以标称电压平方乘以放电所需的小时单位，再除以放电量（欧姆）和质量（千克）。

2. 就项目 3A001.e.1. 而言，“电池”被界定为具有正负电极和电解液，用于供应电能量的电化学装置。电池为电池组的基本组成部分。

3. 就项目 3A001.e.1.a. 而言，“原电池”为并非经设计以任何其他电源充电的“电池”。

4. 就项目 3A001.e.1.b. 而言，“蓄电池”为经设计以外部电源充电的“电池”。

注释：项目 3A001.e 不管制包括单颗电池组在内的电池组。

e.2. 高能量贮存电容器，如下：

e.2.a. 重覆率低于 10 赫而具有下列所有特性的电容器（单射电容器）：

e.2.a.1. 额定电压等于 5 千伏特或以上者；

e.2.a.2. 能量密度等于 250 焦耳 / 千克或以上者；

e.2.a.3. 总能量等于 25 千焦耳或以上者。

e.2.b. 重覆率等于 10 赫或以上，而具有下列所有特性的电容器（重覆额定电容器）：

e.2.b.1. 额定电压等于 5 千伏或以上者；

e.2.b.2. 能量密度等于 50 焦耳 / 公斤或以上者；

e.2.b.3. 总能量等于 100 焦耳或以上者；及

e.2.b.4. 充电 / 放电循环寿命等于 10,000 或以上者。

e.3. 可在少于 1 秒的时间内完全充电或放电而特别设计的并具有下列所有特性的“超导体”电磁铁或螺线管：

注释：项目 3A001.e.3 不管制为磁共振影像（MRI）医疗设备而特别设计的“超导体”电磁铁或螺线管。

e.3.a. 在放电期间的第一秒内所放出的能量超过10千焦耳；

e.3.b. 载流线圈的内直径超过250毫米；及

e.3.c. 额定磁感应超过8泰斯拉，或线圈内的“总电流密度”超过300安培／平方毫米。

e.4. 属“太空级”、在模拟‘空气质量零’照度下，辐照量为1367瓦／平方米，而环境温度为开氏301度（28℃）时，具有最低平均效率超过20%的太阳能电池、相连电池盖玻片组件、太阳能光伏板和光伏方阵。

技术注释：“空气质量零”指地球和太阳之间的距离为一天文单位时，地球外大气层在阳光照射下所接受的光谱辐照度。

f. 精度相等于或小于（优于）±1.0秒弧度的旋转输入型绝对位置编码器。

g. 以电力、光学或电子辐射控制开关，并具有以下任何一项特性的固体脉冲半导体开关元件和“半导体开关组件”：

g.1. 最高启动电流提升率（di/dt）超过30,000安培／微秒，而关闭状态的电压超过1,100伏特。或

g.2. 最高启动电流提升率（di/dt）超过2,000安培／微秒，并具有下述所有特性：

g.2.a. 关闭状态的峰值电压等于或超过3,000伏特；及

g.2.b. 峰值（浪涌）电流等于或超过3,000安培；

注释1：项目3A001.g. 包括：

- 可控硅整流器（SCRs）
- 电子触发半导体开关元件（ETTs）
- 光源触发半导体开关元件（LTTs）
- 集成闸整流半导体开关元件（IGCTs）
- 闸关断半导体开关元件（GTOs）
- 金氧半导体控制开关元件（MCTs）
- Solidtrons

注释2：项目3A001.g. 不管制装置在为供民用铁路或“民用飞机”使用而设计的装备的半导体开关元件和‘半导体开关组件’。

h. 具有下列所有特性的固体动力半导体开关、二极管或“开关组件”：

h.1. 最高操作面结温度评定为高于开氏488度（215℃）。

h.2. 关闭状态重复峰值电压（阻塞电压）超过300伏特。及

h.3. 持续电流超过1安培。

技术注释：就项目3A001.h而言，“开关组件”含有一个或多于一个的固体动力半导体开关或二极管。

注释1：项目3A001.h的关闭状态重复峰值电压包括漏极到源极间的电压、集电极到发射极间的电压、反向重复峰值电压及关闭状态重复峰值阻塞电压。

注释2：项目3A001.h包括：

- 接合场效应晶体管（JFETs）
- 垂向结型场效应晶体管（VJFETs）
- 金属氧化物半导体场效应晶体管（MOSFETs）
- 双扩散金属氧化物半导体场效应晶体管（DMOSFET）
- 绝缘闸双极晶体管（IGBT）
- 高电子迁移率晶体管（HEMTs）
- 双极面结型晶体管（BJTs）
- 半导体开关元件和可控硅整流器（SCRs）
- 闸关断半导体开关元件（GTOs）
- 发射极关断半导体开关元件（ETOs）
- PiN二极管
- 肖特基二极管

注释3：项目3A001.h不适用于装嵌于为民用汽车、民用铁路或“民用飞机”的应用而设计的装备的开关、二极管或“开关组件”。

附录 18-D

《美国商务部工业与安全局贸易国别清单》（15 C.F.R. PART 738 SUPP. 1）

贸易国家表

国家和地区	化学 / 生物武器			核不扩散		国家安全		导弹技术	地区稳定		武器公约	犯罪控制			反　恐	
	CB1	CB2	CB3	NP1	NP2	NS1	NS2	MT1	RS1	RS2	FC1	CC1	CC2	CC3	AT1	AT2
阿富汗	×	×	×	×		×	×	×	×	×		×		×		
阿尔巴尼亚 [2,3]	×	×		×		×	×	×	×							
阿尔及利亚	×	×		×		×	×	×	×	×		×		×		
安道尔	×	×		×		×	×	×	×	×		×		×		
安哥拉	×	×		×		×	×	×	×	×		×		×		
安提瓜和巴布达	×	×		×		×	×	×	×	×	×	×		×		
阿根廷	×					×	×	×	×	×	×	×		×		
亚美尼亚	×	×	×	×		×	×	×	×	×		×	×			
阿鲁巴	×	×		×		×	×	×	×	×		×		×		
澳大利亚 [3]	×					×		×	×							
奥地利 [3,4]	×					×		×	×	×		×		×		
阿塞拜疆	×	×	×	×		×	×	×	×	×		×	×			
巴哈马	×	×		×		×	×	×	×	×	×	×		×		
巴林	×	×	×	×		×	×	×	×	×		×		×		
孟加拉国	×	×		×		×	×	×	×	×		×		×		
巴巴多斯	×	×		×		×	×	×	×	×	×	×		×		
白俄罗斯	×	×	×			×	×	×	×	×		×	×			
比利时 [3]	×					×		×	×							
伯利兹	×	×		×		×	×	×	×	×	×	×		×		
贝宁	×	×		×		×	×	×	×	×		×		×		
不丹	×	×		×		×	×	×	×	×		×		×		
玻利维亚	×	×		×		×	×	×	×	×	×	×		×		
波黑	×	×		×		×	×	×	×	×		×		×		

续表

国家和地区	化学 / 生物武器			核不扩散		国家安全		导弹技术	地区稳定		武器公约	犯罪控制			反　恐	
	CB1	CB2	CB3	NP1	NP2	NS1	NS2	MT1	RS1	RS2	FC1	CC1	CC2	CC3	AT1	AT2
博茨瓦那	×	×		×		×	×	×	×	×		×		×		
巴西	×	×				×	×	×	×	×	×	×		×		
文莱	×	×		×		×	×	×	×	×		×		×		
保加利亚[3]	×					×		×	×							
布基纳法索	×	×		×		×	×	×	×	×		×		×		
缅甸	×	×	×	×		×	×	×	×	×		×		×		
布隆迪	×	×		×		×	×	×	×	×		×		×		
柬埔寨	×	×		×		×	×	×	×	×		×	×			
喀麦隆	×	×		×		×	×	×	×	×		×		×		
加拿大	×										×					
佛得角	×	×		×		×	×	×	×	×		×		×		
中非共和国	×	×		×		×	×	×	×	×		×		×		
乍得	×	×		×		×	×	×	×	×		×		×		
智利	×	×		×		×	×	×	×	×	×	×		×		
中国	×	×	×	×		×	×	×	×	×		×		×		
哥伦比亚	×	×		×		×	×	×	×	×	×	×		×		
科摩罗	×	×		×		×	×	×	×	×		×		×		
刚果（金）民主共和国	×	×		×		×	×	×	×	×		×		×		
刚果（布）共和国	×	×		×		×	×	×	×	×		×		×		
哥斯达黎加	×	×		×		×	×	×	×	×	×	×		×		
科特迪瓦	×	×		×		×	×	×	×	×		×		×		
克罗地亚[3]	×			×		×		×	×							

续表

国家和地区	化学 / 生物武器			核不扩散		国家安全		导弹技术	地区稳定		武器公约	犯罪控制			反　恐	
	CB1	CB2	CB3	NP1	NP2	NS1	NS2	MT1	RS1	RS2	FC1	CC1	CC2	CC3	AT1	AT2
古巴	参见 EAR 第 746 部分以确定向该目的地出口或再出口是否需要许可证。															
塞浦路斯[2,3,4]	×					×	×	×	×	×		×		×		
捷克共和国[3]	×					×		×	×							
丹麦[3]	×					×		×	×							
吉布提	×	×		×		×	×	×	×	×		×		×		
多米尼加	×	×		×		×	×	×	×	×	×	×		×		
多米尼加共和国	×	×		×		×	×	×	×	×	×	×		×		
东帝汶	×	×		×		×	×	×	×	×		×		×		
厄瓜多尔	×	×		×		×	×	×	×	×	×	×		×		
埃及	×	×	×	×		×	×	×	×	×		×		×		
萨尔瓦多	×	×		×		×	×	×	×	×	×	×		×		
赤道几内亚	×	×		×		×	×	×	×	×		×		×		
厄立特里亚	×	×		×		×	×	×	×	×		×		×		
爱沙尼亚[3]	×			×		×		×	×							
埃塞俄比亚	×	×		×		×	×	×	×	×		×		×		
斐济	×	×		×		×	×	×	×	×		×		×		
芬兰[3,4]	×					×		×	×	×		×		×		
法国[3]	×					×		×	×							
加蓬	×	×		×		×	×	×	×	×		×		×		
冈比亚	×	×		×		×	×	×	×	×		×		×		
格鲁吉亚	×	×	×	×		×	×	×	×	×		×	×			
德国[3]	×					×		×	×							
加纳	×	×		×		×	×	×	×	×		×		×		

续表

国家和地区	化学 / 生物武器			核不扩散		国家安全		导弹技术	地区稳定		武器公约	犯罪控制			反　恐	
	CB1	CB2	CB3	NP1	NP2	NS1	NS2	MT1	RS1	RS2	FC1	CC1	CC2	CC3	AT1	AT2
希腊[3]	×					×		×	×							
格林纳达	×	×		×		×	×	×	×	×	×	×		×		
瓜地马拉	×	×		×		×	×	×	×	×	×	×		×		
几内亚	×	×		×		×	×	×	×	×		×		×		
几内亚比绍	×	×		×		×	×	×	×	×		×		×		
圭亚那	×	×		×		×	×	×	×	×	×	×		×		
海地	×	×		×		×	×	×	×	×	×	×		×		
洪都拉斯	×	×		×		×	×	×	×	×	×	×		×		
中国香港	×	×		×		×		×	×	×		×		×		
匈牙利[3X]	×					×		×	×							
冰岛[3]	×			×		×		×	×							
印度	×	×	×	×		×	×	×	×	×		×		×		
印度尼西亚	×	×		×		×	×	×	×	×		×		×		
伊朗	参见 EAR 第 746 部分以确定向该目的地出口或再出口是否需要许可证。															
伊拉克[1]	×	×	×	×	×	×	×	×	×	×		×	×			
爱尔兰[3,4]	×					×		×	×	×		×		×		
以色列	×	×	×	×	×	×	×	×	×	×		×		×		
意大利[3]	×					×		×	×							
牙买加	×	×		×		×	×	×	×	×	×	×		×		
日本[3]	×					×		×	×							
约旦	×	×	×	×		×	×	×	×	×		×		×		
哈萨克斯坦	×	×	×			×	×	×	×	×		×	×			
肯尼亚	×	×		×		×	×	×	×	×		×		×		

续表

国家和地区	化学 / 生物武器			核不扩散		国家安全		导弹技术	地区稳定		武器公约	犯罪控制			反　恐	
	CB1	CB2	CB3	NP1	NP2	NS1	NS2	MT1	RS1	RS2	FC1	CC1	CC2	CC3	AT1	AT2
基里巴斯	×	×		×		×	×	×	×	×		×		×		
朝鲜	参见 EAR 第 742.19 部分和第 746.4 部分以确定向该目的地出口或再出口是否需要许可证。															
韩国 [3,4]	×					×		×	×	×		×		×		
科索沃	×	×		×		×	×	×	×	×		×	×	×		
科威特	×	×	×	×		×	×	×	×	×		×		×		
吉尔吉斯斯坦	×	×	×	×		×	×	×	×	×		×	×			
老挝	×	×		×		×	×	×	×	×		×	×			
拉脱维亚 [3]	×					×		×	×							
黎巴嫩	×	×	×	×		×	×	×	×	×		×		×		
莱索托	×	×		×		×	×	×	×	×		×		×		
利比里亚	×	×		×		×	×	×	×	×		×		×		
利比亚	×	×	×	×	×	×	×	×	×	×		×		×		
列支敦士登	×	×		×		×	×	×	×	×		×		×		
立陶宛 [3]	×			×		×		×	×							
卢森堡 [3]	×					×		×	×							
中国澳门	×	×	×	×		×	×	×	×	×		×		×		
马其顿（前南斯拉夫共和国）	×	×		×		×	×	×	×	×		×		×		
马达加斯加	×	×		×		×	×	×	×	×		×		×		
马拉维	×	×		×		×	×	×	×	×		×		×		
马来西亚	×	×		×		×	×	×	×	×		×		×		
马尔代夫	×	×		×		×	×	×	×	×		×		×		
马里	×	×		×		×	×	×	×	×		×		×		

续表

国家和地区	化学 / 生物武器			核不扩散		国家安全		导弹技术	地区稳定		武器公约	犯罪控制			反　恐	
	CB1	CB2	CB3	NP1	NP2	NS1	NS2	MT1	RS1	RS2	FC1	CC1	CC2	CC3	AT1	AT2
马耳他 [2,3,4]	×			×		×	×	×	×	×		×		×		
马绍尔群岛	×	×		×		×	×	×	×	×		×		×		
毛里塔尼亚	×	×		×		×	×	×	×	×		×		×		
毛里求斯	×	×		×		×	×	×	×	×		×		×		
墨西哥	×	×		×		×	×	×	×	×	×	×		×		
密克罗尼西亚（联邦）	×	×		×		×	×	×	×	×		×		×		
摩尔多瓦	×	×	×	×		×	×	×	×	×		×	×			
摩纳哥	×	×		×		×	×	×	×	×		×		×		
蒙古	×	×	×	×		×	×	×	×	×		×	×			
黑山	×	×		×		×	×	×	×	×		×	×	×		
摩洛哥	×	×		×		×	×	×	×	×		×		×		
莫桑比克	×	×		×		×	×	×	×	×		×		×		
纳米比亚	×	×		×		×	×	×	×	×		×		×		
瑙鲁	×	×		×		×	×	×	×	×		×		×		
尼泊尔	×	×		×		×	×	×	×	×		×		×		
荷兰 [3]	×					×		×	×							
荷属安的列斯群岛	×	×		×		×	×	×	×	×		×		×		
新西兰 [3]	×					×		×	×							
尼加拉瓜	×	×		×		×	×	×	×	×	×	×		×		
尼日尔	×	×		×		×	×	×	×	×		×		×		
尼日利亚	×	×		×		×	×	×	×	×		×		×		
挪威 [3]	×					×		×	×							

续表

国家和地区	化学 / 生物武器			核不扩散		国家安全		导弹技术	地区稳定		武器公约	犯罪控制			反恐	
	CB1	CB2	CB3	NP1	NP2	NS1	NS2	MT1	RS1	RS2	FC1	CC1	CC2	CC3	AT1	AT2
阿曼	×	×	×	×		×	×	×	×	×		×		×		
巴基斯坦	×	×	×	×	×	×	×	×	×	×		×		×		
帕劳	×	×		×		×	×	×	×	×		×		×		
巴拿马	×	×		×		×	×	×	×	×	×	×		×		
巴布亚新几内亚	×	×		×		×	×	×	×	×		×		×		
巴拉圭	×	×		×		×	×	×	×	×	×	×		×		
秘鲁	×	×		×		×	×	×	×	×	×	×		×		
菲律宾	×	×		×		×	×	×	×	×		×		×		
波兰[3]	×					×		×	×							
葡萄牙[3]	×					×		×	×							
卡塔尔	×	×	×	×		×	×	×	×	×		×		×		
罗马尼亚[3]	×					×		×	×							
俄罗斯	×	×	×			×	×	×	×	×		×	×			
卢旺达[1]	×	×		×		×	×	×	×	×		×	×	×		
圣基茨和尼维斯	×	×		×		×	×	×	×	×	×	×		×		
圣卢西亚	×	×		×		×	×	×	×	×	×	×		×		
圣文森特和格林纳丁斯群岛	×	×		×		×	×	×	×	×	×	×		×		
萨摩亚	×	×		×		×	×	×	×	×		×		×		
圣马力诺	×	×		×		×	×	×	×	×		×		×		
圣多美及普林西比	×	×		×		×	×	×	×	×		×		×		
沙特阿拉伯	×	×	×	×		×	×	×	×	×		×		×		
塞内加尔	×	×		×		×	×	×	×	×		×		×		

续表

国家和地区	化学 / 生物武器			核不扩散		国家安全		导弹技术	地区稳定		武器公约	犯罪控制			反　恐	
	CB1	CB2	CB3	NP1	NP2	NS1	NS2	MT1	RS1	RS2	FC1	CC1	CC2	CC3	AT1	AT2
塞尔维亚	×	×		×		×	×	×	×	×		×	×	×		
塞舌尔	×	×		×		×	×	×	×	×		×		×		
塞拉利昂	×	×		×		×	×	×	×	×		×		×		
新加坡	×	×		×		×	×	×	×	×		×		×		
斯洛伐克[3]	×					×		×	×							
斯洛文尼亚[3]	×					×		×	×							
所罗门群岛	×	×		×		×	×	×	×	×		×		×		
索马里	×	×		×		×	×	×	×	×		×		×		
南非[2,3,4]	×	×				×	×	×	×	×		×		×		
西班牙[3]	×					×		×	×							
斯里兰卡	×	×		×		×	×	×	×	×		×		×		
苏丹	×	×		×		×	×	×	×	×		×		×	×	×
苏里南	×	×		×		×	×	×	×	×	×	×		×		
斯威士兰	×	×		×		×	×	×	×	×		×		×		
瑞典[3,4]	×					×		×	×	×		×		×		
瑞士[3,4]	×					×		×	×	×		×		×		
叙利亚	×	×	×	×		×	×	×	×	×		×		×	×	
中国台湾	×	×	×	×		×	×	×	×	×		×		×		
塔吉克斯坦	×	×	×	×		×	×	×	×	×		×	×			
坦桑尼亚	×	×		×		×	×	×	×	×		×		×		
泰国	×	×		×		×	×	×	×	×		×		×		
多哥	×	×		×		×	×	×	×	×		×		×		
汤加	×	×		×		×	×	×	×	×		×		×		

续表

国家和地区	化学 / 生物武器			核不扩散		国家安全		导弹技术	地区稳定		武器公约	犯罪控制			反　恐	
	CB1	CB2	CB3	NP1	NP2	NS1	NS2	MT1	RS1	RS2	FC1	CC1	CC2	CC3	AT1	AT2
特立尼达和多巴哥	×	×		×		×	×	×	×	×	×	×		×		
突尼斯	×	×		×		×	×	×	×	×		×		×		
土耳其[3]	×					×		×	×							
土库曼斯坦	×	×	×	×		×	×	×	×	×		×	×			
图瓦鲁	×	×		×		×	×	×	×	×		×		×		
乌干达	×	×		×		×	×	×	×	×		×		×		
乌克兰	×					×	×	×	×	×		×	×			
阿联酋	×	×	×	×		×	×	×	×	×		×		×		
英国[3]	×					×		×	×							
乌拉圭	×	×		×		×	×	×	×	×	×	×		×		
乌兹别克斯坦	×	×	×	×		×	×	×	×	×		×	×			
瓦努阿图	×	×		×		×	×	×	×	×		×		×		
梵蒂冈	×	×		×		×	×	×	×	×		×		×		
委内瑞拉	×	×		×		×	×	×	×	×	×	×		×		
越南	×	×	×	×		×	×	×	×	×		×	×			
西撒哈拉	×	×		×		×	×	×	×	×		×		×		
也门	×	×	×	×		×	×	×	×	×		×		×		
赞比亚	×	×		×		×	×	×	×	×		×		×		
津巴布韦	×	×		×		×	×	×	×	×		×		×		

1. 该国需接受美国国家安全委员会执行的批准。向伊拉克出口或再出口或经伊拉克转运之许可证要求以及本国家表中未涵盖之地区稳定批准要求参见第 746.3 节。向卢旺达出口或再出口之许可证要求参见第 746.8 节。
2. 向这些国家出口或再出口特定热成像摄像机的特别规定参见第 742.4 节（a）。
3. 从根据 ECCN 0A919 适用于“军用商品”的特别规定参见第 742.6 节（a）（3）。
4. 关于向这些国家出口或再出口特定热成像摄像机的特别规定参见第 742.6 节（a）（2）和（4）（ii）。

附录 18–E

美国国家税务局国际联合抵制报告（表格 5713）

表格5713的说明
(2009年2月修订版)

财政部
国家税务局

使用表格5713的2004年12月修订版

国际联合抵制报告

除非另有说明，本部分引用《美国税法典》。

一般说明

表格用途

表格5713用于报告：

- 在抵制国家（见第2页清单）采取的行动或与抵制国家相关的行动；及
- 抵制请求的接收和抵制协议的达成。

必须提交表格的主体

若你是美国人［见第7701（a）（30）条定义］，在抵制国家采取行动（见第2页定义）或者采取与抵制国家相关的行动，或者与抵制国家的政府、某公司或公民一同采取行动，则必须提交表格5713。

下述美国人也必须提交表格5713：

- 受管制集团［定义见第993（a）（3）条］的某成员采取了行动，则该受管制集团的成员须提交；
- 采取行动的外资公司中的美方股东（在第951（b）条的含义范围内）［但仅在持有（在第958（a）条的含义范围内）该外资公司的股票情形下；
- 采取行动的合伙企业中的合伙人；或者
- 采取行动的被视为（根据第671条）信托公司的所有者的人。

进口或出口的禁令。虽然你可能符合第999（b）（4）条（B）和（C）中规定的产品进口或出口的禁令，未导致税收利益的损失，但是你必须在表格5713中报告因此类协议而发生的抵制行动。

提交的例外情形

外国人。除非有下列情形，否则外国人不必提交表格5713：

1. 主张外国税收抵免的税收优惠；
2. 拥有国际国内销售公司（IC-DISC）的股票；
3. 是享有外贸收入免税的外国销售公司（FSC）；或者
4. 有从总收入中扣除的域外收入［定义见第114（e）条，废止前有效］。

受管制集团的成员。如果该受管制集团的所有成员都参与了综合所得税申报的申请，并且其母公司代表该受管制集团所有成员提交了表格5713，则该受管制集团（定义见第1563条）的成员无须提交表格5713。

如果受管制集团的所有成员没有参与综合所得税申报的申请，则该受管制集团的每个成员必须单独提交表格5713。

若下述所有条件适用，则受管制集团［定义见第993（a）（3）条］的该成员无须提交表格5713：

- 该成员没有在抵制国家采取行动或者没有采取与抵制国家相关的行动（或者没有与抵制国家的政府、某公司或者公民一同采取行动）；
- 该成员没有直接或间接持有采取抵制行动的任何公司的股票；
- 该成员没有收到任何抵制请求；
- 该成员没有直接或者间接持有任何收到抵制请求的公司的股票；
- 该成员无权享受（或者丧失）外国税收抵免的税收优惠、受管制外国公司（CFC）的纳税延期、国际国内销售公司（IC-DISC）的税收优惠、外国销售公司（FSC）的税收优惠或者域外收入的排除；及
- 该成员在其纳税申报单上附加一个证明，说明已代表该成员提交了表格5713。该证明须由被授权在该受管制集团母公司的纳税申报单上签字的人签署。

合伙人。有下列情形，合伙人无须提交表格5713：

- 该合伙人没有采取独立于合伙企业的抵制行动；
- 该合伙人提交表格1065时一并提交了表格5713；及
- 该合伙人没有配合或者参与

国际抵制。

美国批准的抵制。如果该抵制经美国法律、法规或者行政命令批准，你可以遵行外国适用的国际抵制。无须在表格5713上报告美国批准的抵制。

主动邀请投标。如果你收到包含参与或配合一次国际抵制要求的合同投标的主动邀请，仅在接受该邀请时才需提交表格5713。

有美国子公司或者姊妹公司的外国公司。如满足下述条件，作为一家外国公司子公司或者姊妹公司的美国公司可以放弃报告其外国母公司或者子公司的抵制行动：

- 该外国公司未被要求独立于美国子公司或者姊妹公司提交表格5713。
- 美国子公司或者姊妹公司同意放弃外国税收抵免的优惠、受管制外国公司（CFC）的纳税延期、国际国内销售公司（IC-DISC）的税收优惠、外国销售公司（FSC）的税收优惠或者域外收入的排除。

在美国设有分支机构的外国公司。通过其美国分支机构参与美国贸易和商业活动的外国公司须提交表格5713，报告包括其美国分支机构在内的受管制集团的抵制行动。当报告美国分支机构的活动时，应报告与该美国分支机构抵制行动相关的所有信息，包括与其在美国的贸易和商业活动无关的抵制行动。

尽管如此，若外国公司不主张或者放弃外国税收抵免、受管制外国公司（CFC）的延期纳税、国际国内销售公司（IC-DISC）及外国销售公司（FSC）的税收优惠，则该外国公司可以免予报告其美国分支机构的信息。这一免除并不减轻该外国公司报告作为同一受管制集团成员的所有美国公司的抵制行动的义务，且该外国公司是这一受管制集团的成员。

提交的时间和地点

所得税申报（包括延期申报）的时点是提交表格5713的时点。在所得税申报表上附上表格5713（若适用，加上附表A、B和C）的正本。勿在附于所得税申报表的正本上签字。须向国家税务局提交一份该表格及其要求的附表的副本，通讯地址为犹他州奥格登市第409101号信箱，邮编为84409。具体见下文以电子方式提交表格5713的介绍。

以电子方式提交表格5713。如果以电子方式提交所得税申报表，参见电子方式提交纳税申报表的一般信息的说明。如果以电子方式提交表格5713的正本（作为电子方式提交的所得税申报表的附件），则不必提交一份表格5713的副本。

罚则

故意不提交表格5713，可能产生如下后果：

- 罚金25,000美元；
- 不超过一年的监禁；或
- 上述两者并用。

可能丧失的税收优惠

如果配合或者参与国际抵制行动，可能丧失下述的部分税收优惠：

- 外国税收抵免［见第908(a)条］；
- 受管制外国公司（CFC）收入的延期纳税［见第952(a)(3)条］；
- 国际国内销售公司（IC-DISC）收入的延期纳税［见第995(b)(1)(F)(ii)条］；
- 外国销售公司的外贸收入免税（FSC）［见第927(e)(2)条，废止前有效］；
- 从总收入中排除域外收入［见第941(a)(5)条，废止前有效］。

附表A、B和C

在表格5713的附表A和C或者附表B和C中计算出税收优惠的损失。需要利用附表A中的国际抵制因素法计算出符合域外收入排除要求的外贸收入的扣减额。计算所有其他税收优惠的损失时，要么运用附表A中的国际抵制因素法，要么运用附表B确定特别归因于抵制行动的税收和收入。

计算附表C中的税收优惠的损失。更多细节请参见每个附表中的说明。

若你为合伙人，请完成附表C。虽然合伙企业不必完成附表C，但是合伙企业必须完成附表A和B中的部分。然而，如果所有合伙人运用国际抵制因素法专门计算税收优惠的损失，或者专门计算特别归因于抵制行动的可识别的税收和收入，则合伙企业只须完成附表A的部分内容和附表B的部分内容。

在下列表格中报告附表C中的适当金额。

表格1116，外国税收抵免（个人、房地产公司或者信托公司）。

表格1118，外国税收抵免—公司。

表格5471，涉及某一特定外国公司的美国公民的信息申报表。

表格 1120-IC-DISC，国际国内销售公司利息费用申报。

表格 1120-FSC，外国销售公司的美国所得税申报表。

表格 8873，域外收入排除。

定义

抵制国家

抵制国家指：

- 根据第 999（a）（3）条由财政部长维护的名单上的国家。截至这些说明修订之日，最新名单（截至 2008 年 12 月）包括科威特、黎巴嫩、利比亚、卡特尔、沙特阿拉伯、叙利亚、阿拉伯联合酋长国和也门共和国。
- 你（或者你作为任何受管制集团的一个成员）所在的任何其他国家，或者任何你知道（或者有理由知道）的要求他人配合或参与国际抵制的其他国家。参见第 1 页中提交的例外情形。

抵制请求

抵制请求是指签订一个将构成配合或者参与国际抵制的协议的任何请求。

行动

无论是否产生收入，“行动”都是指所有形式的商务或商业活动及交易（或者部分交易），包括但不限于：销售；购买；租赁；许可；银行业务、融资及类似活动；提取；加工；制造；生产；建造；运输；与上述活动有关的执行活动（如合同谈判、广告、场地选择等）；以及服务（无论是否与上述活动有关）。

在抵制国家中的行动。如果你或者为抵制国家的一个政府、一家公司或一名公民，或者是与抵制国家的一个政府、一家公司或一名公民一起，在抵制国家中全部或部分地采取一次行动，则你会被视为在抵制国家采取了行动。

与一个抵制国家的政府、公司或者公民一同采取的行动。如果你或者为抵制国家的一个政府、一家公司或一名公民，或者是与抵制国家的一个政府、一家公司或一名公民一起，在抵制国家之外采取了行动，则你会被视为与抵制国家的政府、公司或者公民一同采取了行动。

与抵制国家相关的行动。如果你在抵制国家之外为一个非抵制国家的政府、公司或公民采取行动，且你知道或者有理由知道此行动所产生的特定的产品或服务是在一个抵制国家使用，或者为一个抵制国家的政府、公司或者公民所用，或者是为了一个抵制国家的政府、公司或公民的利益，或者是用于邮寄或者输送到一个抵制国家，则你会被视为采取了与抵制国家相关的行动。

具体说明

地址

街道地址之后应包含房间号或者其他单元号。如果邮局没有把信件送到街道地址并且该提交者有邮局信箱，请以信箱号代替。

服务中心的地址

输入你提交纳税申报表的服务中心的地址。如果以电子方式提交申报表，请标注“电子提交”。

第 1 ～ 6 行

注：除非另有说明，所有行均参照 2008 年表格。

第 1 行　个人

输入你的调整后总收益（表格 1040，第 37 行）。

第 2c 行　合伙企业和公司

输入你的主要业务活动代码号码和说明，该代码和说明的表单自第 6 页开始。输入产生最大比例的总收益的具体产业集团的代码号。在合伙企业和公司申报表说明的末尾处主要业务活动代码说明中对总收益做出了定义。

第 2d 行　国际国内销售公司

在第 2d 行输入由国际国内销售公司（见表格 1120-IC-DISC，附表 N，第 1a 行）销售或者提供的主要产品或服务（以出口总收益作为衡量标准）的主要产品代码号。

第 3a 行　合伙企业的总资产

输入合伙企业的总资产［表格 1065 和表格 1065-B 中附表 L 的第 14 行（d）栏］。

第 3b 行　合伙企业的一般所得

输入合伙企业的一般所得（表格 1065，第 1 页，第 22 行）。对于大型合伙企业，输入交易或商业活动产生的应纳税所得额（表格 1065-B，第 1 页，第 25 行）的部分。

第 4b 行　通用纳税年度的选择

受管制集团的通用纳税年度一般是母公司的纳税年度。然而，受管制集团的成员可以选择任何成员的纳税年度作为通用纳税年度。在第 4b 行输入指定的公司的名称、纳说年度和雇主识别号码（EIN）即可进行选择。

受管制集团的所有成员必须书面同意通用纳税年度的选择。母公司可以代表与母公司一起提交综合纳税申报表的所有成员同意通用纳税年度的选择。如果未被要求提交表格 5713，作为受管制集团成员的外国公司不必签署同意。虽然如此，如果之后外国公司有义务提交表格5713，则其受之前受管制集团形成的通用纳税年度选择的约束。同意书的复印件应附在每个适用通用纳税年度的成员在第一纳税年度提交的表格5713上。若母公司不存在或者受管制集团成员没有达成协议，该组的通用纳税年度为纳税年度在财政年度的最后一个月结束的受管制集团成员的纳税年度。通用纳税年度选择是有约束力的选择，仅在财政部长同意的情况下可以变更。

第4c（1）行　公司总资产

如下，输入总资产金额。

表格1120：附表L，第15行（d）栏。

表格1120-F：附表L，第17行（d）栏。

表格1120-FSC：附表L，第15行（d）栏。

表格1120-IC-DISC：附表L，第3行（b）栏。

表格1120-L：附表L，第1部分，第6行（b）栏。

表格1120-PC：附表L，第15行（d）栏。

表格1120S：附表L，第15行（d）栏。

第4c（2）行　公司应纳税所得额

如下，输入营业净损失（NOL）之前的应纳税所得额和特别扣减额。

表格1120：第1页，第28行。

表格1120-F：第3页，第29行。

表格1120-FSC：第3页，附表B，第18行。

表格1120-IC-DISC：第1页，第5行。

表格1120-L：第1页，第24行和第21c行。

表格1120-PC：第2页，附表A，第35行。

表格1120S：第1页，第21行（正常营业收入）。

第6行　总计

第6a行　外国税收抵免。对表格1116第27行或者表格1118中附表B第3部分第4行进行调整前，在第6a行上输入外国税收抵免额。

第6b行　受管制外国公司收入的延期纳税。在第6b行上输入你在受管制公司总收入中按比例分享的份额［定义见第952（a）（3）（A）条］。

第6c行　国际国内销售公司收入的延期纳税。国际国内销售公司的股东应当按照下述计算延期纳税额：

非C类公司的股东。在第6c行输入你在第995（b）（1）（F）（i）条的金额中按比例分享的份额（见表格1120-IC-DISC，附表J，第1部分，第8行中的按比例分享份额）。

C类公司的股东。在第6c行输入对第995（b）（1）（F）（i）条规定的金额按比例分享的份额乘以16/17（16/17乘以表格1120-IC-DISC附表J第1部分第8行中的按比例分享份额）。

第6d行　外国销售公司免税的外贸收入。在第6d行输入免税的外贸收入总额［表格1120-IC-FSC附表B第10行的（a）栏和（b）栏的总额］。

第6e行　符合域外收入排除的外贸收入。在第6e行输入符合域外收入排除的外贸收入（表格8873，第49行）。

第8～13行

非受管制集团成员的提交者。如果你不是受管制集团的成员，在第8～13行报告你的抵制信息及涉及以下主体的抵制信息：

- 任何一个你作为其美方股东的外国公司；
- 任何一个你作为其合伙人的合伙企业；或
- 任何一个根据第671条你被视为所有人的信托公司。

当代表外国公司、合伙企业或者信托公司报告时，请报告其财政年度以你的财政年度或者在你的财政年度里结束的外国公司、合伙企业或信托公司的抵制活动。

公司的受管制集团的成员。如果你是公司的受管制集团的成员，对你的财政年度中第8～13行的问题的回答必须反映：

- 你的纳税年度中你的抵制信息（以及根据第671条你被视为所有人的信托公司的抵制信息），该纳税年度以或者在通用纳税年度结束，且该通用纳税年度以或者在你的纳税年度结束（见第4b行的说明）。
- 受管制集团其他成员（及根据第671条一个成员被视为所有人的受管制组的信托公司）的纳税年度的抵制信息，该纳税年度以或者在通用纳税年度结束，且该通用纳税年度以或者在你的纳税年度结束。
- 外国公司或者合伙企业的纳税年度中，每个外国公司或者合伙企业的抵制信息，你作为美方股东或者合伙人代表该外国公司或者合伙企业进行报告，该纳税年度以或者在你的纳税年度结束，且你的纳税年度以或者在通用纳税年度结束，且该通用纳税年度以或者在你的纳税年度结束。

- 外国公司或者合伙企业的纳税年度中，每个外国公司或者合伙企业的抵制信息，受管制组的某成员（不包括你在内）作为美方股东或合伙人代表该外国公司或者合伙企业进行报告，该纳税年度以或者在该成员的纳税年度结束，且该成员的纳税年度以或者在通用纳税年度结束，且该通用纳税年度以或者在你的纳税年度结束。

上述报告要求的效果在于，一般来说，对于受管制集团的每个成员而言，第 8 ~ 13 行的问题的回答是相同的，且仅以集团为基础每年更新一次。信息在通用纳税年度末更新，由纳税年度以通用纳税年度结束或者在通用纳税年度之后结束的受管制组的每个成员报告。如果所有成员、外国公司和合伙企业的纳税年度和通用纳税年度相同，则所有信息以当前为基础报告。

如果所有的纳税年度是不同的，则报告信息的全部或者部分应当反映不同于报告者纳税年度的时期的信息。

例子。假设 A 公司、B 公司、C 公司和 D 公司都是受管制集团的成员。A 公司是母公司且无通用纳税年度选择。A 公司、B 公司和 C 公司以每个财政年度为基础进行报告，D 公司以上一年度 7 月 1 日至当年度 6 月 30 日的纳税年度为基础进行报告。C 公司拥有 X 外国公司 15% 的股权。

X 公司以上一年度 4 月 1 日至当年度 3 月 31 日的纳税年度为基础进行报告。A 公司、B 公司、C 公司、D 公司和 X 公司在抵制国家采取行动。A 公司、B 公司和 C 公司提交的 2008 纳税年度的表格 5713 上对第 8 ~ 13 行的问题的回答应当反映 A 公司、B 公司和 C 公司在 2008 纳税年度的行动、D 公司在 2007 年 7 月 1 日至 2008 年 6 月 30 日期间的行动以及 X 公司在 2007 年 4 月 1 日至 2008 年 3 月 31 日期间的行动。D 公司提交的截至 2009 年 6 月 30 日的其纳税年度的表格 5713 上，对第 8 ~ 13 行的问题的回答，应当与 A 公司、B 公司和 C 公司提交的截至 2008 年 12 月 31 日的其纳税年度的表格 5713 的相应回答相同。D 公司提交的截至 2009 年 6 月 30 日的其纳税年度的表格 5713 上，对第 8 ~ 13 行问题的回答，不应当反映 D 公司在 2008 年 7 月 1 日至 2009 年 6 月 30 日的纳税年度的 D 公司的任何行动。

第一部分　在抵制国家或者与抵制国家相关的行动

第 8 行　对以色列的抵制

第 8 行的问题涉及在某些国家采取的或者与某些国家相关的行动，上述国家在部长的与抵制以色列相关的国家名单上。在那些国家采取行动的每个国家或者每个人使用单独的行。对于同一人在同一国家采取的行动，不必分行。

第（2）栏。输入在名单上的任何国家采取行动或者采取与名单上的任何国家相关的行动的每一个人的识别码。如果你是公司的受管制组的成员，同时输入在名单上的国家采取行动或者采取与名单上的国家相关的行动的所有成员的雇主识别码。如果你或者你的受管制组的一个成员是在名单上的国家采取行动或者采取与名单上国家相关的行动（或者与名单上国家的政府、公司或者公民一同采取行动）的一家外国公司的美方股东，输入你的雇主识别码或者你所在受管制组内作为美方股东的成员的雇主识别码（如果有的话，输入在名单上的国家采取行动或者采取与名单上国家相关的行动的外国公司的名称和雇主识别码）。

第（3）栏和第（4）栏。在第（3）栏输入采取抵制行动方的主要业务活动代码号码（见开始于第 6 页的表单）。在第（4）栏输入对主要业务活动的简介。

第（5）栏。国际国内销售公司，输入表格 1120-IC-DISC 附表 N 第 1a 行中的产品编码。

第 9 行　抵制以色列的名单外国家

如果对第 9 行的问题的回答为“是”，对你知道或者有理由知道的要求参加或者配合对以色列的国际抵制的任何名单外国家，使用与第 8 行说明中相同的程序。

第 10 行　对以色列以外国家的抵制

如果对第 10 行的问题的回答为“是”，对以色列以外国家的国际抵制使用与第 8 行说明中相同的程序。

第 11 行　抵制请求

如果你收到大量相似请求，可以附上这些请求中的一份的复印件和一份接收的所有其他相似请求的数量和性质的说明。

第 12 行　抵制协议

如果签订了大量相似的抵制协

议或者在报告时间内大量相似抵制协议有效，并且抵制条款是相似的，你可以附一份抵制条款的样本和一份所有达成的其他抵制条款和协议数量及一般性质的说明。参与或者配合国际联合抵制的协议在其有效的整个期间持续，并且必须在其有效时间内每年进行报告。

第二部分　参与或配合国际联合抵制的请求和行动

第 13a（1）行和第 13a（2）行

针对任何未根据第 1 页美国批准的抵制予以排除的国际联合抵制的任何请求和达成的或报告期间持续有效的任何协议，请勾选“是”。同时请参见第 1 页的主动招标邀请。如果没有收到任何请求并且没有达成任何协议或者没有任何协议有效，请输入“否”。

第 13b 行

对每个国家、人以及参与或配合的类型，使用单独的一行。对于同一人在同一国家相似类型的参与或配合，请不要使用单独的一行。

第（2）栏。输入收到请求或者达成协议的人的识别码。

第（3）栏和第（4）栏。在第（3）栏输入接收到请求或者达成协议的人的主要业务活动代码号码（见开始于第 6 页的表单）。在第（4）栏输入上述人物主要业务活动的简介。

第（5）栏。要求国际国内销售公司输入表格 1120-IC-DISC 附表 N 第 1a 行中的产品编码。

第（6）栏和第（8）栏。在第（6）栏输入同一人在同一国家收到的同一类型请求的总数。在第（8）栏输入同一人在同一国家达成的同一类型协议的总数。

第（7）栏和第（9）栏。在第（7）栏输入反映请求参与或配合的类型的在下面表格中列出的代码号码。在第（9）栏输入反映达成协议的参与或配合的类型的在下面表格中列出的代码号码。

代码号码	请求或达成协议的参与或配合的类型
01	禁止同或者在抵制对象国家进行交易，或者禁止和抵制对象国家的政府、公司和公民进行交易
02	禁止同任何在抵制对象国家参与交易的美国公民进行交易，或者禁止同抵制对象国家的政府、公司和公民进行交易
03	禁止和下列公司进行交易：该公司所有人或者管理者全部或部分由特定国籍、种族或者信仰的人组成，或者该公司解雇（或者禁止选择）具有特定国籍、种族或者信仰的公司董事
04	禁止雇用具有特定国籍、种族或者宗教信仰的人
05	作为向一个国家的政府、公司或公民销售产品的条件，禁止运输或者投保由未参与或配合国家抵制的人所有、租赁或者运营的船舶上的产品

文书削减法案的通知。我们要求本表格信息遵守美国税收法律。你有义务向我们提供信息。我们需要这些信息来确保你遵守法律并且允许我们计算和收集正确的税收金额。

除非该表格显示有效的行政管理和预算局管制号，否则你不必提供由文书削减法案规制的表格要求的信息。只要根据税收法律的规定其内容会成为文件材料，与该表格相关的手册或记录或者其说明应当保留。一般而言，根据第 6103 条的规定，报税和申报信息是保密的。

完成和提交表格所需时间根据个案情形而不同。根据行政管理和预算局管制号 1545-0074，个别纳税人填报此表的预计时间已被批准，并且包含在个别所得税申报说明中显示的预计时间里。所有提交表格的其他纳税人的预计时间如下：

表格	记录保存	学习法律或者表格	准备和向国税局发送表格
5713	22 小时	2 小时 21 分钟	4 小时 1 分钟
附表 A（5713）	3 小时 6 分钟	12 分钟	15 分钟
附表 B（5713）	3 小时 21 分钟	1 小时 59 分钟	2 小时 7 分钟
附表 C（5713）	5 小时 15 分钟	1 小时 47 分钟	1 小时 57 分钟

如果你对预计时间的准确性有任何评论或者有令该表格和相关附表简化的建议，我们很高兴听取。你可以寄信到美国国家税务局，Tax Products Coordinating Committee，SE：W：CAR：MP：T：T：SP，1111 Constitution Ave. NW，IR-6526，Washington，DC 20224。不要将税表寄到办公室。相反，请参见第 1 页提交的时间和地点。

表格 5713

主要业务活动代码

设计本主要业务活动及相应代码表单的目的在于根据活动类型对企业进行分类，以便于《美国税法典》的管理。这些主要业务活动代码根据北美产业划分制度编制。

运用下表输入产生最大比例总收入的特定产业群组的代码。

农业、林业、牧业、渔业和狩猎业

农业生产

111100 油籽和谷物种植

111210 蔬菜和甜瓜种植（包括马铃薯和红薯）

111300 水果和树坚果种植

111400 温室、苗圃和花卉种植

111900 其他作物种植（包括烟草、棉花、甘蔗、干草、花生、甜菜和其他所有作物种植）

畜牧生产

112111 肉牛放牧和养殖

112112 牛饲养

112120 奶牛养殖及乳制品生产

112210 猪和猪养殖

112300 家禽养殖和鸡蛋生产

112400 山羊和绵羊养殖

112510 水产养殖（包括贝类和鱼类养殖与孵化）

112900 其他畜牧生产

林业生产和砍伐

113110 林业生产

113210 森林苗圃和木材收集

113310 树木砍伐

渔业、狩猎和诱捕

114110 渔业

114210 狩猎和诱捕

对农业和林业的支持活动

115110 对作物种植的支持活动（包括轧花、土地整理、种植和培育）

115210 对畜牧生产的支持活动

115310 对林业的支持活动

采矿业

211110 石油和天然气提取

212110 煤矿开采

212200 金属矿开采

212310 石材开采及采石业

212320 沙土、碎石、黏土、陶瓷及耐火矿物质开采和采石

212390 其他非金属矿物开采和采石

213110 对采矿业的支持活动

公用事业

221100 发电、电力传输和分配

221210 天然气分配

221300 自来水、污水及其他体系

221500 气电结合

建筑业

房屋建筑业

236110 住宅建筑物建造

236200 非住宅建筑物建造

大型土木工程建造

237100 公用系统建设

237210 土地分割

237310 高速公路、街道和桥梁建设

237990 其他大型土木工程建设

特种行业工程承建商

238100 地基、结构和建筑外观承建商（包括框架木工、石工、玻璃、屋顶和侧线）

238210 电气工程承建商

238220 水管、供暖和空调承建商

238290 其他建筑设备承建商

238300 建筑装饰承建商（包括干面墙、隔离、喷漆、壁面涂料、地板铺设、瓷砖粘贴和装饰木工）

238900 其他特种行业工程承建商（包括土地整理）

制造业

食品制造业

311110 动物食品制造业

311200 谷物制粉和油籽制油

311300 糖果生产制造业

311400 果蔬保鲜和特色食品制造业

311500 乳制品制造业

311610 动物屠宰和加工业

311710 海鲜产品预备和包装

311800 面包店和玉米饼制造

311900 其他食品制造（包括咖啡、茶和调味品）

饮料和烟草产品制造业

312110 软饮料和冰激凌制造业

312120 啤酒厂

312130 葡萄酒厂

312140 酿酒厂

312200 烟草生产

纺织厂和纺织产品厂

313000 纺织厂

314000 纺织产品厂

服装业

315100 服装针织厂

315210 服装剪裁和缝纫承包商

315220 男装和童装剪裁缝纫服装厂

315230 女装和少女装检测缝纫服装厂

315290 其他剪裁和缝纫服装厂

315990 服装辅料加工制造厂

皮革及相关产品制造业

316110 皮革制作和加工

316210 鞋类制造（包括橡胶和塑料）

316990 其他皮革和相关产品制造

木制品制造业

321110 锯木厂和木材仓储

321210 单板、胶合板和实木产品制造业

321900 其他木制品制造业

纸张制造业

322100 纸浆、纸张和纸板制造厂

322200 纸产品转换制造业

印刷及相关支持活动

323100 印刷及相关支持活动

石油和煤产品制造业

324110 炼油厂（包括合成）

324120 铺路及屋顶的沥青制造业和饱和物质制造业

324190 其他石油和煤产品制造业

化工制造业

325100 基础化工制造业

325200 树脂、合成橡胶、人工合成纤维及灯丝制造业

325300 杀虫剂、化肥及其他农产品制造业

325410 制药业

325500 油漆、涂料和粘合剂制造业

325600 肥皂、洗涤剂和卫生间用品制造业

325900 其他化工产品制造业

塑料和橡胶产品制造业

326100 塑料产品制造业

326200 橡胶产品制造业

非金属矿产产品制造业

327100 黏土产品和耐火物制造

327210 玻璃和玻璃产品制造业

327300 水泥和混凝土产品制造业

327400 石灰和石膏产品制造业

327900 其他非金属矿产产品制造业

原料金属制造业

331110 钢铁生产和铁合金制造业

331200 钢制品制造业

331310 铝和铝制品生产加工业

331400 有色金属（除铝之外）生产加工业

331500 铸造厂

组装类金属产品制造业

332110 锻造和冲压

332210 餐具和手持工具制造业

332300 建筑和结构金属制造业

332400 锅炉、坦克和船舶集装箱制造业

332510 计算机硬件制造业

332610 弹簧和金属丝制品制造业

332700 车削产品、螺丝、螺母、螺栓制造业

332810 镀覆、雕刻、热处理和相关活动

332900 其他组装类金属产品

制造业

机械制造业

333100 农业、建筑和采矿机械制造业

333200 工业机械制造业

333310 商业和服务业机械制造业

333410 通风设备、加热设备、空调设备和商业制冷设备制造业

333510 金属加工设备制造业

333610 发电机、涡轮机和输电设备制造业

333900 其他一般用途机械制造业

计算机和电子产品制造业

334110 计算机及外围设备制造业

334200 通信设备制造业

334310 音频和视频设备制造业

334410 半导体和其他电子元件制造业

334500 航运设备、测量设备、电子医疗设备和控制装备制造业

334610 磁介质和光介质生产制造业

电子设备、装置和零件制造业

335100 电气照明设备制造业

335200 家用电器制造业

335310 电器设备制造业

335900 其他电子设备和零件制造业

运输设备制造业

336100 机动车制造业

336210 机动车零件制造业

336300 机动车车身和拖车制造业

336410 航天产品和零件制造业

336510 火车制造业

336610 船舶制造业

336990 其他运输设备制造业

家具及相关产品制造业

337000 家具及相关产品制造业

其他制造业

339110 医疗设备和配件制造业

339900 其他制造业

批发贸易

商业批发商，耐用品

423100 机动车和机动车零件和配件

423200 家具和家居摆设

423300 木材和其他建筑材料

423400 专业商业设备和配件

423500 金属和矿产（除石油外）

423600 电气和电子商品

423700 金属构件、水管设施和加热设备及配件

423800 机械、设备和配件

423910 体育娱乐商品及耗材

423920 玩具、情趣商品和配件

423930 可循环再造物料

423940 珠宝、手表、宝石及金银饰品

423990 其他耐用品

商业批发商，非耐用品

424100 纸张和纸制品

424210 药品和杂货

424300 服装、布匹和小商品

424400 食品杂货

424500 农副产品原料

424600 化学及其相关制品

424700 石油和石油制品

424800 啤酒、葡萄酒和蒸馏酒精饮料

424910 农场供给物

424920 书籍、杂志和报纸

424930 鲜花、苗圃和鲜花供给

424940 烟草和烟草制品

424950 颜料、清漆及供给物

424990 其他非耐用品

电子批发市场及代理人、经纪人

425110 商业对商业的电子市场

425120 批发贸易代理人和经纪人

零售业

机动车及零件经销商

441110 新车经销商

441120 二手车经销商

441210 休闲车经销商

441221 摩托车经销商

441222 船舶经销商

441229 其他机动车辆经销商

441300 汽车零配件、轮胎商店

家具和家居摆设商店

442110 家具商店

442210 地面铺装商店

442291 窗帘店

442299 其他家具摆设商店

电子设备和器械商店

443111 家用电器店

443112 收音机、电视机及其他电器店

443120 计算机及其软件商店

443130 摄像机及照相器材店

建筑材料和园艺设备及耗材商店

444110 家用建筑材料中心

444120 油漆和墙纸专卖店

444130 五金行

444190 其他建筑材料经销商

444200 草坪和园艺设备及配件店

食品和饮料店

445110 超市和其他食品杂货店（便利店除外）

445120 便利店

445210 肉类市场

445220 鱼和海鲜市场

445230 果蔬市场

445291 烘烤食品商店

445292 糖果坚果店

445299 所有其他特色食品商店

445310 啤酒、葡萄酒和酒精饮料商店

健康和个人护理用品商店

446110 药店

446120 化妆品、美容护肤品及香水商店

446130 眼镜店

446190 其他健康和个人护理用品商店

加油站

447100 加油站（包括提供汽油的便利店在内）

服装和服装辅料店

448110 男装店

448120 女装店

448130 儿童和婴儿服装店

448140 家居服装店

448150 服装辅料店

448190 其他服装店

448210 鞋店

448310 珠宝店

448320 奢侈品和皮革制品商店

体育用品店、情趣商店、书店和琴行

451110 体育用品店

451120 情趣商店、玩具和游戏商店

451130 缝纫店、刺绣商店和布匹店

451140 乐器设备及耗材店

451211 书店

451212 报刊经销商和报摊

451220 磁带、光盘和唱片店

百货商店

452110 百货公司

452900 其他百货商店

其他商店零售商

453110 鲜花店

453210 办公用品和文具商店

453220 礼品店、新颖物品店和纪念品点

453310 二手商品店

453910 宠物和宠物用品商店

453920 艺术品经销商

453930 移动房屋经销商

453990 其他商品零售商（包括烟草店、糖果店及奖品店）

非商店零售商

454110 电子购物和邮购商店

454210 自动售货机经营者

454311 供暖燃油经销商

454312 液化天然气（罐装液化气）经销商

454319 其他燃料经销商

454390 其他直销机构（包括上门零售、冷冻食品计划供应商、聚会策划采购商和茶歇服务提供商）

运输和仓储

空运、铁路运输和水路运输

481000 空运

482110 铁路运输

483000 水路运输

汽车运输

484110 普通货物运输，当地短途

484120 普通货物运输，长途

484200 专业货运卡车运输

中转运输和地面客运
485110 市内中转运输
485210 城市间及乡村公共汽车运输
485310 出租汽车服务
485320 豪华轿车服务
485410 学校及员工班车运输
485510 包车产业
485990 其他中转运输和地面客运
管道运输
486000 管道运输
观光运输
487000 观光运输
对交通运输的支持活动
488100 空运支持活动
488210 铁路运输支持活动
488300 水路运输支持活动
488410 机动车辆拖带
488490 对公路运输的其他支持活动
488510 货运安排活动
488990 其他对交通的支持活动
快递和邮递
492110 快递
492210 同城邮递
仓储
493100 仓储（小仓库和自我存储单元的出租者除外）

信息产业
出版业（互联网除外）
511110 新闻出版商
511120 期刊杂志社
511130 书籍出版社
511140 通讯录和邮寄名单出版商
511190 其他出版商
511210 软件出版商
电影和录音产业
512100 电影和视频产业（录像带出租除外）
512200 录音产业
广播产业（除互联网）
515100 电台和电视广播
515210 有线电视和其他定制节目制作
通讯
517000 通讯（包括通过传呼机、移动电话、卫星、电报和其他程序配送、代理商及其他通讯工具）及互联网服务提供商
数据处理服务
518210 数据处理服务，虚拟主机及相关服务
其他信息服务
519100 其他信息服务（包括新闻产业集团和图书馆查询系统）及互联网出版和广播

金融和保险
存储信用中介
522110 商业银行
522120 储蓄机构
522130 信用合作社
522190 其他存储信用中介
非存储信用中介
522210 信用卡发行
522220 销售融资
522291 消费者贷款
522292 房地产信贷（包括抵押贷款银行和发起人）
522293 国际贸易融资
522294 二级市场融资
522298 其他非存储信用中介
与信用中介相关的活动
522300 与信用中介相关的活动（包括贷款经纪、票据清算和货币传输）
证券、商品合同、金融投资及其他相关活动
523110 投行业务和证券自营业务
523120 证券经纪业
523130 商品合同自营
523140 商品合同经纪业务
523210 证券交易和商品交易
523900 其他金融投资活动（包括证券投资组合管理和投资咨询）
保险公司及相关活动
524140 生命、健康和医疗保险公司及再保险公司
524150 保险公司和再保险公司（除生命、健康、医疗保险之外）
524210 保险代理人和保险经纪人
524290 其他与保险相关的活动（包括保险的第三方管理和养老基金）
基金、信托和其他金融工具
525100 保险基金和职工福利基金
525910 开放式投资基金（见表格 1120-RIC）
525920 信托、房地产信托及代理账户
525990 包括按揭房地产投资信托基金在内的其他金融工具（包括封闭式投资基金）
“银行控股公司办公室”和“其他控股公司办公室”位于后面所述的公司（控股公司）管理机构所在地。

房地产及租赁和出租房地产
531110 居民住宅（包括股权房地产投资信托基金）的出租人
531114 合作住房（包括股权房地产投资信托基金）
531120 非居民住宅（小仓库除外）（包括股权房地产投资信托基金）的出租人
531130 小仓库和自我存储单元（包括股权房地产投资信托基金）的出租者
531190 其他不动产（包括股权房地产投资信托基金）的出租者
531210 房地产代理人和经纪人的办事机构
531310 房地产管理者
531320 房地产评估机构
531390 与房地产相相关的其他活动
租赁和出租服务
532100 汽车设备租赁和出租
532210 消费类电子产品和电器租赁
532220 正装及戏剧装租赁
532230 录像带和光盘租赁
532290 其他消费品租赁
532310 一般租赁中心
532400 工商业机械设备租赁和出租
非融资性无形资产（版权作品除外）的出租者
533110 非融资性无形资产（版权作品除外）的出租者

专业性和科技性服务
法律服务
541110 律师事务所
541190 其他法律服务
会计、税务、记账和薪金计算服务
541211 注册会计师事务所
541213 税务服务
541214 薪金计算服务
541219 其他会计服务
建筑、工程及相关服务
541310 建筑设计服务
541320 园林建筑设计服务
541330 工程服务
541340 绘图服务
541350 竣工验收服务
541360 地球测绘服务
541370 测绘（地球测绘除外）
541380 试验室
专业设计服务
541400 专业设计服务（包括内部装潢设计、工业设计、形象设计和时尚设计）
计算机系统设计及相关服务
541511 定制的计算机编程服务
541512 计算机系统设计服务
541513 计算机机房管理服务
541519 其他计算机相关服务
其他专业性和科技性服务
541600 管理服务和科技咨询服务
541700 科学研究和开发服务
541800 广告及相关服务
541910 市场调查和民意调查服务
541920 摄影服务
541930 翻译服务
541940 兽医服务
541990 其他的专业和科技服务

公司（控股公司）管理
551111 银行控股公司办公室

551112 其他控股公司办公室

行政和支持服务、废物管理服务及修复服务

行政和支持服务

561110 办公室行政服务
561210 设施支持服务
561300 就业服务
561410 文件准备服务
561420 电话服务中心
561430 商务中心（包括私人邮件中心和复印中心）
561440 代收欠款公司
561450 征信所
561490 其他商务支持服务（包括收楼服务、法庭报告和速记服务）
561500 旅行安排和预订服务
561600 调查服务和保安服务
561710 害虫防治、消灭服务
561720 清洁服务
561730 绿化服务
561740 地毯和室内装潢清洁服务
561790 其他住宅服务
561900 其他支援服务（包括包装、贴标、例会和贸易展览组织等）

废物管理和修复服务

562000 废物管理和修理及养护（包括修复服务）

教育服务

611000 教育服务（包括中小学、专科学校和大学）

卫生保健和社会救助

内科医生诊室和牙科诊室

621111 内科医生（精神健康专家除外）诊室
621112 内科医生诊室，精神健康专家
621210 牙科诊室

其他专科诊室

621310 脊柱按摩师诊室
621320 验光师诊室
621330 精神健康专家（内科医生除外）诊室
621340 职业言语治疗师和听力专家诊室
621391 足病医生诊室
621399 所有其他专科诊室

门诊护理中心

621410 家庭计划中心
621420 门诊精神健康与药物滥用中心
621491 卫生维护组织医学中心
621492 洗肾中心
621493 独立的门诊手术及急救中心
621498 其他门诊护理中心

医疗诊断试验室

621510 医疗诊断试验室

家庭健康保健服务

621610 家庭健康保健服务

其他非住院保健中心

621900 其他非住院保健中心（包括急救服务以及血站和器官保存库）

医院

622000 医院

护理及院舍服务设施

623000 护理及院舍服务设施

社会救助

624100 个人和家庭服务
624200 社区食品、住房及紧急救援等服务
624310 职业康复服务
624410 儿童日托服务

艺术、娱乐和消遣

表演艺术、观赏性运动及相关产业

711100 表演艺术公司
711210 观赏性运动（包括运动俱乐部和赛马场）
711300 表演艺术、运动或相似事件的推广者
711410 艺术人员、运动员、演艺人员及其他公众人物的代理人和经理人
711510 独立的艺术家、作家和表演者

博物馆、历史名胜及类似机构

712100 博物馆、历史、名胜及类似机构

娱乐产业和博彩业

713100 游乐场和商场
713200 博彩业
713900 其他娱乐产业（包括高尔夫球场、滑雪场、游船码头、健身中心和保龄球馆）

食宿服务

住宿

721110 酒店（赌场酒店除外）和汽车旅馆
721120 赌场酒店
721191 简易旅舍
721199 所有其他的旅店
721210 休闲车公园和休闲营地
721310 寄宿公寓

餐饮服务和饮酒场所

722110 提供全方位服务的酒店
722210 有限服务饮食场所
722300 特殊的餐饮服务（包括餐饮服务承包商和承办者）
722410 饮酒场所（酒精饮料）

其他服务

修理和维护

811110 汽车机械和电气修理维护
811120 汽车车身、喷漆、内部和玻璃修理
811190 其他汽车维修与保养服务（包括换油和润滑剂商店以及洗车处）
811210 电子精密仪器修理和维护
811310 工商业机械设备（汽车和电子设备除外）的修理和维护
811410 家庭园艺设备和装置的修理和维护
811420 家具修理
811430 鞋类及皮革制品修理
811490 其他个人和家庭用品修理和维护

个人服务和洗衣店服务

812111 理发店
812112 美容院
812113 修甲
812190 其他个人护理服务（包括节食和减肥服务）
812210 殡仪馆和殡仪服务
812220 墓地和火葬场
812310 投币式洗衣店和干洗店
812320 一般干洗和熨烫服务（投币式洗衣服务除外）
812330 亚麻布和制服供应
812910 宠物美容服务（兽医除外）
812920 相片洗印加工
812930 停车场和车库
812990 所有其他的个人服务

宗教的、资助型的、民间的、专业的或相似的组织

813000 宗教的、资助型的、民间的、专业的或相似的组织（包括共同统治和业主协会）

表格 **5713** （2004年12月修订版） 财政部国家税务局	**国际抵制报告** 适用于纳税年度：开始于＿＿＿＿＿，20＿＿ 截止于＿＿＿＿，20＿＿ 对受管制集团，请见说明的第3页。	行政管理和预算局 第1545-0216号 附件第123号 提交一式两份 （见说明）

名称	识别码
街道门牌号或房间号（若有邮局信箱，请参照说明第2页）	
州、城市或城镇，以及邮政编码	
提交纳税申报表的服务中心的地址	

提交者的类型（勾选其中一个）
□个人　□合伙企业　□公司　□信托公司　□遗产管理公司　□其他

1. 个人——输入纳税申报中调整过的总收入（见说明第2页）

2. 合伙企业和公司

a 合伙企业——输入每位合伙人的名称和识别码。

b 公司——输入受管制组［定义见第993（a）（3）条］每个成员的名称和雇主识别码。不必列出包含在综合纳税申报表中的成员，而是附一份表格851的复印件。列出未包含在综合纳税申报表中的受管制组的所有其他成员。

如果你在下面列出任何一家公司或者附上一份表格851，你必须指定通用纳税年度。在第4b行上输入纳税年度被指定的公司的名称和雇主识别码。

名　称	识别码

若需更多空间，请另外附纸张并勾选该框……▶□

	代码	描述
c 输入主要业务活动代码及其描述（见说明）……		
d 国际国内销售公司——输入主要产品或服务代码及其描述（见说明）……		

3. 合伙企业——每个提交表格5713的合伙企业必须提供下述信息：

a 合伙企业的总资产（见说明）……

b 合伙企业的一般收入（见说明）……

4. 公司——每家提交表格5713的公司必须提供下述信息：

a 提交表格的类型（表格1120、1120-F、1120-FSC、1120-IC-DISC、1120-L、1120-PC等）

b 通用纳税年度选择（见说明第2页）

（1）公司名称▶……

（2）雇主识别码……

（3）通用纳税年度开始于＿＿＿＿＿，20＿＿＿＿，截止于＿＿＿＿20

c 提交此表格的公司应输入：

（1）总资产（见说明）

（2）净营业损失前的应纳税所得额和特别扣减额（见说明）

5. 遗产管理公司或信托公司——输入总收入（表格1041第1页）

6. 输入下述税收优惠的总额（因参与或配合被扣减前）（见说明）：

a 外国税收抵免……

b 受管制外国公司收入的延期纳税……

c 国际国内销售公司收入的延期纳税……

d 外国销售公司免税外贸收入……

e 符合域外收入排除的外贸收入……

请在此处签字	根据对虚假陈述的处罚条款，我声明我已检查包括附表和说明在内的本报告，就我所知，保证本报告是真实、准确和完整的。 ▶签字＿＿＿＿＿＿ 日期＿＿＿＿ ▶职务＿＿＿＿

文书削减法案请见说明的第4页。　Cat. NO.12030E　表格5713（2004年12月修订版）

表格 5713（2004 年 12 月修订版） 第 2 页

	是	否
7a 你是采取依据第 999（a）条可报告的行动的任何外国公司（包括不使用行政定价规则的外国销售公司）的美方股东［定义请见第 951（b）条］吗？		
b 如果对第 7a 行问题的回答为“是”，该外国公司是受管制外国公司［定义请见第 957（a）条］吗？		
c 你持有国际国内销售公司的股票吗？		
d 你主张外国税收抵免吗？		
e 你控制［在第 304（c）条意义范围内］采取了依据第 999（a）条可报告的行动的任何一家公司（除包含在本报告中的公司外）吗？		
如果“是”，该公司在以或者在你的纳税年度结束的其纳税年度内的任何时点，是否参与或配合了一次国际抵制？		
f 你是否被一个采取了依据第 999（a）条可报告的行动的任何人（除包含在本报告中的人之外）所控制［在第 304（c）条意义范围内］？		
如果“是”，该人在以或者在你的纳税年度结束的其纳税年度内的任何时点，是否参与或配合了一次国际抵制？		
g 你是否依据第 671 条被视为采取了依据第 999（a）条可报告的行动的某信托公司的所有人？		
h 你是否是采取了依据第 999（a）条可报告的行动的某合伙企业的合伙人？		
i 你是否是一家外国销售公司［定义见第 922（a）条，废止前有效］？		
j 你是否从总收入中排除了域外收入［定义见第 114（e）条］？		

第一部分 **在抵制国家采取的行动或者与抵制国家相关的行动（见开始于第 3 页的说明）**

	是	否
8 对以色列的抵制——你是否在与对以色列抵制的国家相关的国家（或者与该国家的政府、公司或公民一同）采取了行动，或者（与该国家的政府、公司或公民一同）采取了和与对以色列抵制的国家相关的国家相关的行动，且该国家在依据第 999（a）（3）条由财政部长维护的名单上？		

如果“是”，完成下列表格。如空间不足，另外附使用准确格式的纸张并勾选此框。▶ □

	国家名称 （1）	采取行动的人的识别码 （2）	主要业务活动 代码 （3）	主要业务活动 描述 （4）	仅适用于国际国内销售公司——输入产品代码 （5）
a					
b					
c					
d					
e					
f					
g					
h					
i					
j					
k					
i					
m					
n					
o					

表格 5713（2004 年 12 月修订版）

表格 5713（2004 年 12 月修订版） 第 3 页

	是	否
9 对以色列抵制的名单外国家——你是否在你知道或者应当知道要求参与或配合直接对以色列进行国际抵制的名单外的国家采取行动？		

如果“是”，请完成下表。如空间不足，另附使用准确格式的纸张并勾选此框。▶□

国家名称 (1)	采取行动的人的识别码 (2)	主要业务活动		仅适用于国际国内销售公司——输入产品代码 (5)
		代码 (3)	描述 (4)	
a				
b				
c				
d				
e				
f				
g				
h				

	是	否
10 对以色列以外的国家的抵制——你是否在除以色列以外的、你知道或者应当知道要求参与或配合国际抵制的其他国家采取行动？		

如果“是”，请完成下表。如空间不足，另附使用准确格式的纸张并勾选此框。▶□

国家名称 (1)	采取行动的人的识别码 (2)	主要业务活动		仅适用于国际国内销售公司——输入产品代码 (5)
		代码 (3)	描述 (4)	
a				
b				
c				
d				
e				
f				
g				
h				

	是	否
11 你是否被请求参与或配合一次国际抵制？		
如果“是”，请附上在你的纳税年度收到的任何和所有请求中的一份复印件（英文）。如果该请求是以表格形式而非书面请求形式，单独附一张纸说明任何和所有这类请求的性质和形式（见说明第 4 页）。		
12. 你是否参与或配合了一次国际抵制？		

如果“是”，请附达成的任何和所有抵制条款的一份复印件（英文），如果该协议是以表格形式而非书面协议形式，请附一份概括说明（英文），并另附一张纸解释任何和所有此类协议的性质和形式（见说明第 4 页）。

注：如果对问题 11 或问题 12 的回答为“是”，还需完成表格 5713 的剩余部分。如果对问题 12 的回答为“是”，你必须完成的表格 5713 附表 A 和附表 C 或者附表 B 和附表 C。

表格 5713（2004 年 12 月修订版）

表格 5713（2004 年 12 月修订版） 第 4 页

第二部分 参与或配合国际抵制的请求和行为	请求		协议	
	是	否	是	否
13a 你是否收到过达成任何协议的请求，或者你是否达成过任何协议（见说明第 4 页）：				
（1）作为在某国家或者与某国家的政府、公司或公民直接或间接开展交易活动的条件，以便： （a）禁止同或者在抵制对象国家进行交易，或者禁止和抵制对象国家的政府、公司和公民进行交易？				
（b）禁止同任何在抵制对象国家参与交易的美国公民进行交易，或者禁止同抵制对象国家的政府、公司和公民进行交易？				
（c）禁止和下列公司进行交易：该公司所有人或者管理者全部或部分由特定国籍、种族或者信仰的人组成，或者该公司解雇（或者禁止选择）具有特定国籍、种族或者信仰的公司董事？				
（d）禁止雇用具有特定国籍、种族或宗教信仰的人？				
（2）作为向某国家的政府、公司或公民销售产品的条件，以便禁止运输或者投保由未参与或配合国际抵制的人所有、租赁或者运营的船舶上的产品？				

b 请求和协议——如果对 13a 的任何问题的回答为“是”，请完成下表。若空间不足，请另附使用准确格式的纸张并勾选此框。 ☐

国家名称	收到请求或达成协议的人的识别码	主要业务活动		仅适用于国际国内销售公司——输入产品代码	配合或参与的类型			
		代码	描述		请求数量		协议数量	
					总数	代码	总数	代码
(1)	(2)	(3)	(4)	(5)	(6)	(7)	(8)	(9)
a								
b								
c								
d								
e								
f								
g								
h								
i								
j								
k								
l								
m								
n								
o								
p								

使用再生纸打印 表格 5713（2004 年 12 月修订版）

附表 A （表格 5713） （2004 年 12 月修订版） 财政部 国家税务局	**国际抵制因素** **（第 999（c）（1）条）** 只要你不使用附表 B（表格 5713）中的特别归属税收和收入法计算税收优惠的损失，即采用本方法计算。 **▶附于表格 5713　▶见第 2 页的说明**	行政管理和预算局 第 1545-0216 号

名称	识别码

被抵制的国家的名称（请勾选其中一项）：□ 以色列　□ 其他国家▶……

重要提示：若你涉及一次以上抵制，每次抵制单独使用一张附表 A 并将其附于表格 5713 后。

国家名称 (1)	可归因于行动和因抵制行动产生的购买、出售和工资 抵制购买 (2)	抵制出售 (3)	抵制工资 (4)
a			
b			
c			
d			
e			
f			
g			
h			
i			
j			
k			
l			
m			
n			
o			
总计			

1. 国际抵制因素的分子［第（2）、（3）和（4）栏相加的总数］……		
2. 国际抵制因素的分母：		
a 美国以外的其他国家的购买总额……		
b 销往或者来自美国以外其他国家的销售总量……		
c 在美国以外其他国家履行的服务的已付或应付的工资总额……		
d 第 2 行 a、b 和 c 三项的总和……		
3. 国际抵制因素（用第 1 行得出数字除以第 2d 行得出的数字）。将该数字输入此处和附表 C（表格 5713）（见说明）……▶		

文书削减法案请见表格 5713 说明的第 4 页。　Cat. NO.12050W　附表 A（2004 年 12 月修订版）

附表 A（表格 5713）（2004 年 12 月修订版）　　第 2 页

一般说明

引用《美国税法典》。

必须提交的主体

若存在下列情形，请完成附表 A（表格 5713）：

- 你参与或者配合国际抵制；并且
- 你运用国际抵制因素计算税收优惠的损失，

你必须运用国际抵制因素计算符合域外收入排除的外贸收入抵减额。为计算其他可适用的税收优惠，你要么运用国际抵制因素，要么在附表 B（表格 5713）的计算中特别归属税收和收入。

抵制行动

除非对参与或配合抵制行动的推定提出反证（将在下文进行解释），否则你所有在抵制国家的行动都会被视为抵制行动。除此之外，如果与你参与或配合抵制有关联，则你在非抵制国家的行动也是抵制行动。

对参与或配合抵制的推定的反驳。除非你反驳该推定，否则参与或配合的一个行为会产生参与或配合抵制的推定。该推定适用于在每个有助于实施抵制的国家、你所有的行动及你所属的受管制组［见第 993（a）（3）条定义］的每个成员的任何行动。

通过证明该行动独立于任何参与或配合国际抵制的行动，你可以反驳参与或配合某特定抵制行动的推定。该推定仅适用于在开展抵制的国家的行动。因此，如果该行动在开展抵制的国家之外发生，对同开展抵制国家相关的行动，你无须反驳该推定。

国际抵制因素

你的国际抵制因素反映了抵制购买、抵制出售和抵制工资。

受管制组。一般而言，受管制组的所有成员使用一张国际抵制因素表，该表反映了所有成员的购买、出售和工资情况。然而，如果你属于两个或者更多的受管制组，你的国际抵制因素表应当反映你所属的所有受管制组的购买、出售和工资情况。

合资企业和信托公司。你被视为按比例分享了你作为合伙人的每家合伙企业或者根据第 671 条你被视为所有人的每家信托公司的购买、出售和工资。因此，你的国际抵制因素表应当反映上述所有合伙企业或信托公司的购买、出售和工资情况。

具体说明

对每一次你参与或配合的国际抵制分开计算国家抵制因素和分开填写附表。包括你自己的行动，如果适用的话，还包括合伙企业、信托公司和你所在受管制组成员的行动。

如何确定你应当在哪些年度报告合伙企业、信托公司和受管制组的购买、出售和工资情况，参见表格 5713 的说明中第 3 页第 8 ～ 13 行的说明。

第（1）～（4）栏

在第（1）～（4）栏显示因一行上的一次行动产生的抵制购买、抵制出售和抵制工资。

合伙企业。仅需完成第（2）～（4）栏的 a ～ o 及第 2 行。无须完成第 3 行。把这些信息提供给各合伙人，以便他们计算自己的国际抵制因素。

第（1）栏。输入把参与或配合国际抵制作为在其国家从事交易活动的条件的国家的名称。第（1）栏中填入的国家不必是行动发生地国家。举例来说，如果你在非抵制国家的 Z 国家采取行动，且此行动和作为抵制国家的 X 国家有关，则在第（1）栏输入 X 国家的名字。根据第 999（a）（3）条，财政部长维护了一个要求参与或配合国家抵制的国家的名单。若需要当前抵制国家名单，参见表格 5713 的说明的第 2 页。

第（2）栏。输入所有来自于抵制国家的归因于每行报告的抵制行动的抵制购买。

第（3）栏。输入所有向抵制国家输入或者来自于抵制国家的归因于每行报告的抵制行动的抵制出售。

第（4）栏。输入工资总额，该工资是对在抵制国家履行的服务的已付或应付工资，且可归因于每行报告的行动。

第 1 ～ 3 行

第 1 行。输入第（2）栏、第（3）栏和第（4）栏的总额。该总额是你的国际抵制因素的分子。

不要包括可归因于被你反驳的参与或配合抵制的推定的行动的数额。

第 2 行。国际抵制因素的分母，该国际抵制因素反映你在除美国之外的国家或者与除美国之外的国家相关的所有购买、出售和工资。如果适用的话，该分母同样反映你的受管制组、合伙企业和信托公司的相应内容。包括可归因于被你反驳的参与或配合抵制的推定的行动的数额。

第 3 行。如下表所示，在附表 C 的适当位置填入本表第 3 行的国际抵制因素。

如果你	则在下列位置输入国际抵制因素
被要求减少外国税收抵免	第 2a（2）行
第 F 分部分的收入的延期纳税被拒绝	第 3a（4）行
国际国内销售公司收入的延期纳税被拒绝	第 4a（2）行
外国销售公司的外贸收入免税被拒绝	第 5a（2）行
被要求减少符合域外收入排除的外贸收入	第 6b 行

附表 B **(表格 5713)** (2004 年 12 月修订版) 财政部 国家税务局	**特别归属税收和收入** **(第 999(c)(2)条)** 只要不使用附表 A(表格 5713)的国际抵制因素法计算税收优惠的损失,即可使用本表格计算。 **附于表格 5713 后　　见第 2 页说明**	行政管理和预算局 第 1545-0216 号

名称	识别码

被抵制的国家的名称(请勾选其一)。□ 以色列　　□ 其他国家(具体列明)▶

重要提示: 如果你涉及一次以上国际抵制,对每次抵制单独使用一张附表 B(表格 5713)计算特别归属税收和收入。

因行动产生的特别归属税收和收入(每次行动单独一行)

国家名称	主要业务活动		外国税收抵免	第 F 分部分中的收入	国际国内销售公司的收入	外国销售公司的收入
	代码	描述	可归因于抵制行动的外国税收抵免	国际抵制收入中按比例分享额	可归因于抵制行动的应纳税所得额	可归因于抵制行动的应纳税所得额
(1)	(2)	(3)	(4)	(5)	(6)	(7)
a						
b						
c						
d						
e						
f						
g						
h						
i						
j						
k						
l						
m						
n						
o 总计						

文书削减法案请见表格 5713 说明的第 4 页。 Cat. NO.12060S　　　　附表 B(2004 年 12 月修订版)

附表B（表格5713）（2004年12月修订版）　　第2页

一般说明

除非另有说明，引用《美国税法典》。

必须提交的主体

如有下列情形，完成附表B(表格5713)：

- 你参与或配合一次国际抵制；且
- 你运用特别归属税收和收入法计算税收优惠的损失。

如果你没有因此目的特别归属税收和收入，则你须计算附表A(表格5713）中的国际抵制因素。

不要使用附表B（表格5713）计算符合域外收入排除的外贸收入减免额。相反，请使用附表A（表格5713）。

特定股东。在股东层面，遭受下述损失：国际国内销售公司的优惠、特定外国销售公司的优惠、根据第902条“被视为已付的”外国税收抵免以及第F分部分收入的延期纳税。国际国内销售公司、特定外国销售公司或者一家外国公司的股东必须汇报他们对被拒绝的税收优惠的分担比例。这些税收优惠的拒绝会在第（4）～（7）栏的具体说明中加以讨论。

抵制行动

除非你反驳参与或配合抵制的推定（将在下文进行解释），否则你在抵制国家的所有行动都会被视为抵制行动。除此之外，如果与你参与或配合的抵制有关，则你在非抵制国家的行动也是抵制行动。

对参与或配合抵制的推定的反驳。除非你反驳该推定，否则参与或配合的一个行为会产生你参与或配合抵制的推定。该推定适用于在帮助实施抵制的每个国家的、你的所有行动以及你所在的受管制组（见第993（a）（3）条定义）的每个成员的所有行动。

通过证明该行动独立于任何参与或配合国际抵制的行动，你可以反驳参与或配合某特定抵制行动的推定。该推定仅适用于在开展抵制的国家的行动。因此，如果该行动在开展抵制的国家之外发生，对同开展抵制国家相关的行动，你无须反驳该推定。

具体说明

提交你所得税申报期间的附表B（表格5713）。仅需报告你自己的税收和收入，不包括你所在的受管制组的其他成员的税收和收入。

第（1）～（7）栏

在完成第（1）～（7）栏时，在每一适当的栏内显示因一行上的一次行动产生的特殊可识别的税收和收入。

第（1）栏。输入把参与或配合国际抵制作为在其国家从事交易活动的条件的国家的名称。第（1）栏中填入的国家不必是行动发生地国家。举例来说，如果你在非抵制国家的Z国家采取行动，且此行动和作为抵制国家的X国家有关，则在第（1）栏输入X国家的名字。若需要抵制国家名单，参见表格5713的说明的第2页。

第（2）栏。输入抵制行动的主要业务代码，该代码来自表格5713的说明中从第5页开始的表单。

第（3）栏。简要描述抵制国家的主要业务活动。对于国际国内销售公司，输入主要产品代码和括号内的描述。若需要该代码表单，参见表格1120-IC-DISC的附表N的说明。

第（4）栏。输入已付的、应付的或者可归因于抵制行动的被视为已付的外国税收。这些税不符合外国税收抵免的条件。去除外国税收，否则会根据第901～907条、第911条和第6038条被驳回。欲了解更多信息，请见财政部《国际抵制指引》的第N部分。

在第（4）行输入附表C（表格5713）第2b行的总额。

第（5）栏。输入你在外国受管制公司收入按比例分享的份额，该外国受管制公司的收入是可归因于抵制行动的［包括你在外国销售公司非免税收入中的分享数额。见第923（a）（2）条，废止前有效］。此数额不符合延期纳税的条件。去除可归因于收入和利润的外国收入，而该收入和利润根据第951条包含在总收入中［除非因第952(a)(3)条而不包含在总收入中］。同时去除根据第952（b）条而从第F分部分的收入中排除的数额。在计算第（5）栏输入的数额时，你被允许对收入进行合理数量的扣除(包括外国税收)。

在第（5）栏输入附表C（表格5713）第3b行的总额。

第（6）栏。一家国际国内销售公司的归因于参与或配合抵制的应纳税所得额不符合延期纳税的条件。

如果你是国际国内销售公司的股东，每次抵制行动遵循下列步骤，在第（6）栏输入结果。

1. 确定表格1120-IC-DISC附表J第一部分第7行可归因于抵制行动的数额的部分。
2. 在对任何分配扣减前，从该国际国内销售公司可归因于纳税年度内的抵制行动的应纳税所得额中扣减第1步中确定的数额。
3. 如果你是C类公司，确定你从剩余额中按比例分享的数额并且将此数额乘以16/17。如果你不是C类公司，确定你从剩余额中按比例分享的数额。
4. 在第（6）栏中输入得出的结果。

在第（6）栏中输入附表C（表格5713）第4b行的总额。

第（7）栏。一家外国销售公司可归因于参与或配合抵制的应纳税所得额不符合所得税豁免的条件。在第(7)栏输入应纳税所得额，该应纳税所得额来源于对每次抵制行动在没有参与或配合的情形下已豁免的外国销售公司的外贸收入。

在第（7）栏输入附表C（表格5713）第5b行的总额。

附表 C （表格 5713） （2004 年 12 月修订版） 财政部 国家税务局	**国际抵制规定的课税影响** 附于表格 5713 后 见第 2 页说明 使用表格 5713 的 2004 年 12 月修订版	行政管理和预算局 第 1545-0216 号

名称	识别码

1 用于计算税收优惠的损失的方法（请勾选其一）：

a 附表 A（表格 5713）中的国际抵制因素法。见下文第 2a、3a、4a 和 5a 行 ▶☐

b 附表 B（表格 5713）中确定特别归属税收和收入法。见下文第 2b、3b、4b 和 5b 行 ▶☐

2 外国税收抵免额的扣减［见第 908（a）条］：

a 国际抵制因素法。如果你勾选了上述 1a 框并对表格 5713 第 7d 行的问题回答“是”，请完成下列填写。

（1）表格 1116 和表格 1118 的调整前的外国税收抵免额（见说明）

（2）附表 A（表格 5713）第 3 行的国际抵制因素

（3）外国税收抵免额的扣减。第 2a（1）行上的数字乘以第 2a（2）行上的数字。在此处和表格 1116 或表格 1118 中输入（见说明）

（4）经调整后的外国税收抵免额。从第 2a（1）行的金额扣除第 2a（3）行的金额

b 特别归属税收和收入法。如果你勾选了上述 1b 框并对表格 5713 第 7d 行的问题回答“是”，请完成下列填写。输入附表 B（表格 5713）第 0 行第（4）栏的金额。请在表格 1116 或表格 1118 上输入该金额的适当部分（见说明）。

3 依据第 F 分部分的延期的拒绝（见第 952（a）（3）条）：

a 国际抵制因素法。如果你勾选了上述 1a 框并对表格 5713 第 7b 行的问题回答“是”，请完成下列填写。

（1）外国受管制外国公司总收入中按比例分享的份额（见说明）

（2）依据第 951（a）（1）（A）（ii）条、951（a）（1）（A）（iii）条、951（a）（1）（B）条、952（a）（1）条、952（a）（2）条、952（a）（4）条、952（a）（5）条和 952（b）条包含在收入中的按比例分享的份额，该份额可归属于受管制外国公司的收入和利润

（3）从第 3a（1）行的金额中扣减第 3a（2）行的金额

（4）附表 A（表格 5713）第 3 行的国际抵制因素

（5）你在 F 部分国际抵制收入中按比例分享的份额。用第 3a（3）行的数字乘以第 3a（4）的数字。请在此处和表格 5471 说明中工作表 A 第 22 行输入此金额

b 特别归属税收和收入法。如果你勾选了上述 1b 框并对表格 5713 第 7b 行的问题回答“是”，请完成下列填写。请在此处和表格 5471 说明中工作表 A 第 22 行输入附表 B（表格 5713）第 o 行第（5）栏的金额。

4 国际国内销售公司税收优惠的拒绝［见第 995（b）（1）（F）（ii）条］：

a 国际抵制因素法。如果你勾选了上述 1a 框并对表格 5713 第 7c 行的问题回答“是”，请完成下列填写。

（1）第 995（b）（1）（F）（i）条中你按比例分享的份额（见说明）

（2）附表 A（表格 5713）第 3 行的国际抵制因素

（3）你在国际国内销售公司国际抵制收入中按比例分享的份额。用第 4a（1）行的数字乘以第 4a（2）行的数字。请在此处输入此数额，并且国际国际销售公司应当将此数额包含在表格 1120-IC-DISC 附表 J 第 1 部分第 10 行的金额里

b 特别归属税收和收入法。如果你勾选了上述 1b 框并对表格 5713 第 7c 行的问题回答“是”，请完成下列填写。请在此处输入附表 B（表格 5713）第 o 行第（6）栏的数额，并且国际国际销售公司应当将此金额包含在表格 1120-IC-DISC 附表 J 第 1 部分第 10 行的金额里。

5 对外贸收入免税的拒绝［第 927（e）（2）条，废止前有效］：

a 国际抵制因素法。如果你勾选了上述 1a 框并对表格 5713 第 7i 行的问题回答“是”，请完成下列填写。

（1）附表 B（表格 1120-FSC）第 10 行（a）和（b）栏的加总金额

（2）附表 A（表格 5713）第 3 行的国际抵制因素

（3）外国销售公司可归因于国际抵制行动的免税的外贸收入额。用第 5a（1）行的数字乘以第 5a（2）行的数字。请在此处和表格 1120-FSC 附表 F 第 2 行输入此金额

b 特别归属税收和收入法。如果你勾选了上述 1b 框并对表格 5713 第 7i 行的问题回答“是”，请完成下列填写。请在此处和表格 1120-FSC 附表 F 第 2 行输入附表 B（表格 5713）第 o 行第（7）栏的金额。

文书削减法案请见表格 5713 的说明。　　Cat. NO.12070O　　附表 C（表格 5713）（2005 年 12 月修订版）

附表C（表格5713）（2005年12月修订版）　　第2页

6 符合域外收入排除的外贸收入扣减额。如果对表格5713第7j行的问题回答“是”，请完成下列填写。	
a 输入表格8873第49行的数额	
b 附表A（表格5713）第3行的国际抵制因素	
c 符合条件的外贸收入的扣减额。用第6a行的数字乘以第6b行的数字。请在此处和表格8873第50行输入此金额	

说明

除非另有说明，引用法条为《美国税法典》。

表格的用途

附表C（表格5713）用来计算因参与或配合国际抵制导致的税收优惠的损失。

必须提交的主体

如果你完成了表格5713的附表A或者附表B，请完成附表C(表格5713)。

合伙企业。每个合伙人必须完成一张独立的附表C（表格5713)。合伙企业不必完成附表C（表格5713)。

受管制集团。除非一个受管制集团［见第993（a）（3）条描述］提交了综合纳税申报，否则每一成员须独立地进行选择：(a）依据第999（c）（1）条适用国际抵制因素法；或者（b）依据第999（c）（2）条识别特别归属税收和收入。每一成员必须持续运用一种方法计算税收优惠的损失。

例子。即使另一成员依据识别特别归属税收和收入的方法确定其税收优惠的损失，选择运用国际抵制因素法的成员必须运用国际抵制因素法，来确定受管制组另一成员支付给该成员的第902条对分红的非直接外国税收抵免的损失。

其他要求

- 根据第908(a)条、第952(a)(3)条、第995（b）(1)（F）(ii）条或者第927（e）(2）条，若对一次行动适用国际抵制因素法则必须对该纳税年度内的所有行动适用国际抵制因素法。
- 根据第908(a)条、第952(a)(3)条、第995（b）(1)（F）(ii）条或者第927（e）(2）条，依据第999（c）(2）条识别特别归属税收和收入的人必须对该纳税年度的所有行动适用这一方法。
- 纳税年度不同于其为成员的受管制组的通用纳税年度的国际国内销售公司，无须在附表J（表格1120-IC-DISC）上修改其申报来显示国际国内销售公司因参与抵制而损失的税收优惠额。因为国际国内销售公司的税收优惠在股东层面上发生损失，而股东必须将第4a（3）行中显示的可归因于抵制行动的收入中按比例分享的部分包括在收入中。
- 排除域外收入的人必须运用附表A中计算出的国际抵制因素扣减符合条件的外贸收入。

第2～6行

注：除非另有说明，所有行引用的均为2005年表格。

第2a（1）行。输入表格1116或表格1118经调整前的外国税收抵免额。个人提交者输入表格1116第4部分第31行的数额。公司提交者输入表格1118附表B第3部分第9行的数额。

第2a（3）行。在表格1116或者表格1118上输入从此行扣减的外国税收抵免额。个人提交者在表格1116第4部分第32行输入此数额。公司提交者在表格1118附表B第3部分第10行输入此数额。

第2b行。在表格1116或者表格1118输入从此行扣减的可适用于抵免的外国税收额。对个人提交者，表格1116第3部分第12行包含了此数额。对公司提交者，在表格1118附表G第C行输入此数额。

第3a（1）行。在第3a（1）行上输入受管制公司收入中你的份额。未考虑行政定价规则计算出的外国销售公司的非免税外贸收入遵从第F分部分的规定。在第3a行上包含你对这种类型收入的份额。

第4a（1）行。如下所示，在第4a（1）行上输入你对第995（b）(1)（F）(i）条规定的数额按比例分享的数额。

- 非某C公司的股东。输入表格1120-IC-DISC附表J第1部分第8行中你按比例分享的份额。
- 某C公司的股东。输入表格1120-IC-DISC附表J第1部分第8行中你按比例分享的份额乘以16/17后得出的金额。

第 19 章

外国所有权与贸易救济

Elliot J. Feldman*

* 非常感谢 Kavita Mohan 在 Baker & Hostetler 华盛顿办公室担任律师职位期间对本章写作的协助。

§19.01　概述

尽管存在自由贸易的核心原则——即公平交易的商品不得由于其产地不同而受到区别对待或歧视——但在美国，所有权不同（无论外国还是国内）会导致公司及其产品待遇的不同。外国所有权这一事实在美国贸易救济法律的适用上关系重大，这一事实可能被战略性地用于获得竞争优势。

§19.02　美国贸易救济如何适用于外国公司

过去60年里，使世界贸易的发展成为可能并鼓励跨境交易的唯一最重要的全球性的发展可能是关税的极大降低以及自由贸易原则的扩张。如果商品、服务和资金无法很容易地流动，就不可能存在跨境投资，也就没有本书存在的必要了。

事实上，自由贸易原则并不意味着完全意义上的自由贸易。作为降低关税的条件，第二次世界大战后关税和贸易总协定（GATT）的签约国同意，若一国能证明根据其同意的新的世界贸易规则，贸易是“不公平”的，则可允许在一定程度上提高关税。此类选择性地提高对被认定为存在“不公平”贸易的商品的关税是世界贸易组织（WTO）允许成员国采取的“救济”措施。

贸易救济原则的基础是“最惠国”（MFN）的概念。但是，其含义与字面意义不同。MFN并不是指来自一国的商品会比来自另一国的商品享受更多优惠。相反，它是指来自GATT（及其后的WTO）的所有参加国的商品（现在也包括服务）必须被同等对待。对此原则仅存在非常有限的例外（制裁、出口控制[1]、保障措施），因此在一国内区别对待来自不同国家的商品或区别对待来自国外的商品均是没有法律基础的。但是对于这些例外来说，只有不公平交易的商品才会受到区别对待，而不会区别其来源国。

MFN原则意味着，就世界贸易规则来说，外国人收购美国公司不应有任何不同。一个公司的所有权不应改变这样一个假定，即所有公平贸易的商品，无论其来源国如何，都须受到同等对待，并且外国商品与国内生产的产品应获得同等对待。然而，正

[1]　参见本书第18章对出口控制、制裁和反腐败法律以及影响外国人收购行为的法规的讨论。

如同自由贸易原则从未被普遍适用一样，MFN也从未被普遍适用。在某些情况下，外国收购和外国所有权会导致世界贸易规则的适用上的不同。

在美国，适用诸如反倾销税（AD）和反补贴税（CVD）等“救济措施”的官方理由是：不公平贸易扭曲了市场并且造成了一个进口商品比国内生产商品享受更多优惠的不公平竞争的环境。反倾销税和反补贴税救济措施是为了给由于不公平的外国竞争而受到所谓的实质损害或甚至只是受到实质损害威胁的国内产业创造一个公平竞争的环境。

在美国，知识产权领域与反倾销税和反补贴税法律相当的是“337条款”，若有人主张外国产品侵犯了国内生产商的专利权或商标权，该贸易法律可将国外产品阻挡在国境之外。337条款[2]杀伤力极大，因为其可通过禁令救济而突然、迅速地中断贸易，有时会在侵权确定前停止产品的进口。在美国,337条款是知识产权保护的战略性工具。

其他救济措施（例如保障措施）启动的依据不同。外国人可能并不存在任何“不当”或“不公平”的行为，但仍然可能面临贸易限制措施，因为根据自由贸易原则的本意，国家有权在国内产业由于进口产品的迅速增长而面临严重损害时采取“保障措施”。

从历史上看，美国一直是最经常使用这些固有的保护主义工具的国家之一，这些保护主义工具的使用受到其他国家的指责，因为其抑制了贸易。然而，其他国家效仿美国，也在快速增加其贸易救济措施的使用。贸易救济措施必然对外国投资决策造成影响。例如，一些经济学者指出，一国使用反倾销保护措施可能导致外国投资增长的提高[3]。另外一些人认为，由于保护主义政策限制了在美国组装和生产所必需的零部件的流动，从而会对投资产生阻碍[4]。

本章不是为了就在美国投资是否在经济上有利向公司提供建议。本章仅就反倾销、反补贴、337条款和201条款[5]保障措施这四个美国贸易救济法律对外国所有权和外国投资的关键性影响进行讨论。在决定是否投资于或收购一家美国公司，特别是涉及国际贸易的美国公司时，很重要的一点是认识到仅外国所有权这一事实即会导致受到

---

[2] Section 337 of the Tariff Act of 1930，19 U.S.C. § 1337.

[3] 参见，例如：Bruce A. Blonigen & Robert C. Feenstra，Protectionist Threats and Foreign Direct Investment，The Effects of U.S. Trade Protection and Promotion Policies（University of Chicago Press 1997）（得出的结论是，保护主义威胁对20世纪80年代非收购的对美日本外商直接投资具有重大影响）；Bruce Blonigen and KaSaundra Tomlin：Tariff-Jumping FID and Domestic Firm's Profits（June 2002）. http：//papers.ssrn.com.

[4] 参见，例如：Giuseppe Nicoletti，Stephen S. Golub，Dana Hajkova，Daniel Mirza，& Kwang-Yeol Yoo，The Influence of Policies on Trade and Foreign Direct Investment，OECD Economic Studies No. 36 24–25（2003）（指出贸易和投资是那些在不同地点生产相同产品的公司的替代活动，而贸易和外商直接投资是那些利用跨境比较优势并且将生产的不同阶段置于不同国家的跨国公司的补充活动。进一步指出，关税和法规可能抬高生产成本）。

[5] Section 201 of the Trade Act，在 § 19.04 中进行论述。

区别对待，并要理解是如何被区别对待的[6]。

在做出收购或投资于一家美国公司的决定时应考虑下述问题：

- 母公司是否向美国出口产品？
- 若母公司向美国出口产品，那么在母公司向美国出口的同时，该公司是否也在美国生产同一产品？
- 母公司是否需要向子公司提供零部件？
- 母公司的零部件是来源于其自身的出口生产，还是有其他来源？
- 被收购的子公司将占美国行业的比例是多少？
- 同类产品是否面临重要的第三国竞争？

这些问题的答案会影响收购是否应该进行以及应收购的规模如何。这些问题同时也提示了在美国进行生产的战略可能性。良好的规划会使收购企业及其新的美国公司在美国及国际市场上获得成功。

外国公司的美国子公司可以战略性地运用一些美国贸易救济法律来获得竞争优势。例如，在1994年，BIC公司——法国BIC Societe的美国公司——代表国内一次性打火机产业对来自泰国和中国的打火机向美国商务部和美国国际贸易委员会（ITC）提起反倾销和反补贴调查申请。尽管BIC在美国仅运营一家小工厂，而是从墨西哥、危地马拉、西班牙、法国和其他国家向美国大量输入打火机，但商务部仍然启动了贸易救济调查，商务部认为BIC是“美国一次性打火机的唯一生产商”[7]，尽管其是外国人所有的公司[8]。

BIC的策略是提高中国和泰国进口产品成本，这些进口产品不仅与其美国的生产存在竞争，更重要的是与其从第三国进口的产品存在竞争。当时中国和泰国的进口分别排名第一位和第三位；墨西哥排在第二位（BIC正在墨西哥增加生产），但却被明显

[6]　外国所有权区别对待的原则在本书前面的几章中均存在。例如，第7章中外国投资者特有的税务考虑；第8章中指出来自特定国家的外国投资者在双边投资条约和自由贸易协议项下可能会获得额外的保护；第14章讨论了美国政府根据2007年《外国投资与国家安全法》（FINSA）对外国投资者对现存企业的收购的审查程序。

[7]　Initiation of Antidumping Duty Investigation：Disposable Pocket Lighters From the People’s Republic of China and Thailand，59 Fed. Reg. 29412（June 7，1994）；Notice of Initiation of Countervailing Duty Investigation：Disposable Pocket Lighters From Thailand，59 Fed. Reg. 29415（June7，1994）.

[8]　最终ITC认为BIC并未由于来自中国和泰国的进口而遭受实质损害或实质损害威胁。参见Disposable Pocket Lighters From Thailand，60 Fed. Reg. 21007（Apr. 28，1995）；Disposable Pocket Lighters From China，60 Fed. Reg. 32338（June 21，1995）；BIC Corp. v. U.S. Int’l Trade Commission，964 F. Supp. 391（Apr. 24，1997）（维持ITC对来自泰国和中国的一次性打火机的否定性实质损害决定）。

地排除在申请之外。这样,BIC 利用美国国内的小规模生产声称其自己是“美国产业”,并利用贸易法律打击来自中国和泰国的产品的竞争，这些竞争更多的是与 BIC 从第三国进口产品的竞争，而非与 BIC 在美国生产产品的竞争。

另一个为了竞争优势（不一定是为了自由或公平竞争）而利用美国贸易救济法律的著名案例是旷日持久的 Smith Corona 和 Brothers Industries 打字机案[9]。在近 20 年的时间里，美国的 Smith Corona 对日本的 Brothers Industries 提起反倾销诉讼。最初，Smith Corona 成功地使 Brothers Industries 的进口打字机被征收反倾销税。然而，在诉讼过程中，一个英国公司收购了 Smith Corona 的控制权益，Brothers Industries 成立了一家全资美国子公司在田纳西州从事生产经营。这样就使得区分争议中的外国公司和国内公司变得不那么容易了。

在打字机案程序的最后阶段，Brothers Industries 通过其美国子公司成功地使 Smith Corona 从新加坡进口的打字机被征收反倾销税。这些案例中，原本设计用于保护国内市场的贸易法律变成了跨国公司在美国市场寻求竞争优势的武器。

贸易法律有利于国内产业，国内产业是指在国内存在生产的产业，而不论其为外资所有还是内资所有。但是提起申请的资格（提交或反对反倾销或反补贴申请的权利和能力）可能触发公司所有人是谁这个问题。

§ 19.03 外国所有权对反倾销 / 反补贴案件的影响

反倾销/反补贴调查几乎总是以代表生产涉案产品的美国产业提出的申请开始[10]。外国所有权对此存在影响。

[A] 提起或反对反倾销 / 反补贴申请的资格

外资所有的公司只要在美国存在对其所希望保护的产品的生产，即有资格提出申

[9] 持续将近 20 年的程序摘要请见 Hilary K. Josephs，The Multinational Corporation，Intergrated International Production，and the United States Antidumping Laws，5 Tul. J. Int'l & Comp. L. 51，78—83（Spring 1997）.

[10] 尽管法律规定商务部可以“自行启动”调查，但这种情况只发生过一次，即针对来自加拿大的软木案，在加拿大终止一项贸易限制的谅解备忘录后，商务部在启动一个可能代替该谅解备忘录中的限制措施的程序的同时希望保持控制。2008 年，自身面临问题的美国纺织品生产商强烈要求商务部考虑自行对来自中国的纺织品和服装自行启动调查程序。

请。BIC战略性地利用了其自身的此种地位来提高其从其他国家进口的产品的竞争地位。当时，它是唯一的国内生产商，因此它本身可以代表美国产业。如果存在其他美国生产商，BIC就需要获得这些生产商的支持，但其申请权不会受到外国所有权的影响。

在对申请持反对意见时，外国所有权会产生影响。当国内生产商与出口国的涉案产品的外国生产商存在关联时，如果申请是由另一个国内利益相关方提起，则国内生产商将没有资格反对该申请。然而，如果申请中未提名外国所有者所在的国家，且申请试图保护国内产业免受来自其他国家（而不是与竞争性国内生产商关联的国家）进口产品的损害，则国内关联方或子公司将有资格反对该申请。

此类对申请的战略性运用表明，贸易救济未必一定遵从最惠国原则。申请人可自由选择性地针对来自某些国家而非其他国家的产品提出申请。某个国内的制造商通过其海外的生产向美国消费者提供产品却可能会发现，其无法反对一家与其竞争的国内生产商对其在外国生产的歧视。此外，为了保持对存在外国关联关系的国内公司的竞争优势最大化，国内竞争生产商可以专门针对某些国家而非其他国家的生产采取措施。

《关税法》771（9）条款[11]规定，申请可由以下类型的利益相关方提起：

1. 美国国内同类产品的制造商、生产商或批发商；
2. 代表美国国内同类产品制造、生产或批发产业的注册工会或认可工会或工人组织；
3. 其多数成员在美国制造、生产或批发国内同类产品的贸易或商业协会；
4. 多数成员构成上述利益相关方的协会；
5. 对于涉及深加工农产品的调查，代表加工商、加工商和生产商或加工商和种植者的联合或贸易协会。

关于申请资格的规定推定美国和外国的生产能够被明确地区分，并且没有考虑零部件国外来源的模糊性和复杂性。然而，由于法律不要求证明提出申请的利益相关方或申请所代表的国内产业完全由国内实体所有或控制，这一推定可能会有利于某些公司，这些公司试图获得对其母公司没有生产的国家的进口产品的竞争优势。例如，BIC对产自中国和泰国的打火机提起反倾销/反补贴申请，而未针对产自法国或墨西

[11]　19 U.S.C. § 1677(9).

哥的打火机，因为其法国母公司在中国和泰国没有生产，而在法国和墨西哥生产的打火机出口至美国。

申请资格决定了提出申请的权利，但不能决定调查是否会启动这个问题。这个问题必须由商务部决定，首先取决于申请是否“由或代表”某一“产业”或适格的工会（由某一产业工人的一定百分比所决定）提出。

《关税法》702(c)(4)条款[12]和732(c)(4)条款[13]规定了商务部决定的两个要求。

1. 支持申请的国内生产商或工人构成同类产品总产量的至少25%；和
2. 支持申请的国内生产商或工人占明确表示支持或反对申请的国内产业总产量的50%以上。

这些条款意味着，当明确表示支持申请的国内生产商占国内产业总产量（包括支持申请、反对申请或对申请未表态的生产商）的至少25%时，商务部会认为申请适格。50%的要求不将对申请未表态的产业部分计算在内，而是只评估支持申请的生产商是否比反对申请的生产商多。《关税法》702（c）（4）（D）条[14]和732（c）（4）（D）条[15]规定，如果商务部认为申请未证明已获得必要的支持，则商务部可自行组织投票或依靠“其他信息”来决定申请是否获得了足够的支持。

国际贸易委员会（ITC）必须在申请提出之日起45天内，或者在商务部必须发起投票来确定支持问题时在收到商务部发出的启动调查通知之日起25天内做出损害初裁。在对申请进行审查后，国际贸易委员会（ITC）会向所有美国生产商发出调查问卷[16]。国际贸易委员会（ITC）生产商问卷的第一部分是与公司组织和活动相关的一般性问题，包括其是否支持或反对申请及其原因，因为受进口损害和支持申请之间存在相关性。对于适用《持续倾销和补贴抵消法》（又被称为“伯德修正案”）的案件，国际贸易委员会（ITC）调查问卷中的这个问题尤其重要。伯德修正案（之后被WTO的一个相反的决定所撤销）规定，将征收的反倾销和反补贴税款，按比例直接分配给提起和支持反倾销和反补贴诉讼的本国公司。美国联邦巡回上诉法院（联邦法院）最近裁定，对于申请获得伯德分配的资格要求是符合宪法的，但是却违反了国际贸易法庭

[12] 19 U.S.C. § 1671a(c)(4).

[13] 19 U.S.C. § 1673a(c)(4).

[14] 19 U.S.C. § 1671a(c)(4)(D).

[15] 19 U.S.C. § 1673a(c)(4)(D).

[16] 在ITC认为某产业中公司数量太大的情况下，ITC会向产业中最大的那些生产商或者具有代表性的一些样本公司发放问卷。

此前做出的裁定，该裁定根据第一修正案和平等保护的基础规定了比成文法更严格的要求[17]。

关于申请资格的规定有几个重要的条款。《关税法》771 条款[18]将“产业”定义为由国内同类产品“生产商”组成。“国内同类产品”在《关税法》771（10）条[19]中定义为“与被调查产品相同的产品，或如果无此种产品，则为与被调查产品性质和用途极为相似的产品”。当某个实体在国内产业占有“一定比重”时，商务部认为该实体是“生产商”[20]。商务部将占有“一定比重”定义为要求公司“有重要或实质性的生产”[21]。联邦法院在 Eurodif 诉 United States 一案中确认了商务部对“生产商”的定义。该案中，联邦法院确认了商务部的产业支持决定，商务部认为申请人是唯一的国内生产商，因为其是唯一“实际在美国生产国内同类产品”的生产商[22]。

对这些条款的含义和适用存在着严重的分歧。在《乌拉圭回合协议法案》（*The Uruguay Round Agreements Act*）生效前，商务部可以推定存在产业支持，除非申请被明确地反对[23]。但是现在的情况是，“商务部不得以推定为基础来操作”，而是必须确定符合 25% 和 50% 的门槛要求[24]。如上所述，当申请未得到占国内同类产品总产量份额 50% 以上的国内生产商或工人的支持时，商务部可以通过在美国产业内进行投票或“依靠其他信息”来代替申请人确定产业支持问题[25]。

“同类产品”具有严格的法定含义，成文法对“国内同类产品”和“外国同类产品”做出了区分[26]。这个法律术语确定了，从法律上讲，申请人是否由于其生产的产品与其他人生产和销售的“同类”产品（实际上相当但不必完全相同）存在竞争而就不公平竞争提出申请。围绕同类产品生产或对产品的改变存在多种可能的战略排列，从而

---

[17]　参见 SKF USA Inc. v. United States Customs & Border Prot.，2009 U.S.App. LEXIS 2964（Fed. Cir. 2009），reh'g denied，583 F.3D 1340，1341（Fed. Cir. 2009）。

[18]　19 U.S.C. § 1677(4)(A)。

[19]　19 U.S.C. § 1677(10)。

[20]　参见 Eurodif v. United States，411 F.3d 1355，1361 (Fed. Cir. 2005)，根据其他依据被修改，United States v. Eurodif S.A.，129 S. Ct. 878，885（2009）（裁决商务部关于国内实体不是低浓缩铀的“生产商”的决定与产业支持法规的目的一致）。

[21]　Eurodif，411 F.3d 1355，1361（省略内部引文）。

[22]　Eurodif，411 F.3d 1355，1360.

[23]　参见，例如，NTN Bearing Corp. v. United States；15 C.I.T. 75，79，757 F. Supp. 1425，1429（1991），aff'd，972 F.2d 1355（Fed. Cir. 1992）。

[24]　Fujitsu Ltd. v. United States，23 C.I.T. 46，48（Ct. Int'l Trade 1999）（维持商务部对申请的产业支持的决定）。

[25]　参见 19 U.S.C. § 1671a(c)(4)(D) 和 19 U.S.C. § 1673a(c)(4)(D).

[26]　19 U.S.C. § § 1677(10) 和 (16).

可能改变对产业本身的定义[27]。

当外国公司的美国子公司符合上述申请资格要求时，可提出申请。Mittal Steel U.S.A. 是在 Mittal Steel 收购 International Steel Group 后成立的，International Steel Group 本身是由几家美国钢铁公司成立的，这些钢铁公司包括 Acme Steel、LTV、Bethlehem Steel、Weirton Steel 和 Georgetown Steel[28]。一份 2007 年的美国国会研究服务专题报告将 Mittal Steel U.S.A. 描述为“美国最大的钢铁生产商”[29]。其总部位于卢森堡的母公司 ArcelorMittal 经常被称为世界最大的钢铁公司[30]。现为 ArcelorMittal U.S.A 的 Mittal Steel U.S.A.，是外国公司全资子公司对其他外国公司就美国的出口产品提出反倾销 / 反补贴申请的一个例子。

根据 Mittal Steel U.S.A 和其他美国公司的申请，美国商务部对原产于德国、土耳其和中国的进口碳合金盘条启动了调查程序，并对原产于加拿大和墨西哥的进口碳合金盘条启动了反倾销复审。美国商务部在 2005 年启动了对碳合金盘条的调查时，未对 Mittal 的外国所有权做出评论，而只是说明“我们对申请书中所提供数据的审查……表明，申请人证明了代表国内同类产品总产量至少 25% 份额的产业支持，以及明确表示支持或反对申请的那部分国内产业……50% 以上份额的支持”[31]。

虽然 1994 年乌拉圭回合协议将正式的申请资格要求引入了贸易法，但美国商务

[27] 正如下面详细讨论的，ITC 和商务部对“国内同类产品”的确定存在区别。商务部须以“国内同类产品”生产商为基础确定申请是否得到了足够的产业支持。ITC 须以“同类”产品的美国生产商为基础评估对美国产业的损害。因此，在 ITC 评估对国内产业的损害之前，必须首先定义什么是“国内同类产品”。但是应注意，ITC 对国内同类产品的决定是在之后 ITC 的初步调查中做出的。为了初步调查问卷和数据收集目的而对产品的选择，是基于对申请书的审查、产业内的个别讨论以及 ITC 产业分析人员的观点。参见 Robert Carpenter，Antidumping and Countervailing Duty Handbook II–7（13th ed.，International Trade Commission 2008），http：//www.usitc.gov/trade_remedy/731_ad_701_cvd/handbook_2008.pdf. 此外，虽然 ITC 须接受商务部关于进口商品范围的决定，但 ITC 可决定哪些国内产品与商务部确定的进口产品最类似。参见 Robert Carpenter，Antidumping and Countervailing Duty Handbook II–7（13th ed.，International Trade Commission 2008），at II–32–II–33.“国内同类产品”的不同目的和作用有时会导致两个机构给出不同的定义，但都是有效的。参见 U.S. Department of Commerce，Antidumping Manual 9–10（1998），http：//ia.ita.doc.gov/admanual/index.html.

[28] 参见，例如：http：//www.arcelormittal.com/index.php lang=en&page=555；Dan Sandoval，Swept Up：A Wave of Consolidation Sweeps the Steel Industry in the Aftermath of the Section 201 Tariff，Recycling Today（July 2004）http：//findarticles.com/p/articles/mi_m0KWH/is_/ai_n6124431.

[29] 参见 http：//www.nationalaglawcenter.org/assets/crs/RL32371.pdf.

[30] 参见，例如：David M. Lenard，Arcelor Mittal：The Dawn of a Steel Giant，Asia Times Online（June 27，2006），网址 http：//www.atimes.com/atimes/Asian_Economy/HF27Dk01.html.

[31] 参见 Initiation of Antidumping Duty Investigation：Carbon and Certain Alloy Steel Wire Rod from Germany，Turkey and the People's Republic of China，70 Fed. Reg. 72781，72782（Dec. 7，2005）.

部却造成了很难阻止申请最终导致调查的局面。商务部对产业比例的理解非常宽松，并且常常不要求多少证据支持[32]。反对意见必须在申请通知后20天内提出，此时潜在的反对者可能根本就没有意识到申请的存在，或者未聘请律师，也缺乏提出有效反对意见的方式。成文法未对反对意见的提出规定正式的规则。虽然申请人在提起申请前已单方面花费大量时间与商务部官员沟通准备申请的相关事宜，但其不享有听证的权利[33]。此外，关于资格的决定一旦已做出，在案件最终裁定做出及随后的法律行动前，不得在两个机构中的任何一个被挑战[34]。

《关税法》702（c）（4）（B）条[35]和732（c）（4）（B）条[36]要求，商务部做出25%/50%的产业支持决定时，应忽略与国外生产商存在关联的国内生产商的反对意见。为了使商务部在做出产业支持决定时考虑具有关联关系的国内生产商的反对意见，与外国公司存在关联的国内生产商必须证明：（1）关联外国公司实际不是同类产品的生产商；或（2）其国内利益将受到不利影响。此概念的目的是为了防止国内子公司通过牺牲国内竞争对手的利益来使其在国外的生产获益。由于BIC不存在生产同类产品

---

[32]　商务部具有倾向于启动调查的偏见，当商务部对国内同类产品给出非常狭窄的定义，从而得出申请人是国内产品的唯一生产商时，这种偏见尤为典型。参见，例如，Initiation of Antidumping Duty Investigation：Metal Calendar Slides from Japan，70 Fed. Reg. 43122，43123（July 26，2005）and accompanying Initiation Checklist for the Antidumping Duty Petition on Metal Slides from Japan（July 19，2005）（"Metal Calendar Slides Initiation Checklist"），http：//ia.ita.doc.gov/download/checklist/japan-metal-calendar-slides-initiation-checklist.pdf，作为产业支持的"证据"，仅分析如下：为确立产业支持，申请人表示其代表美国产业提出申请，并且就其（申请人）所知，其目前代表了金属日历插片的全部国内生产……因此，由于Stuebing是金属日历插片的唯一商业性生产商……申请获得了100%的产业支持。Id.

[33]　美国商务部和ITC均"对在提起申请前对申请进行审查的机会表示欢迎。该审查是一个快速审查，审查内容严格保密"。Carpenter，Antidumping and Countervailing Duty Handbook at I–4. 事实上，美国商务部有一个机关——申请咨询和分析办公室——专门负责协助美国公司启动反倾销/反补贴调查。参见http：//ia.ita.doc.gov/pcp/pcp-index.html. 也许是由于潜在的申请人经常会在提起申请前咨询美国商务部和ITC，商务部极少会基于缺少产业支持而不启动反倾销/反补贴调查。但是，这种情况也会偶尔出现。参见，例如，Dismissal of Antidumping and Countervailing Duty Petitions：Certain Crude Petroleum Oil Products From Iraq，Mexico，Saudi Arabia，and Venezuela，64 Fed. Reg. 44480（Aug. 16，1999），aff'd Save Domestic Oil，Inc. v. United States，357 F.3d 1278（Fed. Cir. 2004）（由于缺少必要的地区产业支持而驳回申请）。有时候，申请人会在商务部驳回申请的正式决定做出前自己撤回申请。例如，在Ultra High Temperature Milk from Canada案中，被申请人抗辩认为申请人对美国产业的定义不正确。一旦对美国产业的定义不正确，申请人将由于缺乏资格而被迫撤回其申请。参见，例如，Ultra High Temperature Milk from Canada：Notice of Withdrawl of Petition in Antidumping Investigation，62 Fed. Reg. 16607（Apr. 7，1997）.

[34]　参见，例如，Notice of Final Determination of Sales at Less Than Fair Value：Live Cattle From Canada，64 Fed. Reg. 56739，56740（Oct. 21，1999）["《关税法》732(c)(4)(E)条规定，在主管机关决定应启动调查时，关于产业支持的决定将不会被重新考虑。因此，我们未对关于产业支持的决定进行重新考虑。"]

[35]　参见19 U.S.C. § 1671a(c)(4)(B).

[36]　参见19 U.S.C. § 1673a(c)(4)(B).

的国内竞争对手，因此其规避了这一概念。

为了对产业支持问题做出决定，商务部判断各方是否存在关联的依据是是否存在“控制关系”[37]。仅仅证明国内生产商与外国生产商存在关系还不足以证明控制关系[38]。根据《关税法》771（4）（B）（ii）条[39]，若存在以下类型的“控制关系”，则在决定申请的产业支持问题时应将国内生产商排除在外：

1. 生产商直接或间接控制出口商或进口商；
2. 出口商或进口商直接或间接控制生产商；
3. 第三方直接或间接控制生产商和出口商或进口商；或
4. 生产商和出口商或进口商直接或间接控制第三方，并且有理由相信这种关系使生产商的行为与无关联的生产商不同。

例如，假设 ArcelorMittal 在法国拥有一家全资的钢铁生产子公司。根据上述规定的定义，法国子公司与 ArcelorMittal U.S.A 存在“关联”，因为这两个实体均被 ArcelorMittal 所控制。如果另一个美国公司提出反倾销 / 反补贴申请，主张原产自法国的进口钢铁存在倾销或补贴，则 ArcelorMittal U.S.A. 将由于其关联关系而没有资格对申请提出反对，除非其能向商务部证明，其国内利益将受到不利影响。

《关税法》702（c）（4）（B）条和 732（c）（4）（B）条允许商务部忽略同时也是进口商的国内生产商的意见[40]。国际贸易法庭指出：“从相关成文法的语言来看，是否将同时也是进口商的生产商从国内产业中排除完全由商务部自由裁量。”[41] 商务部根据个案决定是否排除同时也是进口商的生产商，其方法是权衡每个公司对进口的依赖程度及其在国内产业的利害关系，从而确定该公司是否与申请人存在共同利害关系而应当考虑公司对申请的反对意见[42]。在 Save Domestic Oil, Inc. 诉 United States 案中，商

[37] 参见 Save Domestic Oil，Inc. v. United States，240 F. Supp. 2d 1342，1353（Ct. Int'l Trade 2002），aff'd，357 F.3d 1278（Fed. Cir. 2004），citing 116F. Supp. 2d 1333–1334（Ct. Int'l Trade 2000）（支持商务部的发回决定和裁决，即缺少能证明各方存在关联的控制关系证据，不要求商务部进一步对反倾销 / 反补贴命令是否会不利地影响反对公司作为国内生产商的能力进行评估）。

[38] Save Domestic Oil，240 F. Supp. 2d 1342，1353.

[39] 19 U.S.C. § 1677（4）（B）（ii）.

[40] Save Domestic Oil，240 F. Supp. 2d 1342，1353. 该理论似乎推定外国关系影响了国内生产利益。

[41] Save Domestic Oil，240 F. Supp. 2d 1342，1354.

[42] Save Domestic Oil，240 F. Supp. 2d 1342，1354.

务部驳回了国内原油生产商的申请，认为国内地方产业多数反对该申请[43]。申请人认为，商务部应当忽略从被调查国家进口的国内生产商的反对意见，而商务部认为国内进口生产商的反对意见是基于国内利益。国际贸易法院和联邦巡回上诉法院支持了商务部的决定[44]。

法律的倾斜甚至达到了这样的程度，即完全授予商务部自由裁量权，决定完全忽略与任何外国公司（假设外国公司为 AcerlorMittal）均不存在关联的国内实体所拥有的一个公司的意见，如果该公司从 ArcelorMittal 位于法国的子公司进口钢铁。由于 ArcelorMittal U.S.A. 的外国所有权，虽然商务部必须忽略其反对意见，但商务部也可以选择采纳或者排除从 ArcelorMittal 位于法国的子公司进口的无关联国内公司的反对意见。

[B] 涉及关联方的倾销分析中的美国价格计算

通过美国的关联方或子公司进行销售的行为在某种程度上改变了商务部的反倾销计算方法，可能会导致倾销幅度的增加，而倾销幅度决定了进口须缴付的税额，以及反倾销案达到的贸易保护程度。"倾销幅度"是指"正常价值"（即外国生产商的母国市场上的产品价格）与美国价格间的差距。因此，正常价值越高、美国价格越低，则倾销幅度越大。当销售是通过在美国的关联方进行时，商务部计算美国价格的方法对美国价格有扣减，从而导致更大的倾销幅度。

商务部对关联方（affiliate）的定义来源于《关税法》771（33）条[45]，该条对"关联人"（affiliated persons）的定义是：

1. 家庭成员；
2. 其组织的管理人员或董事与该组织；
3. 合伙人；
4. 雇主和雇员；
5. 直接或间接拥有、控制任何组织（或持有该组织的投票权）的 5% 或更多已发

[43] 申请人主张，原产自伊拉克、墨西哥、沙特阿拉伯和委内瑞拉的进口原油实质损害了美国的地方产业。参见 Dismissal of Antidumping and Countervailing Duty Petitions：Certain Crude Petroleum Oil Products From Iraq，Mexico，Saudi Arabia，and Venezuela，64 Fed. Reg. at 44480.《关税法》702（c）（4）（A）条和 732（c）（4）（A）条规定，符合地区产业支持要求的申请应满足该地区支持申请的国内生产商或工人占：（1）该地区国内同类产品总产量的至少 25%；且（2）该地区明确表示支持或反对申请的那部分国内同类产品产量超过 50%。

[44] Save Domestic Oil，240 F. Supp. 2d 1342，1358。

[45] 19 U.S.C. § 1677（33）。

行投票股权或股份的任何人；

6. 两个或两个以上直接或间接控制某人、被某人控制或与某人处于共同控制之下的人；

7. 任何控制其他人的人与被控制的其他人。

771（33）条进一步规定，当一个人“法律上或者实际上处于对其他人施加限制的地位”，则其将被视为控制了其他人。此定义适用于公司实体以及“自然人”[46]。

反倾销计算中的美国价格部分通常始于外国出口商向其美国客户销售产品的价格。但是，当美国客户与外国出口商存在关联关系时，则不采纳该价格。取而代之将使用推定出口价格（constructed export price，CEP）方法计算美国价格，起始点变成美国关联方将产品转售给非关联客户的价格。这个额外的步骤不可避免地放大了价格，扩大了倾销幅度。

《关税法》772（d）条[47]规定了对推定出口价格的某些扣减，这些扣减在正常计算中不存在。这些额外的扣减包括：

- 销售佣金；
- 销售产生的任何费用（例如信用费用、担保和保证）；
- 深加工成本；以及
- 分摊在成本和费用上的利润，此项必须从推定出口价格销售中扣减。

由于商务部计算“美国价格”时进行这些扣减，有效地扩大了倾销幅度。联邦法院认为，推定出口价格方法中的这些额外扣减是为了“防止外国生产商通过增加美国关联方……在美国市场上的营销和销售花费来放大美国价格，从而在美国市场上进行不公平竞争”[48]。

[C] ITC 损害裁决中对“关联方”的排除

贸易从业人员通常会承认，从历史上讲，商务部进口管理局的存在主要是为了

[46] 参见 Agro Dutch Indus., Ltd. v. United States，508 F. 3d 1024，1031（Fed. Cir. 2007），citing 1 U.S.C. § 1（“‘人’和‘任何人’均包括公司、协会、合伙、社团、股份公司以及自然人”）。

[47] 19 U.S.C. § 1677a(d).

[48] Corus Staal BV v. United States，2006 Ct. Int'l Trade LEXIS 113 at n.l，citing AK Steel Corp. v. United States，203 F.3d 1330，1337（Fed. Cir. 2000）.

保护美国生产商，无论其规模大小、效率高低、是否可靠、是否富于创新以及是否绿色环保。但是，国际贸易委员会（ITC）的声誉则不同，它被认为更加独立于政治影响（具有讽刺意味的是，它是国会的产物，而商务部则是内阁成员，隶属于美国行政部门）。

在国际贸易委员会没有做出国内产业正在遭受实质损害或实质损害威胁的决定的情况下，不得对进口产品征收任何关税。委员们在做出这个决定时会采用他们自己的方法，或多或少会依据复杂严谨的经济分析。通常来说，外国利益方在国际贸易委员会比在商务部更容易得到一个更为公正的贸易纠纷听证会。国际贸易委员会启动的调查中仅有大约一半做出了肯定性的决定[49]。虽然如此，法律的倾向性在两个机构中都存在。

美国国际贸易委员会对其在损害决定中必须考虑的产业定义问题具有自由裁量权。存在外国所有权可能会使得美国子公司的意见在国际贸易委员会的损害决定中被忽略；肯定性的决定是发布反倾销或反补贴命令所必需的。

为了确定一个美国产业是否由于补贴或倾销进口产品而遭受实质损害或实质损害威胁，国际贸易委员会首先应定义涉案“国内同类产品”及“产业”。和商务部相同，国际贸易委员会会依据《关税法》对“国内产业”进行定义。771（4）条[50]将产业定义为“全体国内同类产品生产商”。成文法允许国际贸易委员会将与涉案产品的出口商或进口商存在关联的那些生产商或本身就是进口商的生产商从国内产业生产商中排除。Sandvik AB 诉 United States[51]案中裁决认为，根据个案中的事实，国际贸易委员会对此类生产商的排除享有自由裁量权。

在决定是否存在相关情形而需要排除关联方时，国际贸易委员会可能会考虑以下因素：

1. 进口生产商的国内生产所占比例。国际贸易委员会更有可能排除在国内生产中占有重要比例的进口生产商，特别是在该进口生产商从涉案产品的进口中获得重要利益的情况下。
2. 公司是否从低于公平价值（LTFV）的销售或补贴中获利，或者公司是否必须

[49] 参见 James Cassing & Ted To，Antidumping，Signaling，and Cheap Talk，Journal of International Economics， Vol. 75， Issue 2 at 373—382（July 2008），at http：//www.sciencedirect.com/science _ob=MImg&_imagekey=B6V6D—4S7SV7F—3—7&_cdi=5812&_user=10&_orig=search&_coverDate=07%2F31%2F2008&_sk=999249997&view=c&wchp=dGLbVzb-zSkzk&md5=cb7bab156be5f1c797c13fe026cbf13d&ie=/sdarticle.pdf.

[50] 19 U.S.C. § 1677(4)。

[51] 721 F. Supp. 1322，1331—1332（Ct. Int'l Trade 1989），aff'd 904 F.2d 46（Fed. Cir. 1990）.

进口才能继续生产和在美国市场上竞争。国际贸易法院认为，一个国内生产商是否从涉案产品的进口中获得了重大利益是国际贸易委员会考虑的“最重要因素”[52]。正如下面讨论的，其还认为，国际贸易委员会可以适当地将从涉案产品的进口中获得重大利益的进口商排除。

3. 关联生产商与产业其他生产商的对立（vis-à-vis）位置，以及是将关联方包含在内还是排除在外将会影响产业其他生产商的数据。

国际贸易委员会还可能考虑关联方的进口与国内生产的比例，以及关联方的主要利益是依赖于国内生产还是进口[53]。如果一个进口生产商的进口相比于其在美国的生产非常少，并且其主要利益依赖于国内生产，则国际贸易委员会将不太可能排除该进口生产商。在损害分析中，国际贸易委员会决定是否排除某个关联或者进口生产商的关键是，该公司是否从涉案“不公平交易行为”中获利。例如，如果一家公司的财务数据是得出肯定性损害结论的唯一障碍，并且由于该公司与国外生产商的关联关系或由于其对涉案产品的进口而导致该公司的经营状况好于国内产业的其他生产商，则国际贸易委员会会在其损害分析中将该公司排除在外。

Allied Minerals 诉 United States 一案是国际贸易委员会在其分析中如何运用这些因素的一个实用案例。Allied Minerals 一案对原产于中国的棕刚玉发起反倾销调查，涉及国际贸易委员会的最终裁定。此案中的问题是，国际贸易委员会将某个实体从国内产业定义中排除是否是行使其自由裁量权。该案中全部的 5 个国内生产商均依赖进口棕刚玉为其国内棕刚玉生产提供原材料。国际贸易委员会排除了其中一个生产商（Great Lakes）的财务结果，因为其对维持涉案产品进口存在强烈的利益需求。国际贸易委员会认为 Great Lakes 通过进口涉案产品来满足原材料需求，从而获得较大的成本优势。排除 Great Lakes 的结果后，国际贸易委员会认为国内产业遭受了实质损害。国际贸易法院维持了国际贸易委员会的决定：

> 国际贸易委员会的决定认为：(1) Great Lakes 的国内生产占有重要份额；(2) 与其在美国的生产相比，Great Lakes 进口的涉案产品数量较大；并且 (3) 将 Great Lakes 包括在国内产业中将扭曲产业其他生产商的数据。此外，记录还支持了其他结论：(1) Great Lakes 决定进口涉案产品以从不公平贸易行为中获利；和

---

[52] Allied Mineral Prods. v. United States，2004 Ct. Int'l Trade LEXIS 141 at *7−8.

[53] 参见 Carbon and Certain Alloy Steel Wire Rod From China，Germany，and Turkey，Inv. Nos. 731−TA−1099−1101（Preliminary）at 12（Jan. 2006），资料来源：www.usitc.gov 网站。

（2）Great Lakes 的主要利益依赖于进口。因此，根据 §1677（4）（B）（i），国际贸易委员会的决定是合法的，其对 Great Lakes 财务结果的考虑与“相关情形”的决定完全一致[54]。

申请人还主张，国际贸易委员会的分析不合法的其中一个理由是，其未将一个反对申请的国内生产商排除。但是，法庭认为，尽管该国内生产商对申请持反对意见，但国际贸易委员会不排除国内生产商的决定是适当的，因为该生产商在被调查期间仅进口了少量的涉案产品。

在 Carbon and Certain Alloy Steel Wire Rod From China，Germany，and Turkey 案中，国际贸易委员会做出了否定性的初裁决定，排除了一个关联方但却包含了另一个关联方。国际贸易委员会排除了 Sterling Steel Corp.（Sterling），认为其从进口中获利或者由于其与一个外国生产商的关联关系而未受到损害：国际贸易委员会认为，“鉴于在调查期末 Leggett & Platt 的进口与 Sterling 的生产之间的高比率、公司进口涉案产品的原因以及 Sterling 对申请的反对，‘相关情形’存在，从而应将 Sterling从国内产业中排除”[55]。然而，国际贸易委员会未将Mittal Steel U.S.A. 排除，认为其未在调查期内进口或购买涉案产品[56]。此外，Mittal Steel U.S.A. 未反对申请，反而还是申请人之一[57]。Sterling 对申请持反对意见而 Mittal Steel U.S.A. 支持申请的事实是帮助国际贸易委员会排除 Sterling 而包含 Mittal 的因素，但这两个事实本身并不具有决定性。

§19.04　外国所有权对其他贸易救济案件的影响

除了反倾销税和反补贴税，外国所有权对保障措施以及涉及进口的知识产权争议也有影响。本节对与外国所有权相关的这两个贸易法领域进行讨论。

---

[54]　Allied Mineral Prods. v. United States，2004 Ct. Int'l Trade LEXIS 141 at *11–12.

[55]　参见 Carbon and Certain Alloy Steel Wire Rod From China，Germany，and Turkey，Inv. Nos. 731–TA–1099–1101（Preliminary）at 13.

[56]　Carbon and Certain Alloy Steel Wire Rod From China，Germany，and Turkey，Inv. Nos. 731–TA–1099–1101（Preliminary）at 13.

[57]　参见 Carbon and Certain Alloy Steel Wire Rod From China，Germany，and Turkey，Inv. Nos. 731–TA–1099–1101（Preliminary）at 1.

[A] 第 201 条保障措施

《1974 年贸易法》第 201 至 204 条[58]，通常被称为美国全球[59]保障措施法或贸易法中的“逃避条款”（escape clause）（因为该条款允许美国逃避其国际贸易义务并临时提高贸易壁垒），该条款在损害性的进口激增的情况下为国内产业提供救济，即使外国竞争是公平的。当国内产业能证明外国进口的突然、意外增长造成严重损害或严重损害威胁时，政府可以采取“保障措施”，一项临时保护国内产业并使其能适应可能出现的贸易条款和条件永久性变化的措施。“严重”损害的标准高于倾销和补贴调查中以及日落复审（sunset reviews）[60]中的“实质”损害标准。

成功启动第 201 条要求：

1. 进口的突然、意外激增；
2. 国内产业遭受严重损害或严重损害威胁；和
3. 证明进口激增是损害或损害威胁的实质原因。

不同于反倾销和反补贴法，第 201 条对确定国内产业要求保障措施调查的资格没有设定数量门槛。相比于反倾销和反补贴申请应同时向商务部和国际贸易委员会提交并以国际贸易委员会的工作会议开始，第 201 条申请仅需向国际贸易委员会提

[58] 《1974 年贸易法》第 201 至 204 条以及美国法典 2251 至 2254 节是对 1994 年 GATT 第 19 条及 WTO《保障措施协定》的实施。

[59] 全球性保障措施适用于所有来源的进口。也存在针对特定国家的保障措施。1974 年贸易法第 421 条特别针对中国做出了保障措施的规定。美国与其他国家签订的自由贸易协定还包含临时性的保障措施。美国—约旦、美国—新加坡、美国—智利、美国—澳大利亚、美国—摩洛哥以及美国—多米尼加共和国自由贸易协定分别都包含了临时性的保障机制。《北美自由贸易协定（NAFTA）实施法》第 302 条允许 ITC 决定，由于 NAFTA 项下税收的降低或取消而导致的来自加拿大或墨西哥的进口的增加是否是对美国产业遭受严重损害或严重损害威胁的实质原因。然而，NAFTA 项下加拿大进口保障主管机关于 1998 年 12 月 31 日终止，墨西哥进口保障主管机关于 2004 年 1 月 1 日终止。参见 19 U.S.C. § 3355.

[60] 在乌拉圭回合之前，在进行年度行政复审的情况下反倾销和反补贴税令可以无限期有效。只有在经过连续 3 年的行政复审，主管当局认为不存在补贴或倾销，或国内产业声明不再需要该命令的情况下，反补贴或反倾销令才能被终止。法律允许将国内产业是否继续遭受损害的问题提交国际贸易委员会，但由于在程序和证据上存在较大的阻碍，因此在实践中几乎从未被允许。乌拉圭回合颠覆了这样一个假设：只有在认定补贴或倾销会再次出现或继续存在，并且极有可能导致严重损害时，反补贴或反倾销令才应该持续 5 年有效。“日落复审”变成强制性的：一个命令若已存在 5 年，将自动启动商务部（就补贴或倾销继续存在或恢复的可能性）和国际贸易委员会（就撤销命令后损害存在的可能性）的审查。除非国内产业能同时证明这两点（补贴或倾销的可能性以及严重损害的可能性），否则命令将被终止。然而，对此假设还存在许多法律上的争论，因为美国相关机构试图将证明责任转移至进口商及外国生产商和出口商。

交并且可以由许多不同的实体来提交，“包括代表一个产业的贸易协会、公司、注册或认可的工会或工人团体”[61]。国际贸易委员会可以自行决定申请人是否是具有“代表性”；尽管显示获得支持对申请人有利，但申请人并没有收集这些支持的正式义务。

国际贸易委员会还可依总统或美国贸易代表的要求或依众议院筹款委员会或参议院财政委员会（这两个国会委员会的下属委员会主管国际贸易）的决议自行动议启动第201条调查。保障措施比较少见，但更少见的是保障措施在没有国会或行政部门支持的情况下启动。

为了保障措施调查之目的，国内产业被定义为“相似或直接竞争产品国内生产商总和，或者相似或直接竞争产品产量占国内总产量主要部分的生产商”[62]。国际贸易委员会依相似或直接竞争产品定义国内产业，并且评估“相关进口对生产每种产品的设施和工人”的影响[63]。如同在反倾销/反补贴调查中一样，在保障措施调查中，国际贸易委员会在决定什么构成生产相似或直接竞争产品的国内产业上享有自由裁量权[64]。通常，国际贸易委员会遵循的原则是，产业的定义应与第201条的立法历史一致，即为了保护国内生产商的生产性资源[65]。

国际贸易委员会在定义相关国内产业时会考虑以下因素：

- 生产设施；
- 生产过程；
- 涉案产品的市场。

在国内生产商存在进口的情况下，国际贸易委员会可能仅将该产品的国内生产视为国内产业[66]。

对保障措施的潜在救济存在一些限制，其中最典型的是配额或关税税率配额。

---

[61] 见 19 U.S.C. § 2252(a)(1).

[62] 见 19 U.S.C. § 2252(c)(6)(A)(i).

[63] Steel，USITC Pub. 3479，Inv. No. TA–201–73 at 29（2001年12月）（委员的决定和观点）（内部引用省略）（“钢铁保障措施决定”）。

[64] 见 Steel Safeguard Determination at 30.

[65] Steel Safeguard Determination at 30，citing H.R. Rept. 100-576，at 661-662（1988）；S. Rept. 100–71，at 46–47（1987）；H.R. Rept. 100-40，at 86-96（1987）.

[66] Certain Cameras，U.S. ITC Pub. 2315，Inv. No. TA-201-62（Sept. 1990）（ITC将柯达公司为海外组装目的的相机部件生产从国内产业中排除）。

WTO 严格禁止配额，而保障措施是唯一且重要的一个例外。

由于保障措施的救济可以非常严厉，在实施前要求经过非常复杂的步骤。就国际贸易委员会来说存在两个不同的步骤，第一步是确定进口激增以及严重损害的事实，第二步是采取救济。每一步都涉及单独的简报和公开听证。在反倾销 / 反补贴案件中，有单独的初审和终审阶段程序，但只需对委员们进行一次公开听证（初审裁定在形式上是通过一个委员们不参加的“工作会议”）。

商务部不是一个正式保障措施程序法庭，但可参加贸易政策工作委员会（TPSC）及贸易政策委员会。贸易政策工作委员会必须在国际贸易委员会初裁后提出行动建议，贸易政策委员会必须向总统建议接受、修改或拒绝国际贸易委员会建议的任何救济措施。保障措施程序各方可向任何或全部贸易政策工作委员会或贸易政策委员会成员做出非正式报告。这些委员会由任何表达了利益诉求的机构的代表组成。例如，在对麦麸的保障措施中，除了美国行政管理和预算局，国务院、劳工部、商务部及农业部均有参加。当问题提交白宫时（因为保障措施是由总统发布命令而采取的），将由国家经济委员会、国家安全委员会以及美国总统经济顾问委员会复审。

由于相应救济措施的灵活性，并且无需证明不公平贸易，保障措施对受到损害的国内产业或工会具有很强的吸引力，但保障措施的获得并不容易。一些总统（如里根）从思想上反对保障措施，即使是在国际贸易委员会、贸易政策工作委员会、贸易政策委员会甚至是白宫顾问委员会提出建议的情况下也不会同意提供救济。其他总统从思想上反对保障措施，却采取过保障措施，如布什总统对外国钢铁施加配额限制。特别保障措施的制定是为了应对中国加入 WTO 后预计会出现的各种不同产品的激增[67]，尽管布什总统多次拒绝了针对中国产品的保障措施建议，但奥巴马总统对来自中国的低价商用轮胎采取了特别保障措施[68]。

外国收购方应考虑保障措施对其利益可能产生的不同的有利或不利影响。在麦麸案中，国内第二大生产商同时是对美国出口最大的澳大利亚出口商的全资子公司。当时国内产业被欧洲进口的麦麸所侵占。同国内生产商一样，澳大利亚不断失去欧

[67] 参见《1974 年贸易法》第 421 条，19 U.S.C. § 2451；参见 Fabio Spadi，Discriminatory Safeguards In The Light Of The Admission Of The People’s Republic Of China To The World Trade Organisation，5 J. Int’l Econ. 421（2002）. 421 条取决于总统自由裁量权。布什总统以反对使用 421 条款并在 4 个单独的 421 案件中坚决不发起保障措施调查而知名，尽管这几个案件中 ITC 给出的建议恰恰相反。

[68] 参见 Proclamation No. 8414 – To Address Market Disruption From Imports of Certain Passenger Vehicle and Light Truck Tires From the People’s Republic of China，74 Fed. Reg. 47861（Sept. 17，2009）.

洲的市场份额。澳大利亚生产商有资格采取第三方贸易救济行动（反倾销和反补贴），但预计的不公平贸易幅度太小而无法达到改变现状的目的：欧洲出口商的出口可能不会因此出现较大减缓。然而，保障措施可规定配额限制，从而大大遏制进口的激增。

第三方外国不能提出保障措施申请。因此，澳大利亚生产商本身无法提起保障措施。此外，保障措施还应遵从最惠国原则：如果将采取针对欧洲进口的救济措施，则对所有其他国家（包括澳大利亚）的进口也应采取相同的救济。经过常规的法律分析可以得出结论，澳大利亚无法获得救济，如果其国内子公司提出申请，则在试图帮助子公司的同时会损害母公司利益。

最终还是找到了一个解决办法，澳大利亚子公司与其他美国生产商联合起来成功地发起了保障措施程序。当时在欧洲进口产品激增刚刚开始，而澳大利亚进口产品仍是美国市场占主导地位的外国产品，通过对“代表期间”（representative period）（根据时间确定配额）的法定解释，配额救济的运用可对欧洲生产商施加远比对澳大利亚生产商更严厉的限制。

在收购美国国内生产商后计划继续向美国出口的外国生产性企业应对国内国外的竞争情况进行审查，以便于合理安排母公司和子公司的相对产量。在存在外国所有权的情况下，这将帮助确定子公司在国内产业中的地位，从而影响国际贸易委员会对是否应听取国内子公司意见的评估。其还能确定在特定情况下，保障措施申请是否能保护母公司对美国的出口。

有几项适用于特定国家的对全球性保障措施的例外。《北美自由贸易协定实施法》第 311 条规定，当国际贸易委员会根据全球保障措施法做出肯定性的损害决定时，必须确认并向总统报告是否：（1）来自一个《北美自由贸易协定》国家的进口构成总进口的实质部分；和（2）来自一个《北美自由贸易协定》国家的进口对进口所导致的严重损害或损害威胁贡献重大[69]。除非该国家在最近三年期间是涉案产品排名前五位的来源国，否则该国的进口不会被认定为构成“实质”部分[70]。总统一旦决定上述两个条件中任何一个均不满足，则必须将《北美自由贸易协定》国家从全球性保障措施中排除[71]。美国—约旦、美国—新加坡、美国—澳大利亚、中美洲自由贸易协定—多米尼加（“自由贸易协定”）规定，当原产于签约国的产品未被认定为“严

[69] 19 U.S.C. § 3371 (a).

[70] 19 U.S.C. § 3371 (b).

[71] 19 U.S.C. § 3371 (b).

重损害或损害威胁的实质原因”时，原产于签约国的产品可以从全球性保障措施中排除[72]。

自由贸易伙伴的保障措施例外

《北美自由贸易协定》	其他自由贸易协定
（加拿大、墨西哥）	（约旦、新加坡、澳大利亚、中美洲—多米尼加）
实质市场份额和对损害贡献重大	损害的实质原因

[B] 第337条

外国公司可以根据《1930年美国关税法》第337条[73]向国际贸易委员会提出申请，主张知识产权侵权并在边境阻止进口。违反第337条有4个必要因素：

1. 存在可实施的知识产权（知识产权）；
2. 进口产品对该知识产权的侵犯；
3. 存在一个已建立或正在建立中的美国产业；和
4. 该产业与知识产权所保护的产品间的联系。

337（a）（3）条款规定：

> 以下情况下将会视为一个美国产业已存在：如果在美国存在与受相关专利权、版权、商标权或掩膜作品（mask work）保护的产品相关的（A）对工厂和设备的重大投资，（B）重大的雇佣或资金运用行为，或（C）对产品开发（包括设计、研发）和许可的重大投资。

就提出第337条申请来讲，法律规定中对申请方国籍持中立态度，美国内资公司与外国所有的公司没有区分。雅马哈、台湾联合微电子公司、住友特殊金属株式会社、三菱和富士照相胶片株式会社等只是为了保护知识产权而在美国提起第337条申请的

[72] 参见美国—约旦自由贸易协定第10.8条、美国—新加坡自由贸易协定第7.5条、美国—澳大利亚自由贸易协定第9.5条、中美洲自由贸易协定第8.6条。

[73] 19 U.S.C. § 1337.

外国公司的几个例子[74]。

第337条适用广泛的理由是：知识产权具有全球性和普遍性，应在全世界范围内得到保护。对其限制集中于是否存在需要保护的国内利益上。因此，必须存在受到侵权影响的国内产业，即使可能不包括申请公司。外国公司享有申请的权利是因为，美国认为一个公司剽窃知识产权并将其应用于出口至美国的产品中的行为是非法的。某个意大利公司可能会主张对该知识产权的权利，并有权要求禁止该产品进入美国。

§19.05 结论

在美国适用国际贸易法律时，外国所有权（无论全资所有还是部分所有）是一个具有影响的因素。对贸易法律的评估能使意欲在美国生产的外国公司从战略角度进行思考，运用贸易法律提高其竞争优势。

[74] 参见，例如，In re Certain Personal Watercraft and Components Thereof，USITC Inv. No. 337–TA–452（Feb.6，2001）（概述 Yamaha Hatsudoki Kabushiki Kalsha 和 Sanshin Kogyo Kabushiki Kaisha 对 Bombardler Inc. 提起的申请），In re Certain Integrated Circuits，USITC Inv. No. 337–TA450（Jan.26，2001）（概述台湾联合微电子公司等对 Silicon Integrated Systems Corporation 提起的申请）；In re Certain Rare-Earth Magnets，USITC Inv. No. 337–TA–413（July 31，1998）（概述住友特殊金属株式会社等对4家美国内资公司等提起的申请）；In re Certain Organic Photoconductor Drums，USITC Inv. No. 337–TA–411（Apr.30，1998）（概述三菱化学株式会社提起的申请）；In re Certain Lens-Fitted Film Packages，USITC Inv. No. 337–TA–406（Feb.13，1998）（概述富士照相胶片株式会社提起的申请）。

索　引

词条出处请参见章节编码

A

B

C

D

E

F

G

H

I

J

K

L

M

N

O

P

Q

R

S

T

U

V

W

Y

Z